中国谚语大全

ZHONGGUO
YANYU
DAQUAN

上海辞书出版社

辞海版

　　刘玉廷，1978年毕业于天津财经学院会计学专业，2000年毕业于厦门大学会计系，获管理学（会计学）博士学位和学历。从事我国会计改革与发展工作32年。

　　现任财政部企业司司长，财政部会计准则委员会委员、审计准则委员会委员，联合国国际会计和报告标准政府间专家工作组（ＩＳＡＲ）中国代表，国际会计准则理事会准则咨询委员会委员，中国会计学会副会长，财政部财政科学研究所、东北财经大学、北京交通大学、中南科技大学的博士生导师以及若干所高等院校的兼职教授。

　　长期从事我国会计准则建设并实现国际趋同，从事企业内部控制规范体系的建设与实施、注册会计师行业和会计人才发展、会计信息化研究等，在上述领域为中国的会计改革与发展作出了贡献。

刘玉廷 著

会计中国二十年

Kuaiji Zhongguo Ershi Nian

立信会计出版社
LIXIN ACCOUNTING PUBLISHING HOUSE

图书在版编目(CIP)数据

会计中国二十年 / 刘玉廷著. —上海:立信会计
出版社,2012.1
　　ISBN 978 - 7 - 5429 - 2859 - 7

　Ⅰ.①会…　Ⅱ.①刘…　Ⅲ.①会计-经济史-中国
Ⅳ.①F23 - 092

中国版本图书馆 CIP 数据核字(2011)第 268065 号

策划编辑　　窦瀚修
责任编辑　　黄成艮
封面设计　　周崇文

会计中国二十年

出版发行　立信会计出版社
地　　址　上海市中山西路 2230 号　　邮政编码　200235
电　　话　(021)64411389　　　　　传　　真　(021)64411325
网　　址　www.lixinaph.com　　　　电子邮箱　lxaph@ sh163.net
网上书店　www.shlx.net　　　　　　电　　话　(021)64411071
经　　销　各地新华书店
印　　刷　上海肖华印务有限公司
开　　本　787 毫米 ×1092 毫米　　　　1/16
印　　张　35.5　　　　　　　　　　　插页　4
字　　数　703 千字
版　　次　2012 年 1 月第 1 版
印　　次　2012 年 1 月第 1 次
书　　号　ISBN 978 - 7 - 5429 - 2859 -7/F
定　　价　80.00 元

序

　　《会计中国二十年》一书是刘玉廷同志近20年来从事会计理论研究和会计改革的论文、报告的主要成果精选,反映了我国会计准则建设、有效实施、国际趋同与等效的过程,以及我国注册会计师行业、会计人才的发展。

　　刘玉廷同志大学毕业分配到财政部从事会计理论工作30年,亲身经历和参与了我国会计从计划经济向市场经济转换的改革实践,组织制定了若干项全国性的会计法规、制度和规则,并进行组织实施。我国从20世纪90年代初实施了以"两则"(《企业会计准则》和《企业财务通则》)、"两制"(13个行业的会计制度和10个行业的财务制度)为主要内容的企业会计改革,标志着我国市场经济会计模式开始建立。20多年来,该同志为中国市场经济会计体系的形成和发展进行了大量的理论研究和开拓性的实践并取得了成功。

　　1997年刘玉廷同志考入厦门大学,成为我的一名博士生,到2000年毕业取得了管理学(会计)博士学位和学历。3年的在职攻读博士学位的学习过程中,通过对会计理论、财务会计和西方会计准则发展史的钻研,他的理论水平又有长足进步。该同志2001年起主持财政部会计司工作,开始思考中国企业会计准则体系建设问题,同时重视研究中国注册会计师行业的发展等其他会计领域。

　　20多年来,该同志从事会计理论研究和会计改革实践十分努力和刻苦,硕果累累,在他及同事们的努力下,我国的会计事业发生了重大变革,用"波澜壮阔"一词表述并不为过,作者将其近20年来有关会计改革等理论与实践的论文和报告加以整理,按年度编排成册,为广大读者了解这段会计改革史提供了珍贵的参考资料,这是我国会计界的一件好事,愿为其作序。

葛家澍

2011年8月于厦门大学

目　　录

会计改革与理论探索篇

会计准则建设与国际趋同篇

注册会计师行业发展篇

会计人才战略篇

会计改革与理论探索篇

我国 1993 年的企业会计改革

一、我国现行的会计核算制度

我国现行的会计核算体系是建立在产品经济基础之上、借鉴前苏联的经验形成的，延续至今已有 40 多年了。在此期间也进行了几次改革，但以前所进行的会计改革都是从简繁角度考虑的，会计科目多了，会计报表繁了，要简化；不够用了，又要增加，就是这么一个循环过程，没有本质性的变革，没有改变会计核算体系。现行的会计核算制度的主要特征是：以高度集中的计划经济为基础、以直接管理和计划管理为主体。例如，在资金管理方面，要求企业的固定资产等于固定资金，流动资产等于流动资金，专项资产等于专项资金，即所谓"三段平衡"。企业的资金专款专用，不能相互垫支，如果垫支要及时偿还。这种体系已不适应商品经济的需要，可以从以下几个方面来阐述：

首先，这种体系与经济发展的要求不相适应。例如，横向经济联营出现以后，国营企业与国营企业之间的联营，国营企业与集体企业之间的联营，也包括事业单位跨行业、跨地区、跨部门联营。在联营过程中，投资主体由一元化向多元化发展，"三段平衡"的会计体系不能适应投资主体多元化的要求。再如，无形资产出现以后，它是属于固定资产，或是属于流动资产，还是属于专项资产，也是很难划分的。因此，现行的这种"三段平衡"的会计体系，已经不能适应经济发展的客观要求，必须进行改革。

其次，从对外开放来看，我们大量吸引外商投资，在引进项目的谈判中，外国人看不懂我们的会计报表，搞不清楚我们这套会计体系，这套会计体系与国际惯例相差悬殊。一些国际组织提出，中国改革首当其冲的问题是会计制度的改革，会计制度不改革，就会成为整个改革的绊脚石。同样一个企业，用我国的会计体系计算的效益与用国际惯例计算的结果相差甚远。现行的在计划经济基础上建立的会计体系已经到了非改不可的时候了。

再次，现行的会计制度管理方式不符合改革开放的需要，也与《会计法》不一致。《会计法》颁布之前，财政部管理的会计制度是比较少的，主要是工业会计制度和预算会计制度，其他方面的会计制度由主管部门管理。1985 年《会计法》颁布后，要求会计制度实行集中统一管理。目前我们对会计制度的管理分三个层次。第一个层次是由财政部统一制定的会计制度，有工业企业会计制度、基本建设（包括对外承包）会计制度、三资企业会计制度,这是财政部会计司管理的三个会计制度,还有预算司管理的预算会计制度和农财司管理的农业会计制度。第二个层次是联合颁布。即:凡是有部门特点的,但是又不限于这个部门所属企业执行的,如商业、粮食、外贸、交通等企业的会计制度,由财政部与主管部门联合颁布。第三个层次是:主管部门直属企业的会计制度,由主管部门制定,报经财政部批准后发布实施,如银行、保险公司等。不仅如此,现行的制度,分国营、集体、三资、股份制,按不同的所有制划分,如:工业企业会计制度划分为国营工业企业会计制度、集体工业企业会计制度,商业、交通也是如此。按照这个管理方式,现行的会计制度大约四十多种。这四十多种制度,从部门来讲,几乎是有一个部门就有一个会计制度,除工业以外,同样是搞商品流通的,物资有一个制度,供销有一个制度,粮食、外贸、供销社、新华书店、医药商业、石油商业、烟草商业等,分别各自有各自的会计制度。现行的会计制度管理体系,基本上是一个部门一个制度,结果是部门与部门之间、制度与制度之间说不上话,部门封闭,不适应改革开放的需要,也不符合《会计法》的要求。

二、会计核算制度改革的基本原则和思路

改革的基本原则:使我们的会计核算制度既要适合国内商品经济的需要,又要符合国际会计惯例。

改革的基本思路:在会计准则之下制定行业会计制度。

就会计准则而言,参照国际会计惯例,制定企业各个会计核算单位统一的核算准则体系,这个体系分为基本准则和具体准则两部分。基本准则规定会计核算的基本原则。具体准则是在基本准则基础上对具体的会计业务做出核算的具体规定,例如:固定资产怎样核算,原材料等存货怎样核算,投资怎样核算,外币业务怎样核算,等等。有了基本准则和具体准则,还应当制定行业会计制度,行业会计制度是在40多个部门制度的基础上合并后形成的,向着会计制度的统一管理迈出了可喜的一步。如果会计改革不分行业制定会计制度,很难统一。因为我们是计划经济的基础,部门多,这么大的面,各主管部门还需要对企业的经营状况进行宏观管理,这样一来,制定大行业会计制度是唯一的选择,所以,改革的基本思路就是在会计准则之下制定行业会计制度。

制定行业会计制度需要打破部门界限,改变一个部门一个会计制度、各自为政的状况。财政部党组决定,行业财务制度与行业会计制度应尽量取得一致,但财务制度可以粗一些,因为财务制度是条文性的东西,比如:金融按照行业来划分,把金融和保险制定成一个财务制度,叫金融保险财务制度。会计上就很难把银行、非银行金融机构和保险公司合并成一个会计制度。从会计制度来讲,确定下来的行业有多少呢?主要有工业生产、商品流通、交通运输(邮电和交通很难合到一块,可能还要再分细一点)、服务业(包括原来的饭店、饮食、旅行社、理发、浴室等)、金融、保险、施工、房地产开发、对外

承包企业、农业。

第一，工业企业会计制度。工业企业会计制度打破两个界限，一是部门界限，二是所有制界限。工业企业这个行业制度适用范围较广，它不仅适用于工业部门所属的工业企业，也适用非工业部门所属的工业，包括商办工业、粮办工业、外贸的自属加工厂，以及物资部门工业，不管属于哪个部门的工业，只要从事工业生产都要执行这个会计制度，适用范围大了，这就是打破部门界限。二是打破所有制界限，现在我们是国营一个制度，集体一个制度，行业制度出台以后，国营企业要执行，集体企业也要执行，现行的国营工业企业会计制度和集体工业企业会计制度就废止了。

第二，商品流通企业会计制度。现行的国营商业企业会计制度是财政部和商业部联合颁布的，以商品流通为主体，同时又规定了隶属于商业部的饮食服务企业、商办工业企业、农牧企业适用的内容。实施行业会计制度后，饮食服务企业要执行相应的饮食、服务行业会计制度，商办工业企业要执行工业企业会计制度。商品流通包括的范围比较广，凡是从事商品流通的部门，包括商业部、物资部、经贸部，还有新闻出版署的流通以及从事商品流通的其他独立核算单位，统一执行商品流通企业会计制度。商品流通统一了目前所有商品流通部门的会计制度，具体包括：商业部的商业企业会计制度、饮食企业会计制度、供销社会计制度，经贸部的外贸企业会计制度，财政部的工业供销企业会计制度，物资部的物资企业会计制度，新闻出版署的新华书店会计制度，烟草专卖局的烟草商业会计制度，国家医药局的医药商业会计制度，等等，凡是从事商品流通的都覆盖进来了。从所有制来讲，包括国营、集体、三资企业的商品流通。外贸体制改革以后，不仅是经贸部所属公司搞外贸，工业部门的工贸公司和其他部门都放开了，都有外贸业务，在这种情况下，外贸企业会计制度在经贸部已不适应了，也要纳入统一的商品流通会计制度，经贸部可以补充，但要经过财政部批准后实施。

行业会计制度也是为了统一政策，解决部门利益割据的局面，比如，易货贸易的核算，经贸部要求单独核算，单独计算盈亏，以盈补亏，通过"国内账款结算"科目很不规范。一个企业的经营活动，凡是属于经营业务的收益都应纳入利润总额，不能把哪部分利润挂在往来账上。行业制度出台以后，整个会计制度管理要发个文件，明确凡是部门自己的土政策，一律不予承认，是无效的，凡是搞补充规定的，要经财政部认可。

商品流通会计制度改革还有一个记账方法问题。在企业会计核算中，借贷记账法占主体，商业部所属企业以增减记账法为主，银行系统除中国银行、投资银行以外，工商银行、农业银行还是收付记账法。会计准则中规定一律采用国际通用的借贷记账法，所有的企业都必须改，困难再大、问题再多也要改，这是大势所趋。

第三，交通运输行业会计制度。交通运输行业比较特殊，有铁路、民航、公路运输等，它们的共同特点是不销售产品，也不实现产品销售收入，而是提供运输劳务实现营业收入，主营业务就是运输。但是，同样运输又各自有特殊性，全国铁路是一家，公路运输各自独立的,民航也不同。因此,最后将确定在运输大行业制度下再分别考虑各自的相对独立性,即:运输(铁路)企业会计制度,运输(交通)企业会计制度,运输(民航)企业会计制度。

第四,邮政企业会计制度。邮政通信的主营业务虽然也是提供劳务服务的,但有很强的特殊性,需要单独形成一个会计制度。

第五,金融企业会计制度。计划经济几十年,银行会计制度一直是中国人民银行管理的,独立性比较强。此次会计改革也必须统一起来,但阻力很大,需要做工作。除银行外,目前全国各地成立的金融性公司,如信托投资公司、租赁公司、财务公司等也应一并考虑,因为其主营业务有很多相似之处。

第六,保险企业会计制度。目前正在起草,准备在国庆节前把保险会计制度定下来,节后召集保险公司开会。现在保险公司也不是一家了,有太平洋保险公司、平安保险公司,有大约五六家保险公司,需要统一会计制度。

第七,饮食、服务业会计制度。现在要把饭店、饮食、旅行社、服务统一成一个制度,不管哪个部门办的餐馆、饭店,统一执行这个制度。

第八,农业企业会计制度。原来是按大口径划分的,凡是在农业口管的工业、商业等都归属农业。现在属于工业的要并入工业制度,属于商业的要并入商品流通。按照业务归口后,剩下的就是水产养殖、农场,范围缩小了,作为一个行业制度归口基本上属于养殖业。

第九,施工、房地产、对外承包企业会计制度。现行的会计制度有对外承包、基建、施工、城市综合开发几个制度。我们的思路是:取消建设单位会计制度,因为商品经济要改变过去建设单位和企业分开核算的办法,实行营建合一。在计划经济条件下,基本建设无论是扩建、新建,首先要成立一个建设单位,通过建设单位向建行取得基建借款。建成后,办理移交手续,交给企业,由企业还款,这个企业可能是工业、商业、交通运输等。因此,现行的工业、商业及其他企业制度里都有一个"基建借款"和"待核销基建支出"科目,核算建设单位移交的固定资产,建设单位不负责还款,只负责建筑,完工以后交给企业,企业用新增利润或专用基金归还借款。移交后,凡是形成固定资产价值部分,借:固定资产,贷:基建借款;不构成固定资产价值部分,借:待核销基建支出,贷:基建借款。按照我们的改革设想,企业新建、改扩建项目一律通过企业会计制度"在建工程"科目,核算固定资产的全部支出,如果是借款搞的,就是"长期借款",支出时记入"在建工程",从工程一开始,就纳入企业会计核算范畴,不像以前交付使用后才纳入企业核算。对于国家安排的项目怎么核算还在研究。改革后固定资产的核算不是按照资金来源划分,而是按照建设的形式划分,如自建、购入、投入等。这种改变的结果将导致建设单位会计制度取消,对于建筑业会计制度准备制定三个:一个叫施工企业会计制度,一个叫对外承包企业会计制度,一个叫城市综合开发企业会计制度(或称房地产开发企业会计制度）。

文教口这次全部分解了，按行业划分工业、商业等，剩下的就是出版社和报社。出版社和报社归到生产企业。

按照上述思路划分的行业会计制度共 13 个，包括工业、商品流通、运输（铁路）、运输（交通）、运输（民航）、邮电、金融、保险、饮食服务、农业、施工、对外承包、房地产开发等。

下面再谈一下三资企业、股份制企业的会计制度和行业会计制度的关系问题。目前，外商投资企业会计制度刚刚出台，股份制企业正在试点，如把这两种制度作废，影响面比较大。三资企业涉及外商，股份制试点会计制度适用上市公司，三资企业和股份制企业都刚刚出台"独立的"法规，所以这两个制度暂不并入行业会计制度，作为过渡时期使用，过渡期的长短，根据经济发展和深化改革而定。

三、行业会计制度改革的基本内容

1. 资本的核算

资本的核算是这次行业会计制度改革的主要内容之一，核心是要实行资本制度，改变现行的固定资金、流动资金、专用基金三段平衡的会计体系，适应投资主体多元化的要求，从所有权和经营权分离的角度设计会计制度，也就是说，将企业的资金改革为"实收资本"。"实收资本"核算投资人投入企业的本金，投资人划分为：国家、其他单位、还有个人，改变现行的国家固定基金、企业固定基金、流动资金、特种储备基金及其他流动资金的体系，把这些全部并入"实收资本"。改革的基本思路是：企业本身不是所有者，而是经营实体，企业的经营者使用投资者投入的资本及债权人借款从事经营活动，负责向国家交税，税后利润建立公积金、公益金，再按投资比例进行分配。利润分配概念原来是税前分给其他单位利润，现在改在税后分配。为了保护所有者权益，要改变现行提取折旧冲减本金的做法，账务处理只有一笔，借记"费用"，贷记"累计折旧"。过去是两笔分录，借记"费用"，贷记"累计折旧"；同时借记"固定基金"，贷记"更新改造基金"。在增加更新改造基金之后，还要交"两金"，实际是抽回资本。资本制度形成以后，企业无权也不能任意增减资本。固定资产的变价收入以前调整固定资金，改革后固定资产的变价收入和支出全部在营业外收支科目核算，列入当期损益，不再调整资金。再比如联营投资要对资产进行评估，对资产的评估价与原账面价值如有差额，过去要调整资金，现在不再调整资金，作为资本公积处理。又如原料调价、商品调价，过去有个规定，凡是中央、省市一级统一调整的商品、原材料、物资的价格，其价差分别作为增减流动资金处理；不属中央、省市一级调价的商品、产品随销随处理，纳入经营损益。现在改为凡是调整价差一律不再调整资金，全部体现当期损益。

2. 借款的核算

现行的借款是按照流动资金借款和固定资产借款划分的。购建固定资产的借款分两大部分,一是基建借款,二是专用借款。基建借款是建设单位完工后移交过来由企业归还的借款,专用借款是企业自行向建行借入的用于购建资产的借款。这两部分借款的还款来源都是新增利润。这次改革拟将借款划分为短期借款和长期借款,凡是借入后在一年内归还的借款,作为短期借款;超过一年以上的借款作为长期借款。现存的流动资金借款全部转为短期借款,固定资产借款转入短期借款或长期借款。这样进行改革,固定资产借款一般为长期借款,过去还款时,借记"借款",贷记"存款";同时借记"利润分配",贷记"固定基金",现在怎么办?按照国际惯例的做法,即使是税前还贷,也不做利润分配,归还长期借款与归还短期借款一样只作一笔分录,借记"借款",贷记"存款"。如果政策允许税前还贷,只在纳税时调整应纳税所得额即可。改革后,企业的长期和短期借款都并入了企业的营运资金,也就是说,企业的银行存款,即可参与流动资产周转,也可参与固定资产周转。

3. 坏账准备和商品销价准备的核算

从明年开始,允许企业提取坏账准备,即:根据"应收账款"余额的3‰~5‰提取,这与现行做法不太一样。现行做法不提取坏账准备,除特殊行业外,如新华书店有呆账准备,三资企业有坏账准备,银行有一个贷款呆账准备,一般企业对应收账款不提坏账准备。根据稳健会计原则,企业应当提取坏账准备,发生坏账通过坏账准备核销。现在"三角债"特别严重,不提坏账准备,利润虚增;提坏账准备,加大费用,利润真实了,不会多交所得税和超分配,把资金沉淀在企业,以后发生坏账,用"坏账准备"支付,这是国际通行的稳健会计原则。企业转换经营机制以后,真正进入市场,不能搞短期行为,要有一个保险系数。"坏账准备"的账务处理比较简单,它相当于应收账款的备抵,在资产负债表"应收账款"下列"坏账准备",提取时借记"费用",贷记"坏账准备";发生坏账时借记"坏账准备",贷记"应收账款"。坏账准备是可以保留余额的,如果年末冲回等于没提,所以坏账准备保留余额滚存下年。应收票据和其他应收款暂不提取坏账准备,只限于应收账款,如果应收票据到期收不回来,转入应收账款后提坏账准备。

关于商品削价准备。商品削价准备和坏账准备性质相似,但有区别,商品削价准备是对存货而言的,1988年我国在商业企业就实行了商品削价准备金制度,其他行业未实行。现在范围扩大了,凡是从事商品流通都执行商品削价准备政策,提取时,借记"费用",贷记"商品削价准备";商品削价时,借记"商品削价准备",贷记"商品销售成本"。这是流动资产核算中的两项改革。

4. 成本的核算

(1)工业生产企业。成本核算的改革,对生产企业而言主要是实行制造成本法,也叫直接成本法。我国现行的产品成本核算制度是完全成本法,所谓完全成本法,就是把消耗的原材料,生产工人的工资,车间经费和企业管理费等直接费用、间接费用全部计入产品成本,在进行成本核算时,进行两次分配。实行直接成本法,产品的生产成本为直接成本,包括直接材料、直接人工和制造费用。具体内容在工业会计制度中规定。属于企业管理费部分,不再进行产品之间分配,也不在完工产品和在产品之间分配,而是列入期间费用处理。期间费用包括销售费用、管理费用、财务费用。销售费用变化不大。财务费用要从现行的企业管理费中划出,按国际惯例专门作为一项,属于货币资金运用过程中所发生的融资费用,比如:借款利息支出、外汇价差等。管理费用纯属企业管理部门的费用,没有必要一次次分摊到产品之中,应当作为当期费用处理。

（2）商品流通企业。商品流通企业的商品流通费目前的做法是:纯粹的商业企业、粮食企业和供销合作社系统,即商业部管辖的企业,将购进商品进货原价作为商品成本,进货原价以外的费用一律作为商品流通费,列入当期损益。物资、供销企业是经营生产资料为主的,与生活资料相比,价值大,费用高,如果把进货费用也列入当期负担,较为困难,所以物资、供销企业有待摊进货费用的核算,但与购进商品原价是分开记账的,进货原价计入库存商品,属于费用部分计入待摊进货费用,期末按存销比例分摊。外贸企业的做法又有所不同,购进的出口商品,包括商品的进货原价和购进商品到达车站、码头以前的费用全部计入出口商品原价;进口商品如以到岸价格为成交的,为进口商品所发生的支出全部进入成本;如果是以离岸价格成交的,我方以外汇支付的运杂费、保险费也计入成本。现行的做法各有利弊。为了贯彻会计的稳健原则,此次会计改革对于不同类型的商品流通企业流通费的核算,统一列入当期费用,库存商品按进货原价入账。

5. 投资的核算

投资的核算分为投入资金和投出资金两部分。

第一部分投入资金,在资本改革中已经讲过,企业与其他单位联营、其他单位投入本企业的资金,原来叫"其他单位投入资金",改革后通过"实收资本"核算,将来根据投入资本分配利润。

关于投出资金的核算,现行做法是:投出专用基金,借记"长期投资",贷记"专项存款";投出实物,借记"长期投资（净值）",贷记"固定资产（原值）",贷记"折旧",如果评估价和账面价值有差额,还要调整资金。现行制度规定,流动资产一般不得对外投资。企业购买股票和债券是投资行为,有价证券包括国库券、国家特种债券、金融债券、企业重点建设债券等,不管国家发行的,还是企业发行的,统统作为有价证券核算。购入时,借记"有价证券",贷记"银行存款或专项存款"。取得的利息收入、有价证券转让收入要交所得税（国库券、国家特种公债免交所得税）。在账务处理上,要将利息收入、转让收入先作为其他应付款核算,然后转入专用基金或应交税金,借记"其他应付款",贷记"专用基金",贷记"应交税金——所得税。"

这次改革将投出资金改为短期投资和长期投资。怎样划分短期投资和长期投资呢？按投资目的划分长期和短期。买股票、买债券，目的是什么？如果是为了随时变现，以经营为目的，就是短期投资；如果不是以经营为目的，为的是控股，控制某个企业的股份，就叫长期投资。

关于投资核算中的先分后税还是先税后分的问题。现行的做法都是先分后税，特区除外。改革后凡属联营投资都应先税后分，这是国际惯例，因为企业建立了资本制度后，所分出的利润实际相当于股份分红，必须要先交所得税、建立公积金、公益金之后，再按投资各方的出资比例进行分配。投资分回的利润作为投资收益，投资收益是一个收益性科目，构成利润总额。投资收益计入利润总额，也改变了现行对投资收益不计入利益总额的做法，这是经过几次反复的。最开始计入利润总额，其结果是报表汇总以后，利润总额重复计算，比如，某市纺织局和化工局两个企业相互投资，作为投入企业是分来利润，在吸收资金的企业是分出利润，先从分出企业来看，分出利润是作利润分配的，但吸收资金所产生的利润自然体现为利润总额，投资单位收到这笔利润时，叫"其他单位转来利润"，如果也构成利润总额的话，那么同一个数字在两个单位都充当利润总额，作为一个独立核算单位是不存在问题的，把纺织局和化工局的报表汇总起来，利润总额重复了。在上海调查时发现这个矛盾比较突出，把整个国营工业企业报表汇总起来重复一大块，剔除不太好办，后来就规定投资分回的利润即投资收益作为利润分配处理，不计入利润总额，就是为了避免出现重复计算。这次改革将投资收益构成利润总额，不考虑重复的问题。从市场经济企业主体的角度出发，投资收益理应计入利润总额，投出资金分回利润是合情合理的。

上述汇总报表重复的原因是计划经济条件下的主管部门所有制造成的。企业推向市场以后，主管部门的职能逐渐削弱直至取消，报表如何汇总的问题需要重新考虑，由主管部门汇总报表的做法需要改革了。主管部门汇总报表叫系统内报表，如商业部汇总的报表，是逐级将其所属企业的报表汇总，并没有把商业系统的整个情况汇总上来，数字并不反映商品流通的全貌，已失去实际意义。如果真正反映行业的特点，就不管它是什么所有制、哪个部门搞商品流通，整个社会商品流通都应当汇总。

6. 固定资产的核算

现行的固定资产是按照资金来源进行核算的，有专用基金、专项拨款、专项借款等。购进固定资产和建设固定资产要分清，属于更新改造基金购建的，借记"专用基金——更新改造资金"，贷记"专项存款"；如果是用企业留利购建的，借记"专用基金——有关企业资金"，贷记"专项存款或专项工程支出"。采用新的会计模式以后，改变了各种资金之间严格划分界限，企业资金不再专款专用，取消"专项存款"账户，并入结算户存款。因此，企业购置固定资产的分录也简单了，借记"固定资产"，贷记"银行存款"。

如果是建造固定资产，通过"在建工程"科目核算。企业自筹资金建设固定资产，不论自己施工还是出包,均通过"在建工程"核算,完工以后,借记"固定资产",贷记"在建工程"。

关于固定资产的盘盈、盘亏、报废的处理。按照现行的做法,作为增减固定基金。行业制度通过"固定资产清理"科目核算,清理费用记入借方,变价收入记入贷方,固定资产报废没有提足折旧的部分也记入本科目借方,然后将"固定资产清理"科目余额转入营业外收支。如果是借方余额,借记"营业外支出",贷记"固定资产清理";如果是贷方余额,借记"固定资产清理",贷记"营业外收入"。

关于接受固定资产捐赠,行业制度规定作为资本公积处理。资本公积是投资人共同享有的公积。盈余公积是从利润而来。固定资产的捐赠和盈余没有联系,因此这部分作为资本公积比较合理。如果是接受现金捐赠,借记"现金或银行存款",贷记"资本公积";如果是接受实物资产捐赠,借记"固定资产",贷记"资本公积"。

关于折旧问题,折旧与固定资产有直接关系,累计折旧是作为固定资产的备抵。改革后提取折旧不再冲减资本,而是直接计入费用,借记"费用",贷记"累计折旧"。固定资产在使用期间内通过提取折旧抵减收入,减少当期利润,将这部分资金沉淀在企业,企业可以用存款购置固定资产,而不再考虑专款专用,改变了过去那种提取折旧建立更新改造资金,再通过更新改造资金购置固定资产,形成固定基金。改革后固定资产、折旧及更新改造与流动资金混在一起周转,只要企业有存款,在保证生产正常周转的前提下,随时可根据需要购置固定资产。按照新的规定,生产企业有条件的还可以采取加速折旧的办法,加速折旧是为了鼓励某个产业优先发展,扩大产业投资。为什么这么讲?因为加速折旧法一般是开始提取固定资产的折旧额相当大,成本相当高,利润大幅度降低,上交的所得税和可供分配的利润大为减少,资金沉淀在企业,就可以优先发展。随后,提取的折旧额逐年降低,利润逐年增加,所得税和可供分配的利润也会逐年增加。

7. 关于工资、福利、奖励的核算

现行的做法:职工福利基金有两个来源,一是从成本中提取的;一是从税后留利提取。在用途上还有所区别,按职工工资总额的 14% 从成本中计提的福利基金,主要用于职工的医药费、困难补助等,从企业留利中提取的主要用于集体福利,也可以用于弥补职工福利不足。行业制度规定,从成本中提取职工福利基金列入负债,税后留利建立公积金、公益金作为所有者权益的组成部分。公益金用于集体福利,主要是指福利设施,比如:浴室、理发室、医务室等。集体福利设施属于固定资产,公益金购建固定资产账务怎么处理?如公益金用于集体福利设施,购建固定资产,会计处理时,借记"固定资产",贷记"银行存款";同时在所有者权益中作内部转账处理,借记"盈余公积——公益金",贷记"盈余公积——一般盈余公积"。

8. 关于商品销售收入、销售成本的核算

现行的做法:工业企业只有"商品销售"科目,贷方核算销售收入,借方核算销售成本、销售费用和其他费用,借贷差额为商品销售利润(或亏损)。商业企业收入和成本是分开核算的,一个"营业收入",一个"营业成本"。粮食企业跟工业企业差不多,平价粮油销售、议价粮油销售,都在一个科目核算。外贸企业的销售科目有 14 个,有的科目核算毛利,有的核算净利。从销售科目看,可以说是五花八门。这次改革要把所有企业的销售核算统一起来,收入归收入,成本归成本。拟将商品销售收入或营业收入和商品销售成本(或营业成本)分两个科目核算。月份终了,将销售收入转入利润,同时将成本转入利润。

关于销售的实现问题,在采用托收承付或委托银行收款结算方式的情况下,以办好托收手续作为销售,对此商品流通企业有反映,认为办好托收做销售,货款还未收回就垫支营业税,提出比照工业企业以发出商品做销售。这次改革参照国际惯例,只要取得收取货款的权力或收到货款权力凭证的时候,均作为销售处理,这才符合权责发生制的会计原则。工业企业过去的做法也要修改,即:在托收承付结算方式下,不再以收到货款才做销售。

销售的实现还有一个问题:赊销。它最早起源于工业生产企业。1979 年工业企业会计制度作出一项规定,分期收款发出商品要以收到一个计量单位的货款时做销售。后来,这个问题延续到流通领域,在供过于求的情况下,大量存在赊销。这次改革中略作调整,即:商品发出以后,库存已不存在,要转一笔账,从库存转分期收款,借记"分期收款发出商品",贷记"库存商品"。这次改革对于分期收款销售商品,准备统一规定为收到贷款或以合同约定的收款日期作为收入的实现。

9. 外汇结算问题

外汇结算目前主要涉及三资企业、外贸企业、中国银行和保险公司。外贸体制改革后,很多出口生产企业有了进出口权,涉及外汇业务。我国目前实行外汇管制政策,是外汇管制比较严的国家。外汇短缺,采取额度管理,管理机构是国家外汇管理局。外汇额度主要发生在外贸企业,外贸企业的外汇核算与三资企业、金融企业不同。

外贸企业实行外汇额度管理。外贸公司并不直接接触外汇。国家要求外贸公司的外汇,必须每笔结汇,进口业务,用人民币到中国银行购买外汇;出口业务收到外汇,必须卖给中国银行,取得人民币。外贸公司在日常进出口业务中接触的是人民币。出口商品取得了人民币,结汇时一方面收到人民币计入外贸公司;另一方面实现外汇额度进入外汇管理局。外汇买卖表现在中国银行,中国银行是外汇买卖的专业银行。在外汇额度管理上,经贸部、外管局、财政部联合制定了一个外汇额度分配办法,对于上交国家、分给供货企业、留给外贸公司、分给地方政府的分配比例,都有严格的规定。凡是属于上交国家的外汇额度,国家集中起来形成国家外汇储备,体现的现汇在中国银行,外汇额度的结存与中国银行的现汇结存要求一致。将来国家外汇管理体制也将逐渐开放,取消外汇额度,全部变成现汇、自由外汇,具体时间未定。

三资企业与外贸企业不同,它的现汇是不结汇的,因为国家对三资企业政策比较宽松,在中国银行直接开立现汇账户,通过现汇账户直接办理现汇业务的收支。

中国银行和保险公司主要经营货币资金业务,业务量比较大,外币业务的核算采用分账制。外贸企业和三资企业的外汇业务采用统账制核算。统账制就是每发生一笔外汇业务的收支,无论是否结汇,必须折合人民币记账。中国银行和保险公司实行的是分账制,所谓分账制,就是日常核算不是每笔业务都折合成人民币记账,而是采用原币记账。外币与人民币核算是两套账簿,科目是一致的,金融机构、保险公司平时记账是分账制,期末编制报表时再把所有的外汇报表按照期末汇率折合成美元、再折合人民币并入人民币报表,计算人民币的盈亏。交纳的所得税、营业税都是人民币。

旅行社、旅游饭店是收取外汇的,需要一部分日常周转的外汇,这部分称为非贸易外汇,要求定期结汇,不像外贸公司逐笔结汇,月份终了结汇,允许有一定的现汇结存周转使用。

中国银行过去实行固定汇率,近两年改为浮动汇率,对会计核算产生了一定影响。在固定汇率的情况下,凡是有外汇业务的企业,在与人民币发生联系的时候,会出现汇兑损益。由于时间差产生的汇兑损失,计入财务费用,汇兑收益冲减财务费用。过去企业对发生的汇率价差是以实现为准。实行浮动汇率以后,银行外汇牌价经常变动,相应地要改变企业汇率差实现的标准,企业所有涉及外汇业务的账户到期末都要根据当时银行的牌价进行调整,差额记入汇兑损益,这样虽然外汇价差没有实现,也要计算损益,这是一项较大的改革。这项改革在行业会计制度中规定下来了,即:凡是涉及外汇业务的,到期末都要进行调整,包括应收账款、应付账款、银行存款等。

1990 年搞外贸会计制度时,经贸部试图把外汇额度纳入账内核算。当时外汇额度是有价值的,1 美元外汇额度 3.70 元,把外贸企业外汇额度估价入账,进入损益,可以使外贸企业超亏的幅度缓解,当时我们没有同意。目前的做法是:在外汇额度的情况下,存在有外汇调进调出业务,调进外汇额度专门设了一个科目,在资产类里有个"调进外汇价差",企业向外汇调剂中心购进外汇额度时,借记"调剂外汇价差",贷记"银行存款",形成一笔待摊的支出,然后根据调进外汇的用途分摊转账。将来外汇额度取消以后,价差就不存在了,只有现汇调剂问题。因此,在此次会计改革中,对于外汇额度,只强调在表外登记,不能纳入账内核算。

10. 利润分配的核算

(1)取消税前利润归还借款的核算方法。企业在归还借款时,借记"长期借款",贷记"银行存款"。如果允许某些企业继续沿用税前利润归还借款政策,作为纳税调整处理,计算应纳税所得额时将这一因素剔除。

(2)取消税前单项留利的核算方法。如果某项税前单项留利政策允许沿用,也作为纳税调整。

（3）取消应由以后年度利润弥补亏损的核算方法。现行会计制度中规定,利改税企业发生亏损,可由以后年度利润弥补,弥补期限3年。政策性亏损企业发生的亏损,除财政拨给补贴外,还有企业自补。可见企业亏损的弥补有三方面来源:一是财政弥补;二是以后年度弥补;三是企业自补。应弥补亏损下设两个明细科目,一个是应由预算弥补亏损,一个是应由以后年度利润弥补亏损。企业自补没有单设科目,直接转账,由企业税后留利弥补。这次改革,"应由预算弥补亏损"改为"应收补贴"和"补贴收入"核算。应由以后年度弥补亏损,在"利润分配"科目中设一个"未分配利润"明细科目,借方余额是未弥补亏损,贷方余额是未分配利润,余额可以接转下年,第二年弥补亏损时,如果允许税前弥补,假如去年未弥补亏损10万元,今年实现利润100万元,在计算所得税时:（100万元 – 10万元）×55% ,做这样的计算但不需要进行弥补以前年度亏损的账务处理。如果是税后利润弥补亏损,进行当年税后利润分配时,应在自然抵减弥补以前年度亏损以后进行分配。这样"利润分配——弥补以前年度亏损"科目就不设了。

（4）应交所得税、应交利润的核算与现行做法基本一致。

（5）按照新规定在税后进行利润分配。先提取公积金。盈余公积按规定分为法定盈余公积和任意盈余公积两部分,法定盈余公积按法定的比例从税后留利提取,是必须提的;任意盈余公积由董事会或股东大会决定提取。盈余公积用于弥补亏损,也可用于补充资本。弥补亏损时,借记"盈余公积",贷记"利润分配";转入资本时,借记"盈余公积",贷记"实收资本"。当然,增加资本要经股东大会或必要的变更资本手续,不是随意可以增资的。还有"两金"的问题,按现行规定,从明年开始折旧基金不交"两金"了,但其他税后留利还要交。税后留利交"两金"直接冲减公积金、公益金不合适,要在利润分配下另设一个"上交两金"明细科目,直接交纳,借记"利润分配",贷记"其他应付款"。从公积金、公益金交"两金"是说不通的,只能作利润分配。交了"两金"后再按投资比例进行分配。从明年开始要取消税前还贷,改先分后税为先税后分,列入利润分配;分来的利润也是税后的,计入投资收益,并入利润总额。

（6）未分配利润。未分配利润是利润分配的一个明细科目,年度终了,将利润科目的利润或亏损转入"利润分配——未分配利润",将其他明细科目也转入,转完以后的余额,借方余额表示未弥补亏损,贷方余额表示未分配利润。上年利润调整的业务内容,也通过"未分配利润"明细科目进行核算。

11. 会计报表

按照行业会计制度规定,会计报表和原来的报表相比大大简化了,主要规定三张主表:资产负债表、损益表、财务状况变动表;两张附表:缴拨款项明细表和利润分配表。这些报表基本上能够满足财政和有关部门需要,如果地方或主管部门不够用,可以补充附表和主要指标表。按照新的会计制度,会计报表简化了,比过去更清楚了。

会计报表仍分为基层报表和汇总报表两个层次。行业会计制度中规定的是基层报表,汇总报表是年终汇总决算时根据基层报表另外设计,它涉及汇总体系问题,如何设计要专门研究。明年实行新的制度,汇总体系若维持现状,仍是主管部门汇总所属企业报表后,报财政部统一汇总,而且按预算内、预算外划分。这样一来,将来我们设计汇总报表格式后,对主管部门提出的要求比较高,不能只懂一本会计制度,而是对各个行业的会计制度都要熟悉。比如商业部,原来商业只有一本会计制度,包括商业企业、饮食服务业、商办工业等,又包括基层和汇总。实行行业会计制度后,商业部所属企业就要执行几套会计制度,商品流通企业执行商品流通制度,商办工业执行工业会计制度,农牧企业执行农业会计制度,对企业来讲是方便了,什么样的企业就执行什么样的制度,但报表的汇总趋于统一,无论工业、商品流通、交通运输等,基本都是资产负债表、损益表、财务状况变动表。如存货,在资产负债表中设一个存货项目,生产企业列原材料,商业企业是库存商品,一个存货概念全包括了。资产负债表和损益表有很大的通用性,商业和工业完全可以汇在一起。凡是独立核算的企业属于哪个行业就执行哪个行业的会计制度,不是独立核算的企业以其主营业务确定执行何种行业会计制度,兼营或附营业务属于其他业务,但有一种情况比较特殊,如饭店有商品部、旅行社往往是主营业务并列,就分不出主营、附营业务,需要单独考虑。下面分别介绍这几张表。

第一张表:资产负债表。它与资金平衡表的区别有三点。打破了资金平衡表三段平衡的体系,要求总额平衡。平衡原理不同,资金平衡表是资金来源 = 资金占用,资产负债表是资产 = 负债 + 所有者权益。资产负债表是按照流动速度来排列的,流动速度越快的、变现能力越强的项目排在前面,因此,流动资产排在前面,固定资产排在最后。从此表可以看出流动资产和流动负债的比例,这个指标在国际上是很重要的,可以用于考核企业变现能力和偿债能力。资产负债表的栏目还划分为期初数和期末数。

第二张表:损益表。损益表亦称利润表。它实际是一个动态表,反映当期所有的收入减所有的支出,最后结出利润总额或亏损总额。这里有一个新概念,销售折扣与折让。随着企业转换经营机制进入市场经济以后,就必然有这项业务。销售折扣包括商业折扣和现金折扣。商业折扣好理解。现金折扣是一种融资行为,反映货币的时间价值,在同对方签订融资收款时商定,如 10 天之内付款,给 2% 的折扣,20 天内付款,给 1% 折扣,一个月内付款,就不给折扣。企业做账时,发票按照原来的价格开具,销售实现以后,为促进购货方提前付款,同意给折扣,这种折扣应当作为财务费用处理。销售折让是商品销售以后,由于产品质量、数量的原因,不符合要求,对方要求退货,企业可以打百分之几的折让,避免退货。在报表上商品销售要反映毛收入,发票是多少,收入就是多少,折扣与折让要在商品销售收入下作为减项反映。还有一点需要说明,企业以前采用的是全部成本法,企业管理费等间接费用构成产品成本,作为产品销售成本在利润表中反映,现在采用制造成本法,这部分间接费用作为当期负担,不计入销售成本,因此在损益表中将财务费用、管理费用单独列项反映,从当期利润中扣除。税后分来的投资收益,也要计入利润总额,但投资收益不属于营业利润范畴,因为在联营单位已经体现了,因此要在营业利润下单独列项。金融企业中的投资公司特殊,它是以投资为主营业务,其投资收益应作为营业收入处理。从营业税来讲,投资收益是不纳税的,但投资公司的投资收益作为主营业务收入应当交纳营业税。

此次改革,统一了各类企业的利润总额的构成,改变了过去利润总额各个行业不一致的状况。

$$\frac{营业}{收入} - \frac{营业}{成本} - 费用 - 税金 = \frac{营业}{利润}$$

$$\frac{营业}{利润} + \frac{其他业}{务利润} \pm \frac{营业外}{收\ 支} + \frac{投资}{收益} + \frac{补贴}{收入} + \frac{出口}{退税} = \frac{利润}{总额}$$

第三张表:财务状况变动表。这张表是引进来的,借鉴了外商投资企业会计制度的做法。此表的结构分左右两方,左方分资金来源和资金运用两大部分,用资金来源减去资金占用的差额就是流动资金增加净额。右方反映流动资金各项目的变动。这张表既不是动态表,也不是静态表,而是介于资产负债表和损益表之间的报表。外商投资企业早已编制这张表。企业推向市场,资金管理和财务分析是至关重要的问题,一定要使资金运转起来。可见这张财务状况变动表是非常重要的,但目前这张表还没有被所有企业认识。

行业会计制度没有规定的报表,比如成本报表,准备放给主管部门和企业自定,还有商业企业的商品流通费表,也考虑下放给企业和主管部门,将来财政部如果需要一些主要指标,将在年度汇总报表时加以补充。

关于资金类报表,比如固定资产表,投资增减变动情况表。按行业制度,专用基金不存在了,要么属于权益要么属于负债,全都分解了,也就没有必要再编制专用基金报表了。有一些按销售收入一定比例提取的专项基金,如新华书店的网点建设资金,工业生产企业按销售收入的一定比例提取的新技术开发基金,在财务政策不变的情况下,会计制度怎么办? 要有个变通的或过渡的处理办法。关于会计报表问题就介绍这些。

四、行业会计制度与准则的实施问题

从明年起实施行业会计制度和准则,这是定了的,而且不搞试点,全面铺开。因为新制度和原制度是两套体系,如果新老并存的话,就会造成混乱。在贯彻实施当中,首先要借助中企处和其他各有关方面的力量。这不仅是观念的转变,还有业务培训及排除来自方方面面的阻力,我们准备在制度出台以后,针对会计准则、行业制度的实施发个文件,至少要明确一点,有了行业制度和准则,现行40多个部门制度同时废除。这次会计改革是一项庞大的系统工程,被广大会计工作者掌握并得以贯彻实施并非易事,因此培训工作至关重要,必须通盘考虑。准则的培训通过电视台,行业制度的培训分层次进行,今年年底以前,培训工作要做到基层会计人员。我们还要准备下发新旧科目对照以及调整账目的会计处理,做好新旧制度的衔接工作。

（本文系作者 1992 年 11 月在财政部驻各省财政厅中企处新会计制度培训班上的报告）

深化我国会计改革的若干思考

从 1993 年 7 月 1 日起,我国进行了重大的会计改革,实施了《企业会计准则》和行业会计制度。随着我国社会主义市场经济体系的逐步形成,现代企业制度的逐步建立,对会计又提出了新的要求。目前,财政部正在积极草拟具体会计准则,并以"征求意见稿"的形式陆续印发,广泛征求意见。在新的情况下,需要对已经发布的《企业会计准则》和行业会计制度的实施情况进行总结,明确下一步会计准则和行业会计制度改革的目标、方案设计和具体实施步骤。对这一问题,会计界有各种不同的见解,笔者想谈谈个人的看法,与广大财会人员进行商榷。

一、会计改革的目标

在进行了财税、金融和外汇体制等项改革之后,我国经济体制改革的重点是进行国有企业公司制改造,转换企业经营机制,建立适应市场经济要求、产权清晰、权责明确、政企分开、管理科学的现代企业制度。深化会计改革的基本原则,应当是配合经济体制改革,建立与社会主义市场经济和现代企业制度相适应的、体现国际惯例的会计体系。

二、会计改革的方案设计

总结我国《企业会计准则》和行业会计制度的实施情况,对下一步深化会计改革的方案有如下几种意见。

(1) 建立统一的会计准则体系,取消行业会计制度,企业在遵循会计准则的前提下,根据自身实际情况设计和规定自己的会计制度

目前,美国、英国、加拿大等国基本上采用这种模式。这一方案,对于企业的会计核算有很大的灵活性,能够适应企业经营发展对会计核算的要求,满足不同行业、不同类型和经营方式多样化的需要。但是,这一方案可能会影响会计信息的可比性,对会计人员的业务素质和企业的管理水平要求较高。

(2) 完善统一的行业会计制度,以会计制度作为我国企业会计核算的基本规范,不制定会计准则,把会计准则的内容融于会计制度之中

新中国成立以来,我国的企业会计核算工作一直是通过分部门、分所有制、分行业的会计制度加以规范的,各类企业都可以依据统一的会计制度进行操作。如果采用这

一方案,广大会计人员比较习惯,易于接受,能够保证会计制度和会计信息的统一性,便于贯彻执行,也能够满足国家宏观调控对会计的要求。但是,实施统一的会计制度,不利于企业会计核算灵活性的发挥,不能完全满足企业经营内容、经营方式多样化的需要。

（3）在建立会计准则体系的同时,保留会计制度,会计准则与会计制度共同对企业的会计核算发挥规范作用

这一方案的特点,能够使会计准则和会计制度有机地结合起来,形成具有中国特色的会计体系,同时也借鉴了国际惯例。

采用这一方案,会计准则和会计制度各有侧重,准则侧重于经济业务的确认、计量、报告要求等方面的规范,会计制度侧重于科目设置、账务处理和会计指标体系,对会计要素和经济业务等项进行确认和计量的内容,有机地融入会计科目和会计报表之中。会计准则的规定原则些,会计制度的规定尽可能具体化。

本人认为,建立了统一的比较完善的会计准则体系之后,就可以取消由财政部统一制定的行业会计制度,企业在遵循会计准则的前提下,根据自身的具体情况设计自己的会计制度,或者委托会计师事务所协助设计会计制度。但从我国现阶段实际情况看,取消统一的会计制度有相当的难度,广大会计实务工作者将会无所适从,从而导致混乱。财政部将来可以考虑将现行的十几个行业会计制度除极个别的特殊行业外,均合并为一套示范性的企业会计制度。

三、我国会计准则体系的建立

对于如何建立我国的会计准则体系,在结构和层次分类上,可以有不同的模式。

（1）关于我国会计准则体系的框架结构,有两种方案可供选择：一是采用国际会计准则体系的结构。国际会计准则体系是从财务概念框架开始到准则的内容逐一加以规定的,每项准则由引言、定义、正文和附则构成,并且包括了很多说明性文字。我国目前起草的部分会计准则征求意见稿,在结构上与国际会计准则体系的结构比较接近,但是引言和定义的规定不符合我国的习惯。二是选择符合我国习惯的会计准则结构。所谓我国习惯,在结构上均以条款方式加以规定,把引言、定义的内容与正文融合在一起,以法规的形式,强调应该怎么办,不应该怎么办。

（2）关于会计准则具体项目的确立。目前财政部已确立了约三十个准则项目,包括应收款项、投资、存货、固定资产、无形资产、递延资产、应付项目、所有者权益、借款费用资本化、收入的确认、租赁、外币业务、研究与开发、社会保障、易货贸易、期货、会计政策、关联方揭示、所得税会计、或有和约定、企业合并、资产负债表、损益表、现金流量表、结账后事项、合并会计报表、银行基本业务、保险业务、石油天然气业务等。

这些项目中的一部分,财政部会计司已经发了征求意见稿,大部分正在研究中。已

经确立的这些项目是否妥当,还有哪些项目需要立项,也需进一步研究。

（3）关于会计准则项目的层次分类。会计准则可以分为两个层次,第一层次为基本会计准则;第二层次为具体会计准则,具体会计准则还可以进一步分为会计要素准则、会计报表准则、特殊业务准则。所有会计准则（包括基本准则和具体准则）都将按照自然顺序编号,形成我国的会计准则体系。

财政部1992年年底发布1993年实施的《企业会计准则》属于基本准则的层次,其内容还有待于修改完善。

四、进一步完善行业会计制度

进一步完善行业会计制度可以作如下设想。

（1）关于会计制度的内容。在我国,会计制度的内容主要包括会计科目、会计报表两大部分,会计科目部分规定会计科目的设置和科目使用说明,会计报表部分规定会计报表的种类和编制方法,另外还附有主要会计事项分录举例。

会计制度应包括哪些内容与是否制定会计准则有关,如果只制定会计制度不建立会计准则,会计制度应当包罗万象,保留其应有的全部内容;如果采用会计准则和会计制度并行的方案,会计准则可以原则些,会计制度的内容应当详细具体。

（2）关于会计制度的种类。在保留会计制度、不制定会计准则的情况下,应当维持现有的行业制度不变,只在内容上做一些必要的调整。

在会计准则和会计制度并行的情况下,现在的行业会计制度应当再进一步合并,建立工商业、金融业、保险业、服务业等四个行业会计制度;或者对所有企业制度定一个通用的会计制度,但由于银行业比较特殊,需要单独制定一个银行业会计制度,适用于商业银行及政策性银行。

五、改革现行的汇总会计报表体系建立会计信息系统

汇总会计报表属于会计制度的组成部分。随着社会主义市场经济体制的逐步建立,我国延续几十年来对预算内国有企业的报表汇总所取得的会计指标,已经逐渐失去它的实际意义,必须进行改革。改革的目标是建立会计信息系统,利用现代化手段将基层企业的会计报表输入计算机,通过计算机进行不同的分类、整理和加工,生成能够满足各方需要的指标体系,在短期内,要尽快改变年度分行业、分所有制、分部门布置和汇总会计报表的状况,设计一套统一、通用的会计报表格式,以满足宏观管理的需要。

六、会计准则和会计制度的制定与发布

建立我国的会计准则体系是一个庞大的系统工程,完成这一工程必须有相当数量和质量的人力资源,并采用科学的工作方式,准则完成后的发布形式也是至关重要的。

（1）从一年多来的实际工作看,起草会计准则和完善行业会计制度的工作集中在财政部会计司,同时聘请了德勤国际会计公司和国内专家组提供咨询,在起草过程中,还广泛征求了国务院各有关部门和各地财政部门、有关大专院校、学术团体以及基层企业的意见。

会计准则和会计制度的发布机构为中华人民共和国财政部,这样做可以使会计准则和会计制度具有权威性和约束力。

（2）成立会计准则委员会,作为建立我国会计准则体系的咨询机构。这有利于动员各部门、各方面的力量,广泛吸收各方面的意见,体现会计准则的公正性和客观性。

七、会计准则和会计制度的实施

会计准则和会计制度实施时间应该是同步的,因为会计准则和会计制度都是我国会计标准体系的组成部分,可以考虑选择如下设想。

（1）会计准则和会计制度全部完成之后,统一发布实施。具体日期可以考虑从1997 年 7 月 1 日起实施,在此之前还有近两年时间,在这段时间内,应积极做好发布之前的制定工作。

（2）采用分散发布实施的方式,成熟一个,发布实施一个;或者比照目前发布实施所得税会计和合并会计报表暂行规定的做法,先以会计制度暂行规定的形式印发,作为会计制度的补充。待条件成熟后,再以会计准则的形式发布。这样做,可以使企业逐步适应新的情况,避免集中发布所带来的压力。

（本文载于《商业会计》1995 年第 5 期）

当前会计理论研究中的几个问题

随着社会主义市场经济的快速发展,会计工作的重要性日益突出,为会计工作提供理论支持的会计理论研究已显得越来越重要。理论来源于实践,反过来为实践服务,这是马克思主义认识论的基本原理,会计理论尤为如此。当前,我国正处于经济发展的转轨时期,会计工作备受各方面关注,如何做好会计理论研究,切实为会计实践服务,为社会主义市场经济服务,是我们面临的一大课题。

一、会计理论研究的功用

理论主要是由一系列的概念、假设、定义、原则等所组成,其目的在于对客观现象作出合乎逻辑的解释和预测。会计理论顾名思义是在会计这一专业领域内形成的理论,会计理论的建立过程实际上也就是对各种现象之间的内在联系进行观察、分析和推理的过程。会计理论研究的功用,主要有以下几个方面。

1. 对过去的会计实务进行总结和评价

考察一下世界各国的会计实务发展史,可以发现,各国的会计实务基本上都走过从无序、混乱到逐渐趋于规范这样一条道路。而在这一过程中,会计理论研究发挥了关键作用。这种作用首先就是对过去会计实务的总结和评价。

会计理论的研究过程,在很大程度上是对过去实务的总结过程。科学理论体系的形成,需要人们对过去的实践进行总结和提炼。作为一门科学,会计学有一套符合本身逻辑的理论体系。但就其性质而言,会计学是一门应用类科学,它与某些基础性科学存在明显区别。所有的会计理论,最终都须与(过去的、现在的或未来的)会计实务相结合,否则这种理论就失去意义而变得没有生命力。"前车之鉴,后事之师"。通过理论研究工作者对实务的总结,一方面可以从过去合理的会计实务中提炼出理论成分,完善整个会计理论体系;另一方面可以加深对过去不合理的会计实务的认识,帮助会计人员尽量避免再犯以前已犯过的错误,提高会计实务的总体水平。

会计理论的研究过程,同时还是对过去的会计实务进行评价的过程。评价某项事物,需要一套评价机制、评价依据和评价标准。在会计领域内,评价会计实务的主要依据是会计制度、会计准则等一系列会计规范,但这些规范是依据一定的理论制定出来的,所以评价会计实务的根本依据还是会计理论。根据现有的会计理论体系,我们可以判断过去某项会计实务是否符合逻辑,在理论上是否合理,从而作出相应的评价。当然,这里隐含着一个基本前提,即会计理论体系本身应该是合理的。在现实生活中,评价会计实务还有一个很重要的标准,即会计实务是否合法。一般而言,如果有关的法律法规都是合理的,合法性问题最终还是归结为合理性问题。通过会计理论研究工作者的努力,会计理论体系的内在合理性将不断提高。

2. 为当前的会计实务服务

会计实务是会计理论研究的土壤,理论研究成果理应为会计实务服务。随着全球经济一体化的发展和资本市场的进一步扩张,企业的日常经济活动越来越趋于复杂化,企业会计面临的新问题也越来越多。许多会计事项是企业会计人员以前未曾遇到过的,而在现有的会计法规中又找不到相应的规范做法。在这种情况下,一是靠会计人员的职业判断(这种职业判断是建立在一定的理论功底基础上的),二是需要会计理论研究者进行研究,并提出可行的做法。从这个意义上说,会计理论研究还肩负着开拓新的会计实务的重任。

3. 为会计准则建设提供理论支持

会计准则是对会计实务的一种规范,其对会计实务的影响是显而易见的。我国目前正处于大力建设会计准则时期,迫切需要强有力的理论支持。通过会计理论研究,不但可以为准则的制定提供理论依据,还可以向会计人员解释为什么准则要这么规定。因此,会计准则建设和会计理论研究是相辅相成、不可分割的。到目前为止,我国已颁布了8项具体会计准则,这些准则无一不是会计理论研究和实务相结合的成果。美国会计学会发表的《论基本会计理论》和美国财务会计准则委员会发表的《财务会计概念公告》,都是高水平的理论研究成果,这些成果为美国会计准则的制定作出了不可磨灭的贡献。英国、加拿大、澳大利亚和国际会计准则委员会等均有类似情况。与国外相比,我国会计理论研究仍需作出更大的努力。

4. 为未来的会计实务指明发展方向和目标

会计理论研究不只局限于当前,更重要的是着眼于事物的未来发展。通过会计理论研究,可以预测未来可能出现的会计事项及其所带来的会计问题,并提出可行的处理方案。此外,在很多情况下,理论转化为实践是需要一个过程的。提前做好理论上的准备,实际应用时才可做到胸有成竹。例如,早在20世纪六七十年代,就有人提出用"事项法"(events approach)来处理和提供会计信息,但由于受当时科学技术水平的限制,这种理论并没有得到普遍重视。但在信息技术高度发达的今天,随着人们对会计信息的需求日益加大,"事项法"理论开始体现出其价值。这说明,会计理论的超前性研究,具有非常重要的作用。

二、我国会计理论研究的现状和面临的任务

分析我国会计理论研究的现状,需要我们以历史的、辩证的眼光看问题。新中国成立以来,尽管经历了风风雨雨,我国的会计理论研究者仍不懈努力,为会计理论体系的建设作出了很大的贡献。但从总体上看,目前我国的会计理论研究水平还有待提高。只有清醒地认识会计理论研究的现状,才能体会所面临的任务之艰巨。以下从几个方面作些分析和讨论。

1. 对我国会计理论的发展缺乏系统的概括和总结,我们应当正视这一现象并积极努力

我国的会计事业发展到今天,凝聚了广大会计专家、会计人员众多的智慧。如何将这些智慧抽象出来,容纳到会计理论体系中,是我们面临的一项重要任务。我国的会计工作,有许多特点是其他国家所没有的,对其做理论上的总结,既是对我国会计事业的贡献,更是对世界会计事业的贡献。我国老一辈的会计学家中,有的不仅在国内、而且在国外具有较大的影响。在他们的会计生涯中所创造的思想、观点和理论,是会计界的宝贵财富。我们有责任将其整理出来,使之系统化,丰富会计理论宝库,以利于后代了解中国的会计理论发展,更好地为实践服务。

理论总结是繁重而艰巨的。它要求理论研究工作者能放下个人的名利,凭着奉献精神,扎扎实实地做好这项工作。可喜的是,我国会计理论界已有一些专家学者意识到理论总结工作的重要性,并着手作了一些研究工作,取得了令人满意的研究成果,我们期待着能有更多的会计界同仁加入到这项工作中来。对我国 20 世纪会计理论的发展和研究成果进行系统地概括和总结,为 21 世纪会计改革和发展奠定良好的理论基础。这是我们的首要任务。

2. 作为经济体制转换国家,会计问题具有复杂化和多样化的特点,需要在理论上加以研究

我国是一个处于经济转换过程中的国家,许多经济现象是西方发达国家所没有的。生搬硬套西方的会计理论,在应用时必然脱离实际。如果我们的会计理论研究,能够站在我国的土壤上观察问题,采用科学的、切合实际的研究方法,以解决或有助于解决我国的实际问题为己任,那么研究成果将会大为改善。

多年以来,国际范围内的会计研究一直以西方发达国家经济发展过程中的复杂业务为中心,这样会在一定程度上有失偏颇。随着世界各国经济逐步实现一体化,发展中国家会计协调正日益受到投资和金融界的密切关注。许多计划经济国家正在实行市场导向的经济改革和体制转换,会计制度改革和国际协调成为经济体制转换的重要环节。鉴于转换国家会计问题的特殊性和重要性,国际会计准则委员会已于 1998 年成立了发展中国家和体制转换国家会计指导委员会,着手全面研究发展中国家和体制转换国家的会计问题。我国已加入了这一委员会,因此这方面的研究应成为近期会计理论研究的一个重点。

3. 深入研究防范和化解金融危机中的财务会计问题,包括衍生金融工具会计问题等

有关分析表明,亚洲金融风暴已给我国经济带来一定的影响。东南亚金融危机的

发生,与信息披露的透明度不够有直接关系,同样给会计信息披露敲响了警钟。国际上一些非会计机构也已将信息披露的透明度提到议事日程,投入大量的人力物力进行研究。会计信息作为对外提供信息的重要组成部分,自然是研究重点之一。这方面的研究,对大多数会计人员来说,可能是一个较新的领域,因为涉及的相关学科知识比较多,也比较复杂。但是,从会计角度展开有针对性的研究,对防范金融风险具有重大意义,应该引起我国会计理论工作者的高度重视。

衍生金融工具是一种很复杂的金融交易和投资手段,其主要目的不是用于资金借贷,而是用于转移资产价值波动所引起的价格风险,即用于保值或投机。由于衍生金融交易可以以小搏大,因此衍生金融工具就像是一把双刃剑,高风险和高收益并存。近来衍生金融工具发展迅速,但是由于未能对其加以有效地监管,国际上已发生了一系列的巨额亏损案。比如美国奥兰治的破产、英国巴林银行的倒闭,等等。这些惨案的发生,与会计未能及时披露衍生金融交易背后潜在的巨大风险有直接的关系。衍生金融工具已对传统会计理论和实务带来了很大的冲击,世界各国会计机构纷纷作出反应,并制定了一系列的会计准则。但这些准则仍远远没有解决衍生金融工具所带来的会计问题,需要我们进一步的深入研究。

4. 开展有关企业改组、兼并及资产重组(企业合并)会计问题的研究

我国的企业改革已进入攻坚阶段,企业改组、兼并及资产重组(企业合并)已成为当前经济发展过程中较为普遍的现象。我国企业的改组、兼并与资产重组,特别是国有企业的改组、兼并及资产重组,与发达国家有很大的区别。在发达国家,企业的改组、兼并与资产重组,基本上是一种市场行为,交易价格也是建立在市场公允价值基础上的。在这种情况下,对资产转移的判定和交易损益的确认计量,具有较为客观的基础。而在我国,企业的改组、兼并与资产重组既有市场行为因素,同时又混杂着其他诸多因素,这就使得资产转移的判定和交易损益的确认计量变得十分复杂。新情况、新问题、新事物不断涌现,所涉及的会计问题迫在眉睫,迫切需要我国会计理论工作者开拓思路、大胆创新,提出切实可行的措施。

5. 结合我国实际进行管理会计的应用与发展问题研究

管理会计在企业管理系统中发挥着非常重要的作用。作为侧重于对企业内部管理决策服务的信息系统,管理会计与财务会计有着很大的区别。管理会计扎根于不同企业的实际情况,从企业本身管理需要出发,其理论和方法是多种多样的。正因为如此,迄今为止,管理会计仍没有形成一套像财务会计一样较为成熟的理论体系,其基本原则、基本方法仍未定论。

实际上,在我国企业多年的实践中,不同层次地存在与管理会计有关的问题,但在理论研究中存在较大的缺陷。一些管理会计方面的文章,偏重于介绍国外的管理会计,热衷于罗列大量的数学公式,与我国企业实践具有较大的差距。我国会计理论工作者

应结合实际,研究和建立我国的管理会计理论。

6. 研究改进企业财务报告问题

财务报告的根本目标是向信息使用者提供决策有用的信息,在不同的历史阶段,信息使用者对会计信息的需求是不同的。现在我们正步入信息技术时代,信息使用者的信息需求已发生了较大的变化。人们从关注历史信息转向关注未来信息,要求披露的信息量和范围大为扩大,对会计信息质量(比如相关性和可靠性、可比性和一致性等)的理解也发生了一些变化。在这种情况下,传统的财务报告已暴露出很多的局限性,难以满足信息使用者的需要。而我国一些企业的财务报告,仍在一定程度上带有计划经济的痕迹,不能适应市场经济发展对财务报告的要求。综观世界各国,已纷纷开展与此有关问题的研究。这一问题也应引起我国会计理论工作者的注意。

7. 继续开展与会计准则有关的理论研究

目前我国已颁布了《关联方关系及其交易的披露》、《现金流量表》、《投资》、《收入》、《建造合同》、《债务重组》、《资产负债表日后事项》、《会计政策、会计估计变更及会计差错更正》等8项具体会计准则,今年还将继续制定和发布具体会计准则。在制定和发布会计准则、建立我国会计准则体系的过程中,将会涉及大量的会计理论问题。例如,从各国会计准则制定机构的经验来看,制定准则时所遇到的一大难题是如何处理各种备选方案,如何在其中做出选择。由于每种备选方案均有其理论背景,所以一般情况下不可能简单地判定孰优孰劣。这时理论研究需要做的工作是,在考虑成本效益原则的前提下,哪一种方案更能贴近实践,既能提供有用的信息,又能在实务中推开,从而为准则制定提供有益的参考。

8. 加强非营利组织会计问题的研究

非营利组织会计问题,是各国会计理论研究中的一个重要领域。在我国,非营利组织会计似乎包括行政单位会计和事业单位会计。但在传统的行政事业单位会计核算中,基本上是以收付实现制为基础的,核算重心在于经费的收付和使用,而对经费使用单位的会计责任(accountability)则不太重视。这种模式对行政事业单位的业绩考核和评价是很不利的。根据我国形势的发展需要,借鉴国际惯例,我国已开始了对非营利组织会计的研究,主要的问题就是将会计基础从收付实现制转为权责发生制、引入资产、负债、基金等要素,建立非营利组织会计的框架。然而,目前这方面的成果还不是很多,需要广大会计理论工作者加大力度,积极投身到此项研究中来。

9. 开展会计人员管理问题研究

我国的会计人员管理体制是较为特殊的,其所涉及的问题比较广泛。国外对会计人员的管理,主要是通过行业自律,即通过会计职业团体来实施的,会计人员资格基本上只有注册会计师(包括特许会计师、公认会计师等,个别国家还有管理会计师),因此可理解为一条线管理。而在我国,除注册会计师外,还有高级会计师、会计师、助理会计师、会计员以及所有会计从业人员在内的另外一套资格管理体系。这就为我国会计人员资格管理、评价、培训和后续教育等一系列工作提出了新的要求。

会计人员委派制，是值得我们研究的另一个新生事物。我国是从计划经济转向市场经济的，国有资产在企业资产中占有很大的比重。加强国有资产的管理，保证国有资产的完整，集中体现为国有资产的保值增值。向国有大中型企业委派会计人员，是一条新的思路、新的措施。这种新的做法是否成功、有哪些地方需要改进，以及这种做法所依据的理论基础等问题，都是需要在理论上深入研究的。

10. 研究知识经济对会计的影响

从全球范围看，正在走向知识经济时代。由于计算机技术和网络的飞速发展，将给世界各国的经济发展带来一场革命，其影响波及社会各个领域。知识经济对传统会计的冲击主要体现在对会计主体、会计分期、持续经营和币值稳定等基本假设、历史成本原则及权责发生制等方面。比如，由于"网络公司"的大量出现，会计主体已不再限于传统的含义，由于信息处理技术手段先进，会计分期变得不再像原来那么重要，非持续经营也将变得比较普遍。由于即时价格变动很容易地通过计算机来处理，币值稳定假设也并非必需。这些问题都需要会计理论工作者有一个清醒的认识，及时开展有针对性的研究，迎接新的挑战。

除以上所列的问题以外，还有许多经济转换时期所出现的、与建立和发展市场经济密切相关的复杂问题值得我们探究。广大会计理论工作者应具备前瞻性和敏感性，积极努力，为我国会计理论研究献出自己的才华。

三、会计理论研究应遵循的一些原则

1. 坚持双百方针

我国会计理论的研究要保持其旺盛的生命力，要真正起到推动会计发展的重任，不仅需要有一支优秀、敬业的研究队伍，还需要营造允许不同学术流派、不同学术观点自由争论的良好氛围。真理只会越辩越明，会计理论的研究也只有坚持"百花齐放、百家争鸣"的方针，才能形成"百舸争流"的繁荣景象，这一点实际也已被我国会计发展史所证明。"大跃进"和"文化大革命"期间，政治挂帅，而会计的本质又被其阶级性一统天下，会计理论的研究带有鲜明的政治色彩，甚至在政治运动剧烈的时候，会计理论的研究几近停滞。1978年改革开放之后，人们的思想得到了逐步解放，会计理论界"百花齐放、百家争鸣"的局面也逐步打开，这其中尤其值得称谓的是会计理论界对于会计本质的广泛而激烈的讨论，各种观点、各种流派各抒己见，精彩纷呈。我国会计界不仅从西方成功引进并发展了会计的"信息系统论"，而且还创造性地提出了会计的"管理活动论"，同时还提出了会计的"艺术论"、"工具论"、"技术论"、"资金运动论"、"控制论"等观点，通过讨论，大大拓宽了我国会计理论研究的视野，突破了改革开放前会计阶级性

对理论研究的束缚,并对会计目标、会计对象、会计假设等有了全新的认识,有些流派还形成了自身较为完整的会计理论体系,在指导实务的过程中,提升了会计在国家宏观调控和企业管理中的地位。总结过去,我们可以看到,这些成果的取得,主要得益于改革开放后我们所坚持的"双百"方针,这种自由争鸣、自由讨论的学术气氛,使得我国整个会计理论研究水平上了一个台阶。

如今,我国的改革开放进入了关键时期,会计改革亦进入了一个新的发展阶段,在这一时期,无论是会计准则的制定,还是证券市场与会计的互动发展,都比以前更加需要理论的支持,也更需要在理论研究中坚持"双百"方针。我们在会计理论研究中积极倡导"双百"方针,开展深入的讨论,充分发表自己不同的理论观点,缺乏自己观点的理论讨论是没有说服力的。应该看到,尽管改革开放以来,我国会计理论研究在这方面已经取得了长足进步,但还做得很不够,我们主张会计理论的研究要有自己的特色,不能人云亦云;同时也要防止和避免在学术研究中出现独断专行的现象。"兼听则明,偏信则暗",只有虚心听取他人的意见,学习他人的长处,才会共同提高我们的会计理论。

2. 在会计理论研究中,我们需要会计理论和实务工作者携起手来,互相促进,共同为我国的会计改革与发展、为社会主义市场经济服务

实践是检验真理的唯一标准,对会计理论而言亦是如此,会计理论研究的成果究竟是不是真理,也必须由实践来证明。因此,会计理论研究工作者在从事会计理论研究时,必须坚持理论联系实际的原则,必须考虑所研究出来的研究成果有无现实基础,有无应用价值,有无针对性,否则就是纸上谈兵,空中楼阁,应予摒弃。如前所述,会计学本身就是一门应用性很强的学科,如果在会计研究过程中脱离实际,闭门造车,热衷于搞一些晦涩难懂的东西,那么会计研究成果就很容易丧失其生命力,会计研究工作也将因其不切实际的泛泛而谈而得不到社会应有的重视。近年来,随着我国企业经营机制的转换和证券市场的发展,会计理论界结合发展中出现的问题,做了一些有针对性的、有助于解决实际问题的研究,比如,理论界对于资产重组中会计问题的研究,对于国有企业改组中会计问题的研究,对于合并会计报表会计问题的研究等,一方面顺应了实务界对会计理论的需要;另一方面也为国家有关政策和制度的制定提供了参考。毫无疑问,在未来我国经济的持续发展过程中,各种各样需要理论界作出解释和提供理论支持的会计问题还会不断涌现,这就更需要会计研究工作者坚持理论联系实际的原则,本着"不唯书、不唯上、只唯实"的精神,从事科学研究,解决实际问题,以真正体现会计理论研究的价值所在。

3. 合理借鉴国际成果,不搞迷信崇拜

近年来,我国会计的国际化进程明显加快,会计准则和会计制度逐步摆脱传统体制的束缚,向国际惯例靠拢。在这一背景下,会计理论界向国内引介了大量西方会计准则和会计研究成果,为我国会计的转轨和会计国际化起到了积极的推动作用。同时,我们

也看到,不少会计学者在借鉴国外成果时,存在着一定的盲从性,有些甚至主张将国外成果原封不动地搬套到我国,并对我国会计研究和会计改革提出一些不切实际的想法。如对国外管理会计的研究中,妄自菲薄的现象尤为突出。我们认为,这种思想对于我国会计理论研究的长远、独立的发展是十分不利的。众所周知,国外的会计理论研究成果都有其适用的国家环境和特殊背景,因此其研究结论并不一定具有普遍性,在国外被证明合理的、行之有效的研究成果,在与其政治、经济、文化背景和会计职业发展水平相异的我国,就有可能不适用。以会计准则的国际协调为例,尽管经过国际会计准则委员会20多年的努力,制定出了一套较为系统的国际会计准则,但大家都知道,国际会计准则其实亦是各国妥协的结果,而且迄今为止,真正按照国际会计准则作为本国会计准则的国家并不多,各国会计准则的差异依然存在,有些国家之间甚至还存在着较大差异,这也从另一个侧面说明了各国会计准则实际上都是有其特定的会计环境所决定的,而且与其特定的外部环境相适应。因此,我们在借鉴国外会计研究成果时,不要忽视其前提条件和适用环境,应当合理借鉴,不搞迷信崇拜。

4. 研究方法多样化

科学的理论来自科学的研究方法,这是一个公认的原理,然而我国会计理论界在认识这一原理上却走了较长的一段弯路。长期以来,针对什么是科学的研究方法,以及在研究某一具体现象时应采用何种研究方法这些问题,我国会计界在认识上并没有给予足够的重视,这在很大程度上影响了我国会计理论研究成果的质量和水平。

从不同的角度看,会计研究方法可以有很多种。最常见的主要有两种,一是规范研究方法,一是实证研究方法。很长时间以来,我国会计研究基本上都是采用规范研究的方法,近一时期才陆续出现了一些实证研究成果。实证研究一个显著的特点是用数据说话,目前世界上几本高水平的会计学术杂志所刊登的论文几乎全都是实证研究成果,因此实证研究已引起了我国许多研究者的兴趣。目前国内有一种观点,认为只有实证研究方法才是科学的研究方法,其实这种观点有偏。规范研究只要遵循了严密的推理和严谨的求证程序,保持内在逻辑上的一致性,同样是科学的研究方法。更何况规范研究和实证研究两者之间本身并不矛盾,而是相辅相成、互相促进的。实证研究如果没有规范推理的假设和对其实证结果进行规范的解释、提纯和升华,实证研究亦很难成为一门科学。相应地,规范研究如果不经过实证的检验,其结论的有效性亦将大打折扣,由此可见,在我国会计研究的进程中,两种研究方法缺一不可,只有两种研究方法齐头并进,倡导科学的学术风气,才能从根本上提高我国的会计理论的研究水平,为我国会计事业的长远发展作出应有的贡献。

（本文载于《会计研究》1999 年第 2 期）

加强会计理论研究
推动我国会计准则建设

当前我国正处在建立和发展社会主义市场经济的时期。"经济越发展,会计越重要",改革开放以来,经济的发展对会计产生了巨大的影响,特别是在改革会计制度、建立和完善会计准则体系这一方面,对会计提出了较高的要求。我国广大的会计理论和会计实务工作者以极大的热情积极投入到会计改革的伟大实践中,为建立和完善我国的会计准则体系作出了重要的贡献,但是,我们所面临的任务是艰巨的,我们的目标还远远没有达到,需要做出进一步的努力。

一、会计理论研究在建立会计准则中发挥了重要作用

20 世纪 80 年代中期,财政部就开始了对会计准则的研究,当时对"会计准则"一词,很多会计界人士特别是企业会计人员感到十分陌生,对会计准则的概念、内涵、作用和目标等等不甚了了,认为会计准则就是会计账务处理规则或记账规则,甚至认为这完全是外国的东西,不符合中国的国情,从而没有引起有关方面的足够重视。这一时期,部分会计理论工作者开始撰写文章介绍会计准则,财政部会计司专门成立了会计准则组,开始了对会计准则的理论研究,并着手研究起草我国的《企业会计准则》。

80 年代后期至 90 年代初,改革开放进一步深入,我国经济与发达国家的经济联系更加广泛,经济事项逐渐复杂,由此而引发的会计上的新情况、新问题、新事物不断涌现,会计准则的研究随之日趋活跃起来。在此期间,财政部会计司会计准则组初步完成了《企业会计准则(草案)》的起草工作,1993 年 7 月,我国正式实施了《企业会计准则》,开始了以"两则"、"两制"为主要内容的全面的会计改革,改变了我国 40 多年来在计划经济体制下建立起来的会计框架体系,奠定了与社会主义市场经济相适应的会计模式基础,实现了我国会计与国际会计惯例的初步接轨。

嗣后,财政部继续进行以建立我国会计准则体系为重要目标的会计改革。会计司扩充了会计准则组,开始研究起草我国的具体会计准则,与此同时,成立了会计准则中方咨询专家组,并利用世界银行金融技援资金采用招标方式选定了德勤国际会计公司作为会计准则外方咨询专家组,为建立我国的会计准则体系提供技术咨询。总的来看,会计准则制定工作进展顺利。自 1995 年以来,财政部已先后印发了 30 多项具体

会计准则的征求意见稿,并向社会各界广泛征求意见。在会计准则制定工作取得重大进展的同时,我国与国际会计界的交流也逐渐增多,越来越多的国际组织更加关注中国的会计准则建设。1997 年 5 月,我国正式加入了国际会计准则委员会,并被邀请作为观察员参加理事会会议。现在,我国每年参加三至四次国际会计准则委员会召开的会议,与其他国家一起共同讨论、修改、完善国际会计准则,1998 年,经国家有关部门批准,财政部正式成立了会计准则委员会。

迄今为止,财政部已正式发布了《关联方关系及其交易的披露》、《现金流量表》、《债务重组》、《收入》、《投资》、《建造合同》、《资产负债表日后事项》、《会计政策和会计估计变更及会计差错更正》等 8 项具体会计准则。这些准则已在上市公司或其他企业实施。在此过程中,我国的会计制度也进行了改革与完善,发布了《股份有限公司会计制度》等新的会计制度。发布实施的 8 项具体会计准则和《股份有限公司会计制度》,已成为我国企业会计核算工作的重要规范和指南,对股份有限公司的规范和发展起到了十分重要的作用,也为会计中介机构人员从业提供了新的标准。

多年来,除了财政部会计司外,我国从事会计准则理论研究的工作者为了搞好我国的会计准则建设,在理论研究方面做出了不懈的努力,有关会计准则的论文经常见诸报刊媒体,有关著作也不时问世,充分体现了广大会计理论工作者的辛勤劳动和对我国会计准则建设的关注和支持。可以说,我国已经制定发布的会计准则,凝结着会计理论工作者共同的心血。从我国会计准则建立初期至今,会计理论工作者提供了很多宝贵的意见和建议,在会计准则建设中发挥了非常重要的作用。

二、会计理论研究应当继续为会计准则的制定与实施提供理论支持

建立我国的会计准则体系是一项十分复杂的系统工程。我们目前所做的工作,只是万里长征的第一步。20 世纪末和 21 世纪前期,我国的经济将逐步实现和完成从计划经济向社会主义市场经济的转变,与此相适应,建立和完善我国的会计准则体系就成为历史赋予我们的重任。会计理论工作者应当充分发挥自身的优势,与实务工作者携手共进,继续为建立和完善我国的会计准则体系作出贡献。

1. 开展会计理论研究,为会计准则制定机构提供建议

我国的会计管理体制是财政部管理全国的会计工作。会计准则由财政部会计司负责起草,并由财政部发布实施。一项会计准则的形成过程也就是会计理论的研究过程,需要会计理论工作者在深入研究的基础上,积极地提出建设性的意见。我们热忱地欢迎会计理论工作者对我国的会计准则制定工作提出自己的看法,也希望会计理论工作者站在经济体制改革的前沿,根据市场经济发展的要求,结合经济转轨过程中的特点观察问题,跟踪我国会计改革的进程,在广度和深度上,深入地开展会计准则的理论研究。

首先,要认真研究、宣传贯彻已经发布实施的会计准则。在我国,会计准则属于国

家的行政法规。作为行政法规,需要执行准则的企业认真地贯彻实施。否则,再好的高质量的会计准则也是没有意义的。贯彻实施已经发布的会计准则,除了各级财政部门、证券监管部门、会计中介机构以及其他方面努力工作外,也是会计理论工作者的首要任务。需要通过广泛宣传、专题报告、强化培训等有效措施,加强已经发布的会计准则的实施力度,真正使企业会计人员了解、掌握会计准则的各项规定,促进科研成果转化为生产力。

其次,对正在制定的会计准则提供反馈意见。准则的立项系根据我国经济发展的现实和客观需要,从立项到完成,要经过严格的工作程序、科学的工作方式,同时借鉴国际会计准则和其他主要发达国家的做法,形成征求意见稿,向国内外专家和会计实务工作者征求意见。1995 年以来,财政部陆续发布了 30 多项具体会计准则的征求意见稿,目前只有少数已经成为正式的会计准则发布实施,大部分仍处于征求意见中。包括存货、权益、租赁、外币折算、所得税、期货、企业合并、合并报表、清算,等等。1999 年财政部计划发布非货币交易、或有事项、中期报告、无形资产、借款费用、固定资产等项具体会计准则。这都需要会计理论工作者能够有针对性地开展理论研究,及时提供反馈意见。

再次,对未来需要建立的会计准则提出理论设想。如前所述,会计准则立项的依据是经济环境,而不是主观臆断,也不是教条地为建立会计准则体系而制定会计准则,而要解决经济生活中出现的实际问题。会计理论工作者在会计准则立项的研究时,不应只简单地停留在提出会计准则项目方面,而应当就某个准则项目从理论和实务两方面加以研究,提出该项会计准则的立项依据、具体方案及相关问题,这样的会计理论研究才是最有意义的。

最后,要重视和加强财务会计概念框架的研究。国际会计准则委员会,美国、英国、澳大利亚、加拿大等发达国家在会计准则制定过程中非常重视财务会计概念框架的研究,目前已建立了各自的概念框架体系,并且仍在修订和完善。财务会计概念框架主要明确财务会计中的一些核心概念、原则,它不但可以用来评估已发布的会计准则,以对原来的准则作出修订,还可以用于指导和开拓新的会计准则和会计实务。可见,在建立和完善一个国家的会计准则体系过程中,财务会计概念框架是非常重要的。不仅如此,有了财务会计概念框架,即使目前的会计准则不很健全,其缺陷也可在一定程度上由概念框架来加以弥补,我国 1993 年 7 月 1 日开始实施的《企业会计准则》,作为我国会计准则体系中的基本准则,部分地充当了概念框架的角色,在当时起到了规范和指导行业会计制度和企业会计实务的作用,但随着经济形势的发展,其中有些内容已经需要做进一步的修改和充实。这是一项艰巨的工作,需要做好各方面的准备。会计理论工作者应当十分重视和关注财务会计概念框架的研究,以利于完善我国的会计准则体系。

2. 深入企业调查研究,帮助会计实务工作者提高职业判断能力

会计准则来源于实践,反过来又指导实践。企业界在会计实践中有很多好的做法和成功的经验,需要我们的会计理论工作者去总结;会计准则在企业实施过程当中存在的问题,需要我们的会计理论工作者结合实际进行研究。理论研究不应当脱离实际工作这块土壤,否则就会变成"无源之水"、"无本之木",特别是会计这门应用科学,"闭门造车"和脱离现实的理论是缺乏生命力的。会计理论工作者应当与企业会计实务工作者一起合作开展会计研究。

毋庸置疑,我国企业界的会计人员有相当一部分是在计划经济条件下培养出来的,在计划经济时代发挥了重要作用。但是,计划经济体制下的会计制度是国家根据统一的财务制度制定的,以账务处理为主要内容,企业会计人员只是按照规定的会计处理方法、会计工作程序进行记账、算账、报账,很少需要进行独立的职业判断。在市场经济条件下,财政部发布的会计准则不是简单的账务处理规则,而是针对交易和事项的确认、计量和报告等方面所做出的规范,这些内容的规定是比较原则的,而且政策性较强。譬如,收入的确认、准备的提取、会计政策的选择等等,都需要在实际工作中根据具体情况判断实施。可见,提高会计人员的职业判断能力是至关重要的,也是十分迫切的。会计的职业判断除了需要有扎实的会计实践经验以外,更重要的是需要具备一定的会计理论水平。会计理论工作者应当在提高会计人员理论水平和职业判断能力方面有所作为。我们将继续通过举办学术研讨会、组织重点会计科研课题、开展实地调查研究等多种形式,加强会计理论界和会计实务界的沟通,逐步缩小两者之间的距离,以解决客观上存在的会计理论研究与会计实际工作"两张皮"的现象。

3. 与中介机构保持往来,丰富研究内容

会计中介机构是会计准则的主要使用者之一。会计准则是注册会计师开展业务活动的重要依据。无论是从事企业会计报表审计,还是给企业提供会计咨询,注册会计师都必须对会计准则有一个全面而深入的理解。由于注册会计师经常性地与企业打交道,因此,对于会计准则执行中存在的问题和建议,注册会计师接触得较为直接、也是比较多的。从国际经验分析,注册会计师是推动会计准则发展和完善的一支重要力量。最新的会计实务,注册会计师有可能比会计准则制定机构先接触到。从理论研究的观点看,注册会计师所掌握的材料是十分丰富而又具有吸引力的。特别是近年来,我国会计中介机构注册会计师的水平逐步提高,尤其在脱钩改制以后,会计中介机构的风险加大,审计质量日益重要,其高低往往关系到中介机构的生死存亡。由于对会计准则的理解与审计质量有直接关系,因此注册会计师非常重视会计准则的学习和研究,以提高其职业判断能力。会计理论工作者可与之建立友好的合作关系,从注册会计师的实践中取得研究素材,广泛开展案例分析,开辟和发展会计准则理论研究的新领域。

4. 立足本国国情,关注国外会计准则制定机构及准则发展动态

我国是一个发展中国家,目前正处于经济转轨时期,其社会经济运转和其他国家存在着明显的区别。无论是资本市场的规模还是其成熟程度,都不能与发达国家相比。许多经济现象,比如上市公司资产重组、资产置换、股权交换等,带有明显的中国特色,不能简单地和发达国家的同类经济现象相对应。这是开展会计准则理论研究的立足点。再如,我国的企业合并和世界其他国家也存在很大的区别,我国是公有制为主体的国家,很多企业是国家控股的,这使得研究我国的企业合并会计不能简单地采用国际上通行的会计理论和方法。又如,我国的社会保障事业虽然正逐步从原来的国家统包转向由社会、个人各负其责的有序状况,但目前仍未达到精算的地步,这也使得我国的保险会计、退休金会计不能简单地采用国际上通用的基于精算基础的会计处理方法。对于这些背景,理论工作者在从事研究时,应当有一个深刻的理解,这样才能够形成对我国会计事业有用的成果。

我们也应当看到,经济全球化是当今世界的发展趋势,资本跨国界流动是其中的一项重要内容。但是,对一个国家来说,国际资本的流入并非一定是好事,亚洲金融危机就是一个惨重的例子。目前全世界都在为提高信息的透明度而努力,国际会计界也不例外,各大组织已纷纷开展了有针对性的研究。防范金融风险的一条有力措施,就是加强国际间会计准则的协调,提高各国提供的会计信息的可比性,以满足投资者和债权人的需要。因此,我国会计理论界也应积极行动起来,投入到这一历史潮流中,与国际会计学术界建立广泛的联系,细心研究别国的长处,取长补短,互通有无,为国际会计协调贡献一份力量。

5. 提高会计理论研究的深度,产出高质量的研究成果

一个时期以来,一些会计理论研究特别是有关会计准则的研究,存在着深度不够,创造性不多,观点滞后等问题,这应当引起我们的高度重视。抄袭、剽窃他人研究成果的现象更是不足取的,一经发现,必须坚决地加以制止和纠正。当前还有一种不良倾向也值得我们注意,即片面追求物质利益,荒废了本职工作——理论研究,影响整个会计理论界的风气。一项有价值的研究成果是需要付出艰苦劳动的。在理论研究过程中,要在广泛、深入研究的基础上提出创造性的观点,形成自己的研究成果,避免随波逐流和千篇一律。为此,理论工作者也要不断加强学习,深入开展调查研究,积极地了解和接受新事物,研究新问题,防止故步自封和经验主义。尤其不要只局限于提出问题,而应将研究重心放在解决这些问题的措施和具体方案上。此外,理论研究还应当注重系统性和逻辑性,做到语言简捷、观点明确,防止出现文牍主义。我们也真诚地希望,开展会计准则的理论研究,理论工作者应当注意提高自身的素养,重科研,讲奉献,出成果,共同为我国会计准则建设而努力。

三、采用多种形式开展会计准则的理论研究

中国会计学会将采用灵活多样的形式,开展会计准则的理论研究,充分发挥会计学术团体的优势。

1. 举办会计准则等专题学术研讨会

专题学术研讨会是开展学术理论研究的一种很好的形式。中国会计学会共设有 6 个专题研究组,分别是:中国特色的会计理论与方法体系专题研究组、财务与会计改革专题研究组、会计基础理论与会计准则专题研究组、管理会计与应用专题研究组、会计新领域专题研究组和会计史专题研究组。各专题研究组的活动已全面展开,征文及研讨工作进展顺利。特别是会计基础理论与会计准则专题研究组,已经成功地召开了理论研讨会。专题学术研讨会采取事先征文、择优选定的办法,可以集中讨论一些问题。通过讨论可以集中大家的智慧,产生广泛的影响,充分发挥会计理论研究的作用。各专题研究组应当紧密地结合我国经济体制改革的实际,把本专题研究组的理论研究引向深入。

2. 以课题形式开展有关会计理论研究

今年年初,财政部以财会字〔1999〕7 号文件下发了《关于组织重点会计科研课题招标的通知》。这是为了落实中国会计学会"九五"科研规划,繁荣我国的会计理论而组织的全国性的重点会计科研课题研究。此次重点会计科研课题,本着自由申请、公平竞争、择优资助的原则,进行公开招标。为了提高科研课题的研究质量,重点会计科研课题的招标、跟踪管理和课题最终评审工作,由财政部会计司和中国会计学会共同组织。重点会计科研课题有 20 个,都是我国当前会计改革中出现的亟待解决的疑难问题,其中绝大部分与会计准则有关,如企业改组兼并与资产重组(企业合并)中的财务与会计问题研究、银行业会计问题研究、保险业会计问题研究、石油天然气会计问题研究、非营利组织会计问题研究、改进企业财务报告问题研究、合并会计报表问题研究、衍生金融工具会计问题研究,等等。我们希望,通过这次课题招标,能够解决我国当前会计改革中出现的疑难问题,将我国的会计理论研究推向更高的水平。

3. 在《会计研究》上发表有关会计准则的论文

《会计研究》是中国会计学会主办的国家级会计理论刊物,是我国会计理论研究的重要园地,在国内外会计界具有一定的影响力。通过《会计研究》发表论文,展开讨论,加大对我国会计准则和国际会计准则的研究力度,充分发挥《会计研究》在会计准则理论研究中的作用。我们也希望会计理论工作者支持《会计研究》,使《会计研究》这本理论刊物不断改进,不断提高,越办越好。

我国的经济体制改革正处在攻坚阶段,世界经济一体化、知识经济、网络信息、金融危机、生态环境等等问题,对传统会计的原则和观念提出了严峻的挑战,时代为我们展

示才华、施展抱负提供了广阔的舞台,我国会计界同仁应当跟上时代的步伐,担负起历史赋予的使命。我们期待着广大会计理论工作者发扬创新、严谨、求实的优良学风,理论联系实际,为建立与完善我国的会计准则体系而奋斗,共创我国会计改革与发展事业新的辉煌。

(本文载于《会计研究》1999 年第 5 期)

新修订的《会计法》所实现的
若干重要突破

【摘要】本次新修订的《会计法》,主要宗旨是从法律的角度遏制和解决当前会计信息严重失实问题。与原来的《会计法》相比,在若干问题上实现了重要突破:① 规定单位负责人对本单位的会计工作和会计资料的真实性、完整性负责,并对违法会计行为承担相应的法律责任;② 明确会计核算的确认和计量问题,会计核算要贯彻稳健原则;③ 提出各单位要建立、健全本单位的内部会计监督制度,按照现代企业的要求,加强内部控制;④ 强化会计的外部监督职能,各单位要积极配合外部有关方面对本单位的会计资料实施监督检查;⑤ 要求国家实行统一的会计制度,国家统一的会计制度由国务院财政部门制定;⑥ 强调违反《会计法》犯罪将承担刑事责任。

1999 年 10 月 31 日,第九届全国人民代表大会常务委员会第十二次会议通过了经修订的《会计法》,这是我国经济生活中的一件大事。这次修订的《会计法》,在若干重要问题上实现了突破性的进展,其核心是从法律的角度,遏制和解决当前一些单位会计秩序混乱、做假账和编假报表、导致会计信息严重失实的问题。新修订的《会计法》在很大程度上体现了会计的中国特色,是我国多年来会计改革实践的伟大成果,为我国进一步深化会计改革、促进社会主义市场经济的健康发展提供了保障。

一、规定单位负责人对本单位的会计工作和会计资料的真实性、完整性负责,并对违法会计行为承担相应的法律责任

众所周知,会计是一项专业性、技术性很强的工作,而单位负责人不一定精通会计专业,那么,新修订的《会计法》为什么要求单位负责人对本单位的会计工作和会计资料的真实性、完整性负责,并承担法律责任呢?

1. 从法理上说,单位负责人既然作为本单位的法人代表或主要负责人,应当对本单位包括会计工作在内的所有经营管理工作和各项经营管理活动负责,并承担相应的法律责任

根据《中华人民共和国公司法》规定,作为公司的法定代表人或主要负责人,主要行使的职权之一是公司代表权,即有权代表公司进行诉讼的各种活动;其次是行使业务

执行权,而且在董事会休会期间,董事长有依照法律、章程、股东大会决议、董事会决议代行董事会职权的权限;还有股东大会召集及主持权、董事会召集并主持权、董事会决议执行情况的检查权等。由此可见,公司法定代表人或主要负责人拥有管理公司所有重要经济事项和对外代表公司处理业务的权利,根据权利与义务对等的原则,公司法定代表人或主要负责人同时也应承担相应的义务,对其所作出的决策和决议负责。而公司所作出的决策和决议绝大部分都与会计核算和管理直接或间接相关,如公司的年度财务预算、决算、利润分配和弥补亏损,变动注册资本,公司合并、分立、解散等,几乎都是以会计信息为基础的,作为公司的法定代表人或主要负责人,当然应对上述事项负责,同时也就包含着对会计信息的真实性、完整性负责并承担相应的法律责任。

国务院 1992 年发布的《全民所有制工业企业转换经营机制条例》规定,企业享有生产经营决策权,产品、劳务定价权,产品销售权,物资采购权,资产处置权,投资决策权,留用资金支配权,联营、兼并权,劳动用工权,人事管理权,工资、奖金分配权,内部机构设置权,等等。企业所有的这些权力都将由厂长(经理)代表企业行使。同样道理,作为单位负责人的厂长(经理)也要对自己所行使的权力承担相应的义务,即对本单位包括会计工作在内的各项生产经营管理工作负责。

2. 单位负责人对本单位的会计工作和会计资料的真实性、完整性负责,并承担相应的法律责任,符合我国的实际情况

在市场经济条件下,单位负责人有权任命、聘用或者解聘会计机构负责人(会计主管人员)和有关会计人员,两者之间是行政领导与被领导、聘任与被聘任的关系。会计机构负责人(会计主管人员)等会计人员是在单位负责人的领导下开展工作的,也是单位负责人的参谋和助手,尽管这些人员可以在一定程度和职权范围内决策和处理业务,但他们是在单位负责人的领导下具体组织实施的,如果本单位的会计工做出现作假和违规行为,不仅相关人员有责任,由此产生的法律责任还是应由单位负责人承担。在实际工作中,各单位对外报出的财务会计报告,最终必须是由单位负责人签名、盖章才能作为合法的文件对外提供,否则,不具有法律效力,有关方面不予受理。这不仅是一种形式上的要求,实质上代表着一种法律责任。一个单位对外提供虚假的财务会计报告的行为如同对外提供假冒伪劣的产品,其责任是相同的。因此,单位负责人必须在对外提供的财务会计报告上签名、盖章,其法律责任是不能回避的,不能认为会计工作专业技术性强,是会计机构和会计人员的事情而与己无关,更不能认为在财务会计报告上签名、盖章只是一种手续,而对其内容可以不负责任。

值得提出的是,新修订的《会计法》规定单位负责人对本单位的财务会计资料的真实性和完整性负责,并不意味着会计人员作假或违规可以不负责任,如果会计人员有意作假或出现违规行为,除追究单位负责人的法律责任外,负直接责任的会计人员同样要受到法律制裁。

3．单位负责人对本单位的会计工作和会计资料的真实性、完整性负责，并承担相应的法律责任，国际上已有先例

日本《有限公司法》规定，"董事代表公司（第二十五条）"，"董事须于每决算期制作下列文件及其附属明细书：资产负债表、损益计算书、营业报告书、关于利润分配或亏损处理的议案（第四十三条）"，"董事履行其职务有恶意或重大过失时，该董事对第三人亦连带承担损害赔偿责任（第三十条）"，"董事就第四十三条所列文件应记载的重要事项进行虚伪记载或者进行虚伪登记或公告时，亦同前项（即董事亦应对第三人连带承担损害赔偿责任）"。

德国《有限责任公司法》第三十五条规定，"管理董事在法院内外均代表公司"，第四十一条规定"管理董事有义务使公司依照规定进行会计工作，在每一营业年度最初三个月内，管理董事提出上一营业年度的资产负债表与损益计算书"。该法第八十二条专门对公司负责人提供虚假报告所应承担的法律责任作出了规定，如果公司负责人对外提供虚假报告或者在公开的通告中对公司资产状况作不真实的陈述或隐瞒事实真相者，将被处 3 年以下徒刑或罚金。

英国《公司法》第二百三十三条第一款规定，"公司的年度报表应当由董事会批准并由公司的一名董事代表董事会签署"；第五款规定"如果批准的年度报表不符合本法的规定，那么每一位参加批准活动的，明知道它们不符合规定但又没有纠正的董事就违反了规定，应当受到罚款。公司的每一位董事从报表批准之时起，就被认定为批准行为的当事人，除非他能够说明他已采取了合理的措施阻止批准行为"。

法国法律规定得更加严厉，其刑法中规定如果公司负责人故意毁灭或隐匿会计文档的，将被处 3 年监禁和 30 万法郎的罚款；如果伪造或滥用伪造凭证的，将被处 3 年监禁，个人并处 30 万法郎罚款，同时公司处 150 万法郎罚款，并强制宣布其破产。税法中还规定，如果乱记账或资产负债表的，公司负责人将被处 5 年监禁和 25 万法郎的罚款。

各国的事实证明，这样规定责任清楚，对抑制、减少、乃至杜绝会计违法行为至关重要，因此，我国《会计法》在修订过程中借鉴了这一做法，明确了单位负责人为单位会计行为的责任主体。

二、明确会计核算的确认和计量问题，会计核算要贯彻稳健原则

1．关于会计核算的确认和计量问题

《会计法》第二十五条规定，"公司、企业必须根据实际发生的经济业务事项，按照国家统一的会计制度的规定确认、计量和记录资产、负债、所有者权益、收入、费用、成本和利润。"

在计划经济条件下，我国的会计是不独立的，与国际相比差异较大。会计核算首先要遵守财务制度，财务制度中规定了诸如什么是固定资产，固定资产应提多少折旧，残

值率是多少,应收账款应提多少坏账准备,等等。这些内容本来属于会计确认的范畴,却体现在财务制度中,会计制度只是根据财务制度的规定进行账务处理,这种会计制度实际上只起簿记的作用。这种安排是和我国公有制的计划经济模式相适应的。多年来,我国的企业特别是国有企业,一直是作为国家计划的基层单位,企业财务是国家财政的基础。常说某一企业的折旧率提高几个百分点,财政就要作出多少让步,企业提高折旧率要考虑财政的承受能力。因为折旧提多了会影响企业上交税利。不仅如此,企业提取的折旧视同一种政府基金(折旧基金)上交给国家,企业的固定资产更新改造所需资金再由国家拨给。企业的税利全部上交给国家,发生的亏损由国家弥补。在这种体制下,企业不是独立的生产经营者,没有独立的自主经营权,企业财务与国家财政形成一个统一的整体,因而出具的会计报表很难客观真实地反映企业的经营和财务状况。

随着社会主义市场经济的建立和发展,企业逐步地成为独立的生产经营者,有了生产经营自主权,国家不再包揽企业的一切。即使是国有企业,搞不好也会倒闭以致破产。国家与国有企业之间已变成投资者与经营者的关系,通过出资人代表行使所有者职能,以及重大决策和选择管理者的权利,按出资额享有资产收益,对企业的债务承担有限责任,不干预企业的日常经营活动。在新的情况下,国家统一的会计制度不再是只起簿记的作用,而是要恢复会计的本来面目,以法律的形式规定了会计的确认、计量问题。企业应当采用何种政策,在不违背国家统一的会计制度的前提下,可以自行决定。

2. 关于会计核算的稳健原则

新修订的《会计法》第二十六条特别规定,公司、企业的会计核算要贯彻稳健原则,主要是针对现阶段一些公司、企业存在虚列、多列资产、负债、所有者权益,虚列或隐瞒收入,随意调整利润的计算和分配方法,编造虚假利润或者隐瞒利润等行为而规定的。

稳健原则的主要含义,是指对某些经济业务或会计事项,存在不同的会计处理方法或程序可供选择时,以尽可能选用一种不虚增利润和夸大权益的做法;对经济活动中的不确定因素,要求人们在会计处理上持谨慎的态度,必须充分估计到风险和损失,尽可能少计或不计可能发生的收益,把风险缩小到或限制在极小的范围内。

我国近年来已经发布实施的具体会计准则、股份有限公司会计制度及有关规定,已在致力于贯彻上述会计原则,以促使公司、企业在市场竞争中防止虚假繁荣和"泡沫"现象。

比如,有关规定进一步明确,"对于公司的坏账损失,只能采用备抵法核算。"

再如,投资准则制定,"企业持有的短期投资,在期末时应以成本与市价孰低计价,提取短期投资跌价准备,并将市价低于成本的金额确认为当期投资损失。"同理,对于期末各类存货的可变现净值低于成本的部分,要提取存货跌价准备,列入当期损失。非货币性交易会计准则最初是针对边境贸易中的以物易物交易,而近年来,公司改制及上市过程中出现的资产置换业务较为普遍,而资产置换中的交换价值也往往成为调节利润的手段,因此,解决这一问题就成为该项准则的主要目标。

对于长期投资、固定资产和无形资产等长期资产,有关准则、制度将允许提取长期资产价值减损准备。

除上述内容之外,现行会计制度中规定的递延资产、待处理财产损失等,一些企业亦将其作为利润的调节器,实际上,这些内容不符合资产的定义,而是一种费用或损失,应该从当期的利润中扣除,否则,就会虚增企业资产和利润。随着新修订的《会计法》的贯彻实施,这些问题将逐步得到解决。

三、提出各单位要建立健全本单位的内部会计监督制度,按照现代企业的要求,加强内部控制

新修订的《会计法》第二十七条规定,各单位应当建立、健全本单位内部会计监督制度。单位内部会计监督制度应当符合下列要求:

(1)记账人员与经济业务事项和会计事项的审批人员、经办人员、财物保管人员的职责权限应当明确,并相互分离、相互制约;

(2)重大对外投资、资产处置、资金调度和其他重要经济业务事项的决策和执行的相互监督、相互制约程序应当明确;

(3)财产清查的范围、期限和组织程序应当明确;

(4)对会计资料定期进行内部审计的办法和程序应当明确。

上述这些职责明确、相互分离、相互制约、相互监督的一系列法律要求,构成了内部控制的本质。

1. 什么是内部控制

内部控制是社会经济发展到一定阶段的产物,其内容是随着单位对内强化管理、对外满足社会需要而不断丰富和发展起来的。内部控制最初称为内部牵制,主要特点是以任何个人或部门不能单独控制任何一项或一部分业务权力的原则进行组织上的职责分工,从而使该项业务权力通过发挥其他个人或部门的职能进行交叉检查或交叉控制。内部控制的基本目标是有助于管理层实现其经营方针;保护单位各项资产的安全和完整,防止资产流失;保证业务经营信息和财务会计资料的真实性和完整性。

2. 怎样建立、完善和实施内部控制

通常情况下,一个单位要实行内部控制,重点应当在组织结构及职责分工、授权批准、会计记录、资产保护、职工素质、预算、风险管理和报告制度等诸多环节组织实施。

(1)组织结构控制。

实行和完善内部控制,首先要从本单位的组织结构开始,主要包括:确定单位的组织形式,明确相关的管理职能和报告关系,以及为每个组织单位内部划分责任权限。

根据内部控制的要求,单位在确定和完善组织结构的过程中,应当遵循不相容职务

相分离的原则。所谓不相容职务,是指那些如果由一个人或一个部门担任,既可能弄虚作假,又能够自己掩盖其舞弊行为的职务。单位的经济活动通常可以划分五个步骤,即:授权、签发、核准、执行和记录。一般情况下,如果上述每一步骤均由相对独立的人员或部门实施,就能够保证不相容职务的分离,便于内部控制作用的发挥。

（2）授权批准控制。

授权批准是指单位在处理经济业务的过程中,必须经授权批准以进行控制。在公司制企业中,一般由股东会授权给董事会,然后再由董事会授权给企业的总经理和有关管理人员。企业每一层的管理人员既是上级管理人员的授权客体,又是对下级管理人员授权的主体。

授权批准的形式通常有一般授权和特别授权之分。一般授权是对办理常规性的经济业务的权力、条件和有关责任者作出的规定,这些规定在管理部门中采用文件形式或在经济业务中规定一般性交易办理的条件、范围和对该项交易的责任关系。在日常业务处理中可以按照规定的权限范围和有关职责自行办理。特别授权指受权处理非常规性业务,比如重大的筹资行为、投资决策、资本支出和股票发行等。特别授权也可用于超过一般授权限制的常规业务。

单位的经济业务既涉及本单位与外单位之间资产与劳务的交换,也包括单位内部资产和劳务的转移和使用。根据内部控制的要求,每笔经济业务都应有一系列内部相互联系的授权批准程序。

（3）会计记录控制。

会计记录反映经济业务发生、处理和结果。会计记录控制的要求是保证会计信息反映及时、完整、准确、合法。

一个单位的会计机构实行会计记录控制,要建立会计人员岗位责任制,对会计人员进行科学的分工,使之形成相互分离和制约的关系。经济业务一经发生,就应对记载经济业务的所有凭证进行连续编号,通过复式记账,在两个或两个以上相关账户中进行登记,以防止经济业务的遗漏、重复,揭示某些弊端和问题。

定额备用金制度是用来建立内部控制的另一种方式。这种制度同样可以用于建立对企业分支机构或各部门的现金控制。

（4）资产保护控制。

资产保护控制主要包括接近控制、盘点控制,广义的资产保护控制还包括资产的购入和销售活动的控制等。

接近控制主要是指严格限制无关人员对资产的接触,只有经过授权批准的人员才能够接触资产。接近控制包括限制对资产本身的直接接触和通过文件批准的方式对资产使用或分配的间接接触。一般情况下,现金、银行存款、其他货币资金、有价证券和存货等变现能力较强的资产必须限制无关人员直接接触,比如,货币资金的收支管理只能限于特定的出纳员;支票等重要票据的签发,必须是单位指定的负责人;个人印章必须是有关人员自己保管,严禁代管;股票、债券等有价证券必须确保两人以上同时接触的方式加以控制;存货的实物保护可以由专职的仓库保管员控制,对一些特殊的存货还应采取一些必要的其他保护措施。间接接触可通过保管、批准、记录及不相容职务的分离和授权批准控制来达到。

盘点控制是指对实物资产进行盘点,并将盘点结果与会计记录进行比较,盘点结果与会计记录如不一致,可能说明资产管理上出现错误、浪费、损失或其他不正常现象。为了防止差异再次发生,可以加强保护控制、惩罚不称职的员工或采取其他改进措施。

(5)职工素质控制。

职工素质控制包括企业在招聘、使用、培养、奖惩等方面对职工素质进行控制。

招聘是保证单位的职工应有素质的重要环节。单位的人事部门和用人部门应共同对应聘人员的素质、水平、能力等有关情况进行全面的测试、调查、试用,以确保受聘人员能够适应工作的要求。对于录用后的员工要实行考核晋升、培训、休假、轮岗。打破平均主义的分配制度,职工工资水平由企业根据当地平均工资和本企业经济效益决定。注意人力资源的合理配置,积极推行优胜劣汰的机制。单位内人才的价值受管理方式的影响,如果管理层重视对单位内职工的投资、管理和使用,合理配置组织内的人力资源,职工所创造的价值必然会增加;反之,就会造成人力资源价值的不充分发挥,甚至损失和浪费。

(6)预算控制。

预算控制是内部控制的一个重要方面。在西方市场经济发达的国家,公司、企业都非常重视预算控制的作用。经过批准的预算就是单位的法令,单位内部的各部门都必须严格履行,完不成预算,将要受到处罚。预算控制也是一个系统,该系统的组织由预算编制、预算执行、预算考核等构成。预算控制的内容可以涵盖单位经营活动的全过程,包括筹资、融资、采购、生产、销售、投资、管理等诸多方面;也可以就某些方面实行预算控制。

在实际工作中,预算编制不论采用自上而下或是自下而上,其决策权都应落在内部管理的最高层,由这一权威层次进行决策、指挥与协调。预算的执行层由各预算单位组织实施,并辅之以对等的权、责、利关系,由内部审计部门负责监督预算的执行。通过预算的编制和实施,检查预算的执行情况,比较分析内部各单位未完成预算的原因,并对未完成预算的不良后果采取改进措施。

(7)风险控制。

企业所面临的风险按形成的原因一般可分为经营风险和财务风险两大类。

经营风险是指因生产经营方面的原因给企业盈利带来的不确定性。比如,由于原材料供应地的政治经济情况变化,运输路线改变,原材料价格变动,新材料、新设备的出现等因素带来的供应方面的风险；由于产品生产方向不对头，产品更新时期掌握不好，生产质量不合格，新产品、新技术开发试验不成功，生产组织不合理等因素带来的生产方面的风险；由于出现新的竞争对手，消费者爱好发生变化，销售决策失误，产品广告推销不力以及货款回收不及时等因素带来的销售方面的风险；此外，还存在劳动力市场供求关系变化，发生通货膨胀，自然环境恶化，税收调整以及其他宏观经济政策的变化等方面的因素，也会直接或间接地影响企业正常经营活动。所有这些生产经营方面的不确定性，都会引起企业的利润或利润率的高低变化，从而给企业带来风险。经营风险多数情况来源于企业外部，尽管如此，企业仍应采取有效的内控措施加以防范。

财务风险又称筹资风险，是指由于举债而给企业财务成果带来的不确定性。企业举债经营，全部资金中除自有资金外还有一部分借入资金，这会对自有资金的盈利能力造成影响；同时，借入资金需还本付息，一旦无力偿付到期债务，企业便会陷入财务困境甚至破产。对财务风险的控制，关键是要保证有一个合理的资金结构，维持适当的负债水平，既要充分利用举债经营这一手段获取财务杠杆收益，提高自有资金盈利能力，同时也要注意防止过度举债而引起的财务风险的加大，避免陷入财务困境。

除此之外，投资风险也是我国公司、企业特别值得注意的问题，包括对投资本金的收回和投资报酬等，是企业内部控制的重要环节，企业必须采取必要的措施防范投资风险。

（8）编制业绩报告控制。

业绩报告也称责任报告，是单位内部各级管理层掌握信息、加强内部控制的报告性文件，也是内部控制的重要组成部分。业绩报告是为单位内部控制服务的，属于管理会计的范畴，因此，编制业绩报告必须与单位内部的组织结构和其他控制方式相结合，明确反映各级管理层负责人的责任。报告的种类和格式由内部单位根据各自的实际情况自行设计，可以由财会人员负责，也可由财会、业务和管理人员共同来完成。业绩报告可以有日报、周报、月报、季报、年报等，并通过文件的形式予以规定。无论是反映哪一个管理层的业绩报告，报告的格式和内容都必须是简明易懂，避免繁琐哲学、过于专业化而缺乏实效。

单位各级管理层所需的业绩报告，在报告的频率和繁简方面应有所不同。一般应遵循金字塔原则，由低层向高层逐级定期报告内部控制的实施及责任的履行情况、差异的说明及改进措施和意见。

3. 内部控制的检查与评价

一般情况下，内部控制的检查与评价是通过内部审计来完成的。内部审计在某种程度上可以理解为对内部控制的控制。在对内部控制进行检查和评价时，通常应按以下程序和步骤进行：

首先，确定被审计单位内部控制的标准。在对被审计单位的内部控制进行评价前，必须汇集国家有关方针、政策、法律制度以及单位内部的一系列内部控制文件，结合本单位的实际情况形成内部控制的标准。内部审计将根据标准对被审计单位的内部控制的现状进行检查和判断。

其次,检查、判断被审计单位内部控制的健全情况。内部审计应通过检查被审计单位内部控制系统的现状与事先确定的标准进行对照,确认内部控制措施是否已经采用,对照发现的控制缺陷,应加以记录、归类、汇总,并说明控制缺陷可能产生的弊端以及对整个控制系统的影响。在分析被审计单位控制缺陷及潜在影响的基础上,即可对被审计单位内部控制的健全性作出评价。

再次,测试被审计单位内部控制的有效性。内部审计测试内部控制的有效性的方法包括定性的统计抽样检查,在抽样检查中,内部审计应当科学地选定具有代表性的测试样本,借以正确判断被审计单位内部控制的质量状况。

最后,写出内部控制检查与评价的最终报告。内部审计人员在其最终报告中,可能要提出若干具体的调查结论、意见、评价和建议,以供单位最高管理层采纳,同时也要送交被审计单位的管理人员以改进内部控制。

四、强化会计的外部监督职能,各单位要积极配合外部有关方面对本单位的会计资料实施监督检查

新修订的《会计法》除了规定各单位要加强内部会计监督(内部控制)制度的同时,还强调对本单位会计资料的外部监督检查,以保证会计资料的真实、完整。

1. 配合财政、审计、税务、人民银行、证券监管、保险监管等行政机关依法对本单位会计资料的真实性和完整性实施监督检查

配合财政部门按照《会计法》和国家统一的会计制度的规定,对是否依法设置会计账簿,会计凭证、会计账簿、财务会计报告和其他会计资料是否真实、完整,会计核算是否符合本法和国家统一的会计制度的规定,从事会计工作的人员是否具备从业资格等问题进行监督检查;配合审计机关依照审计法的规定,对本单位的会计资料实施监督检查;配合税务机关依照税收征收管理法的规定,对本单位的会计资料进行监督检查;配合证券监管部门依照证券法对本单位的会计资料进行监督检查;配合保险监管机构依照保险法对本单位的会计资料进行监督检查等等。

各单位在配合有关行政机关依法对本单位的会计资料进行监督检查时,对于重复检查等情况有权予以抵制。各监督检查部门对有关单位的会计资料依法实施监督检查后,应当出具检查结论。有关监督检查部门已经做出的检查结论能够满足其他监督检查部门履行本部门职责需要的,其他监督检查部门应当加以利用,避免重复查账。

2. 配合会计中介机构对本单位的会计资料及有关情况进行的审计、验资和其他业务工作

我国会计师事务所及注册会计师的执业范围最初限于外商投资企业。随后扩大为

参与公司改制及上市。1998年10月,财政部根据国务院机构改革的要求,进一步转变政府职能,发挥注册会计师对企业财务会计监督的作用,发布了《国有企业年度会计报表注册会计师审计暂行办法》,规定从1998年起,国有企业年度会计报表,除个别特殊行业(企业)外,不再实行财政审批制度,其年度会计报表,应于年度终了在规定时间内委托中国注册会计师实施审计。至此,我国国有企业年度会计报表注册会计师审计制度正式建立。

注册会计师承担法律责任是独立的,他们对自身的执业行为负责。如果委托人示意其作不实或者不当证明,故意不提供有关会计资料和文件,有其他不合理要求,注册会计师予以隐瞒或未拒绝有关报告;或者明知委托人有违法行为而不予指明或作不实的报告,除了追究注册会计师的法律责任外,同时要追究委托人的法律责任。这里所称的委托人即为单位负责人。单位负责人不要误解为,委托了会计师事务所、注册会计师,出具虚假的审计报告、验资报告,其法律责任均由事务所和注册会计师承担而与己无关。实际上注册会计师不是客户的法人代表,他们只对自身的行为负责,不能代替单位负责人承担相应的法律责任。

3. 会计委派制——强化外部监督的有益尝试

近年来,各地试行会计人员委派制的情况发展很快,效果很好。这是我国会计改革实践中出现的新生事物,需要引起有关方面的重视。从某种意义上说,也可视为单位外部会计监督的一种。

会计委派制的形式包括对国有大中型企业委派财务总监、对行政事业单位委派会计负责人、对国有中小型企业委派会计人员等。

中央纪律检查委员会认为,会计委派制是反腐倡廉治本的一项有效措施。各种腐败和贪污犯罪等经济案件往往都与单位的财会工作和会计人员密切相关,抓住了委派会计这一环节,就能更好地控制源头。中纪委二次会议提出,"改革会计人员管理体制,在国有企业、国有控股企业进行会计委派制度试点,有条件的地方和部门也可以试行会计委派制度。"

由产权管理部门从国有资产所有者的角度向国有企业委派财务总监,进入公司董事会或监事会,不进经营班子,不参与企业日常的经营管理,也不作为企业内部的财会负责人,这种形式的委派与《全民所有制工业企业法》和《公司法》没有矛盾,试点表明这种形式是可行的;对行政事业单位委派会计负责人,对财政预算内、外资金进行核算和监督,这种形式的委派不受上述有关法律的约束,实践证明是成功的;对中小企业委派会计人员,履行企业会计核算和监督职能,这种形式有待进一步探讨。

会计委派制在发达国家也有先例,比如,法国的会计分为两大系统,即公共会计和企业会计,所有政府部门实行公共会计制度,全国有60 000多名公共会计人员直接由财政工业部的公共会计总司管理,也就是说,全国所有行使行政职能的行政事业单位的会计工作,都要由财政部派出的公共会计来完成。法国财政部对全国的公共会计实行条条管理,对国家各级政府、各部门、各种机构、各国有企业的会计工作实行直接监督。阿根廷也有对公共部门委派会计的做法。

我国是以公有制为主体的社会主义市场经济国家,加强对国有资产和公有财产的管理,无论从所有者代表还是社会管理者的角度,都有必要对实践中出现的会计委派制问题进行积极的探索,加以总结。

有的单位提出,实行会计委派制的单位,单位负责人是否可不再对本单位会计资料的真实性和完整性负责,而由委派的会计人员负责,这种认识有失偏颇。因为无论何种形式的委派,被委派的会计人员都不是单位的法定代表人或主要负责人,他们没有单位负责人的权限,也不承担属于单位法定代表人或主要负责人的法律责任。对于委派会计的单位会计资料的真实性和完整性的法律责任问题,仍应由单位法定代表人或主要负责人承担。

五、要求国家实行统一的会计制度,国家统一的会计制度由国务院财政部门制定

新修订的《会计法》多处出现"国家统一的会计制度"的提法。正确理解国家统一会计制度的概念及其内容,对于保证各单位会计资料真实、可比具有重要意义。

1. 什么是国家统一的会计制度

国家统一的会计制度的特征主要表现为以下几个方面:

(1) 在全国范围内实施,凡设在中华人民共和国境内的各企业事业单位,均要执行国家统一的会计制度。

(2) 制定主体统一,国家统一的会计制度由国务院财政部门制定,如个别部门有特殊要求,而统一会计制度中又没有规定,国务院有关部门可以依照本法和国家统一的会计制度,制定具体办法或者补充规定,报国务院财政部门审核批准;中国人民解放军总后勤部可以依照本法和国家统一的会计制度制定军队实施国家统一的会计制度的具体办法,报国务院财政部门备案;各省、自治区、直辖市人民政府财政部门也不制定国家统一的会计制度。

(3) 制定主体是法定的,国务院财政部门制定国家统一的会计制度,在新修订的《会计法》中作出了明确规定。

2. 国家统一的会计制度的内容

(1) 会计核算制度。

现阶段,属于会计核算制度的内容有:企业会计准则(包括基本会计准则和具体会计准则)、行业会计制度、股份有限公司会计制度、事业单位会计准则及会计制度、行政单位会计制度等。

目前,上市公司执行《股份有限公司会计制度》和已发布的所有会计准则;未上市的股份有限公司执行《股份有限公司会计制度》和已发布的相关具体会计准则;国有企业仍执行行业会计制度和相关具体会计准则。

除上述建立会计准则体系外,按照市场经济的要求,计划于2000年对《股份有限公司会计制度》进行修订和统一,形成统一的综合的会计制度;还将针对小型企业的特点,制定简易会计制度;金融行业较为特殊,拟将单独制定会计核算制度。

(2)会计机构和会计人员制度。

新修订的《会计法》规定,属于会计机构和会计人员的会计制度主要有:会计机构负责人任职资格制度、会计从业资格管理制度(正在修订)、会计人员继续教育制度等等。这类会计制度待进一步修改完善,将作为新修订的《会计法》配套措施的重要组成部分。

第一,会计机构负责人的任职资格制度。新修订的《会计法》规定,担任单位会计机构负责人(会计主管人员)的,除取得会计从业资格证书外,还应当具备会计师以上专业技术职务资格或者从事会计工作3年以上经历。具备会计师以上的专业技术职务资格,是指要具备会计师或高级会计师的专业技术资格,这是对一般单位的会计机构而言的;有些单位的会计机构负责人也可具备助理会计师或会计员职务资格;规模较小的单位的会计机构的负责人,只要具备从事财会工作3年以上经历即可。

第二,会计从业资格管理制度。财政部于1990年3月发布了《会计证管理办法(试行)》,开始在全国范围内推行《会计证》管理制度。1996年财政部对原来的会计证管理的试行办法进行了全面修订。

新修订的《会计法》,以法律形式规定了从事会计工作的人员,必须取得会计从业资格证书。《会计法》实施后,没有会计从业资格证书的会计人员,就不能再从事会计工作。否则,就属于违法行为。有鉴于此,财政部决定将现行的《会计证管理办法》修改为《会计从业资格管理办法》,对会计人员从业资格的条件、考试科目、从业资格的检查与管理等有关内容做出全面的规定,以保证《会计法》的贯彻实施。

第三,会计人员继续教育制度。继续教育是对专业技术人员不断进行知识、技能的更新和补充,以拓宽和提高其创造、创新能力和专业技术水平,完善其知识结构的一种教育方式。

为了有效地开展会计人员继续教育,在经过数年的国内外调查研究论证后,财政部于1998年1月以财会字4号文印发了《会计人员继续教育暂行规定》,自1998年7月1日起在全国试行。这是我国第一次以规章的形式从制度上明确规定了会计人员继续教育的指导思想、主要任务、管理体制、教育内容、培训时间、检查与考核等,标志着我国面向21世纪的会计人员继续教育工程的全面启动。

新修订的《会计法》要求会计人员应当遵守职业道德,提高业务素质,还要求加强对会计人员的教育和培训。面对新世纪、新形势带给会计人员的机遇和挑战，我们需要付出加倍的努力，尤其应以宣传贯彻新修订的《会计法》为契机，加大会计人员继续教育的力度。

（3）会计工作管理制度。

属于会计工作管理制度的主要有：会计基础工作规范、会计档案管理办法等。这些制度中的一些重要内容，包括办理会计手续的经济业务事项、填制会计凭证、登记会计账簿、编制财务会计报告、办理会计交接、建立和保管会计档案等已上升为法律条文，主要体现在《会计法》第二章的有关条款中。会计基础工作规范的具体内容，通过《会计基础工作规范》和《会计档案管理办法》等办法加以规定。

六、强调违反《会计法》犯罪将承担刑事责任

新修订的《会计法》在明确单位负责人对本单位的会计工作和会计资料负责的同时，特别强调了会计造假等违法行为应承担刑事责任问题。

（1）不依法设置会计账簿的，或私设会计账簿的，由县级以上人民政府财政部门责令限期改正。上述行为构成犯罪的，依法追究刑事责任。

（2）未按照规定填制、取得原始凭证或者填制、取得的原始凭证不符合规定的，由县级以上人民政府财政部门责令限期改正。上述行为构成犯罪的，依法追究刑事责任。

（3）以未经审核的会计凭证为依据登记会计账簿，或者登记会计账簿不符合规定的，由县级以上人民政府财政部门责令限期改正。上述行为构成犯罪的，依法追究刑事责任。

（4）向不同的会计资料使用者提供的财务会计报告编制依据不一致的，由县级以上人民政府财政部门责令限期改正。上述行为构成犯罪的，依法追究刑事责任。

（5）伪造、变造会计凭证、会计账簿，编制虚假财务会计报告，构成犯罪的，依法追究刑事责任；授意、指使、强令会计机构、会计人员及其他人员伪造、变造会计凭证、会计账簿，编制虚假财务会计报告，构成犯罪的，依法追究刑事责任。

（6）随意变更会计处理方法的，由县级以上人民政府财政部门责令限期改正。上述行为构成犯罪的，依法追究刑事责任。

（7）未按照规定使用会计记录文字或者记账本位币的，由县级以上人民政府财政部门责令限期改正。上述行为构成犯罪的，依法追究刑事责任。

（8）未按照规定保管会计资料，致使会计资料毁损、灭失的，由县级以上人民政府财政部门责令限期改正。上述行为构成犯罪的，依法追究刑事责任。隐匿或者故意销毁依法应当保存的会计凭证、会计账簿、财务会计报告，构成犯罪的，依法追究刑事责任。授意、指使、强令会计机构、会计人员及其他人员隐匿、故意销毁依法应当保存的会计凭证、会计账簿、财务会计报告，构成犯罪的，依法追究刑事责任。

（9）任用会计人员不符合规定的，由县级以上人民政府财政部门责令限期改正。上述行为构成犯罪的，依法追究刑事责任。单位负责人对依法履行职责、抵制违反本法规定行为的会计人员以降级、撤职、调离工作岗位、解聘或者开除等方式实行打击报复，构成犯罪的，依法追究刑事责任。

（10）未按照规定建立并实施单位内部会计监督制度或者拒绝依法实施的监督或者不如实提供有关会计资料及有关情况的，由县级以上人民政府财政部门责令限期改正。上述行为构成犯罪的，依法追究刑事责任。

新修订的《会计法》是会计工作的根本大法，其所包含的内容非常丰富，所涉及的范围极其广泛，学习和研究《会计法》，对于更好地贯彻实施《会计法》，提高我国的会计工作水平，规范市场经济秩序，必将发挥极为重要的作用。

（本文载于《会计研究》2000 年第 1 期）

主要参考文献

〔1〕中华人民共和国会计法.北京：中国财政经济出版社,1999.

〔2〕财政部会计司.单位负责人会计法必读.北京：中国财政经济出版社,2000.

〔3〕朱荣恩，徐建新.现代企业内部控制制度.北京：中国审计出版社,1996.

关于会计中国特色问题的思考

【摘要】对于中国会计是否存在本国特色,以及是否存在中国特色的会计理论与方法体系等问题,长期以来存有不同认识。本文认为,会计的中国特色问题应该站在宏观而不是微观层次上进行审视,应从社会整体而不是从具体会计方法进行考察。会计作为一门社会科学,其发展水平受到诸多社会环境因素的制约,特色的存在必须从会计环境的差异中寻找根源。本文从我国政治、经济、法律、制度、教育、文化等环境因素入手,分析了会计的中国特色,简要归纳了会计中国特色的主要表现,并指出,会计的中国特色及具有中国特色的会计理论与方法体系是一个不断发展的过程。

探索会计的中国特色及具有中国特色的会计理论与方法体系问题,一直受到会计理论界的密切关注。多年来,我国会计理论界围绕这一课题,举行过若干学术活动,相关论述及文章常见之于报刊媒体。但是,迄今为止,对于中国会计是否存在本国特色,以及中国特色的会计理论与方法体系等相关问题,仍存在意见分歧和不同看法。我们认为,在建立和发展社会主义市场经济体制的过程中,应当对这一基本问题展开进一步的研讨,以达成共识,为我国的会计改革和社会主义经济建设服务。

一、对会计中国特色问题的不同认识

会计是否具有中国特色?是否存在"中国特色的会计理论与方法体系"?有人赞成,也有人持怀疑态度。持怀疑态度者认为:会计是一门国际通用商业语言,近年来随着会计国际协调步伐的加快,已在一定程度上消除了各国会计之间的差异,从长远看,会计没有中国特色。最近,国际会计准则委员会在证券委员会国际组织的支持下已完成核心会计准则(core standards)的制定,要求相同的交易采用相同或类似的会计处理方法,不同国家之间的会计处理差异将大为减少。也有些同志认为,不应当将中国会计落后的东西视为中国特色,过分强调特色可能会阻碍会计的国际协调。还有一种观点,认为中国的会计改革只要将美国或其他发达国家的模式照搬即可。

我们认为,会计的中国特色问题应该站在宏观而不是微观层次上进行审视,应从社会整体而不是从具体会计方法进行考察。如果拘泥于从某个或某些会计事项的处理方法的异同来理解中国会计是否具有特色,则没有把握问题的关键,也容易因为对"会计"内涵和外延理解的差异而导致争论。必须强调,方法差异以及具体经济业务会计处理的区别并不等同于特色,而特色主要在于一国会计整体框架、会计运行机制或者重大方面的差别。如果换个思路,从宏观方面去探讨有无特色和对特色的具体表现进行研究,则容易达成共识。会计是一门社会科学,不可避免地受到政治、经济、法律、教育、文化等诸多社会环境因素的影响,会计环境的重大差异,势必给不同国家的会计带来不同程度的影响。各国的会计研究成果都有其适用的国家环境和特殊背景。在国外被证明是合理的、行之有效的研究成果,在与其政治、经济、法律、文化和会计职业发展水平相异的中国,未必能够完全适用。由此可见,会计环境的差异造就了会计的中国特色,中国特色的会计理论与方法体系的形成和发展,可以认为是本国国情、背景、环境在会计中的体现。特色的存在必须从会计环境的差异中去寻找根源。

讨论一个国家会计的发展水平,不能简单、孤立地用先进或者落后来评价,只能判断是否与会计环境发展相适应。如果会计发展水平与会计环境相适应,就不能够认为是落后;如果与会计环境不相适应,即使理论上是如何的精美和严谨,也不能够认为是先进。我们并不否认会计理论研究的前瞻性,但前瞻性与先进性是不同的概念。至于会计的中国特色与会计的国际协调问题,两者之间并不矛盾。会计的国际协调是指在一定范围内缩小各国会计对相同或相似的经济业务会计处理的差异,而并非要求、也不可能达到各国会计整体框架和运行机制的统一。会计的国际协调主要立足于会计的技术性层面,因为会计作为一个信息系统,其程序(确认、计量、记录、报告)和各种会计方法具有可通约性,所以,同类经济业务的会计处理方法在各个国家之间的差异不大,可以在一定范围内进行协调。然而,会计同时存在的社会性的一面,在很大程度上体现为会计的发展水平受到其所依存的社会环境的制约,会计环境的某些因素可能是永远、至少在可以预见的未来是不会消除的,会计的中国特色也势必长期存在。

二、决定会计中国特色的主要环境因素

1. 政治、经济环境

我国是社会主义国家,从计划经济、有计划的商品经济到社会主义市场经济,都坚持以公有制为主体,公有制对中国会计发展的影响是非常深远的。

我国所有制结构是以生产资料公有制为主体、多种经济成分共同发展,在平等竞争中发挥国有企业在整个国民经济中的主导作用;在分配制度上以按劳分配为主、其他分配制度作为补充,既合理拉开收入的差距,又要考虑公平原则,防止两极分化,走共同富裕的道路;在调节方式上采取强化国家宏观调控的手段,在国家宏观调控的前提下充分发挥市场机制的作用;在行为规范上,要求将社会主义精神文明自觉地纳入市场经济体制的建设中,塑造文明健康的市场调节机制,实现精神文明与物质文明内在的统一。这些特点共同决定了会计的中国特色。世界上没有绝对的市场经济,任何国家的经济发展都包含国家宏观调控的成分。相比而言,我国是以公有制为主体的社会主义市场经济,政府宏观调控的力量较强,这在一定程度上决定了我国会计在管理体制上的特色——实行"统一领导、分级管理"。在社会主义市场经济体制下,企业自主经营、自负盈亏,国家不再直接管理国有企业,但是,作为国有企业财产的所有者,必然会关心国有财产的保值和增值情况,这就要求企业的财务会计能够提供国有资产保值和增值的相关信息。考虑到我国的国有企业数量多,占社会资源的比重大,是国民经济的支柱,所以国家势必要求通过对会计准则的制定来体现其对会计信息的需求。政府行为对会计的影响是十分巨大的,甚至有些海外学者认为,政府行为是形成会计中国特色的最主要因素。

我国资本市场也与其他国家差距甚大,主要体现在我国的上市公司绝大多数为国有企业改组、国有资产占控股地位或主导地位。不仅如此,我国的资本市场尚处在发育、发展阶段,规模不大,相当一部分投资者缺乏理性,市场融资功能不足,缺乏足够的资源配置引导能力。我们知道,会计与资本市场的主体及发展状况存在着较大的相关性,所以我国对资本市场的会计理论研究格局、研究方法、研究结论等都会呈现出自己的独特性。以会计目标为例,我国将政府对会计信息的需求放到一个相当重要的地位,同时考虑社会公众及其他有关方面对会计信息的需求。又如,由于我国的资本市场还不够成熟,会计研究应当以此为基础,而不能照搬国外成熟资本市场背景下所做的研究。

2. 法律、制度环境

市场经济是法制经济,依法治国是我国的一项基本方略。中共十一届三中全会以后,经济的高速发展逐渐暴露出法制的不健全,为此我国先后颁布了若干经济领域内的相关法律,其中包括《会计法》、《公司法》、《经济合同法》、《证券法》等。我国于1993年7月1日开始实施《企业会计准则》和行业会计制度,目前正在根据市场经济的要求加快制定和实施各项具体会计准则,并对行业会计制度进行完善。这些法律、制度规范着我国的会计核算,使得我国会计形成了自己的特色,即以《会计法》为中心,包括企业会计准则、企业会计制度等在内的会计规范体系。像我国这样在《会计法》以及其他相关法律中以不同的侧重点对财务会计核算行为进行规范,这是其他国家所没有的,我国的会计工作将不可避免地受到这些法律、制度的深刻影响。譬如,《会计法》规定,国务院财政部门管理全国的会计工作,县级以上地方各级人民政府财政部门管理本行政区域内的会计工作,这正是在法律环境上区别于其他很多市场经济国家由民间社会团体管理会计之处。又如,《会计法》规定,国家实行统一的会计制度,如果不是以法律的形式将国家统一会计制度作为行政法规或规章加以强制实施,将会出现无所适从、各行其是的局面。诸如此类,从而形成了我国社会主义市场经济所特有的法律环境。

3. 教育发展水平

一个国家的教育发展水平对会计有着十分重要的影响。可以认为,教育水平决定着一个国家的国民素质,也影响着会计工作水平和会计在发展经济中的作用。在教育水平较低的国家,会计人员整体工作水平和能力不可能很高,会计工作中采用的方法和技术以及财务报告的编制会相对简单;在教育水平较高的国家,会计人员素质较高,就会采用比较复杂的会计方法和技术,财务报告制度和报告形式也会相对完善,会计在一个组织内的管理或控制中就能够发挥更大的作用。

改革开放以来,我国的教育水平具有较大的提高,会计教育发展很快。有关统计数据表明,我国高等学校几乎每 10 个在校学生就有一个就读会计专业,同时,高层次的会计学历教育发展较快。继续教育(亦称后续教育)也构成了我国会计教育的一个重要方面。但是,我国的会计教育水平和世界发达国家相比还存在差距,据专家测算,一个受过良好高等教育的人,在校所获知识只占所需掌握知识的 10% 左右,而其余 90% 的知识需要在工作中不断学习和更新。财政部 1998 年 7 月 1 日发布的《会计人员继续教育暂行规定》,在全国范围内试行会计人员继续教育制度,目前仍处在逐步规范中。总体来看,我国目前高层次、高素质会计人员仍很缺乏,会计人员的知识更新还不能满足市场经济发展的要求。

4. 文化环境

西方许多学者在研究文化与会计的关系中,探讨了文化对会计的决定作用,形成了所谓的文化决定论。这种观点认为,会计理论和会计方法的选择、对各种会计现象的认识和解释、会计模式的形成以及会计实务的发展方向等,在很大程度上是由会计所处的文化环境决定的。如果从一个较长的历史层面进行考察,文化因素对会计的影响并不比其他因素逊色。我国几千年的文化传统孕育了中华民族崇尚集体主义、谦虚的美德,尽管这种传统美德受到了市场经济大潮的冲击,但个人主义取向的文化仍不是中华民族文化的主流。一个社会中个人主义倾向越强,统一性就越弱;反之如果社会中个人主义倾向越弱,统一性就越强。个人主义取向的文化往往对自律程度要求较高,政府对会计准则制定和会计事务管理介入较少;相反,集体主义取向的文化决定了政府制定的统一会计规则具有较高的权威性。

三、会计中国特色的主要表现

通过以上对我国会计环境的初步分析,可以认为,会计是具有中国特色的。会计的中国特色有诸多方面的表现,本文简要归纳如下。

1. 会计工作管理体制

会计工作管理体制是划分管理会计工作职责权限关系的制度,包括会计工作管理组织形式、管理权限的划分、管理机构设置等。我国作为社会主义市场经济国家,公有制占主导地位,会计工作在维护社会主义市场经济秩序中有其特殊的作用,要求各单位在为本单位的经营管理和业务活动服务的同时,应当为国家宏观调控服务,要做到这一点,政府部门(指财政部门)必须加强对会计工作的指导和管理。

《会计法》第七条规定:"国务院财政部门主管全国的会计工作。县级以上地方各级人民政府财政部门管理本行政区域内的会计工作。"可见,我国以法律的形式规定了会计工作由财政部门主管并明确在管理体制上实行"统一领导,分级管理"的原则。具体做法是:国务院财政部门在统一规划、统一领导会计工作的前提下,发挥各级人民政府财政部门和中央各部门管理会计工作的积极性,各级人民政府财政部门和中央各业务主管部门应积极配合国务院财政部门管理好本地区、本部门的会计工作;各级人民政府财政部门根据上级财政部门的规划和要求,结合本地区的实际情况,管理本地区的会计工作,并取得同级其他管理部门支持和配合。

从我国的会计工作管理体制看,除政府部门外,会计职业界、学术界以及其他会计组织均无管理会计工作的行政职能。

2. 会计制度的制定权限

会计制度是指政府管理部门对处理会计事务而制定的规章、准则、办法等规范性文件的总称,包括会计核算制度、会计监督制度、会计人员管理制度、会计工作管理制度等。会计制度既是各单位组织会计管理工作和产生相互可比、口径一致的会计资料的依据,也是国家财政政策在会计工作中的具体体现。因此,会计制度作为法制化经济手段的重要组成部分,必须纳入政府部门的管理范围。

《会计法》第八条规定:"国家实行统一的会计制度。国家统一的会计制度由国务院财政部门根据本法制定并公布。国务院有关部门可以依照本法和国家统一的会计制度制定对会计核算和会计监督有特殊要求的行业实施国家统一的会计制度的具体办法或者补充规定,报国务院财政部门审核批准。中国人民解放军总后勤部可以依照本法和国家统一的会计制度制定军队实施国家统一的会计制度的具体办法,报国务院财政部门备案。"这是对国家统一的会计制度制定权限的规定。

会计准则作为国家统一会计核算制度的重要组成部分,其制定和解释权属于财政部,不同于西方国家由民间组织制定会计准则的模式。同时,还应注意到,我国的会计准则体系由两个层次所构成,第一层次为基本准则,第二层次为具体准则,并以企业会计制度为补充。1993年开始实施的《企业会计准则》,可作为我国企业会计准则体系的第一层次,并将在适当的时候加以修订;截至目前,财政部已正式印发了关联方关系及其交易的披露、现金流量表、债务重组、收入、投资、建造合同、资产负债表日后事项、会计政策和会计估计变更及会计差错更正、非货币性交易、或有事项等10项具体会计准则,这些具体准则已在上市公司和其他企业实施;近期,还将对企业会计制度进行修改。应当承认,我国的国家统一的会计制度及内容在很多方面都存在本国特色,这是由我国的会计环境所决定的。

3. 会计监督体系

会计监督是会计的基本职能之一,是我国经济监督体系的重要组成部分。根据《会计法》规定,在我国社会主义市场经济条件下,要建立健全单位内部会计监督、国家监督和社会监督三位一体的会计监督体系。

单位内部会计监督要求强化内控制度,包括相关人员的职责权限应当明确,并相互分离、相互制约,重大对外投资、资产处置、资金调度和其他重要经济业务事项的决策和执行的相互监督、相互制约程序应当明确,等等。内控制度属于单位内部管理的范畴,国家法律规定强化单位的内控制度,应当认为是公有制的主导地位所决定的,从而形成了我国会计监督体系的特色之一。

国家监督主要是指政府有关部门依据法律、行政法规的规定和部门的职责权限,对有关单位的会计行为、会计资料所进行的监督检查。政府有关部门是指财政、审计、税务、人民银行、证券监管、保险监管等行政机关,这些政府行政机关进行会计监督所依据的法律有《会计法》、《审计法》、《税收征管法》、《人民银行法》、《证券法》、《保险法》等。财政部门有权对所有单位的会计工作实施会计监督,审计机关主要对各级政府财政预算、国家行政事业单位财务收支、国家建设项目、国有企业以及国有资产占控股或主导地位的企业进行会计监督,税务机关对纳税人或扣缴义务人进行会计监督,证券监管部门主要对改组上市及上市公司进行会计监督,各金融机构和保险公司必须接受人民银行和保险监管等部门的会计监督检查。各有关单位应当积极配合政府有关部门依法对本单位的会计工作所进行的国家监督。

2000 年 3 月 15 日,朱镕基总理签发了 283 号国务院令,正式颁发了《国有企业监事会暂行条例》,规定监事会以财务监督为核心,通过查账,对企业财务活动和经营管理进行全面监督,确保国有资产及其权益不受侵犯。监事会制度的特点是,中央企业的监事会由国务院派出,对国务院负责,向国务院报告,是建立在《公司法》等法律基础上的高层次外部监督。监事会制度是对试行两年来的稽查特派员制度的进一步完善和规范,也是对国有资产监督工作的总结和提高。从严格意义上讲,实行监事会制度使国有资产监督工作的方式、内容、手段和措施等进一步符合我国国情,是在社会主义市场经济条件下探索公有制为主体的国有资产监督和国有资产保值增值的制度创新。

近年来,会计委派制度在全国各地的试点范围逐渐扩大,委派的形式也多种多样,有对国有大中型企业委派财务总监,也有对行政事业单位委派财务负责人,还有对乡镇集体企业和农村经济组织委派会计人员。尽管对这一事物尚有不同看法,但实践证明是有效的。中央纪律检查委员会将这一制度作为反腐倡廉治本的一项有效措施,国务院政府工作报告中也提出要实行会计委派制度。我们认为,实行会计委派制不仅是加强会计监督的有效措施,也是对我国会计人员管理体制改革的一种尝试。为了加强对国有资产和公有资产的管理,国家无论从所有者代表还是社会管理者的角度,都有必要对实践中出现的会计委派制度进行积极的探索。

社会监督是以会计中介机构为主体,对有关单位的会计资料进行的审计、验资和其他业务工作。我国《会计法》规定,财政部门有权对会计师事务所出具的审计报告的程序和内容进行监督。

4. 会计人员继续教育

根据财政部发布的《会计人员继续教育暂行规定》,我国的会计继续教育工作实行统一规划、分级管理,按照属地原则,由各级财政部门组织实施。财政部是我国会计人员继续教育的主管部门,负责制定全国会计人员继续教育制度、规定、办法;制定全国会计人员继续教育科目指南或培训大纲;组织编写或推荐全国会计人员继续教育教材或资料;组织全国性会计人员继续教育活动;指导检查各地会计人员继续教育工作。各省、自治区、直辖市和计划单列市财政厅(局)负责本地区会计人员继续教育管理工作。

中央单位会计人员继续教育工作的管理,按照财政部发布的《关于开展中央单位会计人员继续教育工作有关问题的通知》执行。即按照目前会计证(将改换为"会计从业资格证")的管理模式,分别由中央直属机关事务管理局、国务院机关事务管理局、铁道部、中国人民解放军总后勤部财务部归口管理所辖范围内的会计人员继续教育工作。

5. 会计从业和任职资格管理

我国会计人员的从业和任职资格也是由政府部门管理的,这也是与西方国家的重要区别。

1999 年修订的《会计法》规定,从事会计工作的人员必须取得会计从业资格证书。2000 年财政部发布了《会计从业资格管理办法》,废止了原来的《会计证管理办法》,对会计人员从业资格的条件、考试科目、从业资格的注册与登记、检查与管理等有关内容做出了全面规定,从 2000 年 7 月 1 日起实施。

会计专业技术资格是我国评价会计人员专业技术水平的一项重要管理制度。对会计专业技术职务的认定,1992 年以前采用评审的办法,从 1992 年开始实行全国统一考试。这种全国性的考试具有政策性和权威性较强的特点,在我国是由各级政府财政部门和人事部门共同负责管理并组织实施的。

我国《会计法》规定,各单位会计机构负责人的任职资格,除取得会计从业资格证书外,还应当具备会计师以上专业技术职务资格或者从事会计工作 3 年以上的经历。国有的和国有资产占控股地位或者主导地位的大、中型企业必须设置总会计师。总会计师的任职资格、任免程序、职责权限由国务院规定。

6. 管理会计

改革开放前,我国企业在长期的实践中形成了一系列管理会计的理论与方法,如20 世纪 50 年代的内部经济核算制,60 年代的指标分解、资金分级归口管理,70 年代大庆模式下的内部核算,80年代首钢的厂内经济责任制、吉林的厂内银行等。从80年代起我国开始引入、借鉴国外管理会计的一些新方法,如变动成本法、量本利分析、长期决策的贴现法、价值工程等。进入90年代以后,实践证明,我国传统的管理会计在市场经济下同样符合中国国情,而且产生了勃勃生机,表现为:以经济责任制为基础,将会计核算与企业内部经济责任制以及外部分配的承包经营责任制结合起来;以权责利统一,资金、成本效益优化为原则,将岗位责任制和企业分配、奖惩、工资制度挂钩;以提高经济效益为目的,与工作效率和经济效益相联系;以民主管理和群众监督为依托,平衡监督与制约机制;以模拟市场为手段,把厂内银行结算体系与纵向衔接、横向统一的责任指标相互渗透,出现了邯钢的"模拟市场、成本否决"以及山东亚星集团的"购销比价管理"等模式。可见,企业实际工作中创造的管理会计的做法是很有特色的,我们不必妄自菲薄,日本等国家对我国管理会计的某些做法进行系统研究就说明了这一点。当务之急是如何将我国管理会计实务中的丰富经验在理论上进行系统地总结提高,并加以推广。

7. 会计研究方法

研究方法犹如一把双刃剑,是否能够恰当地运用取决于是否存在该方法得以应用的"土壤"和研究者的素质、知识结构等多种因素。我国现阶段,需要在继续进行科学、严谨的规范研究的基础上,鼓励一些切实可行的实证研究,比如案例研究,因为案例分析比较符合中国人的思维方式和习惯,通过案例研究,既可以总结我国会计实务中的先进经验,也可以避免由于我国资本市场现阶段发展不完善而出现误导。

会计的中国特色不仅是我国会计理论研究的重大课题,也应当引起会计实务工作者的重视。本文从宏观、整体、社会的层面对这一问题进行了初步考察和粗浅的思考,但是,会计的中国特色及具有中国特色的会计理论与方法体系,是一个不断发展的过程,随着改革的深化和社会主义市场经济发展,其内容及表现将会更加丰富,有待我们不断地研究和总结。

（本文载于《会计研究》2000年第8期）

主要参考文献

〔1〕曲晓辉. 中国特色的会计解读. 会计研究,2000(4):36-40.

〔2〕冯淑萍等. 如何理解中国特色的会计. 会计研究,2000(2):2-8.

〔3〕郝振平. 会计的国际透视. 大连:东北财经大学出版社,1997.

〔4〕王瑞庭,李冬云. 从稽查特派员制度到国有企业监事会制度. 财务与会计,2000(6):5-6.

关于会计研究方法问题

【摘要】本文认为,会计研究方法是进行会计理论研究的前提,是会计理论体系的重要组成部分。会计研究方法的运用要与研究的问题本身以及当时的外在环境相适应,正确地运用会计研究方法是提高会计理论研究水平的重要保证。我国要根据研究内容的不同选择相应的会计研究方法。现阶段,规范研究仍应占据主导地位。我们提倡运用实地研究、问卷调查和案例分析等实证研究方法。在研究过程中,还要注意规范研究和实证研究的相互结合,做到有推理,有例证。

会计研究方法对于会计理论研究具有重要作用。长期以来,对会计研究方法本身的研究可以说是我国会计研究领域的一个薄弱环节。本文试图从分析中西方会计理论研究方法历史演进的过程出发,对会计理论研究领域中较为常用的规范研究方法和实证研究方法的理论基础、各自的优缺点作一简要分析,谈谈本人对我国现阶段会计研究方法选择问题的一些认识。

一、会计研究方法对会计理论研究的意义

1. 会计研究方法是进行会计理论研究的前提

研究方法是"驶达真理彼岸的航船,是打开科学宝库的钥匙"。巴甫洛夫曾经说过,"初期研究的障碍,乃在于缺乏研究方法。无怪乎人们常说,科学是随着研究方法所获得的成就而前进的。研究方法每前进一步,我们就更提高一步,随之在我们面前也就开拓了一个充满着种种新鲜事物的、更辽阔的远景。因此,我们头等重要的大事乃是制定研究方法。"[1] 会计科学的研究同样需要运用适当的会计研究方法,从一定意义上讲,会计研究工作中最为重要的事情在于选择恰当的研究方法。也就是说,研究人员在进行会计研究之前,明确并正确地选择对所研究的问题采用的研究方法,是进行会计理论研究的必要的前提条件。

2. 会计研究方法是会计理论体系的重要组成部分

拉普拉斯说:"认识一位天才的研究方法,对于科学的进步……并不比发现本身更少用处。科学的研究方法经常是极富兴趣的部分。"[2] 我国著名会计学家吴水澎教授认为,"会计和其他学科一样,不仅是知识和学说(表现为会计理论体系)的总和,而且

还包括认识过程的研究方法。这不只是会计理论研究方法的研究成果可以直接丰富和发展我国会计理论内容;同时,它还有助于人们从方法论的高度,统一研究者对一些重要理论问题的认识,有助于多出成果和快出成果。正是从这个意义上,我们认为会计研究方法是一种更为本质意义上的理论,并把它作为会计基本理论的重要组成部分,列为会计理论体系中的最高层次。"[3]

3. 正确运用会计研究方法是提高会计理论研究水平的保证

毛泽东主席早就指出,"我们不但要提出任务,而且要解决完成任务的方法问题。我们的任务是过河,但是没有桥或没有船就不能过。不解决桥或船的问题过河就是一句空话。不解决方法问题任务也只是瞎说一顿。"[4]会计研究方法是会计理论研究中的"桥"和"船",是完成会计研究任务的重要手段,会计研究方法的多样性为会计研究工作者提供了广泛的选择性,会计研究方法运用恰当,不仅可以圆满地实现会计研究目标,而且可以提高会计理论研究水平。

二、西方会计研究方法的演进及启示

"他山之石,可以攻玉"。这里,简要分析西方会计研究方法的演进,目的在于对我国现阶段会计研究方法的选择提供有益的启示。

1. 西方会计研究方法的演进

(1) 20 世纪 70 年代以前规范会计研究方法占主导地位

概览西方会计理论发展史,我们注意到这样一个问题,在 1968 年以前,为探求会计科学真谛,西方会计学家运用规范研究方法形成了一系列描述性理论和指导性观点,诸如美国著名会计学家斯普瑞格所著的《账户原理》(1907)、佩顿的《会计理论》(1922)、坎宁的《会计中的经济学》(1929)、利特尔顿的《20 世纪前的会计发展》(1933)、斯威尼的《稳定币值会计》(1936)、吉尔曼的《利润的会计概念》(1939)、麦克尼尔的《会计中的真实性》(1939)、佩顿和利特尔顿的《公司会计准则绪论》(1940)、利特尔顿的《会计理论结构》(1953)、爱德华兹和贝尔的《企业收益的理论及其计量》(1961)、利特尔顿和齐默尔曼的《会计理论与创新》(1962)。这些经典性规范会计理论著作的出版,提出和完善了会计理论的框架,极大地丰富了会计理论体系,推动了会计实务的发展。在这些著作中,绝大部分理论观点都是或者主要是演绎法的产物,利特尔顿是其中的一个例外,他是归纳学派的代表,在研究中一贯采用归纳法。总体而言,这一时期是会计研究方法处于演绎法和归纳法为核心的规范研究方法占主导地位的时期,其显著特点是应用演绎法和归纳法逻辑地推导出一般性结论。

(2) 20 世纪 70 年代以后实证研究方法出现并占据主导地位

实证研究方法最初起源于实证主义哲学思想,首先是 19 世纪 50~70 年代以孔德和斯宾塞为代表的实证主义思想,继而是以马赫为代表的马赫主义思想,20 世纪 20~

30 年代的以石里克为代表的逻辑实证主义思想,以及后来的朴素证伪主义、精致证伪主义思想,即所谓"证伪主义哲学"。1968 年,鲍尔和布朗在《会计研究杂志》发表的《会计收益数据的经验性评价》和贝费在其增刊《会计中的经济研究:论文集》发表的《年度收益报告的信息含量》,首先在会计领域使用了经验性研究方法,即:先提出假设,然后用数据分析的方法加以验证,从而开创了会计领域实证研究的先河。会计领域的实证研究强调"可证实性",注意利用数学工具,提倡研究的定量化、精确化。实证方法的应用,拓宽了会计研究的领域,把会计研究的领域扩展到资本市场研究(如会计信息与资本市场的关系,会计政策选择)和行为研究等领域,从而丰富了会计理论的内容。

目前,西方尤其是美国的实证研究几乎渗透到财务会计、管理会计和审计等会计研究领域的所有方面。然而,这种渗透并没有取代规范研究,两者的关系还是一种并存的关系,至多是实证研究占主导地位,规范研究占非主导地位。

2. 西方会计研究方法历史演进的启示

(1)西方以演绎法和归纳法为主的传统的规范会计研究方法曾经在会计理论研究中发挥了重要作用,至今仍在继续发扬光大。如前所述,以佩顿为代表的演绎会计理论学派、以利特尔顿为代表的归纳会计学派和以坎宁为代表的真实收益学派,都是运用规范研究方法的产物,这些理论在世界会计理论的宝库中占有非常重要的地位。即使是在西方会计界极力推崇实证会计研究方法的今天,美国会计学会三大会刊中的《会计瞭望》(Accounting Horizons)和《会计教育问题》(Issues in Accounting Education),仍有许多文章是运用规范研究方法进行会计理论问题的研究,美国注册会计师协会的《会计师杂志》(Journal of Accountancy)的绝大多数文章仍然运用规范研究方法。毋庸置疑,这些文章对会计基础理论和会计应用理论建设仍然具有不可忽视的作用。

(2)西方资本市场的建立和发展为实证研究方法的运用提供了外在经济环境。实证研究方法从一开始就运用于资本市场研究,因为资本市场中会计信息与股票价格的关系、会计政策选择等问题的可证伪性为实证研究的可证伪主义提供了市场。现在美国会计理论研究许多方面都在尝试运用实证研究方法,但对资本市场有关问题的研究仍占较大比重。在实证研究方法的档案式研究①中,有关资本市场的会计问题研究通

---

① 实证研究数据收集的方法有五个,即实验室实验(Laboratory Experiments)、实地实验(Field Experiments)、实地研究或个案研究(Field Studies or Case Studies)、问卷调查研究(Survey Research)和档案式研究(Archival Research)。这里,实验室实验是在控制严密的实验环境中进行的,例如,用老鼠来测试某种药物的有效性;用学生来测试不同的财务报告是否会导致不同的信贷决策。实地实验是用现实世界的真实客体进行的实验,如用病人来测试某种药物的有效性;用信贷人员来测试不同的财务报告是否会导致不同的决策。实地研究或个案研究则是观察现实世界的客体,如去工厂实地弄清有关职工业绩计量系统的效率。档案式研究的数据来源于档案资料,如股票价格和会计数据通常来自证券报纸杂志。绝大多数实证研究属于档案式研究,所以西方会计学者通常把实证研究等同于档案式研究。

常需要运用许多数理统计模型知识,这就要求研究人员具备较好的数理统计知识。许多具有理工科背景的研究人员加入会计研究领域,使会计研究队伍增添了新鲜血液,他们良好的数理统计知识使运用数量分析方法研究会计问题特别是资本市场会计问题成为可能,这一尝试性研究给会计理论的研究开辟了新的视角,拓宽了会计研究的范围。与此相关,数据库的建立为实证会计研究提供了资料保证,计算机等现代信息处理技术的运用和普及为实证会计研究提供了技术支持,实证研究运用数学模型在手工计算时费时费力,计算机的运用改变了这种状况。同时,计算机还使数据库的建立更为方便,数据资料的查找更为快捷。

三、我国会计研究方法的回顾及分析

1. 我国会计研究方法的简要回顾

与西方会计界相比,我国会计理论研究起步较晚,且又多受干扰,"直至 20 世纪 70 年代,收效甚少"[5]。中共十一届三中全会以后,会计理论研究的气氛开始活跃,突出地表现为对会计基本理论中会计本质、会计职能、会计对象、会计目标等问题的研究,会计研究方法问题也随之引起会计学界的注意,一些学者按照马克思主义认识论的观点,提出要更新和发展传统的会计研究方法,并主张运用辩证逻辑和系统的方法来研究会计理论,但这一时期专门研究会计研究方法的论文并不多。

20 世纪 90 年代初期,关于会计研究方法的研究引起会计学界的普遍关注,在有关刊物上陆续发表了有关会计研究方法的文章。《会计研究》在 1991 年第 6 期就曾发表过徐兴恩的"论会计研究的方法"一文,以后又有陆续发表,1997 年还专门发表了一系列介绍实证研究方法的论文。这些论文除了介绍会计研究方法外,对中国会计研究方法的取舍也进行了分析,一些作者认为,规范研究落后了,中国会计研究应当迅速借鉴西方会计理论界的做法,加强实证研究。

会计研究方法的运用与会计研究方法研究的进程相适应。80 年初期开始,杨时展教授运用控制论研究会计的本质,提出了会计控制论的观点;孙宝厚博士运用系统论研究会计的本质,完成了其博士论文《会计系统论》;裘宗舜教授运用信息论研究会计的本质,出版了《会计信息论》一书。由此可见,1988 年以前,我国会计理论的研究基本上采用传统的规范研究方法。1988 年裘宗舜、王平在《会计改革若干问题——一张有意义的社会问卷调查表》[6]第一次引入实证研究方法以后,直到 1996 年会计研究运用实证研究的文章还很少。这些文章在方法运用与样本选择、分析离"真正意义上"①的实证研究还有一定差距。1996 年沈艺峰的《会计信息披露和我国股票市场半强式有效性

---

① 目前,在会计理论界有一种误区,即认为没有数据没有模型就不是真正的研究,或者不是科学的研究。葛家澍教授一直认为这种源自芝加哥大学詹森(Jensen)教授的观点是不够慎重的。具体可以参见《会计研究》2000 年第 10 期"什么是会计理论——规范会计理论的一种观念"一文。

的实证分析》[7]开始了我国会计界"真正意义上"的实证研究。统计表明,1996年《会计研究》共发表实证研究类的论文3篇,占全年论文的2%,1997年共发表实证研究类的论文14篇,占全年论文总数的9%,1998年共发表实证研究类的文章13篇,占全年论文总数的10%,1999年共发表实证研究类的文章8篇,约占全年论文总数的7%;其他会计杂志发表实证研究的文章更为少见;《经济研究》发表的有关会计方面的实证研究类论文的数量也不多;规范研究仍占主导地位。

2. 我国会计研究方法的现实分析

我国会计研究方法与西方会计界存在较大差异,原因是多方面的,我们认为主要有以下几个方面。

(1)哲学基础和思维方式不同。西方会计研究方法较多地受实用主义影响,信仰存在就是合理的,有用的就是真理;而我国会计研究方法的哲学基础是马克思主义的辩证唯物主义和历史唯物主义,遵循马克思主义的认识论。西方会计界受实用主义影响,早期更注重应用理论的研究;我国强调理论来源于实践,高于实践,更注重基础理论的研究,习惯从会计本质、会计职能、会计对象、会计目标等基本概念及基本问题开始起步。

(2)会计研究的外在环境与西方会计界存在较大差异。自1990年12月17日飞乐股份等8家公司股票在上海证券交易所首次上市以来,我国资本市场的建立只有10年的时间,上市交易的公司至今也只有1 000多家。特别是有关资本市场的法规建设正在逐步完善,许多法规本身还处于不断变化的过程中。资本市场中包装上市、会计作假等案件时有发生,相当一部分投资者缺乏理性,市场融资功能不足,缺乏足够的资源配置引导能力,等等。这就使以资本市场为内容的会计理论研究缺乏良好的外在经济环境和法律环境。所以,尽管近年来以资本市场为主要研究对象的实证研究成果逐年有所增加,但是,关于资本市场的数据库还没有形成一个较为权威的版本,许多研究者在进行研究时只能自行收集,这样,一方面使研究者本身花费大量时间用于资料收集这一研究最基础的工作;另一方面由于资本市场中存在着会计信息失真等问题,也难以保证研究资料特别是数据本身的准确性,进而影响这些研究结论的验证质量。

(3)我国在会计研究方法的研究时间上远远短于西方会计界。一国会计(包含会计研究方法)的发展归根到底取决于该国的经济发展水平。从美国政府在法律上承认持股公司的组织形式算起,美国资本市场的发展已有百余年的历史。英国的证券交易市场形成于17世纪末,即使从1802年英国政府正式批准伦敦证券交易所开始,英国资本市场的发展也已近两百年。相应地,西方国家进行实证会计研究已有近30年时间,而我国在这方面工作起步的时间还相当短。从这一方面分析,我国会计研究方法处于规范会计研究方法占主导地位的状况是与现阶段经济发展水平相适应的。

四、现阶段我国会计研究方法的选择

我们现阶段如何进行会计研究方法的选择呢？我们这里所讲的会计研究方法选择并不是在规范研究和实证研究之间做出非此即彼的抉择，而是指在特定时期进行特定问题研究时，应当选择较为适当的研究方法。目前存在这样一种倾向：认为会计理论的规范研究带有研究者个人主观的价值判断，没有事实判断的数据和模型，缺乏科学性，应当迅速向实证研究过渡。我们认为，会计研究方法之间并不相互排斥而是互为补充的，具体说来，规范研究并不排斥实证研究，因为规范研究的结论需要实证研究加以验证；实证研究也不排斥规范研究，实证研究需要规范研究的结论为基础和前提。鲍尔和布朗所发表的《会计收益数据的经验性评价》这一经典性实证研究的论文就曾经参考了规范性研究成果 9 篇，约占参考文献的 35% 。可见，那种只能采用单一方法进行会计理论研究的主张是有失偏颇的。归根结蒂，会计研究是为了在会计理论研究方面取得对社会有价值的成果，其研究结论要能解决会计实践中遇到的诸多问题。在建立和发展社会主义市场经济的过程中，会计实践所遇到的问题是多种多样的，我们应当坚持实事求是、具体问题具体分析的原则，根据不同的研究目标，采用相应的研究方法。

即使就规范研究和实证研究而言，我们认为，我国现阶段乃至相当长的历史时期内，规范研究仍应占据主导地位；实证研究中的实地研究、问卷调查、案例分析等也应占有重要地位；那种以数理统计和数学模型为基础所进行的"真正意义上"的实证研究，现阶段是否应当少些为宜，待条件和环境成熟时再给予足够的重视。

1. 关于我国现阶段规范研究占主导地位问题

我国现阶段的会计理论研究应当注意理论联系实际，为会计改革服务，为实践服务。目前，具有中国特色的会计理论和方法体系正在逐步建立和完善之中，许多基础性理论问题还有待于进一步研究。而且，这项工作需要会计理论研究工作者作为优先完成的工作来做。

近一个时期，会计理论研究将主要围绕会计准则建设、统一会计制度建设和内部控制制度建设等内容展开。会计准则建设是我国会计理论界和会计管理部门一项重要的工作之一，需要相应的会计理论为指导。在会计准则建设的理论研究中，无论是概念框架的研究，还是具体准则若干问题的研究，都需要以抽象的基本理论为基础，进行必要的演绎推理，或者以良好会计惯例为基础，进行相应的归纳研究。建立和实施统一的会计制度是我国当前会计改革的又一项重要工作。对于统一会计制度改革的必然性、统一会计制度改革的具体设想、统一会计制度改革的原则、统一会计制度改革的具体内容以及会计准则与统一会计制度的关系等问题的研究，都需要广大研究人员在借鉴我国历次会计改革的历史和实践经验的基础上，从特殊到一般、从具体

到抽象、从实践到理论地进行归纳和演绎,逐步提炼出适合我国国情的会计改革方案,改革方案的实施同样需要会计理论的支持。加强单位内部控制制度建设是各单位正确贯彻执行国家会计法律、法规、规章、制度的重要基础,也是强化单位内部管理、保证会计工作规范有序进行的重要措施。建立健全单位内部控制制度,有许多问题需要加以解决。宏观上,包括制定内部控制制度的基本目标、制定内部控制的指导思想和总体思路;微观上,主要是通过内部控制建设可以解决的当前会计工作和经营管理中的突出问题和薄弱环节。要解决这些问题,需要广大会计工作者结合我国各单位内部控制建设的实际情况,总结各单位的成功经验,群策群力、各抒己见地提出解决问题的思路、见解和措施。研究这些问题我们主张更多地采用规范研究方法,同时,注意以事实为依据,以法律为准绳,从现阶段国情和实际出发,并兼顾我国属于大陆法系国家的背景。

2. 关于实证研究中注重实地研究、问卷调查和案例分析的问题

如前所述,目前我国的资本市场仍处在逐步形成时期,资本市场建立的时间较短,相关法规尚不健全,许多数据的可比性不强,进行多方位、多角度的实证研究可资利用的资料较为缺乏,运用"垃圾数据"进行实证研究的论文结论很可能也是"垃圾"①,为实证而实证的论文对会计理论的创新并无多少作用。评判一项研究的优劣,主要有三个标准:是否新颖? 是否有意义? 是否严密? 判断是否新颖可以从三个方面来分析:第一,问题是以前没有回答的;第二,研究方法是新的;第三,样本或数据资料是新的。通常需要将三者结合起来进行分析。判定是否有意义也可以从三个方面分析:一是能为政策制定服务;二是能为会计实践服务;三是能为其他研究服务。判定是否严密可以从内在的严密性和外在的普遍性两方面加以分析。对照这些标准,我们可以看出,目前国内已经发表的以统计模型为基础所进行的有关资本市场会计问题的实证研究成果存在不少问题。譬如,以统计模型为基础的有关上市公司盈余管理等问题的实证研究成果为会计准则的制定提供了一定的参考意见,但这些观点是一般的调查和案例研究早已得出的结论,实证研究的贡献在于进一步证实这些已知的结论。这些问题特别是会计研究环境问题的存在,决定了在资本市场会计问题上,以统计模型为基础的实证研究成果的质量还难以令人满意;而我国社会主义市场经济对会计研究的要求是,还必须尽可能提出有助于会计改革的新见解和新观点。

综上所述,我国现阶段乃至将来一个时期内,会计理论研究应当遵循马克思主义认识论,大兴调查研究之风,在实践中探求真理;应当坚持实践是检验真理的唯一标准的原则,在研究过程中,在坚持规范研究占主导地位的前提下,注意规范研究与实证研究的统一和有机结合,重视采用实地研究、问卷调查和案例分析等实证研究方法验证规范

---

① 英文通常表述为"Garbage in,garbage out"。

研究成果,总结我国会计实际工作中的成功经验,进一步丰富和完善具有中国特色的会计理论与方法体系。

（本文载于《会计研究》2000 年第 12 期）

主要参考文献

〔1〕巴甫洛夫选集.北京：科学出版社,1995,49.

〔2〕宇宙体系论.上海：上海译文出版社,1978,445.

〔3〕吴水澎.财务会计基本理论研究.沈阳：辽宁人民出版社,1996,42.

〔4〕毛泽东选集(第一卷).北京：人民出版社,1991,139.

〔5〕阎达五.成绩、问题、展望.会计研究,1983(4)：20－26.

〔6〕裘宗舜,王平.会计改革若干问题——一张有意义的社会问卷调查表.会计研究,1988(6)：17－21.

〔7〕沈艺峰.会计信息披露和我国股票市场半强式有效性的实证分析.会计研究,1996(1)：14－17.

关于金融企业会计改革的几个问题

近年来,随着改革的深化和 WTO 的日益临近,我国的金融业正进入重大转折时期。一些新兴的商业银行、外资银行、保险公司正在或即将进入我国市场,形成越来越激烈的竞争局面。然而,由于国有独资商业银行资本充足率偏低以及不良资产问题,使我国的一些金融企业潜伏着一定的金融风险。纵观世界金融业兴衰的案例,我们注意到,金融业的发展及其风险防范与会计标准和会计披露相关。当一个国家金融业即将与国际金融相融的时候,应当重视会计标准和会计披露。本文拟就我国金融企业会计改革中的几个问题进行探讨。

一、金融企业会计改革意义重大

1. 实行稳健的会计制度,提高金融资产质量

第九届全国人民代表大会第四次会议批准的《中华人民共和国国民经济和社会发展第十个五年计划纲要》指出,"对国有独资商业银行进行综合改革,有条件的国有独资商业银行可以改组为国家控股的股份制商业银行,建立风险防范机制,形成严格约束与有效激励相统一的经营机制,完善稳健的会计制度,提高金融资产质量"。由此可见,落实"十五"计划纲要,应当是金融企业会计改革的首要目的。通过改革,实行稳健的会计制度,为金融企业进行股份制改造和综合改革奠定基础。

最近,中国人民银行的监管部门透露,我国的国有独资商业银行改制要分三步走:第一步,按产权清晰、权责分明、政企分开、管理科学的原则,尽快完善国有独资公司体制,建立法人治理结构,成为真正意义上的国有独资公司。第二步,进行股份制改组。在完善国有独资公司体制基础上,对具备条件的国有独资商业银行进行股份制改造。国家对改组后的四家银行可以先绝对控股,后相对控股。在国家控股的前提下,按一定比例广泛吸收内外资企业参股,同时组建若干基金,吸收自然人资金组建基金法人对银行参股。第三步,创造条件分步上市。符合条件的银行可以采取整体与分拆相结合的方式,分行别、分步骤上市。实践证明,公司制是现代企业制度的一种有效组织形式。现代企业制度不仅适用于一般企业,也适用于金融企业。

20 世纪 90 年代初,我国开始建立资本市场,对国有企业实行股份制改造。财政部于 1992 年发布了《股份制试点企业会计制度》,1998 年修订为《股份有限公司会计制

度——会计科目和会计报表》,2000 年又发布了《企业会计制度》。会计制度的逐步完善和改革,对我国的资本市场和国有企业股份制改造发挥了至关重要的作用。金融企业的股份制改造和规范上市,必须加快金融企业会计改革的步伐。

2. 改革金融企业会计制度,增强会计披露的透明度,防范金融风险

1998 年 12 月,联合国贸易和发展会议的一份名为《会计披露在东亚金融危机中所扮演的角色:应吸取的教训》的研究报告,对亚洲金融危机的一般特征、金融危机爆发的直接原因、会计在金融危机预警中应发挥的作用、与金融危机有关的国际会计准则等做了深入的研究,还对韩国、泰国、印度尼西亚、马来西亚、菲律宾和日本的 90 家最大的银行和企业现行会计实务同国际公认会计实务进行了比较,提出了各种有助于提高会计披露质量和透明度的建议。

这份研究报告指出,东亚地区众多金融机构和企业的破产或濒临破产,是因过分依赖外币借款以及缺乏透明度和经管责任而造成的。披露不充分虽然不是造成金融危机的主要因素,但它确实对危机爆发的广度和深度产生了相当程度的负面影响。财务报告是最可靠的也是最容易取得的有关企业信息的媒介物,缺乏充分的会计披露,投资者和债权人就无法及时取得必要的信息,判断企业成功与否。在遭受金融危机袭击的国家,企业和银行在内部控制和风险管理中存在种种缺陷,与缺乏适当的披露要求有一定的关系。多数亚洲国家的金融机构和企业在会计披露时没有遵循或符合国际会计准则。长期以来,大多数国际投资者忽视了这一缺陷,巨额的外国资本(债务性和权益性资本)仍源源不断地流入亚洲国家。

1997 年的亚洲金融危机给我国的金融业敲响了警钟。危机的沉痛教训向我们展示了这样一个事实,金融体系健全与否,直接关系到一个国家经济的安全。会计标准是金融体系的重要组成部分,在建立和完善金融体系的过程中,还必须重视对金融企业会计问题的研究,提高金融业会计披露的透明度,防范金融风险。

3. 适应 WTO 的要求,实现金融企业会计标准的国际化

在世界经济一体化的发展趋势中,各国经济的发展必然融入国际经济潮流。加入 WTO 是我国经济融入国际经济的重要体现。同时要求我国的会计标准与国际会计惯例相协调。一方面便于国外投资者更好地了解我国企业的财务状况、经营成果和发展潜力;另一方面也便于我国企业在国际资本市场筹集资金。

著名经济学家厉以宁教授最近指出,我国国有商业银行不良资产比例较高,但是,由于居民储蓄存款的注入目前还不会出现问题。加入 WTO 两年后,外资银行可从事企业贷款,五年后可以从事人民币存款业务。如果那时居民将一部分钱存入外资银行,国有商业银行不良资产比例较高的问题就会暴露出来,因此,国有银行必须加快改革步伐。金融企业会计改革是我国金融企业改革的重要组成部分,必须同步。

目前,我国股份有限公司基本实现了会计标准的国际化,上市银行会计标准的主要

方面也采用了国际通行的做法。适应加入WTO的要求,还必须对我国各类金融企业的财务会计问题进行系统的研究,全面改革金融企业会计制度,迎接WTO的挑战。

二、金融企业会计改革的基本思路

1. 金融企业会计改革是我国会计核算制度改革总体方案的组成部分

2000年7月31日,财政部会计司印发了"关于对企业会计核算制度改革征求意见的函"。函中指出,中共十五届四中全会提出的"建立健全全国统一的会计制度"的精神,为深化企业会计核算改革指明了方向;新《会计法》和《企业财务会计报告条例》为深化企业会计核算制度改革提供了重要的法律依据。为贯彻落实中共十五届四中全会精神和《会计法》、《企业财务会计报告条例》的规定,适应社会主义市场经济要求,在继续制定会计准则的同时,财政部拟对会计核算制度进行改革,改革的总体方案是:

(1)打破行业、所有制、组织形式和经营方式的界限,建立统一的企业会计制度,适用于除金融企业以外的大、中型企业,并在此基础上对各个行业、企业的特性业务拟定各个专业核算办法。

(2)针对小规模企业的特点,制定小企业会计制度。

(3)考虑到金融企业经营的特殊性,制定金融企业会计制度。

2. 金融企业会计制度的适用范围及框架结构

改革后统一的金融企业会计制度,应适用于经中国人民银行、中国证券监督管理委员会和中国保险监督管理委员会批准,在中华人民共和国境内注册的政策性银行、商业银行、保险公司、证券公司、信托投资公司、财务公司、金融租赁公司和城乡信用社等经营金融业务的企业;金融资产管理公司除外。

金融企业会计制度的框架结构拟以《企业会计制度》为基础,借鉴国际惯例,结合我国各类金融企业的特点,分别资产、负债、所有者权益、收入、费用、利润等会计要素,以及有关金融业务事项和财务会计报告,以条款的方式做出全面系统的规定。按照这种框架形成的会计制度,我们暂称之为《总制度》。

对于是否制定统一的金融企业会计科目和会计报表,目前存在不同看法。一种观点认为,金融企业有了《总制度》,再针对各类金融企业的具体业务制定专业核算办法,不必分别各类金融企业制定各自的会计科目和会计报表体系。另一种观点认为,为了增强金融企业会计改革的操作性,除《总制度》之外,还应当分别不同代表性的金融企业,如商业银行、保险公司、证券公司等制定会计科目和会计报表体系。目前,财政部1998年发布的《保险公司会计制度》和1999年的《证券公司会计制度》的主体内容仍然适用。《总制度》发布之后,再对其做必要补充即可。就我国的商业银行而言,有国有独资商业银行、股份制商业银行、城市商业银行,其中深圳发展银行、上海浦东发展银行和中国民生银行已经上市,近期可能还会有些商业银行上市,如果只有一个《总制度》,

操作性不强,金融企业会计改革的若干政策是很难落到实处的,还应制定商业银行会计科目和会计报表体系。本人倾向于后一种观点。

3. 继续制定金融企业基本业务会计准则

1995 年,财政部印发了《企业会计准则第×号——银行基本业务》(征求意见稿)。在征求意见稿的形成过程中,中国人民银行和一些商业银行付出了不少心血。此次金融企业会计改革,将根据我国《企业会计准则》的制订规划,以财政部 1995 年印发的《企业会计准则第×号——银行基本业务》(征求意见稿)为基础,借鉴国际会计准则第 30 号、第 32 号和第 39 号的有关规定,结合现阶段我国商业银行的业务发展情况,完成包括表外业务在内的有利于防范商业银行经营风险的银行基本业务会计准则,作为中国企业会计准则体系的组成部分。

《企业会计准则——银行基本业务》与金融企业会计制度相关内容都是国家统一的会计制度的组成部分,由财政部制定并公布。两者的主要区别在于:一是准则规定比较原则;制度规定比较具体,操作性强,二是准则的形式比较符合国际方面阅读;制度形式比较符合中国人的思维方式和习惯,三是准则相对稳定;制度及其补充规定具有应急、灵活的特征。

此次金融企业会计改革还将借鉴国外惯例,结合我国各类保险业务(如财产保险、人寿保险、再保险等)的会计处理,制定保险业务会计准则。

4. 金融企业会计改革需要处理好与税收制度的关系

现阶段而言,应当贯彻会计改革与税收相分离的原则。因为两者属于不同的体系。会计制度是为了实现、保证会计信息的真实、完整,为会计信息的使用者提供决策所需信息,从而实现合理配置资源和规范经济秩序等目标;而税收的目的是为了实现社会公平税负、培植税源、调控经济、增加财政收入等。会计制度提供的基础性会计资料是纳税的主要依据,但是由于两者规范的目的不同,按会计标准计算的会计利润(利润总额)和按税收规定计算的计税利润(应纳税所得额)是不一致的。比如,改革后贷款呆账准备的提取与核销,将由总行根据贷款资产的实际情况自行确定,这就必然会出现按会计制度规定提取的贷款呆账准备与税收允许在税前扣除的数额不一致。在这种情况下,银行应按会计制度进行核算,计算缴纳所得税时再按税收规定进行纳税调整。

5. 金融企业会计改革还应当处理好与财务制度的关系

在计划经济条件下,我国长期以来形成了一套传统的财务会计管理模式,会计要素的确认和计量均由国家财务制度规定,会计制度只是按照财务规定进行相关账务处理。虽然 1993 年进行了财务会计制度改革,但是,当时的行业会计制度并没有完全解决会计的确认、计量问题,仍然只规定会计记录和报告,这种会计制度本质上是规范簿记的内容。究其原因,主要是在计划经济下国家实行统收统支,成本开支范围由国家规定,利润全部上交国家,亏损由国家弥补。企业完成国家计划是主要的,很少拥有财力决策自主权,也就谈不上会计的确认、计量,会计的主要任务是记录和报告。市场经济发展至今,企业实行了自主经营、自负盈亏、自我发展,特别是国有企业公司制改革之后,重大问题由股东大会、董事会决定,会计的内容也随之发生了重大变化,客观上要求恢复其本来面目,即:对会计要素确认、计量、记录和报告的全部内容,应由会计制度做出规定。这才符合市场经济国家的通用做法。

三、金融企业会计改革的主要内容

1. 严格按照资产定义,合理确认各类金融企业的资产价值

2000 年 6 月 21 日,朱镕基总理以国务院令签发了《企业财务会计报告条例》,其中第 9 条规定:"资产,是指过去的交易事项形成并由企业拥有或者控制的资源,该资源预期会给企业带来经济利益"。各类金融企业应当按照这一定义对资产进行确认和计量。

(1)贷款呆账准备的提取及呆账的核销是金融企业会计改革的核心问题之一。

贷款呆账准备的提取及呆账核销是金融企业会计改革的核心问题之一。改革的目标应是以财政部 2000 年规定的上市银行贷款呆账准备政策(财会[2000]20 号文件)为基础,规定金融企业应当根据贷款对象的财务和经营管理情况,以及贷款的逾期期限等因素,分析其风险程度和回收的可能性,借鉴国际通行的贷款"五级分类法",合理计提贷款呆账准备。金融企业按照上述原则和方法提取贷款呆账准备后,不应再提取坏账准备。国外一些国家提取贷款风险准备有普通准备(或一般准备)、专项准备和特别准备(或国家风险贷款准备)。按照巴塞尔协议的规定,普通(或一般)准备可作为银行的附属资本计算资本充足率,而专项准备则要从银行的资本组成中扣除。这也是此次金融企业会计改革需要考虑的问题。

对于贷款呆账的核销,上市银行要根据财会[2000]20 号文件的规定,按照管理权限分别由董事会或股东大会批准后于年度终了前予以处理,不得挂账;其他金融企业总行(总公司)本级和直属机构发生的贷款呆账损失,经逐户、逐级上报,由总行(总公司)本级和直属机构报经其所在地财政专员办审核后,由总行(总公司)审批核销。

(2)投资的收益确认及期末计价。

金融企业的投资主要指证券公司的自营证券和信托投资公司的长期投资。按照国际会计惯例,自营证券应在期末时按成本与市价孰低计价,并在分类的基础上计提跌价准备。

我国某些投资公司的对外投资,由于种种原因,投出时缺乏可行性研究和科学论证,投出的资金没有收益或收益很低,甚至投资本金也无法收回,发生永久性减值,投资公司倒闭、清算、破产的案例时有发生。为此,强化投资公司的法人治理结构、提高其自身的管理水平,搞好内控制度和会计制度建设是当务之急。

投资公司的长期投资分别不同情况,应当采用成本法或权益法核算其投资收益。长期投资如果发生减值,应当在期末时计提长期投资减值准备。

(3)抵债资产及其处置。

抵债资产是指金融企业依法行使债权和担保物权而向债务人、担保人或第三人收取的用于偿还债务的实物资产,如材料物品、存货以及固定资产等。金融企业的抵债资产及其处置是金融会计改革的一项重要内容。应当充分借鉴国际会计惯例,结合我国的实际情况,规定抵债资产取得和处置的会计处理方法。比如,金融企业取得抵债资产,应当规定按何种价值入账的问题;处置抵债资产的收入与抵债资产价值的差额如何处理,等等。

(4)固定资产的折旧及期末计价。

金融企业应当根据固定资产的性质和消耗方式,合理地确定各类固定资产的预计使用年限和预计净残值,选择合理的固定资产折旧方法,按照管理权限,经股东大会或董事会、或经理(行长)会议或类似机构批准,作为计提折旧的依据。固定资产预计使用年限和预计净残值、折旧方法等,一经确定不得随意变更。

固定资产如果发生减值,应当在期末时按单项资产计提固定资产减值准备。

2. 按照负债的定义,合理确认和计量金融企业的预计负债,充分披露或有事项

近年来,国外一些银行因操作衍生金融工具不当而蒙受巨额亏损、乃至倒闭的案例比比皆是。与此同时,表外业务呈现逐渐扩大和发展的趋势,种类越来越多,规模也越来越大。毋庸置疑,以衍生金融工具为代表的表外业务类似一把双刃剑,经营得好会带来较高的收益,否则会蒙受巨额损失。1995 年英国巴林银行倒闭,起因就在于其新加坡交易员尼克·里森违规买入大量期货,造成高达 10 亿美元的巨额亏损。我国金融企业在这方面也进行了许多有益的探索。商业银行开展了担保、贷款承诺、银行承兑汇票等业务,期货业务也在尝试,未决诉讼时有发生。实际经济生活中,也已出现过由于上述表外业务等或有事项给金融企业造成巨额损失的案例。

金融企业会计改革,借鉴国际会计惯例,对发生或有损失可能性较大的或有事项,应在表内确认和计量或有损失和预计负债。除此之外,总结和吸收亚洲金融危机的教训,制度中还应强调对金融企业各类或有事项、发生巨额损失的可能性等相关内容做出充分的会计披露的规定。

3. 金融企业所有者权益的核算应当考虑股份制改革的要求,兼顾巴塞尔协议的规定

金融企业股份制改革要求在所有者权益方面和其他企业基本相同,即:以《公司法》为依据,设定所有者权益的构成,包括实收资本或股本、资本公积、盈余公积和未分配利润等。但金融企业的注册资本最低限额及相关问题,应当注意与《商业银行法》、《保险法》等金融法律的协调。

《巴塞尔协议》是当代商业银行资产负债管理理论的综合和发展,对世界各国的银行业都产生了深刻的影响。我国是国际清算银行的成员国,中国人民银行也签署了协议,表明我国的中央银行认同《巴塞尔协议》规定的资本充足率8%的标准,其中核心资本不得低于4%,附属资本不得超过核心资本的100%,并用这一标准监管我国的各类商业银行。就我国商业银行的现状而言,主要矛盾在于资本不足。因此,研究资本的充足程度,如何筹集与充实资本以及相关的财务会计问题,应当是此次改革需要加以考虑的。

4. 根据我国"收入"准则规定,改革我国金融企业利息收入的确认问题

我国"收入"规定,收入的确认应当符合四个条件:① 企业已将商品所有权上的主要风险和报酬转移给购买方;② 企业既没有保留通常与所有权相联系的继续管理权,也没有对已售出的商品实施控制;③ 与交易相关的经济利益能够流入企业;④ 相关的收入和成本能够可靠地计量。

金融企业的利息收入,应当遵循权责发生制原则。对于贷款逾期90天的应收利息以及应收利息自结息日起90天及以上未能收回的部分,已经不符合收入确认的条件,应当停止继续确认利息收入,待实际收回时计入当期损益;同时,对于在此之前已经入账但尚未收回的贷款利息,应冲减当期利息收入。

5. 关于我国金融企业支出及相关费用损失的改革问题

金融企业应当按照权责发生制原则确认和计量利息支出、保费支出等相关支出。其他费用的确认和计量在贯彻权责发生制原则、配比原则、重要性原则的前提下,应当重视谨慎性会计原则的运用。比如,金融企业的开办费,应当在开始经营的当月起一次计入开始经营当月的损益。又如,不符合资产定义的递延资产也应当列入当期损益。再如,金融企业清查的各种财产的损益,应于期末前查明原因,并根据企业的管理权限,经股东大会或董事会,或经理(行长)会议或类似机构批准后,在期末结账前处理完毕,计入当期损益。在期末结账前尚未经批准的,在对外提供财务会计报告时先按上述规定进行处理,并在会计报表附注中作出说明;如果其后批准处理的金额与已处理的金额不一致的,调整会计报表相关项目的年初数。

6. 保险业务的各种准备金

金融企业保险业务提存和转回的未决赔款准备金、未到期责任准备金、长期责任准备金、寿险责任准备金、长期健康险责任准备金、总准备金等各项准备金制度,应当与国际保险业的通行做法相协调。

7. 财务会计报告是金融企业会计改革的重要组成部分,必须对现行的会计报告体系进行改革

(1)根据《企业财务会计报告条例》的规定,金融企业应当编制和对外提供真实、完整的财务会计报告。财务会计报告由会计报表、会计报表附注和财务情况说明书组成。会计报表包括资产负债表、利润表、现金流量表、利润分配表、资产减值准备及核销

明细表等报表。金融企业对其他单位投资如占该单位资本总额 50% 以上（不含 50%），或虽然占该单位注册资本总额不足 50% 但具有实质控制权的，应当编制合并会计报表。合并会计报表的编制原则和方法，按照国家统一的会计制度中有关合并会计报表的规定执行。

（2）金融企业的会计报表附注，除了披露所采用的会计政策等共性内容之外，应当充分披露各类表外业务及潜在的金融风险。

（3）上市的金融企业还应当披露中期报告。

以上是以举例的方式初步分析了此次金融企业会计改革的主要内容。这里只是提供一种框架，起到抛砖引玉的作用。实际上，改革的内容是极其丰富的，需要我们共同努力。

四、金融企业会计制度的贯彻实施

目前，财政部会计司正在抓紧进行金融企业会计制度的起草及各项准备工作，征求意见稿形成之后，将广泛征求各类金融企业及有关方面的意见，在此基础上，可望于今年下半年公布。金融企业会计制度的实施时间可能定为 2002 年 1 月 1 日，在此之前，应做好实施新制度的各项准备工作。

关于金融企业制度的实施范围问题，是否可以考虑分两步走：第一步，暂在股份制或上市的金融企业实施，因为股份制或上市的金融企业经过改制后，在其法人治理结构、经营机制、管理水平、资产质量和经济效益等诸多方面与其他金融企业相比，向前跨进了一大步，这是不可否认的事实。不仅如此，这类企业现行的会计标准与改革后的金融企业会计制度比较接近，容易衔接和过渡。第二步，鼓励其他金融企业采用金融企业会计制度。国有独资商业银行和其他国有金融企业要求执行金融企业会计制度的，应报经同级财政部门批准。

（本文载于《金融会计》2001 年第 7 期）

如何正确理解当前会计改革中的有关问题

——答《中国证券报》记者问

近一个时期以来,社会各界对此次会计改革给予了极大的关注和高度的评价,相关的评论、文章常见诸报刊、媒体,同时也存在一些疑问和模糊认识。为此,本报记者就有关问题采访了财政部会计司刘玉廷副司长。

记者:此次会计改革具体从何时开始,主要包括哪些方面的内容?

刘玉廷:会计改革的时间可以追溯到《会计法》的修订和国务院《企业财务会计报告条例》的颁布。1999年10月31日,第九届全国人大常委会第十二次会议修订通过了《会计法》,规定国家实行统一的会计制度。国家统一的会计制度由国务院财政部门根据本法制定并公布。2001年6月21日,朱镕基总理签发了《企业财务会计报告条例》,规定企业应当依照本条例和国家统一的会计制度的规定,对会计报表中各项会计要素进行合理的确认和计量。应当说,《会计法》的修订和《条例》的颁布,拉开了此次会计改革的序幕,提供了法律依据。

此次会计改革的内容主要指财政部制定并公布的《企业会计制度》及相关会计准则。2000年12月29日,财政部向全国印发了《企业会计制度》的通知(财会[2000]25号),要求从2001年1月1日起暂在股份有限公司范围内实施。2001年1月18日,财政部印发了《企业会计准则——无形资产》等8项准则的通知(财会[2001]7号),亦要求从2001年1月1日起执行。

《企业会计制度》由一般规定、会计科目和会计报表、主要会计事项分录举例等几个部分构成,是此次会计改革的主体,各项改革政策集中体现在制度中。8项会计准则中的"无形资产"、"借款费用"和"租赁"准则是新发布的,"现金流量表"、"投资"、"非货币性交易"、"债务重组"、"会计政策、会计估计变更和会计差错更正"准则是重新修订的。截至目前,财政部共发布了13项具体会计准则。《企业会计制度》及相关会计准则构成了国家统一的会计制度的重要组成部分。

记者:有人认为此次会计改革中制度和准则的关系不很清楚,认为会计准则和传统会计制度的关系仍比较混乱,甚至认为制度是计划经济的,准则才是市场经济的。您对这一问题有何看法？

刘玉廷：目前确有将会计制度和会计准则对立起来的观点，有人甚至将制度和准则提升到计划经济和市场经济的高度引起争论。这都是不正确的，也没有实际意义。会计标准的表现形式不是唯一的，判断其优劣不应追求形式，而要从实质上分析会计政策的应用是否借鉴了国际通行做法，是否符合我国市场经济的要求。只要会计政策在实质上做到了与国际会计惯例相协调，采用制度形式还是准则形式并不重要。法国也是市场经济国家，但多年来一直采用统一的会计账户体系，即会计制度。由此可见，制度形式、准则形式与计划经济、市场经济没有直接联系。

关于准则和制度的关系，总体上看，两者都是国家统一的会计制度的组成部分，均属于财政部制定的具有行政法规性的文件，并具有相同的效力，两者内容的实质是一致的。有一种观点认为，准则规范会计要素的确认和计量问题，制度规范记录和报告，这种观点也是不正确的。1992 年的《股份制试点企业会计制度》、1998 年的《股份有限公司会计制度——会计科目和会计报表》以及现在的《企业会计制度》，都是对会计要素的确认、计量、记录、报告加以规范。实际上，两者的主要不同点在于：一是准则规定比较原则，制度规定较为具体。二是准则的形式比较符合国际方面阅读，制度形式比较符合中国人的思维方式和习惯。长期以来，我国的会计标准一直采用会计制度形式，这种形式的特点是将会计改革的各项政策有机地融入会计科目及会计报表体系中，广大会计人员所关心的是，经济业务发生以后，应当如何根据制度规定记账和编制报表，对准则中的引言、定义、确认、计量、披露这些概念和内容，还需要一个相当长的适应过程。三是准则具有相对稳定的特点，制度及其补充规定具有应急、灵活、试行的特征。美国、英国等会计准则为主体的国家，会计制度即会计科目体系也是存在的，只不过是由会计中介机构或企业根据会计准则的要求自行设计。我国将会计制度改由会计中介机构或企业自行设计的条件还不成熟，在目前及今后相当长的时期内，准则和制度并存，均由财政部制定并公布。我们认为，准则和制度之间最重要的差别在于原则和具体之分，两者之间是相互补充、各有侧重、缺一不可的互动关系。

我国企业会计准则从产生的那一天起，就是与会计制度并存的。1992 年底，财政部发布了《企业会计准则——基本准则》，与当时的《股份制试点企业会计制度》和行业会计制度并存。1997 年，财政部发布了第一项具体会计准则《关联方关系及其交易的披露》，1998 年，财政部又发布了《股份有限公司会计制度——会计科目和会计报表》，同年发布了现金流量表、资产负债表日后事项、建造合同、投资、收入、债务重组等具体会计准则。具体会计准则、《股份有限公司会计制度——会计科目和会计报表》和行业会计制度并存。此次会计改革出台了《企业会计制度》，同时发布了三项具体会计准则、修订了五项具体会计准则，仍然是会计制度与会计准则并存。会计改革的历史表明,准则和制度的并存是一种客观必然。从发展的观点来看,会计准则体系完善了,广大会计实务工作能够适应会计准则的形式了,并能够根据会计准则自行设计会计科目和会计报表,而且具备了较强的会计职业判断能力,以会计科目和会计报表为主要表现形式的会计制度也可能取消,但现阶段不能这样做,否则就会导致混乱。在目前情况下处理好两者的关系很重要,除了把握原则规定和具体操作之外,我们关注的重点应当是准则和制度中相同内容的规定必须一致,不能相互矛盾。

记者:对于此次会计改革,多方认为与国际会计惯例几乎没有差别,已经基本实现了会计标准的国际化。也有人提出,我国会计和信息披露方面仍然存在很多问题,与国际水准之间存在相当大的差异。请问实际情况如何?

刘玉廷:此次会计改革的力度相当大,内容极其丰富,可以说,基本实现了我国会计标准的国际化。现将我国会计制度与国际会计惯例的主要比较内容列示(如附表)。

通过比较足以说明,此次会计改革基本实现了我国会计标准与国际会计惯例的协调。一些境外上市公司的对外报告也充分证明了这一事实。中国石油天然气股份有限公司在美国上市,经常对外公布财务报告,该公司反映,改革前我国的会计制度与国际标准存在十几项差异,改革后差异基本消除。中国证监会首席顾问梁定邦先生在接受记者采访时说:"我们现在在会计制度方面存在的问题不是很多,财政部会计司冯司长那里做得非常好,她是出规则的,我们主要是在具体执行中存在问题。"朱镕基总理曾对我部批示:"看来制度似已完备,问题是不监督、不检查、未执行。"

记者:关于《企业会计制度》及相关准则的执行问题,有的单位提出,新制度及相关准则发布的时间比较晚,确因时间来不及,是否可以暂缓执行?

刘玉廷:如前所述,财政部于2000年12月发布了《企业会计制度》,2001年1月18日又发布了相关会计准则,在相关会计准则中,明确规定了对债务重组、非货币性交易等经济业务要采用追溯调整法进行会计处理。2001年2月23日《财政部文告》全文向社会公告8项准则的通知及内容。2001年2月26日又发布了《执行〈企业会计制度〉有关政策衔接办法》。在发布《企业会计制度》及相关准则和衔接办法的同时,还在媒体上进行公布和广为宣传。这些制度、准则的发布距离上市公司年报披露结束日4月30日还有一段时间,上市公司是应当了解这些信息,一般情况下,都能够根据新准则和新制度做好调整工作。如果确因某种原因未及时收到财政部的文件而按原政策公布2000年度年报的,根据我部财会[2001]17号文件规定,"已经公布2000年度年报的股份有限公司,因上述调整对公司财务状况经营成果产生重大影响的,应予补充说明。"

记者: 有企业担忧,执行财会〔2001〕17 号文件计提各项资产减值准备及追溯调整,会导致企业由盈变亏或者出现严重亏损。请问是否存在这种情况?

刘玉廷: 公司执行新政策计提各项资产减值准备并进行追溯调整,不会影响当期损益,也不会导致企业出现严重亏损。因为按财会〔2001〕17 号文件规定,会计变更的累积影响数调整公司所有者权益中的期初留存收益,不作为当期损益处理。公司根据实际情况合理计提各项资产减值准备,有利于公司消化不良资产,应该说是一项非常好的政策。如果是执行新制度后当年发生的资产减值,按《企业会计制度》规定,计提的资产减值准备计入当期损益。

记者: 有的单位提出,对于财政部已经单独发文明确了会计处理意见的公司,应当严格按照财政部新政策和有关文件批复要求执行,除此之外的其他公司可暂不限制披露按原有的会计准则及会计制度审计的财务会计报告。这种说法是否正确?

刘玉廷: 这种说法是不正确的。《会计法》规定国家实行统一的会计制度,就是要强调会计制度的严肃性和统一性,按照统一的标准规范会计工作秩序。如果统一会计政策在有的上市公司执行,有的上市公司不执行,对不同的上市公司采取不同的会计政策,宽严不一,这对上市公司是不公平的。

记者: 有的公司提出,对已经连续亏损的上市公司如果按新制度规定进行账务处理,可能会被 ST 或 PT,这对有发展潜力的上市公司是非常不利的。请问,对这种情况应如何处理?

刘玉廷: 对上市公司给予 ST 或 PT,属于证券监管部门对上市公司的考核和监管问题,与会计处理是两回事,不能混为一谈。是否对上市公司实行 ST 或 PT 处理,应由证券监管部门决定,会计处理应以会计制度为准,公司不能因为可能会受到 ST 或 PT 处理,而不执行新制度。

记者: 以上讲的都是非金融企业的会计制度及其贯彻执行问题,您能否谈一谈金融企业的会计改革?

刘玉廷: 我们再来谈一下金融企业的会计改革问题。银行会计改革的核心是贷款呆账准备政策和逾期利息收入的确认。截至目前,我国的上市银行包括深圳发展银行、上海浦东发展银行和民生银行,还将有一些银行准备上市。为了解决上市银行的会计标准国际化问题,财政部于 2000 年 12 月发布了《公开发行证券的商业银行有关业务会计处理补充规定》(财会〔2000〕20 号),对于上市银行的呆账准备计提、核销与风险认定等方面都作了具体规定,并要求上市银行从 2000 年开始执行。这份文件规范了上市银行应当根据贷款对象的财务和经营管理情况,以及贷款的逾期期限等因素,分析其风险程度和回收的可能性,合理计提贷款呆账准备;同时要求上市银行采用追溯调整的方法消化不良资产。近期曾有文章指出,我国国内银行的呆账准备按年末贷款余额的 1% 计提,由此而导致了按我国标准提取的贷款呆账准备与按国际惯例提取的准备出现较大的差异,这种提法是不符合实际情况的。财政部财会〔2000〕20 号文件已经改变了原来按期限法(即一逾两呆)提取呆账准备的做法。实际上,一些银行在实务操作中也采纳了贷款的五级分类法,与国外银行存在差异的主要原因在于这些银行判断五级分类的标准,以及按五级分类标准计提的贷款呆账准备比例的不同所致,而不属于会计标准本身的问题。对于呆坏账的核销,"20 号文件"规定,"上市银行发生的贷款呆账损失、坏账损失、待处理财产损失等,按照管理权限分别由董事会或股东大会批准后于年度终了前予以处理,不得挂账"。这一规定已经改变了我国原来按规定比例核销呆坏账的做法。

关于逾期贷款利息的处理,财会〔2000〕20 号文件规定,"发放的贷款到期(含展期,下同)90 天及以上而未收回的,其应计利息停止计入当期利息收入,纳入表外核算;已计提的贷款利息收入,在应收利息到期 90 天后仍未收到的,冲减原已计入损益的利息收入,转作表外核算。"从而改变了原来有关 180 天的规定。该文件还规定,到期 90 天后仍未收回的,应当冲回已计入损益的利息收入。以上规定与国际通行做法一致。

最近,财政部又以财金〔2001〕127 号文件印发了《金融企业呆账准备提取及呆账核销管理办法》,要求从 2001 年 1 月 1 日起执行。本办法施行后,金融企业建立统一的呆账准备制度,不再提取坏账准备和投资风险准备,不再单独申报核销坏账损失和投资损失。该文件规定,金融企业应当根据提取呆账准备的资产的风险大小确定呆账准备的计提比例。呆账准备期末余额最高为提取呆账准备资产期末余额的 100% ,最低为提取呆账准备资产期末余额的 1% 。呆账准备必须根据资产的风险程度足额提取。呆账准备提取不足的,不得进行税后利润分配。金融企业总行(总公司)本级和直属机构发生的呆账,经逐户、逐级上报,由总行(总公司)本级和直属机构报经其所在地财政专员办审核后,由金融企业总行(总公司)审批核销。此外,今年下半年,财政部还将印发《金融企业会计制度》,该项制度的出台,将会使金融企业会计改革、上市及其运作更具操作性。

记者:有文章指出,我国会计准则和会计制度仍没有突出市场经济主体,尤其是投资人和债权人的信息需求,内容过于简单,操作性不强,被操纵的余地仍相当大。请问是否存在这些情况?

刘玉廷：对准则和制度所提出的建设性意见，制定者应当欢迎，以便改进工作，但是，在提出问题的时候，应当把握其准确性和客观性，而且问题要尽可能具体，不要概念化。

关于准则和制度是否突出市场经济主体，尤其是债权人和投资人的信息需求问题，回答是明确的。此次会计改革是以股份有限公司会计制度和已发布的具体会计准则为基础，紧紧围绕如何规范公司制企业的会计标准而进行的，起点比较高，而不是对现有行业会计制度的简单相加。也就是说，在市场经济条件下，企业要按照市场规则进行运作，在此基础上对会计进行规范。比如，针对某些上市公司不规范的做法，制度做出了相应的规定（如债务重组、非货币性交易等），旨在遏制一些公司通过包装上市、虚假重组和资产置换等形式，损害投资者、债权人和社会公众利益的不规范行为。再如，针对一些企业存在的不良资产问题，制度中大幅度地引入了资产减值政策（8 项资产减值准备），促进企业甩掉包袱，轻装上阵，使其在市场经济中能够自我生存、自我发展。此次在信息需求方面，会计改革突出了使用者而不是政府有关部门的需求。《会计法》第二十条规定，"财务会计报告由会计报表、会计报表附注和财务情况说明书组成。向不同的会计资料使用者提供的财务会计报告，其编制依据应当一致。"《企业财务会计报告条例》第三十二条规定，"企业应当依照企业章程的规定，向投资者提供财务会计报告。"《企业会计制度》第十一条规定，"企业提供会计信息应当能够反映企业的财务状况、经营成果和现金流量，以满足会计信息使用者的需要。"上述法律、条例和制度相关规定表明，会计改革突出了市场经济的主体，强调了投资人、债权人等对会计信息的需求，彻底改变了在计划经济条件下会计信息只满足政府有关部门需要的情况。

关于准则和制度的内容过于简单、操作性不强，被操纵的余地相当大的问题，与实际情况也是不相符合的。此次会计改革的力度相当大，改革的内容极其丰富，在短期内能够被所有的公司、企业和中介机构完全掌握并非易事，目前社会上普遍要求财政部继续加大培训力度，促进准则、制度的贯彻实施。至于操作性不强的问题更是不存在的，会计改革之所以继续采用制度形式加以规定，在很大程度上是解决操作问题，《企业会计制度》中不仅规定了会计科目使用说明，会计报表编制说明，还对有关经济事项提供了分录举例，应当承认，这对广大会计实务工作者而言，具有很强的可操作性。至于准则、制度被操纵的余地仍相当大的问题，可能是指 8 项资产减值准备的计提，制度中没有规定具体的计提比例，而由企业根据本企业资产质量的实际情况进行职业判断。《企业会计制度》第五十一条规定，"企业应当定期或者至少于每年年度终了，对各项资产进行全面检查，并根据谨慎性原则的要求，合理地预计各项资产可能发生的损失，对可能发生的各项资产损失计提资产减值准备。"纵观国际会计准则和一些发达国家的会计标准，一般都不对资产减值准备的提取做出量化规定，因为企业资产的实际情况千差万别，在统一的会计标准中很难也不宜规定统一的提取比例，只能由企业自行判断，会计中介机构有责任对企业判断的合理性发表意见,尽管如此,制度中对于有关资产的减值还是规定了全额提取减值准备的一些情况,以尽可能地减少操纵余地。再比如,制度中对债务重组和非货币性交易的新规定,大大减少了人为操纵利润的可能性。

记者:有人对我国现行会计准则和制度的制定程序和制定机制提出改革建议,以增强准则和制度制定的透明度。您认为这一建议是否合理?

刘玉廷:据我所知,多年来,财政部会计司和会计准则委员会在起草准则和制度的过程中不断改进工作,致力于增强准则和制度制定的透明度,在可能的情况下,每项准则和制度正式出台前,都要广泛征求会计理论界和实务界的意见。比如,早在 1995 年 5 月起,财政部就相关的会计准则陆续发出了征求意见白皮书(第一、第二、第三辑);1999 年 11 月,又发出了对中期财务报告准则征求意见的白皮书(第四辑),向全社会广泛征求意见。2000 年 7 月 31 日,财政部以财会函[2000]6 号印发了"关于对企业会计核算制度改革征求意见的函",同时在报刊媒体刊出相关内容,广泛征求意见。当然,在今后的工作当中,征求意见在时间上应更加充分、范围应更加广泛,内容应更加具体,这是需要改进的。

关于准则和制度制定机制的改进,是否指借鉴美国财务会计准则委员会(FASB)的制定机制,由委员投票方式制定会计准则?如果是的话,对美国的这种机制我们是不能借鉴的。因为中国的会计制度、会计准则是属于具有行政法规性质的文件,而不属于公认会计原则。根据《会计法》规定,会计制度和会计准则作为行政法规性质的文件,由财政部制定并公布,而不能采用美国 FASB 委员投票方式的制定机制。不仅会计规范如此,其他具有法规性质的文件也是如此。我们借鉴国际惯例,不能完全照搬照抄。邓小平同志曾经说过,照搬是没有出路的。中国的会计改革必须考虑我们所处的政治、经济、法律、文化等社会环境。

记者:请问财政部在会计制度及相关准则的贯彻实施方面有哪些措施?

刘玉廷:财政部已将《企业会计制度》及相关准则的贯彻执行情况纳入了《会计法》执行情况检查的范围,根据 2000 年 6 月 28 日国务院电视电话会议精神和李岚清副总理的指示,从今年开始,在整顿和规范经济秩序中,财政部组织了全国性的《会计法》执行情况大检查,并以部长令下发了《财政部门实施会计监督办法》及相关文件。此次《会计法》检查分为单位自查、重点检查、巡查和整改等阶段。财政部要求将《企业会计制度》及相关会计准则的执行情况作为《会计法》执行情况检查的内容和衡量会计信息质量的重要标准。

2001 年 4 月 30 日,财政部又以财会[2001]31 号文件发出了《关于认真贯彻执行国家统一会计制度及相关规定的通知》,通知针对有些上市公司违反《企业会计制度》有关政策衔接办法的规定,将债权单位豁免的债务作为债务重组收益,计入2000年度的损益,造成会计信息失真,误导和欺骗投资者的行为,要求各地财政部门、有关部委在整顿经济秩序中,要认真贯彻朱镕基总理最近在上海国家会计学院所作的"不做假账"的指示,发现公司、企业和其他单位做假账的,绝不姑息迁就,要一查到底,严厉打击违反《会计法》和国家统一的会计制度的行为。通知再次强调,股份有限公司必须严格按照财政部印发的财会[2001]7号和《贯彻实施〈企业会计制度〉有关政策衔接问题的规定》(财会[2001]17号)的规定,对债务重组、非货币性交易,以及计提的固定资产、无形资产、在建工程、委托贷款减值准备等采用追溯调整法进行处理,并作为2000年度资产负债表日后调整事项。已经公布2000年度年报的股份有限公司,因采用追溯调整法对公司财务状况、经营成果产生重大影响的,应予补充说明。对应当追溯调整的事项未按规定进行追溯调整的,按《会计法》规定,将追究有关责任人员的责任,严肃处理。

《企业会计制度》及相关准则发布后,财政部会计司组织了全国各地财政厅(局)和中央有关部委参加的师资培训,同时,又对我国的注册会计师进行了分期、分批大规模的培训,目前,培训工作在全国全面展开。财政部还要求,此次宣传培训要纳入会计人员继续教育体系。我们希望,广大会计实务工作者要认真学习新的会计政策,按照新标准进行会计核算,确保会计信息真实可靠;会计中介机构要严格按照新的会计标准对客户进行审计;除各级财政部门外,证券监管部门、审计部门、税务部门等有关方面也应当关注此次会计改革的内容,根据新的会计标准对企业的会计行为实施监督检查。在各方面的共同努力下,严厉打击会计作假行为,提高会计信息质量,规范经济秩序,促进现代企业制度的建立和市场经济的发展,迎接加入WTO的挑战。

附表:我国会计标准与国际会计准则的主要比较

我国会计标准与国际会计准则的主要比较

比较项目	国际会计准则	我国的会计标准
财务报表编制基础	1. 权责发生制。 2. 持续经营。	与国际准则一致。
会计信息质量特征	1. 可理解性。 2. 相关性(包括重要性、及时性)。 3. 可靠性(包括真实反映、实质重于形式、中立性、谨慎性和完整性)。 4. 可比性。	1. 可理解性特征在我国称为清晰性,两者含义一致。 2. 相关性特征与国际会计准则一致。 3. 可靠性特征与国际会计准则基本一致。与国际会计准则的差异在于我国没有中立性原则,但我国强调的客观性原则与其相近。 4. 可靠性特征与国际会计准则相一致。

（续表）

比较项目	国际会计准则	我国的会计标准
会计要素的分类及其定义	会计要素的分类： 会计要素分为资产、负债、权益、收益和费用。 会计要素的定义： 1. 资产：是指由于过去的事项而由企业控制的、预期会导致未来经济利益流入企业的资源。 2. 负债：是指企业由于过去的事项而承担的现时义务，该义务的履行预期会导致含有经济利益的资源流出企业。 3. 权益：是指企业资产和扣除企业全部负债以后的剩余利益。 4. 收益：是指会计期间内经济利益的增加，其形式表现为因资产流入、资产增值或是负债减少而引起的权益的增加，但不包括与权益参与者出资有关的权益增加。 5. 费用：是指会计期间内经济利益的减少，其形式表现为因资产流出、资产消耗或是发生负债而引起的权益减少，但不包括与对权益参与者分配有关的权益减少。	会计要素的分类： 会计要素分为资产、负债、所有者权益（股东权益）、收入、费用和利润。 与国际会计准则的差异：国际会计准则的收益要素中包括收入和利得，费用要素中包括费用和损失，而我国没有收益要素，费用要素也是狭义概念，但比国际会计准则多一个利润要素，国际会计准则中的利得和损失包括在利润要素中。 会计要素的定义： 资产的定义与国际会计准则相一致。 负债的定义与国际会计准则相一致。 所有者权益（股东权益）与国际会计准则相一致。 收入的定义与《国际会计准则第18号——收入》相一致。 费用：是指企业为销售产品、提供劳务等日常活动所发生的经济利益的流出。与国际会计准则的差异在于它不包括损失。我国还单独对利润进行了定义，即利润是指企业在一定会计期间的经营成果。
短期投资期末计价	允许用市价法或者成本与市价孰低法计价。	采用成本与市价孰低法计价。 与国际会计准则的差异是我国不采用市价法。
应收款项期末计价	按概率和企业实际情况计提坏账准备。	按概率和企业实际情况计提坏账准备，发生坏账经董事会或类似机构批准核销。
存货发出计价	1. 对于不能替代的存货项目和为特定计划生产和单独存放的存货，采用个别辨认法核算。 2. 对于其他存货： 基准处理方法：先进先出法或加权平均法。 允许选用的处理方法：后进先出法。	在先进先出法、加权平均法、移动平均法、个别计价法、后进先出法等方法中作出选择。 与国际会计准则的差异是我国对于个别计价法的适用对象没明确。
存货期末计价	成本与可变现净值孰低。	与国际会计准则相一致。
长期投资期末计价	1. 允许采用成本或者重估金额计价，对于权益性有价证券，不可以用成本与市价孰低法计价。 2. 长期投资价值如果发生非暂时性下跌，应调减其账面价值。	采用账面价值与可收回金额孰低法计价。 与国际会计准则的差异是我国不允许采用重估价调整长期投资账面价值。

（续表）

比较项目	国际会计准则	我国的会计标准
固定资产折旧方法	包括直线法、余额递减法和工作量法。	包括年限平均法、工作量法、年数总合法、双倍余额递减法。 与国际会计准则的差异是我国允许采用年数总和法。
固定资产期末计价	1. 基准处理方法：按照成本扣减累计折旧和累计减值损失后的余额计价。 2. 允许选用的处理方法：重估价（等于重估日的公允价值减去随后发生的累计折旧和累计减值损失后的余额）。	与国际会计准则规定的基准处理方法相一致。 与国际会计准则的差异是我国不允许采用允许选用的处理方法。
在建工程期末计价	合同总成本很可能超过合同总收入，预计的损失应立即确认为费用。	与国际会计准则相一致。
无形资产摊销	在无形资产使用寿命的最佳估计期限内系统摊销。	在无形资产预计使用年限内分期摊销，与国际会计准则内涵一致。
收入确认标准	确认商品销售收入应同时满足以下五个条件： 1. 企业已将商品所有权上的主要风险和报酬转移给购货方。 2. 企业既没有保留通常与所有权相联系的继续管理权，也没有对已售出的商品实施实际控制。 3. 收入的金额可以可靠地计量。 4. 与交易相联系的经济利益很可能流入企业。 5. 与交易相关的已发生或将发生的成本可以可靠地计量。	与国际会计准则相一致。
借款费用的确认原则	1. 基准处理方法：费用化。 2. 允许选用的处理方法：在符合资本化条件的情况下，借款费用应予资本化，其他借款费用应予费用化。	与国际会计准则规定的允许选用的处理方法相一致。 与国际会计准则的差异是我国没有选用基准处理方法。
借款费用资本化金额的计量方法	借款费用的资本化金额与所购建资产的支出相挂钩。	与国际会计准则相一致。
会计政策变更	1. 基准处理方法： （1）在会计政策变更的累积影响数能够合理确定的情况下，采用追溯调整法，调整金额应调整期初留存收益。 （2）在会计政策变更的累积影响数不能合理确定的情况下，采用未来适用法。 2. 允许选用的处理方法： （1）在会计政策变更的累积影响数能够合理确定的情况下，采用追溯调整法，调整金额应计入当期净损益。 （2）在会计政策变更的累积影响数不能合理确定的情况下，采用未来适用法。	与国际会计准则规定的基准处理方法相一致。 与国际会计准则的差异是我国不允许采用允许采用的处理方法。

（续表）

比较项目	国际会计准则	我国的会计标准
会计估价变更	未来适用法。	与国际会计准则相一致。
会计差错更正	1. 基准处理方法：与前期相关的重大差错更正的金额应调整初期留存收益。 2. 允许选用和处理方法：重大差错更正金额应计入当期净收益。	与国际会计准则规定的基准处理方法相一致。 与国际会计准则的差异是我国不允许采用允许采用的处理方法。
企业合并	1. 购买法。 2. 权益结合法。	购买法。 与国际会计准则的差异是不允许采用权益结合法。
租赁的会计核算	《国际会计准则第 17 号——租赁》	与国际会计准则相一致
关联方关系及其交易的披露	《国际会计准则第 24 号——关联方披露》	与国际会计准则相一致
现金流量表	《国际会计准则第 7 号——现金流量表》	与国际会计准则相一致
建造合同	《国际会计准则第 11 号——建造合同》	与国际会计准则相一致
资产负债表日后事项	《国际会计准则第 10 号——资产负债表日后事项》	与国际会计准则相一致
或有事项	《国际会计准则第 37 号——准备、或有负债和或有资产》	与国际会计准则相一致

（本文载于 2001 年 5 月 26 日《中国证券报》、《中国财经报》、《上海证券报》）

《内部会计控制规范》述评

【摘要】《内部会计控制规范》作为《会计法》的配套规章,是解决当前一些单位内部管理松弛、控制弱化的创举,是从源头上治理腐败的一项制度安排,是适应我国加入WTO的客观要求,是新形势下加强单位内部会计监督的里程碑。本文论述了《内部会计控制规范》的制定背景、总体思路、形成过程和主要内容,并就内部控制与内部会计控制的关系、内部会计控制规范与其他相关会计法规的关系、内部会计控制规范的试行等问题作了较为系统的介绍和说明。

2001年6月22日,财政部以财会[2001]41号文件发布了《内部会计控制规范——基本规范(试行)》和《内部会计控制规范——货币资金(试行)》。两个规范作为《会计法》的配套规章,是解决当前一些单位内部管理松弛、控制弱化的重要举措,也是适应我国加入WTO的客观要求。这两个规范的发布实施,对于深入贯彻《会计法》,强化单位内部会计监督,整顿和规范社会主义市场经济秩序,必将发挥十分重要的促进作用。

一、发布和实施《内部会计控制规范》的背景

1. 《内部会计控制规范》作为《会计法》的配套规章,是深入贯彻新《会计法》的重要举措

新《会计法》第二十七条规定,"各单位应当建立、健全本单位内部会计监督制度。单位内部会计监督制度应当符合下列要求:① 记账人员与经济业务事项和会计事项的审批人员、经办人员、财物保管人员的职责权限应当明确,并相互分离、相互制约;② 重大对外投资、资产处置、资金调度和其他重要经济业务事项的决策和执行的相互监督、相互制约程序应当明确;③ 财产清查的范围、期限和组织程序应当明确;④ 对会计资料定期进行内部审计的办法和程序应当明确。"[1]上述规定是新《会计法》的一项重要突破。单位内部会计监督与内部会计控制虽不完全等同,但是,这些职责明确、相互分离、相互制约、相互监督的一系列法律要求,充分体现了内部会计控制的本质。因此,新《会计法》是财政部制定并发布《内部会计控制规范》的基本法律依据,《内部会计控制规范》作为新《会计法》的配套规章,要求各单位深入贯彻新《会计法》,通过严格的内部会计控制,强化单位内部会计监督,整顿和规范工作秩序,确

保国家统一会计制度的有效实施。

2. 针对当前一些单位内部管理松弛、控制弱化问题,《内部会计控制规范》要求单位加强内部会计及与会计相关业务的控制,形成完善的内部牵制和监督制约机制,以堵塞漏洞、消除隐患,保护财产安全,防止舞弊行为,促进经济活动的健康发展

改革开放以来,我国的国民经济出现了前所未有的增长速度,人民安居乐业,生活水平不断提高,综合国力大大增强。但不容忽视的是,在经济高速发展的同时,特别是在新旧体制转换过程中,经济环境趋于复杂,人们的思想意识多元化,一些单位内部控制薄弱、管理松弛的情况逐渐暴露,出现了一些新型的经济犯罪案例。比如,携巨额公款外逃,到国外办理"投资移民";挪用公款赌博,私自将巨额资金调到澳门或国外的赌场进行豪赌;用公款炒股,动用巨额资金在资本市场上买卖股票,谋取个人私利;利用改组、改制、拍卖、租赁等产权变动的机会中饱私囊;还有的在办理采购、销售、投资、工程项目等业务中损公肥私,捞取巨额回扣,等等。剖析这些经济犯罪案件,原因是复杂的,然而,单位内部会计监督不健全,管理和控制弱化,是其中的一个重要因素。有些案例的产生,往往是由于单位缺乏最基本的内部会计控制,将支付款项所需的全部印章及相关票据交由一人保管所致。因此,在新的形势下,必须高度重视单位内部会计控制建设问题,强化单位内部涉及会计工作的各项经济业务及相关岗位的控制,严格约束各单位内部涉及会计的所有人员,保证单位内部涉及会计的机构、岗位的合理设置及其职责权限的合理划分,真正做到不相容职务相互分离、相互制约、相互监督,只有这样,才能有效地堵塞漏洞、消除隐患,保护财产、防止舞弊,遏制和打击经济犯罪行为,促进社会主义市场经济的健康发展。

3. 建立并实施《内部会计控制规范》,是从源头上治理腐败的一项制度安排

腐败是人民群众反映最强烈的问题之一。江泽民同志在"七一"讲话中要求:全党同志一定要从党和国家生死存亡的高度,充分认识反腐倡廉工作的重大意义,把党风廉政建设和反腐败斗争进行到底。要深刻认识反腐败工作的长期性、艰巨性和复杂性,坚持标本兼治、综合治理,从思想上筑牢拒腐防变的堤防,同时通过体制创新努力铲除腐败现象滋生的土壤和条件,加大从源头上预防和解决腐败问题的力度。腐败现象的产生有其复杂的社会历史根源,是随着私有制、阶级、公共权力的产生而产生的。这些年来,腐败现象出现了"高发"的态势,这与社会环境的日益复杂、市场经济的发展阶段和权力监督中存在某些空当、薄弱环节有关,同时我们也注意到单位内部会计控制弱化是不容忽视的一个重要因素。正是从这个意义上,财政部制定并发布《内部会计控制规范》,作为从源头上治理腐败、标本兼治中治本的一项制度安排,具有重要的现实意义。

4. 加强单位内部控制建设是市场经济国家的通行做法

20世纪初至今,内部控制在国际上有了很大的发展,从理论到实务内容不断丰富。早期的有关内部控制的文献将内部控制定义为:"为了保护公司现金和其他资产的安

全、检查账簿记录准确性而在公司内部采用的各种手段和方法。"20世纪40年代以后，随着市场竞争的加剧，对企业内部管理水平的要求不断提高，促使内部控制扩大到企业内部各个领域。1949年美国注册会计师协会将内部控制定义为："企业为了保证财产的安全完整，检查会计资料的准确性和可靠性，提高企业的经营效率以及促进企业贯彻既定的经营方针，所设计的总体规划及所采用的与总体规划相适应的一切方法和措施。"90年代，由美国会计学会（AAA）、美国注册会计师协会（AICPA）、财务经理协会（FEI）等多个职业团体参与的"发起组织委员会（COSO）"，对内部控制作了如下描述：内部控制是由企业董事会、经理阶层和其他员工实施的，为营运的效率效果、财务报告的可靠性、相关法令的遵循性等目标的实现而提供合理保证的过程。[2]

国外内部控制的发展除了反映企业内部管理的要求外，政府的推动也是重要因素。在美国，从20世纪70年代到80年代，政府通过一系列措施推动内部控制的实施。1977年，美国国会制定了《反国外行贿法案》（FCPA），该法规定每个企业都应建立内部控制制度。80年代一些舞弊性财务报告和企业"突发"破产事件导致了对上市公司内部控制的关注，并成立了Treadway委员会（即反对虚假财务报告委员会）。这个委员会的目标之一是增加内部控制标准和指南。该委员会的工作成果之一即是著名的COSO报告。

我国政府有关部门从20世纪90年代起开始注意推动企业内部控制建设。1991年财政部发布《独立审计具体准则第9号——内部控制与审计风险》，要求注册会计师应当审查企业内部控制。中国人民银行、中国证监会等先后发布过部门或系统的有关内部控制的行政规定。1999年新修订的《会计法》从法律的角度对内部控制做出规定。此次财政部新发布的两个内部会计控制规范，适用于国家机关、社会团体、公司、企业、事业单位和其他经济组织，可以说，这是我国重视并加强单位内部控制建设的新的里程碑，同时也是适应加入WTO的客观要求。

二、制定《内部会计控制规范》的总体思路

财政部此次制定并发布的《内部会计控制规范》，是以《会计法》为依据、以会计核算和会计监督为中心、以会计及相关工作中最薄弱的环节为重点，研究制定操作性强、便于监督检查、既借鉴国际惯例又符合我国实际的内部会计控制规范体系。总体思路有以下几个方面。

1.《内部会计控制规范》作为新《会计法》的重要配套规章，属于国家统一的会计制度的范畴，由财政部制定并发布

各单位应当根据国家有关法律法规和财政部制定的《内部会计控制规范》，结合部门或系统有关内部会计控制的规定，建立适合本单位业务特点和管理要求的内部会计控制制度，并组织实施。

2. 《内部会计控制规范》采取分批分步制定实施的方式

针对当前会计及相关工作中管理最为薄弱的环节,先制定迫切需要的《内部会计控制规范》,如货币资金、工程项目、采购与付款、销售与收款等的内部会计控制,成熟一个发布一个,在此基础上,经过几年的努力,逐步建立起与我国经济发展相适应、满足不同单位经营管理需求的内部会计控制规范体系。

三、《内部会计控制规范》的形成过程

财政部此次制定并发布的两个规范,在一年半的时间内,经过了调查研究、起草初稿、征求意见、定稿发布等四个阶段。

1. 调查研究阶段

2000 年年初,财政部会计司组成了内部控制研究小组,就内部控制规范的指导思想、总体思路等问题进行研究。4 月份,财政部会计司以财会函字〔2000〕18 号印发了《关于研究制定单位内部会计控制制度的总体思路(讨论稿)》和《关于加强货币资金会计控制的暂行规定(讨论稿)》,并向社会征求意见。11 月份,财政部会计司在南京召开了企业内部控制高级研讨会,就我国的企业内部控制体系建设问题进行了研讨。会议期间,国家电力公司、江苏省电力公司、黑龙江斯达造纸有限公司、中国印钞造币总公司、东北制药股份有限公司、上海市财政局财务会计管理中心、中天华正会计师事务所、京都会计师事务所,以及上海财经大学、东北财经大学和安永会计师事务所的领导和专家,介绍了各自的经验和国内外内部控制建设的进展情况。

2001 年 1 月,财政部会计司和中国会计学会考察团赴英国和法国相关机构,考察了一些单位公司治理与内部控制问题。2 月份,财政部会计司内部控制研究小组对邯郸钢铁厂、黑龙江斯达造纸公司、新兴铸管、广东大亚湾核电站、深圳华为公司、广东省佛山市财政局等单位的内部控制问题进行了实地调研,为起草和完善《内部会计控制规范》奠定了较为扎实的基础。

2. 起草初稿阶段

2001 年,财政部会计司将研究制定并发布实施内部会计控制规范列入当年工作重点。2 月份,内部会计控制研究小组以 2000 年 4 月印发的《关于研究制定单位内部会计控制制度的总体思路(讨论稿)》和《关于加强货币资金会计控制的暂行规定(讨论稿)》为蓝本,在深入调查研究的基础上,参考国内外大量有关内部会计控制的规定和做法,重新起草了《内部会计控制基本规范(征求意见稿)》和《加强货币资金会计控制的若干规定(征求意见稿)》,以财会〔2001〕4 号文件印发,再次向社会各界广泛征求意见。

3. 征求意见阶段

两个征求意见稿发出后,财政部会计司共收到了来自全国各地的近 200 份书面材

料,对两个征求意见稿发表修改意见。反馈意见的来源既有行政机关、事业单位、国有企业、金融机构的工作人员,又有高等院校研究机构的教授、讲师、研究生、社会中介机构的执业人员,还有普通读者。这些意见和建议对进一步修改两个规范起到了重要的参考作用。

4. 定稿发布阶段

2001年6月,财政部会计司根据社会各界的反馈意见,对两个征求意见进行了修改,并定位为以内部会计控制为主体,同时兼顾与会计相关的控制,最终形成了《内部会计控制规范——基本规范(试行)》(以下简称"基本规范")和《内部会计控制规范——货币资金(试行)》(以下简称"货币资金规范")。2001年6月22日,财政部以财会[2001]41号文件正式发布,从发布之日起试行。

四、《内部会计控制规范》的主要内容

1. 关于"基本规范"

"基本规范"共六章三十一条,明确了单位建立和完善内部会计控制体系的基本框架和要求,在整个单位内部会计控制体系中起统驭作用,是制定货币资金、工程项目、采购与付款、销售与收款等具体业务控制规范的依据。在财政部具体业务会计控制规范尚未全部完成的情况下,各单位可以根据"基本规范",结合本单位的实际情况,建立并实施本单位的具体业务会计控制制度。

第一章"总则"。主要规定了内部会计控制的定义、目的、制定依据、适用范围等相关内容,明确了单位负责人对本单位内部会计控制的建立健全及有效实施负责。

第二章"内部会计控制的目标和原则"。内部控制的目标是比较广泛的,就内部会计控制而言,"基本规范"主要围绕提高会计信息质量、保护财产安全完整和确保法律法规规章制度的贯彻执行等规定了三项基本目标,具体包括:"规范单位会计行为,保证会计资料真实、完整;堵塞漏洞、消除隐患,防止并及时发现、纠正错误及舞弊行为,保护单位资产的安全、完整;确保国家有关法律、法规和单位内部规章制度的贯彻执行。"

内部会计控制应当遵循哪些原则呢?"基本规范"规定,各单位建立并实施内部会计控制体系,应当遵循六项基本原则:一是合法性原则,即:内部会计控制应当符合国家有关法律法规和本规范,以及单位的实际情况;二是有效性原则,即:内部会计控制应当约束单位内部涉及会计工作的所有人员,任何个人都不得拥有超越内部会计控制的权力;三是全面性原则,即:内部会计控制应当涵盖单位内部涉及会计工作的各项经济业务及相关岗位,并针对业务处理过程中的关键控制点,落实到决策、执行、监督、反馈等各个环节;四是不相容职务相分离原则,即:内部会计控制应当保证单位内部涉及会计工作的机构、岗位的合理设置及其职责权限的合理划分,坚持不相容职务相互分离,确保不同机构和岗位之间权责分明、相互制约、相互监督;五是成本效益原则,即:

内部会计控制应当遵循成本效益原则,以合理的控制成本达到最佳的控制效果;六是适时性原则,即:内部会计控制应随着外部环境的变化、单位业务职能的调整和管理要求的提高,不断修订和完善。遵循这些基本原则,内部会计控制才能落到实处,不摆花架子、走过场、流于形式。

第三章"内部会计控制的内容"。内部会计控制的内容是内部会计控制的主体和核心,本章规定单位应对哪些内容(经济活动和环节)进行控制,针对各单位经济活动中最薄弱的环节加以规范。"基本规范"规定的内部会计控制内容主要包括:货币资金、实物资产、对外投资、工程项目、采购与付款、筹资、销售与收款、成本费用、担保等经济业务的会计控制。

货币资金会计控制,明确主要运用不相容职务相分离、授权批准、会计系统等内部会计控制方法,对货币资金收入、保管、支付等全过程中的关键控制点做出较为严格的规范。

实物资产会计控制,主要从实物的取得、保管、领用、发出、盘点、处理等环节找出关键控制点,采用授权批准、会计记录与实物保管相互分离和制约、非实物保管人员无权领发货物等一系列控制方法,防止各种实物资产的被盗、偷拿、毁损和流失。

对外投资会计控制,重点规范对外投资的决策机制和程序。单位在对外投资决策过程中,应当吸收会计人员参加,必要时聘请会计中介机构,进行投资可行性研究和投资效益的论证。提倡集体审议联签等责任制度,防止对外投资决策失误和不讲科学的个人专断,避免重大投资损失无人负责现象,严格控制投资风险。

工程项目会计控制,除了规范工程项目决策程序和责任制度外,重点强调了对项目招投标、承发包等关键环节的控制,必要时可考虑推行项目会计委派制,坚决地遏制和打击工程项目招投标、承发包等业务中的经济犯罪行为。

采购与付款会计控制,针对单位采购过程中存在回扣现象而导致单位资金流失或采购物资质次价高等问题进行会计控制。控制的重点是采购决策,强调单位内部任何个人都不能独立决定采购品种、采购单位和采购价格,建立并实施采购决策环节的相互制约和监督机制。

销售与收款会计控制,主要关注定价原则、收款方式等销售政策的制定,明确销售机构和推销人员的职责权限,加强合同订立、商品发出和账款回收的会计控制,防范销售过程中的舞弊行为,避免或减少坏账损失。

成本费用会计控制,要求建立成本费用控制系统,实行预算管理、指标分解,控制差异、降低成本。

筹资活动会计控制,重点在于合理地确定筹资规模和筹资结构、选择筹资方式。

担保会计控制,要求建立担保决策程序和责任制度,控制担保行为,防止随意签订担保合同,规避担保的潜在风险。

上述内部会计控制的内容仍较原则,难以涵盖所有单位的各项经济业务活动,各单位应当结合本单位的业务特点和管理要求,加以具体化。

第四章"内部会计控制的方法"。内部会计控制方法是规定如何对内部会计控制内容进行控制的问题。"基本规范"借鉴国际惯例,结合我国实际,明确了不相容职务相互分离控制、授权批准控制、会计系统控制、预算控制、财产保全控制、内部报告控制、电子信息系统控制等控制方法。这些控制方法是内部会计控制最基本的方法,各单位建立并实施本单位的内部控制体系时,应当根据具体的控制内容选择适用的控制方法。比如,在对货币资金进行控制时,可选用不相容职务相互分离、授权批准、会计系统等控制方法;在对实物资产进行控制时,可选用财产保全、会计系统、内部报告等控制方法。各单位在选择控制方法时,应当注意控制内容与控制方法之间的内在联系。

第五章"内部会计控制的检查"。内部会计控制检查是单位内部会计控制制度得以有效实施的保证,也是发现内部控制缺陷并不断改进和完善内部控制体系的重要措施。本章明确了履行内部控制检查的责任主体及其职责权限,规定单位可以聘请中介机构或相关专业人员对本单位内部会计控制的建立健全及实施情况进行评价,接受委托的中介机构或相关专业人员应当对委托单位内部会计控制的重大缺陷提出书面报告。国务院财政部门和县级以上地方各级人民政府财政部门有权对本行政区域内各单位内部会计控制的建立和执行情况进行监督检查。

第六章"附则",主要对"基本规范"的解释权限和实施日期作了规定。

2. 关于"货币资金规范"

货币资金是流动性最强的资产,是单位内部会计控制的关键,因此,在发布"基本规范"的同时,发布了"货币资金规范"。本规范共六章二十七条。

第一章,"总则"。除了规定本规范的制定依据、适用范围等相关内容外,强调单位负责人对本单位货币资金会计控制的建立健全和有效实施以及货币资金的安全完整负责。

第二章,"岗位分工及授权批准"。通过岗位分工和授权批准的控制方法,加强对货币资金的会计控制。明确规定:单位不得由一人办理货币资金业务的全过程,办理货币资金业务的不相容岗位必须相互分离、相互制约和相互监督,严禁未经授权的机构和人员办理货币资金业务或直接接触货币资金。

第三章,"现金和银行存款的管理"。现金和银行存款是货币资金的主要组成部分,本章针对单位内部现金和银行存款收入、支出和结存等环节中的关键控制点做出规范,以加强对现金和银行存款收支、结存、核对及银行开户的管理。

第四章,"票据及有关印章的管理"。强调对票据购买、领用、保管、背书转让、注销等环节的控制,严禁一人保管支付款项所需的全部印章。

第五章,"监督检查"。要求各单位建立对货币资金业务的监督检查制度,规定了货币资金监督检查的主要内容,发现问题,及时纠正。

第六章,"附则",主要规定本规范的解释权限和施行日期。

五、需要说明的几个问题

1. "内部控制"与"内部会计控制"的关系

在规范起草过程中,应当定位于"内部控制"还是"内部会计控制",有不同意见:

第一种意见,定位为"内部控制",包括会计控制和管理控制等内部控制的全部内容。理由是单位内部控制弱化不仅限于会计控制,而且涉及管理控制的方方面面,有些环节的控制单纯强调会计是不够的,需要全面地进行综合治理,提高内部管理水平。比如,人员素质控制和组织结构控制与会计控制没有直接联系,但是,这些方面的控制涉及内部控制环境问题,对单位经济活动的正常运行是非常重要的。

第二种意见,仅限于"内部会计控制",主张就会计论会计,凡与会计无关的控制都不予涉及。认为财政部制定的内部控制只应规范会计控制,其他方面的控制应当在其他领域的相关文件中加以规范。

第三种意见,"以单位内部会计控制为主,同时兼顾与会计相关的控制"。这是与新《会计法》相吻合的,也比较符合中国目前的实际情况。在单位建立完善内部控制体系过程中,会计控制是基础,应当从会计控制入手,同时兼顾与会计相关的控制,比如,采购与付款、销售与收款、工程预算、对外投资等业务环节与会计控制都是密切相关的,应当加以规范。否则如果单纯就会计论会计,内部会计控制很难发挥其应有的作用,不能有效地解决当前内部控制弱化所产生的种种现实问题,这种意见也符合国际上内部控制中会计控制和管理控制不断融合的趋势。财政部最终正式发布的两个规范是按照第三种意见定位的,即以单位内部会计控制为主,同时兼顾与会计相关的控制,删掉了"征求意见稿"中与会计不相关的组织结构控制和人员素质控制等内容。

2. 《内部会计控制规范》与其他相关会计法规的关系

总体而言,《内部会计控制规范》是对其他相关会计法规的贯彻实施起保证作用,这在内部会计控制的目标中已经作了明确规定,即:"确保国家有关法律法规和单位内部规章制度的贯彻执行"。比如,《内部会计控制规范》作为新《会计法》的重要的配套法规之一,确保各单位根据实际发生的经济业务进行会计核算,通过运用一系列会计控制方法,严格控制做假账等违法行为。再如,《企业财务会计报告条例》、《企业会计制度》及相关会计准则,统一了我国公司、企业的财务会计标准,取得了建立适合我国国情的会计核算体系的重大突破。但这些条例、准则、制度只有通过内部会计控制规范的有效实施,才能确保本企业真正严格按照国家统一的会计制度规范会计行为,提高会计信息质量。同时,《内部会计控制规范》属于强化单位内部管理的范畴,任何企业、公司、行政事业单位,只有建立严格规范的内部会计控制体系,对于重大决策和重要经济事项的职责权限形成相互分离、相互制约和相互监督的机制,才能做到管理科学,防止舞弊,不做假账,提高经济效益。我们一贯主张,企业特别是上市公司对外提供财务会计报告,应当同时提供内部会计控制及其有效实施的专项报告,这在国外早有先例。注册会计师在对企业内部会计控制进行评价时,如果客户的内部控制健全并有效实施,会计做假行为会大为减少,事实上,一个管理水平较高的企业,一般都会严格执行《会计法》和国家统一的会计制度。我国刚刚兴起、国外早已流行的管理咨询业务,在我国具有巨大的潜在市场。管理咨询的核心就是内部会计控制。

3.《内部会计控制规范》的试行问题

财政部下发的《内部会计控制规范》要求在国家机关、社会团体、公司、企业、事业单位和其他经济组织中试行。试行不是试点,不应理解为一些单位执行,其他单位可以不执行;也不能认为单位可以执行也可以不执行。这里,试行的意义主要是指随着外部环境的变化、单位业务职能的调整和管理要求的提高,财政部将对《内部会计控制规范》进行不断的修订和完善。因此,各单位应当认真贯彻实施《内部会计控制规范》的各项规定。

根据财政部内部会计控制建设的总体思路,此次发布的“基本规范”和“货币资金规范”只是内部会计控制规范的开始。嗣后,财政部将加快相关内部会计控制规范的建设步伐,力争利用2年—3年的时间,建立起适应我国经济发展要求的内部会计控制规范体系。希望社会各界密切关注并积极参与这一重大课题的研究,提供典型案例和建设性意见,为促进我国经济健康发展作出应有的贡献。

（本文载于《会计研究》2001年第9期）

主要参考文献

〔1〕中华人民共和国会计法.北京：中国财政经济出版社,2000.

〔2〕朱荣恩.建立和完善内部控制的思考.会计研究,2001,1.

全面提升企业管理水平和风险防范
能力的重大举措

一、关于企业内部控制规范体系

2008年5月22日,财政部、证监会、审计署、银监会、保监会联合发布了《企业内部控制基本规范》(以下简称基本规范)。在发布会上,各联合发文单位的领导同志从不同角度论述了内控规范的重大意义,并对贯彻实施基本规范作出了部署。欧盟、世界银行、国际会计师联合会的代表出席会议并作发言,国际会计准则理事会主席戴维·泰迪爵士和美国COSO委员会主席拉瑞·瑞腾博格博士向大会发来贺信,我国香港、澳门特区和理论界、实务界的代表也应邀出席并发表评论。各方代表对基本规范的发布予以充分肯定和高度评价,普遍认为,中国企业内部控制规范体系的建设与实施,对完善社会主义市场经济体制、深化企业改革、提升企业抗风险能力和可持续发展能力必将产生十分重要的作用和深远的影响,也是中国对世界范围内企业内部控制领域的重要贡献。本人作为这一系统工程的直接参与者,结合在发布会暨首届企业内部控制高层论坛上的发言,就我国企业内控规范体系建设与实施中的几个问题谈些初步想法,供大家参考。

(一)企业内部控制规范体系建设与实施的重要意义

1. 建设与实施企业内控规范体系,是促进我国企业防范重大风险、实现可持续发展战略的必然要求

近年来,企业改革日益成为整个经济体制改革的中心环节。通过联合重组、合并兼并、主辅分离等行之有效的改革措施,我国大中型企业的整体素质、运行质量、创新能力和国际竞争力有了大幅度提升。来自英国《金融时报》的资料显示,跻身"全球企业500强"的中国企业,在2008年已增加到25家。同时也应当看到,伴随着我国企业较快的增速和迅猛发展,各种潜在的风险也日益显现,类似中航油新加坡公司因内部控制缺失或失效引发的巨额资产损失、财务舞弊、会计造假、经营失败、破产倒闭等案例时有发生。事实证明,在我国经济快速增长的背景下,内部控制尽管不是万能的,但没有内部控制是万万不能的。只有建立和实施科学的内控体系,才能提升风险防范能力,实现企业可持续发展战略。

2. 贯彻中央"走出去"战略,促进我国企业进入国际市场、参与国际竞争,必须建立与实施严格的内部控制体系

中国是世界上最大的发展中国家,同时也正在形成全球第三大经济体,新型和转型成为中国经济现阶段的重要特征。改革开放30年来,我国经济社会发生了翻天覆地的变化,特别是加入世界贸易组织、完成5年过渡期后,经济增长方式正由原来的资本输入逐步向资本输出转变。在这一背景下,大中型企业进入国际产业和资本市场投资已成为不可逆转的趋势。面对国际市场经济竞争日趋激烈的环境,我国企业要"走出去",必须苦练内功、强化内控、防范风险,才能立于不败之地。企业内控规范体系的建立与实施,为我国企业"走出去"提供了"安全网"和"防火墙"。

3. 公司治理与内部控制是当今世界企业发展永恒的主题,世界各国都在为此积极探索,作出应有的贡献

安然事件发生后,美国迅速制定萨班斯法案,在其302和404条款中对强化企业内部控制提出了严格要求,并建立了国会立法推动、政府监管跟进、民间完善指引、企业组织实施、中介进行审计、社会提供咨询的联动机制。美国COSO委员会发布的COSO报告在其中发挥了重要作用。

在欧盟,随着统一市场的建立和资本流动的加速,要求改善市场效率和有效性的呼声不断高涨,促使欧盟进一步关注公司内部控制问题,并在其改革白皮书中予以确认。根据伦敦股票交易所制定的《联合规则》,英格兰与威尔士特许会计师协会发布了《内部控制——关于"联合规则"的董事指南》,要求公司董事会检查内部控制制度的有效性,完善风险应对机制。法国商法和金融证券法对公司财务报告内部控制程序作出规定,金融银行委员会条例对信贷企业实施内部控制自我评估提出明确要求,金融市场管理局还制定了《内部控制条例——参考框架》予以推广。

日本于2006年6月颁布了《金融机构与交易法》,要求管理层提交财务报告内部控制报告,并要求审计师对管理层财务报告内部控制进行评估,日本金融服务局随后发布了《财务报告内部控制评估与审计准则》和《评估与审计财务报告内部控制的应用准则》。

中国的内控体系吸收了世界各国的理论与实践经验,同时紧密结合中国实际,在内控的目标、原则、要素和组织实施等诸多方面,实现了若干重大创新。比如,由财政部等5个主要政府监管部门以法规形式联合发布基本规范,这在全世界尚属首例,这使中国内控体系具有强制性的特点。又如,中国内控基本规范明确了企业内控自我评价与社会中介进行鉴证的制度安排,自我评价与社会鉴证不局限于财务报告真实性审计,而是对实现内控目标全过程的评价和鉴证。随着内控体系建设的完成和实施,必将形成中国的"品牌",在世界范围内产生重要影响,从而在国际上对企业内控领域有所作为、有所贡献。

（二）企业内控规范体系的建设与实施经历了渐进的发展过程

企业内控规范体系建设是适应经济社会不同发展进程而逐渐形成的，大体经历了内部牵制、内部会计控制和全面风险控制三个发展阶段：

第一阶段是内部牵制。这一时期计划经济占主导地位，20世纪70年代末至80年代，内部牵制更加受到重视。1978年9月12日，国务院颁布《会计人员职权条例》，明确要求"企业的生产、技改、基建等计划和重要经济合同，应由总会计师会签"；1984年4月24日，财政部发布《会计人员工作规则》，要求各单位"建立会计人员岗位责任制，切实做到事事有人管，人人有专责，办事有要求，工作有检查；会计人员岗位责任制要同本单位的经济（经营）责任制相联系，以责定权，责权明确，严格考核，有奖有惩"；"出纳人员不得兼管收入、费用、债权、债务账簿的登记工作以及稽核工作和会计档案保管工作"；1985年1月21日，第六届全国人民代表大会常务委员会第九次会议通过《中华人民共和国会计法》，重申了会计岗位责任制的要求。

第二阶段是会计控制。20世纪90年代，经济社会加速转型，建立现代企业制度和市场经济体制开始起步。1996年6月17日，财政部发布《会计基础工作规范》，要求各单位进一步建立健全包括但不限于内部牵制制度的内部会计管理制度。1999年10月31日，第九届全国人民代表大会常务委员会第十二次会议修订通过《会计法》，在其第二十七条规定："各单位应当建立、健全本单位内部会计监督制度。单位内部会计监督制度应当符合下列要求：（一）记账人员与经济业务事项和会计事项的审批人员、经办人员、财物保管人员的职责权限应当明确，并相互分离、相互制约；（二）重大对外投资、资产处置、资金调度和其他重要经济业务事项的决策和执行的相互监督、相互制约程序应当明确；（三）财产清查的范围、期限和组织程序应当明确；（四）对会计资料定期进行内部审计的办法和程序应当明确。"上述加强单位内部会计监督的法律要求，体现了内部会计控制的本质。这一时期，财政部依法启动了内部会计控制规范的研究制定工作。2001年6月22日，财政部以财会〔2001〕41号文件正式发布《内部会计控制规范——基本规范（试行）》和《内部会计控制规范——货币资金（试行）》，自从发布之日起试行。此后至2004年年底，财政部连续发布采购与付款、销售与收款、工程项目、对外投资和担保等5项内部会计控制规范，并印发了固定资产、存货、筹资、预算、成本费用等5项征求意见稿。内部会计控制规范作为会计法的配套规章，在社会上引起较大反响，成为各单位建立与实施内部控制的重要依据。

第三阶段是全面风险控制。进入21世纪至今，完善社会主义市场经济体制、贯彻实施中央"走出去"战略成为时代的主流。在汲取美国安然等一系列内部控制失败案例教训、总结会计控制经验的基础上，针对国内国际两个市场，需要更好地应对日益复杂的各种风险，推动会计控制向全面风险控制发展。2004年年底和2005年6月，国务院领导同志连续就强化企业内部控制问题作出重要批示，明确要求"由财政部牵头，联合证监会及国资委,积极研究制定一套完整公认的企业内部控制指引"。2005 年 7 月20 日,温家宝总理主持召开国务院常务会议,在听取监事会 2004 年对中央企业监督检查情况及 2005 年工作安排的汇报时强调,"要特别解决好资产质量不高、管理方式粗放、内控机制不完善等问题"。同年 7 月,财政部会计司,中国证监会会计部、上市部和国资委企业改革局等召开联席会议,研究贯彻落实国务院领导批示精神、加快推进企业内部控制制度建设相关事宜。2006 年 7 月 15 日,财政部、证监会、国资委、审计署、银监会、保监会联合发起成立我国企业内部控制标准委员会,来自监管部门、大型企业、行业组织、中介机构、科研院所的领导和专家学者积极参与,为构建我国企业内部控制规范体系提供了组织和机制保障。经过不懈努力,在各方面的积极配合和大力支持下,由财政部、证监会、审计署、银监会、保监会以财会[2008]7 号文件的形式联合发布了《企业内部控制基本规范》,取得了内控体系建设的重要阶段性成果。

（三）企业内控规范体系的框架结构

本着立足我国实际、借鉴国际惯例的原则,初步搭建了我国企业内控体系的框架结构,主要由一项基本规范、系列应用指引、评价指引、鉴证指引和企业内部控制制度构成。

1. 基本规范

基本规范在内控规范体系中处于最高层次,起统驭作用,描绘了企业建立与实施内控体系必须建立的框架结构,规定了内部控制的定义、目标、原则、要素等基本要求,是制定应用指引、评价指引、鉴证指引和企业内部控制制度的基本依据。

基本规范共 7 章 50 条,各章分别是:总则、内部环境、风险评估、控制活动、信息与沟通、内部监督和附则。

（1）内部控制的目标。基本规范指出,内部控制是由企业董事会、监事会、经理层和全体员工实施的、旨在实现控制目标的过程。内部控制目标定位于五个方面,包括:合理保证企业经营管理合法合规、资产安全、财务报告及相关信息真实完整,提高经营效率和效果,促进企业实现发展战略。内部控制的目标定位,是在结合中国企业实际、比较其他国家和经济体企业内控目标之后作出的科学选择。

（2）内部控制的原则。基本规范确立了企业建立并实施内部控制的五项基本原则:一是全面性原则,要求内部控制应当贯穿决策、执行和监督全过程,覆盖企业及其所属单位的各种业务和事项;二是重要性原则,要求内部控制应当重点关注重要业务事项和高风险领域,切实防范重大风险;三是制衡性原则,要求内部控制应当在治理结构、机构设置及权责分配、业务流程等方面形成相互制约、相互监督,同时兼顾运营效率;四是适应性原则,要求内部控制应当与企业经营规模、业务范围、竞争状况和风险水平等相适应,并随着情况的变化加以调整;五是成本效益原则,要求内部控制应当权衡实施成本与预期效益,以适当的成本实现有效控制。

（3）内部控制的要素。基本规范确立了五要素的内控框架：第一，内部环境，一般包括治理结构、机构设置及权责分配、内部审计、人力资源政策、企业文化等，这是企业实施内部控制的重要基础，表明企业实施内部控制，应先从治理结构等入手，现代企业如果没有良好的治理结构，内部控制就会形同虚设。第二，风险评估，是指企业及时识别、系统分析经营活动中与实现内部控制目标相关的风险、合理确定风险应对策略的过程，这是企业实施内部控制的重要环节。第三，控制活动，是指企业根据风险评估结果，采用相应的控制措施，将风险控制在可承受度之内，这是企业实施内部控制的重要手段。第四，信息与沟通，是指企业应及时、准确地收集、传递与内部控制相关的信息，确保信息在企业内部、企业与外部之间进行有效沟通，这是企业实施内部控制的重要条件。第五，内部监督，是指企业应对内部控制建立与实施情况进行监督检查，评价内部控制的有效性，发现内部控制缺陷，应当及时加以改进，这是企业实施内部控制的重要保证。

2. 应用指引

应用指引在内控体系中居于主体地位，主要包括两方面的内容：

一是针对企业主要业务与事项的应用指引，基本涵盖了组织架构、发展战略、人力资源、社会责任、企业文化、资金活动、采购业务、资产管理、销售业务、研究与开发、工程项目、担保业务、业务外包、财务报告、全面预算、合同管理、内部信息传递、信息系统等，这些都是企业最为常见、带有普遍性、迫切需要加强风险控制的业务环节和领域。

二是针对特殊企业或者行业的应用指引，比如，商业银行、保险公司、证券公司、信托公司、基金公司、期货公司等金融类企业，由于其经营业务特殊，涉及金融风险，与经济发展和金融安全关系重大，在内部控制方面，除遵循一般内部控制要求外，有必要规定特殊应用指引，构成应用指引的组成部分。

3. 评价指引

评价指引是为企业管理层对本企业进行内部控制自我评价提供的指引和要求，包括评价内容和标准、评价程序和方法、评价报告的出具和披露等。基本规范规定，企业应当结合内部监督情况，定期对内部控制的有效性进行自我评价，出具内部控制自我评价报告。内部控制自我评价的方式、范围、程序和频率，由企业根据经营业务调整、经营环境变化、业务发展状况、实际风险水平等自行确定，但国家有关法律法规另有规定的除外。

4. 审计指引

审计指引是会计师事务所执行内部控制审计业务的执业准则。基本规范要求，接受委托从事内部控制鉴证的会计师事务所，应当根据基本规范及其配套办法和相关执业准则，对企业内部控制的有效性进行审计，出具审计报告。负责内部控制咨询的中介机构，不得同时为同一企业提供内部控制审计服务。需要强调的是，我国企业内部控制审计指引,不同于美国公众公司会计监管委员会(PCAOB)公布的第五号审计准则。美国内控审计的定位仍在于财务报告的真实性。就我国企业而言,这种定位失去了建立与实施内控体系的本质意义。内控审计的目标,应当与内部控制的目标相协调,财务报告真实性只是内控审计的目标之一,切实防范重大风险、促进企业实现发展战略才是内控审计的根本出发点。

5. 企业内部控制制度

我国内控规范体系总体而言仍属于通用性框架体系。在具体实施中,企业的情况千差万别,各种因素十分复杂,各企业还必须根据基本规范和配套指引,结合企业经营特点和管理要求,建立健全本企业的内部控制制度,只有这样,才能把企业内控规范体系落到实处。

(四)企业内控规范体系建设与实施需要处理的重要关系

1. 中国国情与国际惯例的关系

基本原则是立足国情、国际趋同。立足国情是基础,国际趋同是目标。在我国,建立与实施内控体系,主要是服务大中型企业建立现代企业制度,在防范重大风险的前提下,促进企业可持续发展。在这一过程中,应当紧密结合我国企业实际和新兴转型经济的外部环境,着力为企业解决实际问题,切忌搞"花架子"和形式主义。同时,企业要做强做大"走出去",增强在国际市场中的竞争力,必须解放思想,大胆地借鉴国际"百年老店"发展过程中在内部控制方面积累的成功经验,以及相关机构在研究企业内部控制标准方面的先进成果,开辟一条既符合我国国情,又融合国际先进经验的道路。

2. 内部控制与会计准则的关系

中国在2005年建成了适应市场经济发展要求、与国际趋同的企业会计准则体系,并于2007年在1 500多家上市公司有效实施,这为中国健全现代企业制度和完善市场经济体制奠定了重要基础。从2008年起,企业会计准则的实施范围由上市公司扩大到非上市的大中型企业。会计准则的建设模式和推进会计国际趋同、等效的做法经验,为推进内控体系建设提供了有益启示。

会计准则体系与企业内控体系之间存在相互影响、相互促进、互为补充的关系,二者缺一不可。一方面,会计准则的有效实施,需要内控机制制度作保证。比如,会计准则实施中涉及相当多的职业判断,包括资产减值、预计负债、企业合并、收入的确认、成本的结转、公允价值的运用以及财务报告的编制等,如何确保职业判断科学有据、合法合规,需要强有力的内部控制在企业环境、诚信氛围、人员素质、处理程序、监督机制等方面提供支撑,否则就可能会出现判断的随意性甚至发生人为操纵利润的行为。另一方面,实现内部控制目标,也离不开会计系统控制和会计准则有效实施的作用。基本规范将会计系统控制作为重要的控制措施之一,要求企业严格执行国家统一的会计准则制度,加强会计基础工作,明确会计凭证、会计账簿和财务报告的处理程序,保证会计资料的真实完整,这些举措都有利于实现内部控制的目标。

3. 内部控制与信息化的关系

内部控制与信息化的联系十分密切。内部控制是现代企业的重要管理制度,信息化表面上看是一种计算机技术,但究其实质是实施内部控制的重要手段。目前我国许多大中型企业的信息化工作正在普及,如果将内部控制与信息化有机结合起来,就能很好地实现内部控制的目标。早在 1996 年 6 月 10 日财政部发布的《会计电算化工作规范》中就提出:"会计电算化工作取得一定成果的单位,要研究并逐步开展其他管理工作电算化或与其他管理信息系统联网工作,逐步建立以会计电算化为核心的单位计算机管理信息系统,做到单位内部信息资源共享,充分发挥会计电算化在单位经营管理中的作用"。《基本规范》第七条规定,"企业应当运用信息技术加强内部控制,建立与经营管理相适应的信息系统,促进内部控制流程与信息系统的有机结合,实现对业务和事项的自动控制,减少或消除人为操纵因素"。鉴于内部控制与信息化相互结合的重要性,基本规范将信息化控制列入"总则",以提升信息化在内控实施中不可或缺的地位和作用。企业管理层在建立与实施内控体系中,应当对这一问题予以高度重视。

4. 内部控制与风险管理的关系

理论界对这一问题有不同认识,有的人认为内部控制与风险管理是两回事、"两张皮"。针对这一问题,在基本规范中,强调了内部控制与风险管理的统一。内部控制的目标是防范和控制风险并促进企业实现发展战略,风险管理也是为了促进企业实现发展战略,要求将风险控制在可承受范围之内。两者之间不是对立的,而是协调、统一的整体。

从对国际先进研究成果和经验看,内部控制与风险管理之间也是统一的。比如,国际风险管理协会认为,"风险管理系统与内部控制系统并没有原则性的区别;风险管理与内部控制正在趋同"。巴塞尔银行监管委员会(BCBS)在其《银行机构的内部控制制度框架》中指出,作为内部控制的一部分,风险评估应当包含银行面临的所有风险,并在银行内部各个层次上进行。南非 King Ⅱ Report 和英国 Turnbull Report 均将风险管理与内部控制并列,明确表示风险管理与内部控制并非包含关系。即使是美国的 COSO 框架,尽管在 1992 年称为内部控制整体框架,在 2004 年称为风险管理整合框架,并非是本质内容发生了重大变化,而是更加关注风险,更加强调为企业发展战略服务的控制目标。因此,尽管名称变了,但控制、管理风险的本质未变,实质上仍然是内部控制。

二、关于《企业内部控制配套指引》

2010 年 4 月 26 日,财政部会同证监会、审计署、国资委、银监会、保监会等部门在北京召开联合发布会,隆重发布了《企业内部控制配套指引》(以下简称配套指引)。该配套指引连同2008年5月发布的《企业内部控制基本规范》,共同构建了中国企业内部控制规范体系,自2011年1月1日起首先在境内外同时上市的公司施行,自2012年1月1日起扩大到在上海证券交易所、深圳证券交易所主板上市的公司施行;在此基础上,择机在中小板和创业板上市公司施行。同时,鼓励非上市大中型企业提前执行。执行企业内部控制规范体系的企业,应当对本企业内部控制的有效性进行自我评价,披露年度自我评价报告,同时聘请会计师事务所对其财务报告内部控制的有效性进行审计,出具审计报告。政府监管部门将对相关企业执行内部控制规范体系的情况进行监督检查。这是全面提升上市公司和非上市大中型企业经营管理水平的重大举措,也是我国应对国际金融危机的重要制度安排。

配套指引由21项应用指引(此次发布18项,涉及银行、证券和保险等业务的3项指引暂未发布)、《企业内部控制评价指引》和《企业内部控制审计指引》组成。其中,应用指引是对企业按照内控原则和内控"五要素"建立健全本企业内部控制所提供的指引,在配套指引乃至整个内部控制规范体系中占据主体地位;企业内部控制评价指引是为企业管理层对本企业内部控制有效性进行自我评价提供的指引;企业内部控制审计指引是为注册会计师和会计师事务所执行内部控制审计业务的执业准则。三者之间既相互独立,又相互联系,形成一个有机整体。

(一)关于应用指引

应用指引可以划分为三类,即内部环境类指引、控制活动类指引、控制手段类指引,基本涵盖了企业资金流、实物流、人力流和信息流等各项业务和事项。

1. 内部环境类指引

内部环境是企业实施内部控制的基础,支配着企业全体员工的内控意识,影响着全体员工实施控制活动和履行控制责任的态度、认识和行为。内部环境类指引之所以具有基础性地位,是因为它们构成企业的基本条件,对企业的经营与发展起到决定性的不可或缺的作用。内部环境类指引包括组织架构、发展战略、人力资源、社会责任和企业文化等指引。

第一,关于组织架构。组织架构是企业按照国家有关法律法规、股东(大)会决议和企业章程,结合本企业实际,明确股东(大)会、董事会、监事会、经理层和企业内部各层级机构设置、职责权限、人员编制、工作程序和相关要求的制度安排。企业要实施发展战略,必须要有科学的组织架构,主要包括治理结构和内部机构设置。如果企业治理结构形同虚设,缺乏科学决策、良性运行机制和执行力,就可能发生经营失败;此外,如果内部机构设计不科学,权责分配不合理,也可能导致机构重叠、职能交叉或缺失,运行效率低下。为防范和化解组织架构设计和运行中存在的这些重要风险,组织架构应用指引明确提出如下要求:一是,企业应当根据国家有关法律法规的规定,明确董事会、监事会和经理层的职责权限、任职条件、议事规则和工作程序,确保决策、执行和监督相互分离,形成制衡。同时强调,企业的重大决策、重大事项、重要人事任免及大额资金支付业务等(即通常所说的"三重一大"),应当按照规定的权限和程序实行集体决策审批或者联签制度;任何个人不得单独进行决策或者擅自改变集体决策意见。二是,企业应当按照科学、精简、高效、透明、制衡的原则,综合考虑企业性质、发展战略、文化理念和管理要求等因素,合理设置内部职能机构,明确各机构的职责权限,避免职能交叉、缺失或权责过于集中,形成各司其职、各负其责、相互制约、相互协调的工作机制。三是,企业应当根据组织架构的设计规范,对现有治理结构和内部机构设置进行全面梳理,确保本企业治理结构、内部机构设置和运行机制等符合现代企业制度要求。四是,企业拥有子公司的,应当建立科学的投资管控制度,通过合法有效的形式履行出资人职责、维护出资人权益,重点关注子公司特别是异地、境外子公司的发展战略、年度财务预决算、重大投融资、重大担保、大额资金使用、主要资产处置、重要人事任免、内部控制体系建设等重要事项。对子公司控制一直是企业集团层面关注的一个重要问题,组织架构应用指引在综合调研的基础上提出此项要求,对实务操作具有重要指导作用。

第二,关于发展战略。发展战略是指企业在对现实状况和未来趋势进行综合分析和科学预测的基础上,制定并实施的长远发展目标与战略规划。企业作为市场经济的主体,要想求得长期生存和持续发展,关键在于制定并有效实施适应外部环境变化和自身实际情况的发展战略。调查中我们发现,有些企业缺乏明确的发展战略或发展战略实施不到位,结果导致企业盲目发展,难以形成竞争优势,丧失发展机遇和动力;也有些企业发展战略过于激进,脱离企业实际能力或偏离主业,导致过度扩张、经营失控甚至失败;还有一些企业发展战略频繁变动,导致资源严重浪费,最后危及企业的生存和持续发展。为此,我们制定了发展战略应用指引,就上述重要风险有针对性地提出了应对措施。一是,要求企业健全组织机构,在董事会下设立战略委员会,或指定相关机构负责发展战略管理工作。同时,对战略委员会的成员素质、工作规范也提出了相应要求。二是,明确要求企业应在充分调查研究、科学分析预测和广泛征求意见的基础上制定发展目标,而不是靠拍脑袋,盲目制定发展战略。在制定目标过程中,应综合考虑宏观经济政策、国内外市场需求变化、技术发展趋势、行业及竞争对手状况、可利用资源水平和自身优势与劣势等影响因素。三是,强调战略规划应当根据发展目标制定,明确发展的阶段性和发展程度,确定每个发展阶段的具体目标、工作任务和实施路径。四是,要求董事会从全局性、长期性和可行性等维度,严格审议战略委员会提交的发展战略方案,之后再报经股东(大)会批准实施。五是,从抓实施的角度,要求企业根据发展战略,制定年度工作计划,编制全面预算,将年度目标分解、落实,确保发展战略有效实施。六是,设立了发展战略实施后评估制度,要求战略委员会加强对发展战略实施情况的监控,定期收集和分析相关信息。对发现明显偏离发展战略的情况,要求及时报告;对确需对发展战略作出调整的情形,明确要求企业要遵循规定的权限和程序调整发展战略。

第三,关于人力资源。人力资源是指企业组织生产经营活动而录(任)用的各种人员,包括董事、监事、高级管理人员和全体员工。现代企业竞争的关键在于人力资源的竞争。人力资源对实现企业发展战略起到重要的智力支持作用,实现人力资源的合理配置,可以全面提升企业核心竞争力。如果人力资源缺乏或过剩、结构不合理、开发机制不健全,企业发展战略可能难以实现;如果人力资源激励约束制度不合理、关键岗位人员管理不完善,可能导致人才流失、经营效率低下;如果人力资源退出机制不当,又可能导致法律诉讼或企业声誉受损。为防范和化解人力资源管理中存在的这些重要风险,人力资源应用指引强调:一是,企业应当根据人力资源总体规划,结合生产经营实际需要,制定年度人力资源需求计划。也就是说,人力资源要符合发展战略需要,符合生产经营对人力资源的需求,尽可能做到"不缺人手,不养闲人"。二是,企业应当根据人力资源能力框架要求,明确各岗位的职责权限、任职条件和工作要求,通过公开招聘、竞争上岗等多种方式选聘优秀人才。这项要求实际上意在强调,企业要选合适的人,要按公开、严格的程序去选人,防止人情招聘、暗箱操作。三是,企业确定选聘人员后,应当依法签订劳动合同,建立劳动用工关系;已选聘人员要进行试用和岗前培训,试用期满考核合格后,方可正式上岗。四是,企业应当建立和完善人力资源的激励约束机制,设置科学的业绩考核指标体系,对各级管理人员和全体员工进行严格考核与评价,并制定与业绩考核挂钩的薪酬制度。如何留住引进来的优秀人才,对企业至关重要。这项要求就是对此提出的指引,企业应当予以足够关注。五是,企业应当建立健全员工退出(辞职、解除劳动合同、退休等)机制,明确退出的条件和程序,确保员工退出机制得到有效实施。只有退出机制健全,退出条件和程序清楚,才能够防范和化解当前企业人力资源退出方面存在的诸多问题,使企业人力资源管理步入良性循环的轨道。

第四,关于社会责任。社会责任是指企业在经营发展过程中应当履行的社会职责和义务,主要包括安全生产、产品质量(含服务,下同)、环境保护、资源节约、促进就业、员工权益保护等。企业认真履行社会责任,对于实现其与社会、环境的全面协调可持续发展具有重要促进作用。为促进和规范企业履行社会责任,我们制定了社会责任应用指引,针对当前企业在履行社会责任方面存在的薄弱环节,梳理出四个方面的重要风险,即:安全生产措施不到位,责任不落实,可能导致企业发生安全事故;产品质量低劣,侵害消费者利益,可能导致企业巨额赔偿、形象受损,甚至破产;环境保护投入不足,资源耗费大,造成环境污染或资源枯竭,可能导致企业巨额赔偿、缺乏发展后劲,甚至停业;促进就业和员工权益保护不够,可能导致员工积极性受挫,影响企业发展和社会稳定。针对这些重要风险,社会责任应用指引提出了积极应对措施:一是,要求企业设立安全管理部门和安全监督机构,建立严格的安全生产管理体系、操作规范和应急预案,强化安全生产责任追究制度,切实做到安全生产。二是,要求企业规范生产流程,建立严格的产品质量控制和检验制度,严把质量关,禁止缺乏质量保障、危害人民生命健康的产品流向社会。三是,要求企业提高员工的环境保护和资源节约意识,建立环境保护与资源节约制度,认真落实节能减排责任,积极开发和使用节能产品,发展循环经济,降低污染物排放,提高资源综合利用效率。四是,要求企业依法保护员工的合法权益,保障员工依法享有劳动权利和履行劳动义务,保持工作岗位相对稳定,积极促进充分就业。五是,针对目前少数企业对公益事业(比如接纳大学生实习等)、慈善事业等漠不关心的情况,社会责任应用指引指出,企业应当按照"产学研用"相结合的社会需求,积极创建实习基地,大力支持社会有关方面培养、锻炼社会需要的应用型人才;同时,应积极履行社会公益方面的责任和义务,关心帮助社会弱势群体,支持慈善事业。

第五,关于企业文化。企业文化是指企业在生产经营实践中逐步形成的、为整体团队所认同并遵守的价值观、经营理念和企业精神,以及在此基础上形成的行为规范的总称。企业文化是企业的灵魂,渗透于企业的一切经营管理活动之中,是推动企业持续发展的不竭动力。现实中,有些企业之所以经营不成功,往往是在企业文化建设方面存在严重问题。比如,企业缺乏积极向上的企业文化,导致员工丧失对企业的信心和认同感,缺乏凝聚力和竞争力;企业缺乏开拓创新、团队协作和风险意识,导致企业发展目标难以实现,影响可持续发展;企业缺乏诚实守信的经营理念,导致舞弊事件的发生,造成企业损失,影响企业信誉,等等。针对企业文化建设中存在的这些重要风险,企业文化应用指引明确提出以下管控措施:一是,要求企业积极培育具有自身特色的企业文化,充分体现企业特色的发展愿景、积极向上的价值观、诚实守信的经营理念、履行社会责任和开拓创新的企业精神,以及团队协作和风险防范意识,以此引导和规范员工行为,打造以主业为核心的企业品牌,形成整体团队的向心力,促进企业长远发展。这项应对措施同时也表明,打造企业主业品牌应当作为企业文化建设中的重要内容。二是,要求企业重视并购重组后的企业文化建设,平等对待被并购方的员工,促进并购双方的文化融合。这是基于当前企业并购实务中企业文化融合过程中特别提供的指引,应引起相关企业的高度重视。三是,要求董事、监事、经理和其他高级管理人员在企业文化建设中发挥主导和垂范作用,以自身的优秀品格和脚踏实地的工作作风,带动影响整个团队,共同营造积极向上的企业文化环境。这充分说明,企业文化建设既要注重"上下结合",更应注重企业治理层和经理层的示范作用。四是,要求企业加强企业文化的宣传贯彻,促进文化建设在内部各层级的有效沟通,并确保全体员工共同遵守;同时,要求企业文化建设融入生产经营全过程,切实做到文化建设与发展战略的有机结合,增强员工的责任感和使命感,规范员工行为方式,使员工自身价值在企业发展中得到充分体现。也就是说,企业文化建设不能停留在企业最高层,不能停留在文本上,不能停留在泛泛地宣贯上,不能脱离生产经营过程,不能背离发展战略,而应融入企业的肌体、汇入企业的血脉。

2. 控制活动类指引

企业在改进和完善内部环境控制的同时,还应对各项具体业务活动实施相应的控制。为此,我们制定了控制活动类应用指引,包括资金活动、采购业务、资产管理、销售业务、研究与开发、工程项目、担保业务、业务外包、财务报告等 9 个指引。

第一,关于资金活动。资金活动是指企业筹资、投资和资金营运等活动的总称。资金是企业生产经营循环的血液,是企业生存和发展的基础,决定着企业的竞争能力和可持续发展能力。企业资金活动中可能存在的风险无一不是重要风险,一旦转变为现实,危害重大。概括讲,企业资金活动面临的重要风险包括:筹资决策不当,引发资本结构不合理或无效融资,可能导致企业筹资成本过高或债务危机;企业投资决策失误,引发盲目扩张或丧失发展机遇,可能导致资金链断裂或资金使用效益低下;资金调度不合理、营运不畅,可能导致企业陷入财务困境或资金冗余;资金活动管控不严,可能导致资金被挪用、侵占、抽逃或遭受欺诈。针对上述风险,资金活动应用指引分别对筹资、投资和资金营运活动提出下列管控措施:一是,要求企业根据筹资目标和规划,结合年度全面预算,拟订筹资方案,并对筹资方案进行科学论证;重大筹资方案还应当形成可行性研究报告,全面反映风险评估情况。二是,要求企业对筹资方案进行严格审批后,按照规定权限和程序筹集资金。同时,严格按照筹资方案确定的用途使用资金,防止资金挪用;确需改变资金用途的,应当履行相应的审批程序。三是,要求企业加强债务偿还和股利支付环节的管理,对偿还本息和支付股利等作出适当安排,防止发生违约风险,导致诉讼损失。四是,要求企业根据投资目标和规划,合理安排资金投放结构,科学确定投资项目,拟订投资方案,重点关注投资项目的收益和风险;选择投资项目应当突出主业,谨慎从事衍生金融产品等高风险投资。本次国际金融危机中,我国少数企业从事的投资项目偏离主业,同时又缺乏相关专业人才和风险管控经验,导致企业发生巨亏。这些教训值得我们认真汲取。五是,对于采用并购方式进行投资的企业,要求其严格控制并购风险,重点关注并购对象的隐性债务、承诺事项、可持续发展能力、员工状况及其与本企业治理层及管理层的关联关系,合理确定支付对价,确保实现并购目标。这项要求对于后危机时期我国企业境外并购具有很好的提示作用。六是,要求企业加强对投资方案的可行性研究,并按照规定的权限和程序对投资项目进行决策审批;审批后,与被投资方签订投资合同或协议,明确出资时间、金额、方式、双方权利义务和违约责任等内容。七是,要求企业加强投资收回和处置环节的控制;对于到期无法收回的投资,应当建立责任追究制度。八是,要求企业应当加强资金营运全过程的管理,统筹协调内部各机构在生产经营过程中的资金需求,切实做好资金在采购、生产、销售等各环节的综合平衡,实现资金营运的良性循环,提升资金营运效率。

第二,关于采购业务。采购是指购买物资(或接受劳务)及支付款项等相关活动。调查中我们发现,部分企业在办理采购业务时不同程度地存在以下问题:采购计划安排不合理,市场变化趋势预测不准确,造成库存短缺或积压,导致企业生产停滞或资源浪费;供应商选择不当,采购方式不合理,招投标或定价机制不科学,授权审批不规范,致使采购物资质次价高,出现舞弊或遭受欺诈;采购验收不规范,付款审核不严,造成采购物资、资金损失或信用受损。为此,我们制定了采购业务应用指引,要求企业加强请购、审批、购买、验收、付款、采购后评估等环节的风险管控,确保物资采购满足企业生产经营需要。一是,要求企业的采购业务尽量集中,避免多头采购或分散采购,以提高采购业务效率,降低采购成本,堵塞管理漏洞。二是,要求企业建立采购申请制度,依据购买物资或接受劳务的类型,确定归口管理部门,明确相关部门或人员的职责权限及相应的请购和审批程序。三是,要求企业建立科学的供应商评估和准入制度,根据市场情况和采购计划合理选择采购方式,建立科学的采购物资定价机制,并根据确定的供应商、采购方式、采购价格等情况签订采购合同,明确双方权利、义务和违约责任。四是,要求企业建立严格的采购验收制度,确定检验方式,由专门的验收机构或验收人员进行验收;对于验收过程中发现异常情况,应当查明原因并及时处理。五是,要求企业加强采购付款的管理,明确付款审核人的责任和权利,严格审核采购预算、合同、相关单据凭证、审批程序等内容,审核无误后按照合同规定及时办理付款。六是,要求企业建立退货管理制度,对退货条件、退货手续、货物出库、退货货款回收等作出明确规定,并在采购合同中明确退货事宜,及时收回退货货款。

第三,关于资产管理。加强各项资产管理,保证资产安全完整,提高资产使用效能,有利于维持企业正常生产经营,有利于促进企业发展战略的实现。当前,在企业存货、固定资产和无形资产等资产的管理实务中,存在的问题主要包括:存货积压或短缺,造成流动资金占用过量、存货价值贬损或生产中断;固定资产更新改造不够、使用效能低下、维护不当、产能过剩,致使企业缺乏竞争力、资产价值贬损、安全事故频发或资源浪费;无形资产缺乏核心技术、权属不清、技术落后、存在重大技术安全隐患,导致法律纠纷、缺乏可持续发展能力。为防范和化解资产管理中存在的这些重要风险,资产管理应用指引针对性提出了如下应对措施:一是,要求企业采用先进的存货管理技术和方法,规范存货管理流程,明确存货取得、验收入库、原料加工、仓储保管、领用发出、盘点处置等环节的管理要求,充分利用信息系统,强化会计、出入库等相关记录,确保存货管理全过程的风险得到有效控制。二是,要求企业根据各种存货采购间隔期和当前库存,综合考虑企业生产经营计划、市场供求等因素,合理确定存货采购日期和数量,确保存货处于最佳库存状态。三是,要求企业加强房屋建筑物、机器设备等各类固定资产的维护、清查、处置管理,重视固定资产的技术升级和更新改造,不断提升固定资产的使用效能,确保固定资产处于良好运行状态。四是,要求企业强化对生产线等关键设备运转的监控,严格操作流程,实行岗前培训和岗位许可制度,确保设备安全运转。五是,要求企业严格执行固定资产投保政策,及时办理投保手续。六是,要求企业规范固定资产抵押管理,确定固定资产抵押程序和审批权限等。七是,要求企业加强对品牌、商标、专利、专有技术、土地使用权等无形资产的管理,促进无形资产有效利用,充分发挥无形资产对提升企业核心竞争力的作用。

第四,关于销售业务。销售是指企业出售商品(或提供劳务)及收取款项等相关活动。企业应当加强销售、发货、收款等环节的管理,采取有效控制措施,规范销售行为,扩大市场份额,确保实现销售目标。企业销售过程中存在的重要风险主要包括:销售政策和策略不当,市场预测不准确,销售渠道管理不当等,导致销售不畅、库存积压、经营难以为继;客户信用管理不到位,结算方式选择不当,账款回收不力等,造成销售款项不能收回或遭受欺诈;销售过程存在舞弊行为,可能导致企业利益受损。销售业务应用指引就此提出了相应的管控措施:一是,要求企业加强市场调查,合理确定定价机制和信用方式,根据市场变化及时调整销售策略,灵活运用多种策略和营销方式,促进销售目标实现,不断提高市场占有率。二是,要求企业与客户进行业务洽谈、磋商或谈判,关注客户信用状况、销售定价、结算方式等相关内容,并签署销售合同,明确双方的权利和义务。三是,要求企业销售部门按照经批准的销售合同开具相关销售通知,发货和仓储部门严格按照销售通知所列项目组织发货,确保货物的安全发运。四是,完善客户服务制度,加强客户服务和跟踪,提升客户满意度和忠诚度,不断改进产品质量和服务水平。五是,完善应收款项管理制度,明确销售、财会等部门的职责,并严格考核,实行奖惩。六是,要求企业加强应收款项坏账的管理;应收款项全部或部分无法收回的,应当查明原因,明确责任。

第五,关于研究与开发。研究与开发是指企业为获取新产品、新技术、新工艺等所开展的各种研发活动,是企业进行自主创新的重要手段。企业通过研发新产品和新技术,创造新工艺,能够增强核心竞争力,促进发展战略实现。但是,研究与开发活动通常隐含着重大风险。比如,研究项目未经科学论证或论证不充分,可能导致创新不足或资源浪费;研发人员配备不合理或研发过程管理不善,可能导致研发成本过高、舞弊或研发失败;研究成果转化应用不足、保护措施不力,可能导致企业利益受损。就此,研究与开发应用指引提出了如下管控措施:一是,企业应当结合研发计划,提出研究项目立项申请,开展可行性研究,编制可行性研究报告。二是,研究项目应当按照规定的权限和程序进行审批,重大研究项目应当报经董事会或类似权力机构集体审议决策。三是,企业应当加强对研究过程的管理,合理配备专业人员,严格落实岗位责任制,确保研究过程高效、可控。四是,企业应当建立和完善研究成果验收制度,组织专业人员对研究成果进行独立评审和验收。五是,企业应当明确界定核心研究人员范围和名册清单,签署保密协议,并在劳动合同中约定研究成果归属、离职条件、离职移交程序、离职后保密义务、离职后竞业限制年限及违约责任等内容。研发骨干人员的管理,应当引起研发型企业的高度重视。六是,企业应当加强研究成果的开发与保护,形成科研、生产、市场一体化的自主创新机制,促进研究成果转化为实际生产力。

第六,关于工程项目。工程项目是企业自行或者委托其他单位所进行的建造、安装活动。工程项目通常与企业发展战略密切相关,周期较长,并涉及大额资金及物资的流转,存在较大的不确定性和风险。如果工程立项缺乏可行性研究或者可行性研究流于形式,决策不当,盲目上马,很可能导致难以实现预期效益或项目失败;如果项目招标暗箱操作,存在商业贿赂,则可能导致中标人实质上难以承担工程项目、中标价格失实及相关人员涉案;如果工程造价信息不对称,技术方案不落实,概预算脱离实际,又可能导致项目投资失控;倘若工程物资质次价高,工程监理不到位,项目资金不落实,还可能导致工程质量低劣,进度延迟或中断;最后,如果竣工验收不规范,最终把关不严,还会导致工程交付使用后存在重大隐患。为此,工程项目应用指引明确指出,企业必须强化对工程建设全过程的监控,制定和完善工程项目各项管理制度,明确相关机构和岗位的职责权限,规范工程立项、招标、造价、建设、验收等环节的工作流程及控制措施,保证工程项目的质量和进度:一是,企业应当根据发展战略和年度投资计划,提出项目建议书,编制可行性研究报告,并组织内部相关机构专业人员进行充分论证和评审,在此基础上,按照规定的权限和程序进行决策。重大工程项目应当报经董事会或类似决策机构集体审议批准;任何个人不得单独决策或擅自改变集体决策意见。二是,企业应当采用公开招标的方式,择优选择具有相应资质的承包单位和监理单位,规范工程招标的开标、评标和定标工作,不得将应由一个承包单位完成的工程肢解为若干部分发包给几个承包单位。三是,企业应当加强工程造价的管理,明确初步设计概算、施工图预算的编制方法,按照规定的权限和程序进行审核和批准,确保概预算科学合理。四是,企业应当加强对工程建设过程的监控,实行严格的概预算管理和工程监理制度,切实做到及时备料,科学施工,保障资金,落实责任,确保工程项目达到设计要求。工程建设过程中涉及项目变更的,应当严格审批;重大项目变更还应当按照项目决策和概预算控制的有关程序和要求重新履行审批手续。五是,企业收到承包单位的工程竣工报告后,应当及时编制竣工决算,开展竣工决算审计,办理竣工验收手续。企业还应当建立完工项目后评估制度,重点评价工程项目预期目标的实现情况和项目投资效益等,并以此作为绩效考核和责任追究的依据。

第七,关于担保业务。担保是企业按照公平、自愿、互利的原则向被担保人提供一定方式的担保并依法承担相应法律责任的行为。对外担保涉及被担保人和提供担保人(企业)。如果企业对担保申请人的资信状况调查不深,审批不严或越权审批,可能导致企业担保决策失误或遭受欺诈;如果对被担保人在担保期内出现财务困难或经营陷入困境等状况监控不力,应对措施不当,又可能会导致企业承担法律责任;如果被担保人和提供担保人在担保过程中存在舞弊行为,则会导致经办审批等相关人员涉案或企业利益受损。为此,一般情况下,企业应当严格限制担保业务活动,如确需对外提供担保的,应当在担保业务政策及相关管理制度中明确担保的对象、范围、方式、条件、程序、担保限额和禁止担保等事项,规范调查评估、审核批准、担保执行等环节的工作流程及控制措施,确实防范担保业务风险。担保业务应用指引就此提出具体要求:一是,企业应当对担保申请人进行资信调查和风险评估,并出具书面报告。企业自身不具备条件的,应委托中介机构对担保业务进行调查和评估。对于符合条件的担保申请人,经办人员应当在职责范围内,按照审批人员批准意见办理担保业务;对于审批人超越权限审批的担保业务,经办人员有权拒绝办理。二是,企业应当加强对子公司担保业务的统一监控,企业内设机构未经授权不得办理担保业务;企业为关联方提供担保的,与关联方存在经济利益或近亲属关系的有关人员在评估与审批环节应当予以回避。三是,企业应当根据审核批准的担保业务订立担保合同,定期监测被担保人的经营情况和财务状况,了解担保项目的执行、资金的使用、贷款的归还、财务运行及风险等情况,确定担保合同有效履行。四是,企业应当加强对担保业务的会计系统控制,建立担保事项台账,及时足额收取担保费用;规范对反担保财产的管理,妥善保管被担保人用于反担保的财产和权利凭证,定期核实财产的存续状况和价值,发现问题及时处理。五是,企业应当在担保合同到期时,全面清理用于担保的财产、权利凭证,按照合同约定及时终止担保关系。

第八,关于业务外包。业务外包是企业利用专业化分工优势,将日常经营中的部分业务委托给本企业以外的专业服务机构或其他经济组织(承包方)完成的经营行为。目前,业务外包活动已经广泛应用于电信、手机、金融等各行各业,为企业优化资源配置、加速业务重组、提高经营效率提供了活力。但是,企业在将业务外包的同时,也承担着一些重大风险,主要包括:外包范围和价格确定不合理,承包方选择不当,可能导致企业遭受损失;业务外包监控不严、服务质量低劣,可能导致企业难以发挥业务外包的优势;业务外包存在商业贿赂等舞弊行为,可能导致企业相关人员涉案。为此,业务外包应用指引明确指出,存在业务外包活动的企业应当着手建立和完善业务外包管理制度,规定业务外包的范围、方式、条件、程序和实施等相关内容,明确相关机构和岗位的职责权限,强化业务外包全过程的监控,防范外包风险,充分发挥业务外包的优势。具体来讲,一是,要求企业合理确定外包业务范围,综合考虑成本效益原则,权衡利弊,避免将核心业务外包。二是,要求企业拟定业务外包实施方案,按照规定的权限和程序审核批准。重大外包业务方案应当提交董事会或类似决策机构审批。三是,要求企业按照批准的业务外包实施方案,择优选择外包业务的承包方,签订外包合同,合理确定外包价格,严格控制外包业务成本,切实做到相关业务外包后的成本在保证质量的前提下低于原经营方式。外包业务涉及保密的,还要求企业在外包业务合同或另行签订的保密协议中明确规定承包方的保密义务和责任。四是,要求企业加强业务外包实施的管理,注重与承包方的沟通与协调,并对承包方的履约能力进行持续评估。有确凿证据表明承包方存在重大违约行为,导致外包业务合同无法履行的,企业应当及时终止合同并更换承包方;承包方违约并造成企业损失的,企业应当进行索赔,并追究相关责任人责任。

第九,关于财务报告。财务报告是企业财务信息对外报告的重要形式之一。对上市公司而言,财务报告是投资者进行决策的重要依据;对国有企业,则可能成为政府进行经济决策时关注的重要信息来源。总结我国企业尤其是上市公司近年来财务舞弊和财务管理失误等方面的案例,财务报告应用指引概括出以下相关重要风险:企业财务报告的编制违反会计法律法规和国家统一的会计准则制度,导致企业承担法律责任、遭受损失和声誉受损;企业提供虚假财务报告,误导财务报告使用者,造成报告使用者的决策失误,干扰市场秩序;企业不能有效利用财务报告,难以及时发现企业经营管理中的问题,还可能导致企业财务和经营风险失控。为有效防范财务报告过程中的风险,财务报告应用指引明确提出如下要求:一是,要求企业编制财务报告时,重点关注会计政策和会计估计;对财务报告产生重大影响的交易和事项的处理,还要按照规定的权限和程序进行审批。二是,要求企业按照国家统一的会计准则制度规定,根据登记完整、核对无误的会计账簿记录和其他有关资料编制财务报告,做到内容完整、数字真实、计算准确,不得漏报或者随意进行取舍;企业集团还应编制合并财务报表,明确合并财务报表的合并范围和合并方法,如实反映企业集团的财务状况、经营成果和现金流量。三是,要求企业依照法律法规和国家统一的会计准则制度的规定,及时对外提供财务报告;财务报告须经注册会计师审计的,注册会计师及其所在的事务所出具的审计报告应当随同财务报告一并提供。四是,要求企业重视财务报告分析工作,定期召开财务分析会议,充分利用财务报告反映的综合信息,全面分析企业的经营管理状况和存在问题,不断提高经营管理水平。同时明确,这些要求也是依据内控五要素中“信息与沟通”的相关规定提出的要求。总会计师或分管会计工作的负责人应当在财务分析和利用工作中发挥主导作用;财务分析报告结果应当及时传递给企业内部有关管理层级。

3. 控制手段类指引

控制手段类指引偏重于“工具”性质,往往涉及企业整体业务或管理。此类指引有4项,包括全面预算、合同管理、内部信息传递和信息系统等指引。

第一,关于全面预算。全面预算是企业对一定期间经营活动、投资活动、财务活动等作出的预算安排。全面预算作为一种全方位、全过程、全员参与编制与实施的预算管理模式,通过将企业的资金流与实物流、信息流相整合优化了企业的资源配置,提高了资金的使用效率。然而,企业要想使全面预算管理达到预期的效果,必须要特别关注和防范预算管理中的风险,主要包括:不编制预算或预算不健全,可能导致企业经营缺乏约束或盲目发展;预算目标不合理、编制不科学,可能导致企业资源浪费或发展目标难以实现;预算缺乏刚性、执行不力、考核不严,可能导致预算管理流于形式。为此,全面预算应用指引要求企业在加强全面预算工作的组织领导,明确预算管理体制以及各预算执行单位的职责权限、授权批准程序和工作协调机制的基础上,着重做到以下几点:一是,企业应当建立和完善预算编制工作制度,明确编制依据、编制程序、编制方法等内容,确保预算编制依据合理、程序适当、方法科学,避免预算指标过高或过低。二是,企业应当根据发展战略和年度生产经营计划,综合考虑预算期内经济政策、市场环境等因素,按照上下结合、分级编制、逐级汇总的程序,编制年度全面预算。企业预算管理委员会应当对预算管理工作机构在综合平衡基础上提交的预算方案进行研究论证,从企业发展全局角度提出建议,形成全面预算草案,并提交董事会审核。企业全面预算按照相关法律法规及企业章程的规定报经审议批准后,应当以文件形式下达。三是,企业应当加强对预算执行的管理。全面预算一经下达,各预算执行单位必须以此为依据,认真组织各项生产经营和投融资活动,严格预算执行和控制。企业预算工作机构和各预算执行单位还应当建立预算执行情况分析制度,定期召开预算执行分析会议,妥善解决预算执行中存在的问题。四是,企业应当建立严格的预算执行考核制度,对各预算执行单位和个人进行考核,切实做到有奖有惩、奖惩分明。必要时,企业可实行预算执行情况内部审计制度。

第二,关于合同管理。合同是企业与自然人、法人及其他组织等平等主体之间设立、变更、终止民事权利义务关系的协议。合同包括书面合同和口头合同。在市场经济环境下,合同已成为企业最常见的契约形式,甚至可以说,市场经济就是合同经济。然而,合同管理往往又是企业内部控制中最为疏忽和薄弱的环节之一。如果企业未订立合同、未经授权对外订立合同、合同对方主体资格未达要求、合同内容存在重大疏漏和欺诈,会导致企业合法权益受到侵害;如果合同未全面履行或监控不当,又可能导致企业诉讼失败,经济利益受损;如果合同纠纷处理不当,则会损害企业利益、信誉和形象。为此,我们制定了合同管理应用指引,有针对性地提出:一是,企业对外发生经济行为,除即时结清方式外,应当订立书面合同。对于影响重大、涉及较高专业技术或法律关系复杂的合同,应当组织法律、技术、财会等专业人员参与谈判,必要时可聘请外部专业人员参与相关工作;谈判过程中的重要事项和参与谈判人员的主要意见,应当予以记录并妥善保存。二是,企业应当根据协商、谈判结果,拟定合同文本,明确双方的权利义务和违约责任,并严格进行审核。合同文本须报经国家有关主管部门审查或备案的,应当履行相应程序。三是,企业应当按照规定的权限和程序与对方当事人签署合同。正式对外订立的合同,应当由企业法定代表人或其授权代理人签名或加盖有关印章。属于上级管理权限的合同,下级单位不得签署。四是,企业应当加强合同信息安全保密工作,未经批准,不得以任何形式泄露合同订立与履行过程中涉及的商业机密或国家机密。五是,企业应当遵循诚实信用原则严格履行合同,对合同履行实施有效监控,发现有显失公平、条款有误或对方有欺诈行为等情形,或因政策调整、市场变化等客观因素,已经或可能导致企业利益受损,应当按照规定程序及时报告,并经双方协商一致,按照规定权限和程序办理合同变更或解除事宜;存在合同纠正情形的,应依据国家相关法律法规,在规定时效内与对方当事人协商并按照规定权限和程序及时报告,协商无法解决的,根据合同约定选择仲裁或诉讼方式解决。六是,企业应当建立合同履行情况评估制度,至少于每年年末对合同履行的总体情况和重大合同履行的具体情况进行分析评估,对分析评估中发现的不足或问题应及时加以改进。

第三,关于内部信息传递。内部信息传递是企业内部各管理层级之间通过内部报告形式传递生产经营管理信息的过程。《企业内部控制基本规范》十分重视信息与沟通这一控制要素,多次强调内部信息传递的重要性。为此,我们专门制定了内部信息传递应用指引,梳理出相关重要风险:如果企业内部报告系统缺失、功能不健全,内容不完整,可能会影响生产经营有序运行;如果内部信息传递不通畅、不及时,则可能导致企业决策失误、相关政策措施难以落实;如果内部信息传递中泄露商业秘密,则会削弱企业核心竞争力。针对这些重要风险,内部信息传递应用指引要求企业建立科学的内部信息传递机制,明确内部信息传递的内容、保密要求、传递方式以及各管理层级的职责权限等,促进内部报告的有效利用,充分发挥内部报告的作用。一是,企业应当根据发展战略、风险控制和业绩考核要求,科学规范不同级次内部报告的指标体系,采用经营快报等多种形式,全面反映与企业生产经营管理相关的各种内外部信息。二是,企业应当制定严密的内部报告流程,充分利用信息技术,强化内部报告信息集成和共享,将内部报告纳入企业统一信息平台,构建科学的内部报告网络体系。三是,企业应当拓宽内部报告的渠道,通过落实奖惩措施等多种有效方式,广泛收集合理化建议。四是,企业应当重视内部报告的使用。企业各级管理人员应当充分利用内部报告管理和指导企业的生产经营活动,及时反映全面预算执行情况,协调企业内部相关部门和各单位的运营进度;企业应当有效利用内部报告进行风险评估,准确识别和系统分析企业生产经营活动中的内外部风险,确定风险应对策略。

第四,关于信息系统。信息系统是信息内部传递和信息对外报告的技术手段,是企业利用计算机和通信技术,对内部控制进行集成、转化和提升所形成的信息化管理平台。通过信息系统强化内部控制,有利于减少人为因素,提高控制的效率和效果。同时也应意识到,信息系统自身也存在风险,需要加强管理和控制。首先,信息系统缺乏或规划不合理,可能造成信息孤岛或重复建设,导致企业经营管理效率低下;其次,系统开发不符合内部控制要求,授权管理不当,可能导致无法利用信息技术实施有效控制;最后,系统运行维护和安全措施不到位,可能导致信息泄露或毁损,系统无法正常运行。为此,信息系统应用指引应当结合组织架构、业务范围、地域分布、技术能力等因素,制定信息系统建设整体规划,加大投入力度,有序组织信息系统开发、运行与维护,优化管理流程,防范经营风险。一是,企业应当根据信息系统建设整体规划提出项目建设方案,明确建设目标、人员配备、职责分工、经费保障和进度安排等相关内容,按照规定的权限和程序审批后实施。二是,企业开发信息系统,应当将生产经营管理业务流程、关键控制点和处理规则嵌入系统程序,实现手工环境下难以实现的控制功能。三是,企业应当加强信息系统开发全过程的跟踪管理,组织开发单位与内部各单位的日常沟通和协调,督促开发单位按时保质完成编程工作,对配备的硬件设备和系统软件进行检查验收,组织系统上线运行等。企业还应当组织独立于开发单位的专业人员对开发完成的信息系统进行验收测试,并做好信息系统上线的各项准备工作。四是,企业应当加强信息系统运行与维护的管理,制定信息系统工作程序、信息管理制度以及各模块子系统的具体操作规范,及时跟踪、发现和解决系统运行中存在的问题,确保信息系统按照规定的程序、制度和操作规范持续稳定运行。五是,企业应当重视信息系统运行中的安全保密工作,确定信息系统的安全等级,建立不同等级信息的授权使用制度、用户管理制度和网络安全制度,并定期对数据进行备份,避免损失。对于服务器等关键信息设备,未经授权,任何人不得接触。

（二）关于评价指引

内部控制评价是指企业董事会或类似决策机构对内部控制有效性进行全面评价、形成评价结论、出具评价报告的过程。在企业内部控制实务中,内部控制评价是极为重要的一环。《企业内部控制基本规范》及18项应用指引,立足中国经济、社会、文化及管理的现实,无论是制度要求的口径和范围,还是具体要素和业务活动的内容及相互关系,较世界主要市场经济体的通行做法,在保持框架大体一致的前提下,又有很多适应我国社会主义市场经济发展要求的特色。因此,如何科学评价中国企业内部控制制度、不简单照搬发达市场国家或地区的现成做法,成为我国企业内部控制规范体系建设的重要命题和挑战。《企业内部控制评价指引》的制定发布,为企业开展内部控制自我评价提供了一个共同遵循的标准,为参与国际竞争的中国企业在内部控制建设方面提供了自律性要求,有利于提高投资者、社会公众乃至国际资本市场对中国企业素质的信任度。

内部控制评价指引,着重从以下方面就企业如何做好内部控制自我评价工作提出指导性意见:

第一,关于内部控制评价的内容。评价指引对内部控制评价内容的有关规定,是我国内部控制规范体系建设的一大创新。发达市场经济国家或地区的通行做法一般要求企业对与财务报告相关的内部控制有效性进行自我评价,评价指引则在此基础上更进一步,要求企业根据基本规范、应用指引以及本企业的内部控制制度,围绕内部环境、风险评估、控制活动、信息与沟通、内部监督等要素,对内部控制有效性进行全面评价,包括财务报告内部控制有效性和非财务报告内部控制有效性。这一制度创新得到了国内企业董事长和总会计师的广泛认可和好评,认为其真正抓住了企业"一把手"关心重视的焦点,最大限度地释放了内部控制的作用和效力;与此同时,也受到了国际社会的关注。在2008年年底召开的南非内部控制国际研讨会上,有国际专家专门对评价指引的这一创新进行了评述,认为其是对时下国际金融危机最"积极有效"的应对。

第二,关于内部控制评价的组织。内部控制评价工作能否有效实施,很大程度上取决于企业是否具备强有力的组织领导体制。内部控制评价工作对大多数国内企业而言仍是新生事物,为切实指导企业做好该项工作,评价指引专门就内部控制评价的组织领导体制作出明确要求。首先,基本规范及评价指引要求企业授权内部审计机构或者其他专门机构作为内部控制评价机构,负责内部控制评价的具体组织实施工作。这实际上就为内部控制评价工作的开展设置了专门的职能机构。同时,为了确保内部控制评价机构职能的有效发挥,基本规范及评价指引要求内部控制评价机构必须具备一定的设置条件:一是能够独立行使对内部控制系统建立与运行过程及结果进行监督的权力;二是具备与监督和评价内部控制系统相适应的专业胜任能力和职业道德素养;三是与企业其他职能机构就监督与评价内部控制系统方面应当保持协调一致,在工作中相互配合、相互制约,在效率上满足企业对内部控制系统进行监督与评价所提出的有关要求;四是能够得到企业董事会和经理层的支持,通常直接接受董事会及其审计委员会的领导和监事会的监督,有足够的权威性来保证内部控制评价工作的顺利开展。其次,在设置内部控制评价机构的基础上,还要求企业成立专门的评价工作组,接受内部控制评价机构的领导,具体承担内部控制评价工作的组织。评价指引要求内部控制评价机构根据经批准的评价方案,挑选具备独立性、业务胜任能力和职业道德素养的评价人员,组成评价工作组,具体实施内部控制评价工作。评价工作组成员应当吸收企业内部相关机构熟悉情况的业务骨干参加。实施评价工作前,评价人员需要接受相关培训,培训内容一般包括内部控制专业知识及相关规章制度、评价工作流程、检查评价方法、工作底稿填写要求、缺陷认定标准、评价人员的权利与义务及评价中需重点关注的问题等。通过内部控制职能机构和评价工作组这种矩阵式的组织设置,可以有效促进内部控制评价工作的开展。

第三,关于内部控制缺陷的认定。内部控制缺陷的认定,特别是非财务报告内部控制缺陷的认定,是企业内部控制评价工作中面临的重大挑战之一。对于财务报告内部控制缺陷,可由该缺陷可能导致财务报表错报的重要程度来确定,这种重要程度主要取决于两方面因素:一是该缺陷是否具备合理可能性导致内部控制不能及时防止、发现并纠正财务报表错报;二是该缺陷单独或连同其他缺陷可能导致的潜在错报金额的大小。因此,财务报告内部控制缺陷一般可以通过定量的方式予以确定。相对而言,非财务报告内部控制缺陷的认定很难形成统一的标准,企业可以根据自身的实际情况,参照财务报告内部控制缺陷的认定标准,合理确定非财务报告内部控制缺陷的定量和定性认定标准。其中,定量标准,既可以根据缺陷造成直接财产损失的绝对金额制定,也可以根据缺陷的直接损失占本企业资产、销售收入或利润等的比率确定;定性标准,可以根据缺陷潜在负面影响的性质、范围等因素确定。财政部将在即将发布的内部控制规范讲解中,对内部控制缺陷的认定,尤其是非财务报告内部控制缺陷的认定作出更具指导性的说明。需要强调的是,为避免企业操纵内部控制评价报告,非财务报告内部控制缺陷认定标准一经确定,必须在不同评价期间保持一致,不得随意变更。

第四,关于内部控制评价报告。在评价指引发布前,上海、深圳证券交易所的部分上市公司已经尝试对外披露内部控制评价报告。但由于缺少统一的指导,这些对外披露的评价报告格式五花八门、质量参差不起,少则二三页,多则数百页,不具可比性,也不利于报告使用者理解。为此,评价指引专门对内部控制评价报告进行规范,要求企业在评价报告中至少披露以下内容:一是董事会对内部控制报告真实性的声明,实质就是董事会全体成员对内部控制有效性负责;二是内部控制评价工作的总体情况,即概要说明;三是内部控制评价的依据,一般指基本规范、评价指引及企业在此基础上制定的评价办法;四是内部控制评价的范围,描述内部控制评价所涵盖的被评价单位,以及纳入评价范围的业务事项;五是内部控制评价的程序和方法;六是内部控制缺陷及其认定情况,主要描述适用本企业的内部控制缺陷具体认定标准,并声明与以前年度保持一致,同时,根据内部控制缺陷认定标准,确定评价期末存在的重大缺陷、重要缺陷和一般缺陷;七是内部控制缺陷的整改情况及重大缺陷拟采取的整改措施;八是内部控制有效性的结论,对不存在重大缺陷的情形,出具评价期末内部控制有效结论,对存在重大缺陷的情形,不得作出内部控制有效的结论,并需描述该重大缺陷的成因、表现形式及其对实现相关控制目标的重要程度。财政部将在内部控制规范讲解中对内部控制评价报告的内容提供进一步指引,包括探索引入使用内部控制评价表,作为对内部控制评价报告的进一步补充。所谓内部控制评价表,就是对评价过程中形成的评价工作底稿的全面整理和综合汇总,是企业对内部控制各构成要素的结论性评估表格,一般由评价内容、业务描述、有效性/缺陷、评价记录等栏目组成。通过使用内部控制评价表,可以使不同企业的内部控制评价报告更具可比性,同时也有利于报告使用者阅读和理解。

第五,关于内部控制评价报告的披露或报送。评价指引要求,内部控制评价报告应当报经董事会或类似权力机构批准后对外披露或报送相关部门。企业应当以 12 月 31 日作为年度内部控制评价报告的基准日,并于基准日后 4 个月内报出内部控制评价报告。对于基准日至内部控制评价报告发出日之间发生的影响内部控制有效性的因素,企业应当根据其性质和影响程度对评价结论进行相应调整。需要说明的是,评价指引起草工作组在调研过程中发现,部分企业担心内部控制评价报告可能存在信息过度披露问题。财政部等部门已经根据调研反馈意见对应用指引和评价指引进行了调整,此次发布的应用指引和《企业内部控制评价指引》实际上只要求企业对控制缺陷尤其是重大缺陷作出说明,不涉及企业内部其他保密信息。与此同时,在内部控制规范体系的贯彻实施过程中,财政部等部门还将持续关注类似问题,确保在满足法律法规和监管要求的前提下，尽量减少企业负担。

（三）关于审计指引

内部控制审计是指会计师事务所接受委托，对特定基准日内部控制设计与运行的有效性进行审计。它是企业内部控制规范体系实施中引入的强制性要求，既有利于促进企业健全内部控制体系，又能增强企业财务报告的可靠性。美国、日本等国家曾先后做出过类似的制度安排。为了规范注册会计师执行企业内部控制审计业务，我们特别制定了《企业内部控制审计指引》。

内部控制审计指引，着重从以下方面就如何做好内部控制审计业务提出明确要求或强调说明：第一，关于审计责任划分。该指引明确指出，建立健全和有效实施内部控制，评价内部控制的有效性是企业董事会的责任，但对内部控制的有效性发表审计意见，则是注册会计师的责任。第二，关于审计范围。该指引强调，注册会计师执行内部控制审计工作，应当获取充分、适当的证据，为发表内部控制审计意见提供合理保证。同时进一步指出，注册会计师应当对财务报告内部控制的有效性发表审计意见，并对内部控制审计过程中注意到的非财务报告内部控制的重大缺陷，在内部控制审计报告中增加"非财务报告内部控制重大缺陷描述段"予以披露。这些规定传达出一个重要的信息，即：注册会计师审计的范围应当覆盖企业内部控制整体而不限于财务报告内部控制。这与要求企业完整而全面地贯彻实施内部控制规范体系是相一致的。但是，考虑到注册会计师在内部控制审计过程中的风险责任承担能力限制，该指引要求注册会计师针对企业财务报告内部控制有效性发表审计意见，而对相关审计过程中注意到的非财务报告内部控制重大缺陷，则要求其增加描述段予以说明。第三，关于整合审计。该指引指出，注册会计师可以单独进行内部控制审计，也可以将内部控制审计与财务报表审计整合进行。整合审计可以提升效率，也是国际上普遍采用的方法，我们鼓励这种做法。需要特别指出的是，此处所指的"整合"，不包括注册会计师对同一家企业既做咨询又做审计的情形。在《企业内部控制基本规范》中对此已有明确规定，即："为企业内部控制提供咨询的会计师事务所，不得同时为同一企业提供内部控制审计服务"。第四，关于利用被审计单位人员的工作。有效利用被审计单位人员的工作成果，尤其是自我评价结论，可以减少审计成本。但是，如何才能做到既有效利用又能够保持独立性，是一个两难的问题。就此，该指引提出如下要求：一是，注册会计师应当对企业内部控制自我评价工作进行评估，判断是否利用企业内部审计人员、内部控制评价人员和其他相关人员的工作以及可利用的程度，相应减少可能本应由注册会计师执行的工作；二是，注册会计师应当对企业内部审计人员、内部控制评价人员和其他相关人员的专业胜任能力和客观性进行充分评价，与某项控制相关的风险越高，可利用程度就越低，注册会计师应当更多地对该项控制亲自进行测试；三是，注册会计师应当对发表的审计意见独立承担责任，其责任不因为利用企业内部审计人员、内部控制评价人员和其他相关人员的工作而减轻。第五,关于审计方法。该指引要求注册会计师按照自上而下的方法实施审计工作,并将方法作为识别风险、选择拟测试控制的基本思路。同时,该指引强调,在实施审计工作时,可以将企业层面控制和业务层面控制的测试结合进行。第六,关于评价控制缺陷。该指引对内部控制缺陷的划分与《企业内部控制评价指引》的规定是相一致的。对于如何识别内部控制重大缺陷,该指引要求注册会计师先评价其所识别出的各项内部控制缺陷的严重程度,以此确定这些缺陷单独或组合起来,是否构成重大缺陷。为便于注册会计师进行职业判断,该指引提供了进一步相关指引。比如,在确定一项内部控制缺陷或多项内部控制缺陷的组合是否构成重大缺陷时,注册会计师应当评价补偿性控制(替代性控制)的影响;又比如,将表明内部控制可能存在重大缺陷的迹象作了系统概括,主要包括:注册会计师发现董事、监事和高级管理人员舞弊;企业更正已经公布的财务报表;注册会计师发现当期财务报表存在重大错报,而内部控制在运行过程中未能发现该错报;企业审计委员会和内部审计机构对内部控制的监督无效。注册会计师应当将审计过程中发现的所有控制缺陷与企业进行沟通,对其中的重大缺陷和重要缺陷应以书面形式与董事会和经理层沟通。注册会计师认为审计委员会和内部审计机构对内部控制的监督无效的,还应当就此以书面形式直接与董事会和经理层沟通。所有这些书面沟通应当在注册会计师出具内部控制审计报告之前进行。第七,关于审计报告出具。如何出具内部控制审计报告,是大多数注册会计师所关心的问题。与审计范围相对应,该指引要求注册会计师出具的审计报告涉及财务报告内部控制和非财务报告内部控制两大方面;同时,还提供了四种内部控制审计报告参考格式,分别是:标准内部控制审计报告、带强调意见段的无保留意见内部控制审计报告、否定意见内部控制审计报告和无法表示意见审计报告。对非财务报告内部控制缺陷的处理,该指引分别不同情况特别提出如下要求:注册会计师认为非财务报告内部控制缺陷为一般缺陷的,应当与企业进行沟通,提醒企业加以改进,但无需在内部控制审计报告中说明;注册会计师认为非财务报告内部控制缺陷为重要缺陷的,应当以书面形式与企业董事会和经理层沟通,提醒企业加以改进,但无需在内部控制审计报告中说明;注册会计师认为非财务报告内部控制缺陷为重大缺陷的,应当以书面形式与企业董事会和经理层沟通,提醒企业加以改进;同时应当在内部控制审计报告中增加非财务报告内部控制重大缺陷描述段,对重大缺陷的性质及其对实现相关控制目标的影响程度进行披露,提示内部控制审计报告使用者注意相关风险。这些说明,较好地解除了注册会计师一直以来担心的问题,从而有利于注册会计师顺利地开展内部控制审计业务。

三、关于企业执行内部控制规范体系的准备工作

重视和加强实施前的各项准备工作,是确保内部控制规范体系顺利实施的重要前

提。为了确保企业内部控制规范体系的顺利贯彻实施,各有关部门、单位要积极行动起来,认真扎实地做好实施前的各项工作。

第一,各级财政部门要会同有关部门把宣传培训、学习贯彻内部控制规范体系作为当前及今后一段时期的一项中心工作,精心组织,周密安排,切实抓紧抓好,抓出成效。一要加强内部控制专业团队建设,指定专人负责,落实责任制,重视和培养业务骨干,全面熟悉和掌握内部控制规范的内容,做好对企业、会计师事务所等有关单位的政策业务指导;二要不断深化内部控制规范的宣传培训工作,先培训上市公司和具有证券期货业务资格的会计师事务所,随后将培训范围逐步扩大到所有大中型企业和大中型会计师事务所。同时,要将内部控制规范纳入会计人员等专业人员继续教育范围,并作为高级会计师专业技术资格考试和注册会计师考试的重要内容。

第二,各上市公司和相关大中型企业,应当切实抓紧建立健全本单位的内部控制制度体系并按规定要求稳步有效实施。一是,公司董事会或类似机构对此应予高度重视,真正担当起建立健全和有效实施内部控制规范体系的责任;同时,组成专门领导班子,加强对公司内部控制建设工作的指导。二是,公司应当统筹规划,缜密安排,根据《企业内部控制基本规范》及《企业内部控制配套指引》规定,结合经营特点和管理要求,对现行内控制度和管理要求进行梳理优化,健全适合本单位实际的内部控制制度。三是,开展全员培训,在公司范围内掀起"人人学内控、人人讲内控、个个受约束"的良好氛围。公司应当积极参加财政部门、中国会计学会等部门或机构组织的正规培训,不参加社会上追逐盈利目的非正规内部控制规范培训活动。四是,加大对企业信息系统的改造或新建投入,充分运用信息技术加强内部控制,建立与经营管理相适应的信息系统,促进内部控制流程与信息系统的有机结合,实现对各类业务和事项的自动控制,减少或消除人为操纵因素。五是,在公司范围内选择管理基础较好的分(子)公司或业务单位等开展内部控制制度试点,发现并及时解决运行过程中存在的问题,总结经验,逐步推广到全公司范围。

第三,会计师事务所应当把握好企业内部控制规范发布实施的良好机遇,拓展业务领域。一要积极组织相关内部培训或参加财政部门等单位组织的正规内部控制规范培训,进一提升自身执业能力。二要合理调配资源,优化业务结构,组建专业团队。三要深入研究内部控制审计方法,建立健全内部控制审计质量控制标准,积极参与公司内控审计和咨询活动。

四、关于企业内部控制规范体系实施的监督评价

构建企业、注册会计师和有关监管部门三位一体的、有效的内外部监督评价体系是确保企业内部控制规范体系顺利实施的重要保证。

第一,企业应当重视和发挥审计委员会对内部控制实施的监督作用,赋予审计委员

会监督内部控制有效实施和内部控制自我评价情况、协调内部控制审计等方面的职能。通常情况下,企业可以授权内部审计机构具体承担内部控制监督检查的职能,接受董事会和审计委员会的领导。同时,企业应当建立内部控制执行情况与员工绩效考核挂钩的制度,并严格执行。

第二,注册会计师要严格遵循企业内部控制规范提出的各项要求,开展内部控制审计业务。要强化内部控制审计的独立性,保持应有的职业谨慎态度,遵守职业道德规范,在内部控制审计业务与内部控制咨询业务之间建立牢固的"防火墙",禁止针对同一客户既承担内部控制审计业务,同时又承担内部控制咨询和代行内部控制自我评价业务。

第三,财政部等有关监管部门要将内部控制规范实施有关的政策指导与监督检查结合起来,在为企业、会计师事务所提供良好服务的同时,密切关注和跟踪企业和会计师事务所执行内部控制规范的情况,建立迅速高效的预警、反应和处理机制,妥善处理好内部控制规范实施过程中出现的问题;要加强对企业和会计师事务所执行内部控制规范体系的监督检查力度,对违反内部控制规范要求的单位或个人依法严肃处理;要加强部门沟通,协调监管政策,规范监管口径,形成监管合力,提高监管效能。

行百里者半九十。我们应当清醒地认识到,推进企业内部控制规范体系贯彻实施是一项艰巨的系统工程,下一步的任务更加繁重。同时,我们也应当满怀豪情!只要我们继续保持实事求是、脚踏实地的工作作风,精心组织,就一定能够将企业内部控制规范体系学习好、宣传好、实施好,进一步促进企业提升管理水平和风险能力,进一步促进我国经济持续健康快速发展!

抓住机遇　巩固成果　全面
推进我国的企业会计改革

【摘要】近 10 年来,我国的企业会计改革取得了重大进展,在国际上得到了广泛认可,与国际会计准则委员会所倡导的会计国际化的宗旨也是一致的。然而,从目前情况看,会计人员整体素质尚不能完全适应会计改革的要求,《企业会计制度》及相关会计准则的实施范围还不广泛,还存在一些执行中的问题。面对加入 WTO,我们应当抓住有利时机,巩固成果,全面推进我国的企业会计改革。

随着我国加入 WTO 和世界经济一体化进程的逐步加快,对会计国际化提出了较高的要求。会计改革正面临前所未有的机遇和挑战。我们应当把握机遇,与时俱进,更新观念,开拓创新,在积极促进会计国际协调和巩固我国会计改革成果的同时,针对我国企业的现状和问题,进一步深化会计改革,完善和统一会计标准,提高会计信息质量,促进社会主义市场经济的健康发展。

一、我国的企业会计改革取得了重大进展,在国际上得到了广泛认可,与国际会计准则委员会所倡导的会计国际化的宗旨是一致的

1. 会计改革取得的重大进展

在计划经济向市场经济转轨过程中,为适应社会主义市场经济的要求,财政部进行了一系列会计改革,陆续发布实施了符合国际惯例的会计标准,大大加快了会计国际化的步伐。

1992 年,财政部发布了《企业会计准则》和《企业财务通则》、13 个行业会计制度和 10 个行业财务制度(简称"两则""两制"),结束了我国 40 多年来在计划经济基础上建立起来的会计模式,确立了与市场经济相适应、并与国际惯例初步协调的新的会计模式,实现了会计模式的转换。这次改革作为我国财政改革的重要组成部分,在国内外产生了深远的影响。

1992 年,在进行"两则""两制"改革的同时,财政部与国家体改委联合发布了《股份制试点企业会计制度》,1998 年又进行了修订,形成《股份有限公司会计制度》。《股份制试点企业会计制度》和《股份有限公司会计制度》的贯彻实施,适应了企业改组上

市以及在境内外发行 A 股、B 股、H 股对外筹资的需要,对于国有企业改革、推行现代企业制度,建立和规范资本市场,发挥了极为重要作用。

1997 年,财政部针对"琼民源"等股票案例,首次发布实施了《企业会计准则——关联方关系及其交易的披露》,此后,陆续发布了投资,收入,债务重组,非货币性交易,建造合同,会计政策、会计估计变更和会计差错更正,资产负债表日后事项,现金流量表,或有事项,借款费用,无形资产,租赁,中期财务报告,存货,固定资产等具体会计准则。截至目前,财政部发布的具体会计准则共有 16 项。

2000 年,国务院发布了《企业财务会计报告条例》,财政部以此为依据,下发了《企业会计制度》,要求自 2001 年 1 月 1 日起暂在股份有限公司执行,鼓励国有企业和其他企业执行。《企业会计制度》适用于除金融企业和小企业以外的所有企业,是在总结我国资本市场改革经验的基础上完成的,改革力度大,起点高,内容丰富,将我国的会计国际化改革向前推进了一大步。

2001 年 9 月,财政部发布了《证券投资基金会计核算办法》,于 2002 年 1 月 1 日起实施。该办法对于加强证券投资基金的会计核算和管理,保护基金持有人的权益,规范证券市场具有重要意义。

2001 年 12 月,财政部发布了《金融企业会计制度》,适用于中华人民共和国境内依法成立的各类金融企业,包括银行(含信用社)、保险公司、证券公司、信托投资公司、基金管理公司、租赁公司、财务公司等。《金融企业会计制度》借鉴了国际惯例,并结合了我国各类金融企业的实际,有利于规范各类金融企业的会计行为,提高金融资产质量,促进金融企业的发展。

总之,从 20 世纪 90 年代起,我国的企业会计改革一直处在经济体制改革的前沿。据统计,在会计核算原则、要求、政策、方法等诸多方面,《企业会计制度》、《金融企业会计制度》及相关会计准则等与国际通行做法的差异大为缩减,以国际会计准则为例,我们将几十项会计政策与之对比,除个别方法因我国国情而未采纳国际会计准则的做法外,其他内容在总体上已趋于一致或相近。我国的企业会计改革及其国际化的进程,仅用短短 10 多年时间走过了西方国家 70 多年所走过的路。

我国的企业会计改革在国际上得到了广泛认可。在联合国国际会计和报告标准政府间专家工作组会议上,与会代表认为,中国是转型经济国家和发展中国家会计改革最为成功的典范。美国商学院保罗·希利教授发表的论文认为,美国和英国的会计准则,对于那些缺乏对管理财务报告决策监督机制的发展中国家或转型经济国家是否也是最优,还是个疑问。他通过用实证研究的方法对中国上市公司采用中国会计标准和国际会计标准编制的报表差异进行分析,认为投资者可能发现中国会计标准比国际会计准则能够生成更加可靠的信息。曾经参加过财政部会计司组织的会计准则国际研讨会的国外专家回国后,撰文认为,中国这样一个由计划经济向市场经济转换的国家,在目前这样纷乱的市场氛围中,幸好有一支队伍在有条不紊地进行会计改革,并且取得了举世瞩目的成就。全球最大规模的 7 家会计师事务所日前发布的一份最新的国际会计调查报告显示,中国会计准则与国际会计准则的差异已明显减少。参与该份名为"2001 年会计准则调查"的会计师事务所包括柏德豪、德勤、安永、均富、毕马威、普华永道、安达信会计师事务所。

2. 正确认识会计国际化问题

近期,有观点提出,会计国际化可以直接照搬美国会计准则或者国际会计准则。这种观点有失偏颇,不仅脱离我国的实际,也不符合世界各国会计国际化的通行做法。在复杂的市场经济条件下,对于如何理解和处理会计国际化,不单纯是会计技术层面的问题,我们应当保持清醒的头脑,做出客观判断。我国的会计改革不宜直接采用美国会计准则,也不宜直接采用国际会计准则。

(1)美国对于直接采用国际会计准则目前也持谨慎态度。

2000 年 6 月 5 日,美国财务会计准则委员会(FASB)向美国证监会提交了关于执行国际会计准则的建议报告。报告称,由于国际会计准则的质量有待验证以及缺乏全球性协调机制,美国公司不宜直接采用国际会计准则,也不接受在美国上市的外国公司按国际会计准则编制的财务报表。据了解,该报告的建议已被美国证监会采纳。美国对于直接采用国际会计准则持谨慎态度的主要理由是:

第一,缺乏全球性财务会计报告基础设施。FASB 认为,要保证高质量的国际会计准则在全球范围内成功运用,需要一些必备的财务会计基础设施支持,会计准则只是其中的一个环节。其他有关因素包括:企业内部会计资料的可靠性、审计准则的质量、企业内部控制的有效性、会计从业人员对国际会计准则的了解程度、会计信息提供者应承担的责任及政府管理部门的监管程度等。国际会计准则用于提高跨国财务报告水平所能起到的作用必须综合有关因素进行考虑。基于目前情况,国际范围内构成有关财务会计报告基础设施的条件并不具备。

第二,国际会计准则的质量有待于进一步验证。FASB 认为,按照国际会计准则编制的财务报告,能否为美国境内的投资者提供较现行按美国公认会计原则提供的会计信息更可比、更高质量信息,还有待于进一步验证。

第三,接受外国公司按国际会计准则编制的财务报表会增加投资者成本。FASB 认为,由于美国公认会计原则与国际会计准则存在很多差异,如果允许外国公司到美国上市使用国际会计准则,不附加按美国公认会计原则的调整和披露,势必造成在美国上市的外国公司由于执行双重标准而导致会计报表之间的不可比,在这种情况下,要求信息使用者承担由此所带来的相应成本,很难被投资者接受。因此,美国是否采用国际会计准则,关键在于能否帮助美国境内投资者更好地分析投资机会和做出正确的投资决策,其中条件之一就是不能因为采用国际会计准则而增加投资者成本。

第四,缺乏全球性管理和解释机制。由于缺乏有效的全球管理机构来确保国际会计准则的统一解释和实施,随之而来的问题是:在美国会计准则制定机构及证监会就有关国际会计准则的解释和执行中出现分歧时如何处理?如果证监会决定直接采用国际会计准则并不需调整,那么如何协调国际会计准则委员会不同于美国证监会的解释呢?在缺乏全球性管理和解释机制的情况下,潜在的问题是将会出现两个版本的国际会计准则,即:被美国证监会接受的国际会计准则以及适用于美国市场以外的国际会计准则。因此,在采用国际会计准则作为正式报告准则之前,需要协调美国证监会、美国准则制定机构以及重组后的国际会计准则委员会及其解释委员会对于国际会计准则实施过程中的解释权问题。如果国际会计准则在短期内采用而不必对其与国内会计准则间的差别进行调整,任何现存的机构都没有足够的力量解释准则执行过程中的大量问题。

美国的这一态度对推进我国会计制度改革和会计标准国际化带来很多启发,即:会计标准国际化是世界各国的共同课题和长期协调的过程,一个国家的特殊文化背景、社会环境、基础条件等,都决定其不可能照搬照抄国际会计准则或某个国家的会计准则,否则,将会付出巨大的代价。

(2)研究表明,世界绝大多数国家都没有直接采用国际会计准则。

目前,美国、英国、澳大利亚、新西兰、加拿大、法国、日本等发达国家,印度、巴西、印度尼西亚、马来西亚、斯里兰卡、泰国、阿根廷等发展中国家,以及俄罗斯、保加利亚、波兰、罗马尼亚等转型经济国家,都有本国的会计标准制定机构,并借鉴国际会计准则,制定、实施本国的会计标准。尽管个别国家,如格鲁吉亚、乌兹别克斯坦等,也有宣布直接采用国际会计准则的情况,但实际情况差异很大,不具代表性。

(3)一个国家执行本国的会计标准,既是为了与其法律体系相适应,同时也是该国主权的一种体现。

《中华人民共和国会计法》规定,"国家实行统一的会计制度。国家统一的会计制度由国务院财政部门根据本法制定并公布。"由于国际会计准则委员会制定的国际会计准则在我国没有法律效力,如果要求我国企业直接采用国际会计准则,将会与我国现行的《会计法》、《公司法》、《商业银行法》、《企业财务会计报告条例》等相关法律发生冲突。

经济全球化的背景促使越来越多的企业需要通过跨国上市筹集资金,而上市地证券监管机构通常要求企业根据上市地会计准则或者国际会计准则编报财务会计报告,但是,这些企业必须以执行本国的会计标准为前提,最后向上市地证券监管机构和投资者提供会计报表时,可以根据上市地会计准则或者国际会计准则的要求做出报表调整。这是国际通行做法,也是国家主权的一种体现。我国的企业在境外上市,一直都是以执行我国的会计制度(包括《股份制试点企业会计制度》、后来的《股份有限公司会计制度》,到现在执行的《企业会计制度》)及相关会计准则为前提的。然后,再根据上市地会计标准或国际会计准则进行报表调整。

(4)片面追求我国会计标准的美国化或者国际化,还有可能会出现与我国转型经济环境不相适应的情况。

推进会计标准的国际化,减少各国会计标准之间的差异,可以提高各国企业提供会计信息的可比性,从而降低那些在国际资本市场上投融资企业和国际资本提供者的资金成本以及国际贸易参与者的交易成本。由此可见,会计标准的国际化,对于吸引外资和那些在海外发行股票、债券或者从事国际贸易的企业而言是相当有益的。然而,我国尚处在经济转型时期,尚未形成成熟的市场经济环境和完善的监管机制,如果我们操之过急,不顾国情、片面追求美国化或者国际化,有可能会出现与我国转型经济环境不相适应的情况,导致会计信息出现混乱或者失控,由此产生的改革成本和风险将是巨大的。例如,公允价值是国际上发达市场经济国家通行的会计计量属性,而我国市场经济处在初级阶段,没有形成活跃的生产资料市场,关联交易普遍,诸多经济行为也不规范,弄虚作假屡禁不止,如果广泛地使用公允价值,将会给企业利用公允价值造假留下空间,"琼民源"案例将土地使用权的评估价作为公允价值入账,虚假评估增值5亿多元。如果照搬美国的债务重组准则允许将债务重组收益作利润处理,又给造假者虚构利润以可乘之机,近年出现的一些利用债务重组收益制造巨额利润的案例也足以说明这一问题。

综上所述,在会计国际化的进程中,如何把握借鉴国际惯例和我国国情的辩证关系,这是我们应当面对的一个重大问题,借鉴国际惯例不等于照搬照抄,照搬照抄是没有出路的;考虑我国国情不等于闭关自守和保护落后,闭关自守同样也是没有出路的。从国际通行做法看,会计国际化并不硬性要求各国直接采用国际会计准则,而是充分尊重各国政治、经济、法律、文化环境,允许各国根据本国的实际与国际会计准则存在一定差异。会计国际化的宗旨是要求各国企业对外提供的会计报表在重要方面与国际会计准则相协调,正如国际会计准则委员会在其《国际会计准则公告前言》指出的那样,成员国企业"所公布的会计报表在所有重要方面与国际会计准则相一致"。这一宗旨反映了各国会计标准国际化的真正含义,我国的会计改革与这一宗旨是一致的。

二、当前我国的企业会计改革需要关注的几个问题

1.《企业会计制度》的实施面过窄,除股份有限公司外,国有企业尚未执行

如前所述,以《企业会计制度》和《企业会计准则》为主体的会计标准与国际会计标准相比,在主要方面虽已基本一致,但是,《企业会计制度》暂在股份有限公司实施,国有企业尚未执行。国有企业仍然执行1992年制定的《企业财务通则》和行业财务、会计制度(以下简称"老制度"),老制度不利于企业消化不良资产,且与加入WTO的新形

势不相适应。

老制度规定,企业在财产清查过程中盘亏的各项财产物资和毁损,包括固定资产盘亏毁损和流动资产盘亏毁损,在未经批准前作为资产挂账,构成企业资产总额的重要组成部分,列入资产负债表。老制度允许待处理财产损失挂账是形成企业潜亏的因素之一。

老制度允许企业计提坏账准备,但只能按照国家统一规定的比例0.3% ~ 0.5%计提;已经发生的坏账损失,必须经财政部门批准才能核销。统计数据表明,有些企业的应收款项中存在着数额较大的未核销的坏账,0.3% ~ 0.5%的计提比例是远远不够的。大量呆、坏账长期挂账,造成企业资产不实、利润虚增。

老制度对于存货、投资、固定资产、无形资产等,没有规定计提资产减值准备的政策。一些企业的原材料、产成品和库存商品等存货中存在着较为严重的超储积压和冷背呆滞,对外投资项目不仅投资效益差,而且在投资过热环境下的长期投资的本金也难以收回,造成永久性减值,固定资产和无形资产价值减损情况也比较严重。

老制度规定,递延资产是指不能全部计入当年损益、应当在以后年度内分期摊销的各项费用,包括开办费、租入固定资产的改良支出等,其中,开办费自投产营业之日起,按照不短于5年的期限分期摊销。有的企业利用上述政策人为扩大不良资产,有的甚至将"递延资产"作为调节利润的重要手段。

国有企业执行新会计制度面临的主要问题是如何消化和处理多年来历史形成的不良资产。尽管企业不良资产形成原因较为复杂,但老制度的缺陷是不容忽视的。国务院发布的《企业财务会计报告条例》,对资产要素进行了重新定义。《企业会计制度》据此做出了一系列有利于消化不良资产的规定,例如:对于待处理财产损失,企业应于年度终了结账前处理完毕;对于各项资产的减值,企业应根据谨慎性原则的要求进行合理预计,计提资产减值准备,包括应收款项坏账准备、存货跌价准备、长期投资减值准备、固定资产减值准备等八项准备;取消"递延资产"科目,规定企业在筹建期间发生的开办费自企业开始生产经营当月起一次计入开始生产经营当月的损益,等等。所有这些规定都是从会计政策入手,促使企业甩掉包袱、轻装上阵,提高自我生存和自我发展的能力。

2. 股份有限公司执行《企业会计制度》,需要加大实施力度

《企业会计制度》于2001年1月1日起在我国股份有限公司全面实施后,总体上看执行情况是好的,有效地遏制了一些上市公司的造假行为。然而,也有一些上市公司不严格执行《企业会计制度》的有关规定,甚至弄虚作假,提供不真实的会计信息,严重损害了广大股民的利益,扰乱了资本市场的秩序。

剖析这些造假案例,不难看出,上市公司造假的原因十分复杂,例如,市场经济体制尚不完善,政府的地方保护主义,公司治理结构不合理,企业内部控制制度的缺陷,社会

审计不规范,市场监管尚未完全到位,等等。从会计方面进行分析,上市公司造假的原因不在于会计标准本身,而是会计标准在执行中存在问题,有的上市公司甚至无视《企业会计制度》。因此,解决会计信息失真、杜绝会计造假,需要从完善体制、健全法制、规范市场、加强监管等诸多方面进行综合治理。就各级政府财政部门而言,经常性地开展《会计法》执法检查,强化会计监督,切实解决会计标准执行不严、执行不力的问题,已成为当务之急。

3. 会计人员整体素质还不能完全适应会计改革的要求

我国有上千万的会计人员,这支队伍在经济发展和会计改革中发挥了重要作用,这是必须加以肯定的。但在计划经济向社会主义市场经济转换的过程中,知识更新步伐加快、法规体系逐渐完善,需要会计人员更新观念,刻苦钻研,学习新法规、掌握新知识,紧跟时代潮流。特别是《企业会计制度》《金融企业会计制度》及相关会计准则发布实施后,需要广大会计人员具备扎实的理论功底和丰富的实践经验,对若干会计实务问题做出职业判断。比如,新会计制度中规定的各项资产减值准备计提问题,世界各国的会计标准均不作具体的量化规定,而是由企业根据有关规定、结合自身的实际情况进行判断。值得注意的是,我国的会计人员长期以来习惯于计划经济条件下处理会计实务"依样画葫芦"的做法,距离市场经济条件下进行职业判断的要求还有很大差距,这也构成了新会计制度实施中的一个障碍。

三、抓住加入 WTO 的有利时机,巩固现有改革成果,全面推进我国的企业会计改革

1. 推动新会计制度的全面实施

(1)《企业会计制度》。国有企业的不良资产已经成为实施新会计制度的一大障碍,到了非解决不可的时候了,需要我们积极地采取切实可行措施,对国有企业进行测算、摸清家底,分别不同企业的情况,逐步推动《企业会计制度》在国有企业的实施。在测算、摸清家底的基础上,对于资产质量和效益较好的国有企业,完全有必要尽快执行新会计制度;对于资产质量和效益欠佳的国有企业,也应鼓励其执行新会计制度,避免虚盈实亏,掩盖矛盾;对于资不抵债、濒临破产的国有企业,应当分别具体情况进行妥善处理,以消除隐患。

《外商投资企业会计制度》是财政部 1992 年发布实施的,近十年来经济的发展和环境的变化,该制度在诸多方面已明显滞后,比如计提各项资产减值准备、借款费用资本化、租赁、债务重组、非货币性交易、或有事项、关联交易、建造合同、资产负债表日后事项,等等。为了统一各类企业的会计标准,适应 WTO 要求,规范外商投资企业的会计核算,财政部于近日印发了《外商投资企业执行〈企业会计制度〉有关问题的规定》,要求外商投资企业从 2002 年 1 月 1 日起全面执行《企业会计制度》,财政部 1992 年 6 月

24 日发布的《中华人民共和国外商投资企业会计制度》[(92)财会字第 33 号]及其相关的会计科目和会计报表规定同时废止。

（2）《金融企业会计制度》。新发布的《金融企业会计制度》仍采用分步实施的政策，从 2002 年 1 月 1 日起暂在上市的金融企业实施。与此同时，鼓励股份制金融企业实施新的《金融企业会计制度》。对国有金融企业，比照其他国有企业的做法，通过测算和摸清家底，分别不同企业的实际情况，逐步实施新的《金融企业会计制度》。

2. 进一步完善我国的会计标准

我国的会计标准或法规体系至少有四个层次：一是会计法律与条例；二是会计准则；三是会计制度；四是会计暂行规定和专业核算办法。会计法律和条例是会计工作的根本大法，应当属于我国会计法规或标准体系中的第一个层次；会计准则是对会计要素的确认、计量、记录、报告所作的原则规定；会计制度是对会计要素的确认、计量、记录、报告的操作性规定；暂行规定和专业核算办法是针对某些紧急事项和特殊行业，如石油天然气、农业、交通运输、旅游业、房地产开发等的特点所做出的会计规范。

（1）继续完善会计准则体系。会计准则体系包括基本会计准则和若干具体会计准则。财政部 1992 年发布的基本会计准则很多内容已经过时，需要进行修改。我国著名会计学家葛家澍教授多次建议制定中国的财务报告概念框架。其目的在于明确财务报告的使用者及其对会计信息的需求、会计信息质量要求、要素的定义、特征及其在财务报告中的确认、计量与报告。这是用于发展企业会计准则的一套内在严密、协调一致的方法体系，它能在技术上保证具体准则的连贯性，而不致前后发生矛盾。本人认为，制定我国财务报告概念框架的时机趋于成熟，会计理论工作者应当对此给予更多的关注，中国会计学会可以发挥自身优势，在制定我国财务报告概念框架中作出应有的贡献。

财政部已发布了 16 项具体会计准则，最近又成功地召开了会计准则国际研讨会，对企业合并、分部报告、外币折算等具体会计准则的征求意见稿进行了充分研讨。会后，有关项目组成员将根据国内外专家意见对上述准则的征求意见稿进行修改、尽早发布。力争在不远的将来，努力实现初建中国会计准则体系的目标。

（2）抓紧制定《小企业会计制度》和专业核算办法。在国际上，很多国家对小企业都有单独的会计标准，因为小企业具有很多自身的特点，比如规模较小，不对外筹资，财务会计与税务会计合一，等等。联合国政府间专家组近来也将小企业会计制度作为研究的重点。我国小企业众多，统一执行《企业会计制度》是不现实的。财政部已经着手对《小企业会计制度》的研究，预计明年出台。

专业核算办法是我国会计标准体系的重要组成部分。《证券投资基金会计核算办法》已经发布，财政部正在组织各方面力量，研究和起草其他各项专业核算办法。

3. 强化会计监督，促进新会计标准的贯彻实施

自 2001 年开始，财政部在全国范围内组织开展了《会计法》执法检查。此次检查

分为单位自查、重点检查、巡查验收三个阶段。根据财政部项怀诚部长的要求,《会计法》检查要做到五个结合:一是与贯彻落实朱镕基总理"不做假账"的指示相结合;二是与整顿和规范市场经济秩序相结合;三是与建立、完善会计的"游戏规则"(这里的"游戏规则"主要指国家统一的会计制度,即会计准则、会计制度、专业核算办法等会计标准)相结合;四是与强化单位内部会计监督(内部会计控制)相结合;五是与提高会计人员整体素质相结合。截至目前,全国《会计法》执法检查已进入巡查验收阶段,取得了显著成效,大大增强了企业执行《会计法》及国家统一的会计制度的自觉性,形成了威慑力,维护了《会计法》及国家统一的会计制度的严肃性。《会计法》执法检查作为财政部门经常性的会计监督工作,将长期进行下去。通过经常性的《会计法》执法检查,促进新的会计标准得以全面实施。

4. 加大培训力度,全面提高会计人员素质

针对我国会计人员的现状,加大新会计标准的培训力度、强化会计职业道德教育是全面推进会计改革的重要环节。培训的形式可以多种多样,比如,会计从业资格考试、会计专业技术资格考试和注册会计师考试等考前培训;有计划、有步骤地开展会计人员继续教育培训;各级会计学术团体开展学术交流和培训活动,等等。通过各种形式、各种渠道的培训和教育,全面提高会计人员的职业判断能力和职业道德水平,切实做到"诚信为本,操守为重,坚持准则,不做假账",全面推进我国的企业会计改革。

(本文载于《会计研究》2001 年 12 期)

美国会计造假事件及其启示

一段时间以来,美国相继爆出会计造假丑闻,而且愈演愈烈。这不仅引起了人们的震惊,同时也严重打击了投资者的信心和美国股市。美国公司的会计造假风波远未结束,截至目前,爆出的会计造假案主要有安然公司、施乐公司、世界通信公司以及默克制药公司等国际性的大型上市公司。安然等造假事件虽然发生在市场经济发达的美国,但前车之鉴,我们应当给予足够的重视和关注,并进行深入思考。

一、美国造假事件概要

1. 安然公司

安然公司成立于1985年,由几个天然气管道组成了第一个全国性的天然气管道系统,当时有121亿美元的资产。从此不断扩张,逐步开始虚夸收入和利润,直到2000年,公司的年收入达到1 000亿美元,超过上年收入的一倍。按其市值,安然成为世界第六大能源公司。此时,安然账面记录的资产高达330亿美元,实际只有100亿美元,比1985年的账面价值还少21亿美元。2001年年初,安然首席执行官杰弗里·斯基等辞职。华尔街开始产生怀疑。2002年12月2日,安然提交了破产申请,以498亿美元的资产总额创下了美国历史上最大的破产案。安然公司制造虚假利润的重要手段之一是设立若干特定目的实体("公司"),再向这些特定实体销售产品以实现巨额收入和利润,而这些产品再出售往往就没有价值了。安然公司编制合并会计报表时,对这些特定目的实体又不予合并。据JANES BAILEY先生介绍,安然曾出售1亿美元的光纤容量给某一特定目的实体,安然确认了6 700万美元的利润,然而这些光纤在当时情况下已是毫无价值。为安然公司提供审计服务的是安达信国际会计师事务所。安达信不仅对上述财务结构表示认可,而且还帮助设计这种结构并收取咨询费。

2. 施乐公司

2002年4月,美国证券交易委员会(SEC)宣布,施乐公司在1997—2000年4月间总共虚报了近30亿美元的营业收入和15亿美元的税前利润。施乐公司对SEC的结论未作任何评价,但同意交纳1 000万美元的罚款,这是迄今为止美国历史上金额最大的企业财务违规行为罚金。2002年6月28日,《华尔街日报》披露,最新的审计结果表明,该公司虚报的收入额可能超过60亿美元,远远高于SEC最初的估计数,受施乐公司的影响,美国股市全面下跌。为施乐公司提供财务报表审计的是毕马威国际会计师事务所。

3. 世界通信公司

2002年6月25日,美国国家广播公司有线电视网公布:世界通讯公司在自2001年年初至2002年第一季度里,通过将一般性费用支出计入资本项目的不正当手段,共虚增收入38.52亿美元,虚增利润16亿多美元。为该公司提供财务报表审计的是已涉嫌安然公司会计造假案的安达信国际会计师事务所。

4. 默克制药公司

2002年7月8日,全球第三大药品制造商、美国制药巨头默克公司在向SEC提交的报告中,承认其在1999—2001年3月间,虚报了124亿美元的营业收入,占公司3年盈利总额的10%。7月10日,该公司在纽约证券交易所上市的股票市价下跌了4.8%,其在日本上市的子公司万有制药的股票也下跌了近5%。为默克公司提供财务报表审计的是普华永道国际会计师事务所。

此外还有环球电讯、威廉姆斯通讯、泰科通用电气等公司受到了调查。据有关媒体报道,美国有近1/3的大公司盈利不实。美国相继爆出的造假事件,引起了布什总统及国会的高度重视。

二、美国总统的十点建议及国会的强化会计监督法案

自安然事件发生后,美国总统布什和美国国会、美国会计总署、美国联邦检察院、美国司法部和联邦调查局、美国联邦储备银行、SEC 等迅速作出反应,分别从不同角度提出相应对策。并付诸实施,值得关注的是布什总统的十点建议和美国国会的强化会计监管法案。

1. 布什总统的十点建议

美国总统布什多次对进行会计造假的上市公司进行谴责,表示对假账丑闻进行全面调查,并声称要将有关人员绳之以法。2002年3月7日,布什总统在出席"Malcolm Balding 国家质量奖"颁奖典礼上,就安然事件后如何强化公司约束、加强会计行业监管、保护投资者利益等问题,提出了十点建议:

第一,每个投资者都有权按季度获得为评价公司经济业绩、财务状况和财务风险所需的信息。SEC 应确保公众公司对提供给投资者信息的真实性和公正性负责,并且这种信息应当用简单的语言描述。

第二,每个投资者对关键性信息应当拥有迅速或知晓的权利,SEC 应当扩充在报告期内要求提供及时披露重要文件的名单。

第三,公司首席执行官应当为公司财务报表及其他披露信息的准确性、时效性和公允性提供个人承诺。

第四,首席执行官或其他官员不能被允许利用错误的财务报表获利,一旦违反,一切从不当行为中获取的红利、补偿和其他激励形式应被勒令吐出。

第五,滥用职权的首席执行官或其他官员应当失去他们在任何一家公司担任领导职务的权利。

第六,公司应及时披露涉及公司官员、主管人员在最近两个交易日买进或卖出股票的重要交易。

第七,应当使投资者对外部审计师的独立性和诚实性拥有足够的信心,应当禁止外部审计师向同一客户同时提供审计服务和咨询服务。

第八,应当建立一个独立的公众监督机构,该机构有权在任何需要的时候调查和监督,通过惩处个人违规增强其道德准则。

第九,会计准则制定者(美国财务会计准则委员会 FASB)应当寻找其薄弱环节和漏洞,不断提升会计控制制度。

第十,公司的会计系统应当与同行业中最好的公司相比较,寻找薄弱环节和漏洞,不断提升公司的会计控制。

布什十点建议的核心内容可以概括为三个方面:一是强化会计监管;二是约束公司高管人员;三是为投资者提供更好的信息。

2. 国会的会计监管法案

4月22日,美国国会众议院通过了一项会计监管及披露法案的议案,这是一项加强会计监督、强化信息披露、完善公司治理、防止内幕交易的议案。该法案的内容主要包括,设立一个公共监管机构(公共责任理事会),该机构成员中至少有6名独立的公共人士,会计职业界成员不超过3名,同时明确会计职业界成员只在会计技术方面有决策权,而对会计师的纪律处罚和裁决不具有发言权和表决权。该机构有较强的监管权力,有权制定相关执行准则,对会计师的独立性、职业道德和工作质量进行审查等。该法案禁止注册会计师为一家上市公司同时提供审计和咨询服务;还要求公司高层人员在内部交易发生后及时披露;同时,法案对公司高层人员赋予更多的责任,并加以更多的约束。

三、我们的态度与对策

美国发生的一连串会计造假案是令人震惊的,我们应当保持冷静和清醒的头脑,密切关注造假事件及美国政府和有关方面所采取的各项举措,特别是美国在完善法律和美国政府在会计监管体制方面的举措。我们对一些人就美国造假事件的某些观点是不赞同的:既不能隔岸观火,认为美国这样的市场经济国家也出了大乱子,甚至幸灾乐祸;也不应悲观失望,认为像美国这样的发达国家也做假账,而且做假的手法和程度远远超过我们,从而对解决会计造假问题失去信心;同时也不能头脑发热,认为现有制度属于工业革命时代的产物,已经过时了,需要推倒重来。我们认为,就目前情况看,美国会计造假案从会计标准的角度分析,主要属于公司不执行会计标准,而不是会计标准本身的问题。比如,世界通讯公司将一般性费用支出 38.52 亿美元计入资本项目,虚增收入和利润;再如默克公司虚列124亿美元的营业收入等。当然,安然公司通过关联方交易——特定目的实体的手段,钻了美国会计准则规定过于具体的空子。

总体而言,美国公司会计造假事件对我国的会计改革没有直接影响,这些问题将作为反面教材为我所用,从中吸取教训。我们将按照会计改革的既定目标,扎扎实实地做好工作。2002年5月22日,财政部印发了"关于组织对《企业会计制度》及相关会计准则执行情况全面调研的通知",要求各省、自治区、直辖市、计划单列市财政厅(局)组织全面、深入的调研工作,在调研的基础上,针对实施中存在的主要问题,对已发布的《企业会计制度》及相关会计准则进行补充和完善;同时,进一步加大制定和实施会计制度和会计准则的力度。关于如何强化我国的会计监管,财政部组织了全国性的《会计法》执行情况检查,还将认真总结经验,积极探索强化政府会计监管的制度;以内部会计控制为主要组成部分的内部会计监督体系也初步形成,财政部已经发布了《内部会计控制规范——基本规范》和《内部会计控制规范——货币资金》,还将发布若干针对单位具体业务流程的具体规范;关于完善会计服务体系,将结合《注册会计师法》的修改加以规范,从法律、体制、机制和制度等若干方面,解决我国会计服务市场中存在的问题;会计诚信教育已列入工作议程,我们将通过会计人员继续教育体系,全面开展会计人员职业道德教育,因为当巨大的利益驱动与严肃的道德规范发生碰撞时,只有潜移默化的诚信教育才能使天平倾向道德规范。

四、几点启示

1. 保护公众利益、增强投资者信心是资本市场健康发展的关键

美国国会通过的《公司和审计责任、职责及透明度法》将保护公众利益作为立法宗旨并贯穿始终。保护公众利益的直接目的则是恢复投资者信心。增强投资者信心是证券市场的基石,如果投资者缺乏信心,将减少甚至不作投资,证券市场的资源配置功能也将无从谈起,对于像美国这样的经济高度证券化的国家来说,投资者丧失信心对经济的影响将是致命的。因此,无论是布什总统、国会议员、SEC主席以及其他美国政要,在谈到最近发生的一系列事件时都一再强调恢复投资者信心。

我国资本市场对投资者的法律保护尚有不足之处。在市场经济逐步走向成熟的过程中,应当更多地依靠法律的手段,真正体现这一宗旨。

2. 布什总统及国会法案中提出对资本市场的公共监管体制值得研究

美国强化会计监管的主要措施之一是建立一个公共监管机构,这种体制最终是否能够得以贯彻实施,其实际效果如何,以及是否会造成过大的监管成本等问题还有待实践检验,现在下结论还为时尚早。但是,其基本思想是值得我们研究的,即,将审计业务直接置于公众监管之下,强化注册会计师对公众的责任意识。我们是否也可以考虑让投资者以某种形式参与对注册会计师的评价,以便在投资者利益与注册会计师利益之

间建立更为直接的联系。

3. 强化高层管理人员责任,约束高层管理人员行为

就我国一些上市公司高管人员的操行水平现状而言,从各方面强化其行为约束是非常必要的,我们目前也有一些与美国相类似的措施,例如,要求高管人员承诺对财务报表的真实性、完整性负责,但以我国目前立法还不能将高管人员真正置于民事负责的约束之下(如缺乏相关的民事赔偿制度等),仅靠行政处罚既不具威慑力,又不能给受损投资以补偿,也不能触及高管人员的切身利益。在这方面,美国相关配套的法律则比较完善,投资者追究有关人员民事责任的制度切实可行。缺乏法律的最终威慑力是目前我国在上市公司高层人员监管方面与美国的差距之一,在完善这方面的法律制度时,美国的相关制度可资借鉴。

4. 美国会计准则并非尽善尽美

安然事件后,美国财务会计准则委员会在制定新会计准则方面受到有关方面的指责,认为行动缓慢,效率低下,缺乏独立性,一旦涉及大公司利益,就有可能偏离正确的方向;同时,美国会计准则过于复杂,容易为公司所利用。此外,有人认为,美国会计准则往往从具体规则出发,而不是像国际会计准则那样原则,这样就容易让上市公司"绕道走"。安然事件使美国资本市场相关各方认识到,美国会计准则无论从制定思路、独立性,还是制定效率等方面,都需要反思。我国在现实会计国际化过程中,需要参考国际会计准则以及包括美、英、法、德、日、澳、加等经济发达国家的会计标准,但决不能盲目地推崇这些国家的会计标准。

5. 国际会计公司的审计质量并不总是值得信赖,同一事务所不宜对同一公司同时提供审计和咨询服务

美国相继发生的会计造假案,安达信、毕马威、普华永道等国际会计公司几乎都有涉及,不得不引发美国乃至世界范围内的投资者对国际会计公司的审计质量产生怀疑。

安然公司自成立伊始,安达信就为其提供外部审计服务,同时提供内部咨询服务,仅2001年,安达信从安然公司收取咨询服务费就超过2 500万美元。除安达信外,其他国际会计公司近年来的咨询服务收入也呈快速上涨趋势。由于在提供内部咨询服务的同时进行外部审计,因而在真正面对客户造假问题时,往往会睁一只眼,闭一只眼。事实上,由于咨询与外部审计没有完全分开,关系过于密切,缺少独立性,难免会导致会计公司与客户"相互勾结",在收取巨额咨询服务费的情况下,会计公司很难如实发表审计意见。我国的会计市场虽然起步较晚,还有待进一步发展和完善,但同一会计师事务所承接同一公司提供外部审计和内部咨询服务的情况也是存在的,面对安然事件和安达信,或许我们应当未雨绸缪。

(本文载于《商业会计》2002 年第 8 期)

充分发挥智力优势　积极开展会计理论研究
为我国的会计改革和经济建设服务

——在中国会计学会第六次全国会员
代表大会暨理论研讨会上的讲话

　　我受中国会计学会第五届理事会常务理事会的委托,向中国会计学会第六次全国会员代表大会汇报第五届理事会的工作并向第六届理事会提出建议。

　　中国会计学会第五届理事会于 1996 年 10 月经第五次全国会员代表大会选举产生,2000 年 10 月任期届满,由于财政部对学会的管理体制进行了较长时间的研究,换届工作延迟。本届理事会在财政部的领导和各位常务理事、理事的积极努力以及本会各分会、各专业会计学会、各地方会计学会、各会员单位的支持下,较好地完成了第五次全国会员代表大会制定的工作任务。下面,我将第五届理事会的主要工作和对第六届理事会的建议汇报如下。

一、第五届理事会开展的主要工作

　　中国会计学会第五届理事会组成后的五年多来,伴随着经济全球化进程的加快和中国正式加入世界贸易组织,我国的会计改革进入了关键时期。第五届理事会抓住这一有利时机,紧密团结广大的会员及会计学术界的专家学者,勇于开拓,不断创新,采用多种形式,积极开展学术研究活动,为我国的会计改革与发展提供理论支持。

　　1. 全面进行清理整顿,加强学会组织建设

　　(1) 对学会自身及其分支机构的清理整顿。1997 年 4 月,党中央、国务院和民政部部署了在全国范围内对社会团体进行清理整顿的通知,要求对中央和地方的社会团体进行全面清理整顿。中国会计学会根据上述通知精神,在开展理论研究、组织学术活动、进行学术交流以及学会秘书处的人、财、物等方面进行了全面清理,并聘请了会计师事务所对学会的财务进行了审计,出具了审计报告。在清理整顿的过程中,针对存在的问题,本着边清理、边整改的精神,调整、充实了机构和人员,建立了规章制度,积极促进学会的活动和工作向着制度化、规范化的方向发展。1997 年 7 月,清理整顿工作结束,中国会计学会向财政部人事教育司和民政部民间组织管理局报送了近万字的清理整顿工作报告。

五年多来,学会的收入主要来自财政补助收入、会费及资料费收入和会刊收入。其中,每年的财政补助收入为 200 000 元,主要用于学会秘书处的人员工资、办公费、差旅费、邮电通讯费等日常开支。每年的会费及资料费收入 180 000 元(每个团体会员及会员单位一年收取 1 000 元,其中,会费 300 元、资料费 700 元),每年的会刊收入扣除印刷费、发行费、审稿费等会刊支出后略有结余。资料费收入全部用于给会员寄送《会计研究》、《会计学论文选》、《会计研究文摘》、《学会动态与法规信息》等资料,会费收入和会刊收入结余全部用于召开学术会议、拨付课题研究经费、发放优秀论文奖金等方面,基本做到了以收抵支,自求平衡。

2001 年年底,按照民政部的统一要求,中国会计学会开始组织分支机构的复查登记工作,要求各分支机构按照民政部《社会团体分支机构、代表机构登记办法》以及《全国性社会团体分支机构、代表机构复查登记工作方案》等文件规定进行全面清理和整改。在掌握各分支机构多年活动情况的基础上,通过对各分支机构财务、内部管理和开展活动的进一步摸底以及根据各分支机构的申请和提交自查材料的情况,学会秘书处提出了对分支机构重新登记的方案,并书面征求了第五届常务理事的意见,目前,学会秘书处正在对常务理事的意见进行汇总。

(2)在原专题研究组的基础上成立会计专业委员会。第五届理事会在原来专题研究组的基础上成立了七个专业委员会,包括:中国特色的会计理论与方法体系专业委员会、财务与会计改革专业委员会、会计基础理论与会计准则专业委员会、管理会计与应用专业委员会、会计新领域专业委员会、会计史专业委员会以及环境会计专业委员会。学会专业委员会的主任均由学会的领导担任,如葛家澍副会长为会计基础理论与会计准则专业委员会主任,阎达五副会长为会计新领域专业委员会主任,朱德惠副会长为管理会计与应用专业委员会主任,余秉坚副会长为会计史专业委员会主任等,这在一定程度体现了本届学会领导组织学术研究的工作分工。几年来的实践证明,专业委员会是开展学术活动和理论研究的一种较好的组织形式。专业委员会的活动是由专业委员会的主任负责就本领域的研究内容向社会各界广泛征文;然后择优选定论文并通知作者参加学术会议,对优选的论文进行深入的研讨、评论,提出修改意见;最后,将修改后具有一定学术和应用价值的论文汇编成册(单行本),形成中国会计理论研究系列丛书。中国会计学会的专业委员会对本领域相关问题的研究是逐步深入的,在五届理事会期间作了大量的研究工作。

(3)发展首批个人会员。长期以来,学术界一些专家教授对中国会计学会发展个人会员问题一直非常关注,热切希望成为中国会计学会的个人会员。2001 年年初,根据会计理论与实务工作者的建议,中国会计学会发展了首批个人会员 399 名。按照"控制数量、重在学术水平、注意代表性"的原则,中国会计学会对首批个人会员规定了较为严格的入会条件,即:凡遵守《中国会计学会章程》,在会计领域有研究成果并具备下列条件之一者,可申请成为中国会计学会个人会员:① 会计教学、科研等领域的教授、研究员、博士;② 大型企业具有高级会计师职称的总会计师;③ 政府部门及相关单位长期从事会计工作具有一定学术水平和研究能力的人员。发展首批个人会员入会,壮大了中国会计学会的学术研究队伍,为会计学会各项工作的开展创造了更加有利的条件。

(4)聘请了中国会计学会第一批学术委员(共 10 名)。这些学术委员均为我国会计理论界知名的中青年学术骨干,对中国会计学会的工作给予了大力的支持。学术委员所做的工作主要有:为学会的学术研究提供理论支持;参与学会学术研究计划的制订,为学会开展学术研究提供技术咨询;接受学会委托,负责专项学术研究及其组织工作;参与学会组织的重大学术问题的研讨。

(5)聘请了 43 名《会计研究》(学会会刊)特约编辑。1999 年 1 月 8 日,《会计研究》编委会召开编委会会议,决定由《会计研究》编辑部聘请我国会计理论和实务界的一大批中青年骨干作为特约编辑。此次聘请特约编辑考虑了以下三个因素:一是所聘人员的学术水平;二是兼顾地区和学校的分布,以反映和带动各地的学术研究活动;三是本着年轻化的要求,选聘中青年学者。特约编辑在定期向编辑部反馈所在地区的会计理论和实务工作者的科研活动情况、及时提供选题意见、协助编辑部审稿和组稿以及对刊物提出改进建议等方面发挥了重要的作用。

(6)加强了学会秘书处的建设。第五届理事会成立以来,配备了主持学会日常工作的专职副秘书长,设立了学术交流部、《会计研究》编辑部、办公室,建立了资料室,制定了学会秘书处工作的规章制度,明确了各部门的职责、工作程序和工作要求,并编印成册,学会秘书处工作人员人手一册。学会秘书处正式事业编制 8 人,具有硕士以上学历的人员占总编制人数的一半以上,平均年龄在 35 岁左右,基本实现了学会秘书处各个部门工作人员年轻化和知识化的目标。

通过加强学会的组织建设,为学会全方位地开展会计理论研究工作奠定了基础。

2. 多方位组织和推动学术研究活动,积极为会计改革提供理论支持

五年多来,为了落实学会"九五"科研规划,不断探索符合社会主义市场经济发展要求的具有中国特色的会计理论和方法体系,同时密切配合财政部会计改革的中心任务,学会重点从以下几个方面组织和推动了学术研究活动:

(1)对我国 20 年来会计理论研究成果进行全面、系统的总结,形成了《中国会计研究文献摘编(1979—1999)》(共六卷)

新中国成立以来特别是改革开放 20 年来,我国的会计理论和实务工作者尤其是老一辈会计学家,为我国的会计理论建设作出了重大贡献,形成了十分丰富的会计理论研究的宝贵财富。在这一历史发展过程中,会计书刊较多,学术气氛非常活跃,但缺乏全面、系统地反映中国会计理论发展全貌、梗概的文献资料和总结,而广大的会计理论和实务工作者迫切希望能够学习、分享和继承这些反映我国会计理论发展脉络的学术成

果。在这一情况下,从 1997 年下半年起,根据理论界一些中青年学者的倡议,中国会计学会开始启动这一系统工程。1998 年,学会多次召开会议研究工作方案,在认真听取各方面意见的基础上,决定分别会计基础理论、财务会计、财务管理、成本与管理会计、审计、特殊业务会计与会计新领域等六大学科进行摘编,并从全国高校中遴选八位在该学科领域颇有研究的中青年教授分别担任各学科(卷)的主编。从浩如烟海的会计刊物、著作中摘编其研究精华,犹如沙里淘金,工作之艰巨、工作量之浩大,这是难以想象的。在此期间,中国会计学会多次召开编委会会议,沟通情况、明确要求、落实进度,六卷丛书的书稿形成后,向全国 30 多位著名教授、专家征询意见,反复进行调整和充实。为了保证该套丛书的权威性、全面性、客观性和公正性,中国会计学会又聘请了葛家澍、阎达五、谷祺、郭道扬、王松年、盖地等六位德高望重的教授分别担任各卷的主审,对各卷书稿进行了最后的审定。在全体摘编者艰苦的努力下,经过近四年的时间,《中国会计研究文献摘编(1979—1999)》(共六卷)系列丛书终于面世。"总结历史,积累文化,展示成就,启迪思想",正是这套丛书的意义所在。

(2)积极组织推动各专业委员会开展学术活动,深化会计理论研究

五年多来,中国会计学会各专业委员会作为开展学术活动的重要组织形式,多次召开学术会议,开展专题研究,取得了较为丰硕的专题性的研究成果。

"会计基础理论与会计准则专业委员会"于 1999 年 3 月 27～31 日在浙江杭州召开了"会计准则理论"专题研讨会。会议由专业委员会主任葛家澍教授主持,来自全国高校的中青年会计学者和会计师事务所的业务骨干共 60 多人参加了会议。会议对我国已经出台的会计准则的制定和执行、会计信息质量、会计准则的有关理论问题进行了深入的研讨,提出了许多政策性建议。会后,会计基础理论与会计准则专业委员会将与会论文中有价值的研究成果汇编成了《中国会计理论研究丛书——会计准则专题》。

"会计新领域专业委员会"于 1999 年 5 月 8～9 日在首都经贸大学举办了首届"人力资源会计理论与方法"专题研讨会。会议由专业委员会主任阎达五教授主持,来自全国高校、政府部门、企业界、会计师事务所的代表约 50 人参加了会议。会议首次对人力资源会计进行了系统、深入而详细的讨论,明确了人力资源会计的重要性,虽然对人力资源会计基本理论、人力资源价值会计中确认与计量、人力资源会计的学科属性等诸多问题仍存在分歧,但对我国人力资源的研究现状认同了一些观点,提出了今后研究中应注意的问题,从而大大促进了人力资源会计研究的进程。会后,会计新领域专业委员会将与会论文中有价值的研究成果汇编成了《中国会计理论研究丛书——人力资源会计专题》。

"管理会计与应用专业委员会"于 1999 年 10 月在南京大学召开了由大中型企业总会计师和有关高校专家、教授参加的"管理会计与应用"专题研讨会,专业委员会主任朱德惠同志主持了会议。会议对管理会计在我国的应用、我国管理会计准则的制定、战

略管理会计、管理会计学科建设等问题进行了深入研讨。会后,管理会计与应用专业委员会将与会论文中有价值的研究成果汇编成了《中国会计理论研究丛书——管理会计与应用专题》。

"中国特色的会计理论与方法体系专业委员会"于 1999 年 12 月 7～9 日在湖南长沙和 2000 年 12 月 19～20 日在北京召开了两次专题研讨会。两次会议均由专业委员会主任冯淑萍部长助理(当时为会计司司长)主持,前后共 100 多人参加了会议。两次会议对"中国会计有没有特色"、"有哪些特色"、"我们应该采取哪些对策"等问题进行了广泛而深入的研讨,达成了一些共识,比如:会计的中国特色是客观存在的;会计的中国特色是中国特殊的国情、背景和环境在会计中的表现;中国会计特色有多种表现形式和丰富的内容,需要从宏观而不是微观层次上进行审视,要从会计整体框架和运行机制而不是从具体会计处理方法的异同上理解和把握;会计的中国特色及具有中国特色的会计理论与方法体系,是一个不断发展的过程,随着社会主义市场经济的不断发展和完善,其内容及表现将会更加丰富,有待我们不断地研究和总结。第二次专题研讨会后,中国特色的会计理论与方法体系专业委员会将与会论文中有价值的研究成果汇编成了《中国会计理论研究丛书——中国特色的会计理论与方法体系专题》。

"中国会计学会环境会计专业委员会"于 2001 年 11 月 24～25 日在南京大学召开了环境会计专题研讨会。专业委员会主任叶文虎教授主持了会议,来自全国 30 多所高校的 40 余名代表参加了会议。会议一致认为,环境会计是实施可持续发展战略的重要组成部分,对其进行研究具有极其重要的现实意义。会议从宏观与微观、国内与国外、核算与控制、会计与统计、规范与实证的结合上,对环境会计的理论与实务问题进行了系统、全面的讨论,有针对性地提出了加大我国环境会计研究的许多对策建议。会后,中国会计学会环境会计专业委员会将与会论文中有价值的研究成果汇编成了《中国会计理论研究丛书——环境会计专题》。

"会计史专业委员会"于 1999 年 10 月 28～30 日在陕西省西安市召开了第四届会计史理论研讨会。会议由专业委员会主任余秉坚同志主持,部分征文作者和特邀代表共 46 人参加了会议。会议回顾和总结了新中国会计五十年发展的历史成就,预算会计、农垦会计、林业会计、证券业会计等特殊行业会计发展的历史成就,五十年会计思想发展与会计史学研究等,交流了近年来会计史学研究的丰富成果,为我国会计史学研究在新世纪取得更大的成就奠定了基础。会后,会计史委员会将与会论文中有价值的研究成果汇编成了《中国会计理论研究丛书——会计史专题》。

(3)深入开展重点会计科研课题的研究

第五届理事会针对我国当前会计改革中出现的亟待解决的疑难问题,加大力度,组织了重点会计科研课题的研究。本批课题的研究范围广泛,内容丰富,主要包括:企业集团组建与运行中的财务与会计问题研究,企业改组、兼并与资产重组中的财务与会计问题研究,改进企业财务报告问题研究,合并会计报表问题研究,关于资本市场与会计信息披露问题研究,会计信息失真的现状、成因与对策研究,管理会计应用与发展的典型案例研究,企业经营业绩评估问题研究,非营利组织会计问题研究,银行业会计问题研究,保险业会计问题研究,石油、天然气会计问题研究,衍生金融工具会计问题研究,人力资源会计问题研究,计算机信息处理环境对会计理论与实务的影响及对策研究,防范和化解金融危机中的财务与会计问题研究,会计人员学历教育改革研究,会计人员后续教育问题研究,会计人员职业道德与自律机制研究,会计人员管理体制研究,等等。

本次开展的重点会计科研课题是以财政部部级科研课题予以立项的,本着自由申请、公平竞争、择优资助的原则进行公开招标,经专家评标委员会严格评审,确立了33个立项资助项目和26个立项不资助项目,参与本次课题研究的人员达600多人。中国会计学会为此投入了上百万元的课题研究经费,先后下发了《1999重点会计科研课题检查和鉴定办法》、《1999重点会计科研课题经费管理办法》等,对立项课题进行了严格的跟踪管理。

在课题结项评审阶段,中国会计学会本着严把课题质量关的原则,组织了课题的分批结项工作,先后在北京、南昌、南京、长沙等地召开了六次结项鉴定会议,共有近50份课题研究报告通过了结项鉴定。在组织每批课题的结项评审会时,中国会计学会均邀请了国内对本批课题内容卓有研究的专家教授担任评委,按照课题主持人陈述、评审委员会提问、课题主持人回答、评审委员会做出鉴定结论的严格程序进行。2002年上半年,中国会计学会已将成果突出的23个课题研究报告作为财政部重点会计科研课题系列丛书公开出版。

本批重点会计科研课题自立项到开展研究以来,受到了社会各界的广泛关注和热情参与。经过各课题组近两年的艰苦研究,取得了较为丰硕的研究成果,各课题组针对课题原定拟突破的难题,开展了大量深入、细致的调查研究,收集了国内外理论与实务方面的诸多前沿资料,在充分了解本课题已有研究成果的基础上,对拟研究问题进行了大胆探索,既着眼于我国的实际,又合理借鉴国外已有的成功经验,既有理论方面的突破,又提出了许多可行的政策建议,对财政部制定相关的会计准则、会计制度、专业业务核算办法、会计职业道德规范以及会计人员后续教育制度等具有重要的参考价值。

(4)努力办好中国会计学会会刊,进一步提高刊物的水平

《会计研究》是中国会计学会主办的国家级会计学术研究刊物,也是我国会计理论研究的重要园地,在国内外会计界具有一定的影响力。根据《会计研究》编委会确定的办刊方针和宗旨,《会计研究》始终保持理论研究的特色,坚持以中国特色的社会主义理论做指导,实行"百花齐放、百家争鸣"的方针;倡导理论与实践相结合,强调理论研究的实用价值。

5年多来,《会计研究》密切关注会计改革与发展中出现的问题,力争使刊物理论联

系实际,具有一定的导向作用。《会计研究》紧紧把握会计改革的中心内容和最新动态,通过开展有奖征文等方式,引导广大理论工作者开展对会计改革中疑难和热点问题的研究,刊登了大量具有较高学术价值和较强政策指导意义的论文,在我国的会计改革中发挥了不可或缺的作用。

据不完全统计,中国的会计刊物约有百种以上,不少刊物办得较有特色,吸引了不少读者,如《财务与会计》、《中国注册会计师》等。这说明我国会计研究的氛围十分活跃,同时也给《会计研究》提出了更高的要求,促使会计学会发扬改革创新的精神不断提高《会计研究》的质量。为此,《会计研究》编辑部多次召开特约编辑会议,广泛听取会计界专家、学者的意见,不断改进《会计研究》。从 1999 年第 1 期开始,《会计研究》由原来的 48 页增至 64 页,采用了国际流行开本,并在栏目、内容、版式设计等方面做了较大的改革,使其以崭新的面貌展现在读者面前。

(5)组织会计学优秀论文的评选活动,出版《会计学论文选》

中国会计学会第五届理事会坚持将出版《会计学论文选》作为一项日常工作来抓。每年由中国会计学会向全国所有会计期刊编辑部、会计学术团体发出通知,请这些组织从全国各地的会计刊物中推选出优秀论文上报中国会计学会,中国会计学会组织专家评委会对这些论文进行严格评审,评选出荣誉奖、一等奖、二等奖和三等奖数篇,并将这些优秀论文汇成专集,形成《会计学论文选》。在各方面的积极努力下,《会计学论文选》的质量逐年提高,受到了会计理论和实务工作者的欢迎,同时也鼓励和调动了广大财会人员从事会计理论研究的积极性。

3. 组织第二届全国会计知识大赛,广泛宣传会计新法规、新知识,促进会计法规的贯彻实施

1989 年,在财政部的领导下,中国会计学会等单位发起组织了第一届全国会计知识大赛,收到了很好的社会效果。时隔 10 年,我国的会计工作发生了深刻的变化,1992年实行"两则"、"两制"后,新制度、新准则不断发布,会计知识更新速度加快,会计人员的观念及知识结构也需不断进行调整,特别是《中华人民共和国会计法》进行了第二次修订,内容十分丰富,非常有必要开展第二届全国会计知识大赛,对新的会计法规知识进行广泛宣传。在这种情况下,财政部决定举办以宣传贯彻《会计法》为主要内容的第二届全国会计知识大赛,委托中国会计学会具体组织实施,全国大赛办公室设在中国会计学会秘书处。

本届大赛分两个赛程进行。第一赛程由个人参赛,采用开卷笔试答题的方式。全国大赛办公室向拟参赛的个人寄发试题及答题卡,由参赛者将答题卡直接寄送全国大赛办公室。全国大赛办公室将答题卡集中后组织阅卷,根据成绩确定一等奖 5 000 人、二等奖 10 000 人。第二赛程由全国各部门、各系统组成代表队参赛。各参赛单位经过层层选拔优秀选手,组成代表队进京参加比赛。各代表队先以笔试加口试的形式进行

复赛,通过复赛选拔出前 10 名优胜队。其中,取得前 6 名的代表队在中央电视台演播厅参加电视决赛。决赛采用口试的形式进行,通过决赛决出一等奖 1 个队,二等奖 2 个队,三等奖 3 个队。

本届大赛自开赛以来,在全国范围内掀起了一个学习会计新法规、新知识的高潮,仅第一赛程的参赛人数就达 450 多万。经过两个赛程的激烈角逐,最终,艾志永等 5 000 名同志荣获第一赛程个人一等奖、白英杰等 10 000 名同志荣获第一赛程个人二等奖,沈阳市、江苏省等 20 支代表队荣获第一赛程组织奖。第二赛程中,国家电力公司代表队摘得桂冠,铁道部代表队、深圳市代表队获二等奖,武汉市代表队、安徽省代表队、中国石油天然气集团公司代表队获三等奖,复赛总成绩排在第 7~10 名的江苏省代表队、上海市代表队、中央国家机关代表队和湖南省代表队获优胜奖。本届大赛受到了党和国家领导人的亲切关怀和高度重视。全国人大常委会副委员长铁木尔·达瓦买提,全国人大常委会原副委员长王丙乾以及财政部、审计署、国家税务总局、中国证券监督管理委员会、中国保险监督管理委员会、中央电视台等部门的领导同志,出席观看了决赛并向获奖代表队颁奖。财政部项怀诚部长在决赛现场接受了中央电视台大赛主持人的采访。

历时近一年的第二届全国会计知识大赛是一场会计界的运动盛会,一次会计队伍的大练兵、大检阅。本次大赛的圆满成功对于宣传贯彻会计法、普及和传播会计知识、更新会计观念、提高会计人员素质、扩大会计工作的社会影响,促使会计工作更好地为经济建设服务起到了重要的作用。

4. 组织编写会计工具书

自 1997 年下半年开始,中国会计学会与香港会计师公会达成共识,对《英汉会计词汇》进行第二次修订。中国会计学会与香港会计师公会先后在北京和香港召开了多次会议,组织专家对《英汉会计词汇》(1994 年版)中原有的词汇逐条进行审阅,保留了有效、可行的会计词汇,删除了不必要的词汇,新增了大量词汇,同时还增加了会计缩略语、外国会计组织名称等,从而大大丰富了《英汉会计词汇》的内容,词条由原来的 16 500 个增至 30 000 多个。经过两年多的努力,本次修订的《英汉会计词汇》于 2000 年 3 月正式出版,同时还出版了《汉英会计词汇》。两本词汇书出版以来,内地、香港反映良好,已经成为会计工作者较为实用的工具书。

1999 年 10 月,中国会计学会和中国财政经济出版社在北京联合召开了《简明会计辞典》第一次编委会会议。会议决定,《简明会计辞典》的编写工作由中国会计学会组织,财政部会计司及有关院校中青年会计专家参加,中国财政经济出版社配合。此后,中国会计学会就本书的定位、编委会组织、工作程序及具体编写事项向各编委会成员发出通知,要求按照规定的时间完成各个阶段的工作。中国会计学会本着出精品的原则,与财政经济出版社多次联合召开审稿会议,几易其稿。2002 年 8 月,约 50 万字的《简明会计词典》正式出版。

5. 加强与国内外会计学术团体和组织的联系与沟通,积极开展国际学术交流

5 年多来,中国会计学会注意与各分会、团体会员、会员单位保持联系与沟通,除定期向会员寄发《会计研究》刊物外,还不定期地编发《会计研究文摘》、《学会动态与法规信息》等内部资料,向会员通报中国会计学会的工作情况,宣传会计改革的最新动态,提供会计研究参考资料。为了加强与会员的沟通,为会员服务,2000 年 3 月,中国会计学会举办了《会计法》研修班,来自各专业会计学会、各地方会计学会、有关高等院校的专家、教授及部分理事等 300 人参加了研修,对宣传贯彻《会计法》的诸多问题进行了深入研讨。2001 年 6 月,中国会计学会举办了新准则、新制度高级研修班,来自全国各地的会员代表和部分个人会员近 300 人参加了研修班,就新准则、新制度中的若干理论问题进行了广泛而深入的研讨。

本届理事会在注意与国内会计学术团体联系与沟通的同时,积极开展国际的会计学术合作与交流。1998 年上半年,中国会计学会与加拿大注册会计师协会(CGA)正式签署了合作备忘录,合作的内容主要包括:交流会计信息、培训会计人员、研讨会计技术问题、互访考察以及公布和出版研究成果等。中国会计学会与美国会计学会(AAA)等也建立了联系。2000 年 1 月,中国会计学会应美国会计学会和加拿大注册会计师协会的邀请,就两国的会计学术团体如何开展工作(包括工作方式、工作领域、工作内容等)进行了研究和考察。2001 年 1 月,中国会计学会组团赴英国和法国的会计学术团体和有关单位,对两国开展管理会计研究的相关情况进行了考察。2002 年 1 月,中国会计学会组团赴马来西亚、泰国,走访了两国的会计准则制定机构、会计学术团体和证券监管部门,就两国会计准则制定和执行情况、会计监管体系、开展会计学术活动的情况进行了考察,同时也宣传和介绍了中国会计改革的成果。中国会计学会考察团在每次考察回国后都对考察情况进行认真总结,形成考察报告,提交政策制定部门参考,有的还通过《会计研究》刊出。

5 年多来,本届理事会紧密团结广大会计学术界同行,共同关心我国的会计事业,较好地发挥了联系政府和学术界专业人士之间的桥梁纽带作用,对促进我国的会计改革和各项会计工作作出了积极的贡献。在取得这些成绩的同时,我们也认识到学会的工作仍然存在不足之处,比如,与各专业及地方会计学术团体的联系不够;再如,根据学会章程规定,学会应当每年召开一次常务理事会,每两年召开一次理事会。本届理事会于 1996 年换届时召开了一次常务理事会,1999 年召开了常务理事会扩大会,本次大会之前召开了一次常务理事会,未能按章程规定的时间召开理事会和常务理事会。

二、对第六届理事会工作的建议

1. 继续研究和不断总结适应社会主义市场经济要求、具有中国特色的会计理论、

方法体系

创立具有中国特色的会计理论、方法体系是中国会计学会第二届理事会提出的目标,中国会计学会的历届理事会为此做了大量的工作,第五届理事会也做了不懈的努力。但是,会计的中国特色及具有中国特色的会计理论与方法体系是不断发展的,随着改革的深化和社会主义市场经济体制的逐步完善和发展,其内容及表现形式将会更加丰富,有待我们不断地研究和总结。因此,建议第六届理事会把建立适应社会主义市场经济要求、具有中国特色的会计理论与方法体系作为一项长期的工作任务,在总结已有学术研究成果的基础上,不断进行研究和探索。

2. 继续坚持理论联系实际,多形式、多渠道地组织、推动学术研究活动,注意将理论研究成果转化为生产力,更好地为会计改革和发展服务

多年来,中国会计学会探索出了组织、推动会计学术研究的很多好的形式。建议第六届理事会继续坚持理论联系实际,多方位组织开展学术研究活动,包括:有计划、有目标地开展各专业委员会活动,不断推出中国会计理论研究专题成果;针对会计改革与发展中的难点问题,继续开展重点会计科研课题的研究;继续开展多种内容和形式的评优、有奖征文活动,等等。在此基础上,不断探索开展学术活动新的渠道和方式,同时积极促进将理论研究成果转化为生产力,更好地为会计改革和会计工作提供理论支持。

3. 进一步加强学会的组织建设,充分发挥学会的组织优势

(1)进一步规范和加强对分支机构的管理。按照民政部开展社会团体分支机构复查登记的统一要求,第五届理事会已做了大量的前期工作,建议第六届理事会继续完成分支机构的重新登记,并研究和制定分支机构的管理办法,明确中国会计学会与各分支机构之间的权利和义务关系,促使各分支机构的活动向规范化方向发展。

(2)进一步壮大学会的个人会员队伍。自学会公布首批个人会员名单后,社会反响强烈,不少会计界人士来电来函,希望会计学会继续发展个人会员。建议第六届理事会在统筹兼顾个人会员质量和广泛性的基础上,壮大个人会员队伍,进一步增强中国会计学会的理论研究力量,同时,应对《个人会员管理办法》进行修订。

(3)按修改后学会章程的规定召开理事会及常务理事会。建议第六届理事会从实际工作需要出发,按照学会第六次全国会员代表大会修改后章程的规定召开理事会及常务理事会。

(4)加强与各专业及地方会计学会、会员单位和个人会员的联系和沟通。随着中国会计学会单位会员和个人会员的扩大,建议第六届理事会加强与各专业及地方会计学会、会员单位、个人会员之间的联系与沟通,团结、组织、协调各方面的力量,共同推动我国的会计理论研究工作。

(5)继续加强学会秘书处的建设。建议第六届理事会进一步充实学会秘书处的人力资源,根据工作需要,注意吸收具有一定理论研究功底和较高学历层次的优秀人才进

入学会秘书处工作,并在学会现有《会计研究》编辑部、学术研究部、办公室三个部门的基础上增设会员管理部、宣传培训部、对外联络部等。

4. 充分发挥智力优势,在为广大会员及相关人员提供培训服务的同时,更好地为会计法规体系的宣传贯彻服务

中国会计学会章程规定的学会的主要工作之一是:发挥学会的智力优势,开展多层次、多渠道、多形式的智力服务工作,培养会计人才,提高会计队伍的素质和会计工作水平。因此,中国会计学会应充分发挥培训主渠道的作用,通过对广大会计及相关人员提供规范、高效、优质的培训服务,为宣传会计法规知识、规范和整顿会计培训市场、提高会计人才队伍的业务素质和职业道德作出努力。

5. 进一步加强对外交流与合作

中国会计学会应当发挥开展会计学术对外交流的窗口作用,一方面学习、借鉴国外先进的会计理论研究成果和国外会计学术组织开展学术研究活动的经验,以推动我国会计理论研究的繁荣和会计学术活动的开展;另一方面积极宣传我国会计改革的成果和经验,为国际的会计学术交流与发展作出努力。

各位代表,第六届理事会作为新世纪加入 WTO 后的一届理事会,机遇与挑战并存。我们相信,在财政部、民政部和新一届学会领导班子的领导下,在各位理事的努力与支持下,一定能够取得更大成绩。

（本文载于《会计研究》2002 年第 10 期）

改革谱新篇　智慧结硕果

　　中共十五大以来的 5 年,会计工作努力实践"三个代表"重要思想,在财政部党组的正确领导和有关方面的大力支持下,与时俱进,不断创新,在完善会计法制、建立会计准则体系、整顿和规范会计秩序、提高会计人员业务素质和职业道德水准等方面取得了重要进展,推动了会计和会计管理工作的不断发展。

一、会计法制不断完善

　　会计法制是进行会计核算、实施会计监管的"游戏规则",对社会经济发展起规范和促进作用。同时,社会经济的快速发展和丰富实践对健全会计法制提出了要求,并提供了生动素材。5 年来,会计工作面临的社会经济环境发生了较大变化,进一步完善会计法制,规范会计行为,加大对会计违法行为的打击力度,成为会计发展中的当务之急。

　　《会计法》是会计工作的最高行为准则,修订、完善《会计法》并制定相应配套措施成为健全会计法制的首要任务。1999 年 10 月 31 日,全国人大常委会第十二次会议修订通过新《会计法》,并于 2000 年 7 月 1 日施行。新《会计法》明确了会计责任主体,完善了记账规则和会计监督制度,加大了对会计违法行为的处罚力度,为整顿和规范会计秩序提供了重要法律保障。新《会计法》颁布后,通过召开全国贯彻实施《会计法》电视电话会议、组织"会计法广播电视讲座"、举办 520 户国有重点企业负责人《会计法》培训班、组织 460 多万人参加的第二届全国会计知识大赛、轮训近千万会计人员和数十万单位负责人,扩大了《会计法》的社会影响,初步实现了项怀诚部长提出的"要使《会计法》的基本精神深入人心"的目标。在广泛宣传、认真培训的同时,制定发布了与《会计法》相配套的法规、规章,包括:《企业财务会计报告条例》(2000)、《会计从业资格管理办法》(2000)、《财政部门实施会计监督办法》(2001)、《内部会计控制规范——基本规范(试行)》和《内部会计控制规范——货币资金(试行)》(2001)等,初步形成了以《会计法》为主的会计法规体系。

二、会计制度日趋健全

　　我国社会主义市场经济的蓬勃发展,为建立会计准则体系提供了有利条件和良好环境,同时,企业改革的深化和资本市场的逐步完善,也对进一步改革会计制度、提高会计信息质量提出了迫切要求。"建立健全全国统一的会计制度"成为中央领导同志关心、中央会议号召和社会经济生活呼唤的重要议题。为此，财政部研究提出了深化会计制度改革的基本思路，即：适应经济体制改革和提高会计信息质量要求，打破行业、所有制界限，区分工商企业与金融企业、一般企业与小规模企业，建立确认计量合理、信息披露充分、真实反映财务状况、及时预警经营风险、改善内部管理和控制的内容统一的企业会计核算制度体系。在这一基本思路的指导下，2000 年 6 月，《企业财务会计报告条例》（以下简称《条例》）正式发布。《条例》吸收和借鉴了国内外会计界最新的研究成果，对资产、负债、所有者权益等会计要素作出科学界定，为真实反映企业财务状况和经营成果奠定了重要基础。之后，财政部相继发布了《企业会计制度》、《金融企业会计制度》及关联方披露、现金流量表、会计政策变更等一系列具体会计准则。通过改革，我国会计准则建设取得了突破性进展，与国际会计准则基本相协调。国际会计准则理事会主席戴维·泰迪先生认为："中国会计改革取得了显著成果，相信随着中国改革开放的进一步发展，中国将在会计国际协调中发挥越来越重要的作用。"

三、会计秩序初步整治

会计秩序是社会主义市场经济秩序的重要组成部分。它的治与乱，关系经济增长质量的好与坏，关系资本市场的荣与衰，关系公众利益的得与失。为贯彻落实朱镕基总理"不做假账"的指示和《国务院关于整顿和规范市场经济秩序的决定》精神，2001 年，财政部会计司在全国范围内组织开展了《会计法》执行情况检查。检查工作分为单位自查、重点检查、巡查验收三个阶段。

在自查阶段，全国共有 292 万个单位进行了自查自纠；在重点检查阶段，各级财政部门组织了对 2.3 万多个单位的直接检查。在认真做好对整个检查工作组织、协调指导的同时，直接组织了对锦州港等 5 户上市公司的检查，并依法作出了处罚决定。通过执法检查，进一步宣传了《会计法》，打击了会计造假行为，教育了单位负责人和会计人员，初步整顿了会计秩序。

四、队伍建设不断加强，诚信教育广泛展开

会计人员是市场经济活动的重要从业人员，其业务技能和道德水准直接决定业务质量。为了严把会计人员市场准入关，根据《会计法》的有关规定，财政部制定发布了《会计从业资格管理办法》等，初步确立了对会计从业资格的考核，确认、继续教育、后续管理、监督检查等制度，为会计从业资格管理和监督检查工作的正常化、规范化奠定了基础。截至 2001 年年底，已有 600 多万会计人员通过考试考核取得了资格证书，基本实现了持证上岗。同时，改进会计专业技术资格考试制度，进一步调动会计人员学习业务的积极性，5 年来，共有 658 万人报名参加会计专业技术资格考试，113 万人取得了

相应专业技术资格,会计队伍的整体素质进一步提高。为在会计人员中普及职业道德教育,树立"诚实守信、依法理财"的职业素养,组织力量进行了会计人员职业道德建设有关教材的前期研究和准备工作,同时,搜集典型会计案例,以实例对会计人员进行教育和培训。5 年来,还积极探索会计人员管理体制改革,联合监察部于 2000 年发布了《关于试行会计委派制工作的意见》,对试点工作的原则、范围、委派形式、后期管理等问题提出原则要求,同时积极指导和推动各地区、部门试点工作的开展。通过近年来的试点,会计委派形式丰富多彩,作用日益显现,但仍需加强指导,不断完善。

五、国际交流日益频繁,理论研究硕果累累

学习国外先进经验、积极参与会计国际协调,对扩大国外对我国的会计的了解,提高我国会计在国际上的地位具有重要作用。5 年来,财政部会计司多次成功召开了会计准则国际研讨会;接待了 20 多个国家和地区的政府会计组织、会计职业团体的代表团;参加了 APEC 会计专家组工作会议;组织了赴多个国家进行会计准则考察;2002 年 10 月,举办了会计准则国际演讲会;召开了中、日、韩三方会计准则制定机构会议,首创了东亚国家会计准则制定机构的联系协商机制。同时,中国积极参与国际会计协调的姿态得到了广泛认同,2001 年 6 月,冯淑萍部长助理被选为国际会计准则理事会咨询委员会委员,为我国参与国际会计事务,开展国际会计交流,了解、跟踪、研究国际会计准则的发展动态,及时发表我国意见,开辟了一条有效的渠道;2002 年 4 月,李勇部长助理当选为亚太会计师联合会主席,标志着我国在国际会计界的地位又上了一个新台阶。

会计改革实践离不开科学的理论指导。5 年来,中国会计学会秘书处组织了《中国会计研究文献摘编(1979—1999)》(600 万字)的编辑出版,开展了"中国特色的会计理论与方法体系"专题研讨,组织了对内部控制、环境会计、职业道德等方面的重点课题研究;编辑出版《会计研究》等书刊,宣传了会计改革,普及了会计知识,产生了良好社会效益。

(以上内容主要根据《中国财经报》2002 年的《改革谱新篇　智慧结硕果》一文摘录并整理)

新形势下我国会计改革面临的
主要问题及对策研究

　　我国企业会计改革一直处在经济体制改革的前沿。曾经参加过财政部会计司组织的会计准则国际研讨会的国外专家回国后,撰文认为,中国这样一个由计划经济向市场经济转型的国家,在目前这样复杂的市场氛围中,幸好有一支队伍在有条不紊地进行会计改革,并且取得了显著成绩。2001 年年底,全球最大规模的 7 家会计师事务所发布的一份名为"2001 年会计准则调查"的最新国际会计调查报告显示,中国会计准则与国际会计准则的差异已明显减少。随着我国加入 WTO 以及经济全球化进程的加快,我国会计改革正面临新的机遇和挑战。我们应当适应新形势、新情况,更新观念,开拓创新,在积极促进会计国际协调的同时,针对我国企业的现状和问题,加快会计改革的步伐,促进社会主义市场经济的健康发展。

一、目前我国会计改革面临的主要问题

　　(一)《企业会计制度》的实施面过窄,除股份有限公司外,国有企业和其他企业尚未执行

　　以《企业会计制度》和《企业会计准则》为主体的会计规范体系与国际会计准则相比,在主要方面已趋于一致,但是,《企业会计制度》暂在股份有限公司实施,国有企业尚未执行。截至 2001 年 12 月 31 日,国有企业仍然执行 1992 年制定的行业财务、会计制度(以下简称"老制度"),老制度不利于企业消化不良资产,已与加入 WTO 的新形势不相适应。

　　例如,老制度规定,企业在财产清查过程中盘亏的各项财产物资和毁损,包括固定资产盘亏毁损和流动资产盘亏毁损,在未经批准前作为资产挂账,构成企业资产总额的重要组成部分,列入资产负债表。老制度允许待处理财产损失挂账是形成企业潜亏的重要因素之一。老制度允许企业计提坏账准备,但只能按照国家统一规定的比例计提;已经发生的坏账损失,必须经财政部门批准才能核销。实际上,一些企业的应收款项中存在着数额较大的未核销的坏账,0.3% ~ 0.5% 的计提比例是远远不够的。大量呆、坏账长期挂账,造成相当部分企业资产不实、利润虚增。老制度对于存货、投资、固定资产、无形资产等,没有规定计提资产减值准备的政策。一些企业的原材料、产成品和库

存商品等存货中存在着较为严重的超储积压和冷背呆滞;一些对外投资项目不仅投资效益差,而且在投资过热环境下的长期投资的本金也难以收回,造成永久性减值;一些固定资产和无形资产价值减损情况也比较严重。老制度规定,递延资产是指不能全部计入当年损益、应当在以后年度内分期摊销的各项费用,包括开办费、租入固定资产的改良支出等,其中,开办费自投产营业之日起,按照不短于 5 年的期限分期摊销。一些企业利用上述政策人为扩大不良资产,有的甚至将"递延资产"作为调节利润的重要手段。

综上所述,国有企业执行《企业会计制度》面临的主要问题是如何消化和处理多年来历史形成的不良资产。尽管企业不良资产形成原因较为复杂,但老制度的缺陷是不容忽视的。国务院发布的《企业财务会计报告条例》,对资产要素进行了重新定义。《企业会计制度》借鉴国际惯例,针对我国企业的实际情况,作出了一系列有利于消化不良资产的规定,例如,对于待处理财产损失,企业应于年度终了结账前处理完毕;对于各项资产的减值,企业应根据谨慎性原则的要求进行合理预计,计提资产减值准备,包括应收款项坏账准备、存货跌价准备、长期投资减值准备、固定资产减值准备等八项准备;取消"递延资产"科目,规定企业在筹建期间发生的开办费自企业开始生产经营当月起一次计入开始生产经营当月的损益,等等。这些规定都是从会计政策入手,促使企业甩掉包袱、轻装上阵。

（二）股份有限公司已执行《企业会计制度》,但仍需加大实施力度

《企业会计制度》于 2001 年 1 月 1 日起在我国股份有限公司全面实施后,情况良好,有效地遏制和纠正了郑百文、渝钛白、深华源等上市公司利用债务重组虚拟利润等作假行为。然而,也有一些上市公司不执行《企业会计制度》的有关规定,甚至弄虚作假,提供不真实的会计信息,严重损害了广大股民的利益,也严重扰乱了资本市场的经济秩序。

剖析这些造假案例,不难看出,上市公司造假的原因十分复杂,例如,市场经济制度的不完善,市场管理者及监管者的非理性行为,政府的地方保护主义,剥离与模拟等政策的存在,公司治理结构的不合理、不完善,企业整个管理控制制度失效或虚设,特别是内部控制制度的缺陷,硬性法律法规制度的"软约束",社会审计不规范,等等。同时,我们应当注意到,上市公司造假并不在于会计制度本身,而是在会计制度的执行问题。正如朱镕基总理在一份文件批示中指出:"看来制度似已完备,问题是不监督、不检查、未执行。"由此可见,解决会计信息失真问题,杜绝会计造假,需要从完善体制、健全法制、规范市场等方面进行综合治理。就各级政府财政部门而言,建立和加强会计监督、检查制度,切实解决会计准则执行不严、执行不力的问题,已成为当前工作的重点。

二、采取可行措施，全面推进我国会计改革

（一）积极推动《企业会计制度》和《金融企业会计制度》的全面实施

1. 推动《企业会计制度》的实施

如前所述，国有企业的不良资产是客观存在的，然而老制度在一定程度上掩盖了这一不容忽视的现实问题，目前已到了非解决不可的时候了，需要我们积极采取切实可行的措施，对国有企业进行测算、摸清家底，分别不同企业的情况，逐步推动《企业会计制度》在国有企业实施，如实反映企业的资产、负债和所有者权益。对于资产质量和效益较好的国有企业，完全有必要尽快执行企业会计制度；对于资产质量和效益欠佳的国有企业，也应鼓励其执行企业会计制度，避免虚盈实亏，掩盖矛盾；对于资不抵债、濒临破产的国有企业，应当分别具体情况进行妥善处理，以消除隐患。在此基础上，进一步深化企业改革，实行现代企业制度，完善法人治理结构，转换经营机制，提高企业自我生存和自我发展的能力，应对 WTO 的挑战。

《外商投资企业会计制度》是财政部 1992 年发布实施的，随着经济的发展和环境的变化，原制度在诸多方面已不适应新形势的要求。为了统一各类企业的会计制度，适应 WTO 要求，规范外商投资企业的会计核算，财政部于 2001 年印发了《外商投资企业执行〈企业会计制度〉有关问题的规定》，要求外商投资企业从 2002 年 1 月 1 日起全面执行《企业会计制度》，财政部 1992 年 6 月 24 日发布的《中华人民共和国外商投资企业会计制度》［92 财会字第 33 号］及其相关的会计科目和会计报表规定同时废止。

2. 推动《金融企业会计制度》的实施

2001 年 12 月财政部发布的《金融企业会计制度》，适用于中华人民共和国境内依法成立的各类金融企业，包括银行（含信用社）、保险公司、证券公司、信托投资公司、基金管理公司、租赁公司、财务公司等。《金融企业会计制度》借鉴了国际惯例，并结合了我国各类金融企业的实际，仍采用分步实施的政策，从 2002 年 1 月 1 日起暂在上市的金融企业实施，鼓励其他金融企业实施。《金融企业会计制度》的分步实施，对于规范各类金融企业的会计行为，提高金融资产质量，促进金融企业的健康发展必将发挥重要作用。

（二）继续加快会计准则、制度的制定步伐，完善我国会计标准体系

1. 进一步完成具体会计准则的制定工作

研究制定与我国国情相适应并与国际惯例相协调的会计准则体系，始终是我国会计准则体系建设的重要任务之一。在已发布的 16 项具体会计准则的基础上，财政部 2002 年还将发布企业合并、分部报告、外币折算等具体会计准则。根据加入 WTO 的要求，我们将加快具体会计准则的制定步伐，努力建立和完善我国的会计准则体系。

2. 抓紧制定分行业的专业业务核算办法和《小企业会计制度》

专业业务核算办法是我国会计准则体系中的第三个层次。第一层次为会计准则，

第二层次为会计制度,还将考虑第四个层次,如某项具体会计处理的解释问答等。《证券投资基金会计核算办法》已于 2001 年 9 月 12 日印发,将于 2002 年 1 月 1 日起实施。证券投资基金是我国证券市场的一个新型金融工具,自 1998 年创立以来,短短三年时间,基金数量和规模不断扩大,已引起全社会的广泛关注。证券投资基金的会计核算有其特殊性,既不同于社会保险基金,也不同于企业会计。为了规范证券投资基金的会计核算,保护基金持有人的权益,促进证券市场的健康发展,财政部会计司在广泛征求中国证监会、各基金管理公司和托管银行、国际会计公司等各方意见的基础上,制定了《证券投资基金会计核算办法》。石油天然气、农业、航空运输等专业业务核算办法也正在起草过程中。《小企业会计制度》预计将于 2002 年出台,2003 年实施。

（三）加大财政部门依法监管会计工作的力度,确保会计准则的贯彻实施

2001 年 2 月 20 日,财政部以部长令发布了《财政部门实施会计监督办法》,对各级财政部门依法实施会计监督的内容、程序、处罚措施等作出了明确规定,为各级财政部门正确履行法定职责、确保会计监督检查质量提供了制度保证。2001 年年初开始,财政部会计司在全国范围内组织开展了《会计法》执法大检查,将会计准则、制度的执行情况作为检查的重点内容之一。截至 2002 年 2 月,单位自查与重点检查均已告一段落,检查工作已转入巡查验收阶段。此次《会计法》执法检查大大增强了企业执行《会计法》及国家统一会计制度的自觉性、自律性,通过对检查过程中发现的严重违法违规行为进行曝光、公开披露和惩处,形成了威慑力,维护了《会计法》及国家统一的会计制度的严肃性,加大了《会计法》的执法力度和会计准则、制度的执行力度。《会计法》执法检查作为财政部门的一项会计监督工作将长期进行下去。

三、正确认识会计准则国际化问题

有观点认为,会计国际化可以直接采用美国会计准则或者国际会计准则。这种观点有失偏颇,不仅脱离中国的实际,也不符合世界各国会计国际化的通行做法。在经济全球化的过程中,对于如何理解和处理会计国际化,不单纯是会计技术层面的问题,我们应当保持清醒的头脑,切忌妄自菲薄,盲目崇拜。中国的会计改革不宜直接采用美国会计准则,也不宜直接采用国际会计准则。

我们可以看看其他国家的做法。截至 2002 年 1 月,美国、英国、澳大利亚、新西兰、加拿大、法国、日本等发达国家,印度、巴西、印度尼西亚、马来西亚、斯里兰卡、泰国、阿根廷等发展中国家,以及俄罗斯、保加利亚、波兰、罗马尼亚等转型经济国家,都有本国的会计准则制定机构,并借鉴国际会计准则,制定、实施本国的会计准则。尽管个别国家,如格鲁吉亚、乌兹别克斯坦等,也有宣布直接采用国际会计准则的情况,但实际情况差异很大,不具代表性。

一个国家执行本国的会计准则,既是为了与其法律体系相适应,同时也是该国主权

的一种体现。《中华人民共和国会计法》规定,"国家实行统一的会计制度。国家统一的会计制度由国务院财政部门根据本法制定并公布。"由于国际会计准则或美国的会计准则在我国没有法律效力,如果要求我国企业直接采用国际会计准则或美国的会计准则,将会与我国现行的《会计法》、《公司法》、《商业银行法》、《企业财务会计报告条例》等相冲突。

经济全球化的背景促使越来越多的企业需要通过跨国上市筹集资金,而上市地证券监管机构通常要求企业根据上市地会计准则或者国际会计准则编报财务会计报告。但是,这些企业必须以执行本国的会计准则为前提,最后向上市地证券监管机构和投资者提供会计报表时,可以根据上市地会计准则或者国际会计准则的要求作出报表调整。这是国际通行做法,也是国家主权的一种体现。我国的企业在境外上市,一直都是以执行我国的会计制度(包括《股份制试点企业会计制度》、后来的《股份有限公司会计制度》到现在执行的《企业会计制度》)及相关会计准则为前提的。然后,再根据上市地会计准则或国际会计准则进行报表调整。片面追求我国会计准则的美国化或者国际化,还有可能会出现与我国转型经济环境不相适应的情况。

我们处在经济转型时期,尚未形成成熟的市场经济环境和完善的监管机制,如果我们操之过急,不顾国情、片面追求美国化或国际化,有可能会出现与我国转型经济环境不相适应的情况,导致会计信息混乱或者失控,由此产生的改革成本和风险将是巨大的。例如,公允价值是国际上发达市场经济国家通行的会计计量属性,而我国市场经济处在初级阶段,没有形成活跃的生产资料市场,关联交易较多,诸多经济行为不够规范,如果广泛地使用公允价值,将会给企业利用公允价值造假留下空间,比如"琼民源"的作假案例将土地使用权的评估价作为公允价值入账,虚假评估增值5个多亿元,就是最典型的例证。此外,我国企业直接采用国际会计准则,还存在诸多衔接上的实际困难,这些困难在短期内是很难解决的。比如,国际会计准则为照顾各国的通用性,所作的规定比较原则,操作性差,需要结合本国实际作出具体规定;某些国际会计准则在我国还没有相应的业务;我国企业会计人员的专业水平和职业素质尚不具备采用国际会计准则的条件。

综上所述,在会计国际化的进程中,如何把握借鉴国际惯例和考虑中国国情的辩证关系,这是我们应当面对的一个重大问题,借鉴国际惯例不等于照搬照抄,照搬照抄是没有出路的;考虑中国国情不等于闭关自守和保护落后,闭关自守同样是没有出路的。从国际通行做法看,会计国际化并不硬性要求各国直接采用国际会计准则,而是充分尊重各国政治、经济、法律、文化环境,允许各国根据本国的实际与国际会计准则存在一定差异。会计国际化的宗旨是要求各国企业对外提供的会计报表在重要方面与国际会计准则相协调,正如国际会计准则理事会在其《国际会计准则公告前言》指出的那样,成员国企业"所公布的会计报表在所有重要方面与国际会计准则相一致"。这一宗旨反映了各国会计准则国际化的真正含义,我国的会计改革与这一宗旨是一致的。

总之,我国现行会计准则制度与国际会计准则制度相比,在主要方面已基本协调一致。对于会计国际化问题应有客观、正确的认识,我国不宜直接采用国际会计准则或美国会计准则。我们应当在推动我国统一的会计制度实施,加大会计监管力度等方面积极采取可行措施,全面推进我国的会计改革。

(以上内容主要根据《商业会计》2002 年 1 月的《新形势下我国会计改革面临的主要问题及对策研究》、《财务与会计》2002 年 2 月的《当前我国的企业会计改革需要关注和解决的几个问题》、《重庆财会》2002 年 2 月的《全面推进我国企业会计改革》三篇文章摘录并整理)

深化会计改革 强化会计监管
推动会计事业全面发展

2002 年,会计管理工作者以"三个代表"重要思想为指导,在会计改革、会计监管、会计队伍建设以及会计国际协调等方面取得了重要进展。

一、继续贯彻《会计法》,开展重点检查,整顿会计秩序

根据国务院关于整顿和规范市场经济秩序的精神和财政部的部署,各地区和有关部门在做好 2001 年《会计法》执行情况检查后续工作的同时,有针对性地开展重点检查。据统计,各地区和中央有关部门 2002 年度共对 3.6 万个企事业单位进行了重点检查,处罚了 8 829 个违法违纪单位及有关责任人员,吊销了 3 269 名会计人员的从业资格证书。通过开展重点检查,进一步整顿了会计秩序,维护了《会计法》的权威。

2002 年的《会计法》重点检查呈现出一些明显特点:一是提高了检查质量;二是加大了处罚力度;三是强化了对违法违纪的单位负责人的处罚。从云南、四川、黑龙江、浙江等许多地区的检查情况看,都有对单位负责人进行处罚的情况。这表明,新《会计法》中规定单位负责人对本单位会计工作和会计资料的真实性、完整性负责是符合实际的。在开展重点检查的同时,各地重视会计法制建设。辽宁、黑龙江、陕西、四川等地人大、政府发布了贯彻《会计法》、加强会计工作的条例、办法和决定,天津、湖南、山东、内蒙古等地的地方性会计法规也正在积极起草之中,为改进和加强会计监管、健全会计法规体系作出了积极努力。

二、适应我国加入 WTO 和市场经济的发展要求,会计改革进一步深化

如何面对经济全球化和加入 WTO 所带来的机遇和挑战,顺应会计国际化潮流,加快我国会计改革步伐,仍然是我们面临的突出问题。2002 年,我们继续稳步推进会计改革,在会计准则、会计制度实施等方面取得了一定进展。根据财政部规定,从 2002 年 1 月 1 日起,我国外商投资企业全面执行《企业会计制度》,废止了原来的外商投资企业会计制度,这对于提高外商投资企业的会计信息质量发挥了重要作用;与此同时,上市的金融企业也从 2002 年 1 月 1 日起实施新的金融企业会计制度。通过实施稳健的会

计政策和贷款的五级分类等,增加了金融企业会计信息的透明度,有利于防范金融风险,促进金融企业会计的国际协调。为了确保外商投资企业、上市的金融企业实施《企业会计制度》和《金融企业会计制度》,我们举办了全国财政系统培训班。继财政部培训班之后,各地区也层层办班,努力加大宣传和讲解力度,为两项制度在外商投资企业和金融企业的实施奠定了基础。据统计,2002 年各地区、各部门组织的培训达 390 万人次。

2002 年,财政部印发了对企业会计制度及相关会计准则执行情况进行调研的通知,各地财政部门会计管理机构为此做了大量工作,提交的调研报告对我们进一步修改和完善准则、制度具有重要的参考作用。从各地反馈的情况看,企业会计准则、会计制度的实施总体上是好的,特别是在证券监管等部门的监管下,股份有限公司比较严格地执行,外商投资企业边学习、边执行,一些地区推动国有企业实施企业会计制度也取得了显著成效。准则制度实施范围的不断扩大,对于促进国有企业改革和市场经济健康发展具有重要的现实意义。

三、积极参与会计国际协调,广泛开展国际交流

加强会计国际协调和交流,是经济全球化和我国市场经济发展的必然要求。在过去的一年里,我们成功地举办了中日韩会计准则制定机构会议、会计准则国际演讲会、美国政府及非营利组织会计讲座,参加了 WTO 服务贸易双边谈判,组织了部分地方会计处同志参加国际会计准则培训班,还进行了一系列考察、访问和其他双边交流等。在参与国际协调的过程中,着力改变过去被动接受、被动适应的不利局面,积极参与国际会计准则制定、修订工作,利用一切机会反映我们的呼声和意见,得到了国际会计界的理解和赞誉。

2002 年,我们成功组织了内地代表参加第十六届世界会计师大会。财政部代表团以项怀诚部长为团长,本人为联络员。财政部和各地财政厅局组织内地赴港参会代表3 000 人,为香港成功举办此次大会提供了强有力的支持。部领导对内地代表参加世界会计师大会的组织工作给予了高度评价,项怀诚部长还在全国财政工作会议上专门感谢分代表团团长。通过这次大会,展示了中国会计改革的成就和整体形象,提高了中国会计的国际地位,扩大了对外交流与学习,对于广泛宣传我国财政和市场经济发展状况具有深远影响;同时,也检验了我们会计管理队伍的战斗力和凝聚力。

四、会计人员管理和职业道德建设取得新进展

2002 年,各地财政部门和有关业务主管部门继续加强会计人员从业资格管理,完善管理办法,健全会计从业资格培训、考核、年检等制度,全年核发会计从业资格证书233 万个。会计专业技术资格考试继续顺利进行,建立了责任制度,严格了考风考纪,

注意为考生搞好服务,考务管理得到进一步加强。2002 年度全国共有 123 万人参加考试,有 22 万人通过考试取得了专业技术资格。各地区和有关部门继续组织高级会计师评审工作,有 6 243 人取得了高级会计师资格。会计人员继续教育得到进一步加强。会计委派制试点工作积极推进,成效显著。

加强会计人员诚信教育和职业道德建设,一直是财政部门的工作重点之一。2002 年,财政部制作了以"诚信为本、依法理财"为主题的公益广告片,在中央电视台连续播放,起到了良好宣传效果;会计司组织编写了《会计职业道德》培训教材,为加强会计人员职业道德建设打好了基础。各地财政部门积极采取措施,加强诚信建设。

会计改革离不开科学理论的指导。在深化会计改革,强化会计监管的同时,继续有计划、有步骤地推动会计理论研究与学术交流。2002 年,中国会计学会在总结第五届理事会工作的基础上,召开了第六次全国会员代表大会并成立了新一届学会理事会,为新形势下加强会计理论研究和学术交流提供了组织保证。

在肯定 2002 年会计管理工作取得成绩的同时,我们也应看到存在的问题。会计秩序混乱问题仍未根本好转,会计人员掌握新准则、新制度的程度仍有差距,会计专业技术资格考试的考风考纪仍需进一步强化,会计管理干部的依法行政水平和工作作风需要改进,应当通过加强管理和深化改革,认真加以解决。

2003 年会计管理工作的总体要求是:以中共十六大精神和"三个代表"重要思想为指导,发展要有新思路,改革要有新突破,开放要有新局面,各项工作要有新举措,全面贯彻落实《会计法》、《注册会计师法》,以整顿和规范会计秩序为中心,进一步深化会计改革,加强注册会计师行业行政监管和会计诚信建设,提高会计行业整体水平和会计信息质量,促进会计事业和社会主义市场经济的健康发展。具体来说,2003 年要着重做好以下几个方面工作:

一是继续深入贯彻《会计法》,整顿会计秩序,强化会计监管,夯实会计基础工作。《会计法》是我国会计工作和注册会计师工作的重要法律。各级财政部门会计管理机构要清醒地认识到会计管理工作的艰巨性、长期性和复杂性,认真履行《会计法》、《注册会计师法》赋予的监管职责,促进会计秩序的根本好转和会计工作水平的进一步提高。需要强调的是,各级财政部门会计管理机构在加强会计基础工作和会计电算化管理的同时,也要十分重视自身管理工作的规范化、现代化和信息化。财政部会计准则委员会即将开通专门网站,北京、重庆、陕西、宁波、青岛等地建立了会计网站,在加强联系、增进交流、完善管理、强化服务等方面作了有益尝试。

二是深化会计改革,完善会计制度和会计准则体系,探索制度、准则的有效实施机制,切实提高会计信息质量。适应我国加入 WTO 和市场经济发展要求,进一步深化会计改革,积极促进会计的国际协调,仍然是我们 2003 年的工作重点之一。

要继续探索会计准则和会计制度的实施机制,扩大实施范围,确保新准则、新制度在国有企业的贯彻实施。应当看到,在我国加入 WTO 和参与会计国际协调的大背景下,加快我国企业会计准则、企业会计制度和金融企业会计制度在更大范围内贯彻执行已是重中之重。财政部已要求国有企业从 2003 年起,利用 3 年左右的时间全部执行企业会计制度。3 年时间看似不短,但要做的工作却相当繁重,任务十分艰巨。2003 年,要进一步加大推动国有企业执行企业会计制度的力度,鼓励那些资产质量好、经济效益佳、有承受能力的国有企业以及新设立的国有企业,先行执行企业会计制度。同时,各地区还要对外商投资企业执行新准则、新制度的情况给予足够的关注,确保全面实施。请大家继续探索会计制度、会计准则实施机制,扩大实施范围,总结好的经验和成功做法,使准则制度落到实处,取得实效。

要适应加入 WTO 和资本市场发展要求,加快企业会计制度和会计准则建设的步伐。2003 年,财政部对会计准则委员会进行了调整和充实,增聘了会计准则委员会委员和一大批咨询专家,为会计准则建设提供了强有力的支持。在对 2002 年已发布的部分会计准则和会计制度征求意见的基础上,2003 年将加快发布财务报告的列报、外币折算、资产减值、企业合并、分部报告、政府补助和政府援助等会计准则以及小企业会计制度、金融企业会计制度——商业银行会计科目和会计报表、金融企业会计制度——保险公司会计科目和会计报表以及民航企业、农业企业等专业核算办法;同时,研究起草银行基本业务、合并会计报表、金融工具披露与列报等会计准则,为初建我国的会计准则体系目标而努力。

要研究政府及非营利组织会计改革,规范政府及民间非营利组织会计核算。政府及非营利组织会计是我国会计准则体系的重要组成部分,真实、全面、完整的政府会计信息是编制部门预算的重要依据,这就要求努力探索政府会计改革,研究政府会计框架体系;同时,制定、发布民间非营利组织会计制度,为将来建立政府及非营利组织会计准则制度体系奠定基础。

三是以诚信教育和职业道德建设为重点,切实加强会计人员管理。市场经济是法制经济、信用经济。诚信是市场经济的基石,是会计人员和注册会计师的安身之本、立业之基,关系到市场经济秩序的正常运行。2003 年,我们要切实重视和加强会计职业道德建设,将其作为会计管理工作的重要内容。目前,会计司起草、项怀诚部长主编的会计人员继续教育教材——《会计职业道德》一书已经出版,为各地开展会计职业道德教育提供了蓝本。各地财政部门要采取多种形式,重视会计职业道德的宣传和培训工作,如对会计信用等级评价、建立会计信用档案、开展会计诚信论坛等进行广泛宣传,努力营造会计诚信教育的良好社会氛围。

2003 年度会计专业技术资格考试将于 5 月份进行,目前各地都已做好了有关准备工作。各地财政部门要加强考务管理,完善责任制度和内部控制制度。各地应本着对考生负责的态度,认真组织,严格把关,确保阅卷质量。只有认真做好考试各环节的工作,才能确保会计资格考试万无一失。要继续探索高级会计师评价制度。经与人事部研究,决定在浙江、湖北组织高级会计师考评结合试点。希望试点地区加强组织协调,做好试点工作,认真总结试点经验,为全面推开做好准备。继续总结会计委派制试点经验,积极配合国库集中支付制度与财政支出管理体制改革,探索会计集中核算与国库集中支付的有机结合,为建立公共财政框架发挥会计的基础作用。

在新的一年里,我们仍要重视会计理论研究,充分发挥会计学会的作用,为深化会计改革和强化会计监管提供理论支持。2003 年的会计管理工作任务繁重。实践证明,做好会计管理工作,必须转变工作职能;必须坚持依法行政,提高政策水平和工作能力;必须改进工作作风,研究与有关部门的沟通和协调机制,争取各有关方面的广泛理解和支持;必须深入基层广泛开展调查研究,关注会计管理工作中的新情况新问题;必须树立服务意识,增强责任感和使命感;必须继续加强会计管理干部思想政治教育和业务学习,严格廉洁自律。让我们在中共十六大精神和"三个代表"重要思想的指导下,在以胡锦涛同志为总书记的党中央领导下,同心同德,奋发图强,扎实工作,共同开创我国会计事业的新局面。

（以上内容主要根据《商业会计》2003 年 4 月的《深化会计改革　强化会计监管　推动会计事业全面发展》一文摘录并整理）

论我国会计信息化发展战略

　　21世纪人类社会进入了信息时代。信息技术快速发展,信息和信息技术对社会生产和生活的影响不断扩大,信息化及其相关问题也得到了社会各方面的高度重视和广泛关注。党中央、国务院坚持站在国家战略高度,把信息化作为覆盖现代化建设全局的战略举措,长远规划,持续推进,并于2006年发布了《2006—2020年国家信息化发展战略》,明确了全国信息化建设的指导思想、战略方向、发展重点和保障措施。

　　会计信息化是国家信息化的重要组成部分。为了贯彻国家信息化发展战略,全面推进我国会计信息化工作,促进会计事业更好地发展,财政部于2009年4月发布了《关于全面推进我国会计信息化工作的指导意见》,明确了推进会计信息化的意义、目标、任务、措施和要求等。这是我国会计信息化工作的纲领性文件,其贯彻实施必将推动我国会计事业进入一个崭新的时代。会计信息化工作的全面推进是一个复杂而艰巨的系统工程,由于行业中不同主体的情况千差万别,对信息化工作的认识水平和执行能力参差不齐,甚至对于什么是会计信息化这样的基本问题都还存在不同的看法①。因此,有必要对会计信息化的内涵与外延、对会计信息化工作的要求与任务等进行系统研究和全面总结,这有助于我国会计信息化发展战略的实施,对推进会计信息化工作、提高会计工作水平具有十分重要的意义。

一、会计信息化发展战略及其时代背景

　　信息化作为一个正式名词,最早出现于日本。1967年日本科学技术与经济协会首次将信息化定义为,在整个社会经济结构中,信息产业获得长足发展并逐步取得支配地位的一种社会变革的历史进程②。1997年我国召开首届全国信息化工作会议,提出"信息化是指培育、发展以智能化工具为代表的新的生产力并使之造福于社会的历史

---

　　① 比如,有人认为,会计信息化是利用现代信息技术,对传统会计模式进行重构,建立信息技术与会计高度融合的、开放的现代会计信息系统,提高会计信息在优化资源配置中的有用性(谢诗芬,1999);有人认为,会计信息化是在会计行业和组织或企业会计活动中普遍采用现代信息技术,有效开发和利用会计信息资源,使会计信息资源成为全社会的共享财富,以推动会计信息资源产业发展的历史过程;其战略目标是促进会计行业、组织或企业的会计管理活动和会计业务的变革,以推动会计事业的发展(杨周南,2009)。实际工作中,不少人对信息化的认识还停留在会计电算化的层次。

　　② 关于日本信息化早期发展情况,可参见陶佩琼著《日本信息化、信息社会的发展水平和展望》,载《科学学研究》1987年第5卷第3期。

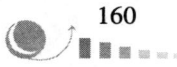

过程"。2003 年林毅夫、董先安向有关部门提交研究报告《信息化、经济增长与社会转型》，认为信息化是建立在信息与通信技术产业发展及其在社会经济各部门扩散的基础之上，运用信息与通信技术改造传统经济、社会结构的过程。江泽民同志在《中国信息化探索与实践》的序《加快我国的信息化建设》中指出，信息化是一场带有深刻变革意义的科技创新，信息资源对保持我国经济持续快速健康发展具有重要的战略意义，加快信息化建设能极大地提高生产力，促进生产力产生新的飞跃，增强国际竞争力，实现社会经济跨越式发展。《2006—2020 年国家信息化发展战略》进一步明确，信息化是充分利用信息技术，开发利用信息资源，促进信息交流和知识共享，提高经济增长质量，推动经济社会发展转型的历史进程。从以上表述可以看出，经过数十年的发展，人们对信息化认识发生了深刻变化，早期的信息化主要局限于信息产业领域，主要关注信息技术的运用和发展。进入新世纪以来，人们日益重视信息化对信息产业以外的其他行业，甚至对整个经济社会产生的影响，并且把信息化视为推动经济社会转型和发展的重要力量和历史进程，认为信息化与整个经济社会的发展已经融为一体。

席卷全球的信息化浪潮，推动了我国会计电算化事业的发展。1978 年财政部在长春一汽启动了会计电算化的试点，随后发布了会计电算化的第一个全国性文件——《关于会计核算软件管理的几项规定（试行）》，促使企事业单位实现了从"模拟手工编制凭证、记账、编表"、"双轨运行"、"组织验收"到"甩掉手工"的转变，推动会计电算化工作迅速发展。与此同时，会计电算化的实践，也给理论界和实务工作者提出了很多值得研究的问题。笔者（刘玉廷，1985）针对如何加强对会计电算化工作的领导、如何正确选择机型和语言、如何规范会计核算程序、如何推广系统分析设计方法、如何正确处理电算化与会计制度的关系等一系列问题，进行了深入分析，提出了尽早改用借贷记账法、统一编制会计科目代码、加强内部控制和内部稽核等意见和建议。1994 年 5 月财政部发布《关于大力发展我国会计电算化事业的意见》，对我国会计电算化事业的发展目标和管理要求等进行了明确规划并提出了具体措施。会计电算化开始与企业管理融合，ERP 系统应用逐步普及，在一定程度上改变了企业信息孤岛和重复开发的局面，会计电算化开始向会计信息化发展和转型①。截至目前，我国一些特大型企业，如中国石油天然气集团公司等，能够通过信息化手段随时掌握全国各地加油站交易等相关信息，以此实现集团对所属各单位业务流程的实时监控；江苏省电力公司的信息化，全面实现了财务报告系统、内部控制系统与信息系统的固化整合，使外国同行感到震惊；部分大型会计师事务所也在积极探索采用信息化手段进行财务报告审计等相关业务；某些专业机构通过会计信息化手段开展会计远程教育和在线培训已取得明显成效。在这一过

---

① 通常认为，会计信息化是相对会计电算化更高层次的一个发展阶段。关于会计信息化与会计电算化的区别，理论界有很多研究成果，如徐少春的《挑战变革与发展———从会计电算化到会计信息化》，杨周南的《论会计管理信息化的 ISCA 模型》等。

程中,金蝶、用友等民族软件企业得到迅速发展,在国内软件行业乃至境外都具有较大影响。从宏观层面分析,比如注册会计师管理系统、会计从业资格无纸化考试、会计专业技术资格考试、农村代理记账以及会计人员管理系统等,均已不同程度地在全国范围内试点和推广。可以说,通过近30年的实践,全面推进会计信息化的条件已基本成熟。我国会计信息化的发展,提升了会计工作水平,为有关单位节约了大量人力、物力,大大解放了生产力,使会计人员从繁重的记账、算账、报账工作中解脱出来,更多地参与管理工作。

随着信息化在全社会的深入发展,财政部作为全国会计工作的主管部门,审时度势,果断决策,发布了《关于全面推进我国会计信息化工作的指导意见》(以下简称《指导意见》),确定了未来5～10年的发展目标,即"建立健全会计信息化法规体系和会计信息化标准体系,全力打造会计信息化人才队伍,基本实现大型企事业单位会计信息化与经营管理信息化融合,进一步提升企事业单位的管理水平和风险防范能力,做到数出一门、资源共享,便于不同信息使用者获取、分析和利用,进行投资和相关决策;基本实现大型会计师事务所采用信息化手段对客户的财务报告和内部控制进行审计,进一步提升社会审计质量和效率;基本实现政府会计管理和会计监督的信息化,进一步提升会计管理水平和监管效能。通过全面推进会计信息化工作,使我国的会计信息化达到或接近世界先进水平",并由此确定了六个主要任务和六项具体措施,形成了目标明确、重点突出、措施周详的会计信息化发展战略。

二、会计信息化发展战略的行动计划

战略管理理论认为,战略实施与战略制定同样重要,如果战略实施无效,战略制定的目标无法实现,也很难判断企业所制定战略的质量。今后一段时期,要从战略目标确定的六大主要任务入手,科学分解、落实需要完成的具体工作,重点搞好会计基础工作、会计标准与财务报告、内部控制与评价报告、会计事务所审计、会计管理与监督、会计理论研究、人才培养等的信息化,全面推进会计信息化工作。

(一)夯实一个基础:会计基础工作信息化

就企业而言,会计基础工作包括材料物资的采购与耗用、产品的生产与销售等各个环节的原始记录和相关工作,通过工时定额、资产卡片、入库出库单据、销售发票、各类台账、完工进度、生产计划、业绩考核等,客观真实地记录了企业物流、资金流以及人力资源配置和管理要求等全部过程。因此,会计基础工作实质上也是企业管理的基础。会计基础工作信息化,就是将手工完成的大量繁杂但十分重要的基础工作由计算机完成,是对传统手工流程和管理的一次革命。因此会计基础工作信息化是会计信息化的基础,也是会计信息化的起点。

近年来,财政部会计司已经启动了这项工作,列入工作议程,开展了调查研究,旨在对手工条件下的会计基础工作规范进行全面修改,形成信息化环境下的会计基础工作规范。下一步将根据《指导意见》,加大工作力度,组织科研攻关,动员理论和实务界的专家参与,待条件成熟时,制定发布全面信息化的会计基础工作规范并组织实施,进一步规范企事业单位基础工作信息化,为全面推进会计信息化奠定基础。

(二)把握两个关键:会计准则实施和财务报告信息化、内部控制和评价报告信息化

(1)会计准则实施和财务报告信息化。会计准则的有效实施离不开信息系统支持。中国会计准则体系自2007年1月1日在上市公司实施,随后扩大实施范围。上市公司开始执行会计准则时,面临的首要问题是对自身信息系统进行改造。可以想象,如果没有配套的信息系统提供支持,会计准则中复杂的金融工具问题、合并财务报表的编制、若干具体准则项目和各项会计政策等就不可能得到很好地解决或执行。更为重要的是,企业实施会计准则要向投资者等报告使用者提供财务报告,报告使用者需要从不同角度、深度分析和综合利用财务报告,以便作出投资等相关决策。目前,尽管企业已经分别建立了相应的信息系统,但还不能满足报告使用者深度分析的需求,在这种情况下,可扩展商业报告语言(XBRL)应运而生。财政部会计司已经启动并着力推进以企业会计准则为基础的XBRL分类标准建设,促进企业财务报告的标准化和信息化,通过对财务报告数据附加特定的分类标签,使计算机能够快速"读懂"财务报告,以统一的方式进行自动识别、处理会计信息,从而实现深度分析和大范围比较。从有关工作进展看,今年年底或明年年初可望推出基于中国企业会计准则的XBRL分类标准,首先在上市公司试行,然后再逐步扩展到其他企业,同时积极探索推进非企业单位会计标准信息化工作。

(2)内部控制和评价报告信息化。2008年5月,财政部、审计署、证监会、银监会和保监会等五部委联合发布了《企业内部控制基本规范》,经过一年的艰苦努力,形成了内部控制应用指引、评价指引和审计指引,标志着中国企业内部控制体系建设基本完成。这是继会计准则体系建成并有效实施后的另一项重大工程。这项工作目前已经进入相关部门会签过程,暂定于2010年起在境外上市公司实施,今后将逐步扩大实施范围。企业内部控制属于管理的范畴,已构成现代企业制度的重要标志,并引起社会各方面的普遍关注。企业内部控制体系的有效实施,将有助于企业全面提升经营管理水平和风险防范能力,对促进企业长远发展和应对当前金融危机具有重要意义。

企业内部控制与会计信息化密切相关。内部控制信息化是指根据内部控制规范要求,将企业生产经营各个环节的流程、关键控制点等固化在信息系统中,促进各单位内部控制规范制度的设计与运行更加有效。同时要求企业按照内部控制要素和统一规范化格式,编制内部控制评价报告,提供给投资者等报告使用者分析判断企业的可持续发展能力,从而作出相关决策。为此,需要借鉴财务报告XBRL分类标准的经验,研究探

索基于内部控制评价报告的 XBRL 分类标准,结合企业内部控制规范体系的实施,择机启动内部控制评价报告的 XBRL 分类标准的制定工作。通过制定实施这一分类标准,自动生成基于 XBRL 的内部控制评价报告,满足不同使用者的需求。

(三)启动三驾马车:会计事务所审计、会计管理和会计监督信息化

政府对会计行业的管理、监督和注册会计师审计是保证会计工作健康发展的三驾马车。启动三驾马车,推动会计师事务所做强做大与审计信息化、实现会计管理和会计监督信息化,既是适应会计基础工作信息化、会计准则实施和内部控制及其报告信息化等的需要,同时也将更好地推动信息化环境下的各项会计工作。

(1)关于会计师事务所做强做大与审计信息化建设。财政部一直致力于推动我国会计师事务所做强做大,近期还将发布关于加快发展我国注册会计师行业的若干意见,明确在未来 5～10 年内,重点培育 5～10 家年收入规模在 30 亿元以上、具有较好国际声誉和竞争力的特大型会计师事务所;积极扶持 100 家左右能够为上市公司和大型企业提供服务的大型会计师事务所;基本实现特大型和大型会计师事务所利用信息化手段实施财务报告、内部控制审计和提供其他相关服务,提高会计师事务所内部管理信息化水平。会计师事务所做强做大应当重视信息化,尤其是做好三方面的工作:一是通过信息化手段对客户的财务报告进行审计,出具审计报告;二是通过信息化手段对客户的内部控制的有效性进行审计,提出审计意见;三是会计师事务所内部管理实现信息化,借助信息化手段全面提升治理水平和管理效率。会计师事务所实施信息化战略有利于全面提升审计质量和审计工作效率,不断扩大审计客户规模,扩展服务范围,从而实现做强做大;反过来,特大型和大型会计师事务所更有条件和能力,同时也更有必要实现审计信息化和内部管理信息化,从而形成良性的发展循环。有条件的会计师事务所应当积极探索,加大投入,加快启动相关工作。

会计师事务所做强做大与审计信息化,在很大程度上依赖于客户的信息化水平。比如,客户提供的财务报告和内部控制评价报告应当是基于 XBRL 分类标准的标准化模板(即实例文档),以此为基础,深入贯彻会计审计准则,按照规定的程序和要求,实现对客户的审计工作信息化。

(2)关于会计管理工作信息化。财政部门是会计管理的职能部门,因此会计管理工作信息化主要是各级财政部门相关工作的信息化。会计管理工作水平高低,直接关系到本地区乃至全国的会计改革与发展。在当前和未来相当一段时期内,我国会计改革与发展的任务都将异常繁重,客观上迫切需要各级财政部门重视信息化工作,全面实现会计管理信息化,从繁重的事务中解脱出来,以更高的视野和全局角度,科学谋划会计改革与发展大计,全面提升会计管理工作效率和工作水平,为经济社会发展作出贡献。

会计管理工作信息化涉及的内容很多,会计基础工作、会计准则、内部控制以及推

动会计师事务所做强做大和审计信息化等,都属于会计管理工作信息化。需要集中力量,重点突破的方面包括:① 会计从业资格无纸化考试;② 会计专业技术资格考试管理系统;③ 在职会计人员后续教育系统;④ 会计人员管理系统;⑤ 注册会计师行业管理系统;⑥ 农村会计委托代理记账以及会计集中核算系统等。

实际工作中,各级财政部门已经部分地开展了会计管理信息化工作:① 会计从业资格无纸化考试已在部分地区试点成功,取得明显成效。通过随时随地组织考试,不仅大幅度地提高了工作效率、工作水平和服务质量,而且大大方便了考生,受到了社会普遍好评。财政部 2008 年印发了积极推广会计从业资格无纸化考试的文件,要求各地加快推广步伐。② 会计专业技术资格考试已经全面实现了网上报名和考试成绩报备,2009 年度开始试行网上阅卷,成功后逐步推广。③ 在职会计人员后续教育信息化应当建立远程教育系统,实现在线或视频培训。④ 会计人员管理系统的设计工作已经完成,部分地区正式运行,可以及时掌握会计队伍的各种信息和动态。下一阶段应当总结成功经验,实现全国范围内会计人员系统联网管理,全面推进会计人才战略。⑤ 农村会计委托代理记账以及会计集中核算系统等也在积极试点,以此为基础,将着力探索和推广农村会计代理记账和服务的信息化建设,利用信息化手段提高农村会计服务的效率和水平。⑥ 注册会计师行业管理系统已于 2007 年开通并投入使用,已经具备了日常审批网上办理、行业信息综合统计查询、会计师事务所业务报备、行业监督检查等多项功能。下一步将结合基于 XBRL 分类标准进行系统功能改造和升级,尽早完成与会计师事务所业务系统和管理系统的对接,实现自动报备和数据源头的标准化,为建立统一高效的会计信息平台创造条件。

（3）关于会计监督信息化。会计监督信息化是指在会计监督工作中引入和运用现代信息技术,提高会计监督效率和效能,推动会计监督更加科学化、规范化和现代化。会计监督信息化主要包括以下内容:一是通过信息化手段监督检查企事业单位会计基础工作;二是通过信息化手段监督检查企事业单位的会计信息质量;三是通过信息化手段监督检查企事业单位的内部控制建设;四是通过信息化手段监督检查会计师事务所的执业情况、审计质量和内部治理;五是通过信息化手段监督检查企事业单位的会计信息化工作。在以上会计监督信息化过程中,核心内容是要全面推进会计监管手段和方式的信息化,一方面,要完善并充分利用财政会计管理系统,加快信息化检查辅助软件的开发进程,提高检查手段科技含量;另一方面,要利用网络化平台,加强对重点企业和会计师事务所的日常监管,实现从事后检查向日常监管和实时监管转变。

（四）打造四个支撑:会计理论研究信息化、会计信息化平台构建、会计信息化人才培养、会计信息化产业发展

会计理论研究信息化、会计信息化平台、会计信息化人才、会计信息化产业是会计信息化工作和会计事业发展的重要支撑力量。推进这四个方面的信息化发展,既是会

计信息化战略的题中应有之义,也为会计信息化的全面推进提供智力支持和便利条件。

(1) 会计理论研究信息化。推进会计理论研究信息化,一是要充分发挥会计学术组织和研究机构的积极性与创造力,尤其是要利用好中国会计学会这一理论阵地和学术平台。中国会计学会第七届理事会确定了搞好会员服务、大力发展会员的目标。会员队伍迅速扩大,是学会可持续发展的根本。随着会员规模的不断壮大,对学会提出了全方位信息化服务的要求,学会只有做到服务内容丰富、服务质量好、服务方式灵活快捷,会员在能力水平等方面得到切实提升,学会的作用就能得到充分体现,学会的发展才能充满生机和活力。二是要建立会计专业教育信息系统,实时反映和评价会计专业学历教育情况,掌握会计专业学生的培养以及社会对会计专业学生的需求,不断改进教学方法和教学内容,促进会计专业毕业生实现充分就业,最大限度地满足经济社会发展需求。三是要建立会计理论研究信息平台,及时发布和宣传会计研究最新动态,定期统计、推介和评估有价值的会计理论研究成果,促进科研成果转化为生产力,以指导和规范会计理论研究,为会计改革与发展服务。

(2) 构建会计信息化平台。会计信息在社会经济生活中日趋重要,要求企事业单位提供各种数据的政府部门也随之增多,导致会计数据多头报送、口径不一,既增加了企事业单位的负担,也提高了政府行政成本。构建统一的会计信息平台迫在眉睫。财政部应当积极会同有关部门,以建设和实施全国统一的会计信息化标准为切入点,着力构建统一会计信息平台。这一平台将以企事业单位标准化会计信息为基础,以会计管理信息化为核心,整合资源,最终实现会计信息数出一门、资源共享的目标,从而有助于投资者、社会公众、监管部门及中介机构等有关方面高效分析利用会计信息,降低社会成本,不断提升国家宏观决策水平和监管效能。

目前,我们正在考虑统一会计信息平台的前期试点,拟以现有财政会计管理系统为基础,构建基于 XBRL 的标准财务报告平台。该平台将涵盖数据收集、传输、验证、存储、查询、分析等模块,具备会计等相关信息查询、分析、检查与评价等多种功能,实现基于该平台的会计师事务所监管、会计信息质量检查和上市公司财务报告分析应用等,同时为其他扩展应用预留接口,提供数据支持。该平台经上述示范运行成功后,将进一步扩大数据源,优化功能模块,延伸应用范围,逐步与金财、金税、金审和人民银行资信管理系统等平台对接,扩展到为财政管理、政府审计、纳税申报、证券、银行、保险监管等各个领域提供更好的数据管理支持,协同政府各部门之间的资源和监管要求,有效避免会计数据多头报送、口径不一的状况。

(3) 会计信息化人才培养。我国会计信息化事业开展以来,各部门、地区、基层单位都已认识到培养信息化专业人员或复合型人才的至关重要性,进行了多渠道、多形式的人才培训工作,一些院校相应于设了专门课程,从理论基础和应用技能上培养了一批又一批会计电算化、信息化专业人才。但是,在全面推进会计信息化的背景下,既懂会计又懂计算机知识的复合型人才非常缺乏,也是全面推进会计信息化工作的一个瓶颈,培养复合型会计信息化人才已是当务之急。

会计信息化人才建设应当重点抓好以下四方面工作:一是要完善会计审计和相关人员能力框架,在知识结构、能力培养中重视信息技术方面的内容与技能,提高利用信息技术从事会计审计和有关监管工作的能力。二是要加大投入,充分利用学历教育、继续教育、网络教育、实践锻炼、交流研讨等各种行之有效的途径和方式,不断加大人才培养力度,多出人才、快出人才。三是要加大会计信息化人才的产学研合作培养力度,研究建立国家扶持、单位鼓励、个人积极参与,选拔、培养、评价与使用相结合的会计信息化人才培养机制。四是要积极探索会计信息化教学模式和人才培养方式,及时修订会计信息化学习和培训教材,推进会计信息化教学改革和试点工作。从今年开始,在财政部会计领军(后备)人才选拔培养工作中,将体现对会计信息化实践岗位和研究领域专门人才的政策倾斜,把这方面人员纳入全国会计领军人才培养系列。

(4)会计信息化产业发展。从我国数十年来的经验看,信息化过程一定是伴随相关产业的发展的过程。全面推进会计信息化工作,需要相关产业,尤其是会计信息化软件(也涉及硬件)产业的相应发展作为基础。20世纪80年代开始,在会计电算化到信息化过程中一批民族软件企业得到了发展壮大,如金蝶、用友等。全面推进我国会计信息化,要继续发挥软件商的作用,一是要促进软件商加强自主创新和技术攻坚,加大研发投入,积极参与配合国家会计信息化标准的研制与推广;二是要鼓励软件商适应企事业单位开展会计信息化的要求,提供符合《会计法》和国家统一的会计准则制度、会计信息化标准和企事业单位实际情况的软件产品;三是要支持软件商提供符合内部控制规范体系和企业内部控制制度的软件产品;四是要促使软件商建立相应的服务质量体系,为全面推进会计信息化提供技术平台支撑;五是要推进软件商以强烈的社会责任感和市场化、规模化等方式,为培养会计信息化人才作出贡献。

三、会计信息化发展战略的组织实施

为了全面推进会计信息化工作,《指导意见》提出了"高度重视,加强领导;明确职责,协调配合;重视人才,加快培养;组织试点,稳步推进;督促指导,强化监管;加强宣传,营造氛围"等六个方面的具体措施和要求,可以说为会计信息化发展战略的顺利实施做出了精心规划和详细安排。考虑到会计信息化是一个复杂的系统工程,涉及范围广,影响因素多,操作难度大,有必要对战略实施中可能出现的各种情况,充分估计、合理判断,以便未雨绸缪、积极应对。

(一)战略实施的动力机制:加强组织领导和制度创新

从《指导意见》的内容看,国务院有关部门、各级财政机关是实施会计信息化发展战略的主要领导者和组织者,六个方面措施和要求都是针对国务院有关部门和省级财

政部门提出的。但是,会计信息化是一个由会计行业上千万从业人员、整个社会的所有经济单位共同参与的一个重要历史进程,其最终实现除了政府部门的努力,还必须落实到广大会计人员和社会经济单位的实际行动中去。因此,我国会计信息化发展战略的具体实施,首先要解决的问题是动力机制问题,即探索政府部门和社会经济主体推进会计信息化的内在动因。

(1)财政部门作为会计行业的主管机关,有充分的理由和责任做好推进会计信息化组织领导工作。在战略的组织实施中,领导的重视是决定工作成效的首要影响因素。六西格玛管理理论认为,领导层没有强力介入是战略实施的致命缺陷,因为资源没有保障,抉择没有方向,而且缺乏进一步推进的动力,难以持久。其次是加强组织和协调工作。要进一步确定会计信息化发展战略涉及的不同部门之间①、中央和地方之间的事权和职责划分,建立分工合理、责任明确的信息化推进协调体制。再次,要加强对会计信息化建设的指导和监督,监管会计信息化工作是否符合国家统一的会计准则制度、内部控制规范体系和会计信息标准。最后,财政部门做好宣传推广,营造良好的会计信息化环境也是加强组织领导的一个重要内容。

(2)将财政部门的战略意图转化为社会主体的实际行动,需要进行制度创新。会计信息化作为时代发展和进步的一项变革,给相关的个人、单位以及整个行业发展必将带来前所未有的发展机遇。社会主体基于自身利益应当做出理性的选择,主动参与、自觉推动会计信息化工作。然而,由于对会计信息化的认识和观念②以及其他条件的限制,他们的行为可能相对比较被动。因此,全面推进会计信息化需要进行制度创新,要在完善会计信息化相关法规制度和标准体系的同时,创新加快会计信息化发展的激励机制,会计信息化与企业自身发展相结合,以便将政府全面推进会计信息化工作的战略意图内化为相关单位和个人的主观意愿,从而落实到推动会计信息化的具体行动之中。

(二)关键技术的自主创新:确保信息安全与真实

会计信息化的推进依赖于相关技术的发展情况。实践表明,我国信息化建设中存在关键技术和核心技术的自主创新能力不足,以企业为主体的创新体系亟待完善,自主装备能力急需增强的现实情况。技术创新能力的不足,导致了我国会计信息化过程中,信息安全和真实缺乏足够的保障。比如,2007年3月,交通银行因主机监控软件存在缺陷,导致业务交易堵塞,系统瘫痪近4个小时,造成了巨大损失;中央电视台在今年3·15晚会上曝光了一个黑客木马盗取网银账户出售的案例,不法分子掌握了1万多个用户的网上银行信息,并成功盗取了500多个账号。因此关键技术的创新与完善对

---

① 2008年11月12日,财政部会同工业和信息化部、人民银行、审计署、国资委、税务总局、银监会、证监会、保监会等共同成立会计信息化委员会,旨在为推进我国会计信息化建设提供组织保障、协调机制和智力支持。

② 有人通过调查发现,对信息化作用的总体判断、对信息化的基本认识影响会计信息化进程;45%的被调查单位认为"观念转变"是推进会计信息化最为关键的因素,远远高于其他因素的认可率(李翔,2005)。

会计信息安全和真实意义重大。

（1）推动信息技术创新,为会计信息安全提供保障。会计信息化进程中的安全性问题主要包括:一是计算机硬件的安全性。包括火灾、灰尘等自然因素可能损坏计算机硬件,从而造成严重的系统故障;以及计算机及相关存储设备失窃或者被盗用,从而造成信息丢失或泄露。二是网络系统的安全性问题。黑客、病毒以及网络软件自身的缺陷、后门程序等是危害互联网系统安全的主要因素。三是会计及相关信息的安全问题。在信息化环境下,大量的会计信息通过网络传递,存在被截取、篡改、泄露等风险。三种风险因素中,信息化带来的风险主要都与关键技术和核心技术存在缺陷有关,因此,建设信息安全保障体系,首要的任务是做好关键技术创新,加强信息加密技术①、密码技术、容错计算机技术、计算机反病毒技术等的开发利用,建设网络信任体系和信息安全监控体系;必要情况下要加强会计信息化关键硬件的开发和研制。作为配套措施,要加强信息安全管理,做好信息安全的组织建设、制度建设、应急计划等工作,及时做好数据备份工作。

（2）改进会计信息控制技术和业务流程,确保会计信息真实可靠。首先,实施会计信息化后,会计信息的输入输出、形成和处理等日益多样化,被篡改的可能性明显增大,其真实性面临新的挑战。其次,会计信息传递无纸化,电子凭证、电子账簿存在被修改而不留痕迹的可能。再次,信息的处理和存储集中于网络系统,使得传统会计系统中某些职权分工、相互牵制的内部控制措施失效。改进适应信息化环境的内部控制技术、改造相关的业务流程,是确保会计信息真实性的重要措施。信息化环境下的内部控制技术包括硬件及软件操作规程、系统监察检验规程,利用系统提供的功能或人工控制记录等措施,对各用户操作系统的所有活动予以记录,并由系统主管定期监察和检验,及时追踪非法用户和越权用户等;可以采用的控制方法包括,由原来单一的会计部门转变为会计部门和计算机管理部门共同控制,由单纯的手工控制转化为组织控制、手工控制和程序控制相结合的全面内部控制,并在开机口令、网络用户名/口令、应用系统名/口令三个层次上,实行用户级、数据库级和网络系统级的多级结合权限控制机制。

（三）战略实施的进程安排:坚持全面推进与稳步实施

全面推进会计信息化工作是我国会计信息化发展战略的既定目标,毫无疑问要坚定不移地贯彻实施。然而,会计信息化的发展过程具有长期性、阶段性和动态性,需要合理确定战略实施的进程安排,既要加快发展,全面推进,又要科学决策,稳步实施。

首先,要建立全面推进会计信息化工作的思路,在总体设计的基础上有序推进,可

---

① 可采用两层加密:第一层加密采用标准 SSL 协议,该协议能够有效地防破译、防篡改、防重发;第二层加密采用私有的加密协议,该协议不公开、不采用公开算法,有非常高的加密强度。

以先易后难、循序渐进；要避免各自为政、重复建设、资源浪费。其次，要坚持先试点、后推广的稳步推进方式。试点是制定正确决策的一个行之有效的方法，也是相对稳健的渐进式改革方式。在宏观管理中，对影响较大的决策通常先行试点，发现问题及时调整，取得成功经验后再全面推行。各级财政部门要做好全面推进会计信息化的试点工作，选择具有代表性的大型企事业单位和大型会计师事务所等，就会计信息化发展战略的主要任务所涉及的范围进行试点。

会计信息化发展战略的稳步推进，还要考虑缩小数字鸿沟①的问题。会计信息化工作的全面推进，要求在推动基础较好的地区、行业和企业大力开展会计信息化工作的同时，加大支持力度，帮助和鼓励中西部地区、信息技术应用水平相对较低的行业和企业加快会计信息化步伐，以缩小不同地区、不同领域、不同群体、不同企业的会计信息技术应用水平和网络普及程度的差距，创造机会均等、协调发展的良好环境。

主要参考文献

刘玉廷. 1985. 对会计电算化过程中几个问题的认识. 会计改革参考资料, 13.

刘玉廷. 2004. 关于我国会计电算化事业及其发展问题. 中国会计电算化, 12.

阿尔温·托夫勒. 1983. 第三次浪潮. 朱志焱等译. 北京：三联书店.

葛世伦. 1993. 会计信息系统的安全设计. 信息系统工程, 3.

辜胜阻. 2001. 论国家信息化战略. 中国软科学, 12：5－10.

胡鞍钢. 2001. 中国的信息化战略：缩小信息差距. 中国工业经济, 1.

李翔. 2005. 信息化背景下中国企业会计职能拓展. 会计研究, 6.

奈斯比特. 1984. 大趋势：改变我们生活的十个新趋向. 孙道章等译. 北京：新华出版社.

尚长风. 2005. 公务员公共经济读本. 北京：中国人事出版社.

王菲，孙建军. 2000. 90 年代以来我国社会信息化分析. 情报杂志, 4.

吴沁红. 2005. 第四届会计信息化年会综述. 会计研究, 10.

谢诗芬. 1999. 会计信息化：概念、特征和意义. 湖南财政与会计, 11.

杨周南. 2009. 揭开会计信息化的面纱. 中国会计报, 5 月 8 日第 7 版.

（原载《会计研究》2009 年第 6 期）

---

① 数字鸿沟是指信息富有者和信息贫困者之间的鸿沟。

推广应用 XBRL　推进会计信息化建设

【摘要】基于企业会计准则的可扩展商业报告语言(XBRL)通用分类标准、XBRL 技术规范系列国家标准的发布,标志着我国以 XBRL 应用为先导的会计信息化时代的来临。通用分类标准体现了我国企业会计准则和内控规范的要求,实现了国际趋同,可扩展性强,是完全开放的统一数据标准,其推广应用将大幅提升企业管理效能,同时极大地方便外部会计信息使用者对会计信息的深度分析、利用。财政部按照"积极稳妥、先行试点、总结经验、分步推进"的原则,采取多种措施推动 XBRL 在我国财务报告领域的应用,推进我国会计信息化建设。

【关键词】XBRL　通用分类标准　会计信息化　推广应用

一、XBRL 及其起源

XBRL 是一种计算机语言,是 XML（可扩展的标记语言, Extensible Markup Language）在财务报告信息交换方面的一种应用,用于商业和财务信息的定义和交换,是目前应用于非结构化信息处理尤其是财务信息处理的最新技术。它可以根据财务信息披露的相关要求,将财务报告内容分解成不同的数据元(data elements),再根据信息技术规则对数据元(data elements)赋予唯一的数据标记,从而形成标准化规范。作为一种计算机语言, XBRL 是计算机技术在会计领域深度应用的产物,是一种用于包括财务报告在内的商业报告编制、交换、发布、分析的标准化方法,它是计算机信息技术和传统财务报告、内部控制等企业经营管理报告有机融合,并进一步拓展的产物。

XBRL 信息模型主要是由两部分组成的,即 XBRL 实例(XBRL instance)及 XBRL 分类标准(XBRL Taxonomy)。XBRL 实例包含了报表中的具体事实(concrete facts,如销售额是多少等)。分类标准则是对具体事实的定义,它确定了实例中的具体事实应该遵守怎样的语言规范,他们的形式和属性如何等等。具体而言,分类标准要反映出编制财务报表所依据的会计准则,并据以定义财务报表中将要使用的各项财务报表元素,同时还要附加上相关的其他信息,比如各个元素之间的关联性,以及各个元素在报表中的名称、位置。

XBRL 产生于 1998 年,由美国华盛顿州的注册会计师查尔斯·霍夫曼提出,当时主要是为了解决会计数据及相关信息的标准化以及深度分析和利用问题。经过多年的实践和发展,XBRL 逐步得到了上市公司、会计中介机构、政府宏观管理和监管部门的认同,并迅速在发达国家采用,美国、日本、澳大利亚等发达国家先后成功开展了 XBRL 的应用项目,国际财务报告准则基金会也每年发布与国际财务报告准则相对应的分类标准。

二、XBRL 在我国的发展

(一)我国推动 XBRL 发展的历程回顾

二十一世纪是网络化和信息化的世纪。中国政府一贯高度重视信息化工作,积极支持和推动包括 XBRL 在内的会计信息化工作不断发展。2004 年,我国发布了《信息技术——会计核算软件数据接口》国家标准;2006 年,财政部启动了 XBRL 项目前期研究,中国 XBRL 的进程日益加快并逐渐与国际接轨;2008 年 11 月,财政部等九部委成立会计信息化委员会和 XBRL 中国地区组织,并于 2010 年 5 月经 XBRL 国际组织批准,XBRL 中国地区组织成为正式地区组织成员;2010 年 10 月,国家标准化管理委员会发布了 XBRL 技术规范系列国家标准,财政部发布了基于企业会计准则的可扩展商业报告语言(XBRL)通用分类标准。两套标准的发布是我国继发布实施企业会计准则、内部控制规范之后的又一重大系统工程,标志着后危机时代我国以 XBRL 应用为先导的会计信息化时代的来临,在中国会计信息化建设史上具有里程碑意义。XBRL 国际组织主席迈克·威利斯对此给予高度评价,认为中国通用分类标准代表了全球 XBRL 分类标准的最新发展趋势,中国开发这一标准和推广其应用的努力对全世界其他国家来说是一个杰出的榜样。

(二)XBRL 与我国会计信息化发展战略

2006 年 5 月,中共中央办公厅、国务院办公厅印发《2006—2020 年国家信息化发展战略》,指出"信息化是当今世界发展的大趋势,是推动经济社会变革的重要力量。大力推进信息化,是覆盖我国现代化建设全局的战略举措,是贯彻落实科学发展观、全面建设小康社会、构建社会主义和谐社会和建设创新型国家的迫切需要和必然选择";2009 年 4 月,财政部发布了《关于全面推进我国会计信息化工作的指导意见》(以下简称《指导意见》),提出了全面推进我国会计信息化建设的目标:力争通过 5~10 年左右的努力,建立健全会计信息化法规体系和会计信息化标准体系,全力打造会计信息化人才队伍,基本实现大型企事业单位会计信息化与经营管理信息化融合,进一步提升企事业单位的管理水平和风险防范能力,做到数出一门、资源共享,便于不同信息使用者获取、分析和利用,并据以进行投资和相关决策;基本实现大型会计师事务所采用信息化手段对客户的财务报告和内部控制进行审计,进一步提升社会审计质量和效率;基本实现政府会计管理和会计监督的信息化,进一步提升会计管理水平和监管效能。通过全面推进会计信息化工作,使我国的会计信息化达到或接近世界先进水平。

《指导意见》确定了我国会计信息化以 XBRL 为先导,引领和带动全面会计信息化的有序推进和目标的实现。《指导意见》指出,XBRL 分类标准是会计信息化标准体系的重要组成部分,"各企事业单位在贯彻实施会计准则制度、内部控制规范制度并与全面信息化相结合的过程中,应当考虑 XBRL 分类标准等要求,以此为基础生成标准化财务报告和内部控制评价报告,满足不同信息使用者的需要"。

《指导意见》发布后,财政部会计司团队紧紧抓住 XBRL 这个"牛鼻子",作为全面启动会计信息化的关键环节和突破口,会同有关方面依据《指导意见》所确定的全面推进我国会计信息化的目标、任务、内容、工作步骤、工作方式和要求,从企业会计准则入手,形成系统的披露模板,广泛征求意见,从中提取财务报告元素,起草完成了基于企业会计准则的 XBRL 通用分类标准(征求意见稿),再次向全社会征求意见,直到发布,先后经过 18 个月的艰苦努力,为我国推进应用 XBRL 和全面会计信息化奠定了扎实的基础。

(三)XBRL 对推进我国会计信息化工作的意义

信息化关系到一个国家的核心竞争力和发展水平。XBRL 在发达国家日益广泛的应用,为财务报告及相关信息的使用者包括企事业单位、投资者、债权人、会计中介机构、宏观经济管理部门和政府监管机构等,带来了极大的便利,提升了整个社会的科学化精细化管理水平。

对于企事业单位而言,XBRL 能够较好地实现财务系统与单位内部管理系统的数据交换,较好地实现财务报告与内部控制的融合,以会计为基础根据内部管理的需要进行扩展,及时、快速、准确地分析判断运营状况以及内部管理中的薄弱环节,并不断加以改进,有助于管理者大幅度提升管理效能,从而在微观层面实现管理现代化。

对于投资者、债权人等而言,XBRL 大大降低了获取信息的成本,显著提升了信息获取、加工和扩展的速度、准确性和科学性,及时形成所需要的个体、整体或行业等各类信息,包括历史信息和当前信息,从而做出更加科学合理的投资和信贷决策。以往的专业机构、投资机构和债权人等所拥有的庞大昂贵的数据库,是通过人工输入公司财务报告及相关信息形成的,不仅差错率高,而且不能扩展,分析利用受到很大局限。XBRL推出后,投资者数据获取将变得更加方便,成本大大降低,投资者也可以拥有进行深入分析所需的大量数据,从而增强中小投资者的分析和决策能力。近期,美国已经开发出了在手机上使用 XBRL 数据进行财务分析的软件,把原本孤立、静止、繁杂无序的信息转变为投资者、债权人等信息使用者可以随时随地高效利用的"掌中宝"。实践证明,XBRL 在有效资本市场条件下,已成为投资者进行投资决策、债权人进行信贷决策的重要技术支撑。

对于会计师事务所而言,XBRL 将对会计中介机构从事审计及相关业务产生革命性的影响。被审计客户广泛应用 XBRL 之后,会计师事务所面临的审计环境将发生重大变革,XBRL 格式数据将大幅度提升审计信息获取效率,注册会计师需要考虑 XBRL 数据生成过程的合规性。更为重要的是,在审计过程中应用 XBRL,将重塑现有的审计业务流程,从客户信息系统提取数据进行转换的过程将大大简化,审计师能够有更多精力集中到对客户业务和财务状况的分析,提高审计工作的附加值和审计工作的信息化水平。

对于宏观经济管理部门而言,通过获取企事业单位和会计中介的实例文档,借助兼容 XBRL 技术的应用软件进行深度分析,可以实现从宏观上掌握和监测经济运行状况,科学分析判断经济运行中存在的问题,以便采取有效措施,同时为制定宏观经济政策提供科学依据。

对于政府监管机构而言,利用 XBRL 可以将被监管者纳入现代化的统一监管系统,从而大大降低监管成本,提升监管效能。与此同时, XBRL 能够打通不同监管系统、不同监管部门间的数据屏障,从而形成"数出一门、资源共享"的统一监管平台。

对于软件开发商而言, XBRL 带来了难得的发展机遇。由于 XBRL 是一种计算机语言,在其逐步推广过程中所涉及的各个环节,都需软件开发商提供技术支持。XBRL 的广泛应用将催生一个新的产业链,相关方面实施 XBRL 的解决方案,无一例外都需要软件开发厂商的配合,软件开发商尤其是国内的软件厂商应当积极主动地参与到 XBRL 的推广和应用中来,一是参与扩展分类标准及相关技术标准的制定和推广;二是按照财政部的统一要求,为相关方提供符合通用分类标准及其扩展分类标准的解决方案;三是参与符合 XBRL 技术规范国家标准和通用分类标准要求的财务软件或管理信息系统的升级改造;四是研制开发符合通用分类标准及扩展分类标准的各种分析和利用 XBRL 报告的应用工具;五是参与对用户进行 XBRL 相关应用的培训,为培养 XBRL 人才做出贡献。

三、实施企业会计准则通用分类标准,推动 XBRL 在我国财务报告领域的应用

XBRL 对软件开发专业人员而言并不很难,但是,由于推广这种语言涉及财务报告或内部控制等,国家制定并实施了统一的会计准则制度和内部控制规范,如果做到在全国范围内有序推广应用 XBRL,必须要有国家统一的标准,包括技术规范和基于国家统一会计准则制度和内控规范的通用分类标准和相关扩展分类标准,否则就会导致混乱,有悖推广应用 XBRL 的初衷。

(一)推动 XBRL 在我国财务报告领域的应用涉及的环节

1. 发布 XBRL 技术规范系列国家标准

推动 XBRL 在我国财务报告领域的应用,首先要制定和发布 XBRL 技术规范。XBRL 技术规范是 XBRL 分类标准制定和扩展、软件开发及相关应用所需共同遵循的底层技术标准,如同建造高楼大厦的地基,地基的基本要求需要统一的技术标准。

XBRL 技术规范属于信息技术范畴,具有全球通用性,目前由 XBRL 国际组织制定和发布,已得到国际广泛采用。为了推动 XBRL 在我国的应用,我们(指作者及其领导的团队——编者注)在研究论证的基础上,决定采用 XBRL 国际组织制定的技术规范,将其制定为国家标准,经国家标准化管理委员会批准对外发布实施。

目前,可扩展商业报告语言(XBRL)技术规范系列国家标准主要包括基础、维度、公式和版本等四个部分,未来可根据情况由财政部提出修订或增补。其中,《可扩展商业报告语言(XBRL)技术规范:基础》是 XBRL 技术的详述规范,描述了 XBRL 的技术架构,定义了 XBRL 分类标准和实例文档中使用的 XML 元素和属性;《可扩展商业报告语言(XBRL)技术规范:维度》提供了一个定义维度元数据并且在 XBRL 实例文档中对其进行引用的通用机制;《可扩展商业报告语言(XBRL)技术规范:公式》标准定义了一套语法,用于以公式的方式描述从 XBRL 实例文档获得信息并产生新 XBRL 事实数据的规则;《可扩展商业报告语言(XBRL)技术规范:版本》标准定义了 XBRL 分类标准版本管理报告的 XML 语法,提供了两个可发现分类标准集之间差异的结构化描述。基础标准是核心,维度标准、公式标准和版本管理标准分别从不同方面对基础标准进行了扩展。

2. 制定和发布《企业会计准则通用分类标准》和相关扩展分类标准

XBRL 分类标准是根据 XBRL 技术规范对商业报告(包括财务报告、企业内部控制评价报告、监管报告等)中的元素及其关系进行标记和描述的"业务词典",是编制 XBRL 格式报告(实例文档)的具体标准。财政部发布的《企业会计准则通用分类标准》,从总体架构上,包括逻辑设计和物理结构两个层面。逻辑设计是指将企业会计准则关于财务报告的各项规定映射到 XBRL 语言上的方法;物理结构是指分类标准各文件和文件夹的具体层级设计和组织方式。通用分类标准的架构与国际财务报告准则分类标准 2010 版的架构趋同,即物理结构保持基本一致,逻辑设计采用了基本相同的方法。通用分类标准装载了国际财务报告准则分类标准核心模式文件,对于在国际财务报告准则分类标准中已定义、与我国企业会计准则含义一致的会计概念,通用分类标准采用直接引用的方式。从内容上,通用分类标准包括财务报表和附注等财务报告组成要素,涵盖了企业会计准则关于财务报表列示和披露的各项要求。通用分类标准包含 1 个核心模式文件和 6 种链接库。其中,核心模式文件中包含通用分类标准所使用的全部元素,6 种链接库分别是列报链接库、计算链接库、定义链接库、标签链接库(包括中文和英文标签)、参考链接库和公式链接库。

《企业会计准则通用分类标准》在技术严格遵循《可扩展商业报告语言(XBRL)技术规范系列国家标准》的规定,在业务上严格遵循企业会计准则,可以理解为 XBRL 格式的企业会计准则,是我国会计准则体系的重要组成部分。今后,财政部还将制定发布基于企业内部控制规范和事业单位会计准则等的通用分类标准。

XBRL 分类标准具有可扩展性。其他政府监管部门可依据相应的监管要求,根据通用分类标准制定和发布适用于各监管需要的扩展分类标准;企事业单位出于内部管理的需要,也可依据自身要求在通用分类标准基础上进行相应扩展。无论是监管机构的扩展还是企业的扩展,都应当遵循通用分类标准应用指南中规定的扩展原则,以免造成混乱。

3. 做好 XBRL 实例文档的生成、报送和利用

实例文档是依据 XBRL 分类标准生成的电子商业报告。按照分类标准生成实例文档,如同每个人都可以根据手中的一本词典中定义的词汇以及语法和语义,遣词造句,输入数据,写作出自己的文章,即实例文档。因此,做好 XBRL 实例文档的生成、报送和利用,是推进 XBRL 应用、发挥 XBRL 的功能效用、实现深度分析利用会计及相关信息的关键环节,这需要企事业单位与政府监管部门、会计中介机构、软件开发商、投资者、债权人等信息使用者共同作用完成。简言之,企事业单位要借助报送软件生成实例文档;会计中介机构应当对企事业单位实例文档的合规性进行审计并协助报送;政府监管部门应当根据 XBRL 技术对原有监管系统进行改造,逐步将被监管企事业单位的实例文档统一纳入监管系统;投资者、债权人以及宏观经济管理部门等信息使用者应当对深度分析利用实例文档提出需求,并且熟练掌握各种基于 XBRL 数据的分析工具的使用;软件开发商应当为实例文档的生成、报送和分析利用开发出各种适用的应用工具。

(二) 我国 XBRL 通用分类标准的主要特点

我们在制定通用分类标准的过程中采取特别谨慎的态度,广泛吸收社会各方意见,加强国内国际合作,以保证通用分类标准的高质量和可操作性。在分类标准开发前,进行了广泛深入的调查研究,先后详细解析 XBRL 技术规范,分析研究世界主流分类标准的制定模式,调研了解 XBRL 应用项目,确定了通用分类标准制定工作的思路。在此基础上,今年年初,我们联合会计师事务所、科研院所、软件厂商和企业等启动了通用分类标准的开发工作。在开发工作中,我们与国际财务报告准则分类标准的制定机构——国际财务报告准则基金会保持密切合作,通用分类标准征求意见稿发布后,我们采用公开征集意见、与国际专家召开工作会议、成立质量审核委员会和进行实地测试等方式,确保通用分类标准经得起实践检验。

制定通用分类标准的过程中,我们坚持"人无我有,人有我优"的工作思路,力争在继承发扬基础上进行创新。总体而言,通用分类标准主要有以下特点:

1. 与国际主要分类标准架构相同,确保通用分类标准的国际趋同

目前,世界主流分类标准都已经实现了架构趋同,在我国企业会计准则已与国际财务报告准则实现了实质性趋同并正在持续趋同的基础上,通用分类标准采取了与国际财务报告准则趋同的架构,这一特点符合建立全球统一的高质量会计准则的要求,也将有利于我国通用分类标准获得更广泛的国际认可。

2. 可扩展性强,能够满足相关各方的多样性需求

通用分类标准全面支持行业监管部门、企业等有关方面对通用分类标准进行扩展,各方对此反响良好,银监会、证监会、保监会等监管部门和中石油等企业均支持这一模式。同时,为了避免监管部门和企业在扩展分类标准过程中出现分类标准架构不一致、各监管部门扩展分类标准不能互操作等情况,强调在扩展过程中应当遵循财政部发布的通用分类标准指南中规定的扩展原则。

3. 建立完全开放的统一数据标准,提高财务等相关信息的多次运用价值

以会计准则为基础,建立面向各监管部门的通用分类标准是一项符合我国实际的创新,得到了各监管部门和企业的大力支持。通用分类标准将成为我国企业财务等相关信息的统一电子数据标准,大大增强企业及相关财务信息跨行业、跨部门的多次可用性。

四、推广应用 XBRL 的工作安排与具体措施

由于 XBRL 推广和应用涉及面广、技术性强、影响力大,在当前形势下要以通用分类标准的发布为契机,积极做好相关工作,促使 XBRL 在财务报告领域推广应用,切实推动会计信息化建设进步。

(一)推动通用分类标准的分步实施

经过反复调研和征求各方意见,我们认为,在推进通用分类标准的实施中应当坚持"积极稳妥、先行试点、总结经验、分步推进"的原则,推动各监管部门和企业扩展应用 XBRL。

在监管部门扩展应用中,拟先以通用分类标准在银行监管和证券监管中的应用为重点。在银行监管和证券监管扩展应用的基础上,积累总结经验,进一步为在央企管理、税务、统计等其他相关部门应用 XBRL 技术和通用分类标准提供技术支持。

在企业和会计师事务所层面,按照《财政部关于发布企业会计准则通用分类标准的通知》要求,自 2011 年 1 月 1 日起,在美国纽约交易所上市的我国部分公司、部分证券期货资格会计事务所施行,鼓励其他上市公司和非上市大中型企业执行。做出这样的实施安排,主要基于以下两点考虑:(1)根据美国证券交易委员会(SEC)发布的 XBRL 强制报送规定,我国在纽约交易所上市的企业需在 2011 年 6 月 15 日或之后结束的会计期间,向 SEC 报送基于国际财务报告准则的 XBRL 实例文档。鉴于财政部制定发布的通用分类标准与国际财务报告准则分类标准的趋同关系,我们要求这部分在美上市公司先行实施,编制基于企业会计准则通用分类标准的 2010 年 XBRL 实例文档,积累经验后再逐步推广到国内上市公司及执行企业会计准则的大中型国有企业。(2)为了探索通用分类标准在注册会计师行业监管中的应用,首先依托财政部的注册会计师行业管理系统,选取少数信息化水平高、业务规模大、代表性强的证券期货资格所先行试点,

遵循通用分类标准对其上市公司客户 2010 年年报进行 XBRL 格式的报备。首批实施通用分类标准的上市公司和会计师事务所名单将于年内发布。

（二）加强推广应用 XBRL 的组织领导与协调

在推动 XBRL 和会计信息化的工作组织方面,由财政部牵头联合 9 个部门成立会计信息化委员会。XBRL 技术产生于会计领域,扩展到其他领域并得到广泛应用。但截至目前,会计依然是 XBRL 应用最为成熟和成功的领域。世界各国的 XBRL 应用项目证明,以会计领域为切入点,推动 XBRL 分类标准的制定,能够形成不同领域的最大合集,有利于 XBRL 的深入应用和长远发展。基于上述考虑,作为我国会计工作的主管部门,财政部于 2008 年联合工业和信息化部、审计署、人民银行、国家税务总局、国资委、银监会、证监会和保监会等 9 个部门成立了会计信息化委员会,推进中国的 XBRL 工作。

在 XBRL 相关标准的制定方面,财政部和相关部门归口管理。一是在 XBRL 技术规范的制定发布方面,由财政部提出国家标准立项申请,经过立项、国标起草、修订、评审和报送等程序,由国家标准化管理委员会正式发布。XBRL 技术规范系列国家标准由财政部牵头起草并负责归口管理,未来可根据情况由财政部提出修订或增补。二是在企业会计准则通用分类标准和扩展分类标准的制定方面,由财政部制定发布基于企业会计准则的 XBRL 通用分类标准和相关扩展分类标准。未来还将制定发布基于企业内部控制规范和事业单位会计准则等的通用分类标准。三是其他政府监管部门可依据相应的监管要求,根据通用分类标准制定和发布适用于各监管需要的扩展分类标准。此外,企事业单位出于内部管理的需要,也可依据自身要求在通用分类标准基础上进行相应扩展。

在推进 XBRL 应用方面,搭建监管协调平台,建立协调机制。XBRL 的推广实施,尤其是实例文档的生成、报送和利用等,需要企事业单位与政府监管部门、会计中介机构、软件开发商、投资者、债权人等信息使用者共同作用完成。因此,我们将在会计信息化委员会统一领导下,建立一个相关部门组成的有效务实的协调机制,定期协商解决相关问题,避免不同部门在扩展和实施中的重复建设,节约社会资源。此外,我们将在这一机制下组建一个 XBRL 技术服务平台或技术团队,用以整合 XBRL 技术、人才和信息资源,共享分类标准建设和实施经验,切实为分类标准实施提供多维支持。

（三）加强人才队伍建设,为推广应用 XBRL 提供人才保障

推进 XBRL 应用,人才是关键。要重视发挥高端人才在推广应用 XBRL 中的引领作用,着力培养复合型高端人才。2010 年 9 月,财政部制定发布的《会计行业中长期人才发展规划(2010—2020 年)》指出,各企事业单位要着力培养造就一批精通财会业务、熟悉市场规则,掌握金融、法律、内部控制、信息技术等相关专业知识,具有国际视野和

跨文化交流能力,能参与战略经营和管理决策、把握行业发展趋势、解决复杂经济问题的具有国际业务能力的高级会计人才。我国会计信息化事业开展以来,各部门、地区、基层单位都已认识到培养信息化专业人员或复合型人才的至关重要性,并进行了多渠道、多形式的人才培训工作,一些院校相应开设了专门课程,从理论基础和应用技能上培养了一批又一批会计电算化、信息化专业人才。但是,在推进 XBRL 应用、全面推进我国会计信息化的背景下,既懂会计又懂计算机知识的复合型人才非常缺乏,培养复合型会计信息化人才已是当务之急,也是未来我国会计人才发展规划的战略需要,要求我们从现在开始正式启动会计和 XBRL 复合型高端人才的培养工程。

要统筹兼顾,做好推广应用 XBRL 的人员培训。第一,在广泛征求各方意见的基础上,加快制定出一个兼顾目前和长远的、比较完善的培训方案;第二,组织力量尽快编写 XBRL 培训教材和知识读本;第三,组建一支较强的培训班子,吸收方方面面专家的参与,尽快解决培训的师资问题;第四,对各省和有关部门会计管理机构的相关人员进行 XBRL 知识普及和培训,为 XBRL 推广和应用营造良好的氛围;第五,对首批实施通用分类标准的上市公司和会计师事务所的相关人员率先进行培训,确保通用分类标准试点成功;第六,利用中国会计学会的高端培训平台,进一步调查和了解各方对 XBRL 的培训需求,满足不同层次、不同内容培训的需要,为逐步扩大应用范围做好准备。

(四)多管齐下,确保实例文档报送

鉴于 XBRL 的技术性要求,实施企业在通用分类标准基础上进行扩展进而报送实例文档有一定门槛,做好实例文档报送成为 XBRL 推广应用过程中的一项关键工作。为有效应用 XBRL 技术提供财务报告实例文档,降低企业应用 XBRL 的成本,我们拟采用以下方法:一是对于有条件的企业,鼓励并帮助企业在通用分类标准上进行扩展,并生成符合报告企业实际的 XBRL 财务报告实例文档。二是财政部将开发与企业现有 ERP 软件兼容的简易填报软件,供企业免费使用,生成财务报告实例文档。三是鼓励软件公司积极开发 XBRL 相应报告软件,并在现有 ERP 软件中添加 XBRL 报告功能模块,报送高质量的 XBRL 财务报告实例文档。有了实例文档,并以适当的方式公开,从而实现各有关报告使用者准确、快捷、科学扩展、深度分析应用的目标。

(原载《会计研究》2010 年第 11 期)

中国会计学会七届七次
常务理事会工作报告

本届理事会成立以来,在财政部党组、主管部长和会长的领导下,在各位副会长和常务理事的支持下,中国会计学会坚持以邓小平理论、"三个代表"重要思想为指导,践行科学发展观,全面开展会计科研和学术活动,服务我国财政经济工作和会计改革与发展,突出会员服务宗旨,重视学会自身建设,较好地完成了理事会确定的各年度工作任务。

一、围绕我国财政经济工作和会计改革发展需要开展工作,并取得了显著成效

（一）配合企业会计准则的建设与实施,开展了系列重大活动,为准则建设与实施提供了理论支持

1. 完成出版了与基本准则和近20项具体企业会计准则相关的会计科研课题

我国企业会计准则建设与实施是一项重大的系统工程,需要会计理论支撑。会计学会发挥了特有的智力优势,开展了系统的会计准则科研攻关,通过设置一系列科研课题,将一大批会计理论和实务界的专家学者组织起来,参与我国会计准则建设。这一系列科研课题的完成和课题成果的出版,为我国会计准则建设与实施奠定了扎实的理论基础。

2. 精心组织第三届全国会计知识大赛,全面提升了企业会计准则的社会认可度

2007年1月1日,企业会计准则在上市公司实施并逐步扩大实施范围,迫切需要全社会了解掌握准则体系。为此,财政部决定2007年举办第三届全国会计知识大赛,由中国会计学会承担具体组织工作。学会精心筹划,周密安排,历时一年有余,顺利完成了初赛、复赛和决赛。全国参加第一赛程的人员达到1 031万,44 325人获得一、二、三等奖;中石油等8个代表队分别获得决赛团体一、二、三等奖。本届全国会计知识大赛的成功举办,实现了"贯彻《中华人民共和国会计法》及相关法规,宣传会计准则,普及会计知识,扩大会计工作社会影响"的目标。

3. 开展大规模深度培训,推动会计准则顺利实施

企业会计准则在上市公司和非上市大中型企业实施后,中国会计学会针对实施中的重点、难点问题,连续举办了10多期高端培训班,为从事会计理论教学与研究的人

员、会计监管部门以及各类企业的会计人员提供了近三千人次有针对性的深度培训。培训班由于主题突出、师资权威、讲解透彻、服务周到,得到了全国会计理论和实务人员的高度评价,树立了中国会计学会权威、高端培训平台的良好形象,为会计准则的顺利推行提供了保障。与此同时,中国会计学会配合以"两税合一"为主要内容的税收制度改革,开展了新税制培训班,为税收制度的贯彻实施发挥了应有的作用。

(二)开展国际金融危机与公允价值重大理论问题的系列研讨活动,形成了"公允价值计量不是导致金融危机根源"的研究成果

2008年发生的国际金融危机,不仅给实体经济带来了冲击,同时也给财务、会计工作以及相关理论带来了严峻挑战。公允价值会计成为国际社会指责的对象,并引起了G20峰会的关注。在这种情况下,中国会计学会从三方面展开金融危机与公允价值的相关研究:一是组织了"金融危机对我国金融企业的影响分析"、"金融工具公允价值相关问题研究"、"公允价值计量研究"等18项财政部定向课题。二是发动各专业委员会以及会计理论界、实务界,举办"金融危机与公司财务专题研讨会"、"公允价值与稳健性专题学术论坛"等系列研讨,七届四次常务理事会针对金融危机、风险控制等重大问题进行了专题研讨。三是通过学会会刊《会计研究》杂志,围绕金融危机形成、防范与应对措施,以及公允价值的顺周期效应等主题,组织和发表了一系列高水平论文。经过长达一年多时间的高强度研究,从不同角度以大量的研究例证,明确提出了公允价值不是导致金融危机根源的结论,出版了《金融危机下的财务与会计问题研究》等专题文集,在我国会计理论和实务界发挥了引导作用,为我国制定金融危机和公允价值会计相关政策提供了重要依据。

(三)高度重视内部控制的理论研究,为我国企业内部控制规范体系的建设与实施作出了贡献

1. 开展内部控制系列课题研究

美国"安然"公司、"世通"等案件的爆发,使企业风险管控成为全世界关注的焦点。为了全面提升我国企业的经营管理水平和风险防范能力,迫切需要将会计控制拓展到企业全面风险控制。为此,中国会计学会设立了"企业内部控制操作指引与典型案例研究"等25个重点课题和"企业内部控制设计操作流程与方法研究"等25个一般课题,由内控规范的起草人员和理论界专家联合牵头,组织强大的研究团队开展深入研究,取得了多项重大成果,其中,"金融行业内部控制"等14个课题成果分成7个专辑公开出版,多项研究成果成为制定相关内控规范的重要参考。

2. 组织内控规范建设相关研讨和高层论坛

配合《企业内部控制基本规范》的出台和内控配套指引项目的立项难点,中国学会学会财务管理专业委员会和管理会计专业委员会围绕内控规范建设与实施,开展了形式多样的理论研讨活动和高层论坛。2008年8月,中国会计学会在吉林举办了"中国

财务会计高层论坛——企业内部控制规范及操作指引研讨会",就企业内部控制规范体系的立项问题进行了专题研究。2009年和2010年,学会先后组织了"内部控制与风险管理"等学术研讨会,深入探讨了完善企业内部控制规范的相关问题,有力地推动了内控规范的建设;配合《企业内部控制配套指引》的正式发布,2010年5月开始,学会先后在北京、南京、大连、烟台和杭州等地举办了"内控实施及会计准则国际趋同路线图"的资深会员论坛,宣传内控的必要性,引起了会计理论、实务界和社会各方面的关注和重视。

3. 开展内控规范体系实施的高端培训

五部委先后联合发布企业内部控制基本规范和配套指引后,中国会计学会抓住这一有利时机,及时启动了企业内部控制高端培训工作,组织了若干期"企业内部控制规范体系高级培训班",为在全国范围内普及企业内部控制体系以及首批实施内控体系的境内外上市公司做好内控实施工作奠定了基础。

(四)加强政府及非营利组织会计研究,积极推动我国政府会计改革

政府及非营利组织会计改革是我国实施财政科学化精细化管理、推行公共财政制度、提高政府透明度的必然要求,我国在这一领域的会计改革相对滞后。中国会计学会做了如下工作:一是改组成立了政府与非营利组织会计专业委员会,加强了专业委员会的研究力量;二是组织了"政府会计改革路径研究"、"政府会计准则体系研究"等一批重点科研课题,编辑出版了《政府会计理论与准则体系研究》等专题成果;三是多次组织政府与非营利组织会计领域的专家研讨,形成了政府预算会计与财务会计分离的改革思路。2010年8月,学会在福建召开政府及非营利组织会计理论研讨会,完成了《关于加快推进我国政府会计改革的建议》的研究报告,得到财政部主要领导的高度重视,为推动我国政府会计改革发挥了决策参考作用。

(五)组织全国先进会计工作者评选表彰

在我国社会主义市场经济建设中,涌现了一大批业绩突出、贡献重大的会计人员,为了树立当代会计工作者楷模,塑造会计行业良好形象,中国会计学会接受财政部的委托,草拟了《全国先进会计工作者评选表彰办法》,承担评选表彰的具体工作。2008年学会组织完成了"会计工作者、总会计师、注册会计师、会计科研及教育、会计管理工作者"五个系列50名先进会计工作者评选的具体工作。2009年和2010年分别组织了总会计师系列、会计管理工作者系列全国先进会计工作者评选的具体工作,共选出韦秀长等10名全国先进总会计师、于延琦等10名全国先进会计管理工作者。2009年获奖的10名先进总会计师和2010年的先进会计管理工作者被授予全国"五一劳动奖章"。评选表彰全国先进会计工作者这一重大举措,引起了社会各界高度重视,激发了1 000多万会计人员的工作热情,在全社会范围内掀起了重视会计、崇尚诚信、依法理财、锐意创新、敬业奉献的良好氛围。

（六）着力开展学术类会计领军人才培养

培养会计领军人才是财政部高级会计人才工程的重要部分,中国会计学会承担了学术类会计领军人才的培养任务。本届理事会期间学会组织了第2期、第3期学术班和大赛班学员的选拔,对4个班121名学员提供了系统的专业培训,取得了明显效果。仅第一期学员,近年来在核心期刊发表学术论文390余篇、境外期刊发表42篇;承担国家自然科学基金等国家级课题29项、省部级课题95项。由于学员在专业水平、业务能力、工作业绩等方面表现较好,全部学员在职称或职务方面都有提升,特别是11人分别入选全国青联委员、国务院政府特殊津贴、新世纪优秀人才计划,在学术界产生了良好的示范作用。

（七）引导全国会计理论研究,推动会计教育与学科建设

本届理事会确定了会计理论研究工作总体目标,即"在充分总结会计实践经验并吸收已有理论研究成果的基础上,建立和完善适应社会主义市场经济发展需要、具有国际影响力的会计理论与方法体系"。为了更好地实现这一目标,学会充分发挥在会计理论界的优势和影响力,引导全国会计理论研究,推动会计教育与会计学科建设。

（1）提倡规范研究与实证研究并重,强调从经济社会发展和会计改革的需要出发开展理论研究

随着数理统计理论、统计软件和统计技术的发展,西方国家基于其成熟资本市场的数据,提出了以大样本统计分析为特征的实证研究方法,用于经济和管理专业的学术研究。21世纪以来,实证研究方法得到我国一些年轻学者的推崇、推广,甚至慢慢走向实证研究一边倒、脱离所研究问题的实践、为实证而实证的极端倾向。针对这一情况,学会通过多种方式引导并鼓励规范研究与实证研究并重,强调大样本统计分析、案例分析、实验研究、实地调查都属于实证研究的范畴,有各不相同的特点和适用范围,应当根据研究主题的实际情况作出合理选择。我们强调,会计研究要立足于经济社会发展和会计改革的需要,凸显会计理论的前瞻性、先导性作用,从实际工作中寻找有价值的研究问题,以此推动会计理论的发展。

（2）评选优秀会计科研成果,积极推动理论创新

近年来,我们完善了"中国会计学会年度优秀论文评选"的程序,通过广泛征文、多方推荐、学会初评、通讯量化评审、专家复审、反学术不端检查等方式,评选出一、二、三等奖若干篇,并将获奖论文结集出版,评选的公正性和权威性不断加强,"中国会计学会优秀论文奖"的社会影响逐渐扩大,社会认可度明显提高。同时,在学会的支持下,财务成本分会、会计信息化专业委员会等结合各自召开的学术年会,开展有奖征文和优秀论文评选活动。实践表明,评选优秀科研成果意义重大,可以更好地推动理论创新,发挥会计理论对实践的指导作用。

（3）编辑出版《会计研究》杂志,全面提升研究质量

《会计研究》是中国会计学会的会刊,同时也是我国的权威会计刊物和会计研究的重要阵地。杂志的编审过程中,积极倡导务实求真的文风,强调文章的可读性,增强研究过程和结论的可理解性,读者范围逐步扩大,杂志的社会认可程度不断提升。根据中国科学文献计量评价研究中心一个月前发布的"中国学术期刊影响因子年报",《会计研究》的即年影响因子为0.424,在CSSCI所列72种经济类期刊中居第二位,在CSSCI管理类期刊和国家自然科学基金委员会认定的22种A类管理学重要期刊中,均名列第一。

4. 推动会计教育改革与会计学科建设

与我国企业会计改革的不断深化相比,我国的会计教学在一定程度上滞后于会计改革实践,这是世界银行在《中国会计审计评估报告》中提出的意见。中国会计学会十分重视这一问题,积极推动会计教育与会计学科发展。一是在已有会计教育分会的情况下,设立会计教育专业委员会,组织全国较有影响的会计学科点、会计学科带头人开展会计教育和教学研究;二是举办"会计学院院长（会计系主任）论坛",针对会计教学方法、教材体系、会计教师交流、会计学科建设等一系列问题进行探索,研究成果发布到学会网站并汇编成册,为各教学单位提供参考。三是举办"高校教师会计改革研修班",组织高校教师随时了解、掌握会计改革与发展的动态和主要内容,推动会计相关课程和教材的完善。四是推动会计学科升级。根据我国会计改革与发展的实践,会计学科在经济社会发展中的重要作用不断提升,会计学科升级成为一种客观要求。中国会计学会为此做了大量工作,已经得到教育主管部门的关注和重视。不仅如此,学会还特别重视会计专业硕士学位的改革,推动MPAcc培养方案的完善。

（八）加强国际交流,推动我国会计学术界走上国际舞台

1. 整合全国会计学术对外交流资源,成立中国会计学会国际交流专业委员会

推动中国会计学术界走向世界,是本届理事会成立之初确定的一项重要工作,也是中国会计事业发展的大势所趋。为了更好地整合全国会计学术资源、推动会计国际交流,提高中国会计学者和研究成果的国际影响,学会顺时应势,成立了国际交流专业委员会,制定了完善的工作制度、配备了专职工作人员,各项工作正在按计划推进。

2. 扩大与主要经济发达国家会计界的交往,为我国会计学术界拓宽了国际视野

一是与美国、韩国会计学会签署了中美、中韩会计学会《合作备忘录》,建立了长期合作机制,实现了与美国会计学会互派代表参加对方活动、相互赠阅动态资料和学术期刊。二是进一步加强了与欧洲会计学术界的交流,开始探讨亚洲大洋洲地区会计学术组织建立新的联系和活动机制问题。学会多次派员访问了多个欧洲国家,与欧盟有关会计机构建立了良好的合作关系。三是学会与南京大学联合举办"中国会计与财务国际论坛",并利用举办学术年会的机会,邀请中外会计专家进行面对面交流,都取得了

圆满成功。

3. 整合港澳台地区会计学术力量,提升中国会计学者的国际影响

整合华人会计学者力量,是学会实施"走出去"战略的一个重要方面。2010 年,学会与台湾会计学术机构签署了《海峡两岸会计学术交流与合作备忘录》,建立了两岸会计学术界全面合作的机制;与台湾政治大学联合举办、并组织国内专家学者 66 人赴台湾参加了"第二届海峡两岸会计学术研讨会",极大地增进了两岸学者之间的了解,深化了相互合作。此外,学会还进一步密切了与香港、澳门有关高校和研究机构的会计交流与合作,与香港、澳门会计学者建立了畅通的联系渠道。

4. 编辑出版英文版《中国会计研究》杂志,向国际学术界推出研究成果

为进一步扩大中国会计学术研究的国际地位和影响力,便于国际学术界更方便地了解中国的会计学术研究,2010 年学会制定并完善了向国际会计界推出中国会计研究成果的方案,编辑出版了中英文对照版《中国会计研究》,逐步优化编审人员结构、吸收国际权威学者参与指导,征集体现中国元素、具有国际水平的原创论文,并加大向国际会计宣传推广的力度,推出一本代表中国会计学术界的权威英文刊物、推出一批中国会计学者和学术成果。《中国会计研究》开始得到国内外学者的关注。

二、中国会计学会在围绕我国财政经济和会计改革卓有成效开展工作的同时,自身组织体系建设取得了长足的进步

(一)重视专业委员会建设,全面系统地推进会计学术交流

中国会计学会各专业委员会是组织学术活动的重要力量,学会高度重视专业委员会建设,全面系统推进会计学术交流。一是根据"依法办会,规范管理"的原则,修改完善了《中国会计学会专业委员会工作规程》,促使专业委员会加强自身管理,规范开展活动。二是定期召开专业委员会工作会议和学术年会,指导专业委员会根据经济社会发展和会计改革的进程,制定年度活动计划,切实做好学术年会和专题论坛的组织工作、努力完成其所承担的研究任务。目前,学会共有 13 个专业委员会,覆盖会计各个研究领域和方向,专业委员会开展的各项活动,为财政经济工作和会计改革提供了全面、系统的理论支持。2010 年上半年,学会根据工作需要对审计专业委员会进行了改组,成立了会计监督专业委员会,围绕审计理论、注册会计师行业发展、政府会计监督等内容开展学术活动。配合全面推进我国会计信息化工作的需要,组织会计信息化专业委员会开展课题研究、举办学术年会和中国会计信息化 30 年成果展,取得了良好效果。

(二)加强并规范分会管理,推动有关行业会计理论研究工作

本届理事会成立之初,就注重发挥分会在相关行业的作用。我们在广泛调研的基础上,制定了《中国会计学会分会管理办法》,确立了"既要严格管理又要有利于分会积极开展工作"的原则,一方面努力为分会做好服务,解决了困扰分会多年的发票、银行

账户以及税务登记等问题;另一方面指导分会建章立制、充实工作人员,制定工作计划,推行分会信息登记、重要事务备案和重大活动通报等制度,鼓励分会积极参与会计法规制度培训、领军人才培养、纪念会计改革开放 30 年等重大活动。经过坚持不懈地努力,分会工作明显迈上新台阶。

(三)理顺了中国会计学会与地方会计学会、全国一级专业会计学会的关系,实现了会计学会之间的协调合作

经过摸索和实践,我们明确了中国会计学会与地方会计学会、全国一级专业学会之间的三层关系,即"业务指导关系"、"会员管理关系"和独立法人之间的"平等协作关系",基本形成了中国会计学会主导下的"上下联动、横向互动、全国一体化运作"的工作格局。2010 年,在中国会计学会组织的评选中,湖北省会计学会等 10 个省级会计学会、中国铁道会计学会等 3 个全国一级专业会计学会被评为"先进会计学会"。

(四)确立了以会员为中心的发展思路,会员队伍不断壮大

本届理事会确立了以会员为中心的发展思路,常务理事会通过了《个人会员分级管理办法》。个人会员根据自身条件的不同,分别分为会员、高级会员、资深会员。学会对会员免费提供会计专业领域国内外最新动态,免费提供各种初中级后续教育培训课件及相关资料,免费赠送《会计研究》期刊,提供学会全年活动计划,优惠参加学会组织的各种培训和学术会议,等等。学会对高级会员和资深会员还提供更多的增值服务,包括可以担任学会专业委员会委员并组织专业研讨会、承担财政部或中国会计学会立项的重点课题或重大课题、申请参加财政部或中国会计学会组织的相关调研活动,参与会计法规制定的政策建议等。为了对会员提供高质量的服务,学会初步搭建了相关服务平台,包括:政策支持平台,有计划地组织会计相关重点、难点、热点问题的研究、论坛和专门研讨;专业教育平台,为各级别会员提供网络远程继续教育培训和专题培训;资讯交流平台,为会员提供各类研究资料和行业动态。经过近两年的努力,中国会计学会的吸引力不断增强,会员队伍不断壮大。截至 2010 年年底,学会总共发展单位会员265 家,个人会员 2 873 名,成为全国一级学会中会员规模和较大社会影响的会计学会。

(五)加强学会秘书处建设,发挥其常设机构的中枢作用

学会秘书处是中国会计学会开展工作的常设机构,是落实理事会和常务理事会决议的指挥中枢。本届理事会大幅度提高了秘书处开展工作的能力。一是建章立制,推动秘书处建立和完善了《岗位管理制度》、《财务管理制度》等多项内部管理制度并予以严格执行。二是采取多种形式进一步充实了秘书处的人员队伍,目前学会秘书处工作人员达到14 人,其中列入编制 9 人、通过合同制形式聘任 5 人,部党组同意使用会计准则委员会 2名编制指标。三是改善了学会的办公条件,办公地点由月新大厦三楼的 1/3 扩展到整个六楼,办公场所面貌一新。四是秘书处重新设计并开发了中国会计学会网站,升级了网络服务器,完善了会员管理系统、稿件管理系统、新闻发布系统、资料检索系统、会议报名系

统等业务管理软件,全面提高了秘书处的工作效率和为会员服务的能力。通过秘书处建设,保证了学会的工作活力和战斗力。

学会秘书处的会计核算规范,财务状况良好。2007 年以来,秘书处按照国家统一安排,配合财政部办公厅、审计署和民政部以及有关会计师事务所,完成了学会资产清查工作、财务检查工作和年度审计工作。2010 年度中国会计学会全年收入总额 6 941 295.36元,费用总额为 7 029 947.31 元,亏损总额 88 651.95 元。截至 2010 年年末,学会资产总额 8 698 868.99 元,负债总额 1 584 203.72 元,净资产 7 114 665.27 元。

三、做好会计学会工作的基本经验和体会

本届理事会自成立以来,可以说学会的工作思路更加明确,学会的地位和作用更加增强,理论与实际的联系更加紧密,推动会计人才发展的效能更加凸显,学会的社会影响更加广泛。总结几年来卓有成效的工作,我们总结了如下基本经验和深刻体会:

(一)围绕经济社会发展和会计改革需要开展工作,是学会永葆活力的前提和基础

会计是一门应用学科,会计理论研究和发展最终要落实到经济工作实践中去。因此,会计学会一直提倡从经济工作的实际需要出发,组织开展会计理论研究;一直强调理论研究必须为会计实务提供科学指导。根据这一思路,中国会计学会密切联合各地方会计学会以及全国一级专业会计学会的力量,围绕金融危机与风险防范、财政精细化科学化管理、政府会计改革、加强会计监督、会计师事务所做强做大、会计人才队伍建设等诸多财政经济工作中的紧要问题,组织理论攻关和形式多样的学术研讨活动,以及根据企业需要及时展开培训,宣传政策法规,普及会计知识,提高从业人员会计素养,赢得了社会各界的广泛好评。我们深刻体会到,理论来自实践又服务于实践,是我们的工作能够真正做到实处的根本保证,是会计学会永葆青春和活力的基础。

(二)依托会计主管部门的优势,发挥桥梁纽带作用,实现行政管理和学会工作的双赢

中国学会学会历届秘书长均由财政部会计司领导兼任,学会秘书处设在会计司。本届理事会形成了"会计行政工作和学会工作两手抓、两手都要硬"的局面。各地学会基本上也属于这种体制。这一体制有助于发挥学会联系政府和会计工作者的桥梁和纽带作用,既配合和服务于行政工作,推动会计改革与发展,又便于组织专家学者和会计实务人员开展研究和探讨,推动会计理论繁荣,为会计改革发挥理论先导作用,两者相互促进、相得益彰。

(三)实行民主管理、发挥集体智慧,团结一致、努力工作,是开创学会工作新局面的必要条件

本届理事会坚持解放思想、开拓创新,高度重视并充分发挥理事会、常务理事会的作用,推行民主管理,组织理事和常务理事定期开会,为学会发展确定方向并整合优势

资源,工作成效一年比一年显著。同时,学会秘书处的工作人员爱岗敬业,在完成学会日常工作的同时,积极参与各项重点工作,在各自的岗位上作出了自己的贡献,营造了学会蓬勃向上、团结奋进的良好氛围。我们深切地体会到,有为才有位,扩大学会影响力、提高学会地位的最有效方法和途径是踏实工作、埋头苦干,争取用实实在在的成效和贡献,赢得社会认可。

四、今后一个时期的工作建议

本届理事会的任期还剩下最后一年半时间,2011年将是圆满完成本届理事会工作任务的关键一年。根据金会长指示,在此对今后一个时期的工作提出如下建议:

（一）确定重点研究领域,为会计改革发挥理论先导

近年来,围绕经济社会发展和国际形势的变化,财政部会计司经过艰苦努力和不断探索、总结,逐渐形成了中国会计改革与发展的八大重点领域,这些领域的工作都需要继续得到会计理论的论证、支持和指导。学会要紧紧围绕这个需要,组织开展会计理论研究。一是关注国际会计准则和相关理论动向,为我国准则持续趋同提供对策、措施等相关建议。二是关注内控规范体系的实施问题,为解决实施中的问题提供支撑;探讨非企业组织开展内控建设,促使内控规范体系在更大范围发挥作用。三是根据财政部关于全面推进我国会计信息化的指导意见,深入开展会计信息化问题研究。四是根据预算会计与财务会计分离的思路,研究政府会计概念框架和政府会计准则的制定问题,推动政府和非营利组织会计改革。五是利用世界各国关注全球气候、环境资源利用与社会发展问题,为建成我国的环境会计制度奠定理论基础。

（二）动员各方研究力量,开展形式多样的学术活动

一是要进一步推动政府部门、学术界和实务界的交流与合作,实现研究力量的优势互补、研究视角的推陈出新,努力实现事半功倍的研究效果。二是要继续组织好课题研究、学术研讨、高层论坛等学术活动,突出课题的理论攻关作用、学术研讨的广泛交流作用、高层论坛的引领示范作用,论文评优的激励推动作用,形成百花齐放、百家争鸣的良好局面。三是要继续推动产学研结合,组建产学研战略联盟,建设产学研一体化基地,促使理论研究、成果转化和会计人才培养良性互动。四是高度重视会计基础理论研究,通过设立研究课题、组织专题研讨等方式促进基础理论发展和完善。

（三）贯彻"走出去"战略,进一步提升中国会计理论和会计学者的国际影响

学会要进一步加强与境外会计机构和会计团体的联系,更加密切与港澳台地区会计组织和会计学者的合作,进一步整合全球华人会计学者的力量,扩大与北美、欧盟、亚大地区会计界的交流、提高中国在这些地区的影响力和有关国际事务中的话语权。要进一步做好英文版《中国会计研究》的编辑出版发行工作,支持和鼓励国内学者在国际顶级刊物、国际权威会议和论坛发表研究成果,邀请国际会计界权威专家、学者来国内

交流,推进我国会计的国际化,提升我国会计理论研究的国际地位,提高我国会计学者的国际影响力,推动中国会计走向世界。

（四）进一步搞好会员发展和会员服务,推动中国会计学会做大做强

会员是学会的宝贵资源,是推动学会发展的根本力量。今后,一方面要进一步壮大会员队伍,将更多理论和实务界的会计人才纳入学会;另一方面要为不同级次的会员提供有针对性、有吸引力的服务,实实在在地帮助会员更新知识、提升业务能力。秘书处草拟了《关于进一步推动会员发展,改善会员服务的建议》提交本次常务理事会讨论。通过明确会员服务框架、充实服务内容、完善服务平台、经常性地开展多形式、多层次的会员服务活动,努力将中国会计学会建设成为会员之家、会计人员之家。

（五）加强组织建设,探索新形势下更好地发挥学会职能作用的新途径

2011年学会要召开七届八次常务理事会会议、第二届全国会计学会会长秘书长联席会议等重要会议,探索能够更好地调动地方会计学会、中国会计学会分会、全国一级专业会计学会工作积极性的机制、制度,采用能够更好地发挥地方会计学会和全国一级专业会计学会职能作用的方式方法,从全国一盘棋的角度做好学会工作。要进一步加强学会秘书处建设,强化岗位责任制度,形成灵活的用人机制和工作激励机制,配合网站开发,建立较为完备的信息资料库和传送渠道,进一步增强秘书处的战斗力,使学会秘书处的中枢作用得到更好发挥。

（六）认真完成财政部交办的各项工作任务

作为政府的参谋和助手,学会要在做好理事会确定的各项工作的同时,认真完成财政部交办的各项工作任务。一是贯彻实施《会计人才规划》,着重做好高端会计人才特别是会计领军人才培养,完善培养方案,改善培养环境和条件,力争将领军人才培养项目做好做实,要严格考核标准,做好第一批学术类领军人才毕业工作,让领军人才充分发挥高端引领的作用。二是重视会计指数研究,更加充分地发挥会计信息的作用。要继续做好相关课题的跟踪管理工作,配合课题组不断修改完善指数编制方案,争取早日编制并发布会计指数。三是根据财政部的相关安排,配合做好会计准则、内部控制等相关会计法规的宣传培训工作,为各项政策的贯彻实施提供人才保障。

成绩来之不易,未来更要努力。回首本届理事会成立以来的工作,我深刻地感受到,金会长、各位副会长和常务理事,以及秘书处的各位工作人员,为学会工作的创新和发展,付出了艰辛的劳动,也收获了累累硕果。展望未来,我相信,学会在财政部的领导下,在各位常务理事的支持下,一定能够圆满地完成各项既定任务,实现本届理事会的既定目标,为我国会计改革与发展做出更大贡献!

（本文原载于《会计研究》2011年第2期）

中国会计改革八大领域全面推进^①

　　会计改革要牢牢把握和促进经济社会发展需要,既不能冒进也不能滞后。这是我国长期以来会计改革实践得出的基本结论,同时也是本人从事会计管理工作三十多年的深刻体会。改革开放以来尤其是近十多年来,各项会计管理工作全面推进,经过不断探索、总结、提升和发展,目前可以概括为备受国内外关注的"中国会计改革八大领域":企业会计准则、政府及非营利组织会计、企业内部控制、会计信息化、注册会计师行业、会计人才战略、小企业和农村会计、会计教育和理论研究等。这八大领域的改革,有的已取得显著成效,有的刚刚启动。会计改革具有继承性,是在既有成果基础上的发展过程,随着经济社会未来发展的进程和客观要求,会计改革的领域还将进一步拓展。

一、企业会计准则

　　企业会计准则是促进各类企业实现可持续发展的管理制度,是完善资本市场的重要市场规则,是企业走向国际市场的通用商业语言。我国于 2006 年发布的、由 1 项基本准则 38 项具体准则和应用指南构成的中国企业会计准则体系,经受了近四年有效实施的实践检验。该体系的国际趋同与等效,取得了圆满成功。企业会计准则的经济效果已经成为不争的事实,准则体系建设为我国应对本次国际金融危机冲击奠定了坚实的会计基础。我们应当清醒地认识到,会计准则建设取得今天的成绩,不能忘记前人所付出的努力。它经历了计划经济时期会计制度、改革开放初期中外合资企业会计制度、20 世纪 90 年代的"两则""两制"、本世纪初的企业会计制度、金融企业会计制度以及与会计制度并行的十几项具体会计准则等阶段。企业会计准则体系的形成是在上述成果基础之上的进一步艰苦磨砺:从 2003 年开始会计准则课题研究,到 2004 年会计准则研究年;从 2005 年建成并实现国际趋同,到 2006 年发布并开展大规模培训,再到 2007 年实施并得到国际等效认可。过程之艰辛、成效之显著都是有目共睹的,世界银行在评估后作出客观评价,认为中国的做法和经验,可以成为包括美国、日本等在内的其他国家效仿的范例。

---

① 本文系刘玉廷司长(时任财政部会计司司长,现任企业司长)2010 年 11 月 16 日在全国会计领军(后备)人才第五次联合集中培训开班式上的讲话摘要。

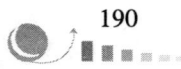

本次国际金融危机将会计准则问题提到了前所未有的高度,其中,金融工具的公允价值计量尤其成为全球讨论的焦点。二十国集团峰会(G20)提出了建立全球统一的高质量会计准则的目标。目前,国际会计准则理事会(1ASB)正在对近20项国际准则进行重大改革,此轮改革涉及国家利益,美国、欧盟、澳大利亚、日本和我国等主要国家和经济体都在全力、设法参与其中。此外,IASB的组织架构也在进行重大调整。我国一方面与IASB、美国、欧盟等建立工作机制;另一方面主导创立亚洲-大洋洲会计准则制定机构组(AOSSG)。AOSSG的创立和有效运行,对本次国际准则修改影响重大,实质上促成了美国、欧盟、中国三足鼎立的格局。面对会计准则技术层面以及趋同、直接采用等战略层面异常激烈的复杂背景,财政部于2010年4月2日发布了《中国企业会计准则与国际财务报告准则持续趋同路线图》,明确了相关重大问题的解决思路:一是支持并积极参与全球高质量会计准则的制定,以表明中国应对金融危机的姿态;二是中国会计准则已实现了国际趋同并在此基础上持续趋同,表明中国不实行直接采用国际准则的原则立场,美国等主要经济体对中国的做法给予高度关注和认同;三是中国会计准则将与国际财务报告准则持续趋同并保持同步。

推动企业会计准则建设,实现与国际财务报告准则的持续趋同,需要立足我国利益,关注并积极参与国际相关项目的改革。IASB拟对近20个项目进行大幅度修改这将对我国产生重大影响,在此仅列举其中一项关于金融工具会计准则的改革问题简要说明。金融工具会计准则改革形式上是对《国际会计准则第39号——金融工具确认与计量》(IAS 39)的修改,以解决金融危机顺周期的影响,实际情况则十分复杂。截至目前,IASB已发布了《国际财务报告准则第9号——金融工具》(IFRS 9),一是提出将金融资产分为以公允价值计量和以摊余成本计量两类;二是引入其他综合收益(OCI),规定对于按公允价值计量且其变动计入其他综合收益的权益工具,在处置时已计入OCI的部分不得转回当期损益;三是金融资产减值的预计损失模型。对于这三项改革,各方反应迥然不同。欧盟目前还没有认可IFRS 9;美国和IASB方面的改革方案已经上升到金融稳定理事会层面讨论,美国主张全面采用公允价值计量,并将预计损失确认后一次计入当期。关于第一项改革,本人认为,两分类的做法与原来的四分类大同小异,我国总体上可以接受;但美国全面采用公允价值计量的主张与2008年金融危机发生时提出暂停或取消金融工具公允价值计量的主张大相径庭,这其中隐含着美国将不会停止金融创新,因为金融创新为美国带来了巨大的利益,通过金融创新获取全球资源。因为金融工具的公允价值计量看似会计问题,实质上涉及金融产品创新及其定价权和虚拟经济,虽然美国方案还没有最终定论,实施的可能性不大,但是如果IASB方面屈从于美国的方案,将会导致中国金融的混乱,因此我国始终坚持反对美国对金融工具全面采用公允价值计量的主张。需要强调的是,在后金融危机时代,金融创新不可能停止,只要控制好风险,虚拟经济对实体经济发展具有极大的促进作用。围绕这个问题,我们已经从会计准则公允价值角度开展了若干项重大课题研究,逐步揭示了金融工具公允价值计量的本质特征。可以预见,这一问题有可能会成为我国会计改革的又一重大领域,务必引起充分注意。关于综合收益问题,本人认为 OCI 的绝大部分内容类似于我国的资本公积,比如可供出售金融资产的公允价值变动等,如果 OCI 处置时不得转回当期损益,对我国的金融机构及其他企业经营成果同样有巨大的影响,因此,我国不支持 OCI 不得转回的做法。关于预计损失模型问题,模型的复杂性暂且不论,关键是这个做法把会计准则和金融审慎监管混为一谈,将会损害会计准则的独立性和客观性,从而导致会计准则随着监管要求的变化而变化;主张将预计损失确认后一次计入当期的做法在中国也是行不通的,可能会导致中国的金融保险企业出现巨亏,因此我国历来主张会计准则和金融审慎监管必须分开,金融资产减值应当采用和其他非金融资产减值一致的迹象法原则处理。准则体系建设对国家和企业的影响重大,由此可见一斑。我们必须立足中国国情、密切关注并全力参与与国际准则的改革,在实现持续趋同的同时维护国家和企业利益,促进我国经济社会的健康发展。

二、政府及非营利组织会计

从我国的公共财政管理改革进程分析,2000 年以来所推行的部门预算、国库集中收付、政府采购、"收支两条线"管理、政府收支分类等改革,已经取得显著成效,应当给予充分肯定。但这一领域的会计改革却严重滞后,导致难以全面、准确反映政府(包括所属行政事业单位)的资产、负债和净资产,无法客观反映政府及行政事业单位的运营成果,不能满足政府加强资产负债管理、成本核算和实施绩效评价的需要。财政科学化精细化管理缺乏会计基础,其根本原因主要在于我国还没有建立真正意义上的政府会计体系。相比较而言,国际(外)政府会计改革已取得长足发展。国际会计师联合会(IFAC)下属的国际公共部门会计准则理事会(IPSASB)借鉴适用于企业的国际财务报告准则,已经建成了包括 31 项具体准则的国际公共部门会计准则体系。澳大利亚、新西兰、英国、加拿大、美国等发达市场经济国家从 20 世纪 80 年代就实施了政府会计改革,建立了以权责发生制为基础的政府会计准则体系,对于提高政府财务管理水平、促进财政可持续发展等发挥了十分重要的作用。本次国际金融危机爆发以来,提高政府财务信息质量和透明度、增强财政可持续发展能力等,已成为国际社会关注的焦点。国际会计师联合会两次致信 G20 会议,倡议各国政府进行权责发生制会计改革,建立先进的政府会计准则,提高政府财务信息质量和透明度以及政府财务管理水平。我国应当未雨绸缪、积极行动起来,加快推进政府会计改革。

政府会计与预算会计实际上是两个体系,既不能混为一体,也不能相互替代。它们各具功能,两者之间存在相互补充的关系。政府会计是以权责发生制为基础,引入企业会计的理念、原则和方法,对政府的资产、负债、净资产、收入、费用、现金流量等"家底"

情况进行确认、计量和报告,全面准确地核算和反映政府的各项资产,即政府所拥有的全部资源,以及政府所举借的各项债务、承担的各种义务;合理确认政府的收入,将属于本期的收入确认为当期的收入,而不是将本期实际收到的归属于多个期间的收入一次性确认为当期的收入;分期确认政府的费用,将本期购建固定资产的支出以计提折旧的方式均衡分摊为各期间的费用,本期支付需要分期承担的费用予以分期摊销而不是全部列为当期费用,未来支付而应由本期负担的职工工资、退休金、债务利息等义务确认为当期费用等,在此核算基础上,编制包括资产负债表、财务业绩表、净资产变动表、现金流量表及相关附表和说明的政府综合财务报告,从而实现全面反映政府所拥有资源、承担的债务、公共服务成本和绩效考核等目标。预算会计是以收付实现制为基础,对政府及其组成主体的预算收入、支出和结余情况进行记录和报告。推进我国政府会计改革,应当将政府会计与预算会计两个体系适度分离,加快建立和实施政府会计准则体系,同时完善预算会计。

在我国,政府会计改革问题的讨论已有 10 多年时间,国际研讨会几乎每年召开,国内学术界和实务界在这一领域的研讨也连续不断,国内外情况及相关问题已经清晰,客观条件已经具备,时机已经成熟,应当有计划、有步骤地加快推进此项工作。应当指出的是,虽然政府会计整体推进尚未起步,但个别突破已取得一定进展。财政部早在2004 年就发布了《民间非营利组织会计制度》,对非营利组织会计标准建设进行了积极探索。目前正在推进的医院、高校会计制度改革,拟引入权责发生制、计提固定资产折旧、进行成本核算等内容,预期将为建立适用于公共部门单位的政府会计标准奠定基础。有了这些准备,可以着手制定政府会计基本准则和若干具体准则,形成政府会计准则体系,并按照"先行试点、总结完善、逐步推开"的原则加以推进。

三、企业内部控制

企业内部控制规范体系的形成可谓"十年磨一剑",经历了从会计控制到全面风险控制的发展过程,期间发生了1997 年的亚洲金融危机、21 世纪初的安然事件和2008 年的国际金融危机,特别是我国在 2001 年 11 月加入世贸组织。这些事件构成了会计控制转向全面风险控制的主要背景,同时也提出了客观要求。20 世纪 90 年代末期,针对我国快速发展的市场经济,资本市场中出现了包装上市、会计作假、资产流失等系列案件,对经济社会的健康发展带来了负面影响。为遏制和消除负面影响的蔓延,完成了《会计法》的第二次修订,其中强化了以内部控制为核心的单位内部会计监督制度。财政部根据新修订的《会计法》,起草发布了单位内部会计控制规范体系,作为《会计法》的配套法规。通过新修订的《会计法》和单位内部会计控制规范体系的实施,会计作假、资产流失等问题得到了有效控制和基本解决。随着我国加入世贸组织五年过渡期结束,做大做强我国企业,提升企业的核心竞争力,并在全球市场竞争中立于不败之地,贯彻中央"走出去"战略成为时代的主流,客观上要求我国企业从会计控制向全面风险控制拓展,以应对全球范围内的强劲竞争对手。美国安然公司等重大舞弊案件催生了萨班斯法案。该法案确定了对美国本土和非美国本土企业强化内部控制、编制内部控制评价报告并聘请注册会计师审计的制度安排。我国在美上市的企业(涉及我国一些国民经济骨干企业)被要求从2006年开始执行这一制度。美国的这一制度安排对于提升企业的经营管理水平和风险防范能力的积极作用是不可否认的,但同时我们也注意到,内部控制审计的广度和深度远远超过了财务报告的审计,蕴藏着经济信息安全风险。财政部和相关部门领导及时向国务院报告了上述情况,明确提出我国应当加大研究力度,尽快制定我国的内部控制指引。国务院领导对此做出明确指示,要求财政部会同有关部门制定我国权威统一公认的企业内部控制指引。从某种意义上看,可以认为美国安然公司财务丑闻等重大事件和萨班斯法案对我国制定以全面风险控制为基础的内部控制规范起到了一定促进作用。2006年,财政部会同有关部委成立了内部控制标准委员会,2008年发布了《企业内部控制基本规范》,2010年发布了《企业内部控制配套指引》,由此标志着中国企业内部控制规范体系的建成。

中国企业内部控制规范体系坚持了立足国情、借鉴国际的原则,既是对我国各类企业内控实践经验的总结和提升,同时也吸收了发达国家、主要经济体、跨国公司、国际组织的先进做法。基本规范和配套指引发布前,不仅多次征求国内各方面的意见,同时也向国际相关领域征求意见。基本规范和配套指引的两次发布会,均邀请了国内外有关方面的专家参会,专家们给予了充分肯定和高度评价。综合各方面的评价,可以将中国的企业内部控制规范体系概括为以下显著特征:第一,政府部门联合发布。基本规范和配套指引均由国务院五部委联合发布实施,从而使中国的内部控制规范体系更具权威性、公认性和约束性,对贯彻实施具有很强的推动作用。这在国外任何国家和组织都是难以做到的。第二,针对性和操作性强。既有基本规范中规定的五目标、五原则和五要素,又有操作性强的18项应用指引、1项评价指引和1项审计指引构成,做到了通俗易懂,简便易行,便于企业实际操作。国外的内控大都只是理念、原则、要素,实际执行中操作难度较大。第三,促进企业发展。美国的萨班斯法案将内控的主要目标定位于财务报告的真实可靠性,这不符合成本效益原则。中国的内部控制规范不仅限于财务报告真实可靠性的控制,而且涵盖了企业经营的合法合规、资产安全、财务报告及相关信息的真实完整、提高经营的效率和效果、促进企业实现发展战略。促进企业健康发展是中国内控的核心。第四,统一"品牌"。中国的内控不仅是国内外企业大量实践经验的总结,而且是将各部门的单项规定和指引进行了整合,"收拢五指"、"攥成拳头"、"形成品牌",从而使中国的内控走向国际奠定了扎实的基础。第五,实施范围广。内控规范不仅适用于上市公司,而且适用于非上市大中型企业。因为中国的国民经济骨干企业除上市公司外,100多家中央企业集团和大量地方国有企业更需要内控,因而应鼓励非上市大中型企业提前施行。上述各项显著特征表明,中国的内控体系的建设对世界内控的发展做出了贡献。

根据五部委文件规定,中国的内控体系自 2011 年 1 月 1 日起首先在 60 多家境内外同时上市的公司施行,自 2012 年 1 月 1 日起扩大到所有主板上市公司,之后择机在中小板和创业板上市公司施行。同时,鼓励非上市大中型企业提前施行。配套指引发布后,贯彻实施工作已在全国范围内全面展开:一是财政部和证监会共同委托中国会计学会举办了 60 多家境内外同时上市公司的高管人员培训班,由财政部会计司起草内控规范的团队亲自授课;二是国资委领导明确要求央企要做贯彻实施内部控制规范的表率;三是审计署要求对央企和国企的审计应把内控作为重点;四是中纪委从反腐倡廉角度关注内控的实施;五是 20 多个省、市、区和单列市财政部门会同相关部门召开了内控宣传动员大会,将其作为本地区企业和经济发展的重大举措。企业贯彻实施内控体系应当抓好以下关键环节:内控必须是"一把手"工程,要成立工作班子、制订工作方案、有组织有序地推进;要根据内控规范修改自身制度,形成内控制度手册;要根据内控手册对信息系统进行全面改造和升级,将内控手册的内容固化在信息系统之中。目标是用三年左右时间或在"十二五"期内,促使中国的上市公司、非上市大中型企业及其他企业,将中国的内控体系贯彻实施到位,从而实现全面提升中国企业经营管理水平和核心竞争力的目标。

建立政府及非营利组织内部控制规范是我国内部控制规范体系建设的另一重要方面,应当成为内部控制规范改革的新领域。因为这一领域涉及每年数万亿财政资金的拨付和使用,迫切需要强化管理。目前,一些省、市的财政部门和相关部门,也包括一些事业单位已经开始参照企业内部控制规范体系,结合自身的实际情况,梳理各项业务流程,控制财政资金的使用风险。在全国范围内推进政府及非营利组织内部控制并引入注册会计师进行财务报告、内部控制审计和咨询,必将成为历史的必然。

四、会计信息化

会计信息化是会计现代化、会计国际化的重要基础。财政部历来重视会计信息化工作。早在改革开放初期,开始进行会计电算化的试点和推广工作,审批电算化软件,培育一批民族会计软件企业。20 世纪 90 年代会计软件水平不断提升,并向着管理领域拓展。进入本世纪,会计信息化取得了长足进展。2004 年 9 月,国家标准化管理委员会发布了《信息技术——会计核算软件数据接口》国家标准;2006 年,财政部启动了XBRL 项目前期研究,中国 XBRL 的进程日益加快并逐渐与国际接轨;2008 年 11 月,财政部等九部委成立会计信息化委员会和 XBRL 中国地区组织,一年半以后 XBRL 国际组织日前宣布批准 XRL 中国地区组织成为其正式地区组织成员;2009 年 4 月,财政部发布了《关于全面推进我国会计信息化工作的指导意见》(以下简称《指导意见》),提出了全面推进我国会计信息化建设的目标：力争通过 5～10 年左右的努力，建立健全会计信息化法规体系和会计信息化标准体系，全力打造会计信息化人才队伍，基本实现大型企事业单位会计信息化与经营管理信息化融合，进一步提升企事业单位的管理水平和风险防范能力，做到数出一门、资源共享，便于不同信息使用者获取、分析和利用，并据以进行投资和相关决策；基本实现大型会计师事务所采用信息化手段对客户的财务报告和内部控制进行审计，进一步提升社会审计质量和效率；基本实现政府会计管理和会计监督的信息化，进一步提升会计管理水平和监管效能。通过全面推进会计信息化工作，使我国的会计信息化达到或接近世界先进水平。

《指导意见》确定了我国会计信息化以 XBRL 为先导，引领和带动全面会计信息化的有序推进和目标的实现。2010 年 10 月，财政部和国家标准化管理委员会分别发布了基于企业会计准则的可扩展商业报告语言（XBRL）通用分类标准、XBRL 技术规范系列国家标准，这是我国继发布实施企业会计准则、内部控制规范之后的又一重大系统工程，标志着我国以 XBRL 应用为先导的会计信息化时代的来临，在中国会计信息化建设史上具有里程碑意义。XBRL 国际组织主席迈克·威利斯对此给予高度评价，认为"中国通用分类标准代表了全球 XBRL 分类标准的最新发展趋势，中国开发这一标准和推广其应用的努力对全世界其他国家来说是一种杰出的榜样"。信息化关系到一个国家的核心竞争力和发展水平。XBRL 在发达国家日益广泛的应用，对于财务报告及相关信息的使用者包括企事业单位、投资者、债权人、会计中介机构、宏观经济管理部门和政府监管机构等，带来了极大的便利，提升了整个社会的现代化管理水平。我国应当发挥后发优势奋起直追，加快推进这一重大的系统工程。

由于 XBRL 推广和应用涉及面广、技术性强，在当前形势下要以通用分类标准的发布为契机，积极做好相关工作，促使 XBRL 在财务报告领域推广应用，切实推动会计信息化建设进程。一是推动通用分类标准的分步实施。应当坚持"积极稳妥、先行试点、总结经验、分步推进"的原则，推动各监管部门和企业扩展应用 XBRL。在监管部门扩展应用中，拟先以通用分类标准在银行、证券等监管中的应用为重点。在此基础上，积累总结经验，进一步为在央企管理、税务、统计等其他相关部门应用 XBRL 技术和通用分类标准提供技术支持。在企业和会计师事务所层面，自 2011 年 1 月 1 日起在美国纽约交易所上市的我国部分公司、部分证券期货资格会计事务所施行，鼓励其他上市公司和非上市大中型企业执行。二是加强推广应用 XBRL 的组织领导与协调。在推动 XBRL 和会计信息化的工作组织方面，由会计信息化委员会负责领导；在 XBRL 相关标准的制定方面，归口财政部和相关部门，由财政部制定通用分类标准，各相关监管部门在通用分类标准的基础上，按照各自监管要求制定扩展分类标准；在推进 XBRL 应用方面，搭建监管协调平台，建立协调机制；当前，为确保通用分类标准的顺利实施，财政部拟成立由相关政府和监管机构参加的"企业会计准则通用分类标准实施协调工作组"

推进相关工作。三是加强人才队伍建设，为推广应用 XBRL 提供人才保障。推进 XBRL 应用，人才是关键。要重视发挥高端人才在推广应用 XBRL 中的引领作用，着力培养既懂会计又懂计算机知识的复合型高端人才。要统筹兼顾，做好推广应用 XBRL 的人员培训。四是多管齐下，确保实例文档报送。对于有条件的企业，鼓励并帮助企业在通用分类标准上进行扩展，并生成符合报告企业实际的 XBRL 财务报告实例文档；财政部也将开发简易填报软件，供会计师事务所免费使用，方便协助其客户生成财务报告实例文档；鼓励软件公司积极开发 XBRL 相应报告软件，并在现有 ERP 软件中添加 XBRL 报告功能模块，报送高质量的 XBRL 财务报告实例文档，并以适当方式公开，便于财务报告使用者各相关方更加准确、及时、方便、深度分析利用相关信息。五是加大应用推广力度。在 XBRL 技术系列国家标准和基于会计准则的通用分类标准发布后，接下来的工作难点在于推广应用。会计信息化的其他诸多领域也面临同样的问题。如果不能有效解决，全面推进我国会计信息化工作就难以落到实处，只要克服困难，方法得当，抓好试点，稳步推开，就能实现《指导意见》所提出的全面推进我国会计信息化工作的目标。

五、注册会计师行业发展

注册会计师行业对维护我国市场经济的正常秩序发挥了重要的作用。改革开放以来，中国注册会计师行业从恢复重建到发展壮大，经历了许多风风雨雨，时至今日，中国注册会计师行业虽然总体而言发展成绩引人瞩目，但仍然是"弱势群体"，社会地位和职能作用有待进一步提升，与发达国家同行业相比差距明显。2002 年在我国香港召开了第十六届世界会计师大会，同期"安然事件"导致原五大国际会计公司之一安达信倒闭，做大做强和规范发展我国注册会计师行业成为迫切的客观需求，财政部决定收回对注册会计师行业的行政管理职能，加强对注册会计师行业的管理。近十年来，我和会计司团队呕心沥血、奔走呼号，以忘我的精神致力于推动中国注册会计师行业加快发展、规范发展。我们怀着对我国注册会计师行业的高度历史责任感和使命感，拼搏奋斗了无数个日日夜夜，起草完成了国办 56 号文件。该文件将中国注册会计师行业应有的高度，对行业发展进行了科学总结，明确了行业在经济社会发展中的地位和作用，规划了用五年左右时间培育十家左右具有国际竞争力的我国大型会计师事务所的发展目标，是指导中国注册会计师行业发展的纲领性文件。

在国办 56 号文件的征求意见稿中，我们提出每家大型会计师事务所的收入规模要在五年内达到 30 亿元人民币，执业质量、人员素质、组织形式和内部治理要达到国际先进水平。为实现这一目标，财政部首先根据国办 56 号文件，在 2010 年连续印发了《会计师事务所分所管理暂行办法》、《会计师事务所服务收费管理办法》、《会计师事务所财务管理暂行办法》、《关于科学引导小型会计师事务所规范发展的暂行规定》、《关于推动大中型会计师事务所采用特殊普通合伙组织形式的暂行规定》等五个文件,并会同国家工商总局圆满解决了大型事务所转制的工商登记名称问题,有关税收支持政策也在紧锣密鼓协调之中。建立并实施与国际趋同的会计准则体系,彻底解决中国注册会计师不熟悉国际准则的问题。需要强调的是,经过艰苦努力根据公平竞争的市场规则全面取消了不合理的"双重审计"政策,全力推进取消 H 股"双重审计"工作已经完成,12 月 10 日,内地和香港两地同时公告了能够从事 H 股每年业务的大型会计师事务所名单,提升十家左右大型会计师事务所的国内外市场认可度,使我国符合资格的会计师事务所出具的审计报告得到境外市场的认可。

截至 2009 年年底,已有近十家整合后的会计师事务所的收入规模达到了 5 亿元人民币。今年下半年以来,大型事务所都在进行特殊普通合伙组织形式转制工作,转制的核心是解决一体化管理问题,为实现大型会计师事务所的发展目标奠定了扎实基础。做大做强我国注册会计师行业,在确定了目标、制定了政策、完成了改制之后,接下来要解决的主要矛盾是解决大型事务所承揽大客户的问题。"巧妇难为无米之炊",没有足够数量的大客户作为支撑,具有国际竞争力的大型会计师事务所难以形成。我们将全力为这些事务所承担大型客户的相关服务业务创造条件。我们应当继续紧盯法律修订、做大做强、规范管理这三大主题,全面深入地贯彻落实好国办 56 号文件精神。我们认为,只要牢牢把握行业发展规律,政策有力、方法得当、扎扎实实、多做实事,这一目标一定能够实现。

六、会计人才战略

民族、国家、行业的发展和振兴,归根结底要依靠人才。只有重视人才战略,加强人才发展,才能实现中华民族的伟大复兴。会计人才是国家人才的重要组成部分。随着我国社会主义市场经济的快速发展和经济全球化,会计工作已经发生了根本性的转型,会计变革迫切需要培养造就不同类别的大批高端会计人才,同时还要统筹兼顾培养一般会计人才。这就是贯彻国家人才规划纲要和制定实施《会计行业中长期人才发展规划(2010—2020 年)》的主要背景。

财政部历来重视会计人才建设,改革开放三十年来,针对我国千万会计人员的实际情况,经过不断地探索、总结和完善,已经建立了会计人员从业资格制度、会计专业技术资格(初级、中级、高级)考试评价制度、总会计师制度、注册会计师制度、会计教育制度、会计领军(后备)人才培养制度、会计人员评选表彰制度、会计理论研究制度等等。会计人才发展规划在会计人才建设已取得成就的基础上,提出了着力培养造就 60 000 名大型企事业单位具有国际业务能力的高级会计人才、2 600 名具有国际认可度的注册会计师、100 名具有国际水准的会计学术带头人,同时统筹开发其他各类各级会计人才。这是会计人才规划提出的会计人才培养的主要任务。为落实这些任务,我们提出了十大政策措施、确定了六大工程。不难看出,高端会计人才的培养是会计人才发展规划的关键所在。

高端会计人才属于广义的领军人才,应当具备高尚的道德素质、扎实宽广的知识结构和较强的组织协调能力。为培养造就高端会计人才,根据会计人才发展规划,在未来期间至少要在以下若干方面实现重大突破:一是建立正高级会计师制度,使会计专业技术资格向高端升级;二是修订《总会计师条例》,全面提升总会计师的地位和作用;三是改革会计硕士专业学位(MPAcc)制度,建立高级会计硕士专业学位;四是强化会计人员表彰制度,每年评选表彰全国会计先进工作者并力争授予"五一"劳动奖章;五是完善全国会计领军人才制度,严格领军人才的准入、过程培养和退出,使会计领军人才培养成为长效机制和永久性政策措施。

七、小企业和农村会计改革

在我国,小企业具有规模较小、数量众多的显著特征,构成我国国民经济和社会发展的重要力量。据有关资料统计,在现有 500 多万户企业中,小企业数量占 97.11% 、从业人员占 52.95% 、主营业务收入占 39.34% 、资产总额占 41.97% 。党中央、国务院高度重视和支持中小企业发展,先后于 2003 年出台《中小企业促进法》、2005 年出台《鼓励支持和引导个体私营等非公有制经济发展的若干意见》,2009 年 9 月,国务院印发《国务院关于进一步促进中小企业发展的若干意见》(国发[2009]36 号),提出了进一步扶持中小企业发展的综合性政策措施。为贯彻落实上述法律和若干意见。根据国家相关文件精神,结合我国中小企业发展的客观要求,财政部会计司在原《小企业会计制度》的基础上,经过广泛调查研究,于 2010 年 11 月 1 日印发了《小企业会计准则》(征求意见稿),从此拉开了小企业会计标准改革和规范小企业会计行为的序幕。

制定小企业会计准则是我国会计准则体系建设的组成部分,同时也是促进小企业发展的重要制度安排。征求意见稿发布后引起了社会有关方面的密切关注,工业和信息化部、国家税务总局、金融机构等方方面面都对小企业会计准则建设寄予厚望。工信部认为,小企业会计准则有助于贯彻落实国发 36 号文件精神、强化小企业管理、促进小企业发展;税务部门认为,小企业会计准则有助于查账征税、提高税收征管质量、实现公平税负;银行监管部门认为,小企业会计准则是保证小企业会计信息质量、加强银行对小企业贷款风险管理的制度基础,小企业的财务报表应当成为商业银行贷款的重要依据。与此同时,在亚洲-大洋洲会计准则制定机构组(AOSSG)会议上,我国制定小企业会计准则的基本思路得到了国际有关方面的认同。接下来应当做好更加广泛和深入的调查研究,确保高质量的小企业会计准则如期出台,在此基础上,扎实做好宣传培训和测试准备工作,促进小企业会计准则在全国范围内有效实施。

农村财会工作涉及"三农"问题和新农村建设。近年来,随着农村集体财务管理规范化建设的推进,农村集体财务管理工作取得了明显成效,但一些地方村级财务管理不规范、制度不健全、核算不准确、披露不完善、监管不到位等问题仍不同程度存在。为加快解决农村会计工作的突出问题,财政部先后印发了《村集体经济组织会计制度》、《农民专业合作社财务会计制度》、《新型农村合作医疗基金财务会计制度》等,为规范农村会计核算和监督提供了制度保障。2010 年 2 月 8 日,中纪委、财政部、农业部、民政部联合印发《关于进一步加强村级会计委托代理服务工作指导意见的通知》(财会[2010]4 号),要求强化村级会计委托代理机构建设,完善工作规范,落实工作经费,把做好村级会计委托代理服务工作作为推进农村集体财务管理规范化建设、加强农村集体资金资产资源管理、促进农村党风廉政建设、基层民主政治建设和社会主义新农村建设的一项重要工作。同时强调,"有条件的地方,可以聘请会计师事务所承办村级会计委托代理业务"。这一通知出台后,受到了社会广泛重视。各地财政部门与有关职能部门协调沟通,纷纷出台了适于本地区情况的政策、办法,并积极组织实施,大力推广村级会计委托代理服务工作。

村级会计委托代理服务取得了显著成效:一是为加快农村和谐稳定发展奠定了重要基础。会计委托代理服务工作在维持村集体资金所有权、使用权、审批权和监督权不变的情况下,通过村民会议、村民理财小组、村民委员会等组织方式,邀请村民广泛参与村集体经济组织财务收支预算审批、日常村级开支审核、一般项目建设决策等村财务管理的全过程,实现了村集体经济的财务决策民主化,财务状况公开化,财务监督制度化。"给百姓一个交代,还干部一个清白",消除了可能引发农村社会不稳定的因素,化解了因财务信息不透明而引起的干群矛盾,促进了农村的和谐稳定。二是为深化农村党风廉政建设提供了制度保障。通过健全村民民主理财制度,引入社会中介机构参与村集体资金的账务管理,进一步规范了银行账户、银行存款、现金、债权债务、票据使用和会计档案等的管理,健全了财务预算决算、开支审批、审计监督制度,有效避免了村集体资金被贪污、挤占、挪用等腐败行为。三是为促进社会主义新农村建设发挥了积极作用。通过集中核算,有效减少了乡村行政开支,减轻了农民负担,巩固了农村税费改革成果;通过资金直达农户,为全面实现村资金直达农户和项目单位提供了保证,促进了"三农"政策等各项惠农政策的落实;通过代理服务平台,实现了政府职能由征管型向服务型的转变,加强了基层组织建设,有力地促进了农村各项事业的发展。今后农村会计工作的重点是继续推进并完善村级会计委托代理服务,进一步夯实和谐社会、和谐新农村的根基。

八、会计教育和会计理论研究

会计教育和会计理论对会计改革事业的全面推进起着智力支持和支撑作用。与我国企业会计改革的不断深化相比较,我国会计教育和会计理论研究显得相对滞后,世界银行在对中国会计准则与实施情况进行评估后也有类似结论。世界银行认为,在财政部的领导下,中国改进会计审计准则和实务质量的战略已成为良好典范,可供其他国家仿效,但同时也指出我国的会计教学在一定程度上滞后于会计改革实践。这一问题应当引起教学单位和有关方面的高度重视,并采取多种有效措施加以解决。教育主管部门积极推进专业学位教育制度是解决这一问题的重要举措,"十二五"期内拟将现有研究型学位的 50% 转为应用型专业学位。会计硕士专业学位教学指导委员会可抓住这一有利时机,加快制定教学培养方案,切实解决我国会计教学与会计改革实践紧密结合的。与此同时,改革现行的会计硕士专业学位制度,积极促进高级会计硕士专业学位(EMPAcc)和会计博士专业学位(DPAcc)的出台,并解决三家国家会计学院的学位授予权问题。在此基础上,应不懈努力将会计学科提升为一级学科。会计学位改革可考虑同会计职称或执业资格挂钩。经过评估之后,获得学位的毕业生报考注册会计师和会计职称,可考虑免考部分科目;已经考取注册会计师或会计职称的人员报考 MPAcc 研究生,也可给予加分待遇。各种类型的 MPAcc 还应制定自己的个性化培养方案,包括入学如何考试,学生如何学习,导师如何指导,如何实现产学研结合,如何建设企业、会计师事务所实践基地等等。上述内容已经列入会计行业人才发展规划。

理论指导实践,实践丰富理论。回顾中国会计改革近十年来的发展史,企业会计准则、政府会计改革、企业内部控制、会计信息化、注册会计师行业发展、会计职称制度等诸多领域都是以理论研究为先导的,通过中国会计学会设置大批重点或重大科研课题,组织我国会计理论和实务界的专家形成强大的研究力量,推出若干高质量的研究报告,为会计改革提供强有力的技术支撑,这是被实践证明了的成功做法和宝贵经验。未来的会计改革任务艰巨,会计理论和教育界参与其中责无旁贷。同时,关于会计理论的研究方法,应当引起各方面尤其是会计理论界的高度重视。当前有一种比较极端的看法,认为只要采用以数学模型为基础的实证研究就代表学术水平高,甚至出现为实证而实证、根据结论需要修改模型和数据等做法。我不反对实证研究方法,历来主张规范研究方法和实证研究方法并重,并以能否解决实际问题作为检验研究方法优劣的唯一标准。实际上,以数学模型为基础的研究方法只是实证研究方法的一种,而写好规范研究的论文也非易事。中国会计改革前期大量科研课题的研究报告,几乎都不是通过数学模型为基础的实证研究得出的,同样为会计改革与发展提供了理论支持。关于会计理论研究的内容,要国内国外并重,并着力解决中国的实际问题。中国的会计改革成果举世瞩目,受到国外会计同行的高度关注,中国的会计理论研究工作者应该将中国会计改革的成果和进展如实地向国外进行介绍,在国际会计研究领域争取应有的地位,力争使中国的会计理论研究具有与我国经济和会计改革发展成就相匹配的国际影响力。

中国会计学会是凝聚着全国会计理论和实务工作者的权威性组织,肩负着支持会计改革与发展的重任,培养高端会计人才的重任,以及会计研究国际化的重任,为我国会计改革与发展、为会计人才培养作出了贡献。为了更好地履行职责,中国会计学会正在进一步打造或形成系列高端平台,一是高端会计研究平台,紧密结合我国会计改革与发展的实际,不断开展重点或重大科研课题研究、系列专业委员会的学术活动、资深会员论坛、编辑《会计研究》杂志等;二是多层次会员服务平台,通过高质量的服务不断发展正式会员、高级会员和资深会员,使不同层次的会员不仅能够及时了解国内外会计的最新动态,更重要的是采用多种服务方式实现会员的知识结构和能力框架不断提升;三是高质量的专业培训平台,主要针对会计改革的社会需求,通过网络培训、现场培训等方式,开展全社会范围内中高级会计人员的高质量培训,形成高端培训品牌,确保学员学有所值、学有所获,切实解决实际工作中遇到的各种疑难问题。为保证更好地实现上述高端平台的功能,学会目前正在着力建设一流网站,力图通过现代化手段促进中国会计学会的理论研究、会员服务和专业培训等达到或接近世界先进水平。

综上所述,中国会计八大领域的改革任务艰巨,责任重大,需要国家财政部及各地财政部门牵头引领,会计学会、注册会计师协会、国家会计学院、会计资格评价中心、会计报刊等各部门积极配合、协同作战;需要相关部门、会计理论界、企事业单位、会计师事务所等有关方面的大力支持,才能在现有改革的基础上实现会计改革八大领域全面推进和拓展,不断促进会计发展与进步,为促进我国经济社会的协调可持续健康发展作出更大的贡献!

(本文原载于《会计研究》2010 年第 12 期)

会计准则建设与国际趋同篇

建立中国会计准则体系
促进社会主义市场经济发展

  我国会计问题涉及许多方面,而如何建立会计准则体系是其中的核心问题。这里拟就建立我国会计准则体系的初步实践作些介绍,并就其中带有普遍性的问题提出来与各位讨论,希望借此机会将我国会计问题的研究引向深入。

  近年来,在邓小平同志建设有中国特色社会主义理论方针的指导下,我国一直在不断地推进改革开放事业。适应改革开放的需要,我们有必要对服务于计划经济体制下的会计模式进行改革,建立起适应社会主义市场经济体制的会计规范体系。为此,我们对我国会计改革进行了系统的研究论证,将我国会计改革进程设定为三个阶段,即试点和探索阶段、模式转换阶段、完善和发展阶段。前两个阶段的改革已经完成,基本建立了与国际会计惯例相协调的、适应现时我国经济改革和发展需要的会计规范体系。目前,我们正在进行第三阶段的改革,即依据社会主义市场经济发展的新情况和新形势,通过制定和发布实施具体会计准则、完善和发展我国的会计准则体系。

一、建立我国会计准则体系:试点和转换

  为实现我国经济体制改革的总体目标,我国的国有企业改革和对外开放不断地朝纵深方向发展。与之相适应,我们在改革开放初期就致力于会计改革的探索,一方面根据国有企业改革的各项新举措,相应地对适用于国有企业的会计制度进行个别补充和完善;另一方面适应对外开放、引进外资以及股份制试点的需要,分别制定相关的会计核算制度。1985 年 5 月,我们颁布了《中外合资经营企业会计制度》;1992 年 6 月,根据外商投资的新情况,进一步扩展为适用于所有外商投资企业的《外商投资企业会计制度》。1992 年 5 月,我们颁布了《股份制试点企业会计制度》。这些试点和探索为全面改革会计核算制度积累了宝贵的经验,也培训和锻炼了人才。1992 年,我们根据发展社会主义市场经济的总体要求,在全面总结经验的基础上,发布了《企业会计准则》以及据以制定的十多个行业会计制度,并于 1993 年 7 月 1 日起在全国所有企业施行,基本实现了计划经济会计模式向社会主义市场经济会计模式的转换,在与国际会计惯例协调方面也取得了重大进展,具体表现在:

  第一,在明确会计信息要为国家宏观经济决策服务的基础上,充分地肯定了会计信

息要满足广大投资者、债权人和社会公众的需要；

第二，制定了会计信息的质量标准，建立了包括客观性、相关性、可比性等在内的会计信息质量指标体系；

第三，建立了资产、负债、所有者权益、收入、费用和利润等会计要素，规定了以资产负债表、损益表和财务状况变动表为基本财务报表的会计报表体系。

通过以上改革，加强了各行业、各部门、各种经济成分之间的会计信息的可比性，会计信息质量有很大提高，主要会计原则和会计方法与国际会计惯例基本衔接，推动了企业经营机制的转换，促进了公平竞争，使国内外投资者能够客观地评价企业的财务状况、经营成果，进而做出正确、有效的投资信贷决策。

二、建立我国会计准则体系：完善和发展

在会计改革取得重大成就的同时，我们清楚地认识到，会计是特定经济体制和经济环境的产物，有什么样的经济体制和经济环境，就有什么样的会计信息需要。随着经济的发展，会计信息的内容和形式也应当随之补充和发展。为此，我们在《企业会计准则》和新的行业会计制度颁布实施以后，立即着手第三阶段的改革，集中力量加紧制定和实施具体会计准则，以期建立和健全与国际会计惯例进一步协调、适应我国社会主义市场经济发展进程的会计准则体系。这一阶段的改革得到了世界银行的支持，一切工作进展顺利。

1994 年以来，我们陆续完成并对外公布了包括应收款项、存货、投资、关联方披露等在内的近 30 项具体会计准则的征求意见稿。除通过社会公开征求意见外，我们还举办了七次会计准则国际研讨会征求国内外会计专家的意见。所征集到的意见为我们修改具体会计准则征求意见稿，提高具体会计准则的质量，发挥了较大的作用。

第一项具体会计准则《企业会计准则——关联方关系及其交易的披露》已于 1996 年 5 月 22 日由中华人民共和国财政部正式发布并自 1997 年 1 月 1 日起在上市公司施行。为了使这项具体准则发布后得以正确有效地贯彻实施，我们制定了相应的操作指南。操作指南是对如何理解和使用这项具体会计准则做出的详细说明，拥有与具体会计准则正文同样的效力。除了操作指南外，我们还为这项具体会计准则准备了讲解材料，这相当于有些国家会计准则正文后所附的"背景信息"。讲解材料主要是对具体会计准则中涉及的重要概念、主要会计政策变化、与现行会计处理办法的关系、与国际会计准则以及其他主要国家的会计准则的协调情况、所征求的意见的取舍等做出说明，操作指南与具体会计准则正文一起公布，讲解则另行公布。

《企业会计准则——关联方关系及其交易的披露》的发布实施，对于进一步规范上市公司关联方关系及其交易的信息披露，增加上市公司会计信息的透明度，提高会计信息的质量，适应证券监管部门进一步加强对证券市场的监管，必将发挥积极的作用。在

总结发布实施《企业会计准则——关系方关系及其交易的披露》的经验的基础上,我们还将针对证券市场新出现的、急需解决的会计问题,研究制定并陆续发布其他具体会计准则。

下面谈谈完善和发展我国会计准则体系的情况及我们对会计国际协调的一些基本主张。

1. 会计准则的制定主体

在考察国外会计准则制定情况时,我们注意到,国外会计准则制定机构多属民间性质,如美国的财务会计报告准则的制定者是具有民间性质的美国财务会计准则委员会。在我国,会计准则由政府部门——财政部制定并发布实施。我们认为,在我国这样一个发展中国家,市场经济发展时间不长,经验少,各地区经济发展又不平衡,由政府部门来组织推动会计准则的制定和实施是非常必要的。由我国财政部制定和推动会计准则的实施,并不意味着不考虑除政府部门之外的其他会计信息使用者的需求。会计信息涉及社会的各个方面,会计准则的制定过程更是不同经济利益的协调,所以在制定会计准则过程中,我们注意吸收了各方面力量参与会计准则的制定工作,成立了国内外会计准则咨询专家组,通过各种可能的途径征集各界对会计准则的意见。实践证明,我国以政府部门为主体、社会各方面广泛参与的会计准则制定形式是有效的,适合我国国情。

2. 制定具体会计准则的指导思想

第一,处理好会计国际协调与我国国情的关系。近年来,随着国际资本流动速度的不断加快,国际经济有了前所未有的发展。会计作为通用的商业语言,应当服务于这种经济发展的趋势,为国际资本的融通和国际经济的发展发挥基础性作用。因此,会计国际协调是客观要求。我国作为一个发展中国家,经济建设需要吸引外资,而与国际会计惯例协调将有利于吸引外资,这就要求我国的会计准则应当谋求与国际会计惯例尽可能协调。此外,我国作为国际会计准则委员会的一员,我们注意到力求使本国财务报告的所有重要方面与国际会计准则求得基本一致的必要性。正因为如此,我们在制定具体会计准则过程中,十分注意借鉴国际会计准则制定机构以及其他国家的经验,研究国际会计准则和其他国家的会计准则,注意吸收其中适用于我国市场经济发展情形的理论、原则、程序和方法。与此同时,我们也认识到,会计信息是服务于特定社会经济环境的,它受到许多因素的制约,如经济体制、市场经济发展的水平、注册会计师执业水平、企业会计人员素质等。所以,我们在制定具体会计准则时,必须考虑我国的现实经济环境及其对会计信息的要求。

第二,处理好继承和发展的关系。我国的会计制度改革和实践已经历了一个相当长的过程,其中有失败的教训也有成功的经验。在目前我国经济转换时期,摒弃过去积累的经验,脱离现实经济发展求异求新是不恰当的。但是,我们也不能不看到,我国正在朝规范的市场经济方向发展,具体会计准则的制定应当充分考虑这种因素。

第三,处理好选择性和可比性的关系。在考察研究国际会计准则和其他国家的会计准则时,我们均发现在强调可比性的同时,还不同程度地存在会计政策的选择性。可比性作为一个重要的会计信息质量特征,是国际会计准则和各国会计准则追求的基本目标。但不同的企业所处的经营环境可能不同、管理水平也可能有差异,过分地强调可比性,有时反而达不到预想的效果。以前,我国的会计制度比较注重可比性,现在允许有适度的选择性,由此产生的会计信息质量不仅没有降低,反而是有所提高。在制定具体会计准则时,我们仍然十分重视会计信息的可比性问题,一般不允许对同样的经济业务采用不同的会计政策;但对于情况特殊暂时还不能做到这一点时,我们允许企业在基准方法和允许选用的方法之间进行选择。当然,在采用允许选择的方法的情况下,企业需要作必要的说明。

3. 我国对会计国际协调的主张

会计国际协调问题由来已久,但近年来国际金融市场的一体化趋势的加强使这个问题显得尤为突出。国际会计准则委员会等国际组织和各国会计界一直在为寻求会计国际协调作不懈努力,取得了许多双边的、多边的、地区性的会计协调成果,其中,最值得注意的是国际会计准则委员会与证券交易委员会国际组织于 1995 年达成的一项旨在完成核心会计准则的协议;首先,我们十分赞赏并积极支持国际会计准则委员会等国际组织所作的努力。其次,我们支持区域的、双边的或多边的会计协调形式和途径,希望区域的、双边的、多边的会计协调为会计国际协调创造有利条件和积累经验。最后,我国会计界将积极参与会计国际协调事业,在制定和实施我国会计准则的过程中,关注会计国际协调及国际会计准则和各国会计准则的最新变化与进展、并将注意吸收和借鉴国际会计的最新成果。

(本文系作者在 1997 年清华大学举办的"中国会计问题国际研讨会"上的讲话并载于《会计研究》1997 年第 9 期)

构建会计准则体系 服务市场经济发展

——中国会计准则制定的最新进展

2005 年以来,为了适应中国改革开放和经济发展的需要,中国会计准则体系建设进入了一个加速发展的阶段,截至 2005 年 12 月已陆续发布了 21 项新制定的企业会计准则征求意见稿,修订现行的 17 项企业会计准则。财政部正紧锣密鼓地进行这套会计准则体系的进一步修改和完善工作,并规划 2006 年的培训和贯彻实施方案。

一、明确会计准则体系的建设目标及基本架构

我国会计准则体系建设的目标是:在 2006 年年初,构建起符合我国社会主义市场经济发展要求的、与我国国情相适应,同时又充分与国际财务报告准则趋同的、涵盖各类企业各项经济业务、独立实施的会计准则体系。这套体系由 1 项基本会计准则和 38 项具体会计准则组成,发布时间暂定在 2006 年 2 月份,实施时间暂定为 2007 年 1 月 1 日。这套会计准则体系实施后,企业会计信息的质量和透明度可望得到进一步提高,企业会计信息在国际范围内交流、使用、判断和评价的基础和平台将得以建立并不断完善,从而更好地满足投资者、债权人和其他利益相关方等有关方面对会计信息的需求,进一步规范企业会计行为和会计秩序,有力地维护社会公众利益。

根据这一目标,完善后的中国企业会计准则体系将包括三个层次:

(1)基本准则,在整个会计准则体系中起统驭作用,主要规范会计的目标、会计的基本假设和概念、会计信息质量要求、会计要素的确认计量和报告原则等,基本准则的作用是指导具体准则的制定以及实际工作,并对以后新出现的业务提供处理原则。

(2)具体准则,包括存货、固定资产、无形资产等 38 项准则,主要规范企业发生的交易或者事项的会计处理,为企业处理会计实务问题提供具体而统一的标准,具体准则根据基本准则制定,分为一般业务准则、特殊行业特定业务准则和报告准则三类,从而基本涵盖了中国各类企业各类经济业务的会计处理。其中:

一般业务准则主要规范各类企业普遍适用的一般经济业务的确认和计量要求,包括存货、会计政策、会计估计变更和会计差错更正、建造合同、所得税、固定资产、租赁、收入、职工薪酬、股份支付、捐赠与补助、外币折算、借款费用、投资、企业年金、无形资产、资产减值、或有事项、投资性房地产、企业合并、首次采用企业会计准则等准则项目。

特殊行业的特定业务准则主要规范特殊行业的特定业务的确认和计量要求,如石油天然气开采、生物资产、金融工具确认和计量、金融资产转移、套期保值、金融工具列报和披露、保险合同、再保险合同等准则项目。

报告类准则主要规范普遍适用于各类企业通用的报告类的准则,如财务报表的列报、现金流量表、合并财务报表、中期财务报告、分部报告、关联方关系及其交易的披露等准则项目。

(3)会计准则应用指南,是针对具体准则中的难点和关键点所作的操作性规定,主要包括具体准则的相关各项解释和会计科目、主要账务处理等,为企业执行会计准则提供操作性规范。

截至2005年12月,我国会计准则制定的各项工作进展顺利,已经先后发布了6批共22项会计准则的征求意见稿,具体包括:

6月2日发布了修订《企业会计准则——基本准则》征求意见稿;

6月22日发布了外币折算、分部报告和财务报表列报等三项具体准则草案征求意见稿;

7月19日发布了资产减值、企业合并、合并财务报表、生物资产、石油天然气开采、捐赠与补助和投资性房地产等七项具体准则征求意见稿;

8月12日发布了保险合同、再保险合同、职工薪酬、企业年金、每股收益和所得税等六项具体准则征求意见稿;

9月25日发布了金融资产确认和计量、金融工具列报和披露、金融资产转移和套期保值等四项具体准则征求意见稿;

12月19日发布了股份支付具体准则征求意见稿。

《首次采用企业会计准则》的征求意见稿也已起草完成,我们将在对各项会计准则的具体规定基本确定后再发布《首次采用企业会计准则体系》的征求意见稿;同时,我们还将专门集中一段时间进行各项会计准则之间的协调工作,确保各项准则的规定之间没有相互矛盾和抵触之处。

二、会计准则建设应当遵循的基本原则

在建立中国会计准则体系过程中,我们特别注意要处理好以下两个方面的关系。

(一)借鉴国际惯例与立足国情的关系

在我国会计准则制定过程中,我们既充分借鉴国际财务报告准则以及其他得到广泛认可的准则的规定,同时要贯彻立足国情、有取有舍的原则,防止不顾实际,照搬照抄,特别是充分考虑了我国目前的经济、法律环境。例如,在准则立项上,我国的会计准则体系中,各准则项目相对于国际财务报告准则而言,有些准则项目进行了适当合并,有些准则项目作了分解,在准则内容上,应当有利于企业发展。因此,中国会计准则体系从项目的名称、体例到内容,不一定与国际财务报告准则项目一一对应。

(二)继承与发展的关系

任何改革都是在原有基础上进行的,会计改革也是如此。在制定中国会计准则时,我们坚持,凡是我国会计制度已有明确规定并在实务中得到广泛认可,且与国际财务报告准则没有实质性差异的,都加以继承并形成准则或纳入相应的准则项目,以此为基础,从完善社会主义市场经济体制的目标出发,本着与时俱进的精神,借鉴国际惯例,完善我国的会计准则体系。尤其在会计准则体例、准则规定、准则分类和编号等诸多方面,既做到了科学规范,又在准则条款语言表述上做到中国化和通俗化,便于理解、操作和执行。

三、在准则制定和国际趋同中充分考虑我国实际

在制定中国会计准则、完善准则体系、促进中国会计准则与国际趋同的过程中,我们一方面充分借鉴国际财务报告准则,努力实现与国际财务报告准则的趋同;另一方面要充分考虑中国特殊的会计环境和实务,以规范和解决中国当前的会计问题为主要任务。具体主要体现在以下几个方面。

(一)充分考虑中国当前的经济发展阶段和会计实务发展状况

国际财务报告准则规范的主要是成熟市场经济国家的经济交易或者事项,市场竞争比较充分,公允价值容易取得,许多交易或者事项采取了完全的公允价值计量模式。但是在中国,经济的市场化程度还有待提高,某些领域的市场竞争还不够充分,因此对于公允价值还不能广泛应用,对此我们在制定我国会计准则时,对于公允价值的引入采取了适度、谨慎的原则,在经济环境和市场条件允许的情况下,对于特定资产或者交易采用公允价值,如交易性金融资产等。在经济环境和市场条件还不具备的情况下,仍然采用历史成本计量模式。

(二)充分考虑中国会计准则属于法律体系组成部分的特点,将基本准则定位为部门规章,并作为一项法律规范

我们知道,无论是国际会计准则理事会的概念框架还是美国财务会计准则委员会的概念公告,尽管起着指导会计准则制定的作用,但都不属于会计准则的组成部分,也没有法律约束力。但是中国的情况有所不同,中国的基本准则属于会计准则体系的有机组成部分,从而确保了它指导会计准则制定的权威性和法律效力,反之,如果它仅仅作为制定会计准则的概念基础,但不构成会计准则,那么在中国的法制环境下,不仅达不到制定的初衷,也难以得到社会公众、政府监管部门等方面的认可。

(三)充分考虑中国的语言习惯和法律用语,使会计准则的行文更加贴近中国实际

现行的国际财务报告准则通常由引言、目标、范围、定义、规范的主要内容、披露、过渡性规定和生效日期等部分组成,但是这一模式并不符合中国法律法规的行文习惯。

中国的法律法规通常采用"章节"架构和"条款"式行文结构。基于此,会计准则作为中国法律法规体系的组成部分,在起草我国会计准则时,我们在保证准则内容与国际财务报告准则充分协调的同时,对准则的行文及其架构采取了与国际财务报告准则不同的方式,即采取了"章节"、"条款"式,使之更加符合中国法律用语和行文习惯。与此同时,在准则语言上,也尽可能中国化、规范化和通俗化,以使中国会计准则通俗易懂,便于操作和执行。

四、在会计准则制定中加强会计准则委员会的重要作用

财政部于 2003 年完成了会计准则委员会的重大改组,并建立了全新的工作机制。此后又做个别调整,王军副部长任秘书长,委员共 22 名,由财政部聘任。在会计准则制定过程中,准则委员会发挥了重要作用。早在 2003 年、2004 年,会计准则委员会委员们分别主持了几十项会计准则研究课题,研究基本准则和多项具体准则的制定和修订,形成了数百万字的研究报告。在准则制定过程中,所有准则的征求意见稿在正式印发前,都要先在全体委员范围内征求意见。准则项目组根据委员的反馈对准则进行修改后,才可以对外正式征求意见。准则制定的制度创新收到了良好的效果。即将正式发布的 39 项会计准则不仅考虑了与国际准则趋同,而且充分反映了国内实务的需要,使会计准则的科学性、合理性和权威性得到了大大加强。

五、做好会计准则的宣传贯彻工作

考虑到这次企业会计准则体系的改革涉及面广、影响大,因此做好相关的宣传培训和贯彻实施工作十分重要。财政部从以下几个方面着力加强会计准则的宣传培训和贯彻实施工作。

（一）统一培训教材,纳入会计人员继续教育范围

企业会计准则体系与国际财务报告准则已经基本趋同,与现行会计制度相比,内容更新较多,对会计职业判断和会计人员的素质要求更高。为了有助于宣传培训和贯彻实施,财政部会计司拟撰写一套权威、统一的企业会计准则体系培训教材,详细讲解各项准则的制定背景、理论基础、操作指南等,并提供有关案例、疑难问题解答、具体应用方法等,以便于广大财会人员及时、准确地学习消化会计准则的内容,完整掌握各项准则的精神实质。财政部会计司准则起草人员全部作为该教材的编写人员,整个教材的编写工作计划于 2006 年 3、4 月份之前完成。完成后的培训教材将纳入会计人员继续教育范围。

2006 年计划在全国范围内全面推开高级会计师考评结合工作,所有高级会计人员若要晋升高级会计师职称都必须首先通过考试。高级会计人员是宣传贯彻企业会计准则的重要力量,集中了我国许多优秀会计人才或潜在的后备人才。财政部将修订高级

会计师考试大纲及其内容,在考试大纲和命题内容中考虑企业会计准则体系的内容,把考试变成贯彻会计管理工作政策意图的载体和引导会计人员加强学习的手段,促进企业会计准则的教育培训和贯彻落实。

（二）搞好师资培训,层层开展培训工作

企业会计准则体系发布后,财政部拟举办全国性的会计准则师资培训班,集中会计司准则起草人员作为主讲老师,负责培养各省、区、市或有关部门的会计准则讲课师资。培训地点初步定在北京、上海和厦门三个国家会计学院。培训对象为各省、区、市和有关部门的会计管理机构选拔的师资人员和会计管理干部。

各省、区、市和有关部门会计管理机构负责本省、区、市或部门范围内的会计准则体系培训工作。在全国师资培训班结束后,各省、区、市和有关部门会计管理机构应当组织这些师资进一步培训本省、区、市或本部门下一层次的会计准则讲课老师,这样层层培训,争取在 2006 年 8 月底之前,完成本地区或本部门的会计准则培训工作。

为保质保量地完成培训任务,财政部还拟在本次培训工作中引入网络远程教育、录制教学光盘等手段,以增强教学效果。

（三）组织会计知识大赛,广泛学习宣传会计准则

会计知识大赛是宣传学习会计准则、制度和会计法规的一种十分有效的方式。财政部正在酝酿在培训工作结束后举办一次全国会计知识大赛,力争通过这一方式,掀起一个全国财会人员学习、贯彻、研究企业会计准则体系的新高潮。

各省、区、市和有关单位应当站在宣传贯彻落实会计准则体系的高度,重视会计知识大赛工作,成立专门机构负责组织实施好大赛各项工作。

（四）认真组织模拟试点,扎实做好实施前的准备工作

由于会计准则实务性较强,影响大,为了保证平稳过渡,财政部计划在会计准则实施前选取若干企业进行模拟运行,按照会计准则的规定模拟试编报表。截至 2005 年 11 月,第一批试点单位已经落实,在参加第一期全国会计领军人才培养的学员所在单位展开。

试点内容主要包括:① 按照会计准则试编报表,查找准则执行中可能出现的问题;② 测试会计准则实施对于企业财务状况、经营成果的影响,以及对于纳税调整的影响;③ 了解和掌握会计准则的实施对于企业内部管理及其信息系统的影响,包括对于会计人员素质、会计基础工作、内部控制的要求以及所产生的成本效益的影响等。

通过对会计准则的模拟试点,企业应当全面掌握会计准则的内容及其实质,为全面实施企业会计准则体系积累实践经验;同时,应当及时发现问题;寻求对策,化解制度转换风险,确保企业会计准则体系在 2007 年能够得到贯彻落实。

（以上内容主要根据《金融会计》等杂志 2005 年 11 月至 12 月的《中国会计准则制定的最新进展》等文章摘录并整理）

推动市场规则完善　维护社会公众利益

——中国会计准则体系正式发布

　　财政部党组于 2005 年作出了全面加快会计准则建设的决定,要求尽早建成适应我国社会主义市场经济要求的、与国际准则基本趋同的、涵盖各类企业的各项经济业务的、可独立实施的高质量会计准则体系。在积累多年会计准则研究成果的基础上,经过一年多的集中突破,财政部完成了企业会计准则体系的制定,并于 2006 年 2 月 15 日在京举行了中国会计审计准则体系发布会。企业会计准则体系包括 1 项基本准则和 38 项具体准则和准则应用指南,形成了有机统一的整体。该会计准则体系自 2007 年 1 月 1 日起在上市公司施行,以后逐步推广到全部大中型企业执行。财政部长金人庆在发布会上指出,企业会计准则体系的发布实施,有利于贯彻科学发展观,有利于完善市场经济体制,有利于提高对外开放水平。在发布会上,财政部副部长、中国会计准则委员会主席楼继伟介绍了企业会计准则体系建设的有关情况。

一、会计准则制定程序科学民主

　　骐骥一跃,不能十步,驽马十驾,志在千里。我国的企业会计准则虽然起步较晚且脱胎自计划经济体制下的会计制度,但财政部一直对会计准则建设较为重视,从制度建设、干部培养等方面做了扎实的工作,为制定高质量的企业会计准则体系奠定了基础。

　　(一)培养人才

　　多年来,财政部通过培训、进修和在实践中锻炼等多种方式,培养了一大批专业基础扎实、技术技能过硬、熟悉国际准则、了解中国国情的技术专家队伍,他们许多都是会计学硕士、博士、博导。这支专家队伍在中国企业会计准则体系建设及其国际趋同中,保证了中国会计准则建设的快速、高效、高质。

　　(二)设置咨询机构

　　1985 年,财政部在负责会计标准制定的会计司中成立了专门机构,研究在中国建立会计准则体系的相关问题,酝酿改革当时的会计制度。1998 年,财政部设立了中国会计准则委员会,专门为会计准则的制定工作提供咨询意见。2003 年,财政部还为中国会计准则委员会聘请了 160 多位咨询专家作为技术支撑。准则委员会这支高素质的决策咨询队伍在本次准则制定中发挥了重要作用。

（三）完善准则制定程序

在企业会计审计准则的制定过程中,为了保证准则制定公开、透明和所制定准则的高质量,财政部借鉴国际经验,发布了《会计准则制定程序》等文件,建立了一套以意见征求机制为核心的严格、公开、透明的准则制定机制。从 2005 年 6 月 2 日起,财政部陆续发布了 6 批会计准则征求意见稿,向各界公开征求意见。财政部对于收到的大量反馈意见十分重视,在准则的修改完善阶段,采纳了许多有价值的意见。

二、发布实施企业会计准则体系的意义

企业会计准则体系的发布实施,对完善社会主义市场经济规则体系、促进经济社会全面发展具有积极作用。

（一）有利于完善市场经济体制

新发布的企业会计准则体系完善了市场经济的基础性规则,规范了企业财务行为,适应了经济全球化和完善社会主义市场经济体制的新形势、新要求,将更好地促进深化企业改革,推进金融改革,健全财政职能,完善现代市场体系和宏观调控体系。

（二）有利于保护市场参与者和公众的利益

企业会计准则体系以提高会计信息质量、维护社会经济秩序为宗旨。准则体系对会计信息的生成和披露作了更加严格和科学的规定,进一步强化了对信息供给的约束和监督,有效地维护市场参与者和公众的知情权,有利于市场机制在资源配置中发挥主导作用,有利于维护市场机制的公平、公正和公开。

（三）有利于提高对外开放水平

会计是国际通用的商业语言,随着经济全球化趋势深入发展,我国经济与世界经济的相互联系、相互依存和相互影响日益加深。与国际准则趋同的企业会计准则体系的发布,有利于进一步优化我国投资环境,深入实施"请进来"和"走出去"战略,全面提高我国对外开放水平。

三、系统推进会计准则体系建设和实施

2006 年 2 月 15 日会计准则体系发布后,中央电视台、凤凰卫视、中央人民广播电台、《人民日报》、《经济日报》、英国《金融时报》、美国《华尔街日报》、香港《大公报》等媒体都进行了报道。社会各界评价积极,认为中国企业会计准则体系的发布和实施,有利于提高企业经营管理水平,有利于促进资本市场健康稳定发展,有利于维护经济秩序和社会公众利益,有利于促进中国经济发展并提升中国在国际资本市场中的地位。

目前财政部正在系统地推进会计准则建设和实施后续工作的落实。为保证平稳过渡、顺利实施,财政部采取了分步实施、以点带面的策略,要求首先在与公众利益关系密

切、会计基础工作较为扎实的上市公司范围施行,然后再总结经验,逐步向其他大中型企业推开。金人庆部长在企业会计审计准则体系发布会上要求,财政部门要继续加强与有关部门的协同配合,确保新旧准则体系顺利衔接;广大上市公司要充分认识贯彻准则体系的重要性和紧迫性,健全企业内部控制制度。

（以上内容主要根据 2006 年 2 月 15 日企业会计准则体系发布会有关情况整理）

把握规律　坚持原则　贯彻理念

——中国企业会计准则体系构建过程回顾

2006年2月15日,财政部正式向国内外发布了企业会计准则体系,并自2007年1月1日起在上市公司执行。这标志着适应我国市场经济发展进程、与国际财务报告准则趋同的企业会计准则体系正式建立。企业会计准则体系的发布是对改革开放20多年以来我国会计改革的经验总结和升华,是财政部会计准则制定机构辛苦工作的体现,是国际国内众多专家的智慧结晶,是财政部与国际会计准则理事会密切合作、相互协调的结果。企业会计准则体系发布后,引起了国际国内的高度关注,也得到了包括国际会计准则理事会在内的国际组织的充分肯定。在准则体系的建设中,我们始终坚持或把握了一个规律、两条原则和三项理念。

一、把握一个规律

会计改革到今天,我们始终把握会计改革适应经济社会快速发展需要的原则,会计准则建设尤其是这样。这已经成为指导我国会计改革的一条重要规律。本次准则体系的建设就是在这样的背景下进行的。

20世纪80年代,我们贯彻中央以经济建设为中心、对内搞活对外开放、引进国外资金和管理经验的政策,出台了《中外合资经营企业会计制度》,恢复了会计师事务所制度。这是当时国内会计界的大事。90年代初,在小平同志南方谈话和党的十四届三中全会提出的建立现代企业制度和社会主义市场经济体制的背景下,我们启动了两则两制会计改革,结束了我国四十多年来计划经济体制下的会计模式。本次会计准则体系改革,是在党的十六大和十六届三中全会提出的完善社会主义市场经济的方针指引下进行的,也是我国加入WTO、经济全球化发展的客观需求。财政部领导高屋建瓴、把握时机和发展规律,果断决策,经过一年多的努力,建立了适应我国市场经济发展并与国际趋同的、涵盖我国各类企业各项经济业务、独立实施的企业会计准则体系。

二、坚持两项原则

(一)立足中国国情

如何把握立足国情和国际趋同的关系、处理两者之间的平衡,是一个比较棘手的问题。我国的法规体系是由四个层次构成的：法律、行政法规、部门规章、规范性文件。我国企业会计准则的基本准则是以财政部部长令的形式发布的部门规章，具体准则和应用指南是以财政部文件形式发布的规范性文件。所以在法律形式上，中国的会计准则体系是法规体系的组成部分而不仅仅是公认的会计原则。中国作为 WTO 成员，在市场经济规则上要与国际协调，借鉴国际惯例，但会计准则体系必须以中国的法律形式发布才具有法律效力。

我们的目标是把国际的东西中国化，复杂的东西简单化，专业的问题大众化，立足于解决我国企业的实际问题。这个要求很高。为了达到这个目标，我们一直在不懈努力。这些努力主要体现在准则的实质内容和政策上。例如，对于关联方披露准则的处理，国际准则规定国家控制的企业应视为关联方，我们认为这一规定不符合中国国情。在我国，国有企业占有相当大的比重，而且，各自为独立的市场主体，自负盈亏照章纳税，国有企业之间是充分竞争的市场主体之间的关系，某些国有企业出现财务困难也不会导致其他国有企业出现问题。因此，我们认为，不能仅仅因为同是国有企业而被认定为关联方。国际会计准则理事会认为我们的规定是有道理的。2006 年 7 月 19 日，国际会计准则理事会正式宣布将修改《国际会计准则第 24 号——关联方披露》列入工作议程，修订原因主要是考虑了中国的意见。这说明，国际会计准则也有不完善的地方，中国对国际准则的影响力日益凸显。我们期待修改后的关联方准则的发布，这样将使我国企业走出去得到更多的便利。

关于资产减值准则，中国准则和国际准则的差异是，中国准则规定固定资产、无形资产和部分长期股权投资的减值不得转回。这样规定的主要理由是基于此类长期资产不同于流动资产价值活跃，按会计准则规定提取减值准备要特别严格、谨慎、科学，发生减值的可能性很小或不存在，减值应视为永久性减值，不认同价值恢复。国际会计准则理事会对我们这样规定表示理解。美国对此类长期资产的减值也有不得转回的规定。

除了以上两项与国际准则构成实质性差异，其他准则也并非完全一致，但并不构成与国际准则的实质性差异。例如企业合并准则的区别。我国对在同一控制下的企业合并规定了处理方法，而国际准则没有规定。我们认为，如果企业合并不是双方自愿进行、支付的对价也不是双方协商的结果，就应认为是资产负债的重新组合，而不是合并交易行为，在会计处理上应以账面价值为基础，支付的对价与被合并方净资产的账面价值的差额调整所有者权益。对于非同一控制下的企业合并的处理，我国准则与国际准则规定一致，采用了购买法。

再如，退休福利计划的处理，相关的中国准则是职工薪酬和企业年金基金。我国准则中企业职工的退休政策及会计处理，服从于我国政策法规的规定：基本养老保险是强制性的，按一定比例向各级社会保障机构缴纳；补充养老保险是一种激励政策，我国从 2006 年开始试点；还有职工个人商业保险。一般来说，这些内容都构成职工薪酬，其中补充养老保险形成了企业年金基金。这些与国际准则下的设定提存计划类似。国际准则下的设定受益计划则有所不同。我们坚持不把设定受益计划写进准则，是因为中国的企业会计准则要服从中国法律。如果中国企业在境外设立子公司，在境外实施了设定受益计划，我们将在合并报表中处理。对此，国际会计准则理事会表示认同。

《国际会计准则第 39 号——金融工具：确认和计量》在国际准则体系中是最大的准则，也是最难的准则，我们准则制定工作的主要障碍之一也在 39 号。我们仔细研究了这个准则，将一一落实在我国的会计实务中，分析有哪些与其接近，并进而将其分解为金融工具的确认计量、金融资产的转移和套期保值。国际会计准则理事会对此表示赞赏。

（二）有利于企业可持续发展，有利于投资者决策

资本市场是市场经济的核心。资本市场出现的问题，将在整个市场体系中造成较大影响。例如美国发生安然事件后，投资者信心下降，资本市场不景气，直接影响了美国的经济生活。因此，我们制定准则的另一项基本原则是要有利于企业可持续发展，有利于投资者决策。因为企业和投资者是资本市场最关键的要素，制定会计准则，规范会计行为，提高会计信息质量，有助于市场主体的完善和发展，进而增强投资者的信心，从而实现良性循环，促进资本市场和市场经济的发展。我们要通过会计准则给投资人一份真实准确的财务报告，使其有信心扩大投资、追加投资、实现潜在投资。

三、贯彻三个理念

（一）树立资产负债表观

资产负债表观是相对利润表观而言的。从基本准则六大会计要素到具体准则，比如资产减值、现金流量、所得税会计等等，都体现了这个理念。按照这个理念，企业财富的增加不应单纯关注利润，而是要关注净资产，关注期末净资产和期初净资产相比是否真正增加。在真实价值前提下净资产的增加，才能表明企业财富的增加，增加财富后才有义务向国家缴税，才能够向股东分红。真正的利润本质上是净资产的增加，真正的亏损本质上是净资产的减少。

最核心的理念是要把握预期经济利益。存货如果出现售价低于买价，就会发生减值，该资产不能为企业带来预期利益，出现了不良资产。利润虚增带来超分配。虚假的行为是短期行为，造成在没有现金流的情况下承担现金流出，这个过程分配的是本金。所以在建立准则体系的过程中，我们主张贯彻资产负债表观和综合收益观，对企业的考核要实行综合的考核，强调综合收益，而不是单纯强调利润，这样才有利于企业的可持续发展。

（二）以历史成本为基础，适度、谨慎地引入公允价值

在国际准则中，公允价值会计计量属性应用得比较广泛。我国这次准则体系建设，

在计量属性上仍然强调以历史成本为基础,同时规定公允价值要适度引入、谨慎引入。所谓适度和谨慎引入,主要是把握有确凿证据表明公允价值能够可靠计量。在我们现有条件下,只要能够可靠地取得、有确凿证据就应引入公允价值,公允价值变动计入当期损益,所以在利润表里增加了公允价值变动损益这个项目。

国际准则将公允价值分成三个层次。第一个层次是有活跃市场,比如股票,有报价,这就应视为有确凿证据。第二个层次是在活跃市场上直接找不到某项资产或负债的公允价值,那就要找同类的资产或负债的公允价值。有确凿证据找到同类资产的,可以视同公允价值。第三个层次是在一、二层次不存在的情况下采用估值技术。第一个层次是确凿的,第二个特别是第三个层次用估值技术确认公允价值的时候要特别慎重,有一系列的前提条件和要求。

我国在公允价值的具体运用中采用较为谨慎的原则和理念。例如生物资产准则,国际准则中生物资产采用公允价值计量,而我国在实际工作中,林业和农业企业基本上是采用历史成本。因为很难找到公允价值或公允价值不可靠,没有确凿证据,所以采用历史成本比较合适。国际准则的农业准则中有一条款规定:在没有活跃市场、在生物资产的公允价值不能获得或可靠计量的情况下,可以采用历史成本。这样的规定与国际准则也是趋同的。

再如国际准则中的持有以备出售的非流动资产和终止经营。企业持有这些资产准备出售,要由企业决定。打算卖掉时就要把这些非流动资产转出来,停止折旧,停止提减值,停止摊销,改为按公允价值计量,公允价值变动计入当期损益。这样处理就需要单独划出一类资产,而且取决于管理者的意图,这对我们来说要特别慎重,所以我国没有专门制定这一准则。我们对固定资产净残值作了一些变通处理:对于企业持有准备出售的非流动资产,即固定资产的净残值要考虑未来的现金流量的现值。如果企业有终止经营的事项,应在财务报表附注中披露。我们强调有确凿证据,能可靠计量,不能做到的就采用历史成本计量。

(三)提升财务会计报告的地位和作用

财务会计报告是投资者了解企业的主要载体,也是财务会计确认、计量和报告的结果。在整个准则体系中,财务会计报告在基本准则中占一章,报告类准则在具体准则中占8项,就是为了强调和提升财务报告的地位和作用。在会计的确认、计量、记录和报告这四个重要环节中,我们尤其强调确认、计量和报告。确认解决定性问题,计量解决定量问题,确认和计量是解决政策问题;报告是确认、计量的结果;记录是方法。

此次发布的企业会计准则指南的征求意见稿由两部分组成:一部分是对具体准则项目有关难点、疑点的进一步解释;另一部分是会计科目及其主要账务处理。这次改革各行各业使用的会计科目及主要账务处理统一起来了。还可以考虑将会计科目及主要账务处理部分作为准则应用指南的附录。因为会计的确认、计量是政策,具有强制执行的特点,财务报表的格式是强制性的,报表附注是系统化、规范化、国际化的,也是不能改动的。企业只要严格执行会计确认、计量和列报的规定,科目设置和账务处理可以灵活。

　　为了进一步推动会计改革开放,为中国企业实施"走出去"战略提供会计基础,我们一直在通过多方努力,致力于推动我国会计准则的国际趋同。比如,我们与国际会计准则理事会签署了联合声明,表明了我们支持国际趋同的态度,同时坚持趋同的具体方式要由中国自己确定。加强与欧盟的合作,通过谈判,欧盟认同中国的会计准则与国际的趋同,表示要在会计方面加强和中国的合作。我们的目标就是让欧盟认同中国的会计准则等效,为我们的企业进入欧盟市场提供便利并争取利益。我们将在与国际会计准则的趋同过程中特别关注与美国会计组织的合作和趋同工作,归根结底是有利于我国企业在美国拓展市场。我们还将加强与俄罗斯、日、韩等国家会计准则制定机构的合作,同时推进内地准则与香港准则的等效。

　　(以上内容主要根据《财务与会计》2006 年 11 月的《把握规律　坚持原则　贯彻理念　积极推进我国会计准则建设》一文摘录并整理)

中国企业会计准则体系：架构与趋同

从 2005 年初开始,财政部在总结会计改革经验的基础上,顺应中国市场经济发展对会计工作提出的新要求,借鉴国际财务报告准则,全面启动了企业会计准则建设。经过近两年的艰苦努力,建成了由 1 项基本准则、38 项具体准则和应用指南构成的企业会计准则体系,其最显著的特征是立足国情、国际趋同。

一、企业会计准则体系的框架结构

(1) 就准则体系的法律定位而言,中国企业会计准则属于法规体系的组成部分;国际财务报告准则不是法规体系,但在国际资本市场上具有重要影响和较强的约束力。根据《立法法》规定,我国的法规体系通常由四个部分构成,一是法律;二是行政法规;三是部门规章;四是规范性文件。其中,法律由全国人民代表大会常务委员会通过、国家主席签署颁布;行政法规由国务院常务委员会通过、以国务院总理令公布;部门规章由国务院主管部门以部长令公布;规范性文件由国务院主管部门以部门文件形式印发。在我国企业会计准则体系中,基本准则属于部门规章,是财政部部长签署公布的;具体准则及其应用指南属于规范性文件,财政部以财会字文件印发。会计准则作为法规体系,具有强制性的特点,要求企业必须执行,否则就属于违规行为。

(2) 就准则体系的内涵而言,中国企业会计准则强调了会计要素和主要经济业务事项的确认、计量和报告,同时兼顾了会计记录的要求;国际财务报告准则不规范会计记录,而由企业根据会计确认、计量和报告准则自行处理。会计确认解决的是定性问题。比如,什么是资产？判断资产的关键是能否为企业带来预期经济利益流入,不能为企业带来预期经济利益的资源就不是资产。什么是负债？负债强调现时义务,也就是说,某项义务形成企业的负债时,表明企业一定承担支付义务。什么是收入或费用？收入或费用突出日常活动,只有企业日常活动形成的经济利益的流入或流出才构成营业收入或成本,非日常活动形成的经济利益流入或流出属于利得或损失,计入营业外收入或支出。所有者权益是企业的净资产,净资产体现企业的规模和实力,利润的实质是净资产的增加,亏损表示净资产的减少,等等。会计计量解决的是定量问题,即在确认的基础上确定金额。会计确认和计量构成了会计政策的主要内容。报告是对确认、计量结果的披露,是将会计信息传递给投资人等使用者的载体和桥梁。投资人等信息使用者主要是通过充分披露的财务报告，了解企业的财务状况、经营成果和现金流量，判断企业的内在价值，预测企业未来的发展趋势，从而做出投资等决策。

财务报告具有特殊作用，企业会计准则体系强调了财务报告的地位。基本准则单独规定了财务报告一章，具体准则大都规定了披露要求。这些披露要求与财务报表列报、现金流量表、中期财务报告、合并财务报表、分部报告、关联方披露、金融工具列报、每股收益等报告类准则，共同构成了企业财务报告体系。国际会计准则理事会从 2002 年开始，将国际会计准则更名为国际财务报告准则，是从投资人等信息使用者决策的立场出发，向投资人等提供反映企业会计要素和主要经济业务事项确认、计量结果的财务报告。我国的会计准则虽然没有称为中国财务报告准则，但与国际财务报告准则的出发点和理念是一致的。企业会计准则体系从基本准则、38 项具体准则到应用指南，其核心是围绕会计确认、计量和报告加以规范的，从而实现了中国会计准则与国际财务报告准则内涵上的统一。

会计记录是在确认和计量基础上对经济业务事项运用会计科目进行账务处理的方法，我国以前的会计制度主要是以会计科目和会计报表形式加以规定的，会计准则改变了这种传统做法，明确了会计确认、计量和报告构成准则体系的正文，从而实现了国际趋同；同时根据会计准则规定了 156 个会计科目及其主要账务处理，作为准则应用指南的附录，附录中的会计科目和主要账务处理不再涉及会计确认、计量和报告的内容。国际财务报告准则不涉及会计记录，主要是规范会计确认、计量和报告，会计科目由企业自行设计并进行账务处理。我国目前乃至相当长的时期内，还不能缺少对会计记录的规范，这样设计和安排，能够使会计准则更具操作性，便于准则体系全面准确地贯彻实施。企业在不违反会计准则中确认、计量和报告规定的前提下，可以根据本单位的实际情况，自行增设、分拆、合并会计科目。

（3）就中国准则与国际准则项目的对应关系而言，不仅整体架构保持了一致，而且大多数项目做到了相互对应（见表1）。国际财务报告准则体系由编报财务报表的框架、国际财务报告准则和解释公告三部分构成，这与我国企业会计准则体系的整体架构一致。

表1 中国企业会计准则与国际财务报告准则具体项目比较表

中国企业会计准则		国际财务报告准则	
CAS 1	存货	IAS 2	存货
CAS 2	长期股权投资	IAS 27	合并财务报表和单独财务报表
		IAS 28	联营中的投资
		IAS 31	合营中的权益
CAS 3	投资性房地产	IAS 40	投资性房地产

（续表）

中国企业会计准则		国际财务报告准则	
CAS 4	固定资产	IAS 16	不动产、厂房及设备
		IFRS 5	持有待售的非流动资产和终止经营
CAS 5	生物资产	IAS 41	农业
CAS 6	无形资产	IAS 38	无形资产
CAS 7	非货币性资产交换	IAS 16	不动产、厂房及设备
		IAS 38	无形资产
		IAS 40	投资性房地产
CAS 8	资产减值	IAS 36	资产减值
CAS 9	职工薪酬	IAS 19	雇员福利
CAS 10	企业年金	IAS 26	退休福利计划的会计和报告
CAS 11	股份支付	IFRS 2	以股份为基础的支付
CAS 12	债务重组	IAS 39	金融工具：确认和计量
CAS 13	或有事项	IAS 37	准备、或有负债和或有资产
CAS 14	收入	IAS 18	收入
CAS 15	建造合同	IAS 11	建造合同
CAS 16	政府补助	IAS 20	政府补助的会计和政府援助的披露
CAS 17	借款费用	IAS 23	借款费用
CAS 18	所得税	IAS 12	所得税
CAS 19	外币折算	IAS 21	汇率变动的影响
		IAS 29	恶性通货膨胀经济中的财务报告
CAS 20	企业合并	IFRS 3	企业合并
CAS 21	租赁	IAS 17	租赁
CAS 22	金融工具确认和计量	IAS 39	金融工具：确认和计量
CAS 23	金融资产转移		
CAS 24	套期保值		
CAS 25	原保险合同	IFRS 4	保险合同
CAS 26	再保险合同		
CAS 27	石油天然气开采	IFRS 6	矿产资源的勘探和评价
CAS 28	会计政策、会计估计变更和差错更正	IAS 8	会计政策、会计估计变更和差错
CAS 29	资产负债表日后事项	IAS 10	资产负债表日后事项
CAS 30	财务报表列报	IAS 1	财务报表的列报
		IFRS 5	持有待售的非流动资产和终止经营

（续表）

中国企业会计准则		国际财务报告准则	
CAS 31	现金流量表	IAS 7	现金流量表
CAS 32	中期财务报告	IAS 34	中期财务报告
CAS 33	合并财务报表	IAS 27	合并财务报表和单独财务报表
CAS 34	每股收益	IAS 33	每股收益
CAS 35	分部报告	IFRS 8	分部报告
CAS 36	关联方披露	IAS 24	关联方披露
CAS 37	金融工具列报	IFRS 7	金融工具：披露
		IAS 32	金融工具：列报
CAS 38	首次执行企业会计准则	IFRS 1	首次采用国际财务报告准则

我国的基本准则类似于国际财务报告准则中"编报财务报表的框架"，在会计准则中起统驭作用，是具体准则的制定依据，主要规范了财务报告目标、会计基础、会计基本假设、会计信息质量要求、会计要素及其确认与计量原则、财务报告等内容。我国的具体准则和应用指南正文涵盖了目前各类企业各项经济交易或事项的会计处理，与国际财务报告准则的内部结构相同。具体准则分为一般业务准则、特殊业务准则和报告类准则，主要规范了各项具体业务事项的确认、计量和报告；应用指南是对具体准则相关条款的细化和重点难点内容提供的操作性规定。

我国会计准则实施后，就实务中遇到的实施问题，将以财政部规范性文件形式陆续印发解释公告，这与国际财务报告准则体系中的解释公告相似。

中国的企业会计准则体系发布实施后将保持相对稳定，如果实际工作中出现了新业务，需要制定新准则项目加以规范，应根据基本准则并遵循既定的程序制定必要的具体准则，同时考虑国际趋同的原则要求，以进一步完善和发展企业会计准则体系。

二、企业会计准则体系的国际趋同

2005 年下半年，在基本准则和具体准则的征求意见稿完成之际，我们与国际会计准则理事会的多名理事和技术专家就中国会计准则与国际财务报告准则的趋同问题进行了数次全面深入的研讨，双方最终达成了共识。2005 年 11 月 8 日，中国财政部副部长、中国会计准则委员会秘书长王军与国际会计准则理事会主席戴维·泰迪爵士签署了联合声明，确认了中国会计准则与国际财务报告准则实现了实质性趋同。联合声明主要强调三点：一是中国将趋同作为会计准则制定工作的目标之一，旨在使企业按照中国会计准则编制的财务报表与按照国际财务报告准则编制的财务报表相同，趋同的具体方式由中国确定。二是确认了中国会计准则与国际财务报告准则只在关联方关系及其交易的披露、资产减值损失的转回等极少数问题上存在差异,除此之外,实现了与国际财务报告准则的趋同。三是国际会计准则理事会确认了中国特殊情况和环境下的一些会计问题,包括关联方关系及其交易的披露、公允价值计量问题和同一控制下的企业合并,在这些问题上,中国可以对国际会计准则理事会寻求高质量的国际财务报告准则解决方案提供非常有用的帮助。

从全球会计趋同的情况看,大都选择直接采用国际财务报告准则的模式,比如欧盟、澳大利亚、韩国、中国香港等。我国属于新兴市场经济国家,具有特定的法律基础、经济环境和文化特色,这就决定了中国企业会计准则体系建设必须创新模式,走立足国情、国际趋同的道路。

（一）中国企业会计准则与国际财务报告准则尚存的极少差异

1. 关联方关系及其交易的披露

国际准则将同受国家控制的企业均视为关联方,所发生的交易作为关联方交易,在财务报表中要求充分披露。这一规定不符合中国的实际,因为中国的国有企业及国有资本占主导地位的企业较多,如按国际准则规定,大部分企业都是关联方,实际上这些企业均为独立法人,如果没有投资等关系不构成关联企业。因此,中国准则规定,仅同受国家控制但不存在控制、共同控制和重大影响的企业,不认定为关联企业,从而限定了国家控制企业关联方的范围,大大降低了企业的披露成本。国际会计准则理事会认同了中国的做法,并借鉴中国准则修改《国际会计准则第 24 号——关联方披露》。2007 年 2 月 22 日,国际会计准则理事会公布了该准则修订后的征求意见稿,计划在年内完成;如果顺利,届时此项差异将随之消除。

2. 长期资产减值准备的转回

国际准则对企业计提的固定资产、无形资产等非流动资产减值准备允许转回,计入当期损益。我们在广泛征求意见后认为,固定资产、无形资产等价值较大的非流动资产发生减值,按照资产减值准则计提减值损失后,价值恢复的可能极小或不存在,发生的资产减值应当视为永久性减值,所以中国在资产减值准则中规定,此类资产减值损失一经确认不得转回。国际会计准则理事会对中国的规定表示理解,希望我们关注国际准则与美国准则的趋同进展,因为美国的资产减值准则对于部分非流动资产确认减值损失后也是不允许转回的。

（二）中国企业会计准则与国际财务报告准则相关规定不同但不构成差异

1. 同一控制下的企业合并

我国的企业合并准则规定了同一控制下企业合并和非同一控制下企业合并的会计处理。国际准则只明确了非同一控制下企业合并的会计规范,没有规定同一控制下的企业合并。在我国实务中,因特殊的经济环境,有些企业合并实例属于同一控制下的企业合并,如果不对其加以规定,就会出现会计规范的空白,导致会计实务无章可循。所以中国准则结合实际情况,规定了同一控制下企业合并的会计处理。国际会计准则理事会认为,中国准则在这方面的规定和实践将为国际准则提供有益的参考。

2. 公允价值的计量

公允价值和历史成本是会计中重要的计量属性,公允价值是当前的,历史成本是过去的。国际财务报告准则要求广泛运用公允价值,以充分体现相关性的会计信息质量要求。中国准则强调适度、谨慎地引入公允价值,主要是考虑中国作为新兴市场经济国家,许多资产还没有活跃市场,会计信息的相关性固然重要,但应当以可靠性为前提,如果不加限制地引入公允价值,有可能会出现人为操纵利润现象。因此,中国投资性房地产、生物资产、非货币性资产交换、债务重组等准则规定,只有存在活跃市场、公允价值能够获得并可靠计量的情况下,才能采用公允价值计量。国际会计准则理事会认同中国的做法,并将如何在新兴市场经济中应用公允价值问题列入其主要议题加以研究,希望中国在这方面提供帮助。

3. 持有待售的非流动资产和终止经营

《国际财务报告准则第5号——持有待售的非流动资产和终止经营》单独规定了持有待售的非流动资产和终止经营的会计处理。非流动资产主要是指固定资产和无形资产等;终止经营是指对企业的车间、分部、子公司等予以处置或将其划分为准备出售对象。根据该准则规定,如果企业管理层准备处置该部分非流动资产和终止经营,要将这部分资产从非流动资产转出作为流动资产,停止计提折旧或者摊销,采用账面价值与公允价值减去销售费用孰低计量,账面价值高于公允价值减去销售费用的金额,计入当期损益。我国根据实际情况,没有单独制定这一准则项目,而是在固定资产、财务报表列报等相关准则中采用其他方式处理,达到类似效果,国际会计准则理事会赞同我们的做法。

4. 设定受益计划

《国际会计准则第19号——雇员福利》和《国际会计准则第26号——退休福利计划的会计和报告》对设定提存计划和设定受益计划两种类型的离职后福利规范了会计处理。由于中国现行相关法律法规没有类似设定受益计划方面的规定,会计准则在现有相关法律法规的框架下,对基本养老保险和补充养老保险等类似于国际准则中设定提存计划的内容作了规范。国际会计准则理事会认为,这是与国际财务报告准则趋同的。

5. 恶性通货膨胀会计

《国际会计准则第29号——恶性通货膨胀经济中的财务报告》规定了恶性通货膨胀经济中的财务报告要求。我们认为,中国在宏观调控的市场经济条件下,预期不会发生恶性通货膨胀的情况,没有必要制定这一准则项目。国际会计准则理事会完全赞同我国不制定该项准则的做法,但提出在中国准则中,应当明确境外经营所在国家或者地区发生恶性通货膨胀的会计处理。我们同意国际会计准则理事会的建议,在外币折算准则及其应用指南中,规定了恶性通货膨胀的基本特征,要求发生恶性通货膨胀的国家或地区境外经营的财务报表,应当按照一般物价指数进行重述,再按重述后的报表进行折算。

（三）中国企业会计准则与国际财务报告准则相比,在准则项目上做出了更加合理的安排

中国会计准则在某些项目的安排上作了适当调整:一是将《国际会计准则第39号——金融工具:确认和计量》分解为金融工具确认和计量、套期保值、金融资产转移三个准则项目,将复杂的金融工具业务进行细分,以更好地指导实务;二是将《国际财务报告准则第4号——保险合同》分为原保险合同和再保险合同两个准则项目,对保险合同的确认、计量和报告作了比国际准则更加详尽、系统的规范;三是将《国际会计准则第27号——合并财务报表和单独财务报表》、《国际会计准则第28号——联营中的投资》和《国际会计准则第31号——合营中的权益》中的相关内容进行整合,形成长期股权投资准则及其应用指南,既符合中国会计实务多年来的习惯,又有助于更好地理解和掌握准则内容。国际会计准则理事会对我们的上述安排表示赞同。

综上所述,我国企业会计准则体系在整体框架、内涵和实质上实现了国际趋同,并得到了有效实施,将我国会计提升到了国际先进水平的行列,从而促进企业实现科学管理,建立健全内部控制制度,改进信息系统,全面提升会计信息质量和企业形象,有助于企业可持续健康发展,同时为实现中国会计准则与其他国家或者地区会计准则等效奠定了基础。

（以上内容主要根据《会计研究》2007年3月的《中国企业会计准则体系:架构、趋同与等效》一文摘录并整理）

借鉴国际财务报告准则
适度引入公允价值计量属性

我国企业会计准则体系发布后,很多业内人士发现,会计准则引入了公允价值。公允价值作为会计的一种重要的计量属性,无论中国准则还是国际准则,引入公允价值的目的都是使企业报出的财务信息更相关,更反映企业的现时价值,从而更好地服务于信息使用者的决策。历史成本自身的局限性,使引入公允价值成为必然。我们完全支持这一理念,但我们主张在采用公允价值计量的同时,还应贯彻审慎性原则,而不能广泛采用公允价值计量。即使是西方发达的市场经济国家,依然审慎地限制了金融工具的公允价值选择权,国际财务报告准则目前的规定也并非所有准则项目都采用公允价值计量。

一、我国企业会计准则对公允价值的采用情况

我国企业会计准则借鉴国际财务报告准则,适度引入了公允价值的计量属性。因为公允价值能够充分体现相关性的要求,更好地为投资人等会计信息使用者决策服务。中国企业会计准则涉及公允价值计量的共有17项,分别是《企业会计准则第2号——长期股权投资》;《企业会计准则第3号——投资性房地产》;《企业会计准则第5号——生物资产》;《企业会计准则第7号——非货币性资产交换》;《企业会计准则第8号——资产减值》;《企业会计准则第10号——企业年金基金》;《企业会计准则第11号——股份支付》;《企业会计准则第12号——债务重组》;《企业会计准则第14号——收入》;《企业会计准则第16号——政府补助》;《企业会计准则第20号——企业合并》;《企业会计准则第21号——租赁》;《企业会计准则第22号——金融工具确认和计量》;《企业会计准则第23号——金融资产转移》;《企业会计准则第24号——套期保值》;《企业会计准则第27号——石油天然气开采》;《企业会计准则第37号——金融工具列报》。

二、我国企业会计准则中的公允价值计量

我国企业会计准则引入公允价值,采用了与国际财务报告准则相同的方法,区分以下三个层次加以确定,同时强调公允价值必须能够可靠地计量:

首先,资产或负债存在活跃市场的,应当以资产或负债的市场价格为基础确定其公允价值。比如,对于在证券交易所公开交易的股票、债券、基金等,作为交易性金融资产或可供出售金融资产,其公允价值就以市场交易价格为基础确定,改变了原来按成本与市价孰低计量的做法。利润表中单设了"公允价值变动损益"项目,反映采用公允价值计量且其变动计入当期损益的资产或负债的公允价值变动。

其次,资产或负债本身不存在活跃市场、但同类或类似资产或负债存在活跃市场的,应当以调整后的类似资产或负债市场价格为基础确定其公允价值。

再次,不存在同类或类似资产或负债的可比市场交易,采用估值技术确定资产或负债的公允价值。

三、企业运用公允价值需特别关注的领域

我国企业按照会计准则运用公允价值,有两个方面情况需要特别关注。

(一)损益变动可能没有现金流量作支撑

引入公允价值后,资产、负债的公允价值变动要计入当期损益,但这时的公允价值变动损益是没有现金流作为支撑的。换言之,即使企业损益表上增加了利润,仍可能没有现金流入。这样企业就有可能出现在没有现金流入的情况下导致现金流出,并使其企业价值高估。也可能会出现相反或低估的情况。

(二)公允价值的确定不易得到市场的验证

当无法从活跃市场中获取公允价值时,公允价值的计量需要依赖一些技术手段和市场参数。这些技术手段所得出的结果必须足够可靠,支持这些技术手段的市场参数也必须较丰富和完备,作出主观专业判断的人员还必须具备较高素质,否则公允价值就难以可靠地计量,甚至可能导致对会计利润和资产价值的人为操纵。

四、对国际会计准则理事会的建议

中国根据企业会计准则建设和实施的经验,支持国际会计准则理事会制定有关公允价值计量的会计准则。同时,我们向国际会计准则理事会提出了两点建议。

(一)关联方交易通常情况下是公允的

我们认为,关联方关系的存在具有产生不公允交易的可能性,但不能认为关联方交易就是不公允的交易。事实上,只有关联方之间的交易价格偏离了与非关联方交易的价格才应认定为不公允交易。

(二)按照第三个层次确定公允价值应当提供更加详细和一致的指南

由于投资性房地产属于不动产,很少通过交易市场直接交易,往往很难找到其市场交易价格,绝大多数投资性房地产需要采用第三个层次的方法来确定其公允价值。在这种情况下,能否采用评估价值作为投资性房地产的公允价值评估的方法有很多种,如

收益现值法、重置成本法、现行市价法、清算价格法等,这些方法确定的投资性房地产的公允价值金额差异很大,如何采用评估价值确定投资性房地产的公允价值? 中国的实践非常需要此类具体的应用指南。

我们建议,国际会计准则理事会在公允价值计量方面应当充分考虑像中国这样新兴市场经济国家的情况。

(以上内容主要根据《中国农业会计》2007 年 8 月的《中国会计准则对公允价值计量运用》一文摘录并整理)

国际准则根据中国情况作出修改
取得重要成果

——IASB 根据我国建议修订关联方准则和首次采用准则

为实现会计准则的质量提升和广泛认可,国际财务报告准则的制定必须兼顾发达国家和发展中国家的实际情况。财政部通过积极参与国际财务报告准则的制定,取得了重要进展。国际会计准则理事会分别于 2009 年 11 月和 2010 年 5 月正式宣布对《国际会计准则第 24 号——关联方披露》(以下简称"IAS 24")和《国际财务报告准则第 1 号——首次采用国际财务报告准则》(以下简称"IFRS 1")进行了修订。这体现了我国对国际财务报告准则制定的影响力,标志着我国会计准则趋同取得又一突破性进展。

一、IAS 24 的修订过程

（一）IAS 24 存在的问题和我国会计准则的相关规定

关联方关系是企业经营中的一种常见关系,IAS 24 将同受国家控制的企业均视为关联方(关联企业),要求详细披露与其发生的交易。如果按照 IAS 24 的要求,我国国有企业的汽车在中石油和中石化所属加油站加油,属于应披露的关联方交易;国有企业在中国银行发生存贷款业务,属于应披露的关联方交易;再如国有企业职工乘坐国有航空公司飞机,属于应披露的关联方交易。诸如此类相当之多。如果按照国际准则编制报表,披露的信息量和范围大幅度增加,实际难以操作,不仅会给企业带来沉重负担,投资者决策有用的关联方信息反而被淹没在大量冗余信息中。更重要的是,这种披露要求可能会涉及企业的商业秘密。

国有企业在我国经济中占有大量份额,但我国国有企业及国有控股企业实际上均为独立法人、自负盈亏,如果彼此之间不存在投资等纽带关系,不应当被认定为关联企业。国际准则的规定不符合我国的实际情况,在我国是行不通的。因此,我国《企业会计准则第 36 号——关联方披露》规定,"仅仅同受国家控制而不存在其他关联方关系的企业,不构成关联方",从而大大限定了国家控制企业被认定为关联方的范围,降低了企业的披露成本和披露风险。

（二）财政部积极推动 IASB 修订 IAS 24 所作的不懈努力

2005 年 11 月,中国会计准则委员会与 IASB 签署会计准则趋同联合声明,除了宣布我国企业会计准则与国际财务报告准则实现实质性趋同外,声明中明确指出我国准则在关联方的认定上作出了不同于国际准则的规定,IASB 认同了我国的做法,并承诺借鉴我国准则修改 IAS 24。

2006 年年初,IASB 立项启动了对 IAS 24 的修订。会计司利用向 IASB 派出工作人员等有利条件,参与了该项目的工作。我国海外上市公司和会计师事务所也提供了大量有利的帮助,协助我们开展对 IASB 的工作。时任中国石油财务总监的王国棵曾专程赴伦敦,向 IASB 阐述 IAS 24 相关规定的不合理性。2007 年 2 月,IASB 发布了修订 IAS 24 的征求意见稿,建议给予国家控制企业披露豁免权。当时的解决方案大体接近我国关联方准则的相关规定。但是,由于发达市场经济国家对国有企业抱有偏见,IASB 从全球收到的反馈意见总体上仍对征求意见稿提出了质疑。

2008 年 2 月,王军副部长和本人在访问 IASB 期间,明确表示了对该项目进展的高度关注。同时,本人也向 IASB 理事、准则咨询委员会各国代表和技术人员多次阐释中国国有企业的实际情况。IASB 主席戴维·泰迪对此十分重视,成立了由 4 名理事组成的顾问组,专门指导项目组工作。

(三) IASB 最终按照我国准则对 IAS 24 进行了修订

2008 年 5 月,IASB 项目组参照我国《企业会计准则第 36 号》重新起草了修订方案,并于 2008 年 12 月再次发布征求意见稿。2009 年 6 月 22 日,IASB 理事会会议讨论了第二次全球征求意见的情况,批准了给予国有企业的披露豁免权,并同意进一步扩大披露豁免权适用的范围,即国家控制的企业均豁免按照普通关联方关系的复杂披露。8 月 4 日,IASB 正式宣布将于 11 月按此发布修订后的 IAS 24。其中规定:“仅同受国家控制但不存在控制、共同控制和重大影响等投资关系的企业,豁免按照关联方进行披露,自 2011 年起生效,允许提前采用。”

二、IFRS 1 的修订情况

(一) 资产重估会计处理差异形成的原因及影响

根据《国有资产评估管理办法》(国务院令第 91 号)和《国有资产评估管理办法实施细则》(国资办发[1992]36 号)的规定,“国有资产占有单位改组为股份制企业(包括法人持股、内部职工持股、向社会发行股票不上市交易和向社会发行股票并上市交易)前,应按《办法》和本细则规定,委托具有资产评估资格的机构进行资产评估。”按照我国现行企业会计准则,固定资产、无形资产等资产应以历史成本计量,企业改制过程中的重估价作为该项资产新的历史成本,并以此为基础调整相关资产的账面价值和后续折旧等。

按照《国际会计准则第 16 号——不动产、厂场和设备》和《国际会计准则第 38 号——无形资产》,固定资产和无形资产的计量可以在成本模式或重估价模式中做出选择。其中成本模式与我国现行准则中以历史成本计量的要求完全一致,重估价模式要求主体定期对该项资产进行评估。但在不采用重估价计量模式的情况下,国际财务报告准则不允许持续经营的主体改变其资产的计量属性。

中国企业改制上市的公司发生的资产重估,在国际财务报告准则下,公司为了用资产的重估价调整其账面价值,只能由原来的成本模式改为重估价模式,并于每个资产负债表日进行持续评估,以使其账面金额反映每个报表日的公允价值。在中国企业会计准则下,企业只需要将重估价作为认定成本入账,后续计量均以该重估价为计量基础即可,而无须持续评估资产价值。

香港从 2005 年起全面采用国际财务报告准则,内地与香港对于重估价的不同会计处理规定导致了许多同时在内地和香港上市的公司 A 股和 H 股报表之间存在差异。2008 年,财政部会计司在对 53 家 A+H 股上市公司 2007 年度的财务报告进行了分析,分析显示,按国际财务报告准则调整后的合并净资产总额比按中国企业会计准则编报的合并净资产总额多 1 086.73 亿元,平均差异率为 2.84%。企业改制资产评估产生的差异是导致 A+H 股上市公司净利润和净资产存在差异的主要因素之一。在这 53 家公司中,由于该原因导致差异的公司有 36 家,该原因导致的净资产差异金额占差异总额的 13.31%。

(二)内地与香港共同努力,促成 IASB 对 IFRS 1 的修订

为彻底消除两地上市公司的 A+H 股报表资产重估会计处理差异,财政部会计司与香港会计师公会共同将改制评估值能否作为认定成本入账作为一项重要议题,列入落实内地与香港会计准则等效联合声明的后续工作之一。双方通过多次反复磋商达成共识,要解决这一问题,需要共同促进 IASB 修改国际财务报告准则。

2008 年 5 月,IASB 为了简化主体对子公司、合营主体和联营主体投资成本的核算,允许首次采用国际财务报告准则的主体按照以前的会计实务确定的公允价值或账面价值作为认定成本,以计量单独报表中对子公司、合营主体和联营主体投资的初始成本。这种使用认定成本计量投资初始成本的简化做法得到实务界的广泛支持,同时也为 IASB 扩大认定成本的使用积累了经验。我国适时向 IASB 提出建议,将认定成本的范围扩大到改制上市的重估价,从而消除中国企业会计准则与香港财务报告准则的差异。

财政部利用与 IASB 和香港会计师公会的准则趋同工作会议、国际财务报告准则基金会(IFRSF)受托人会议、IASB 理事会会议、准则咨询委员会(SAC)会议、国际财务报告准则地区论坛、亚洲——大洋洲会计准则制定机构组(AOSSG)等多种会议机制和平台向 IASB 多次反映这一实际情况,希望 IASB 修改现行准则,以允许将改制上市重估价作为认定成本,从而消除中国企业会计准则与香港财务报告准则的差异。香港会计师公会、相关上市公司和审计实务界也通过各种渠道向 IASB 反映了这一问题。

经多方努力,IASB 终于在 2009 年 7 月发布了《国际财务报告准则年度改进 2009》,

对 IFRS 1 进行了修改,将认定成本应用范围扩展到不动产、厂场和设备以及无形资产的计量,并允许主体在首次执行国际财务报告准则时,将 IPO 过程中产生的重估价作为认定成本,但这一规定的前提是此类特别事件及其导致的重估发生在首份按照国际财务报告准则编制的财务报表之前,即提供比较报表的最早期间的期初之前。但上述规定不能适用于中国内地在香港上市的企业,因为我国这些企业的重估都发生在比较报表期间,为此,财政部会计司和香港会计师公会要求 IASB 对 IFRS 1 再次作出修订。

IASB 在充分听取财政部会计司和香港会计师公会的意见后,在原来准则基础上做了进一步的修订,并于 2010 年 5 月 7 日正式公布了《国际财务报告准则年度改进2010》,允许 IPO 的公司将在改制上市过程中确定的重估价作为国际准则下的"认定成本"入账,并进行追溯调整。至此,所有 A 股和 H 股报表产生差异全面得以解决。

修订后的 IFRS 1 附录四第 8 段中对企业转制上市的认定成本规定如下:

"首次采用者根据原公认会计原则,在某一特定日期,由于诸如私有化或首次公开发行等原因,通过以公允价值计量某些或全部资产和负债,为某些或全部资产和负债确定认定成本。

(1)如果计量日是过渡到国际财务报告准则日或在此之前,首次采用者可以将特定事项引起的公允价值计量作为计量日国际财务报告准则下的认定成本。

(2)如果计量日在首次采用国际财务报告准则日之后,且在首份国际财务报告准则财务报表涵盖期间内,首次采用者可以将特定事项引起的公允价值作为事项发生时的认定成本。主体可将产生的调整在计量日直接计入留存收益(或者如果合适,计入权益的其他类别)。在首次采用国际财务报告准则日,主体应按照附录四第 5 段第 7 段的标准确定认定成本,或者根据本国际财务报告准则的其他要求计量资产和负债。"

IFRS 1 结论基础上对企业转制上市的认定成本新增以下内容:

"46(1)在 2010 年 5 月发布的《国际财务报告准则改进》中,理事会扩大了附录四第 8 段特定事项引起的公允价值的认定成本豁免的使用范围。在一些国家或地区,当地法律要求通过私有化和首次公开发行方式首次采用国际财务报告的主体,以公允价值重估其资产和负债,并以此重估金额作为原公认会计原则的认定成本。在 2010 年 5 月修订之前,如果重估发生在首次采用国际财务报告准则日之后,主体不能将重估金额作为国际财务报告准则的认定成本。因此,主体必须为其资产和负债提供两套计量———一套遵从国际财务报告准则,另一套遵从当地法律。理事会认为这样负担过重。因此,理事会修订了附录四第 8 段,只要发生在首份国际财务报告准则财务报表涵盖期间内,就允许主体在特定事项发生时根据该事项确定的公允价值作为事项发生时的认定成本。此外,理事会决定,只要计量日在首份国际财务报告准则财务报表涵盖期间内,同样的规定也适用于在《国际财务报告准则第 1 号》生效以前期间就已经采用国际财务报告准则的主体,或在以前期间已经采用《国际财务报告准则第1号》的主体。

46(2)理事会也决定要求主体列报国际财务报告准则已经允许的以前期间的历史成本或其他金额。对此,理事会考虑了主体可以使用计量日获得的重估价扣除计量日和首次采用日期间的任何折旧、摊销或减值的金额'追溯'为首次采用日认定成本的方法。虽然有些人认为这种列报将提供首次采用国际财务报告准则报告期间更好的可比性,但理事会拒绝这么列报,因为进行这样调整将要求后见之明,并且在首次采用国际财务报告准则日计算的账面价值可能既不是被重估资产的历史成本,也不是首次采用日的公允价值。"

综上所述,中国企业在香港上市的重估只要发生在首份按照国际财务报告准则编制的财务报告期间内,重估价均可作为认定成本,而且可追溯调整。但是,改制后如果发生重估,则不适用于该规定。实际上,改制上市后再进行资产评估的情况很少,也无此必要。

三、这两次修订的意义及对下一步趋同行动的启示

在与国际财务报告准则趋同等效过程中,财政部作为中国企业会计准则的制定机构,并非简单地完全采用国际财务报告准则,而是一直秉承"双向"和"互动"原则。财政部一方面深入研究国际财务报告准则,积极吸收并采纳国际先进的通行做法;另一方面派出代表全方位介入国际会计准则委员会基金会、国际会计准则理事会、国际财务报告解释委员会,参与国际财务报告地区政策论坛、亚洲——大洋洲会计准则制定机构组等多种机制,通过各种途径表达中国的意见和主张,结合中国作为新兴市场国家和最大的发展中国家的具体情况,多角度、全方位对国际会计准则理事会重大项目反馈意见。

随着中国经济地位的提升、综合国力的增强,国际会计准则理事会越来越重视中国的情况和环境,逐渐在准则制定和修订过程中考虑中国的情况。从关联方交易的披露到企业改制上市的重估价问题,国际会计准则理事会高度重视中国特殊情况和环境下的会计问题,先于2009年修订了《国际会计准则第24号——关联方披露》,基本消除了与中国关联方准则的差异,又于2010年允许首次公开发行的公司将在改制上市过程中确定的重估价作为"认定成本"入账,并进行追溯调整。这是我国会计准则国际趋同进程中取得的重大成果,体现了我国对国际财务报告准则制定的影响力。

我国积极参与国际财务报告准则制定并发挥重要作用,不仅让国际会计准则理事会真正了解了我国的真实情况,还维护了我国的国家利益。这标志着我国会计建设、实施和等效趋同得到了国际社会的认可和肯定,表明了我国在国际财务报告准则制定过程中的话语权得到进一步增强,也证明了财政部在中国企业会计准则国际趋同方面所坚持的原则和立场是完全正确的,所做的努力是有成效的。

参与国际规则的制定是一项长期而艰巨的工作。在二十国集团和金融稳定理事会

倡议建立全球统一的高质量会计准则的背景下,结合财政部已发布的路线图,我国会计界应当总结成功经验,继续深入研究 IASB 的保险、金融工具、收入确认、财务报表列报等重要项目,尤其应当立足于我国作为新兴经济体和发展中国家的实际,参与国际会计准则的制定。因此,根据持续趋同路线图的部署和安排,我们应当充分利用当前有利的国际国内形势,将我国会计事业向纵深推进,为我国企业会计准则体系的完善和全球统一的高质量会计准则的建设作出应有的贡献!

（以上内容主要根据《中国会计报》2010 年 5 月 14 日的《我国企业会计准则与国际财务报告准则趋同取得重大成果——IASB 发布 IFRS 年度改进上市改制重估价可作认定成本》摘录并整理）

金融危机下的公允价值运用

一、什么是公允价值

公允价值,是指在公平交易中,熟悉情况的交易双方自愿进行资产交换或者债务清偿的金额。国际上就如何确定公允价值提供了指南,具体分为三个层次:一是资产或负债存在活跃市场的,应当以资产或负债的市场价格为基础,确定其公允价值;二是资产或负债本身不存在活跃市场,但同类或类似资产或负债存在活跃市场的,应当以调整后类似资产或负债的市场价格为基础,确定其公允价值;三是不存在同类或类似资产或负债可比市场交易的,应当采用估值技术确定其公允价值。因此,一般来说,在存在市场价格的情况下,公允价值通常指的就是市价。

在现有会计准则体系下,主要对交易性股票、债券、基金投资、投资性房地产等要求采用公允价值计量,以如实反映企业资产的当前价值,与此同时,由于部分公允价值变动需要计入当期损益,可能会导致企业利润的大幅度波动,但这正好说明了公允价值能够反映企业的价值和风险。

二、公允价值与当前金融危机并无必然联系

自 2008 年以来,由美国次贷危机引发的金融危机愈演愈烈,并演变成全球性金融危机。此次金融危机的起因是美国银行业金融机构向部分信用等级较低的中低收入阶层(有些甚至没有偿付能力或者偿付能力较差)发放了大量的住房抵押贷款,这些住房抵押贷款又被证券化转换为住房抵押次级债券或者债务担保凭证(CDO),然后卖给全球的商业银行、投资银行、对冲基金和保险公司等。当大量获得住房抵押贷款的中低收入阶层还不起贷款时,相关贷款及其证券化产品就大幅度缩水,价值大幅度下跌,资金链断裂,从而引发了严重的金融危机。

因此,金融危机的根源是由于金融创新本身和疏于监管等深层次原因造成的,与公允价值计量没有必然联系。即使会计上对有关金融资产不采用公允价值计量,回归到历史成本计量,也不会改变或难以避免本次金融危机。这是因为,公允价值相对于历史成本计量是一把"双刃剑",它既反映市场价格的上涨,也反映市场价格的下跌;而历史成本仅反映交易当时的价值,而不反映资产、负债持有期间的价值变化,其结果是,可能

高估或低估资产价值,更重要的是有些负债的价值得不到反映,如企业发行的认沽权证,其交易价格非常低,但其可能给企业造成的损失却非常大。美国国会于 2008 年 10 月 3 日通过的《2008 年紧急经济稳定法案》中部分条款将金融危机与公允价值会计联系起来,完全是受困于资产大幅缩水和流动性危机的利益集团游说国会议员而导致的政治行为。

三、我国企业会计准则适度、谨慎地引入公允价值

我国 2006 年发布的企业会计准则与国际财务报告准则实现了趋同,同时立足于我国国情,充分贯彻了稳健的会计政策,对公允价值的引入采取了适度、谨慎的原则,对采用公允价值计量的资产、负债等设定了严格的公允价值适用条件。

从我国 1 570 家上市公司 2007 年执行新会计准则情况来看,新准则实施和公允价值计量对上市公司业绩影响较小。比如,新会计准则要求将企业持有的股票、债券、基金等,尽可能划为可供出售金融资产,而不是交易性金融资产。主要考虑到尽管这两类金融资产都采用公允价值计量,但前者的公允价值变动计入所有者权益,后者的公允价值变动计入当期利润。又如,2007 年 1 570 家上市公司交易性金融资产公允价值变动计入当期利润 117 亿元,仅占当期利润总额的 0.86%。投资性房地产强调采用历史成本计量,在满足严格条件的情况下,才允许采用公允价值计量。2007 年我国 1 570 家上市公司仅有 18 家公司对投资性房地产采用了公允价值计量,公允价值变动计入利润的金额为 22.79 亿元,仅占 1 570 家上市公司净利润的 0.23%。

正因为我们从一开始就坚持了适度谨慎地引入公允价值计量,才防止了我国上市公司由于采用公允价值可能对当期利润造成大幅度波动,从这个角度来讲,我国新会计准则对于防范金融风险、提高风险管理水平、促进金融稳定发挥了重要作用。

四、关于公允价值的主要观点

针对当前金融危机,国际会计准则理事会采取的应对措施之一是修改了关于金融工具重分类的准则,主要是允许将交易性金融资产中符合贷款和应收款定义的部分不再以市价计量,改按成本计量,市价变动(下跌损失)不计入当期报表亏损。这样修订后使企业财务报表不反映当前市价的持续下跌损失,避免市场恐慌,以增强投资者信心。

(1)金融危机的根源是由于金融创新本身和疏于监管等深层次原因造成的,与公允价值计量没有必然联系。当然,在有关金融资产的市场交易价格远离其真实价值的情况下,如何确定更加合理的公允价值计量方法,尚需进一步研究,但不应当因此而停止或取消会计准则中的公允价值。

(2)我国并没有像欧盟等国家或地区受美国金融危机影响出现强烈连锁反应,如

果对会计准则作出相应修改,似给外界一个中国也出现金融危机的错误信号,不符合中国实际。同时,由于交易性金融资产所占比重很小,我国如果修改相关准则规定对金融资产进行重分类并没有实际意义。因此,我国会计准则不做相应调整。

(3)我们将继续密切跟踪国际相关方面的动态,加强与国际会计准则理事会的沟通,积极开展公允价值计量方法的研究,为完善我国会计准则中公允价值的计量方法提供借鉴。

(以上内容主要根据2009年12月财政部会计司工作会议上本人的发言整理)

利用多种资源占领国际高地
全方位影响国际准则制定和国际趋同

2010 年 3 月 23 日,应财政部会计司的邀请,美国财务会计准则咨询委员会(FASAC)委员、中国海洋石油有限公司财务总监李飞龙向会计司全体干部和中国会计学会秘书处全体工作人员做了题为《2009 年美国财务会计准则咨询委员会主要工作》的讲座,并就美国公认会计原则(US GAAP)的制定、美国采用国际准则路线图、金融资产减值等热点议题展开了深入讨论。本人主持了讨论并做了总结发言。

一、美国财务会计准则咨询委员会简介

FASAC 与美国财务会计准则委员会(FASB)同时成立于 1973 年,是 FASB 的主要咨询机构,其主要任务是就与 FASB 议程、优先项目、会计准则相关的议题向 FASB 提供咨询意见,并按 FASB 主席的要求就其他特定问题提供咨询意见。与 FASB 委员一样,FASAC 的委员由美国财务会计基金会(FAF)任命,任期 1 年,可续任。目前 FASAC 共有 36 位委员,全部是大型公司的首席执行官、首席财务官、会计师事务所的资深合伙人或学术界和职业组织的代表。

FASAC 每季度在 FASB 办公所在地康涅狄格州诺沃克举行一次全体会议,每次时间为 1~2 天,对公众开放。除 FASAC 委员外,FASB 委员、技术顾问、部分工作人员、证交会(SEC)首席会计师、公众公司会计监督委员会(PCAOB)首席审计师都会参加每一次会议。在 FASAC 休会期间,FASAC 与委员们通过电子邮件保持联系,并不定期举行电话会议,对当前的热点问题和 FASAC 的工作流程问题进行讨论。

FASAC 的讨论往往领先于 FASB 的准则制定和研究工作,并且不需在讨论中形成一致意见,不表决支持或反对某观点或决定,也不要求 FASAC 委员在观点上与 FASB 保持一致,而是鼓励委员根据自己的专业背景直抒己见。因此,FASB 把 FASAC 称为自己了解利益相关方意见的"窗口"。

目前 FASAC 只有 3 位委员来自美国以外。中国海洋石油有限公司于 2001 年 2 月 27 日和 28 日分别在纽约证券交易所和香港交易所挂牌上市后,经财政部推举,李飞龙于 2007 年被聘任为 FASAC 委员,是我国企业界在 FASAC 的唯一代表。FASB 对李飞龙的工作非常满意,罗伯特·赫茨主席在中美会计合作会议上多次对其工作表示赞赏。

二、2009 年 FASAC 讨论的 FASB 热点问题及中国参与

（一）2009 年 FASAC/FASB 的热点问题

FASAC 在 2009 年围绕 FASB 的各项重点工作,展开了内容广泛的讨论,其中主要热点议题有以下几个方面。

1. 抵制政治压力,维护会计准则制定的独立性

本次国际金融危机爆发后,金融机构如花旗集团（Citigroup）、瑞银（UBS）、美国国际集团（AIG）和一些美国国会议员认为,公允价值会计导致金融机构确认巨额的未实现账面损失,这些损失引起投资者恐慌,导致其抛售持有次贷产品的金融机构的股票,而金融机构则不惜代价降低次贷产品的风险暴露头寸,加剧了次贷危机。因此他们强烈呼吁完全废除或暂时终止公允价值会计。针对这一压力,FASB、国际会计准则理事会和金融危机咨询组（FCAG）在 FCAG 报告中明确表达了抵制政治压力的立场。2009 年 6 月,FASAC 会议讨论了 G20 提出的建立全球统一的高质量会计准则问题。

2. 美国公认会计原则与国际财务报告准则的趋同

FASAC 在 2009 年多次讨论了美国公认会计原则（US GAAP）与国际财务报告准则（IFRS）的趋同问题。FASAC 委员们在讨论中担心,US GAAP 向 IFRS 趋同可能降低对美国投资者的财务报告质量,而且在当前美国法律环境下直接采用 IFRS 可能面临挑战。此外由于没有统一的全球证券监管机构,全球统一的高质量会计准则的实施将存在问题。因此,许多 FASAC 委员认为,FASB 与国际会计准则理事会的趋同谅解备忘录（MOU）既要解决当前的趋同技术问题,也要解决未来的准则制定程序问题。对此,SEC 坚持 FASB 和国际会计准则理事会在未来准则制定中都要发挥作用。

3. 应对金融危机,改进会计准则

FASB 在 2009 年为应对金融危机,对 US GAAP 进行了多项改进,FASAC 对这些准则改进项目提供了许多咨询意见。

（1）合并报表

由于金融稳定论坛（FSF）和 G20 都呼吁会计准则制定机构加强对表外项目会计处理的规定,FASB 修改了《财务会计准则公告第 140 号》和《解释第 46 号》,取消了"合格特殊目的主体"的概念,要求所有特殊目的主体并入表内。这一修改自 2010 年起生效,将使美国上市公司资产负债表新增约 9 000 亿美元的资产。

（2）财务报表列报

许多 FASAC 委员认为：财务报表应以帮助投资者了解报告时点现金流、预测未来现金流为目标；作为财务报告的起始点,资产负债表比损益表更重要一点；分部信息和管理层讨论与分析信息对投资者来说很重要。但 FASAC 委员们同时认为,目前 FASB 和国际会计准则理事会修改财务报表列报的讨论稿提出的建议灵活性大、信息分散程

度高,可能导致较大的编报者系统修改和审计工作的难度。

（3）金融资产减值

FASAC 委员们讨论了金融资产减值中的预期损失模型和已发生损失模型。委员们认为:预期损失模型比已确认损失模型更合理,但其定义不易理解,而且部分地反映了审慎监管的理念,可能与会计准则的理念有较大差异,实施难度较大。

（4）非上市公司财务报告

如果 SEC 要求在美国上市公司中采用 IFRS,美国将面临非上市公司会计准则由谁制定的问题。部分 FASAC 委员认为,应在美国统一采用完整版 IFRS;一些委员认为应引入中小主体 IFRS;还有一些委员坚决反对引入美国注册会计师协会（AICPA）参与非上市公司会计准则的制定。

（二）中海油参与 FASAC 活动所完成的主要工作

中海油依托其财务部,建立了专门的 FASAC 工作团队,担任 FASAC 各项任务的日常研究工作,在与财政部会计司充分沟通的基础上,按要求对相关问题提供反馈意见,并将其中的重要信息归纳整理,定期编写工作纲要。李飞龙充分利用参加 FASAC 各种会议的机会,向 FASAC 和 FASB 陈述中国企业对美国及国际准则制定问题的观点。

2009 年 6 月,李飞龙向 FASAC 的指导委员会提供了关于未来潜在财务报告问题的书面反馈意见,在会议上就美国公认会计原则与国际财务报告准则的趋同、金融危机与公允价值会计等问题向 FASAC 阐述了中国会计准则制定机构的观点,并从企业会计实务角度支持了中国的立场。

2009 年 12 月,中海油组织研究并回答了 2009 年度的 FASAC 调查问卷,对 FASB 的未来战略、在财务会计和报告未来发展方面的工作、项目优先排序、FASB 准则条文化和 XBRL 的实施应用等多个方面的议题,结合中国在美上市企业的实际情况表达了意见。

（三）中海油参与 FASAC 工作的体会

李飞龙表示,参与 FASAC 的工作,不仅作为中海油,乃至中国企业界的代表向美国会计准则制定机构直接表达了中国的声音。更为重要的是,积极参与美国会计准则的制定咨询工作,有利于在当前会计国际趋同的大格局中,为增强和巩固我国在国际准则制定领域的话语权作出贡献。同时,我国企业（尤其是关系到国计民生的能源企业）在"走出去"的过程中,又能从我国会计话语权的增强和国际趋同中得到实实在在的效益。例如,美国证交会迫于会计国际趋同的压力,允许外国在美上市公司从 2008 年起直接提交按照国际财务报告准则编制的财务报告。

三、对我们工作的启示

本人在总结发言中,对中海油李飞龙总监认真参与 FASAC 工作所取得的成绩给予了充分肯定。

1. 我国企业和会计师事务所等有关方面参与国际财务报告准则制定和国际趋同的积极性不断增强，要充分发动各方面力量，不断占领国际制高点

随着经济全球化步伐的加快和我国企业不断走出国门，企业和会计师事务所参与会计国际趋同是必要的。中国会计改革培养造就了一批熟悉我国实际并具有国际视野的高水平会计人才，熟悉掌握会计理论和实务的前沿知识和技能。这些"中国制造"的高水平会计人才使我国企业和会计师事务所参与国际准则制定的能力大大提高。今后将继续鼓励、支持我国企业和会计师事务所积极参与国际会计准则理事会和美国财务会计准则委员会组织的各种研讨、圆桌会议和征求意见活动，要充分发挥各有关方面的积极性，创造条件，抓住机遇，在各相关国际组织中担任成员，不断占领这些会计国际制高点。中海油参与 FASAC 活动为此做了积极探索，积累了宝贵经验，发挥了良好的示范作用。

2. 中美会计合作和交流在我国会计国际趋同工作中发挥着重要作用

当前我国会计国际趋同工作的主要精力在于与国际财务报告准则和国际会计准则理事会相关工作，但我们必须认识到：美国公认会计原则和国际财务报告准则是当前全球资本市场上的两大准则体系，而且美国的影响对于推动会计国际趋同、建立全球统一的高质量会计准则至关重要，美国准则及国际准则的进展不可忽视。中美两国经济总量巨大，很难像其他国家那样直接全面采用国际财务报告准则。因此，财政部建立了中美会计合作机制，并在 2009 年将其纳入中美战略与经济对话。美国财务会计准则委员会对此也十分重视，提出建立一年两次的定期会议机制。这些成果不仅是对 G20 建立全球统一高质量会计准则倡议的正面响应，也切实推动了中美会计准则制定机构在诸如公允价值计量、金融资产减值等会计准则问题上的交流和合作。除了中海油参与 FASAC 工作之外，财政部会计司还直接向美国财务会计准则委员会派出了工作人员，以了解掌握美国会计准则制定机构的当前工作重点和未来优先项目进展。这有利于中美两国在会计国际趋同问题上寻求共同点，从而增强我国在国际财务报告准则制定中的话语权。

3. 会计国际趋同既涉及会计准则制定的技术问题，也有某些政治因素，更是协调和沟通的艺术，要扎实工作，全面把握方向

会计国际趋同既是专业的技术工作，需要脚踏实地研究跟进各重点、热点技术问题的进展和各方立场，深入分析掌握其政治背景，同时也是一门协调和沟通的艺术，需要以全局、综合、前瞻的眼光把握方向和节奏。对于我国这样一个新兴加转型的经济大国来说，与国际准则实现趋同是坚定不移的方向，能够帮助我国企业"走出去"，并不断完善我国企业会计准则。另一方面，趋同绝不等于"等同"。2010 年 2 月 25 日，美国证券交易委员会（SEC）发表声明，表示正在考虑以多种可能的方式将国际财务报告准则引入

美国财务报告体系,包括趋同、逐项准则批准采用、全面采用等方式,美国国内上市公司采用国际财务报告准则或与之趋同的美国准则的最早时间可能在 2015 年或 2016 年。这表明 SEC 正在重新考虑 2008 年 11 月发布的美国全面采用国际准则的路线图,并可能以趋同代替直接采用。这对我国的启示是:只有既坚持趋同方向,又在一些关键差异上要求国际会计准则理事会考虑中国新兴市场的实际情况,我国在国际准则制定中的话语权才能不断增强,才能维护国家利益。

（以上内容主要根据《中国会计报》2010 年 3 月 5 日的《利用多种资源占领国际高地　全方位影响国际准则制定和国际趋同》一文摘录并整理）

会计准则执行情况的分析与思考

一、关于会计准则执行情况的初步分析

企业会计准则自 2007 年 1 月 1 日起在上市公司开始执行以后,较好地实现了新旧转换,半年报和第三季度的报告表明,上市公司在实现了新旧转换后,执行近一年的结果比较理想。

初步分析,2007 年上半年净利润的来源主体是营业收入,特别是主营业务收入的增长,反映出上市公司作为优质资产的主体和上半年 GDP 的增长是同步的(国家统计局公布的上半年 GDP 的增长是 11.5%)。上市公司的财会人员、注册会计师,特别是有证券审计资格会计师事务所的注册会计师,在理解和执行准则的层面上起到了非常关键的作用,上市公司按准则要求编制了调节表和半年报,符合国家统一规定。上市公司财会人员和注册会计师在此次会计改革中作出了重大贡献。

二、关于做好 2007 年年报的基本要求

如何做好 2007 年的年报工作?如何使上市公司在 2007 年完整的会计年度里全面执行好会计准则体系,为下一步的发展奠定基础、积累经验?这是当前我们面临的头等大事。我们 1 500 多家上市公司和具有证券资格的会计师事务所应当高度重视。财政部已经和有关监管部门达成共识,2007 年要把新准则的监管作为会计信息质量检查的重点之一。财政部发布了《财政部关于做好上市公司 2007 年年报工作的通知》以及会计准则和所得税衔接等规定,2007 年 11 月又发布了《企业会计准则解释第 1 号》。做好 2007 年的年报,首先应当把这些政策规定理解清楚,认真学习会计准则指南、讲解,结合这些内容做好 2007 年的年报工作。2007 年的年报是执行准则的第一份年度报告,财政部及有关方面高度重视,国际会计准则理事会等国际组织也都十分关注。因此,上市公司和会计师事务所都应该有一种责任感和使命感,认真做好 2007 年的年报工作。

三、2007 年年报应该重点关注的几个问题

上市公司除做好 2007 年年报除应重视上述基本要求外,还应该重点关注以下四个

方面的问题。

一是资产减值问题。会计准则中关于资产减值没有增加更多新的内容,但强调要采用科学的方法计算可收回金额,而不是随意地确定可收回金额。确定的资产减值的可收回金额要具有可验证性,经得起检查。资产减值准则实际上是防止企业泡沫现象的一个重要准则项目。1997年亚洲金融危机时,一些企业倒闭的原因就在于它的资产价值虚增导致利润虚增,经不起冲击。所以资产减值准则是一个关键的准则项目。企业要进行财产清查,在财产清查的过程中,要对资产的价值进行全面的清理,凡是资产存在减值迹象的,必须要按照准则的规定去确认可收回金额和资产减值准备。

二是或有事项。或有事项准则也不是新项目,但是准则强调了凡是符合负债定义的、能够可靠计量的现实义务,必须要确认预计负债。在确认预计负债的同时,要考虑确认相关的成本和费用。或有事项里增加的一些内容,比如亏损合同、重组义务等等这些都是需要关注的。半年报的分析显示,有些企业存在着亏损合同但是没有预计负债,从而导致利润的虚增。因此,或有事项准则在年报的执行中是一个关注的重点,上市公司应当足额地、准确地、及时地确认预计负债。此外,还涉及辞退福利问题,不仅仅是在新旧转换的时候需要预计,辞退福利的确认是一个经常性的行为,新的辞退福利可能会不断出现,因此需要确认当期的成本费用,这一点也需要引起重视。

三是所得税项目。所得税准则项目涉及每个上市公司,因此要把握一个原则:谨慎地确认递延所得税资产,足额、及时、准确地确认递延所得税负债。特别是公允价值计量的交易性金融资产,会计准则与所得税新旧衔接办法也明确了,只有这样才能准确地确认递延所得税的费用,从而保证税后利润更加准确,防止超分配问题。

四是长期投资特别是母子公司的长期投资。母公司对子公司的长期投资由权益法改为成本法,有助于企业可持续发展。但是2007年是新旧转换的第一年,相关账务应该怎样处理?《企业会计准则解释第一号》专门讲到这个问题:权益法转为成本法要求追溯调整。这实际上是对38号准则的一个调整,视同该母公司从开始即采用成本法。同时,对于联营企业和合营企业的权益法核算,也强调了内部收益要进行抵消。

按照新旧准则转换、编制半年报和执行年度决算时,会计人员可能会感受到对新准则的理解尚不到位,调整的数字可能也不够准确。对此,《财政部关于做好上市公司2007年年报工作的通知》明确规定:对于2007年年初新旧转换执行中不太理解或理解不够准确的,在年度决算的时候允许对年初数进行复核和调整。

（以上内容主要根据《财政监督》2008年2月的《对会计准则执行情况的分析与思考》一文摘录并整理）

重视内控　确保会计准则在
上市公司和非上市企业有效实施

2009 年是上市公司执行会计准则的第三年,除上市公司外,全国已有 35 个省、自治区、直辖市、计划单列市(含新疆生产建设兵团)的非上市企业执行了会计准则,实施范围从上市公司扩大到非上市企业。为促进我国各类企业更好地执行会计准则,切实做到会计指标真实可靠、口径可比,全面提升会计信息质量,充分发挥会计准则在企业可持续发展和市场经济运行中的作用,各地财政部门应在巩固 2007 年、2008 年成果的基础上,总结经验,确保做好 2009 年年报工作。

一、各地财政部门应当高度重视、加强领导、统筹协调,认真做好本地区各类企业执行会计准则和 2009 年年报工作

(1) 建立联合工作机制。各省级财政部门应当会同财政监察专员办事处、其他监管部门、税务机关等,建立联合工作机制,统一协调和部署本地区执行会计准则和年报工作,制订工作方案,明确工作要求,确保相关工作落实到位。

(2) 组织专家工作组。专家工作组应当吸收和聘任有关方面的专家组成,包括:会计中介机构、相关企业和院校等。专家工作组应当认真学习财政部、证监会、国资委等有关部门对上市公司和非上市企业 2009 年年报工作的相关要求,全面掌握企业会计准则及其解释第 1 号、第 2 号、第 3 号和《企业会计准则讲解(2008)》新旧变化,熟悉《企业内部控制基本规范》等相关内容;采用跟踪分析、调查研究和现场检查等方式,了解本地区上市公司和非上市企业执行会计准则情况;分析解决本地区会计准则执行和年报编制工作中的问题,促进会计准则在本地区各类企业有效实施。

(3) 总结报告。各省级财政部门在做好上述相关工作的基础上,应当参照财政部会计司上市公司年度分析报告的形式,完成本地区上市公司 2009 年年报分析报告,同时形成非上市企业执行会计准则情况的工作总结,及时报送财政部会计司。

二、各地财政部门做好对本地区各类企业执行会计准则和 2009 年年报工作重点关注的问题的工作

(1) 应当做好首次执行企业会计准则的新旧衔接。从 2009 年 1 月 1 日起开始执行会计准则的企业,应当根据《企业会计准则第38号——首次执行企业会计准则》及相关规定,编制《新旧会计准则股东权益差异调节表》,做好首次执行日的新旧衔接转换工作,并按照会计准则规定对2009年发生的交易或事项进行确认、计量和编制年报。

(2)会计政策和会计估计应当如实反映企业的交易或事项。企业应当保持会计政策和会计估计的统一性和前后一致,不得滥用会计政策或随意变更会计估计。

(3)职业判断是企业执行会计准则的关键环节。企业需要作出职业判断的交易或事项(包括:收入确认、资产减值、递延所得税、预计负债、债务重组、企业合并、公允价值计量、权益性交易等),直接影响财务状况和经营成果,应当关注判断的结果是否符合会计准则规定。

(4)公允价值计量是会计准则实施中的难点。各类企业应当根据《企业会计准则——基本准则》第四十三条的规定,对会计要素一般采用历史成本计量;采用重置成本、可变现净值、现值、公允价值计量的,应当保证所确定的会计要素金额能够取得并可靠计量。投资性房地产无法持续可靠取得公允价值的,应当采用成本模式;采用公允价值模式的,应当在附注中详细披露公允价值确定的依据和方法以及公允价值变动对损益的影响。

采用估值技术确定公允价值的(包括:企业合并、股权激励、金融工具等),应当充分考虑可观察到的市场数据和交易的实质,并在附注中充分披露所使用的假设、金融工具在汇率、利率等方面的市场风险、信用风险和相关的企业经营风险。

(5)企业合并应当关注是否构成业务。业务是指企业内部某些生产经营活动或资产、负债的组合,该组合具有投入、加工处理过程和产出能力,能够独立计算其成本费用或所产生的收入等,可以为投资者等提供股利、更低的成本或其他经济利益等形式的回报。有关资产或资产、负债的组合具备了投入和加工处理过程两个要素即可认为构成一项业务。

企业合并应当按照《企业会计准则第20号——企业合并》和《关于非上市公司购买上市公司股权实现间接上市会计处理的复函》(财会便[2009]17号)进行处理。企业合并如产生巨额商誉,应当予以重点关注。

(6)同一交易或事项在A股和H股的财务报告中,应当采用相同的会计政策和会计估计,不得在A股和H股财务报告中采用不同的会计处理。

内地与香港会计准则已经实现趋同等效(长期资产减值转回除外),同时发行A股和H股公司的财务报告不应当存在差异。在实际执行中,内地与香港处理不一致的(如企业改制资产评估等),应当制定相应措施逐步消除,2009年年报中仍未消除的,应当在附注中说明原因。

同时发行A股和H股的保险公司,应当按照《财政部关于印发〈保险合同相关会计处理规定〉的通知》(财会便[2009]15号)的规定,消除保险混合合同和保险合同准备金等产生的差异。

（7）企业应当按照《企业会计准则第 29 号——资产负债表日后事项》的规定，正确区分资产负债表日后调整事项和非调整事项。在确定存货可变现净值时，应当以资产负债表日取得最可靠的证据估计的售价为基础并考虑持有存货的目的，资产负债表日至财务报告批准报出日之间存货售价发生波动的，如有确凿证据表明其对资产负债表日存货已经存在的情况提供了新的或进一步的证据，应当作为调整事项进行处理；否则，应当作为非调整事项。

（8）企业处置对子公司的投资，处置价款与处置投资对应的账面价值的差额，在母公司个别财务报表中应当确认为当期投资收益；处置价款与处置投资对应的享有该子公司净资产份额的差额，在合并财务报表中应当确认为当期投资收益，如果处置对子公司的投资未丧失控制权的，应当按照《关于不丧失控制权情况下处置部分对子公司投资会计处理的复函》（财会便〔2009〕14 号）的规定，将此项差额计入资本公积（资本溢价），资本溢价不足冲减的，应当调整留存收益。

（9）企业发生的辞退福利应当按照《企业会计准则第 9 号——职工薪酬》相关规定处理。辞退工作在 1 年内完成但付款时间超过 1 年的，应当选择同期限国债利率作为折现率，以折现后的金额计入当期损益和应付职工薪酬（辞退福利）；不存在与辞退福利支付期相匹配国债利率的，应当以短于辞退福利支付期限的国债利率为基础，并根据国债收益率曲线采用外推法估计超出期限部分的利率，合理确定折现率。

（10）企业应当按照企业会计准则及其解释第 3 号的规定，编制 2009 年利润表。所有者权益变动表中删除"三、本年增减变动金额（减少以"－"号填列）"项下的"（二）直接计入所有者权益的利得和损失"项目及所有明细项目；增加"（二）其他综合收益"项目，反映企业当期发生的其他综合收益的增减变动情况。其他综合收益各项目，应当在附注中按以下格式和内容披露：

项　　　目	本期发生额	上期发生额
1. 可供出售金融资产产生的利得（损失）金额		
减：可供出售金融资产产生的所得税影响		
前期计入其他综合收益当期转入损益的净额		
小　　计		
2. 按照权益法核算的在被投资单位其他综合收益中所享有的份额		
减：按照权益法核算的在被投资单位其他综合收益中所享有的份额产生的所得税影响		
前期计入其他综合收益当期转入损益的净额		
小　　计		

（续表）

项　　目	本期发生额	上期发生额
3. 现金流量套期工具产生的利得（或损失）金额		
减：现金流量套期工具产生的所得税影响		
前期计入其他综合收益当期转入损益的净额		
转为被套期项目初始确认金额的调整额		
小　　计		
4. 外币财务报表折算差额		
减：处置境外经营当期转入损益的净额		
小　　计		
5. 其他		
减：由其他计入其他综合收益产生的所得税影响		
前期其他计入其他综合收益当期转入损益的净额		
小　　计		
合　　计		

（11）企业对于上述交易或事项的处理与本通知要求不一致的，应当按照《企业会计准则第 28 号——会计政策、会计估计变更和差错更正》处理。

三、各地财政部门等有关方面应当关注和重视本地区各类企业的内部控制建设与实施工作

（1）财政部、证监会、审计署、银监会和保监会等五部委联合发布的《企业内部控制基本规范》（下称《基本规范》），规定了内部控制目标、原则和要素等内容，要求董事会或类似机构对企业建立健全和有效实施内部控制负责。基本规范将财务报告及相关信息的真实完整作为企业内部控制的目标之一。贯彻落实《基本规范》的各项要求，有助于全面提升企业财务报告的质量、企业经营管理水平和风险防范能力。

（2）上市公司和非上市企业应当按照《基本规范》的要求，梳理业务流程，完善管理制度，开展内部控制评价。有条件的企业，可以聘请证券资格会计师事务所，在做好年报审计工作的同时，开展内部控制审计工作并出具审计意见。会计师事务所不得同时为同一公司提供内部控制审计和内部控制咨询服务。

（3）企业在生产经营过程中如有重大风险，应当在附注中单独披露。

四、会计师事务所及注册会计师应当认真做好各类企业 2009 年年报审计工作

（1）认真学习和领会本通知和会计准则相关规定，切实贯彻风险导向审计理念，密切关注国际金融危机和我国当前经济形势可能对企业造成的影响,谨慎确定重大会计风险领域。严格按照执业准则的规定,实施重要财务报表认定层次的实质性审计,充分履行函证、监盘、减值测试、分析性复核等程序,获取足够的审计证据,保证执业质量,防范执业风险,独立、客观、公正地对年报整体发表审计意见。

(2)涉及整合的会计师事务所,应当保证年报审计的顺利过渡和有序承接,不得由于整合而影响年报审计工作质量。会计师事务所要做好资源的优化配置,在执业标准、人事、财务、业务和信息技术等方面实施一体化管理,稳步提高执业水平。

(3)会计师事务所应当按照财政会计行业管理系统的业务报备要求,指定专门人员做好 2009 年年报审计业务报备工作。

五、各地财政监察专员办事处和财政部门应当加强对各类企业 2009 年年报的监督检查

(1)各地财政监察专员办事处和各省级财政部门要强化和完善会计师事务所执业质量检查与企业会计信息质量检查有机结合的监督模式,充分利用财政会计行业管理系统,创新会计监督方式和手段,坚持把监督执行会计准则作为重要工作。在开展 2010 年会计监督工作时,应将各类企业执行会计准则作为监督检查的重点。

(2)各地财政监察专员办事处应当根据《财政部关于进一步做好证券资格会计师事务所行政监督工作的通知》(财监[2009]6 号)的要求,结合对证券资格会计师事务所的监管,重点关注中央企业、上市公司和金融企业执行会计准则情况,进一步强化证券资格会计师事务所 2009 年年报审计的监督检查力度。

(3)各地财政部门应当将地方大中型企业执行会计准则情况作为 2010 年会计信息质量检查的重点,确保会计准则在地方大中型企业得到有效实施。

(4)各地财政监察专员办事处和财政部门应当高度重视,精心组织,加大监督检查力度,严厉查处具有典型性的案件。

(以上内容主要根据本人与司内同志起草的 2009 年《财政部关于执行会计准则的上市公司和非上市企业做好 2009 年年报工作的通知》(财会[2009]16 号)摘录并整理)

全面提升财务报告质量
认真履行社会责任

　　财务报告是全面反映企业财务状况、经营成果和现金流量的综合性文件,既是企业执行会计准则情况的总结,也是投资者、债权人、政府及其有关部门和社会公众等有关各方关注的焦点,同时也构成各级财政、其他有关监管部门实施会计监管的重要组成部分。认真编报年度财务报告是企业应当履行的重要社会责任。为此,财政部作为全国会计工作的主管部门,一直十分重视企业财务报告工作。2009 年 12 月 24 日,财政部印发了《财政部关于执行会计准则的上市公司和非上市企业做好 2009 年年报工作的通知》(财会［2009］16 号,下称财政部 16 号文件);证监会、国资委等部门也印发了相关文件,从不同角度对上市公司和各类非上市企业提出做好年报工作的要求。现结合财政部16 号文件,就做好年度财务报告相关工作谈谈个人的认识。

一、财务报告具有决策有用、受托责任双重目标和公共产品的特征,属于企业对社会承担的法律责任

　　《企业会计准则——基本准则》第四条规定,"企业应当编制财务报告。财务报告的目标是向财务报告使用者提供与企业财务状况、经营成果和现金流量等有关的会计信息,反映企业管理层受托责任履行情况,有助于财务报告使用者作出经济决策"。财务报告使用者主要包括投资者、债权人、政府及其有关部门和社会公众等。根据决策有用理论,满足投资者的信息需求是企业财务报告的首要出发点,投资者通过财务报告,正确评价企业的现状并预测未来发展趋势,从而作出投资决策;债权人通过财务报告,正确评价企业的偿债能力和财务风险,从而作出信贷决策;政府及其有关部门作为经济管理和监管机关通过财务报告,正确评价经济运行,从而作出宏观经济决策。

　　现代企业制度强调企业所有权和经营权分离。根据受托责任理论,企业管理层是受委托人之托经营管理企业及其各项资产,负有受托责任。企业管理层对投资者负责,应当做到资产保值增值,实现企业价值最大化;对债权人负责,应当按期支付利息并到期归还欠款;对政府及其有关部门负责,应当遵纪守法,确保会计信息真实、完整,维护、规范市场经济秩序。广义而言,企业管理层应当履行的受托责任还包括扩大就业、安全生产、资源节约和环境保护等,为国家宏观经济运行和社会发展作出贡献。企业管理层

按照会计准则编报的年度财务报告,反映了企业管理层受托责任的履行情况,如果企业管理层未能履行受托责任,就有可能被辞退、罢免或遭受法律制裁。

需要强调的是,企业年度财务报告是一种公共产品。通常情况下,国有企业属于国家投资建立并发展而来的,国家投资的来源是纳税人的税收。上市公司的股票价格在很大程度上反映企业价值,上市公司的广大中小投资者涉及社会公众。各类企业通过有效执行会计准则编报年度财务报告,并经注册会计师审计鉴证,从而吸引投资者通过分析财务报告进行投资。企业和投资者是完善和发展资本市场或市场经济的关键要素,两者相辅相成,相互促进。企业只有稳健经营和可持续发展,才能不断吸引投资者,从而通过市场手段实现社会资源的合理配置和结构调整;投资者只有不断对企业投资,才能促进企业做强做大乃至进入国际市场。如果企业的财务报告不真实、不公允,或者是虚假财务报告,就会误导投资者,严重损害投资者权益,甚至导致投资者血本无归。因此,高质量的财务报告才是社会真正需要的公共产品。

基于财务报告具有决策有用和受托责任双重目标以及公共产品的特征,在我国,确保财务报告真实完整已上升为法律要求。《会计法》第二十一条明确规定:财务报告应当由单位负责人和主管会计工作的负责人、会计机构负责人(会计主管人员)签名并盖章;设置总会计师的单位,还须由总会计师签名并盖章。单位负责人应当保证财务报告真实、完整。这一法律要求不仅仅是一种会计手续,而是单位负责人向财务报告使用者等有关各方作出的法律承诺,即对本单位编报的财务报告的真实性和完整性负责。在此基础上,聘请注册会计师对企业编报的财务报告进行审计并出具审计报告。审计报告经注册会计师签字,也属于对财务报告使用者等有关各方作出的法律承诺,表明被审计的财务报告符合会计准则要求,真实、公允地反映了企业的财务状况、经营成果和现金流量。

二、企业根据会计准则编报高质量财务报告,应当重点关注和把握的几大领域

(一)随着会计准则实施范围的不断扩大,做好首次执行会计准则的新旧衔接,构成了编报高质量财务报告需要关注的重要事项

截至 2009 年年底,除我国所有上市公司 2007 年开始执行会计准则外,已有 35 个省、自治区、直辖市、计划单列市(含新疆生产建设兵团)的非上市企业执行了企业会计准则,实施范围从上市公司大幅度扩大到非上市企业。我们的目标是,力争 2010 年除小企业外,所有大中型企业全面执行会计准则,2011 年扫尾。届时,将全面废止行业会计制度、企业会计制度等原有规定,从而实现在全社会范围内统一会计标准和指标口径,促进企业可持续发展并完善资本市场。为了实现上述目标,从 2009 年 1 月 1 日及以后开始执行会计准则的企业,应当做好首次执行会计准则的新旧衔接工作。

三年来,实施会计准则的实践证明,企业首次执行会计准则应当做好新旧衔接,这是执行会计准则的起点和基础。结束旧账转入新账并进行账务处理只是新旧制度转换

结果的表现形式,核心是核定企业资产价值、确认各项负债和所有者权益,夯实基础。企业首次执行会计准则,要做好人员培训,确保会计人员团队掌握会计准则体系中的若干政策规定,以及新旧会计政策变更对财务状况和经营成果的影响;要做好软件系统的改造,确保财务系统按照会计准则规定进行转换;要按照《企业会计准则——应用指南》中的附录要求,确定执行会计准则后的新旧会计科目余额对照表,根据《企业会计准则第38号——首次执行企业会计准则》及相关规定,编制《新旧会计准则股东权益差异调节表》。

企业编制《新旧会计准则股东权益差异调节表》,应当重点关注长期股权投资、金融资产、预计负债、所得税、企业合并等项目对期初数的影响,确保新旧会计准则平稳过渡。《新旧会计准则股东权益差异调节表》如表1所示:

表1　新旧会计准则股东权益差异调节表　　　　　　　　单位:元

序　号	项　目　名　称	金　额
	2008年12月31日股东权益(现行会计准则)	
1	长期股权投资差额 其中:同一控制下企业合并形成的长期股权投资差额 其他采用权益法核算的长期股权投资贷方差额	
2	拟以公允价值模式计量的投资性房地产	
3	因预计资产弃置费用应补提的以前年度折旧等	
4	符合预计负债确认条件的辞退补偿	
5	股份支付	
6	符合预计负债确认条件的重组义务	
7	企业合并 其中:同一控制下企业合并商誉的账面价值 根据新准则计提的商誉减值准备	
8	以公允价值计量且其变动计入当期损益的金融资产以及可供出售金融资产	
9	以公允价值计量且其变动计入当期损益的金融负债	
10	金融工具分拆增加的权益	
11	衍生金融工具	
12	所得税	
13	其他	
	2009年1月1日股东权益(新会计准则)	

（二）职业判断是企业执行会计准则的关键环节,要求会计及相关人员掌握会计准则规定并具备良好的职业道德

会计准则有原则导向和规则导向之分。国际财务报告准则为原则导向,我国会计

准则与国际财务报告准则实现趋同,体现了原则为导向。美国会计准则属于规则导向,震惊世界的安然事件,涉及的会计问题反映出美国以规则为导向会计准则的不足,那些具有重大风险的特殊目的实体因此没有并入安然公司的合并财务报表,结果是安然公司的重大风险被掩盖,从而构成安然公司崩塌的原因之一。美国从此开始反思,迈出了与国际准则趋同的步伐。

原则导向的会计准则通常要求企业根据会计准则规定的原则,结合实际情况作出职业判断。比如收入确认、资产减值、递延所得税、预计负债、债务重组、企业合并、公允价值计量、权益性交易等交易或事项的会计处理,均涉及职业判断。而在规则导向下,企业的交易或事项通常可以直接根据会计准则规定的相关量化标准确认和计量会计要素的金额。

职业判断的恰当与否直接关系到企业的财务状况和经营成果,是一把"双刃剑",恰当的判断所确认和计量的结果就是真实公允的;反之,就成为调节和操控利润的手段。在实际工作中,对企业财务状况和经营成果影响重大的职业判断,还应当由公司董事会或类似机构作出决定。

如何做好会计职业判断呢?职业判断对会计人员、公司董事会或类似机构、注册会计师以及监管部门等提出了较高的要求。在专业方面,除具备较扎实的专业基础外,职业判断的基本要求是熟练掌握和准确运用会计准则的概念框架,主要是基本准则中会计要素的定义、内涵和确认、计量要求。比如,何为资产?在确认和计量资产价值时,应当判断是否属于企业拥有或控制的资源,预期能否给企业带来经济利益,是否由过去的交易或事项形成等;再如,何为负债?在确认和计量负债价值时,应当判断是否属于企业承担的现时义务,履行该义务是否会导致经济利益流出企业,是否由过去的交易或事项形成等。职业判断的最高层次是诚信,会计人员、企业管理层以及注册会计师等在根据会计准则和企业实际交易或事项进行职业判断过程中,应当坚持诚信为本,遵循良好的职业道德,本着对社会负责的态度,确保会计信息的高质量。

近年来,企业合并会计已经成为会计准则执行中较为普遍的热点难点问题,其核心是涉及大量的职业判断。比如,如何认定同一控制下的企业合并与非同一控制下的企业合并,主要是看其是否完全按照公平公正的市场交易规则自愿达成,如果交易实质上属于符合市场交易规则自愿达成的,通常属于非同一控制下的企业合并;反之,如果交易不属于自愿达成的,就属于合并双方资产、负债的简单整合,一般应当认定为同一控制下的企业合并。非同一控制下的企业合并涉及相关资产、负债的公允价值确定问题,应当按照会计准则的规定并结合实际作出正确的职业判断,获得合理的公允价值金额。如果非同一控制下的企业合并产生巨额商誉的,要予以重点关注。合并成本的确定、相关资产公允价值的计量等方面要关注是否如实反映了交易的实质,商誉确认后是否及时按照会计准则规定进行了减值测试等。企业合并是否构成业务,企业应当根据财政部16号文件结合实际情况进行正确职业判断。判断构成业务的,应当提供确凿的证据。一些较为复杂的企业合并,既涉及上市公司,又涉及非上市公司;既涉及一般购买,又涉及反向购买,其中的某些问题不是会计所能解决的,企业不得利用会计准则规定构造交易。

注册会计师在对企业职业判断结果进行审计时,涉及再判断问题,需要恪守客观、独立、公正的原则,按照会计准则和独立审计准则的要求进行判断。

监管部门在实施会计监管工作中,如发现企业和注册会计师利用职业判断操纵利润、虚构交易、干扰市场秩序的行为,应当强化监管并加大处罚力度。

（三）A+H股上市公司不得在A股和H股财务报告中采用不同的会计处理

我国内地会计准则与香港会计准则已经实现等效,并建立了持续等效机制,因此,同时发行A股和H股公司的财务报告不应当存在差异。目前,存在的差异主要是执行问题,比如企业改制资产评估产生的差异,与《国际会计准则第16号——不动产、厂场和设备》没有关系,不能以此认定存在差异,相关企业应当加以消除,2009年年度财务报告中仍未消除的,应当制定相应措施逐步消除,并在附注中说明原因。再如,保险合同保费收入和保险合同准备金计提办法的差异,财政部和保监会高度重视。为了解决此项差异,财政部印发了《企业会计准则解释第2号》（财会〔2008〕11号）和《保险合同相关会计处理规定》（财会〔2009〕15号）,保监会印发了《关于保险业实施〈企业会计准则解释第2号〉有关事项的通知》（保监发〔2009〕1号）。保险公司应当在2009年年度财务报告中消除这一差异。

（四）保险公司应当按照企业会计准则和《保险合同相关会计处理规定》编制年度财务报告

2009年12月22日,财政部印发了《保险合同相关会计处理规定》,要求保险公司自编制2009年年度财务报告时开始实施。《保险合同相关会计处理规定》主要规范了保险混合合同分拆、重大保险风险测试和保险合同准备金计量三个方面的内容:一是要求保险混合合同在满足条件时应当进行分拆;二是要求认定保险合同时引入重大保险风险测试;三是要求以合理估计金额为基础计量保险合同准备金,不再以保险监管部门有关保险监管规定为依据计量财务报告目的的保险合同准备金。

《保险合同相关会计处理规定》的发布实施,对我国现行保险会计进行了重大改革,有助于促进我国保险行业结构调整和可持续健康发展,增强保险业的核心竞争力;有助于更加公允地反映保险公司的财务状况和经营成果,增强保险会计信息的透明度,提升投资者对保险公司的价值评估和监管部门的风险监管水平;有助于适当分离会计规定与监管要求,维护保险会计的独立性;有助于提高我国保险会计地位,增强国际影响力和话语权。

各保险公司应当认真学习、深刻领会《保险合同相关会计处理规定》的主要内容和实质,尤其是新旧会计政策和会计估计变化比较大的方面,要扎实做好宣传培训和学习理解工作;要做好有关业务流程再造、系统改造和制度修订的工作,将新规定涉及的保险合同认定、重大保险风险测试和保险合同准备金计量所需的参数和数据落实到位;要建立健全以董事会为最高负责机构,管理层、职能部门和经办岗位分级授权、权责分明、分工合作、相互制约的保险合同准备金计量内部控制,确保保险合同准备金计量的科学性、严肃性和透明度,有效防范准备金计量的随意性和人为操纵;要强化与投资者、债权人和有关监管部门等之间的沟通协调,确保《保险合同相关会计处理规定》能够得到持续、平稳、有效的实施。

（五）正确理解和编制其他综合收益项目

我国会计准则与国际准则实现了趋同,在 IASB 发布财务报表列报准则的征求意见稿后,我们对其进行了深入的研究分析,认为在我国财务报表中引入综合收益是可取的,而且随着我国会计准则持续三年的平稳有效实施,引入综合收益的时机已渐成熟。在财务报表中引入综合收益指标,有助于投资者等财务报告使用者分析企业的全面收益情况。比如,直接计入资本公积的可供出售金融资产公允价值变动,原先在利润表中没有反映,不利于财务报告使用者全面分析企业收益。2009 年 6 月,财政部印发了《企业会计准则解释第 3 号》(财会〔2009〕8 号),在我国正式引入综合收益概念。综合收益总额反映企业净利润与其他综合收益的合计金额,其他综合收益反映企业根据企业会计准则规定未在损益中确认的各项利得和损失扣除所得税影响后的净额。同时,为了保持会计准则的基本稳定,我国没有单独增加综合收益表,而是在利润表中直接增加两个项目,分别是"其他综合收益"和"综合收益总额"。财政部 16 号文件对在附注中需详细披露的其他综合收益项目规定了统一的格式。

企业在编制 2009 年度利润表(合并利润表)和所有者权益变动表(合并所有者权益变动表)时,应当严格按照《企业会计准则解释第 3 号》和财政部 16 号文件的规定,正确界定其他综合收益的构成内容,并在附注中对其他综合收益按照财政部统一的格式作出详细披露。

三、深入贯彻落实《企业内部控制基本规范》,促进年报质量不断提升

（一）充分认识建立健全内部控制体系的现实意义

伴随着我国企业较快的增速和迅猛发展,各种潜在风险也日益显现,尤其是在遭遇百年罕见的国际金融危机背景下,类似中航油新加坡公司因内部控制缺失或失效引发的巨额资产损失、财务舞弊、会计造假、经营失败,甚至破产倒闭等案例时有发生。据了解,截至 2008 年 10 月底,央企从事金融衍生品业务合约市值为 1 250 亿元,形成了 114 亿元的浮动净亏损。虽不能说加强企业内部控制就完全能够杜绝类似案例的发生,但缺乏有效的内部控制是万万不能的。企业只有建立和有效实施科学的内部控制体系,

才能夯实内部管理基础、提升风险防范能力。在后金融危机时代,我国大中型企业进入国际市场、投资国际资本市场将成为不可逆转的趋势。面对国际市场经济竞争日趋激烈的复杂环境,我国企业要真正实现"走出去"战略,必须苦练内功、强化内部控制,构筑"安全网"和"防火墙"。从维护企业投资者合法权益、确保财务报告目标实现的角度看,有必要加强内部控制,尤其与确保财务报表数据真实可靠的财务报告内部控制。总之,我国企业要实现可持续发展战略,必须重视和强化内部控制。

（二）深刻理解《基本规范》的丰富内涵

早在 2006 年,财政部就遵照国务院领导重要指示精神,联合证监会、审计署、银监会、保监会、国资委等部门,着手研究制定企业内部控制规范体系,并取得重要阶段性成果。2008 年 5 月 22 日,财政部等五部委对外正式发布了《企业内部控制基本规范》。

《基本规范》可以概括出"五个五",即"五个部门联合发布"、"五个目标"、"五个原则"、"五个要素"、"五十条"。其中,"五个目标"是指"合理保证企业经营管理合法合规、资产安全、财务报告及相关信息真实完整、提高经营效率和效果、促进企业实现发展战略"。这里,"合理保证财务报告及相关信息真实完整"与公司年度财务报告密切相关,表明加强企业内部控制建设,对于合理保证年报质量是极为重要的。美国《萨班斯－奥克斯利法案》(SOX)404 条款主要是基于这方面的考虑设立的。"五个原则"是指内部控制建设应当遵循的原则,即"全面性、重要性、制衡性、适应性、成本效益"原则。"五个要素"是企业建立与实施有效的内部控制应当包括的要素,即"内部环境、风险评估、控制活动、信息与沟通、内部监督"。

我国企业内部控制规范体系包括:基本规范和配套指引(应用指引、评价指引和审计指引)。《基本规范》发布后,我们随即组织力量投入到配套指引的起草工作中。在各方面的参与和支持下,会计司和中国会计学会秘书处这支专业团队,在对大半个中国的各类企业进行广泛深入调研后,集中办公,大兵团作战,连续奋战 45 天,数易其稿,终于完成了配套指引。在起草过程中,我们每每遇到难题或有争议之处,总不会忘记邀请企业总会计师、总经理、会计师事务所资深专家一同参与讨论,寻求解决方案。这大大地提升了配套指引的可操作性。

应用指引作为配套指引的重要组成部分,在内部控制规范体系中居于主体地位,可以帮助企业更好地贯彻落实《基本规范》。它广泛地涵盖了企业治理、业务管理等方方面面,既涉及组织架构、发展战略、企业社会责任、企业文化等内部环境层面的问题,也涉及工程项目、全面预算、采购、销售等具体业务事项。为确保财务报告的真实完整,应用指引专设了"财务报告"项目。评价指引是为企业管理层对本企业进行内部控制自我评价提供的指引和要求,包括评价内容和标准、评价程序和方法、评价报告的出具和披露等。审计指引是会计师事务所执行内部控制审计业务的执业准则。

（三）采取有效措施，认真贯彻落实《基本规范》

《基本规范》要求自2009年7月1日起在上市公司范围内执行，鼓励非上市的其他大中型企业执行。执行《基本规范》的企业，可聘请证券资格会计师事务所对内部控制建设的有效性进行审计。

各上市公司和相关企业应当统筹规划，缜密安排，根据基本规范及其配套指引规定，结合经营特点和管理要求，建立健全适合本单位实际的内控制度；应当将内控制度与企业治理结构、组织机构、业务流程和管理制度相衔接、相融合，确保内控制度执行的适用性和有效性；应当加大对企业信息系统的改造或新建投入，将内控制度要求嵌入信息系统，实现对各类业务事项的自动控制，减少或消除人为操纵因素。

各上市公司和相关企业的总经理、总会计师和其他高级管理人员，要进一步强化法制意识、风险意识和责任观念，主动关心、亲身参与、大力支持内控规范的学习培训和贯彻执行，自愿担当起本单位内控制度建设的推动者和实践者，确保内控规范在本单位的顺利实施。

四、会计师事务所不得因整合而影响或降低对年度财务报告的审计质量

企业会计准则的有效实施和国际趋同等效极大地促进了我国会计师行业的发展，会计师事务所也加快了整合步伐。整合是为了扶持我国会计师事务所做大做强、加快发展。此次整合后，被合并的事务所均交回了证券许可证和会计师事务所执业证书，并由财政部、证监会发布相关公告，不能再以原有资格执业，开弓没有回头箭，这是以往历次整合中没有过的。

但是，涉及整合的会计师事务所，应当确保2009年年度财务报告审计的顺利过渡和有序承接，不得由于整合而影响年度财务报告审计工作质量。会计师事务所要做好资源的优化配置，在执业标准、人事、财务、业务和信息技术等方面实施一体化管理，充分利用整合后的人才资源；加快整合后的利益调整，控制年度财务报告审计风险，提升职业判断能力，坚持风险导向审计，确保年度财务报告审计质量再上新台阶。

内部控制审计是顺利贯彻实施内控规范的重要制度保障。会计师事务所和注册会计师要继续抓好内控规范的学习培训工作，将内控规范与审计理念、方法和程序密切结合起来，将内部控制审计与财务报表审计密切协同起来；要强化内部控制审计的独立性，保持应有的职业谨慎态度，遵守职业道德规范，不得同时为同一企业提供内部控制咨询服务和内部控制审计服务；要合理调配资源，优化业务结构，改善内部管理，加强质量控制，全面提升内部控制审计和相关咨询服务的质量。

五、各地财政监察专员办事处和财政部门应当认真履行职责，加强对财务报告质量的监督检查

根据会计法的规定，国务院财政部门主管全国的会计工作，地方各级财政部门管理

本地区的会计工作,财政部门负责对各单位会计核算是否符合会计法和国家统一的会计制度的规定实施监督检查。因此,加强对各上市公司和非上市企业贯彻执行企业会计准则的情况,尤其是年度财务报告质量的监督检查,维护市场经济秩序,是财政部门的法定职责,也是财政部门贯彻落实科学发展观、全面推进科学化精细化管理、确保财务报告这一公共产品质量的重要举措。在财政部统一制定企业会计准则并做好监督检查部署的基础上,各地财政监察专员办事处和财政部门要积极行动起来,深刻领会财政部 16 号文件精神,以贯彻落实财政部 16 号文件为契机,继续强化队伍建设,扎扎实实,周密部署,履行职责,努力把执行企业会计准则和年度财务报告编制相关工作抓紧、抓好、抓实。

各地财政监察专员办事处和财政部门,要把抓好这项工作提升到维护法律法规权威、充分发挥财政职能作用的高度来认识和把握;要统筹兼顾,抓大放小,在抓好日常会计管理事务工作的同时,突出重点做好会计技术基础工作;要着力锻造一支相对稳定的专业技术团队,专门负责会计准则的研究、跟踪、宣讲和指导工作;要吃透弄懂各项会计准则和相关规定的精髓,使自身成为相关领域的专家,对各企业执行会计准则和编制财务报告提供必要的、及时的、高质量的专业技术指导,切实树立起会计准则管理方面的权威。

各地财政监察专员办事处和财政部门要制定年报跟踪分析的实施方案和具体措施;要采取多种形式,既兼顾一般,又解剖麻雀,分别上市公司和非上市公司、金融企业和非金融企业,建立执行企业会计准则和年度财务报告编制的经常性联系点;要通过实地考察、深入调研、问卷调查、电话咨询等途径,及时掌握年报编制和准则执行过程中的情况与问题;要在企业年报编制完成后做好系统分析和总结工作,把年报分析中发现的有关会计、审计、监管乃至经济运行中的问题进行归纳提升,上报财政部会计司和监督检查局。

各地财政监察专员办事处和财政部门要坚持会计准则是企业进行会计处理和编制年度财务报告的唯一依据,做好企业会计准则执行层面的监管,尤其是年报监管和有关会计信息质量的监督检查工作。有关监管部门可以就企业如何贯彻执行企业会计准则编制好财务报告提出监管要求,但是涉及会计确认、计量和报告的内容应当严格遵循企业会计准则的规定。只有这样,才能维护企业会计准则的权威性和统一性,否则将会引起混乱。各地财政监察专员办事处和财政部门在监管工作中发现与会计准则确认、计量和列报规定不一致的要求和问题,应当通过有关联系机制,及时反馈给财政部会计司。

(以上内容主要根据《会计之友》2010 年 2 月的《严格遵守会计准则　提供高质量财务报告　认真履行社会责任》一文摘录并整理)

中国会计准则国际等效：中国香港

随着经济全球化深入发展，跨区跨境资本流动频繁，全球各国地区经济相互依存度加深，作为国际资本流动商业语言的会计审计准则，实现国际趋同和资本市场间的等效，已成为大势所趋。目前，世界主要经济体美国、欧盟、日本等都在朝这一方向加大努力。如美国已宣布自2007年起接纳外国在美上市公司按照国际财务报告准则编制的财务报表。又如，欧盟正在积极推进会计准则与第三国会计准则的等效认可工作等等。可以说，准则趋同和等效，构筑衡量公司业绩的同一平台，已成为促进资本市场提高效率，降低投资风险，节约交易成本的国际共识。

在中国会计准则体系建设过程中，在符合中国的经济、法律环境的前提下，财政部积极与国际会计准则理事会合作，实现了中国会计准则与国际财务报告准则的实质性趋同。无论对于中国，还是对世界而言，趋同都是一件大事，它对中国经济融入经济全球化的潮流将起到重要的推动作用。然而，趋同只是第一步，等效是目标。中国企业会计准则走国际趋同道路的最终目标，是为了实现与其他已采用国际财务报告准则的国家实现等效互认，降低我国企业海外上市的成本，并解决我国完全市场经济地位问题。中国会计准则与国际财务报告准则实现趋同后，财政部就开始研究并启动与那些实施国际财务报告准则国家和地区会计准则等效问题的相关工作，而且进展较为顺利。2007年，中国企业会计准则首先与中国香港财务报告准则实现了等效。

一、财政部积极推进两地会计准则等效工作的原因

2006年2月发布的中国会计准则与国际财务报告准则实现趋同后，财政部就开始研究并启动与那些实施国际财务报告准则国家和地区会计准则等效问题的相关工作。内地和香港的准则等效工作，从2006年开始筹备，经过6次技术会谈，到2007年12月签署等效协议，经过双方努力，历时一年多。

（一）两地会计准则的等效，能够降低我国企业海外上市成本，促进我国企业"走出去"

香港是全球经济最具活力的地区之一，香港有关机构欢迎、支持两地签署等效联合声明，还表示要进一步采取包括会计审计合作在内的一系列积极行动，促进更好吸引世界更多国家的企业来港上市。这充分体现了香港"自由开放、公平竞争"的国际理念，

必将有助于香港金融中心地位的巩固和繁荣,有助于香港会计行业的发展和经济的振兴。同时,两地会计审计准则等效声明的签署,也将有利于降低内地企业来港上市的成本,有利于吸引更多内地企业来港投资,从而也有利于内地会计审计及经济的发展,充分展示了内地维护和促进香港金融中心地位发展的态度,表明了内地进一步深化改革、扩大开放的决心。

中国内地企业会计准则得到中国香港交易所的认可后,内地企业到香港上市,可以直接采用中国会计准则编制财务报表,不再需要按照国际财务报告准则提供另外一套报表或者按照国际准则进行调整,这将大大减少企业的报表编制成本和审计成本,为我国企业走入国际市场创造良好的会计环境。按照内地会计准则编制的财务报告和香港会计准则编制的财务报告具有同等效力,也就是说内地和香港会计准则是等效的。这是个基本原则,但是还涉及很多具体工作需要进一步做好。比如说,会计准则等效以后,内地和香港的注册会计师考试科目互免问题,还需要研究进一步扩大豁免人员的范围等。这都是和等效相关联的内容。更为重要的是,等效以后,内地企业按照内地会计准则编制的财务报告、内地的注册会计师按照内地的审计准则进行审计所出具的审计结果,到香港以后应该被认同,应该被香港的监管机构接纳而不需进行双重审计,出具两套报告。相应地,香港的企业到内地来也应享受同样的政策。

作为世界主要资本市场之一的中国香港能够接受中国内地企业会计准则,这在国际上将起到很好的示范作用,这一良好的开端,有助于推进我国与欧美等其他国家和地区的会计准则等效谈判工作的进展,促使其他国家和地区认同我国准则等效,进一步扩大会计国际趋同和等效的成果,为企业"走出去"和吸引外资等创造良好的会计环境。

（二）准则等效将有利于两地会计行业加强合作

在共同建设高质量准则体系和提供高水平会计服务的同时,积极参与国际合作与交流,在经济一体化的国际舞台上,提高两地共同的话语权,提高中国内地和香港会计审计行业的国际竞争力,进而提高中国的整体经济实力。

从现实来看,内地与香港会计审计准则实现等效,对内地和香港的会计行业和企业是一个很好的机遇,可以降低转换成本,有利于企业更好地走出去,更好地发展,有利于企业在欧美和国际市场上市;对于注册会计师行业来说,也是一个新的发展机遇。但是机遇和挑战是并存的。首先要对具备这样条件的注册会计师、事务所进行严格评估和严格审查,也就是说注册会计师、事务所审计的结果首先要被香港的监管机构、投资者和公众接纳,接下来要被欧盟和美国的监管机构、投资者和公众接纳,这就是注册会计师行业即将面临的新一轮挑战。所以要严格把关,苦练内功。这就是等效协议签署以后所要进行的大量而具体的工作。

（三）有利于解决我国完全市场经济地位问题

中国香港、欧美等国家和地区接受我国企业会计准则,不仅是对我国会计准则制定的肯定,同时也是对我国会计准则得到良好执行的认可。因此,这将有助于促进欧美国家等 WTO 成员对我国完全市场经济地位的认定,改善我国企业的出口环境,促进我国对外经贸的发展。

企业会计准则的国际趋同只是第一步,等效才是目标。我国会计准则实现与其他国家或地区会计准则等效,有利于贯彻中央提出的"走出去"战略,有利于提升中国企业的国际竞争力,有利于中国注册会计师行业做强做大,能够为完善社会主义市场经济体制和顺应经济全球化趋势做出应有的贡献。

二、内地企业会计准则与香港财务报告准则等效的过程

2005 年 11 月 8 日,中国会计准则委员会与国际会计准则理事会在北京签署了联合声明,确认了中国企业会计准则与国际财务报告准则的趋同。国际会计准则理事会主席戴维·泰迪爵士于 2006 年 2 月 15 日在北京举行的中国企业会计准则体系发布会上,对中国所取得的成就进行了评论:采用新的中国企业会计准则体系已为内地企业会计准则与国际财务报告准则带来了实质性趋同。

中国香港会计师公会认同中国会计准则委员会与国际会计准则理事会签署的联合声明以及戴维·泰迪主席对中国企业会计准则体系与国际财务报告准则的趋同方面的评论。2006 年 5 月 12 日,本人作为中国会计准则委员会办公室主任,与中国香港会计师公会行政总裁兼注册主任张智媛签署了一项联合声明,宣布内地企业会计准则与香港财务报告准则实现了实质性趋同,同时,双方表示进一步加强交流,增进关于财务报告准则事务的未来合作,尽力支持高质量的国际财务报告准则的建立。

此后,根据双方进一步加强交流与合作的承诺,2007 年年初,成立了中国会计准则委员会与中国香港会计师公会等效联合工作组,全面启动了内地企业会计准则和香港财务报告准则的具体比较工作。经过为期 1 年多的 6 次技术会谈,双方在准则等效上达成了一致。财政部会计司即与香港会计师公会开展了会计准则等效技术会谈。在内地和香港进行多次商讨之后,2007 年 12 月 6 日,财政部副部长、中国会计准则委员会秘书长王军带团去香港,和香港特区的证监会、财务汇报局、会计师公会、交易所等有关方面进行了深入研究、讨论,达成共识,并与香港会计师公会会长方中签署了《中国会计准则委员会与中国香港会计师公会关于内地企业会计准则与香港财务报告准则等效的联合声明》,宣布:

双方自 2006 年 5 月就内地企业会计准则与香港财务报告准则的实质性趋同情况发表联合声明后,即对两地准则进行了逐项比较,并一致同意:

(1) 2007 年 12 月 6 日有效的内地企业会计准则与同日有效的香港财务报告准则,除资产减值损失的转回以及关联方披露两项准则相关内容需调节差异外,已经实现等

效。内地企业根据 2007 年 12 月 6 日有效的内地会计准则编制的财务报表,在对上述两项差异作出相关的调整后,与根据同日有效的香港财务报告准则编制的财务报表具有同等效力。

（2）双方承诺为消除以上两项差异以及未来继续保持两地准则的等效,制定了持续等效机制。

（3）双方已与有关方面协商并达成共识,自声明签署后,立即开展工作,落实两地注册会计师专业资格考试会计科目的相互豁免,尽快研究扩大符合两地考试科目互免条件的中国注册会计师协会会员和香港会计师公会会员的范围。

（4）在两地准则等效技术磋商过程中,双方已与两地监管机构协商并达成共识,在两地准则等效声明签署后,立即开展工作,尽快研究解决两地在对方上市的企业,以其当地的会计准则编制、并由当地具备资格的会计师事务所按照当地审计准则审计的财务报表,可获对方上市地监管机构接纳。

三、企业会计准则与香港财务报告准则等效的内容

（一）等效联合声明对双方准则的比较范围

比较的基础包括中国财政部发布的企业会计准则、应用指南和解释,香港会计师公会发布的所有规范财务报表编制的法定和强制性的公告,即内地企业会计准则和香港财务报告准则。

1. 比较项目所涵盖的内地企业会计准则

比较项目所涵盖的企业会计准则项目包括：

（1）企业会计准则——基本准则；

（2）企业会计准则具体准则第 1～38 号；

（3）企业会计准则应用指南；

（4）企业会计准则解释。

以上文件的结构和关系如下图所示：

在内地企业会计准则体系中,基本准则统驭准则体系中的其他部分,具体准则、应用指南和解释具备相同的法律地位。当产生冲突时,以较晚发布的文件为准。

财政部会计司于 2007 年 4 月公布的《企业会计准则讲解》,未作为比较的基础,但其中涉及与准则等效相关内容的调整和补充,已经进行了复核确认。

2. 比较项目所涵盖的香港财务报告准则

比较项目所涵盖的香港财务报告准则项目包括所有香港会计师公会理事会批准的香港财务报告准则及解释公告,即：

（1）编制和呈报财务报表的框架；

（2）香港财务报告准则；

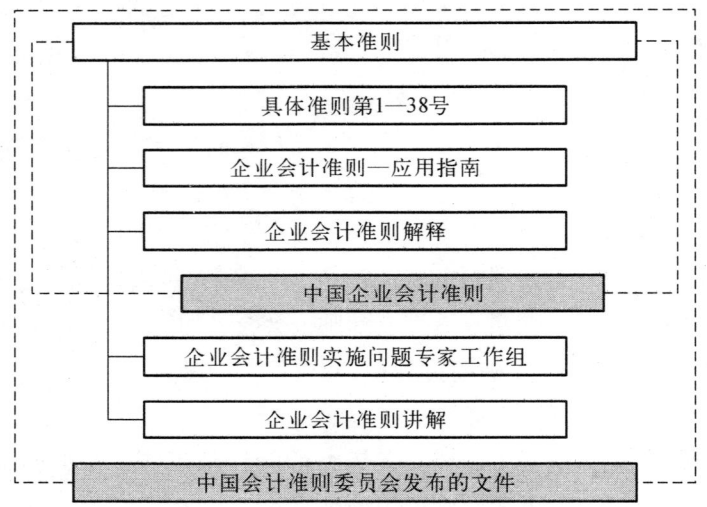

图1　中国内地企业会计准则结构和关系图

（3）香港会计准则；

（4）香港（国际财务报告解释委员会）解释公告；

（5）香港（常设解释委员会）解释公告；

（6）香港解释公告。

中国香港财务报告准则与国际财务报告准则逐字完全趋同。香港财务报告准则的等级结构如下图所示：

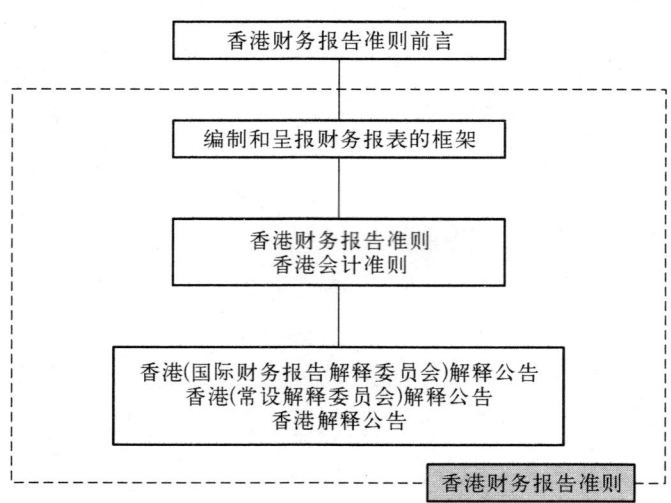

图2　香港财务报告准则结构和关系图

大部分香港财务报告准则包含的非强制性材料，如应用指南及作说明用的例子等，均不涵盖于比较项目的范围内。

（二）准则等效比较过程

1. 比较方法

比较项目所采用的方法为基于结果的比较法，该方法对内地企业会计准则与香港财务报告准则之间的差异进行识别，并评价这些差异是否会导致财务报告编制者以不同的方式对财务报表中的重要项目进行确认和计量。根据两套准则的不同情况，香港财务报告准则被作为基准，与内地企业会计准则进行比较，但忽略不重要的文字差异。在进行比较时：

（1）准则中如涉及财务报表编制者的选择权不被视为差异；

（2）内地《企业会计准则第 38 号——首次执行企业会计准则》和《香港财务报告准则第 1 号——首次采用香港财务报告准则》是基于新旧准则转换而制定的。首次执行准则日的影响取决于企业所处的具体情况，因为此项比较并无实际意义；

（3）比较还不包括《香港会计准则第 26 号——退休福利计划的会计和报告》与《企业会计准则第 10 号——企业年金基金》，因为退休福利计划不是上市公司。

2. 差异识别

双方统计了所有相关的香港财务报告准则的要求，并研究了内地企业会计准则是否已经做出相应的要求，以确定香港财务报告准则的要求是否：

（1）在内地企业会计准则中述及；

（2）未在内地企业会计准则中述及；或

（3）与内地企业会计准则不同。

比较揭示了内地企业会计准则与香港财务报告准则之间由于被内地企业会计准则省略的香港财务报告准则要求所导致的某些差异。财政部已经采取积极步骤来减少差异。在联合声明签署日，大部分差异已通过下列方式得以消除：

（1）发布企业会计准则解释；

（2）双方同意在 2008 年 4 月底前修改出版讲解。

香港会计师公会认为，《讲解》中述及了对部分差异的处理要求。等效联合声明接受《讲解》的地位与具有法定效力的准则和指南等效的前提是，在准则讲解和内地企业会计准则存在冲突时，以准则要求为准。

此外，香港会计师公会认为在有活跃市场情况下，生物资产在其寿命周期内，内地《企业会计准则第 5 号——生物资产》的要求符合《香港财务报告准则第 41 号——农业》的规定。然而，在无法获得足够市场信息的情况下，内地《企业会计准则第 5 号——生物资产》对企业使用公允价值的限制更加严格。香港会计师公会同意在内地市场不可能通过估值技术可靠获得公允价值，因而同意不将其列为一项需调节差异。

（三）需调节差异的持续消除机制与等效的维持机制

中国会计准则委员会与香港会计师公会承诺支持高质量的国际财务报告准

则,并一致认为趋同是一个持续过程。双方在等效联合声明中表达了基于持续基础与国际财务报告准则趋同,并进行持续的等效维持的意向。双方也表达了就其与国际财务报告准则的趋同工作维持密切交流与合作的意向,并详细说明了需调节差异的持续消除机制与等效的维持机制。

1. 香港会计师公会应遵循的适当程序

香港会计师公会将采取下列步骤,将所有新的或修订的香港财务报告准则的发布情况告知中国会计准则委员会,并投入力量以监督调节状态:

(1)当发布关于国际财务报告准则或国际财务报告解释委员会解释公告的国际会计准则理事会征求意见稿的新评议邀请时,中国香港会计师公会将向中国会计准则委员会提供征求意见文件的副本。

(2)当发布关于国际财务报告准则的国际会计准则理事会征求意见稿的意见时,香港会计师公会将向中国会计准则委员会提供公会意见的副本。

(3)当向国际会计准则理事会或国际财务报告解释委员会征求任何技术意见时,香港会计师公会将向中国会计准则委员会提供技术意见的副本。

(4)当香港会计师公会采用一项新的或修订的国际财务报告准则或国际财务报告解释委员会的解释公告作为一项新的或修订的香港财务报告准则时,中国香港会计师公会将向中国会计准则委员会提供新的或修订的香港财务报告准则副本。新的或修订的香港财务报告准则在任何情况下将与相应的国际财务报告准则保持一致。

2. 中国会计准则委员会应遵循的适当程序

中国会计准则委员会将采取下列步骤,将发布新的或修订的内地企业会计准则的情况告知中国香港会计师公会,并将在发布新的或修订的内地企业会计准则之前,考虑国际财务报告准则的要求,以确保准则的趋同:

(1)制定新的内地企业会计准则时,中国财政部将考虑国际财务报告准则的要求。

(2)当发布内地企业会计准则的新征求意见稿时,中国会计准则委员会将向中国香港会计师公会提供征求意见稿的副本。

(3)当发布新的或修订的内地企业会计准则时,中国会计准则委员会将向中国香港会计师公会提供新的或修订的准则、应用指南和解释的副本。

(4)当从中国香港会计师公会收到按照新的或修订的国际财务报告准则或国际财务报告解释委员会解释公告所发布的新的或修订的香港准则时,中国会计准则委员会将就内地是否将采用该准则以及何时将采用该准则提供反馈,并根据要求更新可能需调节的差异。

(5)当制定意在与国际财务报告准则趋同的新的内地企业会计准则时,中国会计准则委员会将保留新的内地企业会计准则与相应国际财务报告准则的比对记录,并将比对记录提供给香港会计师公会。中国会计准则委员会和中国香港会计师公会将讨论新准则对等效的影响。

（6）当向国际会计准则理事会提供关于国际财务报告准则征求意见稿的意见时，中国会计准则委员会将向香港会计师公会提供中国会计准则委员会意见的副本。

（7）当向国际会计准则理事会或国际财务报告解释委员会征求任何技术意见时，中国会计准则委员会将向香港会计师公会提供征求技术意见的副本。

四、两地会计准则的差异

2007 年，香港组织了一批强有力的技术力量，对国际会计准则、审计准则进行系统深入研究，而财政部会计司、中注协也组织了精干力量，进行纵横向对比、研究并最后形成结论：在会计准则问题上，内地准则和香港准则认同的实质性差异只有两项需要调整，这同 2005 年与国际会计准则理事会签署的趋同联合声明的结论是一致的。第一是关于长期资产减值的不得转回问题；第二是关联方披露准则中关于国家控制的企业的确认关联方的范围问题。其他方面也有一些不同，如，内地在公允价值准则中关于公允价值的使用上，采取的是比较谨慎的做法，香港方面也认为我国更严格，但这并不作为差异。还有企业退休福利计划，涉及的是企业年金，而企业年金是一个独立的会计主体，我国的企业年金基金类似于国际准则中的设定提存计划，跟企业、上市公司的联系不直接，所以这一部分也没有作为比较的基础。此外，包括首次采用会计准则的一些处理，因为涉及企业具体的情况，也不宜作为准则体系的比较基础，意义也不大。这些做法基本上和国际准则 2005 年的趋同结论是一致的。

总体而言，内地企业会计准则与香港财务报告准则的差异产生，主要是因为国际财务报告准则每年的变动，使得香港财务报告准则随之变动，我国在不改变现有准则框架和体系的前提下，每年发布年报通知，并通过改进《企业会计准则讲解》来解决这些差异，以下归纳整理了两地准则差异以及相应的解决方法，如下页表所示。

五、企业会计准则与香港财务报告准则等效的后续进展

两地会计准则等效联合声明签署后，双方积极落实相关要求，取得了如下进展。

（一）注册会计师考试科目互免

联合声明签署后，内地与香港正在开展落实两地注册会计师专业资格考试会计科目的相互豁免，研究扩大符合两地考试科目互免条件的中国注册会计师协会会员和香港会计师公会会员的范围。

（二）建立持续等效机制

从 2008 年 1 月起，双方建立了等效联合声明所规定的持续等效机制，每年定期举行两次技术会谈。最近的一次（第三次）等效会谈于 2009 年 10 月 13 日在北京举行。财政部会计司与香港会计师公会三方在会谈上分析了我国内地会计准则与香港会计师

（一）通过改进《企业会计准则讲解》能够解决的确认和计量差异

《香港财务会计准则第 2 号——以股份为基础的支付》/《企业会计准则第 11 号——股份支付》

No.	香港财务报告准则的要求	内地财务报告准则的要求	财政部对《讲解》的修订
3.1	《香港财务报告准则第 2 号》适用于主体本身、主体的母公司或同集团其他主体的权益工具。[《香港财务报告准则第 2 号》第 3 段]。	《企业会计准则第 11 号》适用于主体本身的权益工具[《企业会计准则第 11 号》第 2 条]。	在《讲解》P179 第一段后补充：股份支付准则中的"企业自身权益工具"，是指企业本身、企业的母公司或同集团其他主体的权益工具。
3.2	《香港财务报告准则第 2 号》包含一项假设，从主体而不是雇员收到的物品和服务能够可靠计量[《香港财务报告准则第 2 号》第 13 段]。	《企业会计准则第 11 号》没有作出类似的假设[《企业会计准则第 11 号》第 8 条]。	在《讲解》P180 第二节、（一）2 第二段后另起一段补充：一般而言，职工之外的其他方提供的服务能够可靠计量；只在极少数情况下采用其他方所提供服务在取得日的公允价值无法可靠计量。
6.1	补充说明： ● 股份和股票期权公允价值的计量。[《香港财务报告准则第 2 号》第 22,24—29 段，附录一]。 ● 香港财务报告准则第 2 号的范围[《香港财务报告准则解释公告第 8 号》]。	未作规定。	● 在《讲解》P180 第二节、（一）2 后补充 3 3. 权益工具公允价值确定中相关具体具体的处理 对于具有再授予特征的股票期权，确定其公允价值时不应考虑其再授予特征。当发生再授予期权权的后续授予时，应作为一项新授予的股份期权进行处理。 在极少数情况下，当授予职工的权益工具的公允价值无法可靠计量时，应当借记所有者权益，回购其回购该权益工具，应当以该权益工具在回购日公允价值部分，计入当期费用。 企业如果回购其职工可行权的权益工具，回购支付的金额高于该权益工具的内在价值部分，计入当期费用。

（续表）

No.	香港财务报告准则的要求	内地财务报告准则的要求	财政部对《讲解》的修订
			● 在《讲解》P180 第二节一、（一）2 开头补充：换取其他地方提供服务，是指企业以自身权益工具换取职工以外其他有关方面为企业提供服务。在某些情况下这些服务可能难以辨认，但仍会有迹象显示企业是否取得了该服务，应当按照股份支付准则处理。

《香港财务报告准则第 4 号》——保险合同/《企业会计准则第 25 号》——原保险合同和《企业会计准则第 26 号》——再保险合同》

No.	香港财务报告准则的要求	内地财务报告准则的要求	财政部对《讲解》的修订
2.1	保险合同包括满足保险合同定义的，由保险公司和其他主体共同签发的合同[《香港财务报告准则第 4 号》第 5 段]。	《企业会计准则第 25 号》和《企业会计准则第 26 号》阐明了保险合同，并且将其限定在保险公司签发的满足保险合同定义的合同范围内。	内地准则保险准则不局限于保险公司，还包括符合保险人定义的担保公司等（详见准则指南第 70 页倒数第六行）。尽管如此，为避免误解，我们同意在《讲解》P400 和 P412 的第一段中删除关于保险公司的描述。

《香港会计准则第 2 号——存货》/《企业会计准则第 1 号——存货》

No.	香港财务报告准则的要求	内地财务报告准则的要求	财政部对《讲解》的修订
5.1	所有存货都以成本及可变现净值孰低计量[《香港会计准则第 2 号》第 8—9 段]。	摊销低值易耗品和包装材料[《企业会计准则第 1 号——存货》第 20 条]。	低值易耗品和包装物是指价值较小、易于损坏、可供多次使用的物品和包装材料，但不能归类为固定资产，从简化的角度，通常价值一次转销或五五摊销计入当期损益。本质上属于存货，与 HKAS2.8 相一致，从分类的角度本质不存在差异，在《讲解》中不作进一步解释。

《香港会计准则第 12 号——所得税》/《企业会计准则第 18 号——所得税》

（续表）

No.	香港财务报告准则的要求	内地财务报告准则的要求	财政部对《讲解》的修订
	详细指南和示例：	未作规定。	• 在《讲解》P267第4段和第5段之间增加一段，反映下列内容：企业应交所得税包括以应纳税所得额为基础计算的境内及境外税款。如有为投资者代扣代缴的所得税，也作为应缴所得税，同时减记所有者权益。
	• 所得税包括预扣所得税。[《香港会计准则第12号》第2段，第65A段]。 • 直接借记或贷记入权益的项目。[《香港会计准则第12号》第62—65段]。		• 在《讲解》P267第9段已明确了与直接计入所有者权益的交易或事项相关的所得税的处理原则且进行了举例说明，在第9段之后增加下列内容： 直接计入所有者权益的交易或事项包括对会计政策变更采用追溯调整法或对前期差错用追溯重述法调整留存收益，可供出售金融资产公允价值的变动计入所有者权益，同时包含负债和权益成分的金融工具在初始确认时计入所有者权益等。 在特定情况下，直接计入所有者权益的交易或事项的当期所得税及递延所得税难以明确区分时，可以按合理的基础进行分配，确定应计入所有者权益的部分。 由于内地不存在资产重估价政策，与HKFRS12中第64、65段相关的所得税影响我不存在，如果境外子公司存在此类交易或事项，应按照专家工作组意见第二个问题的原则处理。
6.6	• 企业合并中产生的递延所得税。[《香港会计准则第12号》第67—68段]。		• 在《讲解》P265第7段下增加一段，反映下列内容： 企业合并发生后，购买方对于在合并前本企业已经存在的可抵扣暂时性差异及未弥补亏损等，由于合并后很可能预计产生足够的应纳税所得额，从而确认相关的递延所得税资产，该递延所得税资产的确认不应影响企业合并成本，即无论企业合并中应予确认的商誉或企业合并成本小于合并中取得的被购买方可辨认净资产公允价值的份额应计入合并当期损益的部分。

（续表）

No.	香港财务报告准则的要求	内地财务报告准则的要求	财政部对《讲解》的修订
	● 股份支付交易中产生的现行和递延所得税。[《香港会计准则第 12 号》第 68A—68C 段]。 ● 所得税资产和所得税负债的抵销[《香港财务报告准则第 12 号》第 71—76 段]。		HKFRS12 第 68 段的内容已体现在《讲解》的 P312，拟调整至《讲解》P265 上述内容之后。 ● 在内地税法中不允许与股份支付相关的费用在税前抵扣，讲解中不予作出解释。境外子公司发生的此类交易按照专家工作组意见第二个问题的原则处理。 ● 在《讲解》P266 第 8 段后增加"四、所得税资产与所得税负债的抵销"，反映下列内容： （一）同时满足下列条件时，企业应当将当期所得税资产与当期所得税负债以净额后的净额列示： 1. 拥有以净额结算的法定权利； 2. 以净额结算或者取得资产、清偿负债同时进行。 （二）同时满足下列条件时，企业应当将递延所得税资产与递延所得税负债以净额后的净额列示： 1. 拥有以净额结算当期所得税资产和当期所得税负债与同一税收征管部门对同一纳税主体的法定权利； 2. 递延所得税资产或者不同纳税主体相关，但在未来将以净额结算递延所得税资产和递延所得税负债的期间，纳税主体将递延所得税资产和当期所得税负债与递延所得税负债、清偿负债同时进行。 通常情况下，在个别财务报表中，上述当期所得税资产与当期所得税负债和递延所得税资产和递延所得税负债可以抵销后的额列示。在合并财务报表中，纳入合并范围的各方的当期所得税资产或当期所得税负债与另一方的当期所得税负债、递延所得税资产与递延所得税负债不能互抵销。

（续表）

No.	香港财务报告准则的要求	内地财务报告准则的要求	财政部对《讲解》的修订
	《香港会计准则第 16 号——不动产、厂场和设备》《企业会计准则第 4 号——固定资产》		
6.7	详细指南： ● 由于安全性和环境原因而取得的不动产、厂场和设备的项目［《香港财务报告准则第 16 号》第 11 段］。 ● 重要检查的成本［《香港财务报告准则第 16 号》第 14 段］。 ● 减值补偿［《香港财务报告准则第 16 号》第 65—66 段］。	未作规定。	在《讲解》P63 第 1 段后面增加下列内容： ● 企业由于安全或环保的要求购入设备等，虽然不能直接给企业带来未来经济利益，但有助于企业从其他相关资产的使用中获得未来经济利益或者获得更多的未来经济利益，也应确认为固定资产。 ● 由于重要检查的成本的内容已体现在《企业会计准则——应用指南》P8"二、固定资产"的后续支出"和《讲解》P73—75"二、固定资产"的后续支出"，且与 HKFRS16.14 相一致。在《讲解》中不作进一步解释。 ● 由于减值补偿的内容已体现在《企业会计准则——应用指南》P202"固定资产清理"科目的"三、(二)"中，且与 HKFRS16.65—66 相一致。在《讲解》中不作进一步解释。
	《香港会计准则第 17 号——租赁》《企业会计准则第 21 号——租赁》		
4.3	《香港会计准则第 17 号》要求承租人以融资租赁方式租入的生物资产和出租人以经营性租赁方式出租的生物资产，按照《香港会计准则第 41 号——农业》的有关规定进行会计处理［《香港会计准则第 17 号》第 2 段 (c) 和 (d)］。	未作规定。	在《讲解》P326 页作出如下补充： 在"二、承租人对经营租赁的处理"之前增加下列内容："承租人以融资租赁方式取得的生物资产——生物资产》的相关规定进行处理。" 在《讲解》P332"第四节、售后租回的会计处理"之前补充下列内容："出租人以经营租赁方式提供的生物资产的计量，按照《企业会计准则第 5 号——生物资产》的相关规定进行处理。"

（续表）

No.	香港财务报告准则的要求	内地财务报告准则的要求	财政部对《讲解》的修订
3.3	《香港财务报告准则第17号》在最低租赁付款额的定义中，明确排除了出租人支付和退还给出租人的税金[《香港会计准则第17号》第4段]。	《企业会计准则第21号》未排除这些。[《企业会计准则第21号》第8条]。	在《讲解》P319作出如下补充： 在"二、租赁的分类"之前增加下列内容： （六）最低租赁付款额，指在租赁期内，承租人应支付或可能被要求支付的各种款项（不包括或有租金和履约成本），出租人支付但可退还的税金也不包括在内。
	详细指南： ● 售后租回交易[《香港会计准则第17号》第60—64段]。	未作规定。	● 将《讲解》P333倒数第二段进行如下补充： 售后租回交易认定为经营租赁的，在没有确凿证据表明售后租回交易是按照公允价值达成的情况下，售价低于公允价值的，应当将损失予以递延，并将未来租赁付款额按比例分摊于预计使用期限内。但售价高于公允价值的，其高出公允价值的部分应予以递延，并在预计的资产使用期限内摊销。售后租回资产公允价值低于账面价值的差额，确认为当期损益。 ● 在《讲解》P320"租赁"准则着重解决三个方面的问题"之前补充下列内容：
6.9	● 租赁土地与附着建筑物的分离[《香港会计准则第17号》第15—18段]。		"对于一项土地和建筑物租赁进行分类时，企业通常应当将土地和建筑物分开考虑。将最低租赁付款额根据土地部分的租赁权益和建筑物部分的租赁权益对公允价值的相对比例进行分配。在我国，由于土地的所有权归国家所有，不能转移，土地租赁不能归类为融资租赁。对于建筑物的租赁按本准则的规定标准进行分离计量的，应相应地视同一项融资租赁。如果土地和建筑物无法分离的，应视同一项经营租赁。"

（续表）

No.	香港财务报告准则的要求	内地财务报告准则的要求	财政部对《讲解》的修订
	● 制造商或经销商出租人对销售利润或损失的确认[《香港会计准则第17号》第42—46段]。		● 在《讲解》P332 "二、出租人对经营租赁的处理"之前补充下列内容： "制造商或经销商出租人出租的融资租赁资产，在租赁期开始日，应将该资产公允价值与最低租赁收款额现值二者较低值或最低租赁收款额现值之间的差额确认为未实现融资租赁收益。最低租赁收款额折现时应当采用市场利率。制造商或经销商出租人发生与协商和安排租赁的相关费用应在确认销售利润时确认为费用。"
\multicolumn{4}{l}{《香港会计准则第18号——收入》《企业会计准则第14号》}			
6.11	详细指南： ● "完成阶段"收入的估计[《香港会计准则第18号》第23、25段]。 ● 香港财务报告准则的附录比企业会计准则的讲解包含更多的操作示例。	未作规定。	● 《讲解》P216（一）之前补充一段："通常，企业与其他交易方就以下方面达成协议后，便能作出可靠估计：（1）提供服务一方和获得劳务一方的强制执行权；（2）进行交换的对价；（3）结算的方式和条件。" 《讲解》P216（一）3（3）后补充一段： "在实务中，如果特定时期内提供劳务的完工进度不能可靠地确定，该期间可以采用直线法在该报表有证据表明其他方法能更好地反映其他作业重要的，应当在该项重要作业完成之后确认收入。" ● 虽然香港财务报告准则讲解附录比企业会计准则讲解包含更多的操作示例，而内地准则应用指南已有，此差异不有存在。

（续表）

No.	香港财务报告准则的要求	内地财务报告准则的要求	财政部对《讲解》的修订
《香港会计准则第 19 号——雇员福利》/《企业会计准则第 9 号——职工薪酬》			
4.4	将带薪缺勤明确为职工薪酬 [《香港会计准则第 19 号》第 11—16 段]。	未作规定。	在《讲解》P154—156 对带薪缺勤的处理提供了详细的指南，不需要再补充。
6.10	对辞退福利和长期雇员福利计划的确认和计量的详细指南 (除退休后福利计划) [《香港会计准则第 19 号》第 126—130、133—140 段]。	未作规定。	在《讲解》P150—154 对辞退福利提供了详细指南，目前内地企业没有提供养老和其他长期雇员福利的情形，海外子公司如存在此类福利，该问题按照专家工作组意见第二条的原则处理。
《香港会计准则第 21 号——汇率变动的影响》/《企业会计准则第 19 号——外币折算》			
6.12	选用功能货币的顺序 (并不意味着国内货币最可能为功能货币) 的详细指南 [《香港会计准则第 21 号》第 12 段]。	未作规定。	在《讲解》P273"二、记账本位币的变更"之前加入下列内容：（三）企业确定记账本位币时，在多种因素混合在一起本位币不明显的情况下，应当优先选择最能反映企业经营所处主要经济环境的货币，然后考虑其他影响因素。因为经营所处主要经济环境货币的因素更具代表性，能够提供更多支持证据。
《香港会计准则第 28 号——联营中的投资》/《企业会计准则第 2 号——长期股权投资》			
6.16	消除投资者和联营企业之间"顺流"和"逆流"交易的详细指南 [《香港会计准则第 28 号》第 22 段]。	未作规定。	该问题已在专家工作组意见中解决，不在讲解中解释。

（续表）

No.	香港财务报告准则的要求	内地财务报告准则的要求	财政部对《讲解》的修订
	《香港会计准则第31号——合营中的权益》/《企业会计准则第2号——长期股权投资》		
6.17	详细指南： ● 当被投资者处于法定重组或破产，或者向合营者转移资金的能力受到严格限制的长期限制时的会计处理[《香港会计准则第31号》第8段]。 ● 合营者与合营之间的交易[《香港会计准则第31号》第48—50段]。	未作规定。	● 在《讲解》P30第4段之后增加下列内容：当被投资单位处于法定重组或破产中，或者在向投资方转移资金的能力严格受到限制或限制情况下经营时，通常投资方对被投资单位可能无法按照长期股权投资准则的规定采用权益法核算。但如果能够证明存在共同控制，合营方仍应当采用权益法核算。 ● 合营者与合营之间的交易，已在专家工作组意见中解决，不在讲解中解释。
	《香港会计准则第32号——金融工具：列报》/《企业会计准则第37号——金融工具：列报和披露》		
6.18	详细指南： ● 准则涉及购买和出售非金融项目的合同[《香港会计准则第32号》第9—10段]。	《讲解》提供了更多指南。 ● 《讲解》第23章第一节第337页部分涉及。	● 在《讲解》P336第一节"一，"后补充以下内容： 企业能够以现金或其他金融工具净额结算或通过交换金融工具的买入或支出非金融项目的合同有多种表现形式： （1）合同条款允许合同的任何一方用现金或其他金融工具进行净额结算或通过交换金融工具结算； （2）合同条款中没有明确规定可以用现金或其他金融工具进行净额结算或通过交换金融工具结算，但企业按惯例通过净额结算或交换金融工具结算类似合同； （3）对于类似合同，企业按惯例在较短的物后收到合同标的的利润； （4）作为合同标的的物可以非常方便地转换为现金。

（续表）

No.	香港财务报告准则的要求	内地财务报告准则的要求	财政部对《讲解》的修订
	● 如果一项金融工具将可能导致发行方为自身权益工具的转移，则应分类为权益工具[《香港会计准则32号》第17—24段]。	● 未作规定。	在上述这些合同当中，(2)或(3)所述的合同并不是根据企业的预定购买、销售或销售需用要求以获取或交付非金融项目为目的而签订的，因此，这类合同在金融工具确认和计量准则的适用范围之内。对于(1)、(4)和(5)所述的合同，需要进一步判断，视情况不同，确定是否采用金融工具确认和计量准则进行处理。比如，对于上述(1)或(4)所述合同，如果它属于企业用现金或其他金融工具结算的非金融工具确认和计量准则确认和计量。额结算或通过交换金融工具结算的已签出期权合同（written option），则该合同应按准则进行处理。 ● 在《讲解》P603[例38—1]前补充说明： 某项合同是一项权益工具并不仅仅因为它可能导致企业获得交付企业自身的权益工具。企业可能拥有获取或交付变动数量的自身股票或其他权益工具的合同义务，该合同义务或合同权利或合同金额。该合同部分或完全基于企业自身权益工具的市场价格以外的变量的变化（比如利率、某种商品的价格或工具的公允价值恰好等于合同价值固定的，也可以部分或完全基于企业自身权益工具本身价格）而波动。这种合同不是企业自身权益工具，因为合同的价值将随着某项金融工具自身权益的价格而变动。这种合同未结算该合同。 如果在一个合同中，企业通过交付（或获取）固定数额的自身权益工具以获取固定数额的现金或其他金融资产，则该合同是一项权益工具。 如果一项合同使企业承担以现金或其他金融资产回购本身权益工具的义务，则该合同形成企业的一项金融负债，其入账价值等于赎回款所需支付价款的现值（比如，远期回购价格的现值、期权执行价格的现值以及其他可赎回金额的现值）。 如果一项合同要求企业交付或收取固定数量自身权益工具交换变动数量现金或其他金融资产，则该合同形成企业的一项金融资产或金融负债。

（续表）

No.	香港财务报告准则的要求	内地财务报告准则的要求	财政部对《讲解》的修订
	● 复合金融工具[《香港会计准则32号》第30段]。 ● 金融资产和金融负债的抵消[《香港会计准则32号》第43—49段]。	● 未作规定。 ● 《讲解》第38章第三节第607—608页部分涉及。	● 在《讲解》P606"（一）混合工具的分拆原则"中的第一段后补充：可转换工具（如可转换公司债券）的负债和权益部分的区分，不能因行使可转换期权的可能性变化而改变。 ● 在《讲解》P608顺编第2段后补充： （1）抵销权是债务人根据合同或其他协议，以应收债权应付债权人的金额或部分金额抵销子债权人的法定权利，前提是三者之间签有明确赋子债务人抵销权的协议。在少数情况下，债务人可能拥有以应收债权应付债权人的金额或部分金额的法定权利。 （2）抵销金融资产和金融负债的基础。在企业实打算行使这项权行算子结算时，以净额为基础列报资产和负债能更恰当地反映预期未来现金流量的金额和时间以及这些现金流量承受的风险。企业拥有相互抵销权（但并不打算以净额结算或同时变现资产和清偿负债的），该项权利对企业信用风险的影响有关规定子以披露。
	● 准则实施指南[《香港会计准则32号》附录]。	● 未作规定。	● 在《讲解》P336"二、衍生工具"之前补充： 1. 行使合同权利的能力或履行合同义务的要求可能是无条件的，也可能依某一未来事项是否发生未来确定。由此可形成金融资产和金融负债的定义。 2. 融资租赁是一项金融工具，而经营租赁则不是一项金融工具（因经营租赁形成的应收、应付除外）。 3. 预付费用和或类似资产不是金融资产；递延收益不是金融负债；或有事项准则涉及的义务也不是金融负债。 4. 应交所得税等非合同义务不是金融负债，也不是因合同而产生的义务，也不是金融负债。

（续表）

No.	香港财务报告准则的要求	内地财务报告准则的要求	财政部对《讲解》的修订
	《香港会计准则第36号——资产减值》/《企业会计准则第8号——资产减值》		
6.19	未达到可使用状态的无形资产每年进行减值测试［《香港会计准则第36号》第10段(1)］。	未作规定。	将《讲解》第9章中所有"使用寿命不确定的无形资产"，改为"使用寿命不确定的无形资产或尚未达到可使用状态的无形资产"。
6.20	香港财务报告准则包含关于分配到处置现金产出单元商誉的详细指南［《香港会计准则第36号》第86段］。	未作规定。	在《讲解》P140［例9—11］后增加一段："如果企业处置了包括商誉在内的资产组中的某项资产，与该项资产相关的商誉应当：(1)确定资产处置损益时，商誉应当包括在该项资产的账面金额中；(2)按照该项资产和该资产组剩余部分的比例进行分摊。"
6.21	详细指南：	《讲解》提供了更多指南。	
	● 减值迹象［《香港会计准则第36号》第12,14段］。 ● 使用现值技术计量使用价值［《香港会计准则第36号》附录一］。	● 《企业会计准则讲解》第9章第一节，第124页。缺失的迹象——净资产产的账面价值高于其市场价值［香港会计准则36号第12段(2)］。 ● 《讲解》第9章第二节第三（四）(4)，第128—131页。企业会计准则讲解包括运用传统和预期现金流量的方法计算未来现金流现值的举例。然而，它不体现香港会计准则36号附录 A、A1、A3 段中提出的现值技术的原则。	● 在《讲解》P124 第 4 段中"均属于资产可能发生减值的迹象"之前补充一句"企业净资产的账面价值高于其市场价值"。 ● 《讲解》P126—131，第9章第二节（一）、（二）所述内容均体现了《讲解》第一节中的"一般原则"，不必再对《讲解》进行重复描述。

（续表）

No.	香港财务报告准则的要求	内地财务报告准则的要求《企业会计准则第13号——或有事项》	财政部对《讲解》的修订
	《香港会计准则第37号——准备、或有资产和或有负债》《企业会计准则第13号——或有事项》		
3.8	所有亏损性合同都确认为负债[《香港会计准则第37号》第66段]。	只将待执行的亏损性合同确认为负债[《企业会计准则第13号》第8条]。	将《讲解》第十四章中所有"待执行的亏损性合同"修改为"亏损合同"。
6.22	折现率是税前的，反映的是当前市场对货币时间价值以及负债特定风险的评价[《香港会计准则第37号》第47段]。	未作规定。	不存在差异，详见《讲解》200页（三）2。货币时间价值第二段中的（1）。
6.23	将准备的使用限制于最初为支出确认其准备的支出[《香港会计准则第37号》第61—62段]。	未作规定。	在《讲解》P203"四，对预计负债账面价值的复核"中的第一句改为"企业应当在资产负债表日对预计负债的应用范围和账面价值进行复核。"并且补插入"预计负债确认后，只有与该预计负债有关的支出才能冲减该项预计负债，否则将会混淆预计负债确认不同事项的影响。"
6.24	只有当主体决定出售时才有义务，例如通过约束性销售协议[《香港会计准则第37号》第78—79段]。	未作规定。	在《讲解》P202"（二）重组义务"第三段之前补充"企业只有在承诺出售部分业务即签订了约束性出售协议时，才能确认因重组而承担了重组义务。"
3.7	重组负债的确认要求已经开始，或向那些受其影响的各方销售其经营，例如通过约束性销售协议[《香港会计准则第37号》第72段（b）]。	重组负债的确认要求在确认重组计划[《企业会计准则第13号》第10条(2)]。	将《讲解》P202"（二）重组义务"第3段中（2）改为"该重组计划已经开始实施，或已向受其影响的各方通告了该重组计划的主要内容，从而使各方形成了对企业将实施重组的合理预期"。

（续表）

No.	香港财务报告准则的要求	内地财务报告准则的要求	财政部对《讲解》的修订
	详细指南： ● 准备和其他负债的区分［《香港会计准则第 37 号》第 11 段］。	● 未作规定。	● 《讲解》P196"（二）或有资产"之上补充一段： "或有负债应当与应付账款、应付项目等其他负债进行严格区分，与预计负债相关的未来支出的时间或金额是不确定的；应付账款是为已收到或已提供的，并已开出发票或与供应商达成正式协议应付款项目是为已收到或已提供的货物或劳务支付的负债，应计项目是为已收到的货物或劳务支付的负债，未开出发票或未与供应商达成正式协议应付款的一部分支付的负债。应计项目经常作为应付款的一部分进行报告，而预计负债则单独进行报告。"
6.25	● 现时义务的存在［《香港会计准则第 37 号》第 15—16 段］。	● 未作规定。	● 《讲解》P197"（一）该义务是企业承担的现时义务"下补充一段： "在几乎所有情况下，过去事项是否已导致了一项现实义务是明确的。只有在极少情况下如涉及法律诉讼，特定事项是否发生这些事项是否已产生了一项现时义务才可能难以确定。当存在这种情况时，企业应当考虑包括专家意见、资产负债表日后所有可获得的证据，以此确定资产负债表日是否存在现时义务。"
	● 过去事项的含义［《香港会计准则第 37 号》第 17—22 段］。	● 《讲解》第 14 章第二节第 196 页部分包含。	● 不存在差异，《讲解》第 195 页、198 页对"过去事项"都作了详细的解释。
	● 对于相似的义务可将其视为一个整体［《香港会计准则第 37 号》第 24 段］。	● 未作规定。	● 《讲解》P198"（二）履行该义务很可能导致经济利益流出企业"之后补充一段： "存在很多类似义务，如产品保证或类似合同，履行时要求经济利益流出的可能性应通过总体考虑才能确定。对于某个项目的该类义务很可能导致经济利益流出的可能性较小，但包括该项目的该类义务很可能导致经济利益流出，应当确认该项预计负债。"

（续表）

No.	香港财务报告准则的要求	内地财务报告准则的要求	财政部对《讲解》的修订
	《香港会计准则第38号——无形资产》/《企业会计准则第6号——无形资产》		
6.26	不允许确认包括在内在生资产中的客户名单。[《香港会计准则第38号》《企业会计准则第1号》第63段《企业会计准则第11段》]。	未作规定。	在《讲解》P97第一行后增加一段内容：内部产生的品牌、报刊名、刊头、客户名单和实质上类似的项目的支出不能与整个业务开发成本区分开来。因此,这类项目不应确认为无形资产。
6.27	详细指南： ● 控制、未来经济利益和确认与计量[《香港会计准则第38号》第13—20,23段]。 ● 包含在无形资产成本中或排除在无形资产成本外的成本[《香港会计准则第38号》第25—26,28—31段]。 ● 计量企业合并中取得的资产的公允价值[《香港会计准则第38号》第35—41段]。 ● 当无法确定研发活动的阶段的情况下,将内在生无形资产发生的支出归在研究阶段[《香港会计准则第38号》第53段]。 ● 与新技术相关的开发活动举例[《香港会计准则第38号》第59段]。	未作规定。	● 在《讲解》第三十四章《合并财务报表》和第一章《基本准则》中已有。 ● 在《讲解》P98无形资产的初始计量（一）外购的无形资产成本中已有。 ● 在《讲解》P99（五）企业合并中取得的无形资产成本中已有。 ● 在《讲解》P102四,内部研究开发费用的账务处理（一）中已有。 ● 在《讲解》P100（二）开发阶段中已有。

（续表）

No.	香港财务报告准则的要求	内地财务报告准则的要求	财政部对《讲解》的修订
	● 内生无形资产的成本举例［《香港会计准则第 38 号》第 65—67 段］。 ● 残值［《香港会计准则第 38 号》第 102—103 段］。		● 在《讲解》P102 三，内部开发的无形资产的计量中已有。 ● 在《讲解》P105（二）残值的确定中已有。

《香港会计准则第 39 号——金融工具：确认和计量》/《企业会计准则第 22 号——金融工具：确认和计量》

No.	香港财务报告准则的要求	内地财务报告准则的要求	财政部对《讲解》的修订
3.10	香港财务报告准则包括一项假设，即一组类似金融工具的现金流量和预期存续期间能够可靠地估计，然而，在极少数情况下，如果现金流量或预计存续期无法可靠地估计合同现金流量［《香港会计准则 39 号》第 9 段——实际利率法］。	内地财务报告准则（仅涉及现金流量或预计存续期无法可靠估计的情况）［企业会计准则 22 号第 14 条］。	在《讲解》P344 第 4 段第二句之后补充： 在计算实际利率时，通常存在一种假定，即一组类似金融工具的现金流量和预期存续期间能可靠地估计。 在《讲解》P344 第 4 段末尾补充： 企业持有金融资产过程中对预期现金流量作出修改的，应当按原先确定的实际利率对修改后的预期现金流量进行折现，调整该金融资产的账面价值，调整数计入当期损益。
6.29	详细指南： ● 定义［《香港会计准则第 39 号》AC4B—AC12A，AC14，AC15，AC17—AC21，AC24，AC26］。	● 《讲解》第 23 章第二节第 337—342 页部分涉及。	●（一）在《讲解》P339 "二、持有至到期投资"之前补充： 企业持有一些金融资产和金融负债，且这些金融资产和金融负债承担一种或多种相同的风险。按照书面正式文件载明的资产和负债管理政策，企业对这些金融资产和金融负债进行管理和评价。在这种情况下，企业通常以这些金融资产和金融负债的公允价值为基础进行公允价值指定。

（续表）

No.	香港财务报告准则的要求	内地财务报告准则的要求	财政部对《讲解》的修订
			保险人持有一组金融资产,并通过管理该组金融资产使总回报(即股利、利息或公允价值变动等)最大化,其在对该组金融资产的业绩表现进行评价时,以公允价值为基础。保险人持有该组金融资产可能是为了对应特定的金融负债,权益工具或两者兼而有之。如果是为了对应特定的金融负债,保险人无论是否将对应的金融负债以公允价值进行管理和评价,仍可将该组金融资产进行公允价值指定。 以上提到的风险管理或投资策略的书面文件不需要针对单个金融工具项目,可以仅针对金融工具组合。但是,该文件必须能够提供足够的证明,以符合公允价值指定的条件。 (二)持有至到期投资 在《讲解》P39"(二)有明确意图持有至到期"之前补充: 企业持有的浮动利率债券投资通常符合持有至到期投资的条件。 ●已通过问题6.18中的第一点补充。
	●以净现金或其他金融工具结算或交换金融工具的非金融项目的购买和出售[《香港会计准则第39号》第6—7段]。	●未作规定。	
	●购买和销售的日常方式[《香港会计准则第39号》第38段和应用指南第53—56段]。	●未作规定。	●在《讲解》P353第五节之前补充: 第四节 惯例方式购买或出售 惯例方式购买或出售,是指一项金融资产的购买或销售,该金融资产的交付须在市场规定或惯例要求的期间内完成。企业可以采用交易日会计或结算日会计对惯例方式购买或出售金融资产进行处理。交易日是指企业承诺购买或出售金融资产的日期;结算日是指企业收取或支付金融资产的日期。

（续表）

No.	香港财务报告准则的要求	内地财务报告准则的要求	财政部对《讲解》的修订
			如采用交易日会计，企业应当按以下原则处理： 1. 在交易日确认将收到的金融资产和应付的债务； 2. 在交易日终止确认出售的金融资产及相关损益，并确认向购买方收取的应收款项。但是，通常在结算日（所有权转移日）才开始确认相关资产和负债的利息。 如采用结算日会计，企业应当按以下原则处理： 1. 金融资产在结算日（收到日）予以确认； 2. 在结算日终止确认支付的金融资产及相关损益。 企业采用结算日会计时，对于企业将收到的金融资产于交易日和结算日之间的公允价值变动应分别不同情况处理。该金融资产将来划分为以公允价值计量且其变动计入当期损益的金融资产的，该公允价值变动应计入当期损益；该金融资产将来划分为可供出售金融资产的，该金融资产的公允价值变动应计入其他权益；该金融资产将来划分为以成本计量的金融资产的，该公允价值变动不予确认。 ●在《讲解》"二、嵌入衍生工具的处理原则"第354页顺数第四段之后补充： 企业根据嵌入衍生工具的条款和条件不能可靠地估计该嵌入衍生工具价值的（比如，嵌入衍生工具以没有市场报价的权益工具为基础），如按金融工具确认和计量准则可以确定混合工具公允价值的和主合同公允价值的，嵌入衍生工具确认的公允价值即使用混合工具公允价值和主合同公允价值的公允价值之间的差额；企业如使用这种方法仍不能确定嵌入衍生工具的公允价值的，应将混合金融资产或金融负债整体划分为以公允价值计量且其变动计入当期损益金融资产或金融负债。
	●嵌入衍生工具的计量〔《香港会计准则第39号》第13段，AG27—AG33B〕。	●《讲解》第23章第五节第353—356页部分涉及。	

（续表）

No.	香港财务报告准则的要求	内地财务报告准则的要求	财政部对《讲解》的修订
	• 嵌入衍生工具重评估［《香港财务报告解释公告第9号》］。 • 计量［《香港会计准则第39号》AG64—AG71，AG73—AG74，AG78，AG81—AG82］。 • 金融资产减值［《香港会计准则第39号》第60，62段，AG85—AG92］。	• 未作规定。 • 未作规定。 • 《讲解》第23章第六节第356—360页部分涉及。	• 《讲解》P355倒数第2段已有相关指南。 • 内地第22号准则专设第五章规范计量问题，在《讲解》中也有大量关于计量的规范。不再进行补充。 • 在《讲解》P357第2段之后补充： 某项金融资产由于不再公开交易使得不存在活跃市场时，不足以说明该金融资产发生了减值。其次，金融资产发行方信用等级下降本身也不足以说明该金融资产发生了减值。再者，某项金融资产的公允价值降至其成本或摊余成本以下也不一定就表明该金融资产发生了减值。 在某些情况下，估计金融资产减值损失金额所要求的可观察数据可能受到当前情况的限制或与当前情况并不完全相关。在这种情况下，企业应运用经验判断调整一组金融资产的可观察数据以反映当前情况。类似地，企业应当估计金融资产减值损失的过程中，要考虑所有的信用敞口（exposure），而不仅是低信用质量的一个金额范围。在后一种情况下，企业应当考虑财务报表对外报出前与资产负债表日状况相关的所有可获得信息，以确定代表减值损失的最佳估计数。

《香港会计准则第39号——金融工具：确认和计量》/《企业会计准则第12号——金融工具：确认和计量》

（续表）

No.	香港财务报告准则的要求	内地财务报告准则的要求	财政部对《讲解》的修订
6.30	符合或不符合终止确认的转移的详细指南 [《香港会计准则第 39 号》AG45—AG47]。	《讲解》第 24 章第二节第 365—377 页部分涉及。	在《讲解》P371 倒数第二行前补充：企业可能保留收取所转移金融资产部分利息的权利，作为对这些资产提供服务的补偿。企业如果终止或将转让相关服务或服务资产放弃这部分利息，应将该部分利息分摊记作服务资产或摊费合同将放弃，否则应作为本金剩离应收款（interest-only strip）。

《香港会计准则第 39 号——金融工具：确认和计量》/《企业会计准则第 24 号——套期保值》

| 6.31 | 套期保值的附加指南 [《香港会计准则第 39 号》 AG94—AG104，AG107—AG132]。 | 《讲解》第 25 章部分涉及。 | 除利率风险组合套期的公允价值套期会计有关实施指南外，IAS39 中关于套期保值的指南基本上都在套期保值讲解中体现。利率风险组合套期业务在实务中很罕见，如果境外子公司存在此类业务，应按照专家工作组意见第二个同题的原则处理。 |

《香港会计准则第 40 号——投资性房地产》/《企业会计准则第 3 号——投资性房地产》

| 6.32 | 持有以备在一项或多项经营租赁下租出的空置建筑物投资性房地产的举例 [《香港会计准则第 40 号》第 8 段 (4)]。 | 持有以备在一项或多项经营租赁下租出的空置建筑物不符合投资性房地产的定义 [《企业会计准则第 3 号》第 3 段]。 | 在《讲解》P51"三、不属于投资性房地产的项目"之前补充一段：企业持有以备经营出租的空置建筑物，如企业有管理当局（董事会或类似机构）作出书面决议明确将其用于经营出租目的的空置房地产。这里有的空置建筑物，可视为投资性房地产，包括企业新购入，自行建造或开发完成但尚未达到经营活动目经整理后达到可经营出租状态的建筑物，以及不再用于日常生产经营活动且经生产经营活动目经整理后达到可经营出租状态的建筑物。 |

（续表）

No.	香港财务报告准则的要求	内地财务报告准则的要求	财政部对《讲解》的修订
4.6	以公允价值计量的投资性房地产转为存货的成本是转换使用日房地产的公允价值[《香港会计准则第40号》第57段（b）和第60段]。	未作规定。	在《讲解》P59"（五）投资性房地产转为自用房地产"之下补充如下内容：企业进行房地产开发因市场等原因将开发的房地产用于经营出租,从存货转换为投资性房地产;将用于经营出租的房地产再转换为存货。采用公允价值模式计量的,相应地从投资性房地产再转换为存货时,应当以其转换当日的公允价值作为存货的账面价值,公允价值与原账面价值的差额计入当期损益。
6.33	投资性房地产的再次开发作为投资性房地产处理[《香港会计准则第40号》第9段（4）]。	未作规定。	在《讲解》P54倒数第二段末尾补充：企业对某项投资性房地产进行改扩建等再开发且将来仍作为投资性房地产的,在再开发期间应继续将其作为投资性房地产。
6.34	香港财务报告准则对于初始确认后"投资性房地产的公允值"的含义提供了详细解释[《香港财务报告准则第40号》第38—44段]。	未作规定。	在《讲解》P57"二、采用公允价值模式计量的投资性房地产"之下第二段改写为：投资性房地产的公允价值,是指在公平交易中,熟悉情况的当事人之间自愿进行房地产交换的价值,应当反映资产负债表日的市场状况。确定投资性房地产的公允价值,可以参照活跃市场上同类或类似房地产的现行市场价格（市场公开报价）;无法取得同类或类似房地产现行市场价格的,可以参照活跃市场上同类或类似房地产的最近交易价格,并考虑交易时间、交易条件、所在区域等因素;也可以基于预计未来获得的租金收益和经验质和经营质评估师评估的资产收益以计量;也可以采用具有相关质和经营质评估师评估以确定投资性房地产的公允价值。

（续表）

No.	香港财务报告准则的要求	内地财务报告准则的要求	财政部对《讲解》的修订

《香港会计准则第 41 号——农业》/《企业会计准则第 5 号——生物资产》

No.	香港财务报告准则的要求	内地财务报告准则的要求	财政部对《讲解》的修订
6.35	关于确定公允值的详细指南 [《香港会计准则第 41 号》第 15—25 段]。	未作规定。	在《讲解》P89 第 2 段之后，补充以下内容： 3. 生物资产不存在活跃的交易市场但有确凿证据表明采用下列一种或多种方法确定的公允价值是可靠的，也可以采用公允价值计量： （1）从交易日至资产负债表日间经济环境没有发生重大变化的情况下最近期的市场交易价格； （2）对资产差别进行调整的类似资产的市场价格； （3）行业基准，比如以每亩表示的果园价值、干克肉品表示的牲畜价格等； （4）采用预期现金流量法确定反映该项生物资产当前状况的公允价值，不包括由进一步生物转化活动可能增加的价值。

《框架》/《企业会计准则——基本准则》

No.	香港财务报告准则的要求	内地财务报告准则的要求	财政部对《讲解》的修订
6.36	对于会计信息质量特征和会计要素的解释广泛（资产、负债、收入、费用等）[《香港财务报告准则概念框架》第 24—81 段]。	《讲解》提供了更多指南。[《讲解》第 1 章第 3 节，第 5—8 页]。	在《讲解》第一章第四节（8—15 页）的内容涵盖了《香港财务报告准则概念框架》第 47—101 段的内容，不存在差异。
6.37	包括中立性（无偏性）在内的可靠性的指南 [《香港财务报告准则概念框架》第 36 段]。	未作规定。	在《讲解》P6 "一、可靠性"（二）后补充一段： "（三）会计信息要可靠必须是中立的，而不带偏向。如果财务报表通过选取和列报信息去影响决策和影响预定的效果和结果，这种会计信息就是不中立的。"

（续表）

No.	香港财务报告准则的要求	内地财务报告准则的要求	财政部对《讲解》的修订
缺失的解释公告			
6.38	香港解释公告（SIC）第 12 号——《合并：特殊目的主体》。	《企业会计准则第 33 号》应用指南中没有的详细指南。	对《讲解》P523 中 4 的内容进行改写和补充如下： 4. 判断母公司能否控制特殊目的主体应当考虑的主要因素 （1）母公司为融资、销售商品或提供劳务等特定经营业务的需要直接或间接设立特殊目的主体。 这是从经营活动方面判断母公司能否控制特殊目的主体： 一是设立特殊目的主体主要是为了向母公司提供长期资本，或者向母公司融资以支持母公司的主要经营活动或核心经营活动。 二是设立特殊目的主体主要是为了向母公司提供特殊目的与母公司主要经营活动或核心经营活动相一致的商品或劳务，如果不设立特殊目的的主体，这些商品或劳务必须由母公司自己提供。但是，特殊目的主体对母公司的经济依赖，比如供应商与客户之间的关系，并不一定形成控制。 （2）母公司具有控制或获得控制特殊目的主体或获取特殊目的主体的主体或获取其资产的决策权。 这是从决策方面判断母公司能否控制特殊目的主体的权力： 一是母公司拥有单方面终止特殊目的主体的权力。 二是母公司拥有变更特殊目的主体的主体章程的权力。 三是母公司对变更特殊目的主体的主体章程拥有否决权。 （3）母公司通过章程、合同、协议等具有获取特殊目的主体的主体大部分利益的权力。 这是从经济利益方面判断母公司能否控制特殊目的主体：

（续表）

No.	香港财务报告准则的要求	内地财务报告准则的要求	财政部对《讲解》的修订
			一是以未来净现金流量、收益、净资产或其他经济利益的方式，获取从特殊目的主体分配的大部分的预期剩余权益中或在清算中获取大部分剩余权益的权力。 二是从特殊目的主体的大部分的预期剩余权益分配中获取大部分剩余权益的权力。 (4)母公司通过章程、合同、协议等承担了特殊目的主体的大部分风险。 这是从风险方面判断母公司能否控制特殊目的主体： 一是资本提供者对特殊目的主体的净资产不享有重大利益。 二是资本提供者不具有获取特殊目的主体的净经济利益的权力。 三是资本提供者在实质上没有承受有关特殊目的主体净资产或经营活动的固有风险。 四是资本提供者获取的对价基本上类似于贷款人通过贷款或权益获取的回报。 比如，母公司通过特殊目的主体直接或间接对向特殊目的主体提供大部分资本的其他投资者保证一定的回报率或信用保护。这种保证使母公司保留了特殊目的主体实质上没有承受的所有权风险，而其他投资者实质上只是贷款人，因为其他投资者获得的收益或遭受的损失是有限制的。
6.39	香港解释公告(SIC)第13号——《共同控制主体：合营者的非货币性投入》。	在内地财务报告准则下没有等效的公告。	在《讲解》P41(六)之后增加"(七)合营方向合营企业投出非货币性资产损益的处理"，以反映下列内容： 合营方向合营企业投出或售出非货币性资产的相关损益，应当按照以下原则处理：

（续表）

No.	香港财务报告准则的要求	内地财务报告准则的要求	财政部对《讲解》的修订
			1. 符合下列情况之一的，合营方不应确认该类交易的损益： (1) 与投出非货币性资产所有权有关的重大风险和报酬没有转移给合营企业。 (2) 投出非货币性资产的损益无法可靠计量。 (3) 投出非货币性资产交易不具有商业实质。 2. 合营方并与投出资产留给合营方的利得和损失，投出非货币性资产发生减值损失的，合营方应当全额确认该部分损失。 3. 在投出非货币性资产的过程中，合营方除了取得对合营企业的长期股权投资外还取得了其他非货币性资产或非货币性资产，应当确认该项交易中与所取得其他非货币性资产相关的损益。
6.40	香港解释公告（SIC）第15号——《经营租赁：激励措施》。	在内地财务报告准则下没有等效的公告。	已在2007年4月3日发布的会计准则专家组专家意见中明确。
6.41	香港解释公告（SIC）第27号——《评价涉及租赁法律形式的交易的实质》。	缺失的规定与一系列交易相联系。	在《讲解》P319补充如下内容： 在"二、租赁的分类"之前加入： 企业应当正确确定一项协议是否包含租赁。某些情况下，企业签署的协议所包含的交易虽然未采取租赁的法律形式，但该交易或是交易的组成部分就含租赁业务。确定一项协议是否属于或包含租赁业务，重点考虑以下两个因素：一是履行该协议是否依赖某特定资产；二是协议是否转移了资产的使用权。属于租赁业务的，按本准则进行会计处理；其他部分按相关会计准则处理。

（续表）

No.	香港财务报告准则的要求	内地财务报告准则的要求	财政部对《讲解》的修订
6.42	香港解释公告（SIC）第 31 号——《收入：涉及广告服务的易货交易》。	在内地财务报告准则下没有等效的公告。	在《讲解》P219"第四节 让渡资产使用权"之前补充一段："四、涉及广告服务的易货交易 企业如有通过提供广告服务取得其他企业不同类的广告服务，涉及广告的易货交易，可以参照提供广告服务交易及与易货交易中提供广告服务的公允价值计量收入：（1）非易货交易涉及与同类的广告；（2）非易货交易（与易货交易中同类的广告）的全部或部分交易涉及现金或金额；（3）与提供（与易货交易中同类的广告）代表大多数交易金额；（4）非易货交易以及其他服务）具有可靠计量对价（如有价证券、非货币性资产以及易货交易中的同一对方。"

（二）通过改进《企业会计准则讲解》能够解决的披露差异

No.	香港财务报告准则的要求	内地财务报告准则的要求	财政部对《讲解》的修订
	《香港会计准则第 14 号——分部报告》/《企业会计准则第 35 号——分部报告》		
7.1	当且仅当与资产相关的收入和费用被分配到分部，多个分部共用的资产才分配到这些分部[《香港会计准则第 14 号》第 47—48 段]。	未作规定。	《讲解》P590"（四）分部资产"第一句后插入"分部资产"，只有与两个或多个分部共同使用的资产相关也分配给分部时，资产才应分配给这些分部。如，共同资产相关的折旧费用或摊销费用在计量分部经营成果时被扣减时，该项资产才应包括在分部资产中。"

（续表）

No.	香港财务报告准则的要求	内地财务报告准则的要求	财政部对《讲解》的修订
《香港会计准则第20号——政府补助会计和政府援助的披露》/《企业会计准则第16号——政府补助》			
4.5	当披露补助的性质、程度和持续性对于保证财务报表不存在误导而言是必要时，企业会计准则没有像香港财务报告准则那样要求披露价值不能合理估计的政府补助[《香港会计准则第20号》第34—38段]。	未作规定。	在《讲解》P239"第三节　新旧比较与衔接"之上第二段末尾补充：对于不能合理确定价值的政府补助，可能会使财务报表存在误导，应当在附注中披露该政府补助的性质、范围和期限。
《香港会计准则第24号——关联方披露》/《企业会计准则第36号——关联方披露》			
7.3	将离职后福利计划作为关联方[《香港会计准则第24号》第9段(7)]。	未作规定。	按照中国的法律规定，企业没有离职后福利计划，该问题按照专家工作组意见第二条的原则处理。
《香港会计准则第33号——每股收益》/《企业会计准则第34号——每股收益》			
	披露持续经营和终止经营损益中的基本每股收益和稀释每股收益[《香港会计准则第33号》第9、30段]。	计算基于当期净损益的每股收益[《企业会计准则第33号》第4、7条]。	在《讲解》P577第2段之下增加一段，反映下列内容：企业如有终止经营的，应当在附注中单独披露按照终止经营净利润计算确定的基本每股收益和稀释每股收益。
《香港会计准则第34号——中期财务报告》/《企业会计准则——中期财务报告》			

（续表）

No.	香港财务报告准则的要求	内地财务报告准则的要求	财政部对《讲解》的修订
	如果主体最近的财务报表是合并财务报表，那么香港财务报告准则要求编制合并中期财务报告。[《香港会计准则第34号》第14段]。	如果主体在当年其中置入了纳入合并范围的子公司，即使其可比信息是以合并为基础的，企业会计准则不要求编制合并中期财务报告[《企业会计准则第32号》第4段]。	说明：内地企业会计准则规定，上年度编制合并财务报表的，中期期末应当编制合并中期财务报表。这与香港财务报告准则是一致的。企业在本中期期末处置了所有子公司，在这种情况下，已不存在编制合并财务报表的基础。此处不存在差异，《讲解》不予补充。

《香港财务报告准则第6号——矿产资源的勘探与评价》/《企业会计准则第27号——石油天然气开采》

No.	香港财务报告准则的要求	内地财务报告准则的要求	财政部对《讲解》的修订
Int 6	石油天然气： 《香港财务会计报告第6号》规定了勘探与评价活动的会计处理。其他活动（开发、生产等）根据其他相关准则进行会计处理。	石油天然气： 《企业会计准则第27号》规定了石油天然气很多方面的会计处理。《企业会计准则第27号》一些方面的规定和香港财务报告的有关规定相矛盾。例如，矿产资源的运输遵循美国公认会计原则而非《香港会计准则第16号》或者《香港会计准则第38号》。	在《讲解》P426第4段后另起一段补充： 油气资产中的矿区权益在勘探活动进行中的，应当按照石油天然气开采准则进行处理；在勘探活动开始前和结束后，应按其他企业会计准则处理。
2.3	采掘： 《香港财务会计报告第6号》规定了勘探与评价活动的会计处理。其他活动（开发、生产等）根据其他相关准则进行会计处理。	采掘： 未作规定。 即使采掘业企业也是遵循一般企业会计准则，两地财务报告准则之间无差异（这极其不可能基于全球惯例）。或者采掘业企业应该遵循《企业会计准则第27号》，这种情况下两地财务报告准则之间存在明显差异。	在《讲解》P427第1段后另起一段补充： 石油天然气以外的采掘业的勘探活动应当执行石油天然气开采准则，其他活动按照相关企业会计准则处理。

公会编制的企业会计准则和香港财务报告准则持续趋同的现状,决定根据 2007 年以后两地会计准则在公认会计原则方面产生的新差异,对相关准则进行修订。

(三)监管机构采纳等效成果

2009 年 8 月,香港交易所就香港交易发布咨询文件,公开征求意见,以确定是否应接受内地会计师事务所根据内地审计准则对按照企业会计准则编制的内地在港上市公司财务报表发表的审计意见。

[以上内容主要根据《会计研究》2007 年 3 月 15 日的《企业会计准则体系的等效》、中国财经报 2007 年 11 月 30 日的《趋同是基础　等效是目标》、《中国会计准则委员会与香港会计师公会关于内地企业会计准则与香港财务报告准则等效的联合声明》(包括附件 1 和附件 2)、香港交易所《咨询文件:关于接受在香港上市的内地注册成立公司采用内地的会计及审计准则以及聘用内地会计师事务所》等文章和相关资料摘录并整理]

中国会计准则国际等效：欧盟

2008 年 11 月，欧盟决定自 2009 年起至 2011 年年底前的过渡期内，允许中国证券发行者在进入欧洲市场时使用中国会计准则，即不需要根据欧盟境内市场采用的国际财务报告准则调整财务报表。这是国际资本市场首次正式接受中国企业会计准则，标志着财政部在中欧财金对话框架下推进中欧会计等效工作取得突破性成果。与此同时，欧盟还将继续跟踪中国企业会计准则的执行和持续等效情况，并在 2011 年 12 月 31 日过渡期结束之前，就中国会计准则持续等效认可作出结论。

一、欧盟认可中国会计准则等效的过程

欧盟认可中国会计准则等效，做出这一决定并非一蹴而就的，而是建立在双方多次调研、磋商和谈判的基础上，是三年多来财政部在中欧财金对话框架下推进中欧会计等效取得的成果。

早在 2005 年 2 月的第一次中欧财金对话开始，会计等效议题就列入对话内容，决定中欧双方在会计准则制定和实施等方面交换意见。

在 2006 年 5 月举行的第二次中欧财金对话中，双方对中欧会计等效工作进行了深入探讨；期间，王军副部长与来访的欧盟委员会内部市场与服务委员查理·迈克里维举行了会谈，双方重申在会计审计领域加强合作，并探讨建立经常性合作机制的可能性。

在 2007 年 7 月举行的第三次中欧财金对话会议中，中欧会计等效会谈取得实质性成效。会议发布的《联合声明》中，认可自第二次中欧财金对话以来，双方在制定和实施会计准则方面的交流和合作所取得的进展。在此前举行的会计议题预备会上，本人率工作组与欧方进行了深入探讨，同意继续加强在政策和技术层面的合作，讨论会计国际趋同，并确定了欧盟在 2008 年就中国会计准则等效作出最终决定的目标，双方同意在本次对话后成立工作组并开展工作。

财政部会计司与欧盟就会计等效问题多次进行工作层面磋商，先后在 2007 年 11 月、2008 年 3 月举行工作组会议。本人率中欧会计等效工作组，与欧盟委员会内部市场总司皮埃尔·德尔索司长率领的欧盟代表团进行专业会谈，对中国会计准则制定及执行情况、会计国际趋同及等效等问题进行了广泛深入的探讨，为实现中欧会计等效目标奠定了基础。2008 年 4 月，在商务部牵头下，中欧双方市场经济技术工

作组在北京专门举行了会计议题的会谈,欧方对中国会计准则建设及实施取得的积极进展表示认可。

2008年4月22日,欧盟委员会就欧盟第三国会计准则等效问题发布正式报告,认为中国会计准则执行情况良好,因此建议在2011年年底前,欧盟委员会允许中国证券发行者在进入欧洲市场时使用中国会计准则。此项报告于10月23日经欧洲议会投票表决批准,并于11月14日由欧盟成员国代表组成的欧盟证券委员会通过,从而形成欧盟的最终法律并生效。至此,中欧会计准则等效问题历经三年多的谈判终有定论。

2010年7月2日,本人、监督检查局副局长部进兴与欧盟内部市场与服务总司资本自由流动、公司法、企业治理司司长皮埃尔·德尔索在北京举行会谈,双方就中欧会计和审计合作问题进行了深入探讨。双方相互介绍了会计准则和审计领域的发展,就会计准则的持续趋同和等效认可问题深入交换了意见,讨论了针对中欧审计公共监管体系可能达成的等效认可政策。会议期间,双方签署了联合声明,明确双方将继续加强会计审计领域的合作,共同努力,积极推动建立全球统一的高质量财务报告准则,并加快实现中欧审计公共监管体系等效。

二、欧盟认可中国会计准则等效的重要意义

欧盟认可中国企业会计准则等效具有十分重要的现实意义。

一是认可了中国会计准则国际趋同及有效实施的事实。欧盟认可中国会计准则等效,是欧盟基于我国会计准则建设、国际趋同以及有效实施情况做出的公正评价,也是对我国近年来会计准则建设、会计国际趋同及等效工作的认可。我国准则自2007年以来在上市公司范围内得到了平稳有效实施,欧盟认可了这一事实。

二是能够降低我国企业赴欧盟上市成本,有助于我国企业"走出去"。根据欧盟的此次决定,今后中国企业到欧盟上市,可以直接采用中国会计准则编制财务报表,而不再需要按照国际财务报告准则提供另外一套报表或者按照国际准则进行调整,这将大大减少企业的报表编制成本和审计成本,为我国企业赴欧盟国家上市创造良好的会计环境,有利于企业到境外上市筹资,从而有利于配合我国企业"走出去"战略,对促进我国经济发展必将发挥重要作用。

三是有利于欧盟解决我国市场经济地位和反倾销问题。当前,中欧双方市场经济技术谈判处于关键时期,在2008年4月由商务部牵头组织的工作组第八次会议会谈中,财政部会计司与欧盟贸易救济司就我国市场经济地位谈判中的会计准则及其执行问题进行了深入讨论。此次欧盟认可我国准则等效的决定是对我国会计准则执行情况的认可,这将有助于促进欧盟对我国市场经济地位的解决,促使更好地解决我国企业的出口反倾销问题,改善我国企业的出口环境。

四是为解决中美等其他国家会计等效起到了促进和示范作用。欧盟接受我国会计

准则,在国际上将起到很好的示范作用,这一良好的开端,可以在我国与其他国家的谈判中增加筹码,促进美国等其他国家认可我国准则趋同或等效。特别是2008年4月,中美会计准则等效已列入中美经济联委会对话议题,财政部会计司与美国证券交易委员会(SEC)、公众公司会计监管委员会(PCAOB)、美国财务会计准则委员会(FASB)等有关方面已有多次工作层面的对话、互访和交流。在当前全球金融危机的背景下,欧盟的这一决定,将会有助于加快中美会计等效的步伐。

三、社会各界热议中欧会计等效

中欧会计准则等效的消息一经发布,即在社会各界引起广泛关注,中国财经报、第一财经日报、证券时报、上海证券报等国内报纸、新华网、人民网、中央政府门户网、中国新闻网、新浪财经、搜狐财经网、第一财经网等国内网站纷纷发布相关新闻,香港文汇报、凤凰资讯网等媒体也都在第一时间进行了转载,各方充分肯定了中欧会计等效的重要意义以及对我国经济发展的深远影响。国际会计准则理事会、欧盟委员会、纽约证券交易所等机构也对中欧会计等效的突破性成果表示祝贺并发表评论。

国际会计准则理事会主席戴维·泰迪爵士代表IASB对欧盟认可中国会计准则等效表示了祝贺,祝贺中国财政部在整个趋同过程中所付出的努力及实现的成果获得了第三方的认可。

欧盟委员会内部服务与市场总司皮埃尔·德尔索司长表示,欧盟已经认同了中国企业会计准则与国际财务报告准则之间的等效,为中国企业走向欧洲打开了方便之门,同时这也是对这几年中国会计准则工作成果的一种肯定。他对中国政府的工作效率表示赞赏,称赞道:"中国在这么短的时间内完成了对会计准则的重大变革,并实现了与国际财务报告准则的趋同,成绩实属难得,为其他国家树立了榜样,应当鼓励其他国家向中国学习。中欧实现会计准则等效为其他国家做出了表率,这也和G20峰会领导人的主旨相一致,我们需要更多的交流和合作。"

纽约证券交易所高级副总裁格列·塔伦斯基对欧盟认可中国会计准则的等效地位,向中国财政部表示了衷心的祝贺,认为这是中国财政部在实现中国会计准则与欧盟采用的国际财务报告准则相趋同过程中辛苦劳动所换来的重大成就。格列·塔伦斯基表示,全球通用的高质量会计准则将能够改进国际资本市场、改善全球经济形势,中国在这方面所付出的努力以及取得的出色成就令人赞赏。

中国香港会计师公会会长区啸翔和行政总裁张智媛对中欧之间的会计工作合作充满期望,表示一个更大的经济体敞开怀抱,内地与香港会计准则等效的经验,与欧盟的顺利合作为内地企业走出去打开了更广阔的空间。张智媛还用"卓有成效"总结了内地与香港的会计准则等效工作,预计未来将有更大的蓝图。

中国石油化工股份有限公司财务部主任刘运认为,中欧会计等效将为多地上市企业带来实质性利好,这是国际资本市场第一次对中国会计准则的完全认可,因此对于中国企业来说,长远意义更大于现实意义。同时,他也盼望财政部加快推进与中国香港等效后续工作以及中美会计准则的等效工作,进一步扩大会计国际趋同和等效的成果。

普华永道风险及质量管理部合伙人金以文认为,会计准则等效打通了跨境上市最基础的环节,一旦会计准则实现了等效,语言通了,中国的企业就可以了解当地上市的游戏规则,熟悉后,就能比较顺利地上市。她还表示,中国作为一个充满活力的国家,中国企业同样能够为欧盟经济带来新机遇,尤其是在全球经济衰退的形势下,很多国家都在期望中国更迅速地融入世界,给世界注入新的活力。

北京京都会计师事务所合伙人刘东东认为,中欧会计等效将惠及中欧双方企业。这种等效是双向的,无论是中国企业赴欧盟上市或者并购欧盟的一些企业,还是欧盟企业对中国本土企业的股权投资和资产收购,财务方面的尽职调查成本都相对降低了,这将对中欧企业的合作共赢产生良好的推动作用。

嘉富诚国际资本有限公司董事长郑锦桥认为,这次欧盟认可了中国会计准则与之等效可以说是水到渠成的事,为海外投资者更清晰地判断我们在欧盟上市的企业提供了一个统一的尺度,也为欧盟当地的企业与中国的本土企业之间合作共赢提供了大家都认可的沟通工具。同时,他还指出,这次等效具有长远意义,意味着欧盟在承认中国的市场经济地位方面迈出了重要一步,也为以后中国与其他国家或地区的会计准则等效谈判提供了范本。

四、下一步的工作计划

2008年11月15日结束的G20峰会发布的宣言中,提出从中长期来看,全球主要会计准则制定机构应深入合作,以完成建立全球统一的高质量会计准则的目标。这一行动计划认可了全球会计趋同的目标,必将进一步推动今后全球会计国际趋同不断走向深入。在这一背景下,我们计划继续利用中欧财金对话框架,促使欧盟2011年作出中国会计准则持续等效的决定,并争取早日实现中欧审计监管体系等效。鉴于欧盟仍将继续定期跟踪和评估中国会计准则的执行情况,我们将在中欧财金对话的框架下,完善和落实中欧会计等效工作机制,定期提供中国企业会计准则的建设和执行情况相关信息,争取促成欧盟2011年之前作出中国会计准则持续等效的决定,进一步巩固中欧会计等效成果。与此同时,欧盟正在开展对第三国审计监管体系的等效评估,中国已经成为其中的第一批候选等效国家。为此,我们将积极配合欧盟审计监管体系的等效评估,争取早日取得实质性进展,实现中欧审计等效,为我国会计师事务所"走出去"在海外执业奠定基础。

（以上内容主要根据2008年11月28日的《欧盟认可中国会计准则等效　中欧会计等效工作取得突破性进展》等相关资料摘录并整理）

中国会计准则国际等效：美国及其他国家

在实现了与中国香港、欧盟等效后，我们就推进与美国、日本、韩国及澳大利亚等国家和地区的会计准则等效。

一、中国与美国的会计合作

中美建立了联合经济委员会和双边对话机制，美国作为世界上最发达的市场经济国家，近年来与中国的经济合作越来越密切。美国在安然事件以后，其财务会计准则委员会与国际会计准则理事会开始对话和趋同工作。在这种情况下，中美双方加强了会计领域的联系和沟通。

2008年4月18日，本人率团访问美国，2008年4月30日，我们与美国财务会计准则委员会主席罗伯特·赫茨就中美两国会计交流与合作问题签署了《中美会计合作备忘录》。根据备忘录，双方将定期交换意见，并就世界主要经济体的会计准则趋同问题共享观点。为此，中国会计准则委员会将定期派工作人员到美国财务会计准则委员会，了解美国公认会计原则及国际趋同进展；美国财务会计准则委员会理事和工作人员也将访问中国会计准则委员会，了解中国会计准则实施及国际趋同。

此后，中美会计合作、趋同与等效也已列为中美战略与经济对话的重要议题，并由中美经济联合委员会执行中美战略与经济对话的成果。

二、中国与日本、韩国的会计合作

中日韩三国会计准则制定机构会议是中日韩三国于2002年年初，为顺应会计国际协调和趋同的新形势建立的一个促进区域会计交流与合作的机制。会议由三国轮流承办，每年召开一次，旨在共同交流各国会计准则发展的最新形势和面临的问题，协调会计国际趋同的立场，发挥区域合作和交流的优势。中日韩三国在某些会计问题上具有相似性，通过对相关问题的探讨和交换意见，有助于促进中日韩三国会计准则制定机构之间的相互理解并增进联系，以加强亚洲国家准则制定机构间的沟通和合作及发挥在国际会计准则理事会中的作用。在财政部提议下，香港特别行政区和澳门特别行政区会计准则制定机构自2005年起以观察员身份列席会议。

（一）中日韩会计准则制定机构历届会议基本情况

中日韩三国会计准则制定机构会议机制自 2002 年启动以来至今,已由中日韩三国分别主办了 7 次,我国于 2002 年 10 月和 2005 年 9 月分别成功地主办了第二次和第五次中日韩会计准则制定机构会议。以往历次会议的基本情况如下:

第一次会议于 2002 年 2 月在日本东京举行。三方主要就各国会计准则建设的基本情况进行了交流和沟通。

第二次会议于 2002 年 10 月在中国北京举行。会议主要就各国的会计和法律结构、会计准则制定的现状和下一步工作计划以及部分感兴趣的会计技术问题等问题交换了意见、进行了探讨。

第三次会议于 2003 年 10 月在韩国首尔举行。在上一次会议的基础上,三方进一步相互通报了各国准则制定的最新进展,并进一步就需要与国际会计准则委员会准则协调的方面进行了沟通。

第四次会议于 2004 年 10 月在日本东京举行。在此次会议上,三方继续相互通报各国准则制定以及准则国际协调的进展情况,讨论了各国在会计国际趋同进程中面临的问题。

第五次会议于 2005 年 9 月在中国西安举行。三国代表主要围绕就对待会计国际趋同的基本态度和具体落实措施、推进会计国际趋同进程中面临的主要问题以及今后改进现行国际财务报告准则的意见和建议等问题达成共识,并签署了《西安会议备忘录》。本次会议还决定建立联合工作组机制,共同研究一些具体议题。

第六次会议于 2006 年 8 月在韩国首尔举行。三国代表审议了联合工作组的研究进展,讨论了国际趋同对三国会计准则的影响以及三国拟采取的趋同方法。

第七次会议于 2007 年 11 月 27 ~ 28 日,受财政部王军副部长的委托,会计司刘玉廷司长率中国会计准则委员会代表团参加了在日本东京举行的中日韩三国会计准则制定机构会议。

（二）第五次中日韩会计准则制定机构会议谅解备忘录的主要内容取得积极成果

在中方的积极协调下,中日韩三方在 2005 年 9 月的西安会议上首次就会计国际趋同问题及三方合作问题达成共识,签署了《中日韩三国会计准则制定机构西安会议备忘录》（以下简称“备忘录”）,这是中日韩会计准则制定机构会议首次以书面形式形成共同意见。

备忘录就会计准则国际趋同的基本态度、具体措施以及面临的问题取得了成果:第一,协调了各国对于会计国际趋同的基本立场。三国会计准则制定机构一致认为:在经济全球化不断深化的大背景下,会计国际趋同是大势所趋,是发展方向,中日韩三国支持会计的国际趋同,也支持国际会计准则理事会为实现制定一套高质量的、全球公认的会计准则的最终目标所作的努力。同时,三国也认为,会计国际趋同不等于相同,应当考虑各国特殊的国情,做到求同存异、趋同化异;会计国际趋同需要一个渐进发展的过程;会计国际趋同应当是一种国家会计准则制定机构与国际会计准则理事会之间的双向互动。第二,明确了三国会计准则制定机构会议应当致力于解决各国乃至东亚地区在会计准则制定和会计国际趋同过程中所面临的实际问题,应当将解决具体问题、协调共同立场作为三国会计准则制定机构会议的首要任务。三国会计准则制定机构会议应当一方面有助于促进三国会计准则的制定,另一方面应当能够确认各国在会计国际趋同中所遇到的主要障碍和问题,并向国际会计准则理事会提出改进和修改国际财务报告准则的建议。第三,决定了由三国会计准则制定机构的技术人员成立联合工作组。联合工作组的主要任务是,就三国在会计准则制定和会计国际趋同过程中所面临的主要技术问题,进行合作研究。联合工作组可以每年不定期召开会议,所形成的研究成果,用于提交下次三国会计准则制定机构会议讨论,或供国际会计准则理事会修订准则或者制定新准则参考。

三方于 2005 年年底开始启动了联合工作组工作机制,分别确定了由技术人员成立的工作组,并确定了初步探讨的议题(包括公允价值计量、收入确认、同一控制下企业合并),由三方分别进行研究。目前,三方已经形成了一定的研究成果,并将于 2006 年 3 月在上海进行了讨论,其阶段性成果已向 2006 年 8 月在首尔举行的第六次会议进行了汇报。

(三) 中日韩会计准则制定机构会议机制的意义

中日韩三方借助此会议机制,在会计准则制定和国际趋同方面,不断增进了解,互通信息,从最初的介绍本国会计准则建设基本情况,到深入探讨某些会计问题,再到后来形成备忘录,建立联合工作组定期沟通机制,三方的沟通和交流不断深入和务实。

这一会议机制有助于统一三国在会计准则国际协调中的立场,共同提升三国在国际会计趋同工作和国际会计事务中的地位和作用,对亚洲国家会计准则的发展和协调起到了一定的促进作用,也有利于在国际准则制定中维护亚洲国家的利益。同时,我国与日本和韩国准则制定机构之间建立起了有效的协调机制,进一步推动和深化了区域性会计国际趋同工作,对推进我国会计国际趋同进程具有现实意义,对进一步促进我国会计改革、加快我国会计准则国际趋同步伐、推进会计地区对话与合作产生十分积极的影响。

三、中国与澳大利亚的会计合作

澳大利亚同样是从 2005 年开始直接采用国际财务报告准则的国家,与欧盟的情况相同,目前都在研究和总结直接采用国际财务报告准则实施中的问题。中澳在会计准则方面已经建立了联系和沟通,澳大利亚财政部和会计准则理事会非常关注我国会计准则的建设与实施情况以及会计国际趋同的进展及所取得的成效,中国将进一步加大与澳大利亚会计合作的力度。

此外,我国还将加强与非洲和俄罗斯等国家或地区的会计合作。2006 年我国成功举办了中非合作论坛,加大了中非合作的力度,会计合作应当积极配合。2005 年,财政部派出代表团访问了俄罗斯财政部和会计准则理事会,双方都表示了加强中俄会计合作的愿望。

（以上内容主要根据《会计研究》2007 年 3 月 15 日的《企业会计准则体系的等效》一文摘录并整理）

世界银行充分肯定我国会计
审计准则改革成就

一、关于世界银行中国会计审计评估项目的基本情况

（一）世行评估项目的经济背景

世界银行会计和审计评估属于《关于遵守标准和守则的报告》（Reports on the Observance of Standards and Codes,简称ROSC）项目的组成部分。该项目由世界银行和国际货币基金组织联合开发,用于帮助成员国通过改进同国际公认标准和守则的协调性来强化自身金融系统。这一项目起源于20世纪90年代的全球金融危机。那次金融危机使国际社会普遍认识到,遵守市场经济国际通行标准对于防范危机至关重要,由此,国际社会要求世界银行和国际货币基金组织帮助各国加强机构、体制建设以更好地遵循有关国际标准和守则。这些标准和守则共涉及市场经济中十二个关键领域,其中之一是会计和审计领域。

截至2009年11月30日,世界银行已对全球100多个国家进行了评估,包括英国、波兰、俄罗斯、南非、韩国、印度、巴西等。世界银行会计和审计评估的最终目的是为各国的会计和审计工作提出政策建议,以提高各国财务报告的质量、构建完善的财务报告体系,增强各国财务报告的透明度、维护市场秩序、增强金融部门的稳定性,为发展资本市场、创造良好的投资环境,更有效地配置资源提供帮助,从而促进全球经济发展。

世界银行会计和审计评估的基准是国际认可的标准,即国际财务报告准则和国际审计准则。评估主要包括两个层面:一是将被评估国所采用的会计和审计标准与国际认可的标准进行比较,为缩小其与国际标准的差距提供改进建议;二是重点评估被评估国会计和审计实务与该国所采用的会计和审计标准的符合程度。评估涉及该国的法律框架,会计和审计标准的制定与实施,会计职业界、会计人员的教育和培训等诸多方面。评估内容非常丰富,涉及的人员和单位众多。

（二）世行对中国会计审计的评估过程

财政部高度重视世行中国会计审计评估项目。2008年11月,由财政部牵头成立了评估国家指导委员会（NSC）,王军副部长担任主席,成员由财政部（包括国际司、会计司、中注协、国家会计学院）、审计署、国资委、国家税务总局、银监会、证监会、保监会等

相关监管部门代表构成。财政部会计司承担了整个评估过程的协调和辅助工作,协助世行独立进行评估。正如世行《评估报告》在前言中所指出,在财政部会计司司长刘玉廷先生的协调下,2009 年 1 月,在有关各方的积极配合下,按其特定的工作方式和程序,财政部完成了世行评估调查问卷填写工作;4 月,世行独立进行了第一次实地调研。在实地调研中,世界银行 ROSC 项目组走访了有关监管部门、会计师事务所、上市公司、国有大型非上市公司及高校等各种类型的单位。8 月,ROSC 项目组起草完成了项目评估报告初稿,提交给 NSC 各成员单位征求意见。9 月,ROSC 项目组赴上海进行了第二次实地调研,补充完善了评估报告,再次征求 NSC 各成员单位意见,最终形成了评估报告。

（三）世行对中国会计审计评估的基本结论

世行《评估报告》概述了中国改革开放 30 年来取得的成就,并结合会计审计的制度性框架,全面客观地对中国会计审计准则的制定与实施、中国企业的财务报告质量进行了评估,为中国改进企业会计和审计实务提出政策建议。《评估报告》的基本结论为:中国在会计、审计和公司财务报告在制度框架与有效实施等方面已取得显著进展,已经与国际先进实务保持了一致。随着财政部制定的路线图的实施,中国将于 2012 年实现与国际标准的持续全面趋同。在财政部的领导下,中国改进会计审计准则和实务质量的战略已成为良好典范,可供其他国家仿效。

《评估报告》的主要政策建议为:所有的公共利益主体(包括上市和非上市主体)公开其经审计的财务报表。监管机构工作人员、注册会计师、会计人员应在会计审计国际良好实务方面受到充分培训,促进会计审计准则能够得到更加有效的遵循。修订高等教育的会计课程,使其更关注中国会计准则和审计准则的实务应用。

二、对《评估报告》框架和内容的系统解析

《评估报告》共分六个部分:第一部分为背景;第二部分为制度性框架;第三部分为会计准则的制定与实施;第四部分为审计准则制定与实施;第五部分为对财务报告质量的观察;第六部分为政策建议。

（一）第一部分——背景

本部分首先从经济增长、市场环境和金融业改革三个方面,对我国改革开放 30 多年来中国市场经济发展作出了基本评价,这是评估我国会计审计准则制定和实施的重要前提。

《评估报告》指出:中华人民共和国已成为 30 年来世界上增长最快的经济体之一。自 20 世纪 70 年代末以来,中国已经以平均每年约 9.7% 的增长率帮助数亿人摆脱了绝对贫困。在过去 20 年中,中国一国就为减少发展中国家贫困作出了超过 75% 的贡献。全球金融危机可能会限制中国在 2009 年和 2010 年的增长,然而她仍将远比其他大多

数国家增长得更快。

《评估报告》对中国的市场环境进行的评价为：中国的市场规则持续现代化。现代化的一部分包括将国有企业重组和改制为上市公司。但国家仍然是许多上市公司最大的控股股东。成立于 1990 年的上海证券交易所和深圳证券交易所，由中国证券监督管理委员会监管。在这两个证券交易所上市交易的证券包括 A 股和 B 股、债券、封闭式基金和回购协议。除 B 股外，所有证券均以本国货币进行交易。

《评估报告》认为，中国金融业自 1978 年以来经历了重大的市场化改革。1994 年的《中华人民共和国中国人民银行法》和 1995 年的《中华人民共和国商业银行法》进一步深化了中国金融改革。这些法律允许国有银行专注于商业性贷款，并强调金融机构必须在其贷款业务中遵循商业标准，包括采用会计准则和审慎性规则。

《评估报告》在对我国改革开放 30 多年取得的成就进行基本评价的基础上，描述了对我国会计审计进行评估的目的，以及评估采用的方法等。《评估报告》指出：ROSC 会计和审计项目的主要目标是，审查和报告有关规范公司会计、报告实务和执业会计师审计实务的规则和准则，在实务中使用和遵守规则、准则的方式，以及本着公众利益进行监督和强制执行的机制、体制和架构。重点关注影响公司财务报告质量的会计和审计环境的优势和劣势。《评估报告》强调指出：考虑到中国在这一领域取得的骄人成绩，本报告还概括描述了取得这些成就的步骤和过程，希望中国的经验可以为其他国家提供借鉴。ROSC 会计和审计评估方法采用的是决策机构和国家其他利益相关方广泛参与的方式。利益相关方包括公司监管机构、银行和类似金融机构、会计师、银行家和投资分析师、财务报表编制者、审计师和学者等。

（二）第二部分——制度性框架

本部分重点从法律框架、审计职业、职业教育和培训、会计和审计准则制定、确保会计和审计准则的遵循五个方面涉及的制度安排，对中国会计审计的制度性框架进行了全面分析和评估。

1. 法律框架

主要对中国在会计审计方面的立法状况、监管体制架构和涉及财务报告的制度体系等进行了阐述。《评估报告》指出：在过去 30 年中，中国适用于公司主体、银行和类似金融机构的会计和审计立法和监管制度取得了重大进展。为建立一套健全的监管会计、审计和公司财务报告的制度性框架，中国已制定了一部《中华人民共和国会计法》和一部《中华人民共和国注册会计师法》。根据这一法律框架，财政部具有监管中国会计和审计实务的主要责任。财政部的责任包括制定政策、颁布法律和规章、制定准则、确保财务报告规定得到遵循、为会计和审计行业提供指引并组织实施，以及对审计师执行法定审计业务开展定期检查和特别调查。其他各类监管机构与财政部共同合作，其对会计审计的监管活动是为特定目的服务的。

这一法律框架决定了中国会计审计行业监管体制的架构。《评估报告》指出：中国会计职业的监管体制是由政府管理机构领导，辅之以职业组织的活动。财政部被授权监管会计师事务所的活动，对违规的事务所、注册会计师个人和审计客户实施行政处罚。财政部会计司和各省级财政厅（局）会计处负责所有会计师事务所的注册和监管。中国注册会计师协会是一个职业组织，其根据《注册会计师法》及《中国注册会计师协会章程》，负责对成员进行注册登记和管理。

在涉及公司类主体应当遵循的会计处理和财务报告规定方面，《评估报告》描述了我国以《会计法》为基础，《公司法》、《商业银行法》、《证券法》等相关法律为补充的制度体系。《评估报告》指出：《会计法》为确保统一的会计准则制度和公司主体财务报告提供了基本法律框架。公司会计和财务报告实务的统一确保了财务信息的可比性，这是市场经济中投资者理性决策的一个关键要素。《公司法》明确了管理层确保财务报表真实可靠的义务，公司管理层有责任确保及时编制财务报表，并真实、公允地反映公司主体的财务状况和经营成果。《证券法》要求上市公司编制中期（季度和半年）财务报表和年度财务报表，并将其提交给证监会。中国银行业监督管理委员会监管中国银行和类似金融机构的财务报告，由银监会设定的披露要求是对《会计法》相关规定的补充。审计署对国有企业财务报表的审计来自更高层面的制度安排。《评估报告》指出：《宪法》第 91 条授权中华人民共和国审计署对国有企业进行审计。审计署主要负责对国有企业的资产、负债、损益进行审计监督，对国有企业主要负责人在任职期间对本单位财务收支以及有关经济活动应负经济责任的履行情况进行审计监督，并对内部审计工作进行业务指导。

2. 审计职业

主要对财政部和中国注册会计师协会在审计职业管理方面的职责界定和行业发展战略等进行了阐述。《评估报告》指出：审计职业由中国注册会计师协会管理并受财政部的监督。本着公众利益的监督对于确保鉴证质量、调查和惩戒体制提高审计质量具有重要作用。换言之，世界银行认为财政部对审计职业的监管是本着公众利益的。

《评估报告》对国务院办公厅 2009 年 10 月 3 日转发财政部的《关于加快发展我国注册会计师行业的若干意见》给予了高度评价。报告指出：中国政府已制定战略，用 5 年左右的时间，积极发展 10 家左右有能力在全球范围内提供全面会计和审计相关服务的大型会计师事务所。发展 200 家能够为大中型企事业单位及上市公司提供高质量服务、管理规范的中型会计师事务所。与此同时，优化会计师事务所的规模结构，实施人才战略，以及提高注册会计师的专业胜任能力。

3. 职业教育和培训

肯定了注册会计师考试和会计专业技术资格考试，而且指出"财政部对会计人员实行的考试很大程度上满足了国际教育准则第 6 号的要求"。报告介绍，财政部会计司管理的考试包括两个部分——会计从业资格考试和会计专业技术资格考试。……财政部管理的考试系统主要是为了测试会计人员基础理论知识及其实践应用情况,包括测试会计人员根据国际会计师联合会要求在现实环境下作出的判断。报告认为,财政部管理的考试有助于更全面地增加专业人员,以确保配置满足市场需求的专业会计人员。

《评估报告》肯定了国家会计学院在会计职业教育中的重要作用,报告还介绍了会计领军人才培养项目,指出该项培训注重适用的会计和审计准则、职业挑战和价值观以及会计和审计实务的国际视角。该项目的参与者将同海外的著名机构和职业组织进行专业接触。

《评估报告》指出了我国现行会计职业教育和培训存在的不足:很多接受调查的利益相关方表示,会计从业人员缺乏足够的会计准则实务知识、沟通技能和运用复杂会计政策时的专业判断能力。会计课程并没有充分关注会计和审计准则的应用,高校普遍采用美国、英国、澳大利亚和加拿大等国的会计审计教材,但忽视了中国的实际情况和对会计审计准则应用能力的培养。

4. 制定会计和审计准则

介绍和充分肯定了中国会计审计准则的构成、制定机构、制定程序、国际趋同策略以及与相关监管规定的协调等。

《评估报告》指出:"根据法律规定,财政部发布会计和审计准则及相关法规。……财政部制定与国际财务报告准则趋同的中国企业会计准则体系,由一项基本准则、38项具体准则和应用指南组成。中国企业会计准则体系于2006年2月15日颁布。……财政部同时发布了由中国注册会计师协会中国审计准则委员会制定的48项审计准则"。

《评估报告》介绍了财政部会计准则委员会和审计准则委员会的构成和职能。报告指出:中国建立了由主要利益相关方组成的会计准则委员会,为制定和实施会计准则提供了一个很好的平台。1998年,财政部成立了中国会计准则委员会。中国会计准则委员会主要提供的建议有:会计准则的总体规划、结构和制定;会计政策选择以及会计准则的实施。2003年委员会进行了改组。改组后的中国会计准则委员会由26名财政部委任的委员组成,分别来自相关政府部门、学术界、会计职业团体和企业界等。报告介绍:中国审计准则委员会由1995年成立的专家咨询组在2005年改组而成,设在中国注册会计师协会,聘请的专家来自政府机关、会计师事务所、研究机构和高校。

《评估报告》认为:与国际先进实务保持一致,会计准则的制定遵循了应循程序。中国审计准则委员会依照应循程序制定审计准则草案并报财政部批准,该应循程序与国际财务报告准则制定程序类似且符合国际先进实务。

《评估报告》特别描述了中国小企业会计制度的制定情况:财政部为小规模企业发布了一套单独的准则,列出了简化的财务报告要求。……《小企业会计制度》引入的简化要求更适用于规模较小、业务较简单和股东范围较狭窄的小企业。《评估报告》高度肯定了这一举措,认为这是财政部迈出的值得赞许的一步,也是发展中市场经济体和新兴市场经济体值得借鉴之处。

《评估报告》对中国会计审计准则国际趋同的战略和措施给予了充分肯定,比较详细地介绍了相关过程。报告认为,财政部通过 2005 年与国际会计准则理事会的一系列合作,确立了中国企业会计准则与国际财务报告准则趋同战略,并指出:财政部会计司和国际会计准则理事会的技术专家,对中国会计准则与国际财务报告准则间的可比性进行了长达一年、逐项不同方面的分析,达成了中国趋同战略的协议。2005 年 11 月 8 日,中国会计准则委员会和国际会计准则理事会签署了中国会计准则与国际财务报告准则趋同联合声明。

《评估报告》高度评价了财政部于 2009 年 9 月发布的持续全面趋同路线图,称这一新的全面趋同战略是中国响应 G20 和金融稳定理事会(FSB)建立全球统一会计准则的号召所采取的积极行动。报告指出:财政部计划于 2010 年年初开始对中国会计准则进行修订,预计 2011 年年底前完成修订。……修订后的会计准则体系包括:基本准则、具体准则和应用指南。基本准则将维持现状,具体会计准则的相关部分将被更新。

关于审计准则国际趋同,《评估报告》指出:中国已为中国审计准则和国际审计准则的趋同作出安排……在此方面,中国已经取得了显著进展。……中国审计准则委员会将在 2009 年 10 月前制定更新的中国审计准则征求意见稿以供公众反馈意见。中国注册会计师协会计划更新中国审计准则以与国际审计准则一致,到 2010 年 10 月实现全面趋同。

《评估报告》认为,中国会计审计准则的国际趋同策略收到了巨大成效,显著提升了中国准则的国际地位。报告指出:中国会计准则被认为是在中国本土之外多个国家与地区适用的财务报告准则。

《评估报告》对金融监管部门的监管规定与会计准则的协调给予了关注。《评估报告》指出:金融部门监管机构发布审慎监管规定,可能会对一般目的财务报表的编制产生一些影响。……在银行业和保险业中,审慎报告要求与一般目的财务报告要求存在差异,例如银行贷款损失准备金的提取和保险公司技术性储备的计算。在某些情况下,这些差异可能会导致银行和保险企业执行会计规定的不一致。

5. 确保对会计和审计准则的遵循

全面总结了中国会计审计准则顺利平稳实施的相关经验,肯定了财政部为新准则实施所做的各项准备工作,赞赏财政部采取了各种准备措施以支持企业会计准则的实施。

《评估报告》指出:2006 年 7 月,财政部启动了全国性的新准则培训活动,上市公司、有资格向上市公司提供审计服务的会计师事务所、高等教育机构的会计学者,以及相关的监管机构参与其中。……超过一万名培训生参与了这些培训项目。与此同时，财政部会计司专业团队对上市公司进行实地研究，以识别应用中可能出现的问题，并确定解决这些问题应采取的必要行动。

《评估报告》认为，企业会计准则的顺利平稳实施得益于财政部与相关监管机构的密切合作，共同监督准则的实施。《评估报告》指出：在证监会、银监会、保监会、国资委及其他机构的协助下，财政部和中国会计准则委员会建立了企业会计准则实施专家工作组，就准则应用中出现的紧急问题提供建议。

《评估报告》还肯定了中国证监会等相关监管部门、财政部监督检查局、地方会计管理机构和注册会计师协会所发挥的作用。《评估报告》指出：证监会建立前瞻性安排，以执行上市公司的财务报告规定。为了监督和执行适用的准则，证监会对上市公司的企业财务报表进行审核。全国各省、自治区及直辖市财政部门的会计监督机构，设置了实时反馈机制以查明和解决企业会计准则应用中的问题。……财政部监督检查局实施对公司财务报表的审核并对会计师事务所和注册会计师的执业进行审核。在此方面，财政部在各省的派驻机构以及各省财政部门制定了工作安排。……财政部还建立了由准则制定机构、证券市场监管者、会计监督检查机构、中注协以及其他部门组成的协调小组，以查明企业财务报表中违反企业会计准则规定之处。《评估报告》对此给予了充分肯定，认为上述措施有助于新会计准则在中国的监管和执行。

"制度性框架"是《评估报告》的核心部分，几乎占了报告篇幅的一半。《评估报告》认为，中国在改善企业会计、审计和财务报告实务的制度性框架方面已取得重大进展。整体而言，该框架是全面和健康的。特别是这一框架所具有的动态性是一个有意义的重要特征，并不是在所有国家都能观察到这一特征，因此，特别值得关注。报告认为这一制度性框架的重要作用将满足国家金融体系的需要，并对国际金融体系产生影响。

（三）第三部分——会计准则的制定与实施

本部分主要描述了中国会计准则的国际趋同成果及其有效实施情况。报告认为：中国企业会计准则与国际财务报告准则基本可比。……2008年1月，中国会计准则委员会与国际会计准则理事会建立了持续趋同机制。2009年8月，国际会计准则理事会决定豁免对政府控制的报告主体与政府或其他政府控制的主体间交易的披露规定。该豁免将确保中国会计准则与国际财务报告准则在关联方关系和交易方面趋同。

《评估报告》客观地评价了中国会计准则的有效实施。报告指出：2007年1月1日，1 570家上市公司被首次强制采用企业会计准则编制其财务报表。财政部协同相关监管机构，提供了支持上市公司实施企业会计准则的指南和监督机制。财政部会计司撰写并公布了一份《中国上市公司2007年执行新会计准则情况分析报告》。2008年再次公布了一份类似的研究报告。这些报告以大量事实论证了企业会计准则持续平稳的执行状况，并最终得出结论，公司的财务报表显示了对适用会计准则和报告规定的高度遵循。这是世界银行对中国会计准则实施情况的充分肯定。

《评估报告》也指出了我国会计准则实施中存在的问题。一是税收规则倾向于影响一般目的财务报表的编制。为了满足税务机关确认应税收入和可抵扣费用的要求，一般目的财务报表的编制者通常倾向于遵循税务规定。二是公司及其审计师在实施中国会计准则时面临一些实际的限制。一些企业会计和审计师在执行适用准则时对于公允价值和减值损失概念的应用面临困难。三是考虑到中国的经济规模，专家对不动产、厂场和设备进行估值仍存不足。四是在银行一般目的财务报表中，贷款损失准备金的提取主要基于审慎规定。银行一般以中国银监会批准的准备金提取模型为基础来计算贷款无担保部分的减值。该方法可能会产生与遵循会计准则不一致的结果。五是未决赔偿的技术准备金的折现方法有别于国际公认原则。保险公司需要遵循中国保监会发布的关于技术准备金计量的规定，其具有固定的模式与按照中国会计准则采取的计量原则有差别。

（四）第四部分——审计准则的制定与实施

本部分主要描述了中国审计准则的制定和实施情况。《评估报告》肯定了我国审计准则建设的成果，指出：中国审计准则的运用要求审计师对风险和内部控制进行评估，形成一个包括系统、交易和余额测试的审计战略和计划，可以使审计师获得足够的审计证据以表达对财务报表的审计意见。

《评估报告》指出了在审计准则实施中不同事务所之间水平参差不齐的问题：一般而言，对适用审计准则的遵循水平在会计师事务所之间存在差异。相对于中小型事务所，大型会计师事务所的审计师一般显得更倾向于有效地遵循审计准则。企业财务报告的质量将受益于审计实务的进一步改进。

（五）第五部分——对财务报告质量的观察

本部分对中国企业财务报告的质量进行了评估，目的在于通过对企业财务报告进行分析，反映实务中具体准则的执行情况以及财务报告提供有效信息的数量和有用性。

《评估报告》充分肯定了企业会计准则对中国上市公司财务报告质量的促进作用。报告指出：中国的财务报表使用者似乎对上市公司的财务报告质量比较满意。与银行、信用评级机构以及其他利益相关方代表的访谈也得出了一致的结论，即上市主体（包括上市银行和保险公司）提供的财务信息满足了他们的需要和期望。这可以广泛归因于公开交易的企业在运用中国企业会计准则后质量的改进，并且经大型会计师事务所审计的公司拥有高质量的财务信息，其财务报表得到高度信赖。

《评估报告》指出了我国企业财务报告质量各地区参差不齐的不足：企业财务报告质量在中国各地不完全相同。在经济欠发达地区，财务报表编制者和审计师在恰当处理复杂会计和审计问题上能力相对薄弱。

（六）第六部分——政策建议

本部分在充分肯定中国会计审计改革成就和优势的基础上,提出了系列政策建议,主要包括以下几个方面:

一是改进制度性框架以扩大准则执行范围。报告建议:① 当审计中涉及公共利益(无论该主体的法律形式如何)时,要求对法律主体的财务报表或合并财务报表进行审计。通常情况下,这些主体应包括上市公司、银行、保险公司、投资基金、养老基金以及其他大型主体。其中包括一定规模的国有企业(可通过其收入金额或拥有的资产量或雇员数量来确定)。② 要求公共利益主体(不仅是目前的上市公司)向公众提供经审计的财务报表及其附注。③ 银监会和保监会监管范围内的银行及类似金融机构的财务报表均应经过财政部和证监会批准的审计师进行审计。

二是加强各相关部门机构的能力建设以提高监管效能。报告建议:① 财政部继续努力保持其工作人员的高水平技能,以确保中国高质量的企业财务报告。② 证监会应聘用更多专业合格的且有经验的会计师,并对现有工作人员进行培训,以进一步加强未来对财务报表和审计执业检查的有效性。③ 银监会、保监会应当建立一个核心团队,并对其进行补充培训,以发现银行和保险公司财务报表中的会计和审计违法行为。④ 中注协需要更多合格的人员,包括内部人员和外部人员,以开展审计实务检查。

三是改进监督和强制执行以提高企业管理者对会计和财务报告工作的重视。报告建议:① 审计师应当揭示企业关于适用标准的违法行为,以引起法定监管部门的关注,为银监会和保监会履行其职能的能力提供补充。② 履行告知程序以提高对财务报告规定的遵循程度。相关监管机构应当持续激励公司主体的最高管理层遵循会计和财务报告准则。财政部可为全国各地的企业财务主管和会计人员引进推广课程,以传播会计和财务报告准则和实务的最新进展等方面知识。

四是加强学术和职业教育及培训。报告建议:① 应当检查大学水平的会计课程以确保中国大学遵循一致的方法。② 监管机构的工作人员应按国际先进实务接受更多会计和审计规定的实践培训。③ 鼓励和说服国有企业会计人员参加新会计技能的培训项目;公司也应该持同样的态度支持员工的培训和学习,以取得会计专业技术资格。④ 财政部应当制定进一步的指南,以安排提供有关会计和审计准则以及会计师职业道德守则实际执行方面的高质量培训项目。⑤ 中注协应当更新其职业会计师的执业培训要求。⑥ 财政部和中注协应强调职业后续教育的重要性,以确保满足其会员提升职业知识的要求。⑦ 应当鼓励财务报告过程的实务参与者参加教育和培训,使之有效地履行其职业职责。这一建议涵盖了企业会计师、监管者、审计师和税务官员。

三、关于世界银行《评估报告》的发布及各方评价

《中国会计审计评估报告》完成后,世界银行与财政部 2009 年 10 月 29 日在北京联

合举办了发布会。世界银行副行长佩内洛普·布鲁克、首席财务管理官兼财务管理局局长托尼·赫加蒂、国际会计师联合会主席罗伯特·邦特宁、国际会计准则理事会理事杨·安格斯通、亚太地区会计师联合会主席卡姆莱什·维卡塞等来自世界银行和20多个国外会计执业组织、监管机构的80多位国外代表，以及来自中国人民银行、审计署、国资委、国家税务总局、证监会、银监会、保监会、中国注册会计师协会、国家会计学院等单位的40多位国内代表参加了发布会。

财政部李勇副部长出席发布会，并在开幕致辞中高度评价世行评估项目。李勇副部长指出：G20和FSB高度重视财务报告在维护全球经济和金融体系稳定中的作用，并倡议建立全球统一的高质量会计准则，加强各国对国际公认的市场经济基础性制度的遵守。世界银行对中国会计审计准则建设及实施的评估，既是落实G20和FSB倡议及其工作计划的重要举措，也是支持和帮助发展中国家和新兴市场国家参与建立全球统一的高质量会计准则的重要尝试。李勇副部长感谢世界银行长期以来对我国会计审计改革的支持，并表示"中国典范"的总结是对我国会计审计准则建设和实施成果的充分肯定。财政部王军副部长在发布会前一天会见了布鲁克副行长一行，就世界银行中国会计改革与发展技援项目、ROSC中国会计审计评估工作以及进一步加强双方在会计审计领域的合作问题交换了意见。王军副部长表示，我国会计审计改革取得的成绩得益于改革开放政策，中国政府相关部门和广大中国会计审计人员的共同参与，世行、国际会计准则理事会、国际会计师联合会等国际组织给予的支持。

世界银行佩内洛普·布鲁克副行长、中蒙局刘晓芸局长，国际会计准则理事会理事杨·安格斯通，以及英格兰及威尔士特许会计师协会、印度尼西亚会计准则制定机构、泰国证券交易委员会等都对我国在会计和审计领域所取得的成绩表示肯定和赞赏。新华社、国务院门户网站、中央电视台、中国新闻网、中国证券报、中国会计报等媒体在报道发布会时一致评论，"世界银行报告充分肯定了中国会计审计准则建设和实施以及相关法律、市场环境建设所取得的成绩"。

本人代表财政部会计司在发布会上做了总结，对于世行的《评估报告》发表如下意见。

（一）世行《评估报告》对中国会计审计的评估结论的评价是客观的、恰如其分的

世行《评估报告》充分肯定了中国会计审计改革的成就，同时也客观地指出了一些不足。总体而言，《评估报告》对中国会计审计评价报告的结论是客观的、恰如其分的。《评估报告》的结论也与国际会计准则理事会、欧盟和香港有关方面对中国会计审计准则及其实施的评价基本一致。

（二）世行《评估报告》是对中国财政部、其他监管部门及公司会计和独立审计师、会计学术界等有关各方共同努力工作的褒奖

财政部、审计署、国资委、银监会、证监会、保监会等部门和有关方面高度重视世行

此次评估,积极协助世行评估项目组高质量地完成评估工作。中国会计审计准则建设和实施所取得的成就,是与上述部门等各方面的积极配合与大力支持分不开的。中国作为新兴市场国家,采用与国际准则趋同的会计审计准则确实是一项重大的系统工程,需要齐心协力、齐抓共管,才能取得实际效果。

(三)世行《评估报告》所反映的我国会计审计改革的成就,得益于世界银行和相关国际组织的帮助

在中国会计审计改革过程中,离不开世界银行技援项目的支持,更离不开国际会计准则理事会、国际审计鉴证准则理事会和国际会计师联合会等相关国际组织所给予的技术支持。上述有关方面为中国会计审计改革取得的成就作出了贡献。

四、世界银行中国会计审计评估项目的意义

第一,有利于促进各国落实 G20 倡议和 FSB 工作计划。此次国际金融危机爆发后,国际社会正在积极采取应对措施,强化国际金融体系是其中重要工作之一。在这一过程中,有关各方认识到,高质量的财务报告对于维护全球经济和金融体系稳定至关重要,实现高质量的财务报告,必须建立全球统一的高质量会计准则并严格执行。G20 和 FSB 要求各国加快推进会计国际趋同,以实现建立全球统一的高质量会计准则的目标,并高度关注各国对国际财务报告准则等市场经济基础性规则和制度的遵循情况。世界银行的评估以国际财务报告准则和国际审计准则为基准,要求各国缩小该国的会计审计准则与国际准则的差距并提供改进路径和时间表。在这一背景下,世界银行经过一年的努力,论证了中国会计审计准则已经实现了国际趋同并得到有效实施,还发布了《中国会计准则与国际财务报告准则持续全面趋同路线图》,将进一步与其实现持续全面趋同。可以说,中国响应 G20 倡议和 FSB 工作计划,已经为应对金融危机在会计审计方面作出了贡献。

第二,有利于我国顺利通过 FSAP 评估。目前,金融稳定理事会(FSB)正着手对其成员进行金融部门评估规划项目(FSAP)。我国的 FSAP 评估已于 2009 年 9 月启动,由中国人民银行牵头,ROSC 项目对会计和审计的评估是 FSAP 一个组成部分。《评估报告》的发布意味着 ROSC 中国会计审计评估比中国 FSAP 整体项目提前了一年。同时,在整个世界银行评估项目的进行过程中,财政部作为牵头部门,有效地组织协调了各利益相关方,其中包括政府机构(财政部、审计署、国资委)、监管机构(银监会、证监会、保监会)、会计职业界(中国注册会计师协会)、银行、保险公司、国有企业、会计师事务所、企业会计人员和学术界等,最终帮助世行成功完成了评估报告。在此过程中积累的经验对 FSAP 其他方面的评估有着重要的借鉴作用。

第三,有利于提升我国企业会计准则的国际认可度和参与国际财务报告准则制定的影响力。中国会计准则国际趋同的成果得到了世界银行和国际会计准则理事会的高

度认可,夯实了中国会计审计准则趋同和有效实施的基础,从而大大地提升了我国会计准则的国际认可度和对国际财务报告准则的影响力。应对国际金融危机,响应G20和FSB的倡议和承诺,建立全球统一的高质量会计准则,我们面临着新的挑战也是新的机遇。随着中国准则制定水平的加强,中国准则在国际上的影响力不断提高,国际会计准则理事会已根据中国的准则,对《国际会计准则第24号——关联方披露》进行了修订。2009年4月,中国还倡导成立了亚洲——大洋洲会计准则制定机构组(AOSSG)会议机制。11月马来西亚第一次会议的成功举办,预示着亚大地区将成为继美国、欧洲之后主导国际准则制定的第三极,中国将在其中发挥主导作用,我们将根据中国会计准则与国际财务报告准则持续全面趋同路线图的要求和工作时间表,积极投身到新一轮改革之中,进一步完善中国会计准则体系,为我国市场经济发展和建立全球高质量会计准则作出贡献。

五、高度重视《评估报告》,努力改进和强化相关工作

世行《评估报告》在充分肯定我国会计审计改革取得成就的同时,也指出了其中存在的薄弱环节,提出了系列政策建议。我们认为,世行指出的不足是中肯的,应当采取有效措施加以解决。

(一)尽快发布持续全面趋同路线图,修订完善中国会计准则体系

我们将根据《评估报告》提出的各项意见,以及国内外各界对持续全面趋同路线图征求意见稿的反馈,修改并尽快正式发布持续全面趋同路线图,根据路线图的要求和工作时间表,进一步推进我国会计准则与国际财务报告准则的持续全面趋同,在建设全球统一的高质量会计准则的进程中发挥更积极的作用。以此为基础,结合我国实际,修订完善中国企业会计准则体系,持续提高我国企业财务报告质量。

(二)继续扩大企业会计准则的实施范围,促进非上市的国有企业提升财务报告的透明度

截至2009年11月1日,我国已有35个省(区、市)的大中企业执行了企业会计准则,接下来将积极促进剩余地区尽早实施会计准则,从而实现在2011年前我国所有大中企业全面实施企业会计准则,为建立我国会计准则与国际财务报告准则持续全面趋同奠定扎实基础。与此同时,积极探索涉及公共利益的非上市企业向公众提供经审计的财务报表的问题。

(三)持续加强监管部门的能力建设

《评估报告》对于加强各政府部门和监管机构的能力建设提出了很好的建议。就财政部会计司而言,在世行技援项目的资金支持下,从20世纪90年代起就数次派送专业人员出国学习。2005年全面启动了中国会计准则国际趋同建设并实现与国际财务报告准则趋同,随后还促进了企业会计准则的有效实施。在这一过程中会计司专业团

队发挥了重要作用。该团队由 40 人组成,其中多数成员有在国际会计准则理事会、世界银行、国际会计师事务所工作至少 1 年的经历,对提高这些人员的专业能力、外语功底和综合素质具有很大帮助。这也得到世行《评估报告》的肯定,指出,"过去 10 年中,财政部会计司的许多工作人员广泛参加了国际会计准则理事会、美国财务会计准则委员会、澳大利亚会计准则委员会和其他一些西方国家类似组织的培训项目,旨在获取有关会计和财务报告规定的国际公认会计准则和国际先进监管实务的经验。"我们希望,今后能够与世行继续加强合作,提高工作人员的专业素质和工作能力,打造一支有实力、高质量的专业团队。

(四)切实改进会计教育和职业培训

财政部会计司将加强与中国会计学会的合作,充分发挥会计学会在指导会计教育和职业培训方面的优势和作用,进一步提升高校会计准则课程,改进教学方法,同时促进高校教材的不断更新。积极推动会计专业硕士(MPAcc)教育的改革,设立全日制和在职 MPAcc 以及 EMPAcc,并改革教学内容、教学方法,改进学生的培养计划。这一改革方案的实施,将对我国会计专业硕士教育制度进行重大变革,能够从整体上提高会计硕士毕业生掌握和应用企业会计审计准则的水平,切实解决目前存在的不同程度的会计教育与会计实务脱节的问题。

(以上内容主要根据《会计研究》和《中国会计报》2009 年 11 月 27 日的《世界银行充分肯定我国会计审计准则改革成就》一文摘录并整理)

应对金融危机 修订会计准则
推动会计准则的全球趋同

本次国际金融危机发生以来，国际社会对国际财务报告准则的质量和会计国际趋同提出了更高要求。作为改革全球金融体系的一项重要举措，二十国集团华盛顿峰会和伦敦峰会将建立全球统一的高质量财务报告准则和改进国际准则的具体要求写入宣言，并要求金融稳定理事会监督相关工作进展，从而将会计准则及其国际趋同提高到前所未有的高度。

财政部对国际金融危机给会计准则带来的挑战和相关国际动态进行了跟踪研究，并参考了中国人民银行、银监会、证监会和保监会的建议，拟在进一步与国际财务报告准则全面趋同的基础上，修订我国企业会计准则体系，以配合我国应对金融危机、深化金融体系改革等政策措施，并推动会计准则的全球趋同。

一、完善会计准则应对金融危机的国际动态

为应对本次国际金融危机，2008 年 11 月，二十国集团领导人在华盛顿召开会议，研究了应对金融危机的一系列举措，其中包括修订金融工具、公允价值计量、表外项目等会计准则，提出了建立全球统一的高质量会计准则的要求。2009 年 4 月，二十国集团伦敦峰会重申了上述目标，并要求各国积极配合加快工作进展。2009 年 6 月，由金融稳定论坛（FSF）改组形成的金融稳定理事会（FSB）正式成立，其任务之一就是监督会计准则的修改进展和各成员国对包括国际财务报告准则在内的 12 套关键国际监管标准的执行情况。

金融稳定理事会下设的标准执行委员会涉及的会计准则工作共有七个方面：① 推动实现会计准则国际趋同，强调全球统一的高质量会计准则对金融稳定至关重要；② 推动国际会计准则理事会改进公允价值会计准则并确保其执行在全球保持一致；③ 与国际会计准则理事会加强合作，在会计准则制定中考虑防止会计准则对经济周期产生放大影响，即会计准则的顺周期性；④ 就金融机构财务报告与国际会计准则理事会和其他利益相关方加强技术对话；⑤ 推动国际会计准则理事会简化金融工具会计准则并考虑贷款损失准备的计提方法；⑥ 推动国际会计准则理事会加快推出中小主体国际财务报告准则；⑦ 加大新兴市场经济参与国际财务报告准则制定的力度。

根据二十国集团和金融稳定理事会的要求,负责制定国际财务报告准则的国际会计准则理事会积极研究了金融危机中暴露出来的会计准则问题,并采取了以下行动。

(1)2008年12月成立了金融危机咨询组(FCAG),金融危机咨询组于2009年7月发布报告,提出了改进财务报告应对金融危机的系统性建议。具体包括通过改进金融工具、合并报表、公允价值计量等准则提升现有会计准则的质量,通过增强会计准则制定的独立性和公众受托责任来保证监管机构与会计准则制定机构的沟通协调,通过敦促各国发布趋同时间表来推动国际趋同,以及在正确认识财务报表局限性的基础上强化金融市场基础制度。

(2)2009年5月28日发布了公允价值计量征求意见稿,将于2010年上半年发布最终准则。该征求意见稿统一了国际财务报告准则体系内的公允价值计量规定,并明确了在非活跃市场条件下的公允价值计量原则。

(3)2009年7月9日发布了中小主体国际财务报告准则,为没有公众受托责任但需对外披露财务报表的企业提供了一套"简化版国际财务报告准则"。

(4)2009年7月14日发布了降低金融工具会计准则复杂性项目第一阶段的《金融工具分类和计量(征求意见稿)》,将金融工具分类减少为两种,大幅简化相关会计处理;11月5日发布了《金融工具:摊余成本和减值(征求意见稿)》,拟采用预期损失模型计提以摊余成本计量的金融工具发生的减值;11月12日国际会计准则理事会发布了《国际财务报告准则第9号——金融工具》,将金融资产按管理层意图和现金流量特征分作两类,分别以公允价值和摊余成本计量,简化了金融资产的会计处理。

(5)提议与金融稳定理事会合作,筹建金融机构财务报告咨询组,提升与各利益相关方(尤其是审慎监管机构)的对话机制,增强国际会计准则理事会的公众受托责任。

按照国际会计准则理事会目前的工作计划,截至2011年中期,将有半数国际财务报告准则修订或废止,几乎涉及所有重要准则,并由此导致整个准则体系发生较大变化。

二、我国应对金融危机有关会计准则方面的举措

针对国际金融危机提出的挑战和国际准则正在发生的变化,考虑二十国集团和金融稳定理事会提出的建立高质量全球会计准则的要求,财政部2009年在会计准则建设和国际趋同方面采取了以下措施。

(一)积极参与国际会计准则理事会重大准则项目的修改

财政部与国际会计准则理事会建立了有效的会计准则持续趋同机制,在参与国际财务报告准则制定中已有较大的话语权和影响力。在本次国际金融危机中,财政部始终密切跟踪研究金融危机涉及的会计准则问题,积极参与国际会计准则理事会上述重大项目的技术研究,并通过我国主导发起的亚洲——大洋洲会计准则制定机构组等平

台,联合新兴市场国家和亚洲——大洋洲国家共同反馈意见。目前,财政部正根据二十国集团和金融稳定理事会对会计准则的意见和国际会计准则理事会的工作安排,更加深入地参与国际会计准则理事会重大准则项目的修改,尽可能地使国际准则充分考虑我国等新兴市场国家的实际情况。

（二）修改完善我国相关会计准则

由于本轮修订后的国际财务报告准则的质量将得到显著提高并成为全球通用的会计语言,财政部将在全面趋同的基础上,考虑我国新兴市场经济的特点,抓住时机进一步完善我国企业会计准则体系。现阶段主要涉及以下项目。

（1）研究制定公允价值计量会计准则。我国企业会计准则中尚无专门的公允价值计量准则,公允价值计量的规定散见于相关准则中。目前该国际准则项目正处在征求意见稿阶段,财政部将根据该项目进展,研究制定我国公允价值计量准则。

（2）修订金融工具会计准则。根据国际金融工具准则目前的修改方案,金融工具将从四分类简化为两分类,可供出售金融资产的分类、计量、减值方法将被取消,总体变化较大。财政部将根据该项目的分阶段完成情况,修订我国金融工具会计准则,以保证我国金融机构与国外同行在同一平台上竞争。

（3）研究制定小企业会计准则。小企业是经济的重要组成部分,发挥着吸纳就业等重要作用。财政部于 2004 年发布了《小企业会计制度》,并从 2005 年 1 月 1 日起施行。2009 年,财政部正在调研总结《小企业会计制度》执行的经验,拟借鉴《中小主体国际财务报告准则》,研究制定《小企业会计准则》,以提高小企业财务信息质量,降低其融资成本,促进我国小企业发展。

三、发布持续趋同路线图,修订我国企业会计准则体系

国际金融危机发生以来,一方面,国际会计界对国际财务报告准则中一些问题正在形成新的共识,国际准则面临较大变化,其中有许多值得我国会计准则借鉴的内容;另一方面,会计准则全球趋同的趋势进一步加强,二十国集团其他成员国目前几乎均已采用了国际财务报告准则或发布了趋同路线图,会计国际趋同已不再仅仅局限在会计专业领域内,而具有较强的公众受托责任和官方背景。我国会计准则要继续获得重要资本市场国家认可,就需要加快融入这一潮流。在这一形势下,财政部正在研究修订我国企业会计准则体系,并推进其与国际准则的持续趋同。

我国企业会计准则在 2005 年与国际财务报告准则实现了实质性趋同。从 2007 年起,我国企业会计准则体系开始在所有上市公司实施,并自 2008 年起逐步扩大到所有非上市中央国有企业和所有非上市金融机构。我国企业、会计人员、监管机构和其他财务报表使用者已熟悉掌握了与国际准则实质性趋同的我国准则。这为我国进一步推动会计国际趋同、持续提高我国财务信息质量创造了较好的国内条件。同时,我国准则近

年来在香港和欧盟分别进入当地资本市场,成为其接受的等效会计准则。这标志着我国准则已获得国际社会的广泛认可,为我国企业"走出去"营造了良好的外部条件,也为我国会计准则的进一步趋同创造了较理想的平台。

在综合考虑必要性、可行性等相关因素后,财政部将于 2010 年发布我国企业会计准则与国际财务报告准则持续趋同的路线图,在国内外公开征求意见,以此完善我国企业会计准则体系。

(以上内容主要根据 2009 年 8 月的《应对金融危机　修订我国会计准则体系》一文摘录并整理)

积极发挥主导作用　开启亚洲
—大洋洲地区会计合作与
交流的历史新篇章

　　2009 年 11 月 4～5 日,亚洲—大洋洲会计准则制定机构组(AOSSG)第一次全体会议在马来西亚首都吉隆坡举行。此次会议由马来西亚会计准则理事会(MASB)承办。来自亚洲、大洋洲地区的中国、澳大利亚、文莱、新加坡、日本、韩国等 21 个国家和地区会计准则制定机构的 100 多位代表出席了会议。国际会计准则理事会(IASB)主席戴维·泰迪及 4 名理事、国际活动总监和 1 名国际会计准则委员会基金会(IASCF)受托人列席了会议。我国作为 AOSSG 的发起国,由本人率团参会。

　　本次会议得到了马来西亚政府及有关方面的高度重视,马来西亚财政部第二部长(第一部长由总理兼任)拿督阿末·胡斯尼出席会议并作主旨发言,表达了马来西亚政府对成立 AOSSG 和承办本次会议的支持,指出 AOSSG 的成立,形成了亚洲、大洋洲地区会计准则制定机构参与国际财务报告准则制定的一个重要平台,必将增强本地区参与国际准则制定的话语权。他特别感谢我国发起成立 AOSSG 并在 2010 年 4 月举办的AOSSG 北京筹备会议,为 AOSSG 的成功运行奠定了良好的基础,对我们参加会议表示热烈的欢迎。会议间隙,拿督阿末·胡斯尼财长还专门与本人就加强两国双边财经会计合作与交流进行了富有成效的会谈。马来西亚会计准则理事会主席法伊兹·穆罕默德·阿兹米亲自到机场迎接中国代表团,并和中方共同协商 AOSSG 会议议程和有关事项。中国代表团在本次会议上受到广泛关注和重视。会议期间,中国代表团有关成员与亚洲、大洋洲各国或地区会计准则制定机构代表广泛交流,积极沟通,踊跃发言,建言献策,在很大程度上主导了会议的讨论,达到了提升我国会计国际地位、扩大国际影响、引领亚大地区会计合作与交流的目的。

　　本次会议通过了章程性的《谅解备忘录》和《AOSSG 工作组运作程序指南》等文件,选举马来西亚担任 AOSSG 首任主席国。会议集中讨论了金融工具、收入确认、公允价值计量和财务报表列报 4 个工作组提交的工作材料,并研究了下一步的工作计划。AOSSG 作为亚洲、大洋洲地区会计准则制定机构共同协作的平台正式建立,成为国际会计舞台上的一支重要力量,并将与美国、欧盟形成三足鼎立的格局。

一、AOSSG 成立的背景及总体情况

(一) AOSSG 构想的酝酿提出并付诸实施

AOSSG 的构想最初由中国提出。2008 年 10 月,在国际财务报告准则亚洲年会上,本人在针对美国金融危机与公允价值问题的讨论中,与国际会计准则理事会主席和澳大利亚财务报告委员会主席提出了这一构想。之后,在我国的主导下,联合澳大利亚、韩国、日本、马来西亚、新加坡、新西兰等国会计准则制定机构,共同倡议成立 AOSSG,于 2009 年 4 月 17 日在北京成功举行 AOSSG 筹备会议。来自亚洲、大洋洲地区 12 个国家或地区会计准则制定机构的 50 余位代表参加了筹备会议。

在筹备会议上,在中方的积极工作和斡旋下,代表们普遍认为,为应对国际金融危机,本地区会计准则制定机构应当团结协作,形成一致的声音,构建与美国和欧盟形成三足鼎立的本地区会计准则制定机构平台,参与国际财务报告准则的制定,增强话语权,为建立和完善统一的高质量全球会计准则体系做出贡献。与此同时,本地区各国会计准则制定机构应当本着公众利益,协调立场,与相关方面加强合作,共同促进本地区经济繁荣稳定。会议代表们一致赞同成立 AOSSG,决定于 2009 年 11 月 4~5 日在马来西亚吉隆坡召开第一次 AOSSG 全体会议,要求与会各国或地区会计准则制定机构应完成其各自程序加入 AOSSG 并推动其他亚洲、大洋洲国家或地区加入。在 2009 年 4 月北京召开的筹备会议上,代表们讨论了财政部会计司起草的《AOSSG 章程(草案)》(后改称《谅解备忘录》),一致同意提交本次 AOSSG 全体会议(11 月会议)讨论表决;会议还同意中方提出的建议,即为尽量广泛地吸收亚洲、大洋洲地区国家或地区的平等参与,主席国由各成员轮流担任,并兼任秘书处的工作,不设指导委员会等类似的专门决策机构,一切决定都由每年一度的全体会议做出等。筹备会议还决定成立金融工具、收入确认、公允价值计量和财务报表列报 4 个工作组并立即开展工作,以便在 11 月举行的第一次全体会议上讨论形成 AOSSG 共识后提交给国际会计准则理事会。

在 2009 年 4 月筹备会议后的半年多时间里,财政部会计司协助行使临时秘书处职能的马来西亚会计准则理事会完成了 4 个工作组的建立,我国参加了全部 4 个工作组的研究工作,并担任其中公允价值计量工作组的牵头国。为顺利举办 AOSSG 第一次全体会议,中国财政部会计司协助马来西亚会计准则理事会在工作组组织、会议程序设计、讨论内容等方面做了大量联系和沟通工作,为 AOSSG 第一次会议的顺利召开奠定了基础。

(二) 本次会议的总体情况

在本次会议上,与会代表讨论并通过了《谅解备忘录》,并宣布 AOSSG 正式成立。《谅解备忘录》确定了 AOSSG 的目标、组织结构、工作制度等,为 AOSSG 的可持续、规范化运作确立了日常机制:

（1）AOSSG 的目标是：① 促进本地区各国家和地区采用国际财务报告准则，或与国际财务报告准则趋同；② 促进本地区各国家和地区一致应用国际财务报告准则；③ 协调本地区对国际会计准则理事会技术活动的建议；④ 与政府、监管机构和其他地区性组织和国际组织合作，提高本地区财务报告的质量。

（2）AOSSG 的主席由各成员轮流担任，负责组织技术工作、联系国际会计准则理事会、召集临时会议等工作。每次年度全体会议选举候任主席，负责承办下一年度的全体会议，并在下次会议上接任主席。AOSSG 的日常工作由秘书处负责，担任主席的组织同时履行秘书处职责。

（3）AOSSG 设立若干技术工作组，由部分成员组织自愿组成，负责研究参与国际会计准则理事会技术活动的意见和立场，并提交 AOSSG 全体会议审议，通过后即为 AOSSG 对国际会计准则理事会的正式意见。形成和提交的 AOSSG 意见，并不妨碍各成员以自身名义向国际会计准则理事会提交不同意见。

（4）主席国代表 AOSSG 向国际会计准则理事会提交意见，秘书处负责与国际会计准则理事会和各成员国的日常联系。每次全体会议后要发布联合公报，公布会议的讨论情况和相关决定。

为指导具体的技术工作，会议还讨论并通过了《AOSSG 工作组运作程序指南》。该文件主要规定了 AOSSG 技术工作组的组织建立、牵头国的责任和义务、日常运作、建议起草和讨论程序、会议与联系等内容。

本次会议在讨论金融工具、收入确认、公允价值计量和财务报表列报 4 个技术议题的基础上，研究了下次会议的议题，并形成了本次会议的联合公报。联合公报的主要内容包括：（1）宣布 AOSSG 正式成立；（2）AOSSG 目标等《谅解备忘录》的主要内容；（3）技术议题的讨论情况及其结论；（4）下次会议及其有关议题等。

二、AOSSG 下一阶段的工作

在本次会议上，AOSSG 成员们还就下一阶段的工作进行了讨论。会议决定应当根据本次会议讨论的情况，继续深入研究现有的金融工具、收入确认、公允价值计量和财务报表列报 4 个技术项目。会议还讨论了是否需要增加研究项目，如果需要，应当增加哪些项目等问题。经过讨论，大家一致认为应当增加合并财务报表、租赁、保险合同、排放权和伊斯兰金融财务报告 5 个项目，作为下一阶段有关工作组和下一次全体会议的重要议题。AOSSG 还研究了建立 AOSSG 官方网站以发布其技术活动及相关事务信息等事项。

根据会议决定，马来西亚会计准则理事会作为 AOSSG 的秘书处将继续联系尚未加入 AOSSG 的亚洲、大洋洲国家和地区，并帮助其加入 AOSSG。

三、中日韩三国会计准则制定机构会议情况

会议期间,中国会计准则委员会、韩国会计准则理事会与日本会计准则理事会讨论了中日韩会计准则制定机构会议机制的未来定位问题。中方建议继续保留中日韩三国会计准则制定机构会议机制,以协调三国在 AOSSG 各项工作中的立场,并发挥事实上的指导委员会作用。这一提议得到了日韩两国和出席会议的国际会计准则委员会基金会(IASCF)受托人岛崎宪明(Noriaki Shimazaki)和国际会计准则理事会理事山田辰己、张为国的支持。

三国会计准则制定机构达成共识,今后中日韩三国会计准则制定机构会议机制继续保留,但不再单独举行会议,而是安排在每次 AOSSG 会议的前一天,并将其宗旨从交流三国会计准则制定和国际趋同有关情况,转变为服务于 AOSSG 工作的顺利开展并积极发挥三国在 AOSSG 中的作用。按照本次会议的决定,中日韩会议依然由三国轮流承办,下次承办国为日本。

四、会议取得的重要成果

本次 AOSSG 全体会议的成功召开,既是亚洲、大洋洲地区会计准则制定机构取得在国际财务报告准则制定活动中话语权的一个良好开端,也是我国会计准则国际趋同工作跃升到一个新层次、新高度的标志。会议主要取得了以下重要成果:

(一)影响国际财务报告准则制定的三足鼎立的格局基本形成

在目前的国际财务报告准则制定和国际趋同活动中,美国和欧盟一直发挥着主导作用。AOSSG 的成立标志着美、欧、亚大三足鼎立格局的形成。国际会计准则理事会主席戴维·泰迪在接受马来西亚《新海峡时代报》采访时说,亚洲、大洋洲的声音未被充分代表,但国际会计准则理事会希望亚洲、大洋洲发挥更大作用,AOSSG 将为本地区发出更强声音,在全球准则制定中拥有更大话语权,在国际财务报告准则制定中形成美、欧、亚大三足鼎立的格局。

(二)中国倡议成立 AOSSG,协助成功召开第一次会议并在各项事务中发挥主导作用,亚大地区会计领导者地位凸显

AOSSG 主要是在中国的倡导下成立的,现在看来这一战略举措十分成功,对我国会计改革和国际影响力的提升起到了重要作用。在 AOSSG 第一次会议的筹备和会议期间,中方协调日本、韩国、澳大利亚等国的立场,与马来西亚财政部及有关方面等进行了多次交流,并协助马来西亚会计准则理事会就等多个问题统一思想,协调观点,有效地保证了本次 AOSSG 会议的顺利进行。各方在本次会议上已认识到,在 AOSSG 机制下,中国的观点和支持举足轻重,中国在 AOSSG 框架下,对亚大地区各项会计事务实质上发挥了主导作用。

（三）我国会计理论和实务界应当积极行动起来，共同参与国际准则的制定并提出意见

由于我国 2007 年、2008 年和 2009 年在上市公司中平稳有效地实施了与国际财务报告准则实质性趋同的新准则，积累了较多实施国际准则相关规定的经验，因此中方代表团在专业上有很扎实的功底，在讨论中的发言有的放矢，掷地有声，对每个问题都很熟悉，提出的意见也都直切问题关键。同时在政治层面，中方以广阔的胸怀、大国的风范，引导与会各方求大同、存小异，从而促成了较多共识。这一姿态，赢得了参会各方的广泛赞扬和尊重。中国会计的国际影响力持续扩大。这一次 AOSSG 会议也启示我们，只要国力强盛、本国的会计工作做好做实做专，国际发言权和影响力就大。我国广大会计理论和实务工作者应当积极行动起来，增强责任感、使命感和自信心，不必妄自菲薄，按照 G20 峰会的有关倡议和后金融危机时代对会计工作的新要求、新挑战，展开深入研究和探讨，积极提供第一手资料和研究成果，充分利用好 AOSSG 这一平台，或直接向国际会计准则理事会提出意见，为建立全球统一的高质量会计准则作出贡献。

（以上内容主要根据《财务与会计》2010 年 1 月的《共建平台，互动交流，合作共赢——亚洲—大洋洲地区会计合作与交流开启新的历史篇章》一文摘录并整理）

全球聚首共商国际会计审计发展大计
中国会计国际趋同与监管经验受推崇

    2010 年 2 月 8 日,"国际会计审计发展大会"在比利时布鲁塞尔举行。此次会议由欧盟举办,来自世界 50 个国家和地区的 400 多名代表参加了会议。国际会计准则理事会(IASB)、国际审计和鉴证理事会(IAASB)、独立审计监管机构国际论坛(IFIAR)等国际组织也派代表参加了会议。我国由本人和监督检查局副局长部进兴率团参加会议,证监会也派代表参会。中国代表应邀在会上就中国企业会计准则建设、趋同、实施和等效的经验作了重要发言,受到与会代表的高度评价和一致肯定。

    此次会议是在后金融危机时代全球重构金融监管框架的背景下召开的,意义十分深远。按照二十国集团峰会的要求,制定和实施全球高质量会计准则,推动独立审计公共监管,提高金融市场透明度,强化金融监管,促进金融稳定和发展,已经成为包括各国领导人在内的广泛共识。本次会议着重讨论了国际财务报告准则实施经验、有关国家会计准则国际趋同进展情况、审计准则国际化、独立审计公共监管与国际合作等问题,起到了互动交流、共同协商全球解决方案、促进会计审计行业健康发展的效果,在全球会计审计职业界和金融界引起了较大反响。

    二十国集团峰会明确要求制定全球高质量的会计准则并希望其在全球范围内一致、有效地贯彻和执行,可以想见,随着后金融危机时代的到来,越来越多的国家或地区会加入到采用国际财务报告准则或与之趋同的行列中,会计准则国际趋同步伐大大加快。已经实现与国际财务报告准则趋同或者正在趋同过程中的国家或地区的经验,毫无疑问对于其他国家或地区有借鉴和启示意义。会议首先邀请欧盟、中国、加拿大和巴西四个已经实现会计准则国际趋同或者正在趋同的国家或地区介绍经验,以供全球分享,共同推进国际金融市场透明度的提高。

    中国自 2005 年开始实施会计准则国际趋同战略,2007 年 1 月 1 日起首先在上市公司和部分金融企业、中央非金融企业实施与国际财务报告准则趋同的企业会计准则,这一会计改革幅度之大,影响之广,实施之平稳,效果之显著,史所空前,世人瞩目。本人应邀作为发展中国家成功实施与国际财务报告准则相趋同的会计准则的国家典范,作了题为《中国会计准则建设、实施与趋同的经验》的演讲,全面介绍了中国企业会计准则制定、实施、趋同、等效等方面的经验和做法。本人将中国企业会计准则建设与趋同的经验归纳为五个方面：一是有明确的趋同目标和原则；二是有周密的准则体系规划、严格的项目管理和开放的准则制定程序；三是有一支专业功底深厚、国际化程度较高、熟悉中国会计实务的准则制定队伍；四是有充分的企业实地模拟测试和前期准备；五是有有效的与国际会计准则理事会的专业技术合作和认可机制。

本人还指出，中国充分认识到企业会计准则建设及趋同工作的关键是执行。经过3年的跟踪分析，中国企业会计准则得到了持续、平稳、有效的实施，得到了包括国际会计准则理事会、世界银行等国际组织的充分肯定。世界银行在其对中国会计准则实施情况的评估报告中认为，中国已经成为其他国家效仿的范例。本人也向与会代表介绍了中国在确保会计准则实施方面的四点经验：一是采取多种形式对1 000多万名会计从业人员进行系统、全面培训；二是建立上市公司财务报告分析系统，采用"逐日盯市、逐户分析"的方式对准则实施情况进行持续跟踪和监控，并及时提供专业指导；三是财政部会计司和监督检查局联合证监会、银监会、保监会等部门，协调一致、合力监管，保障准则实施，尤其是财政部门建立了包括监督检查局、各地专员办和地方财政部门在内的庞大的监管队伍来督促准则的实施工作；四是稳步扩大准则实施范围，提高准则实施效果。

本人还向与会代表介绍了中国企业会计准则等效和进一步推进企业会计准则持续国际趋同的情况和经验。一是中国企业会计准则已经实现了与香港、欧盟会计准则的等效，为双边国际资本流动、国际贸易和跨境服务扫除了会计上的障碍；二是开展多元化会计合作与交流，中美、中日韩会计合作持续深入，亚洲——大洋洲会计准则制定机构组（AOSSG）在中国倡议下成立并成功运转；三是全面、主动参与国际会计准则理事会重大准则项目修订工作，积极应对国际金融危机；四是发布《中国企业会计准则与国际财务报告准则持续趋同路线图》，进一步明确中国下一步会计准则改革目标，即计划根据国际财务报告准则的最新变化，择机启动企业会计准则体系的修订工作。同时建立与国际会计准则理事会的长期趋同机制，确保中国企业会计准则实现与国际财务报告准则持续趋同。

相比欧盟、加拿大和巴西代表的演讲，上述演讲全面、系统、严谨、务实，内容翔实，经验宝贵，有理有据，针对性强。中国经验受到了与会代表的极大关注和充分肯定，赢得了会场阵阵掌声。国际会计准则理事会国际活动总监温·奥普顿先生在评论中认为，中国在准则建设中进行实地测试和大规模培训的经验非常值得其他国家和地区学习，认为中国能够做到，其他国家也应能够做到，中国已经成为标杆。欧盟市场与服务总司副司长大卫·怀特在最后作大会总结时，首先对本人的演讲给予了高度评价，认为中国企业会计准则制定、实施、趋同、等效所取得的成是非凡的、卓越的，中国对1 000多万会计人员进行大规模的会计准则培训，甚至通过电视媒体和会计知识大赛来普及会计准则，说明中国实施会计准则是认真的、扎实的，中国已经走在了世界前列，给其他国家树立了榜样,值得欧盟借鉴和学习。欧盟内部市场与服务总司资本流动、公司法和公司治理司司长皮埃尔·德尔索在会后专门致信,对精彩演讲和积极参会表示感谢,认为如果没有我们的积极参与,大会就不可能取得如此成功。俄罗斯、土耳其等国家和地区的代表在会后纷纷和我们会谈,希望到中国取经。会计准则国际趋同的中国模式,赢得了世界的瞩目、认可与肯定,这是中国会计改革对于我国整个经济改革开放、对于世界会计国际趋同事业作出的十分重要的贡献!

总的来说,中国代表团此次赴欧盟参加国际会计审计发展大会起到了相互交流、扩大影响、维护和争取中国利益的目的,成效显著,成果丰硕,是在新时期下中国会计审计全方位参与国际事务、提升国际地位、增强国际竞争力的重要举措,对今后全面推进我国会计审计及其监管各项工作具有十分重要的意义。一是中国在会计审计标准建设和会计审计行业监管上已经取得了重大成就,形成了具有中国特色的许多典型经验和做法,可以认真总结,广为宣传,多做交流,切实提升中国会计审计和监管的国际影响力。二是要充分利用当前后金融危机时代世界经济格局重构、国际金融监管框架重大改革的有利时机,借势发力,顺势而为,全面参与国际会计、审计和监管规则的修改与制定,维护、保护和争取对中国有利的格局。三是要以开放、务实、主动、互信的姿态广泛开展国际交流与合作工作,要与主要的会计、审计和监管国际组织保持密切联系和沟通,要与欧盟、美国、日本等国或地区保持经常性的沟通渠道,建立长效合作机制,多研究问题,协调立场,为中国企业走出去和参与全球竞争创造良好的国际环境,为维护全球金融稳定和发展作出应有的贡献。四是要顺应我国经济发展和融入世界经济的大势,继续扎扎实实、谦虚谨慎、积极稳妥地做好我国会计审计准则建设和国际趋同工作,继续强化注册会计师审计的公共监管,积极做好会计信息质量监督检查工作,全面提升我国会计审计质量,为我国资本市场和国民经济长期平稳可持续发展奠定基础。

（以上内容主要根据 2010 年 2 月的《全球聚首共商国际会计审计发展大计　中国会计国际趋同与监管经验受推崇》摘录并整理）

积极响应 G20 倡议　引领新兴市场参与
构建国际会计新格局

　　本次国际金融危机爆发以来,二十国集团(G20)和金融稳定理事会等国际组织在提出恢复全球经济增长、改革国际金融体系等宏观政策建议的同时,对市场监管规定、会计准则等政策措施也提出了具体要求。市场和监管机构对公允价值计量、金融工具准则和贷款准备金等会计准则议题进行了广泛讨论,二十国集团华盛顿峰会和伦敦峰会将建立全球统一的高质量财务报告准则写入宣言。有关各方对国际财务报告准则的关注达到了前所未有的程度。这些活动有效地推动了会计国际趋同和国际财务报告准则的完善。随着美国公认会计原则与国际财务报告准则的趋同进入攻坚阶段,在国际金融危机的助推之下,有关国家对国际财务报告准则及其制定机构(国际会计准则理事会)的控制和影响的争夺更趋激烈,会计国际趋同的新格局正在形成。这些变化对我国会计改革和会计国际趋同工作而言,既是挑战也是机遇。

一、应对金融危机带来的挑战

　　在本次国际金融危机爆发之初,美国和欧洲金融界的一些人将危机爆发归咎于公允价值会计的运用。美国国会在 2008 年 10 月 3 日通过的《2008 年紧急稳定经济法》中责成美国证券交易委员会对公允价值开展专项研究。美欧一些金融机构聘请的政治游说团体希望通过废除公允价值会计达到一箭双雕的目的:既推卸了过度杠杆化、透明度不足和监管不力引发危机的责任,又使报表摆脱下跌不止的市场价格。在政治压力下,国际会计准则理事会于 2008 年 10 月修订了相关准则,允许金融机构将一部分原本应以公允价值计量的金融工具转为以历史成本类基础(摊余成本)计量,从而改善其财务报告业绩。

　　面对这种局面,财政部会计司跟踪国际动态、研究形势发展,同时与理事会紧急沟通。在听取国内金融界和监管部门的意见后,我们认为,公允价值会计不是引发金融危机的原因,相反有利于及时识别和防范金融风险。在上报国办后,财政部决定不随国际准则变动修改我国准则,反对利益集团对国际会计准则理事会干涉国际准则制定。这一立场得到了多数国家的赞赏,国际会计准则理事会也表示财政部的决定不影响国际准则与中国准则的趋同。

　　二十国集团华盛顿峰会后,为落实峰会行动计划,伦敦峰会主办国英国倡议成立了

4 个工作组。根据国务院安排的分工,财政部除牵头第四工作组外,财政部会计司还参加了银监会牵头的第一工作组和人总行牵头的第二工作组中的会计准则相关工作。财政部提出的"国际会计准则理事会应努力促进建立一套全球高质量的会计准则"等案文,不仅得到了银监会等国内相关部门的支持,而且在二十国集团成员国中形成了一致声音,写入工作组报告和伦敦峰会宣言。

二、参与构建会计国际趋同新格局

(一)正在形成中的会计国际趋同新格局

美国公认会计原则和国际财务报告准则是当今全球资本市场应用最广泛的两套会计准则。建立全球统一的高质量财务报告准则的关键,是美国准则与国际准则能否趋同。2008 年 11 月,美国证券交易委员会发布了美国本土上市公司采用国际财务报告准则路线图征求意见稿。因此,国际会计准则理事会将与美国趋同的相关准则项目全面提速。这激起了欧盟方面强烈反弹,对国际会计准则理事会形成了很大压力。这背后是维护各国资本市场竞争力的较量。

大国操纵下的国际准则频繁变动,无疑给新兴市场国家带来了较高的会计准则趋同成本。中国财政部团结其他新兴市场国家代表,在多个场合明确反对这种做法。在 G20 和各方共同推动下,2008 年 11 月 15 日,二十国集团华盛顿峰会在宣言中要求国际会计准则理事会和基金会改进其治理结构,以承担全球受托责任。2009 年 1 月,基金会正式宣布成立监督委员会,负责监督国际会计准则理事会独立性和准则制定过程。同时,国际会计准则理事会的理事席位由 14 个扩大到 16 个,其中欧洲占 4 席,北美 4 席,亚洲——大洋洲 4 席(目前中国、日本、印度和澳大利亚各 1 席)。这一结果意味着在美欧对国际准则制定权的争夺中,亚洲、大洋洲和新兴市场国家将成为一支重要力量。作为国际会计准则领域新兴市场国家的代表和亚洲——大洋洲地区影响国际准则制定的重要国家,此格局对我国非常有利。国际会计准则理事会希望中国团结亚洲——大洋洲国家,在国际准则制定中发挥更大作用,帮助抵御来自美欧的政治影响,维护准则制定的独立性。

(二)积极参与构建趋同新格局并发挥重要作用

针对这一新形势,财政部坚持"韬光养晦、有所作为"的原则,一方面,与广大新兴市场国家加强交流以解决国际趋同中存在的问题,倡议成立亚洲——大洋洲国家会计准则制定机构组,巩固我国的代表性地位;另一方面,结合国际金融危机背景下的国际趋同新动向,财政部与美国、欧盟和其他主要国家的会计准则制定机构积极合作,成为构建会计国际趋同新格局的重要参与方。

2007 年 7 月,财政部在北京举行了"新兴市场和转型经济国家国际趋同研讨会",建议成立新兴市场和转型经济国家国际财务报告准则论坛,表达新兴市场的意见。

2008 年 4 月,财政部倡议成立亚洲——大洋洲会计准则制定机构组,并在北京举行了筹备会议。会议宣布将于 2009 年 11 月正式成立该组织，将以该组织名义向国际会计准则理事会反馈意见。有关部门已批准同意财政部通过"中国会计准则委员会"的名义加入该组织。

此外，财政部与欧盟、美国、英国和澳大利亚等国家会计准则制定机构建立了工作层面的会议或联系制度，定期交换意见、协调立场。在参与构建会计国际趋同新格局的过程中，我国对国际准则制定的影响力不断提升。

三、继续深化我国的会计国际趋同

会计工作是经济工作的基础。自 1992 年发布"两则两制"以来，我国会计准则建设在明确企业市场主体地位、完善社会主义市场经济规则方面发挥了重要作用。2006 年发布的与国际准则趋同的企业会计准则，进一步使我国会计语言与国际通行标准实现了实质性趋同。2007 年和 2008 年，财政部分别推动内地与香港、中国与欧盟会计准则等效认可，进一步扫清了我国企业参与国际资本市场的规则性障碍。在此期间，财政部与国际会计准则理事会加强合作，不断跟进国际准则的修改和完善，同时会同各监管部门加强监督检查，使融汇了国际准则的新准则成为企业增强核心竞争力的有机整体。下一阶段，财政部将有针对性地开展如下工作。

（一）扩大会计准则实施范围

我国企业会计准则已在上市公司、金融机构和中央管理的国有企业和绝大部分地方国有企业执行，并将推广到全部大中型企业。对于不适合执行企业会计准则的小规模企业，财政部将完善我国小企业会计标准，推动多层次会计准则体系的发展完善，最终使之涵盖国民经济中各类财务报告主体，全面提高企业会计信息质量。

（二）积极参与国际准则制定并发挥较大影响力

在当前美欧争夺国际准则制定权的形势下，我国要在国际准则制定中取得较大发言权，一方面要加强自身技术力量；另一方面要联合新兴市场、亚洲——大洋洲国家，并充分利用美欧之间的矛盾。我们将努力抓住国际趋同新格局这一机遇，积极参与各项活动，在国际准则制定中发挥与我国经济地位相称的更大影响力。

（三）适时发布持续趋同路线图

针对二十国集团峰会建立全球统一的高质量财务报告准则的倡议，以及全球主要发达国家和新兴市场国家均已采用国际准则或已宣布趋同路线图的形势，财政部正在研究我国准则与国际准则实现持续趋同的路线图，并将适时公布，以保证我国企业与其他国家企业未来处于同一竞争平台。

（以上内容主要根据 2009 年 11 月的《引领亚大地区和新兴市场　参与构建后金融危机背景下的会计国际趋同新格局》摘录并整理）

顺时应势发布路线图
促进会计准则国际趋同向纵深发展

2010年4月2日,财政部发布了《中国企业会计准则与国际财务报告准则持续趋同路线图》(以下简称"路线图")。路线图的发布是在总结我国多年会计改革成就与经验的基础上,结合最近国际国内形势发展的需要,为进一步深化会计改革,推动我国企业会计准则建设及其持续国际趋同而作出的重要规划和部署,意义重大,影响深远。

一、关于发布路线图的背景

2005年,我国已经建成了与国际财务报告准则(IFRS)趋同的企业会计准则体系,并自2007年起逐步在上市公司和其他大中型企业得到持续平稳有效实施。但是,由美国次贷危机肇始并于2008年演化成的全球金融危机对国际会计趋同及其发展产生了较大影响。为全球协同应对国际金融危机而成立的二十国集团(G20)峰会和金融稳定理事会(FSB)在系统研究金融危机成因和应对策略后,倡议建立全球统一的高质量会计准则,并希望G20各成员国及其他有关国家或地区加快趋同步伐。在这一背景下,美国、日本、巴西等国家或地区纷纷表态,支持趋同大势,提出路线图或者行动计划。中国发布路线图,既是响应G20和FSB有关倡议,顺应会计国际趋同新形势的需要,又是全面部署下一阶段我国会计准则建设有关工作的重要举措。概括地讲,路线图的出台主要基于以下三个方面的背景:

(一)应对国际金融危机,响应G20、FSB倡议的需要

尽管G20峰会和FSB等在认真分析和总结金融危机的根源后认为,导致这次金融危机的根本原因是经济结构失衡、金融创新过度、金融机构疏于风险管理和金融监管缺位,但也认识到高质量的财务报告对于提升金融市场透明度、维护全球经济和金融体系稳定的重要意义,从而强调需要制定一套全球统一的高质量会计准则并严格执行以确保财务报告的高质量。G20在华盛顿、伦敦和匹兹堡峰会中都明确了这一要求。会计准则及其国际趋同已经超越了会计专业领域,成为一个涉及公共受托责任的政治议题。中国作为G20和FSB的重要成员,响应其倡议,积极跟踪并参与国际财务报告准则的重大修改,扎扎实实做好我国企业会计准则的建设与完善工作,全力推进我国企业会计准则与国际财务报告准则的持续趋同,已是义不容辞的责任。

（二）顺应各国会计国际趋同趋势，明确我国趋同立场的需要

据统计，世界上已经有包括欧盟各成员国、澳大利亚、南非等在内的 117 个国家和地区要求或允许采用国际财务报告准则，其他国家和地区也纷纷推出了与国际财务报告准则趋同的路线图，尤其是在 2008 年国际金融危机爆发后有加快之势。美国证券交易委员会（SEC）于 2008 年 11 月 14 日推出了趋同路线图征求意见稿，2010 年 2 月 24 日又发布了一份委员会声明，重申了其对建立一套全球统一的高质量会计准则的支持，为在美国推动采用国际财务报告准则制定了一套具体的工作计划，并表示将于 2011 年就美国上市公司是否采用国际财务报告准则作出正式决定。在工作层面，美国财务会计准则委员会（FASB）与 IASB 的各准则趋同项目正在按计划快速推进。日本金融厅于 2009 年 12 月 11 日正式发布了日本采用国际财务报告准则的路线图，为部分日本上市公司在自 2010 年 3 月 31 日或之后结束的财务年度自愿提前采用"指定的国际财务报告准则"提供了可操作的框架。日本还将在 2012 年前后作出关于自 2015 年或 2016 年起强制采用国际财务报告准则的决定。再如巴西联邦会计委员会和巴西会计准则理事会于 2010 年 1 月 28 日与 IASB 签署备忘录，宣布巴西争取在 2010 年年底前消除巴西会计准则与国际财务报告准则的差异，并于 2010 年年报实现所有上市公司和金融机构采用与国际财务报告准则趋同的巴西会计准则编制合并财务报表。另外，加拿大、印度、韩国等也于 2010 年明确表示将于 2011 年在公共利益主体或上市公司范围内采用国际财务报告准则或者与国际财务报告准则趋同。会计准则国际趋同已经成为世界各国的共识，并正在转化为实际行动。我国作为当今世界最大的发展中国家和新兴市场经济国家，顺应会计国际趋同大势，推动会计准则持续国际趋同，是全球化背景下作出的理性选择，是大势所趋，潮流所向。

（三）深化我国会计改革，部署下一阶段我国会计准则建设工作的需要

改革开放 30 多年来，我国一直以积极的姿态，根据市场经济发展进程，顺时应势推进会计准则改革，并努力实现与国际财务报告准则的接轨、协调与趋同。特别是 2005 年以来，我国企业会计准则的建设、实施、趋同、等效等工作取得了突破性进展，不仅实现我国企业会计准则国际趋同，而且在几乎所有大中型企业得到了平稳有效实施，受到了 IASB、世界银行等国际组织的认可和高度评价。基于这样一个良好基础和局面，下一步如何深化我国会计改革、如何部署我国会计准则建设的方向与目标是国内外有关方面所关心的问题，尤其是在本次国际金融危机爆发、国际财务报告准则正在作重大修改和调整的背景下更是如此。2009 年 9 月，财政部适时发布了路线图征求意见稿。在反复征求意见、修改完善并得到多方肯定的情况下，财政部正式发布了路线图，明确了我国下一步企业会计准则建设的方向，即在现有趋同成果基础之上，全力推进我国企业会计准则与国际财务报告准则的持续趋同，从而为我国未来会计准则工作做好部署。

二、关于发布路线图的意义

当今世界正处于大发展、大变革、大调整时期。世界多极化和经济全球化深入发展,国际金融危机影响继续显现,后金融危机时代国际政治经济格局深刻变化,国际金融监管体制改革积极推进。据统计,2009年,我国GDP总量达到33.5万亿元,已经成为世界第三大经济体,当年对世界经济增长的贡献率达到50%。经过多年的发展,尤其是在改革开放的30年里,我国已经融入世界经济体系并成为其中的一支重要力量。发布路线图,积极推动我国企业会计准则与国际财务报告准则持续趋同,是我国紧紧把握当前经济社会发展的重要契机,是确保我国经济长期平稳可持续发展的重要举措,是我国主动承担国际责任、积极参与国际金融监管体制改革、切实维护全球经济金融体系稳定的具体表现,其意义显而易见。

（一）发布路线图有助于提升我国会计信息透明度,承担全球公共受托责任

会计信息是公共产品,会计信息质量及其透明度的高低,不仅影响到整个金融市场的稳定与发展,更影响到千千万万投资者、债权人和社会公众的决策与利益分配,涉及国际资本的有效流动、国际贸易的健康发展和社会公共利益的维护。据统计,我国自1978年改革开放以来,已经累计利用外资逾9 000亿美元,外商投资企业约67万家,是世界上吸引外资最多的国家之一;2009年,我国共有77家企业分别在香港主板、纳斯达克、纽约证券交易所等9个海外市场上市,筹资总额达到271.4亿美元,是近年来从国际资本市场融资最多、增长最快的国家之一;2009年,我国进出口贸易总额达到22 072.7亿元,占全球进出口贸易总额的8%以上,国际贸易总量跃居世界第一。我国的经济已经与世界经济紧密相连,我国的发展已经牵涉到各方面的利益,我国企业会计信息的质量已经为全球所关注。在这样的背景下,我国发布路线图,明确企业会计准则持续国际趋同方向,切实提高会计信息透明度,承担全球公共受托责任,维护社会公共利益,是我国作为负责任大国的具体体现,是我国遵循国际公认规则,积极参与国际事务,发挥建设性作用的重要路径。

（二）发布路线图有助于及时向IASB反映我国特殊会计问题,提升国际财务报告准则公认性、权威性和实务可操作性

国际财务报告准则要成为全球统一的高质量会计准则,应当全球公认、质量较高,应当充分考虑世界各国尤其是主要经济体的实际情况。本次金融危机爆发后,IASB正在对公允价值计量、金融工具、保险合同、财务报表列报、合并财务报表等重要会计准则项目做重大改革。这些改革将会对我国现行会计实务产生较大影响。我国作为世界上最大的新兴市场兼转型经济国家,有许多新交易、新情况、新问题。发布路线图,明确我国企业会计准则持续国际趋同但又应互动的原则,有利于我国在及时跟踪、深入研究国际财务报告准则最新变化及其影响的基础上,全方位、多层次参与国际财务报告准则的

制定工作,使国际财务报告准则在制定过程中充分考虑我国的实际情况与需要,尤其是在市场经济初创及转型过程中所涉及的特殊会计问题,从而提升国际财务报告准则的质量和全球认可度。

（三）发布路线图有助于加强我国政府会计监管,维护经济金融稳定与发展

本次国际金融危机的一个重要启示是,自由竞争的市场经济与必要的政府监管两者不可或缺,而且后者的地位正显得越来越重要。健康有序的市场经济需要政府承担更多的公共责任,需要政府强化公共管理职能,建立健全公平有序的市场法则,对市场行为和市场经济秩序进行恰当、必要的监管。会计准则是市场经济运行的重要基础制度和技术法则,发布路线图并推动我国企业会计准则持续国际趋同,从而不断提高我国企业会计准则质量,有助于加强政府会计监管,尤其是会计准则执行情况和会计信息质量的监督检查工作,是市场经济条件下提高政府经济管理水平,充分发挥政府维护市场公平与效率职能作用的重要方面,也是完善我国金融监管体系,促进我国乃至世界经济金融稳定和市场效率提高的基础工程。

三、关于路线图的主要内容

路线图在全面回顾总结自 2005 年以来我国企业会计准则建设、趋同、实施和等效经验与成绩的基础之上,提出了我国企业会计准则与国际财务报告准则持续趋同的方向、策略和时间安排。其主要内容包括以下几个方面:

（一）强调我国企业会计准则已经实现了与国际财务报告准则的趋同,持续趋同是在已有趋同基础上的后续趋同

路线图明确提出,我国现行企业会计准则已经实现了与国际财务报告准则的趋同。2005 年 11 月 8 日,中国会计准则委员会（CASC）与 IASB 签署联合声明也指出:中国制定的企业会计准则体系,实现了与国际财务报告准则的趋同。不仅如此,截至 2009 年 12 月 31 日,这套企业会计准则体系已在所有上市公司和全国 35 个省、自治区、直辖市、计划单列市（含新疆生产建设兵团）的非上市大中型企业执行。到 2009 年年底前,企业会计准则有望在我国所有大中型企业实现全覆盖。正是有了我国企业会计准则已经实现趋同并有效实施的基础,我们提出了持续趋同的目标。它是在现有趋同基础上的后续趋同和发展。

（二）肯定 IASB 为应对国际金融危机所采取的改革举措,支持 IASB 为建立全球统一的高质量会计准则所做的努力

本次国际金融危机爆发后,围绕金融危机与公允价值及相关会计准则之间的关系,在国际社会引起了较大的争论,IASB 和 FASB 等会计准则制定机构都面临很大压力。尽管无论是美国证券交易委员会（SEC）还是 G20 峰会最后都认为公允价值和有关会计准则不是产生这次金融危机的根源,但对如何在后金融危机时代改进会计准则质量、提

高会计信息透明度都提出了意见和建议,其核心内容是希望改进 IASB 的治理结构,在独立准则制定程序下建立全球统一的高质量会计准则。

按照 G20 和 FSB 的要求,IASB 自 2008 年开始积极研究金融危机中暴露出来的有关会计问题,为此做了大量改进国际准则的工作。这些工作值得肯定。比如:

(1) 2008 年 12 月 IASB 成立了金融危机咨询组,吸收财金领域领袖和专家加入,深入探讨金融危机下的会计改革对策,并于 2009 年 7 月发布了有关报告,系统提出了改进财务报告应对金融危机的建议。

(2) 2009 年 5 月 28 日 IASB 发布了公允价值计量准则征求意见稿,之后又采取各种渠道广泛听取社会各界意见,修改和完善公允价值计量准则,拟于 2010 年第三季度发布最终准则,为公允价值计量提供一套统一的指南,同时还将提供教育材料,指导实务操作。

(3) 积极推进降低金融工具会计准则复杂性的综合项目,全面修改金融会计准则。2009 年 11 月 12 日 IASB 发布了《国际财务报告准则第 9 号——金融工具》,完成了第一阶段解决金融资产的计量和分类问题的工作;11 月 5 日发布了第二阶段《金融工具:摊余成本和减值》(征求意见稿),针对摊余成本计量和金融资产减值涉及的顺周期性问题,改进金融资产减值会计处理方法。IASB 还计划于 2010 年第二季度发布第三阶段征求意见稿,简化套期会计处理问题。

(4) 重新梳理合并财务报表会计准则,修订有关概念和合并范围,明确资产负债表外业务和特殊目的主体会计处理问题,计划于 2010 年年底前发布新的合并准则。

(5) 加快保险合同、财务报表列报、收入确认、租赁等会计准则项目的制定或修订步伐等。路线图明确指出,中国对 IASB 为应对本次国际金融危机和落实 G20、FSB 要求所做的这些努力表示高度赞赏和充分肯定,并将一如既往支持 IASB 致力于全球统一的高质量会计准则的制定工作。

IASB 对国际财务报告准则的上述改革,将使我国现行企业会计准则的国际趋同基础发生变化,路线图提出我国会计准则持续趋同的要求,也从另一个侧面呼应了这些变化,支持了国际准则改革的基本方向。

(三)明确我国企业会计准则国际趋同立场,坚持持续趋同是在国际互动基础上的趋同

当今世界,关于会计准则国际趋同从大的方面来讲,有两种立场,一种是"直接采用"策略,即一字不动地照搬国际财务报告准则;一种是"趋同"策略,即在会计原则和实质内容上保持与国际财务报告准则的一致。路线图明确了我国会计准则国际趋同的基本立场,即坚持"趋同"而不是"直接采用"的立场。坚持"趋同不等于等同、趋同应当互动"的原则,这是由我国特殊的政治、经济、法律和文化环境所决定的,是符合当前我国《会计法》等法律框架和监管要求的。

我们认为,国际财务报告准则在制定过程中必须充分考虑发展中国家尤其是新兴市场经济国家的实际情况,只有这样,国际财务报告准则才能真正实现其高质量、权威性和全球公认性。与此同时,中国也需要全方位地积极参与国际财务报告准则的制定过程,提升我国在国际准则制定中的话语权和影响力。财政部在这方面已经做了大量的工作。比如,财政部已经与 IASB 建立了每年两次的定期会晤机制,从 2009 年起将升格为高层趋同会谈,着重讨论国际准则改革方向和具体准则项目中中国所重点关切的问题。同时,在 IASB、国际财务报告准则基金会(IASCF)和国际财务报告准则咨询委员会(SAC)等国际准则制定的多个层面,都已经有中国代表;财政部会计司还每年派人到 IASB 直接参与有关准则项目技术研究工作。这些代表和人员为我国加强与 IASB 的沟通增加了渠道,为反馈中国意见,建立与 IASB 的长效合作与趋同机制奠定了扎实基础。与此同时,中国还于 2009 年倡导成立了亚洲——大洋洲会计准则制定机构组(AOSSG),为扩大本地区包括中国在内的新兴市场经济国家对国际准则制定的影响必将发挥重要作用。

本次国际金融危机爆发后,公允价值会计被指责为具有经济顺周期性,IASB 也在采取措施作相应改进。我们认为,问题的关键不在于此,而在于公允价值的形成过程(特别是金融资产和负债的定价机制)。这次金融危机的重要根源是经济结构的失衡,尤其是美国等国实体经济和虚拟经济之间的结构失衡导致资产泡沫扩大,风险蔓延和经济失控。在当前经济全球化和金融化的时代,实体经济固然是经济发展的根本,但实体经济的快速可持续发展越来越离不开虚拟经济。如何健康有序地发展虚拟经济,使之与实体经济形成良性互动,是后金融危机时代重塑国际经济金融秩序的要害所在。我们认为,虚拟经济能否健康发展,能否风险可控,其关键是金融资产和金融负债(尤其是创新型金融工具)的公允价值问题,这才是公允价值计量需要解决的核心问题所在。如果公允价值计量会计准则在这方面能够有所突破,那么就为虚拟经济的发展、金融风险的控制和全球经济结构的平衡作出了一个重要贡献。财政部会计司目前已经设立了公允价值计量重大研究课题,成立多个子课题,组织国债登记公司、证券公司、基金公司、期货交易所、上市公司和会计理论界的专家,对我国各类金融工具的特点、定价机制和报告系统进行研究,全面总结中国作为新兴市场经济国家在金融工具及其公允价值计量方面的特征和特有问题,试图揭开公允价值形成过程的面纱,收集具体案例并形成研究报告,以反馈给 IASB 供其制定和完善公允价值相关准则参考;IASB 方面也十分希望能够得到中国方面的有关研究成果。我国公允价值计量重大课题的研究进一步彰显了趋同应当互动的原则,对于维护我国企业及国家利益必将起到十分积极的作用。

(四)规划我国企业会计准则持续趋同时间安排,部署我国下一阶段会计准则建设工作

路线图提出,我国企业会计准则与国际财务报告准则持续趋同的时间安排是与

IASB 的进度保持同步,争取在 2011 年年底前完成对中国企业会计准则相关项目的修订工作。这是我们根据国际国内形势和 G20、FSB 等的要求,结合我国实际情况作出的决定。具体来讲,这一时间安排主要考虑了以下几个方面的因素:

一是 G20、FSB 的有关时间要求。G20 和 FSB 正在设计后金融危机时代的金融监管框架,并列出了详细的工作计划和时间表。尤其是 2009 年 9 月召开的 G20 匹兹堡峰会明确要求在 2011 年 6 月底前完成国际会计准则趋同项目。2009 年 3 月 30 日,美国、英国、法国、加拿大和韩国五国领导人又联合向 G20 其他成员国领导人致信,强调 G20 各成员国要按照匹兹堡峰会确定的时间表,继续加强合作,推进监管改革,强化国际金融体系,其中包括国际会计趋同。中国作为 G20 重要的成员国之一,需要履行相关义务,以在规定时间内实现企业会计准则持续国际趋同。

二是 IASB 为应对国际金融危机修订或制定有关准则的时间表。IASB 为应对国际金融危机、响应 G20 和 FSB 的有关要求,也制定了重大准则项目修订或制定的时间表,即拟在 2011 年 6 月底前完成对金融工具、公允价值计量等重大准则项目的修订或制定工作,自 2013 年 1 月 1 日起生效,鼓励提前执行。考虑到我国现行企业会计准则已经实现了国际趋同,在有关国际准则发生重大变化的情况下,我国企业会计准则做同步修改是比较合适的。

三是结合我国实际情况对持续趋同时间作出明确安排。在 IASB 于 2011 年 6 月底前完成趋同准则项目后,我们还需要留出一定的时间进行消化吸收,草拟或修订我国相关会计准则,或者做好准则之间的协调工作。为此我们计划用 1～2 年的时间同步修订或制定我国会计准则,于 2011 年年底前完成现行企业会计准则的修订与完善工作。然后预留足够的时间用于宣传培训和企业实施新准则前的各项准备工作,再根据形势需要和有关国际准则的生效时间逐步在所有上市公司和大中型企业实施。

四、关于路线图的贯彻落实

路线图提出要结合我国新兴市场和转型经济国家的实际情况,更加深入地参与国际财务报告准则制定,全面推进我国会计准则持续国际趋同,为建立全球统一的高质量会计准则作出贡献。这是一个在高起点、高标准基础上的趋同声明,是对我国在后金融危机时代如何动员社会各界力量全面参与国际游戏规则制定、切实维护我国利益、深化我国会计改革、促进我国会计准则提升的重要部署,财政部门和有关方面需要扎扎实实做好路线图的贯彻落实工作,把它作为我国会计改革与发展的一项重要基础工作抓好抓实。

（一）要高屋建瓴,放眼长远,做好路线图的宣传工作

路线图是我国下一步企业会计准则建设及其国际趋同的纲领性文件,各级财政部门应当会同有关方面积极做好路线图的宣传工作。要通过报纸、电视、网络、广播等各

种媒体,多层次、广角度、全方位宣讲路线图出台的背景、意义、内容、安排等,形成社会各界全面参与会计准则的修订与制定、支持我国会计准则持续趋同方向,为我国参与国际财务报告准则的制定、深化会计改革作出贡献。

（二）要广泛动员,积极参与,做好国际准则的跟踪研究与意见反馈工作

我国能否在本次国际金融危机爆发以来的新一轮国际会计准则改革中增强话语权、占据主动,这十分重要。按照路线图要求,持续趋同首先是互动,是在全面参与国际财务报告准则项目修改与制定基础上的趋同。为此,我国会计理论与实务界需要广泛行动起来,在立足我国国情的基础上,密切跟踪国际准则的最新变化,深入研究对我国企业及经济的影响,及时向 IASB 反馈有关意见。财政部会计司会通过财政部或者财政部会计准则委员会网站以及《中国会计报》等媒体,及时公告有关国际准则的最新信息和有关讨论稿、征求意见稿,向社会各界征求意见,希望有关方面结合中国实际,在调查研究的基础上,及时向财政部会计司反馈意见,会计司将根据反馈意见汇总整理后代表中国提供给 IASB。我们也鼓励国内有关单位、专家教授等直接向 IASB 反馈意见,扩大中国在国际准则制定中的声音和影响力。

（三）要未雨绸缪,群策群力,做好我国新一轮会计准则建设工作

按照路线图的部署,我国企业会计准则持续趋同的时间安排将与 IASB 有关项目的进度保持同步。这就意味着我们在参与国际财务报告准则制定的同时,需要考虑我国企业会计准则的修订或制定工作。这一任务十分艰巨,我们应当未雨绸缪,早做准备。我们需要做好我国新企业会计准则项目的规划和管理工作,需要对 IASB 新修订或制定的准则及时吃透弄懂,需要广泛听取有关部门、单位和专家的意见,需要充分发挥会计准则委员会各位委员和咨询专家的作用,需要会计理论界提供充分的理论支持,需要会计实务界提供典型案例和操作指引。总之,社会各界要以学习贯彻落实路线图为契机,积极行动起来,群策群力,出谋划策,为我国企业会计准则体系的完善和全球统一的高质量会计准则的建设作出我们应有的贡献!

（以上内容主要根据《中国会计报》2010 年 4 月 2 日的《我国会计准则国际趋同走向纵深发展阶段》一文摘录并整理）

中国全面参与国际财务报告
准则制定取得成效

2010年6月30日至7月1日，中国财政部——国际会计准则理事会高层会议在北京举行。会议由我主持。来自财政部、IASB、香港会计师公会的50多名代表参加了会议。在高层会议之前，6月21~25日，IASB派出约翰·史密斯和张为国两位理事以及国际活动总监韦恩·奥普顿、金融工具项目高级经理马丁·弗里德霍夫在北京召开了金融资产减值预计现金流法专家顾问组会议，国内主要金融机构、会计师事务所和有关监管部门也参加了会议。会议听取了与会者的意见，同时与会计司会计准则制定人员举行了技术会谈。在这一系列会议中，中方与IASB就会计准则国际趋同策略、国际会计最新动态、正在制定或修订中的国际财务报告准则重要项目等充分讨论，深入交换意见，并在多个问题上达成了共识。

本系列会议是在后金融危机时代，全球关注国际财务报告准则改革和国际趋同的背景下召开的，意义十分深远。按照二十国集团（G20）的要求，国际会计准则理事会正在加倍努力制定一套全球统一的高质量会计准则。中国财政部积极响应G20倡议，于2010年4月2日发布了《中国企业会计准则与国际财务报告准则持续趋同路线图》（以下简称"路线图"），明确了中国企业会计准则持续国际趋同的基本立场和时间安排。此次会议的召开为贯彻落实路线图、深化中国与IASB的互动交流创造了良好平台，有助于中国全面参与制定国际财务报告准则，提升国际财务报告准则质量、权威性和全球公认性，并取得了积极成效，受到IASB的高度评价。IASB主席戴维·泰迪在与财政部王军副部长会谈时一再称道财政部会计司的技术团队，认为，"会计司技术团队研究深入，充满智慧，专业水平高，令人信服。尤其是近五年的变化巨大，如果说五年前会计司还是在学习掌握国际准则的话，那么今天已大不一样，会计司的技术团队已经完全参与到国际准则制定中来，为IASB提出了许多有价值的建议，这在国家会计准则制定机构中比较少见，中国将为全球统一高质量会计准则的制定作出重要贡献"。

IASB代表介绍了金融工具、保险合同、收入确认、租赁、负债、财务报表列报和公允价值计量准则的进展情况。会计司负责各项目跟踪研究工作的技术人员向IASB的代表反馈了中国的情况和意见。双方还就存在的分歧进行了充分的解释和讨论。

一、金融资产分类与计量

（一）金融资产分类与计量准则的进展情况

为应对金融危机，IASB 正在实施综合性项目以简化和改进金融工具准则。该项目的第一阶段是改进金融工具的分类与计量，并于 2009 年年底发布了关于金融资产分类与计量的最终准则（IFRS9）。IFRS9 基于主体管理金融资产的商业模式和金融资产合约现金流量特征将金融资产项目从原来的四分类简化为两分类，分别以公允价值计量且其变动计入损益或以摊余成本计量。对于主体持有的非交易性权益投资，主体在初始确认时可以选择将公允价值变动计入其他综合收益，一经选定即不允许转回。对不具有活跃市场报价的权益性投资，IFRS9 取消了成本豁免的规定，但同时认为，在有限的情况下，成本可能是公允价值的最佳估计。例如，无法获得充分的最新信息以确定公允价值，或者公允价值计量存在较大变动范围，而成本体现了在这一范围内对公允价值的最佳估计。

（二）双方的讨论情况

双方主要讨论了两个问题。

1. 持有的非交易性权益投资公允价值变动计入其他综合收益并不允许转回到损益的问题

中方反对不允许将计入其他综合收益的持有非交易性权益投资公允价值变动转回至损益。因为"已实现"的利得和损失应当计入净利润是通常的会计惯例。在中国，净利润是报表使用者最为关注的指标，并且作为法定指标广泛应用于各种考核；相比较而言，其他综合收益概念还没有被广泛理解和接受。如果不允许持有非交易性权益投资公允价值变动转回，可能会降低财务报告的决策有用性。此外，《金融负债公允价值选择权》征求意见稿明确指出，计入其他综合收益的主体自身信用风险导致的金融负债公允价值变动不能转回损益，但可以在权益中转移，即计入其他综合收益的公允价值变动可以转入留存收益。IFRS9 对此没有明确规定。中方认为，实务中这对于计入其他综合收益的已实现公允价值变动是否能用于利润分配十分重要。中方提出，IASB 应对其他综合收益的概念，哪些项目可以计入其他综合收益，在何种情况下其他综合收益可以转回损益，以实现的其他综合收益是否可以在权益中重分类等进行综合考虑，以使各准则关于其他综合收益的处理保持一致。

IASB 代表认为，其他综合收益是总收益的一部分。这个选择权是为了战略性投资设计的，已实现的累计利得和损失都属于以前持有年份的，并不是全部属于卖出的当年，而且战略性投资的利得和损失是无关紧要的，因此是否转回计入到损益也是无关紧要的。但 IASB 不希望主体经常使用这个选择权。如果主体认为利得和损失对经营成果有重要意义，就不应该使用这个选择权。计入其他综合收益的已实现公允价值变动是否能够用于分配,不属于会计准则的问题,是公司法的问题。尽管 IFRS9 没有明确计入其他综合收益的已实现公允价值变动是否可以在权益之间转移,但与 IAS16 固定资产**重估值**模式的规定类似,准则不会对此予以限制。此外,IASB 的代表指出,目前收到的各**方意**见都认为其他综合收益提供了更易理解的信息,利得和损失与其他综合收益都是引起净资产变动的不同方式,记一次和记两次是一样的,特别是在一张报表的情况下,只是分成几个小计而已。IASB 将不会就其他综合收益转回提供选择权,但对中方提出的已实现其他综合收益在权益中重分类和综合考虑其他综合收益相关处理保持一致的建议,IASB 将会予以考虑和重视。

2. 关于在活跃市场没有报价且其公允价值不能可靠计量的权益工具投资的公允价值计量问题

关于权益性投资的计量,IFRS9 取消了成本豁免的规定。中方认为,尽管 IFRS9 提供了成本何时可以作为公允价值的最佳估计的应用指南,列出了 7 种成本不能作为公允价值最佳估计的迹象,但是判断很复杂。既然 IASB 认为在某些特定情况下,成本就是公允价值的最佳估计,这样不如提供成本豁免的规定更容易操作。此外,联营、合营权益性投资的计量采用的是成本法,有时权益性投资是否是联营、合营很难界定,这可能导致性质相同的经济业务,由于适用不同的准则规定,导致实务的不一致。

IASB 代表认为,如果允许成本豁免会涉及减值问题,还将面临类似于公允价值计量的问题。由于许多国家滥用这种成本豁免,IASB 担心金融机构和对冲基金可能利用这种方法牟利。关于权益性投资的公允价值计量,小企业面临更多的困难,IASB 努力寻找大企业和小企业之间的平衡,但还是不能因为考虑小企业的困难而提供成本豁免,避免为该例外的滥用提供空间。

二、金融负债分类与计量——公允价值选择权

(一) 金融负债分类与计量准则的进展情况

2010 年 5 月,IASB 发布了关于金融负债分类与计量的征求意见稿——《金融负债的公允价值选择权》。除金融负债公允价值计量选择权外,该征求意见稿保留 IAS39 关于金融负债分类与计量的规定。征求意见稿主要的变化是对于指定为以公允价值计量且其变动计入损益的金融负债,主体可指定金融负债以公允价值计量,因自身信用风险导致的公允价值价值的变动可计入其他综合收益,并且禁止在任何情况下将该其他综合收益转为损益。列报上采用两步法:第一步将公允价值整体变动计入损益;第二步将因自身信用风险导致的公允价值价值变动从损益中转入其他综合收益。因自身信用变化导致公允价值变化有两点原因,一种是信用评级发生变化,另一种是信用价格发生变化。如果不把信用价格发生的变化计入损益,就会产生会计的不匹配。但是征求意见稿中并没有区分这两种变化的原因,将所有与自身信用风险变化导致的公允价值变

动都计入其他综合收益。

（二）双方讨论情况

中方总体上赞同征求意见稿提出的因自身信用风险导致的公允价值变动计入其他综合收益的处理原则,但是存在两点意见:一是其他综合收益转回损益的问题(前面已经讨论过);二是不支持征求意见稿中建议的"两步法",赞同采用"单步法"。

三、金融工具摊余成本和减值

（一）金融工具摊余成本和减值准则进展情况

现行关于金融工具减值的已发生损失模型有重大缺陷,不能充分反映金融资产的信用质量,基于该模型计提减值准备无法及时反映金融资产所发生的损失,从而导致市场高估金融资产、虚增收入。IASB 认为,通过简单修补的方法无法修正已发生损失模型存在的缺陷。2009 年 11 月 5 日,IASB 发布了《金融工具:摊余成本和减值》(征求意见稿),拟采用预期损失模型计提以摊余成本计量的金融工具发生的减值。根据预期损失模型,主体在判断金融工具是否发生减值时,不再需要明确的证据表明导致金融工具期望现金流量降低的事件已经发生,而只是根据现有的各种来源的信息进行综合判断。预期损失模型在理论上有问题,在操作上也存在巨大挑战,特别是对于新兴市场。

（二）双方的讨论

中方总体认为预期损失模型理论上有问题,操作性差,所以不支持该模型,具体理由如下:

（1）预期损失模型不符合概念框架,与资产的定义相悖。现行的概念框架对资产的减值是以资产的定义为基础计提,而且要考虑资产的减值迹象。预期损失模型不是以已发生为计量基础,而是依赖对未来损失变化的预计,这与有关会计要素的定义不符。

（2）预期损失模型以管理层预期为基础,而不是以已发生的事实为基础,涉及众多主观判断,要求审计师判断管理层的预期是否准确存在困难,中方担忧会产生利润操纵。

（3）预期损失实施成本高昂,不符合成本效益原则。预期信用损失和实际利率需在金融资产初始确认时确定,这在实务中给很多企业带来了较大困难。例如,历史数据难以取得,开放组合的变动导致实际利率不再适用。专家工作组倾向于从银行风险管理系统中取得数据,但这是非常困难的。

（4）预期损失显著增加了减值会计的复杂性。例如,要求企业每个报告日估算未来现金流,披露包含预期损失和不包含预期损失的两个内含报酬率等。这无助于提高透明度,反而会增加工作量。

（5）预期损失模型的初衷是满足审慎监管机构抑制顺周期性的要求,而这一要求不属于会计准则的范畴。即便如此,预期损失模型在金融资产寿命周期内分摊减值损失,在金融资产或组合的寿命周期内平滑了损益,而金融稳定理事会(FSB)和巴塞尔委员会(BCBS)等审慎监管组织要求跨经济周期平滑损益。更重要的是,会计目标与监管目标是不一致的,会计准则应与金融监管要求分离。

为此,中方提出两套改进备选方案:一是保留 IAS39 的摊余成本及其减值方法,辅以审慎监管的披露,在附注中披露预期信用损失等相关信息;二是采用预期损失模型但大幅改进。改进的方面包括:预期信用风险损失与实际利率脱钩,用来确认利息收入的实际利率不反映预期损失,初始确认时估算的预期信用损失,按照系统合理的方法,在金融资产寿命周期内独立分摊;现行已发生损失模型的期间适当延长,应以能够可靠预计的最长期间为基础计算。

IASB 的代表认同预期损失模型操作性差的意见。对于中方提出的第二个理由,IASB 代表认为已发生损失模型也有大量的利润操纵丑闻,并不认为两个模型相比较哪个更主观,只是熟悉的主观判断和不熟悉的主观判断之分。对于中方提出的第三个理由,IASB 代表认为关键的问题是是否在初始确认时决定折现率并且锁定,专家工作组建议了一些可能的简化方式,如依赖银行的历史损失数据、区分好银行和坏银行采用不同的损失率。IASB 将进一步具体化这些建议。

IASB 代表支持中方提出的第四个和第五个理由。

本人在总结该项目的讨论时指出,预期损失模型提出后受到多方的密切关注。该模型是此次改革中最重要的项目,需要重点考虑。中方对预期损失模型仍存在许多困惑。大部分贷款在收回前没有损失,没有损失时计提的减值准备属于秘密准备,而且把准备与利息收入挂钩更难以理解。解决顺周期问题不属于准则规范,而是属于监管的问题。会计准则的制定应当保持独立性。中国 2009 年年底发布的保险会计制度较好地解决了会计与监管的分离问题。减值模型计算简单还是复杂不是我们担心的主要问题,重大问题是不能将监管的原则和要求强加给会计准则。中方接受以已发生损失模型的调整为基础,考虑损失的迹象,这样与其他资产减值相统一,各项准则之间也保持一致。此外,将资产减值调整收入类似于坐支,不符合收支两条线的原则。

IASB 代表赞同会计应与监管分开,并且认为我国的保险会计准则提供了很好的实例。同时 IASB 解释了预期损失模型的原则是用高质量贷款的利息来补偿低质量贷款的损失,考虑这个问题的初衷是究竟等待贷款损失发生时核算还是把贷款分为一组,通过一组贷款来考虑净收益。这是会计问题,不是监管问题。此外,IASB 代表表示,如果找不到在新兴经济体中可操作的办法,该项目就不会继续进行,需要继续分析,找到可行办法。熟悉的主观判断比不熟悉的主观判断好,IASB 将考虑对已发生损失模型进行修订。

四、套期会计

（一）套期会计项目的进展情况

现行套期会计要求包括很多规则且是逐步建立的，很多规定已经没有意义，实务中许多主体的各种套期安排，无法适用套期会计。具体包括：

（1）套期有效性的条件。现行套期有效性测试的要求过于严格，既要求定性测试，又要求定量测试；既要求对过去的有效性进行测试，又要求对未来的有效性进行测试。套期有效性的要求过于规则，套期有效性的标准在 80%～125% 之间过于武断，很多实际有效套期都被排除在套期会计以外。

（2）被套期项目的条件。除外币风险外，与非金融项目相关的风险都不能单独辨认和可靠计量，不能单独作为被套期风险成分。例如对橡胶的测试有效性与轮胎中橡胶的测试有效性不同，不同地区的咖啡豆可能是不同的标准化产品。

（3）套期工具的条件。一般情况下套期工具应作为整体，不能将其风险细分成不同的成分，而将某一风险成分指定为套期工具。除外币风险外，IAS39 严格限制将非衍生金融资产和金融负债指定为套期工具。

（4）套期会计的模式。IAS39 将套期会计分为三种不同的类型，公允价值套期、现金流量套期和净投资套期。IASB 正在研究采用单一的现金流套期方法，同意公允价值变动计入其他综合收益，直到套期关系结束。但是，新兴经济体可能会由于外汇变动带来巨大冲击，从而产生较大争议。如对于韩国的造船行业，公允价值变动计入其他综合收益可能使其所有者权益都会消失。IASB 的讨论还处于初级阶段。

（5）关于组合的套期。套期的组合是开放式的组合，很难判断有多少衍生工具的变动需要计入净收益，IASB 还没有找到好的方法。

IASB 计划对套期会计进行综合性的修订，目标是套期会计信息应反映主体风险管理与财务报告之间的关系，消除被套期项目与套期工具在确认和计量上的不一致，合理确定（有效规避现金流量风险的）套期工具损益的确认时点。

（二）双方的讨论

中方赞同 IASB 的改革目标，套期会计的最大问题是能否如实反映套期业务，我国许多企业发生套期业务，却不能使用套期会计。结合中国套期业务的实际，中方提出了三点建议：第一，套期会计准则必须修订，而且不是以打补丁的方式修订，应当是全面修订；第二，修订的基本原则是简化。80%～125% 的有效性区间必须删除，这是规则导向，企业很难达到。IASB 应更好地解释"高度有效"，以定性描述为主，辅以定量方法，可以借鉴美国最新的套期会计方案；第三，披露可以解决准则设计的不足，关键是披露的质量，而不是披露的数量。

IASB 代表同意全面改革套期会计准则。关于披露，现在的报表附注已经很多。

IASB 正在考虑制定综合性的披露准则,涵盖所有相关准则的披露要求。双方都认为,IASB 套期会计的讨论还处于初级阶段,今后需要继续深入。

五、终止确认

（一）终止确认准则项目进展情况

2009 年 3 月,IASB 发布了关于终止确认准则的征求意见稿,以简化和改进金融工具终止确认准则。绝大多数反馈意见不支持征求意见稿中提出的终止确认模式,认为该模式尽管在某些方面有所简化,在披露要求方面有所改进,但其仍保留了"风险和报酬"模式,是"风险与报酬"模式和"控制"模式的混合体,它将不能降低终止确认会计实务的复杂性,因此不能对财务报告作出重大改进。根据反馈意见,IASB 决定放弃征求意见稿提出的终止确认模式,转而采用终止确认稿中提出的"替代模式"（alternative approach）制定终止确认准则。目前 IASB 正在研究如何将征求意见稿中的替代模式写得更详细。FASB 对终止确认准则做了很多细节的修订,将导致更少的项目被终止确认,更多的项目体现在财务报表上。IASB 希望观察 FASB 的方法的效果,再决定下一步的工作计划。

（二）双方的讨论

中方赞同 IASB 简化 IAS39 有关终止确认准则,支持将控制作为判断金融资产是否终止确认的标准,同时针对售后回购等特殊交易的实质,要求不应终止确认,但对以下方面表示了担忧:

（1）终止确认的判断标准过于原则,建议 IASB 提供更多指南,并详加举例说明,为实务提供可操作性。

（2）在征求意见稿中,关于"控制"是从转入方角度判断,最近 IASB 的会议文件改为从转出方角度判断。收入确认项目则是从购买方角度（即转入方）角度判断是否控制所购商品。建议 IASB 协调不同准则项目,均基于同一角度对"控制"的转移进行判断,倾向于从转出方角度进行判断。

（3）关于保留利益的计量,中方总体赞成分两种情况分别以公允价值和原账面价值计量,但是对于与原资产不成比例的保留利益,终止确认全部资产,将保留利益确认为新资产,并以公允价值计量,增加了盈余管理的空间。

IASB 代表指出,目前终止确认项目已被延缓实施,理由是部分理事不同意现在正讨论的替代模式的两个方面:第一,是否导致更多的终止确认,有人宁愿双方都计,也不愿意少计;第二,很多人担心利润操纵,什么时候终止确认,在多大程度上可以计入损益都会导致主体损益发生很大变化。IASB 认为,如果修订的结果比现在没有更多改进还不如不动,而且 FASB 与 IASB 的方法有很大不同,IASB 希望观察 FASB 的方法的效果再决定下一步的工作计划。

六、保险合同

（一）保险合同准则项目的进展情况

IASB 计划在 2010 年 7 月底发布保险合同准则的征求意见稿。在过去的 2 个月中，FASB 和 IASB 对于该项目的立场越来越近。

（1）采用组成模块法计量保险合同负债，即将保险合同未来现金流量分成以下三个组成部分：

第一部分，保险人履行保险合同导致未来现金流量的无偏期望估计数。

第二部分，货币时间价值的影响，即需要将未来现金流量采用一定的方法折现，折现率是无风险利率加流动性调整。

第三部分，边际。消除保险合同初始确认时可能存在的任何利得产生的余额。

IASB 和 FASB 都支持组成模块法，但双方在边际模块的组成和计量上存在分歧。IASB 支持采用两边际法（风险调整额和剩余边际），而 FASB 支持采用单一边际法（即综合边际）。

（2）列报和披露。如果保险公司损益表是从保险收入开始计算，那么其中一项会是间接挤出来的差额。但如果是基于边际设计出来的损益表，这与传统的损益表将不同，因为收入、流量的信息都会不同。保险行业的分析师可能既需要流量信息，又需要边际信息。目前暂定损益表基于边际来设计，然后设计一个包含流量信息的补充表。

（3）参与分红保险合同。当保险人对某类具有参与分红特征的保险合同的实际赔偿额低于期望赔偿额时，保险人可能还存在向投保人分红的义务。IASB 认为，保险人应将该义务作为保险合同整体的一部分，采用与其他保险义务类似的方法予以计量。但 FASB 认为，应将分红特征导致的义务单独确认为一项法定或推定义务。

（4）保险合同的分拆。在实务中，一些综合性保险合同可能包括多项保险，既可能包括保险成分，也可能包括投资成分或服务成分。在过去的 25 年中，保险合同包含的金融性特征越来越明显。很多保险合同有账户余额，还与指数等挂钩。IASB 认为，如果一项保险合同成分能够单独计量，该成分应予分拆。如果该成分与其他成分具有重要相互依赖关系，以至于不考虑其他成分将对其无法计量，则该成分不能视为能够单独计量。FASB 和 IASB 都认为，显性账户驱动型保险合同应予分拆。此外，保险合同只有在准则要求时才予以分拆。

（二）双方的讨论

中方基本赞同 IASB 在保险合同准则的一些主要方面形成的结论。现行中国会计准则体系包括两项与保险合同相关的准则——原保险合同和再保险合同。关于保险合同负债的计量方面只有原则的规定，造成了在内地和香港上市的公司在保险合同负债计量方面有很大差异。为了补充完善此问题，财政部 2009 年发布了财会 15 号文《保险合同会计处理规定》。中方代表就 IASB 代表所关注的计量保险合同现金流量采用的折现率、保险合同的确认、列报和披露要求等进行了介绍和解释，消除了误解。

双方基本认同，财政部 2009 年发布的保险会计规定与 IASB 关于保险合同形成的结论在原则和框架上非常接近，但应进一步充实应用指南。关于财政部发布的保险会计规定较好地分离了会计与监管要求，IASB 代表认同监管目标与财务报告目标是不同的，但从效率上来讲，相对监管部门用一套完全独立的核算办法调整财务报告数字更简单。在一些国家，如美国，有专门针对监管的核算系统，但效率很低。

七、收入确认

（一）收入确认准则项目进展情况

收入确认项目作为 IASB 与 FASB 的联合项目，目的是希望能够建立一套单一的、以合同为基础、以资产负债观为基本理念的全新的收入确认模型，以此来替代现行的大多数与收入相关的准则，从而消除当前不同准则之间收入确认不一致的问题，提高收入信息的可比性和可理解性。2010 年 6 月 24 日，IASB 与 FASB 联合发布了《与客户的合同收入（征求意见稿）》（以下简称"征求意见稿"），征求意见截止日期为 2010 年 10 月 22 日。新的收入确认模型包含以下主要内容：

（1）适用范围。新模型要求基于主体与客户订立的合同确认收入。

（2）收入确认步骤。新模型提出四步法确认收入：

第一步，识别与客户的合同。

第二步，识别和分解合同中的履约义务。IASB 提出，履约义务是指合同中向客户销售商品或提供劳务的承诺，对合同中履约义务进行识别和分解的判断依据，关键是看某项商品或劳务与其他商品或劳务相比是否具有独立性。

第三步，确定和分摊交易价格。存在不确定因素情况下（例如可变对价、客户信用风险等），交易价格应当是根据预计发生的不同结果、发生概率和折现率计算的预期能够收到对价金额的期望值。合同包含多项履约义务的，主体应基于相关商品和劳务的单独售价将交易价格分配至履约义务。

第四步，在履约义务完成时确认收入，按照预期能够收到的对价金额确认收入。主体应该在客户取得对商品或劳务控制权的时点上确认收入。只有当客户随着资产的建造持续取得在建资产的控制权时，才可以分次确认收入。

（二）双方的讨论

中方赞赏 IASB 在建立单一收入确认准则方面所做的努力。新的收入确认模型从收入的定义出发、以资产负债观为基本理念、以控制权的转移为核心条件。从理论上看，该模型较为完备；但从实务操作层面，中方担忧模型的可操作性和过多会计估计可能带来的利润操纵问题。

1. 控制权的转移

主体是否实现履约义务取决于是否转移了商品或劳务的控制权。但缺乏关于控制的定义、判断控制权转移的明确原则和指南。IASB 代表赞成这是实务中的难点。关于判断控制权转移的具体条件,理事会也存在着相关的争论。类似的争论还存在于租赁问题中。

2. 完工百分比法的运用

征求意见稿一定程度上解决了长期劳务合同、建造合同等能否分次确认收入的问题。分次确认收入的关键是控制权的持续转移。客户没有获得控制权的持续转移商品或服务合同,只有在合同全面完成并向客户移交控制权时,主体才能确认收入。因此,对于控制权为转移给客户的建造合同将不能采用完工百分比法确认收入,中方对此表示高度关切,如果这样修改完工百分比法可能行不通。IASB 赞同中方的意见。

八、租赁

(一)租赁准则项目的进展情况

(1)承租人会计。承租人应将所有租赁合同确认为:一项资产——租赁期内使用租赁资产的权利;和一项负债——偿付租金的义务。租赁合同产生的使用资产的权利和应付租金的义务符合资产和负债的确认条件;租赁合同不同于可执行合同,因为租赁合同开始时出租人履行了其义务(转移了一定期间的资产使用权)。现在存在的问题主要是关于承租方的续约权,或有租金问题,这两个问题正在解决中。

(2)出租人会计。出租方的处理比较复杂,存在三种出租人会计方法:终止确认法、履约义务方法以及混合方法。FASB 和少数 IASB 理事赞成履约义务法,出租人应向承租人提供一项使用其经济资源的权利,从而产生一项负债,同时将获得的收取租金的权利确认为资产。出租人并没有丧失对租赁资产的控制权,在租赁期内应继续确认该租赁资产。IASB 大部分理事支持终止确认法,出租人被认为转移部分或全部租赁资产,以获取收取租金的权利,由于出租人在租赁期内将不再控制租赁资产的使用权,出租人应终止确认代表租赁资产使用权部分的资产,将取得的收取租金的权利确认为一项资产。混合方法认为,履约义务法和终止确认法都存在缺陷,出租人应基于租赁合约的经济实质,分别采用终止确认模式或者履约义务法。该方法面临的问题是如何确定各自的适用范围,IASB 工作人员建议了多种选择方案,一个极端方案是履约义务最少化,即只有两种情况下采用履约义务法,一种是短期租赁;另一种是以成本计量的投资性房地产,其他的都采用终止确认法。

(二)双方的讨论

中方赞同 IASB 关于租赁准则的修订目标:即建立一种新的、单一的租赁会计处理方法,以确保由租赁合同产生的所有资产和负债都能够在财务报表中得以确认。租赁准则的修订所贯穿的理念符合概念框架的要求。中方代表分别就IASB就出租人会计采用混合方法的考虑、出租人对租赁资产的折旧以及简化短期租赁会计处理等问题进行了讨论。

最后,本人总结了双方关于租赁准则的讨论。首先支持赞成IASB的租赁准则项目的改进,不再划分经营租赁和融资租赁。但有两个问题:一是租赁转让的是整个资产,从租赁来讲,一般是整体租赁,很难说是部分租赁。对于折旧也不能是部分在出租方,一部分在承租方;二是支持采用终止确认法,但"终止确认"一词不很合适,终止确认一般针对所有权而不是使用权。租赁仅是从出租方转移到承租方,转移的是使用权,只是实物形态的转让,而出租方获得长期应收款,应收款包括转让的资产使用权的价值和剩余资产价值,应当认为没有终止确认。既然这样,最好不用终止确认一词,以免误导。

九、负债计量项目

（一）负债计量项目的进展情况

IASB于2010年1月15日发布了《〈国际会计准则第37号——准备、或有负债和或有资产〉中的负债计量（征求意见稿）》（以下简称"征求意见稿"）。征求意见稿主要包括以下三个方面。

1. 计量原则

征求意见稿规定,"在初始计量负债时,企业应当以资产负债表日为解除义务所应支付的合理金额进行计量。应支付的合理金额是以下三项金额中的最低者：① 企业为履行义务所付出资源的现值；② 取消义务应当支付的金额；③ 将义务转移给第三方所应支付的金额。"而现行IAS37规定,"确认为预计负债的金额应是报告期末履行现时义务所要求支出的最佳估计。"

2. 履行义务方式下的负债计量模式

征求意见稿提出,在没有证据表明企业可以取消或者转移现时义务的情况下,企业应当采取"履行义务"方式计量有关负债。如果履行义务所需资源的流出金额具有不确定性,企业应当估计其期望值,即采用"预计现值法"进行计量。现行IAS37规定,对于单项预计负债应当采用"最佳估计数",即最可能的结果进行计量,而对于涉及大量项目的预计负债采用基于期望值的"预计价值法"进行计量。

3. 以提供服务方式履行义务情况下的负债计量

如果一项义务要求以提供服务方式得以履行,在存在服务市场的情况下,应当以承包商价格为基础的预计现值（包含毛利和风险调整）对其进行计量；在不存在服务市场的情况下,应当以主体提供服务的价格为基础的预计现值（包含毛利和风险调整）对其进行计量。而现行IAS37以提供服务的成本（不包含毛利）进行计量。

（二）双方的讨论

财政部已于2010年5月18日将相关意见反馈给了IASB。中方总体上不赞同征求意见稿中关于负债的计量原则，并认为理事会没有必要修改IAS37，而应当维持现行IAS37的有关规定，或对IAS37中的负债计量提供进一步指南。主要理由如下：

（1）征求意见稿中负债计量模式难以实现理事会进一步明确IAS37中负债计量的初衷：① 在征求意见稿计量模式下，对于全部预计负债（包括单项预计负债）必须取得的计量证据涉及了未来资源流出的金额、发生时间（折现率的选择）和概率等有关的全部信息，获取这些信息需要付出较高成本，甚至在某些情况下不切实可行，其客观性难以检验；② 对与预计负债相关的事件发生概率和风险估计会受到评估风险者个人风险偏好的主观影响，可能会导致更大的人为操纵，降低会计信息的可靠性和可比性；③ 对单项负债采取估计期望值计量可能导致估值与解除负债实际支付的金额产生较大差异。

从数学角度看，期望值是大量样本的平均值，对于单项预计负债的估值并不适用，而现行IAS37规定采用的最佳估计数，对于单项预计资产更具有可靠性。

（2）自行提供服务履行义务情况下，负债计量有违会计公允表达和相关性原则。不论是采用"承包商价格"或是"企业为其他方提供服务收取的价格"均包含毛利，这对于自行履行义务的企业来说是不相关的，不仅会在现时导致高估义务成本，而且意味着将来企业履行义务时需要确认一笔利润。这一结果有违会计公允表达和相关性原则。

IASB表示关于这个问题存在着不同的争论。支持者认为，毛利包含在买卖关系的对价中，因此以提供服务方式履行义务的负债应包含毛利。反对者的意见和中方是一致的，认为自行履行义务的企业发生的环境成本等，属于企业自身的责任，不应该包含在负债的计价中。

（3）修订IAS37不具必要性。现行IAS37预计负债的计量模式应用良好，实务界已普遍接受此计量模式。IAS37改进项目既不是IASB与FASB之间备忘录的项目，也不是与金融危机相关的项目，当前似无必要进行修订，理事会应当将有限资源投入到当前较为重要和紧迫的项目，特别是为应对金融危机所立项的准则项目。

（4）在IASB"概念框架"项目完成前修改IAS37并将其更名为"负债"的做法欠妥。一方面，征求意见稿和《工作草案》拟将IAS37更名为"负债"，而修订后的IAS37所规定的负债范围十分有限，与该准则的名称"负债"很不准确；另一方面，"负债"作为一项会计要素，其定义、确认标准和计量属性都应当与正在进行"概念框架"项目中的规定相衔接。在"概念框架"项目有关负债的定义、确认标准和计量属性等尚未确定前修改IAS37，不仅会造成与现行"概念框架"的不一致，还会产生IAS37在"概念框架"项目完成后再行修改的可能性，给其他已采用IFRSs或已与IFRSs趋同的国家造成执行上的不便。

IASB 代表表示,在项目开始时,试图制定一个统一的负债准则,适用于所有非金融负债。但是经过多次排除其他负债,最终的征求意见稿范围缩小,变得名不符实。但还有些理事一直希望制定适用于所有非金融负债的准则。

总的来说,中方肯定 IASB 为贯彻 G20 和 FASB 精神,在修订准则方面所作的巨大努力。但我们认为,准则的修订应注重重要性,保持会计准则的稳定性。对在实务中应用较好的准则尽量不做修改。目前 IAS37 没有修改必要,应当维持现行 IAS37 的有关规定,或对 IAS37 中的负债计量提供进一步指南。

十、公允价值项目

(一)公允价值计量准则的进展情况

现行国际财务报告准则关于公允价值计量的指南分散在许多不同的具体会计准则中,不具有一致性。而且,现行公允价值计量指南是不完整的,没有提出明确的计量目标和框架。G20 华盛顿峰会和伦敦峰会要求国际会计准则制定机构完善公允价值计量会计准则。IASB 为此加快了公允价值计量准则项目的步伐,目标是明确公允价值的定义,建立统一的公允价值计量指南,并强化公允价值计量的披露。

IASB 公允价值征求意见稿将公允价值定义为:"计量日市场参与者在有序交易中出售资产或转移负债所收取或支付的价格",并从账户单元、参照市场、市场参与者、估值假设等方面对公允价值计量提出了具体规范。目前 IASB 和 FASB 已经完全消除了双方在该项目上的差异,并计划在今年第四季度发布最终准则。

(二)双方的讨论

对于公允价值准则,中方认为在某些方面过于理想化,与实务操作存在脱节。因此对操作性存在担忧,并根据不同的市场情况提出了改进建议。所提到的情况无论在新兴市场还是发达市场都会存在,只是频率和程度不同,希望公允价值计量准则提供简单的做法和例外情况,使其能在现实中得到更好的应用。

第一种情况:不存在市场。

当不存在交易市场的情况下,准则应提供解决计量问题的出路和办法。典型例子就是对未上市股权的投资。中方建议:当不存在交易市场时,允许将成本作为公允价值计量的最佳估计,并纳入公允价值计量的第三层次。

第二种情况:存在市场,但交易不活跃。

尤其是中国作为新兴市场,有些项目存在交易市场,但市场缺乏深度或市场交易不活跃。例如,银行间市场的部分债券品种,资产管理公司持有的不良贷款,一般是一对一的,平时交易很少发生。中方建议:当市场交易不活跃时,同样允许将成本作为公允价值计量的一个最佳估计,并纳入第三层次公允价值;第二,在能够保证第三方估值质量的前提下,允许按照公认的第三方估值结果进行估值。

第三种情况：存在市场，但交易不正常或者是无序交易。

例如对于债券交易，一般单笔交易金额较大而且一对一的询价交易是其主要交易方式。交易双方可能在交易当中包含一些其他目的形成非正常交易。中方建议：准则应当明确何为无序交易、如何辨识无序交易作出更为明确的规定，确保公允价值计量中能够最大限度地剔除无序交易的影响；当无序交易无法被合理辨识时，允许选择一段时期的加权平均价作为公允价值的最佳代表，尽量避免恶意操纵价格等无序交易行为对估值结果造成过大影响。

第四种情况：存在市场，但流动性受到限制。

针对销售或流通受到限制的权益工具，其受限特征对应的折扣率应该如何确定，准则目前的规定无法指导实务操作，应当更加明确销售或流通受限的折扣确定方法。在中国长期停牌股票，股权分置改革中的限售股、附有销售锁定期的权益工具投资等较为普遍，实务中对折现率的确定五花八门，需要准则给予明确的规定。

IASB 代表针对中方所提出的各种情况及相关建议作了回应：

针对第一种情况所提出的问题，95% 的衍生产品都没有市场，而且有些产品成本是零，如利息互换。在没有市场的情况下，大量情况可以采用第三层次，而以成本计量是不妥的。更好的办法是在具体准则中规定例外，在其他准则中规定成本是更好的估计。公允价值准则解决的是如何计量而不是何时应用。

针对第二种情况所提出的问题，关于债务证券，IFRS9 讨论了折价买入的情况，IASB 对买入卖出债务证券要求按分类计量的基本条件来判断。如果符合以摊余成本计量的条件，在初始确认时使用公允价值，交易价格是公允价值的很好体现，以后用摊余成本的概念（比如预测未来现金流量、提减值）。在初始确认时就要确定一个实际利率，这个实际利率考虑了未来现金流的可收回性。

针对第三种情况所提出的问题，IASB 将会对无序交易等问题发布更多的指南。

针对第四种情况所提出的问题，IASB 代表指出，在估值过程中对流动性因素的考虑已经有比较成熟的方法。

本人在总结双方的讨论时指出，公允价值计量项目是应对金融危机的重要项目。金融危机中首当其冲的就是公允价值。中方对此项目的修改很关注而且抱有很大希望。作为新兴及转型市场国家，中国有自己的特点，尤其在这个项目上表现得很突出。这个准则是计量准则，与此准则相关的都要按这个准则来计量。中国的情况比较复杂，没有市场的情况或者关联交易，都可能造成利润操纵。不同的市场情况如何按公允价值计量在中国是较为普遍的问题。为研究公允价值计量问题，财政部组织实施了一系列相关课题，包括一级市场定价、二级市场定价、债券、基金、期权和私募股权投资等。私募股权投资不光是中国的问题，也是发达国家的问题，如何以公允价值计量，还需要继续总结和梳理，今天提出来的只是其中一部分。IASB 的征求意见稿提出的概念比较多,很多问题找不到答案。比如说第三方估值,要借助于评估专业机构的工作,他们的评估与会计准则有很大关联,估值的方法要体现出来。IASB 应对危机项目的努力是值得赞赏,尤其是金融工具项目下了很大工夫。但是相比较来说,对公允价值项目投入远远不够,而且是对美国公允价值计量准则的翻版。

十一、财务报表列报项目

(一)财务报表列报项目的进展情况

财务报表列报项目是国际会计准则理事会(IASB)与美国财务会计准则委员会(FASB)签署的趋同备忘录中的重要项目。该项目的第一阶段已经结束,IASB 在 2007 年 9 月对《国际会计准则第 1 号——财务报表列报》的修改中引入了"综合收益"的概念。

在第二阶段的改革中,IASB 于 2008 年 10 月发布了《财务报表列报的初步观点》(讨论稿),计划对现有报表格式作出大幅改动,按照创造价值的活动(业务活动,包括经营和投资)和筹集资金的活动(筹资活动)对财务状况表、综合收益表和现金流量表进行分类,旨在加强报表之间的内在联系或内在一致性,同时在表内提供更详细的分解信息,便于财务报表使用者(主要是外部投资者)根据财务报表进行投资决策。

由于第二阶段的改革变化较大,争议不断,使得征求意见稿的发布日期一再推迟。为此,IASB 决定改变策略,将其中争议不大但又迫切需要解决的其他综合收益、终止经营两部分的列报拆分出来提前发布。在这种背景下,IASB 于 2010 年 5 月 27 日发布了《其他综合收益项目的列报》(征求意见稿),并将在 2010 年内发布正式准则。这份征求意见稿对其他综合收益的列示作了如下改动:① 将综合收益表的名称修改为"损益和其他综合收益表";② 取消了"其他综合收益"列示的"两表法";③ 将其他综合收益项目分为"将重分类计入损益"和"不能重分类计入损益"两类;④ 选择在表内以税前金额列报时,需分别列出上述两类其他综合收益的所得税影响总额。

(二)中方对列报项目的整体意见

IASB 在 2007 年 9 月发布了对 IAS1 号的修订,引入了"综合收益"的概念。中方认为这一修改体现了资产负债观的理念,是合理的,并且操作上并不复杂,对此表示赞同。中国已于 2009 年 6 月 11 日发布了《企业会计准则解释第 3 号》,在利润表中增加了"其他综合收益"和"综合收益总额"项目,实现了与 IFRS 的持续趋同。

IASB 最近发布了《其他综合收益的列报》的征求意见稿,中国一直采用一张报表列示损益和其他综合收益,中方同意相关改动。中方比较关心的是,IASB 现在将越来越多的内容放入了其他综合收益,并且将其他综合收益进一步分为两类,这样做会使报表变得更加复杂。

中方有两点建议,一是 IASB 应当从概念层次明确其他综合收益的定义,而不是将其作为一种损益的调节器。二是"不能重分类计入当期损益的其他综合收益"这一类别的描述过于规则化,不利于全面反映企业损益全貌,应当允许相关资产或负债终止确认时将其转出,计入当期损益。

对于财务报表列报项目第二阶段的修改,中方总体是反对的。主要基于以下几点原因:

第一,业务活动和筹资活动的分类本身界定不清,难以操作。IASB 的改革方案将业务活动和筹资活动区别列示。但事实上,许多企业的筹资活动往往紧密服务于业务活动,难以分解。人为地将业务活动和筹资活动分开并不符合企业一体化管理的实际,在操作上也存在困难,集中体现在对业务和筹资的概念难以清晰界定上。像"经营筹资"子类别,就是这一难题的产物。而且实务中难以区分的并不仅仅是这些项目。

第二,新的列报模式不能解决内在一致性问题,但实际并未有效解决。比如:商誉往往涉及相关的所有不同类别的资产和负债,但是目前只是把它分类在经营活动中;再比如所得税的影响,在财务状况表、现金流量表中单独列式,但是在综合收益表中却进行了分摊;还有"多类别交易"部分的单列,实际并没有解决内在一致性问题等。这里的核心问题是企业的活动是一个整体,许多情况都涉及多个类别,要将相应的资产负债、收入费用和现金流量归入某一特定类别非常困难,很难实现内在一致性。

第三,新列报模式不符合成本效益原则。一方面,现有列报模式能够满足各方需要,对其进行大幅改动似无必要。中国现有的财务报表列报准则规定了固定的报表格式,并有效解决了各行业的列报问题,重要项目的变动都有附表。这种列报格式已被广泛接受和熟悉,能够满足各方需求。另一方面,如果采用新的列报模式,企业需要耗费巨大成本。如对现有系统进行全面调整,并对会计人员进行培训,转换成本很高。同时,由于新的列报模式需要提供更多细节的分解信息,也增加了日常的运行成本。

第四,如果采用新的列报模式,将会与中国许多法律法规的相关规定相冲突。目前,中国的国资委、银监会、证监会、保监会等监管部门对企业的业绩考核制定了许多指标体系,并以法律、法规的形式发布。现有的列报格式是这些指标体系的基础数据的来源,如果列报模式改变会导致相应的法律、法规,这在中国是难以做到的。

第五,财务报表列报项目属于非金融危机相关项目,建议推迟最好不改。财务报表列报项目属于非 G20 要求的金融危机相关项目,我们建议,现阶段应将主要精力放在金融危机相关项目上,而对列报项目应予以推迟或不改。

根据 IASB 公布的最新的工作计划,IASB 已经对列报项目进行推迟,中方表示赞同。

（三）IASB 代表对中方观点的回应

IASB 代表指出,财务报表项目具有一些潜在的困难,很多理事会反对修改列报模式,理事们对这个准则没有达成一致。IASB 认为这个项目过大,基于以上考虑,决定推迟发布征求意见稿,接下来 IASB 的工作人员将更广泛地征求各方意见。如果项目计划一直推迟的话,这个项目很难完成。

需要强调的是,根据现行 IASB 的决议,其他综合收益分为可转回和不可转回,公司可以决定是税前还是税后,按新的列报应分为经营、投资、筹资类别。在与工作人员的讨论中,关于是否应全面列报其他综合收益项目,工作人员认为,不需要全面列报。对特定企业来说,企业不可能涉及所有项目,并不是所有的公司都包括所有的其他综合收益项目,如果真存在拥有所有其他综合收益项目的企业,那么证明企业的业务本身很复杂,并且很重要,基于重要性原则,应重点列报这些项目。

最后,我对双方讨论的情况进行了总结。报表列报项目第一阶段引入综合收益的概念,将综合收益反映在利润表里,利润表即体现净利润,又反映其他综合收益,容易操作,中方支持赞同并且实务中也是这样做的,并在附注披露具体的其他综合收益项目。关于现金流量表采用直接法,对中国来说没有问题,在实际操作也不存在大问题。对于第二阶段的修改,将三张报表的顺序打乱,中方总体反对,实际操作非常不合理,与法律矛盾,通过与企业的沟通,目前没有一家企业支持第二阶段的观点。如果需要与 IASB 有关工作人员和投赞成票的理事沟通,需要提供实际案例,中方可以提供帮助,也愿意邀请项目组成员到中国来了解企业的实际情况。

我们认为,第二阶段的修改是财务报表列报项目的倒退,强调的是其他综合收益的回转的问题很大可能是基于列报各项目的平衡。因为资产负债表反映的是存量信息,是时点信息,而利润表和现金流量表是流量信息,是时期信息,将其一起考虑是不合理的,对于那些在实际中具有操作性、可以实现的,中方都做到了趋同,但对于不可能做到的,则无法实现趋同。

中美会计合作上海会议
共同推进准则国际趋同

  根据中美会计合作备忘录拟定的定期会晤机制安排,2010 年 8 月 9 日,中国会计准则制定机构与美国会计准则制定机构(财务会计准则委员会 FASB)在上海举行中美会计合作会议,罗伯特·赫茨主席和本人分别率双方代表出席会议。会议深入探讨了中美会计准则建设及国际趋同的最新进展、与金融危机相关的金融工具和公允价值计量等准则项目的改革、深化中美会计合作以及推进中美会计准则等效等重大议题。在应对国际金融危机响应 G20 倡议、建立全球统一的高质量会计准则的关键时期,中美两国会计准则制定机构就上述重大问题进行磋商并达成共识,对于共同推进会计准则国际趋同和中美会计等效具有十分重要的意义。本次会议取得圆满成功,达到了预期目的。

一、美国会计准则的改进及与国际财务报告准则趋同情况

  赫茨主席首先介绍了美国会计准则的改进及与国际趋同情况。赫茨指出:2002 年和 2006 年 FASB 与国际会计准则理事会(IASB)分别签署协议和谅解备忘录(该备忘录于 2008 年更新),旨在共同建立一套高质量的全球会计准则。为实现上述协议和备忘录确定的目标,FASB 和 IASB 制定了详细的工作计划和具体准则趋同项目,确定了定期召开讨论会的机制,商讨准则项目的趋同问题。2008 年 11 月,美国证券交易委员会(SEC)发布一份关于采用国际财务报告准则路线图的征求意见稿。该路线图(征求意见稿)阐述了美国上市公司采用国际财务报告准则的基础,提出了美国完成采用国际财务报告准则的时间安排。

  在 2009 年 9 月的匹兹堡会议上,G20 领导人要求 FASB 和 IASB 加速谅解备忘录工作的进程。因考虑到一些国家将会于 2011 年或 2012 年转向使用国际财务报告准则,如果 FASB 和 IASB 能在此期间完成趋同项目,这些国家就无须对其会计准则体系做两次大的修改,G20 督促 FASB 和 IASB 在 2011 年 6 月 30 日前完成其谅解备忘录安排。但是,自金融危机爆发以来,美国许多投资者、公司、会计师事务所开始评价和衡量从美国会计准则转向国际财务报告准则的影响,希望美国的趋同进程放缓并对 FASB 和 SEC 施压。SEC 出于其自身监管存在较大漏洞,也不再将会计准则国际趋同作为首要

任务。从美国的角度看,FASB 与 IASB 的合作既是趋同也是改进,双方合作的目的是能够推出一套高质量的准则,以便有共同的报告,不仅仅是为了趋同而趋同。FASB 与 IASB 所做的项目涉及重大改革,所以在此过程中必须要听取各方的意见,而且需要采用系统的方法有序推进,在发布最终准则并得以有效实施必须给公司等有关方面一定的准备时间。

鉴于上述原因,美国采用国际财务报告准则的策略受到了一定程度的影响。SEC 于 2010 年 2 月发布委员会声明称,尽管美国支持 G20 提出的建立一套全球统一的高质量会计准则,但美国还要在 2012 年才能做出是否或何时采用国际财务报告准则的决定。赫茨主席认为,美国"采用"还是"趋同",主要考虑的因素包括:① 国际财务报告准则在趋同上取得了多大的进展,是否在全球得到一致的实施;② 国际会计准则理事会结构和治理方面的因素;③ 对美国的税法、银行监管和其他一些法律等的影响。赫茨主席称,SEC 的工作人员会对这些议题进行专项研究,并将不定期发布相关进展报告。第一份进展报告将于 2010 年 10 月发布。此项研究工作计划于 2011 年完成,之后工作人员再向 SEC 提出建议,SEC 需要在 2012 年做出最终决定。因此,FASB 和 IASB 一方面要履行对 G20 的承诺——在 2011 年 6 月前建立一套全球统一的高质量会计准则;另一方面又必须应对来自美国国内各界的压力。2010 年 7 月,FASB 和 IASB 修订了谅解备忘录,将原计划完成趋同项目的时间由 2011 年 6 月 30 日推延至 2011 年 12 月,而且明确将主要力量集中于解决与金融危机相关的紧急重大项目。

关于"采用"还是"趋同",赫茨主席非常关注中国在会计准则建设与实施方面的成功经验,并希望能从中国会计国际趋同的实践经验中得到启示。

二、中国企业会计准则与国际财务报告准则趋同的情况及相关经验介绍

(一) 中国会计准则的国际趋同采用"趋同"而不是"直接采用"

本人作为中方代表,简要介绍了中国会计准则的建设和实施、趋同与等效方面的实际情况,明确指出:自金融危机以来,从华盛顿峰会、伦敦峰会到匹兹堡峰会、再到多伦多峰会,G20 都把建立全球统一的高质量会计准则、改进 IASB 治理结构作为重要议题之一。中国作为 G20 成员国和负责任的国家,首先表明了积极响应 G20 倡议的立场和姿态,采取了一系列有效措施,结合中国新兴市场经济的实际情况,全面而深入地参与了国际财务报告准则项目的改革,力争为建立全球统一的高质量会计准则做出贡献。相对而言,中国会计准则的改进不需要另起炉灶,因为我们已建成与国际趋同的会计准则体系,并已有效实施三年,具备了一定的实践经验,响应 G20 倡议,主要是在现有基础上进行调整。

中国会计准则的有效实施和国际趋同的经验表明,我们虽然采用的是"趋同"而不是"直接采用",但这一策略是比较实事求是的。中方认为,会计国际趋同应当是

求大同存小异。中国的实际做法是,除了个别问题外,几乎在所有的会计确认、计量和报告方面与国际财务报告准则是一致的,甚至在有些方面我们做得更好些,比如同一控制下企业合并,国际准则没这方面的规定,而中国实务中的并购重组较多,有些属于同一控制下的企业合并,需要对此做出规定。如果完全照搬照抄国际会计准则不完全能解决类似的问题。到底应当怎样理解或实现趋同,中方认为,从全球而言,一国的会计准则与国际财务报告准则在确认、计量和报告的主要方面做到一致就是非常了不起的事情,世界各国能够做到这一点就是趋同,至少中国是这样,如果要求全球各国一字不差地直接采用统一的会计准则是不太符合现实的。中国的会计准则制定前是"规则导向"的会计制度,从"规则导向"的会计制度改为"原则导向"的会计准则并实现有效实施,前后至少经历了10年以上的渐进式改革。我们实践了这个道路,证明这一道路是可行的。

中国会计准则实现国际趋同是一个互动的过程,由1项基本准则和38项具体准则以及应用指南构成的中国会计准则体系,在实现国际趋同的过程中,绝大部分项目在确认、计量和报告方面与国际财务报告准则保持了一致,当然也存在着一些极少项目和内容与国际不一致的情况,主要包括国家控制企业关联方的认定、长期资产减值不得转回以及企业改制上市重估价作为认定成本问题。

《国际会计准则第24号》(IAS24)对关联方认定要求国家控制的企业统统都是关联企业。中国的国有企业相对而言比较多,而且都是独立法人,自负盈亏,照章纳税。如果这些企业之间没有投资纽带关系,其中的一个企业出现财务困难甚至倒闭,不会对其他企业产生任何关联影响,不能笼统认为国有企业都是关联企业。我们仅对国有企业中那些有投资关系的母子公司、合营和联营企业认定为关联企业。中国的关联方及其交易的披露会计准则,在这方面没有与国际准则保持一致。同时,中国积极向IASB反馈这一实际情况,希望IASB能对现有国际财务报告准则做出调整。IASB经过长期的研究,于2008年对IAS24进行了修改,最终解决了这个问题,实现了在关联方准则上的国际趋同。

中国上市公司有一部分是国有企业改制上市的,在改制过程中资产需要进行资产评估,调整股权结构,并根据评估后的价值确认其认定成本。中国这种做法在国际准则中也找不到相应的规定。《国际会计准则第16号》虽有资产重估的内容,但没有涵盖此类业务。在中国的积极反馈之后,IASB同样经历了较长时间的研究,于2010年5月发布了《年度改进2009》,解决了这一问题。

长期资产的资产减值不得转回问题。按照中国准则的相关规定,存货、应收账款等流动资产和金融资产计提减值准备后,在其价值回升时可以从减值准备中转回,这与国际准则是一致的。但固定资产、无形资产等长期资产计提减值准备之后,通常视为永久性减值,按照中国会计准则即使其价值恢复也不允许转回。因为这种长期资产的转回容易成为一些上市公司调节利润的手段。IASB 认为,这一问题可在未来的持续趋同中进一步加以研究。

中方的观点受到美方肯定和赞同。赫茨主席认为,在目前的经济环境下,如果一味强调全球各国都完全采用国际财务报告准则,不能够解决各国或地区所面临的特殊会计问题,较为现实的做法是最大限度地(例如 95% 以上)保证准则趋同,允许各国、各地区根据实际情况保留较少差异。

(二) 中国会计准则从"规则导向"转向"原则导向"经历了艰苦的历程

赫茨主席提出,美国以"规则导向"的准则要转为"原则导向"、采用(或者说改进)国际财务报告准则,目前遇到了相当大的阻力,特别是来自实务界和注册会计师的反对。中方对此表示充分理解,同时介绍了中国是如何实现这一转换的情况。中国在五年之前,2005 年刚刚建成准则还没有实施的时候,成千上万的中国企业会计人员、会计主管人员、财务总监、会计师事务所主任会计师、技术合伙人等,都对与国际趋同的会计准则非常陌生。甚至一谈到国际准则,他们有一种"谈虎色变"的感觉。

随着中国加入 WTO 五年过渡期结束,中国的企业不断地做大做强,GDP 增长速度也相当之快,中国的企业走出去进入国际市场成为现实,对会计准则国际趋同的要求便越来越迫切。所以中国财政部下定决心,2005 年要建成中国的准则体系并实现了国际趋同。同时决定在加入 WTO 五年过渡期结束后强制分步实施,从上市公司逐步扩大到所有大中型企业。为了实现这一目标,我们大体经历了以下艰苦的过程。

2005 年是会计准则建立年。2005 年建成中国会计准则并实现国际趋同。IASB 对当年的工作有个形象的说法,称 2005 年是 IASB 工作的中国年。当年,戴维·泰迪主席和其他理事多次到中国来。韦恩·奥普顿先生在 2005 年不仅多次来中国,而且每次停留时间都很长,其中有一次连续工作达两周的时间。按韦恩的话说,他快变成"中国通"了。

2006 年是会计准则宣传年。中国准则 2007 年实施之前,在 2006 年,工作的重心是宣传推广工作。中方当年做的宣传推广和培训工作,现在回顾起来真是"不堪回首"。财政部采用了多种方式、多种渠道进行宣传,包括网络媒体、电视节目,甚至是中央电视台,将复杂的会计准则通俗化、简单化,编出了一些故事和节目,让全国人民都知道会计准则。会计司的专业团队当年都是准则宣传推广和培训的老师,呕心沥血,不辞辛苦。2006 年会计准则培训的规模之大、培训人数之多、培训范围之广,可能是前所未有的。财政部举办了第三届全国会计知识大赛,国务院当时的国务委员华建敏和有关部门的领导都莅临大赛现场,各省都派出了代表队。

2007 年是会计准则施行年。2007 年 1 月 1 日起在上市公司、部分金融企业和央企实施。开始实施的时候,因为要从旧制度转变到新准则,我们所做的工作非常扎实细致,财政部和证监会发出通知,要求怎样从旧账转化到新准则,如何将余额按新准则转换,还提供了首次转换的余额调节表。之后会计司的工作就转为逐日盯市,逐户监督执行,随时解决执行中出现的问题。2007年1月1日至今,会计准则已有效实施三年有余,从上市公司逐步扩大到非上市大中型企业。

中方认为,中国从"规则导向"的会计制度转向"原则导向"的会计准则取得了成功,得到了欧盟、世行、IASB的认可。在这个过程中,香港在2007年经过一年的比较,实现了两地准则的等效。截至目前有61家内地企业同时在内地的A股和香港的H股上市。公司按照内地的准则编制A股报表,按照国际准则编制H股报表,到2009年年报为止,按两个标准形成的报表的资产、利润、净资产、净利润和各种财务指标趋于完全一致。A+H股的财务报告实际数据证明了中国从规则导向转为原则导向取得了成功,也论证了中国准则与国际准则趋同的效果。

(三)财政部管理全国会计工作对于中国会计准则建设并实现国际趋同发挥了至关重要的作用

赫茨主席提出,FASB虽然是美国唯一的会计准则制定机构,但这一机构属于民间组织,其会计准则制定和发布来自于SEC的授权,因此美国会计准则的"趋同"或"采用"策略的选择以及准则的实施,在很大程度上受制于SEC或美国本土具有较大影响力的企业。

中方回应,我们非常理解美国会计准则制定机构的上述情况以及所面临的挑战。在这方面,中国有自身的优势,按照中国的《会计法》,财政部负责全国统一的会计标准制度的制定和发布,同时也有会计准则委员会,但中国会计准则委员会作为咨询机构只提供准则方面的咨询。在中国财政部制定、发布和实施会计准则的过程中,中国证监会、银监会、保监会、国资委、人民银行、国家审计署等相关部门给予了大力支持和配合。中国会计准则具有权威性、效率性和强制执行的特点。我们在这一过程中充分听取相关部门的意见,同时通过会计准则委员会的工作机制,广泛征求社会各界(包括理论界、实务界、会计中介机构等)的意见,确保中国会计准则的独立性和高质量。这是中国会计准则建设、趋同和有效实施非常重要的经验。

三、与金融危机相关的国际准则项目改革的讨论

双方在对各自会计准则建设与国际趋同过程中的重大问题进行讨论之后,接下来就围绕着建立全球统一的高质量会计准则,尤其是与应对金融危机相关的准则项目的重大改革进行了深入讨论。

(一)金融工具

1. 分类与计量

FASB主张对金融资产和金融负债全面采用公允价值计量,FASB认为,摊余成本不能及时反映金融机构的损失。赫茨主席称,美国研究结果表明,公允价值可以更好地

显示信用风险和利率风险的问题所在。

中方赞同《国际财务报告准则第9号——金融工具的确认和计量》(IFRS9)将金融资产分成两大类,反对把公允价值计量的范围无限扩大。总体而言,IASB出台的IFRS9的规定符合中国的实际情况,但其中以公允价值计量的金融工具处置后,相关的其他综合收益(OCI)不允许转入当期损益,这对中国的影响是非常大的。中国金融机构普遍反对OCI在处置时不能转回的做法。因为原来四分类的情况下可供出售的金融资产的公允价值变动计入权益,处置这部分金融资产时,允许将对应的其他综合收益转入当期损益,而且这部分金融资产在中国金融机构中所占比重非常大。

2. 金融资产减值

在金融资产减值方面,FASB主张已发生损失模型。FASB表示,采用现有的信息和历史经验来估计未来哪些现金流是无法收回的,而且要对资产的整个生命周期进行估计,这样做在实务中是很困难的。中方赞同FASB的观点。中方认为,金融资产的减值要强调迹象,试图通过预计信用损失解决金融危机顺周期的影响,不是会计规范问题,而是属于金融监管、审慎监管范畴。

中方主张,会计准则制定应当维护其独立性,将金融监管的原则和会计准则的原则相分离。金融监管负责审慎监管,这在中国实际上已经做到了。中国的保险准则2009年实施。按会计原则确认的保险负债,监管部门按监管要求确认负债,纳税时按监管要求做税前扣减,同时按照监管要求确定可供分配的利润。这样处理,保险公司向国家缴税、向股东分红,甚至于包括对职工的分配,都体现了审慎监管的原则,减少了现金流,减少了分配,不能简单地根据会计的原则所确定的税后利润进行分配,实现了审慎监管与会计准则的分离。这其中分清了两个概念:一个是会计利润;另一个是监管利润。

我们认为,不要通过会计来去解决所有问题,更不能通过会计准则承担审慎监管的职能。会计准则不是万能的。中国银监会多次提出,为了实现审慎监管,使不良贷款的拨备率达到或超过100%,甚至达到150%。但基于会计,贷款一定要在有减值迹象时才确认减值损失。实务中,尤其是对中国的银行而言,有相当一部分贷款不仅能够按期收回本金,而且还能按期收回利息。这类贷款本身没有发生损失,为什么要计提减值准备呢?这在会计准则上是说不通的。就会计原则而言,属于秘密准备。所以中方认为,贷款减值损失的确认和计量应该遵循迹象法,而不应当随着监管的变化而变化。这是中方所坚持的原则。

中方强调,这次金融危机涉及会计问题,但不单纯是一个会计技术问题。会计准则的专业人员更多侧重于技术是不行的,还必须有策略上的考虑,应当注意保护自己。全球高质量由谁来确定?由准则制定机构达成共识的准则就是全球高质量。按照监管的要求去修改会计准则,恰恰迎合了一些投资银行家或监管者把责任转嫁到会计上的意图。因此会计准则制定机构应当维护其自身的独立性。

FASB 表示真正将会计准则和审慎监管完全区分开还是很有挑战性的,中国的经验值得借鉴。

(二) 公允价值计量

中方提出:美国在金融危机爆发时需要慎重采用公允价值,甚至提出要暂停或取消金融工具公允价值计量,而在金融危机过后却又扩大公允价值应用范围,美方是出于何种考虑?

众所周知,2008 年金融危机爆发之后,围绕是否暂停或者取消公允价值计量,在《2008 紧急稳定经济法案》中,美国国会委托 SEC 用 90 天的时间完成一份研究报告,研究的目标是能否暂停或取消公允价值计量。FASB 根据当时情况对《财务会计公告第 157 号》(157 号公告)也做了一些补充规定,在罕见的极少数情况以及流动性不足时,对金融工具慎重采用公允价值计量。此后不久在 2008 年 10 月 13 日,IASB 也出台了对金融工具重分类的规定。当时情况给全球的信号就是要慎重采用公允价值。IFRS9 出台后,IASB 将金融工具四分类改为两分类,美国表示反对。我们所不解的是,当时面对金融危机,美国考虑暂停或者取消公允价值,也就是缩小公允价值计量的范围,而现在却要全面采用公允价值计量。

FASB 指出,金融危机当时形势严峻,金融机构就去游说国会要求暂停或是取消公允价值。在美国的政治体制中,这些机构可以花费大量的金钱进行游说,而且还有竞选的政治献金。但是最后并没有成功暂停使用公允价值,是因为国会对于这样的重要问题要进行专门研究。比如说美国国会刚刚通过的金融监管改革法案,就是建立在 200 多个研究的基础上做出的决定。很多投资者是反对暂停使用公允价值的,但他们的声音不如这些金融机构这么大,也没花这么多钱,这么多政治献金。但是不管怎么说,SEC 的报告不认同暂停或取消公允价值的做法,而且很多其他报告也得出了类似结论,系列报告都认为公允价值并不是造成金融危机的原因,导致危机的原因是没有或是没有适当使用公允价值。直到今天美国人对这个问题仍有不同,有些人认为应该更多的使用公允价值,有的人认为应该更少地使用公允价值,有的人认为现在的做法就是正确的。

FASB 并不完全认同扩大公允价值使用的提法。FASB 认为,公允价值本来就已放在附注,最主要的是公允价值信息披露位置的改变。FASB 希望公允价值计量体现在财务报表内。因为附注里的信息含量跟表内的信息含量具有明显差异。FASB 建议设立一个单独的公允价值资产负债表,或者是一个附表,或者在表内以括号的形式加以表现,主要理由是公允价值的财务报告具有相关性。

中方认为,如果整个资产负债表都用公允价值计量,即使解决了金融工具的公允价值计量问题,但还有非金融工具的资产,比如说固定资产、无形资产和应收账款,尤其是一些长期应收账款和非金融企业的应收账款,取得公允价值相当困难。赫茨主席提到,在美国存在存贷款的交易市场,容易确定各种存贷款的市场价值。但在中国没有此类市场,存贷款的市场价值因此也就难以确定。因此即使对于银行等金融机构而言,整个资产负债表都采用公允价值计量是不现实的。

(三)保险合同等其他会计准则项目

美方获悉中国发布了保险会计规定并于 2009 年起实施,认为这又是一项很了不起的重大改革,并对其中的改革内容产生了极大兴趣,希望中方介绍有关情况。中国在 2005 年实现会计准则国际趋同时,由于保费收入分拆、保险合同负债和保单取得成本处理方法不同,导致 A 股报表和 H 股报表以及与在美国上市企业的报表差异。这个差异构成了 A + H 股在净资产、净利润差异的主要组成部分,所以财政部下决心要解决这个问题。我们坚持一个公司同一交易事项的处理原则 A 股和 H 股应当一致。对于保险合同的分拆,境外报表分拆,境内报表也应分拆。对于保单取得成本,境内报表作为当期损益,境外报表也应作为当期损益。比较复杂的是保险合同负债的计算方法,为了解决这一问题,财政部和保监会、保险公司共同进行了一年的测试和计算。保监会协助我们完成按照会计原则形成的保险负债的确认和计量。在各方达成一致后,财政部发布保险合同准则,确定从 2009 年 1 月 1 日起开始执行。从 2009 年年报看,该准则的执行效果很好,有效地解决了 A + H 股差异问题。

中美双方还针对保险合同中的风险边际进行了讨论。FASB 认为,通过风险边际和剩余边际反映关于不确定性或风险的补偿存在较大主观性,因为保险公司必须在这两个边际之间分配和重新计量。FASB 宁愿保险公司采用一个综合的边际,索赔的不确定性在整个索赔期进行重新计量,同时披露如何计量风险调整的,不论是采用置信区间法,还是有条件的尾部预期法,或者是资本成本法,都可以不加以限制,只要知道这些保险公司是如何计算即可。

中方认为,美国主张的一个边际法和 IASB 或者说中国主张的两个边际法,其目的都是一样的,都是为了反映不确定性和风险,差异主要在方法上。尽管这两种方法很难说谁优谁劣,但中方认为从概念层次的角度,把边际分为风险边际和剩余边际能够提供更加有用的信息。

除金融工具和公允价值项目外,中美双方还讨论了收入确认、租赁等准则项目。

四、中美会计等效

中美会计等效已纳入中美战略与经济对话和中美联合经济委员会议题。实现中美会计等效,一方面有助于中美双方在会计准则问题上协调立场,促进全球统一的高质量会计准则的建立;另一方面有利于中美两国资本市场实现互利双赢。

中方表示,中国上海证券交易所正在筹建国际板,允许外国企业来华上市融资。经研究,国际板建成开放后,到中国上市的外国企业在会计准则方面应当遵循一些基本原则：一是执行中国的会计准则，按照中国会计准则编制财务报告。二是执行中国会计准则有困难的，两国可以进行会计准则等效谈判；如果两国准则实现等效，那么可以执行该国准则，但前提是必须认可中国的会计准则。三是如果两国会计准则没有实行等效就必须调整，不论该国执行何种准则，也不论调整成本有多大，调整幅度有多高，都必须调整为基于中国会计准则的财务报告。

中方了解到，有很多美国企业希望到中国上市，由于现在中美会计准则之间没有实现等效，就意味着那些想到中国上市的美国公司需要调整报表。当然，在美上市的中国企业也需要调整报表，这就增加了两国企业在对方资本市场上市的融资成本。中方表示，中国资本市场国际板开放以后，美国企业将是最大的受益方，美国应当从本国资本市场和经济发展的战略角度考虑这一问题，希望赫茨主席协助做好美国财政部和 SEC 的工作，尽快推进中美会计等效。

中美会计准则等效同时也是两国审计公共监管的基础。实际上，自美国 SOX 法案实施以来，美国依法成立的公众公司会计监督委员会（PCAOB）一直想要进入中国对为在美上市的中国公司审计的会计师事务所进行监督检查。中方坚持相互依赖原则，在审计公共监管等效的前提下，由各自监管机构对本国的相关会计师事务所进行监督检查，不得进行跨境监管。中美两国会计准则等效与审计公共监管等效密切相关，或者说，会计准则等效是审计公共监管等效的基础。中国与欧盟就是这样做的，已经取得了显著成效。在中欧财经对话机制下，中欧会计已经实现了过渡期内的等效，双方正在为永久等效而努力，在此基础上，审计公共监管等效工作正在积极推进之中。这将为中欧资本市场的发展和经贸繁荣发挥重要的促进作用。

赫茨表示，美国会计准则等效的决策权主要由 SEC 掌控。SEC 目前的策略是可以接受国际财务报告准则，暂不接受其他国家的会计准则。赫茨主席认为，如果美国最终决定采取趋同而不是全面采用策略，中美会计等效实现的可能性将会更大。赫茨本人也承诺将就此事与 SEC 进行沟通。

五、未来安排

双方根据本次会议讨论的情况和会计准则国际趋同面临的挑战，尤其是在 2011 年底之前，建立全球统一的高质量会计准则将进入关键时期，应当加强两国会计准则方面的沟通与合作，就上述一些重大问题，包括"趋同"或"直接采用"的策略、与应对金融危机相关的国际准则重大项目的改革、中美两国会计准则等效，双方认为，有必要在这些重大问题上协调立场，以求达成共识，不仅有助于两国会计准则的建设，更重要的是应对金融危机响应 G20 倡议，为建立全球统一的高质量会计准则作出贡献。

（一）关于会计准则国际趋同的策略选择

中方表示，中国会计准则的国际趋同将会始终坚持"趋同"而不是"直接采用"策略,当前的工作重点是深度参与国际财务报告准则项目的改革,使其充分反映新兴市场和发展中国家的实际情况,也希望 FASB 和 IASB 在未来的合作中考虑中国新兴市场体的特殊性,这样形成的全球统一的会计准则才具有公认性和高质量,我们也同时希望美国研究会计准则国际趋同的策略,尽快就美国会计准则与国际财务报告准则趋同或采用的时间表做出决策。从目前情况看,美国会计准则的国际趋同步履艰难进展缓慢,应当承认与其目前拟选择的"直接采用"策略有关,如果美国选择趋同策略,中国的做法可供借鉴。

赫茨主席对中方的观点表示认同,本次来华访问是带着问题来的,美国作为全球最大的发达国家,在会计准则制定上具有悠久的历史,"规则导向"的会计准则深入人心,美国会计准则体系有近百个项目构成,转向"原则导向"的准则体系确实存在巨大的挑战,面对 G20 的要求和会计准则国际趋同的趋势,需要在一些重大问题上作出选择。

(二)关于国际准则重大项目的改革

与金融危机相关的会计准则重大项目改革是当前各国工作的重点,诸如金融工具、公允价值计量、财务报告列报等,中美两国的研究是比较深入的,而且对一些重大政策总体看法趋于一致,双方一致认为,在未来的工作中应当充分利用双方的工作机制,协调立场,增进共识,在国际财务报告准则重要项目修订过程中发挥应有的作用。

(三)加快中美会计准则等效的步伐

中美会计准则等效是两国经济发展的客观需求。中国会计准则国际趋同已经采用了"趋同"策略,而且实践证明是成功的;从现实和可能出发,美国会计准则国际趋同也选择"趋同"策略,不仅有助于完善和改进本国会计准则,而且有助于会计准则国际趋同,同时为中美两国的会计准则等效创造良好条件。美国和中国都是全球最具影响力的国家,从全局角度出发,做好这一领域的工作,仍存在着较大空间和潜力,中美双方应当有所作为。

此外,为增强 IASB 监督委员会的全球代表性,中国新兴市场经济国家应当加入监督委员会,并希望得到 FASB 的支持。美方赞同中方观点,支持中国加入监督委员会,并表示将尽力做好相关协调工作。

金融危机后国际财务报告准则的
重大修改及对我国的影响

一、金融危机后国际财务报告准则的重大修改

（一）危机后发布的国际准则项目

1. 金融工具分类与计量

2009 年年底，国际会计准则理事会完成并发布了关于金融资产分类与计量的最终准则（《国际财务报告准则第 9 号》）。该准则将金融工具分为两类：一是以摊余成本计量的金融工具，条件是具有贷款特征且基于合同收益对其进行管理。二是其他金融工具，包括不符合以摊余成本计量条件的债务工具、权益工具、衍生工具等以公允价值计量且其变动计入损益的金融工具；对于非交易性权益工具，可以在初始确认时选择将其公允价值的变动计入其他综合收益，但处置时不允许转回当期损益。

2010 年 10 月，理事会发布了金融负债分类与计量的准则，除选择以公允价值计量的金融负债因自身信用风险导致的公允价值变动应计入其他综合收益外，保留了《国际会计准则第 39 号》关于金融负债分类与计量的相关要求。

2. 合并报表及联合安排

2011 年 5 月，国际会计准则理事会同时发布了《国际财务报告准则第 10 号——合并报表》、《国际财务报告准则第 11 号——合营安排》及《国际财务报告准则第 12 号——在其他主体中权益的披露》，以改进投资者对被投资主体具有控制或重大影响的长期投资的会计处理和相关披露要求。

（1）合并报表。现行国际财务报告准则按照是否存在控制关系作为确定合并报表范围的基本原则，对于特殊目的主体辅之以是否承担主要的风险或享有主要的报酬进行判断。《国际财务报告准则第 10 号——合并报表》将"控制"的定义修改为，"有权力决定其他主体的活动并从中获得收益"。该定义包括权力要素、收益或风险要素，以及权力与收益之间关系的要素，具体而言，"控制"意味着拥有对被投资方的权力、享有或承担被投资方收益变动的权利或风险、有能力运用其权力影响被投资方的收益。特殊目的主体在符合新的"控制"定义条件的情况下将纳入合并报表范围。理事会认为，对于不存在投票权的特殊目的主体，以及存在潜在投票权或管理权委托代理关系等特殊

情况,基于新的控制定义,可以更完整、更一致地确定其是否应当纳入合并报表范围,从而使得合并主体的风险得到更加充分的披露。

(2)合营安排——合营企业与合作经营。现行关于合营的国际财务报告准则主要基于是否设立合营企业为条件确定会计处理,并允许共同控制主体选择比例合并法或权益法。《国际财务报告准则第11号——合营安排》的主要变化是不再强调合营企业形式,而是基于协议确定的权利与义务的内容和实质,将合营分为合营企业和合作经营两类:

- 合营企业——协议各方分享合营企业的经营成果,但对合营企业资产、负债、收入和费用不具有直接的合同权利或义务。
- 合作经营——协议各方分享合营有关的资产、负债,以及承担联合经营所产生收入和费用。

按照《国际财务报告准则第11号》,投资者对其在合营企业中的权益,应当采用权益法进行处理,不允许采用比例合并法;在合作经营中的权益,应根据对特定资产和负债的合同权利和合同义务,适用具体的国际财务报告准则。

《国际财务报告准则第12号——在其他主体中权益的披露》,统一和改进了现行国际财务报告准则关于对被投资主体具有控制或重大影响的长期股权投资的相关披露要求。

3. 公允价值计量

现行国际财务报告准则有关公允价值计量的要求分散在许多不同的具体会计准则中,不具有一致性,没有规定明确的计量目标和框架。本次国际金融危机发生后,理事会加快了公允价值计量准则项目的进程,于2011年5月发布了《国际财务报告准则第13号——公允价值计量》。

该项新准则明确了公允价值的定义,建立了统一的公允价值计量和披露框架,要求各项具体准则遵循统一的公允价值计量要求。该准则将公允价值定义为"计量日市场参与者在有序交易中出售资产或转移负债所收取或支付的价格",并就该定义如何运用于金融工具、非金融资产、负债和权益工具的计量提供了指南。该准则根据计量公允价值所采用的输入值的可靠性程度将公允价值分为三个不同的层次,分别提出了较为复杂的计量和披露要求。

4. 其他综合收益列报

2011年6月16日,理事会正式发布了修订后的《国际会计准则第1号——财务报表列报》,修订了关于其他综合收益的列报,具体内容包括:一是将其他综合收益项目划分为"满足特定条件时重分类计入损益的项目"(如现金流量套期、外币折算)和"不能重分类计入损益的项目"(如《国际财务报告准则第9号》规定的以公允价值计量且其变动计入其他综合收益的项目)两类区别列报。二是当企业选择以税前为基础列报其他综合收益项目时,要求将相关税收影响在上述两类项目之间分配。三是正式发布的准则中保留了主体使用单表列示(即一张"损益及其他综合收益表")或两表列示(即一张"损益表"和一张"综合收益表")的选择权。

5. 雇员福利——设定受益计划

2011年6月16日,理事会正式发布了修订后的《国际会计准则第19号——雇员福利》。此次对雇员福利的修订主要涉及设定受益计划的会计处理,具体包括:一是取消"区间法"(即:对于设定受益计划中的精算利得和损失,允许主体将不属于指定区间的部分精算利得和损失予以递延,其中"区间"为设定受益义务的10%和计划资产公允价值的10%两者中的较高者),从而取消了递延相关利得和损失的选择权。二是要求所有的"重计量",即设定受益负债的变化净额扣除计入损益的服务成本和财务成本后的余额计入其他综合收益且不得转回至损益,目的是使设定受益计划产生的资产和负债的变动与主体日常经营所产生的变动区分开来。三是引入了有关设定受益计划的更多披露要求,提供了设定受益计划特征和主体参与该计划的相关风险的更多信息。

(二)正在进行中的国际准则项目

国际会计准则理事目前正加快完成的准则项目包括金融工具(减值和套期会计)、保险合同、收入确认及租赁等。

1. 金融资产减值

2008年国际金融危机后,现行关于金融工具减值的已发生损失模型成为各方批评的焦点,认为该模型高估了金融资产的前期收益,金融资产的损失没有及时在财务报表中得以反映,同时具有经济顺周期性,不利于维持经济的平稳运行。在金融监管机构的压力下,理事会拟采用预期损失模型,改变现行按已发生损失模型对以摊余成本计量的金融资产计提减值的做法。根据预期损失模型,企业应当基于预期的未来事件和经济状况估计金融资产的预期损失并计提减值准备。理事会认为,预期损失模型能够反映金融工具的定价与预期损失之间的关系,更早地反映金融资产的预期信用损失,从而更好地反映借贷交易的经济实质。

2. 套期会计

理事会通过简化套期会计的条件(尤其是降低有效套期的条件),使实务中更多的套期交易能够适用套期会计,如建议删除80%~125%的套期有效性条件,以最佳套期比例确定有效套期金额;允许将组合或净头寸以及非金融工具的特定风险指定为被套期项目;允许将以公允价值计量且其变动计入损益的金融工具指定为套期工具等。理事会认为,这样规定能够使套期会计与企业风险管理实务保持一致,促进更多的套期业务适用套期会计,从而可以降低套期交易利得或损失对损益造成的波动。此外,理事会将改进期权时间价值、公允价值会计、套期关系终止和重设的处理等,使套期会计的结果反映企业利用套期交易实施的风险管理。

3. 保险合同

理事会支持采用合同预期现金流量而不是公允价值(向假定的第三方转移合同的现金流量)计量保险合同负债,在具体计量方法上,规定采用"组成模块法",即将合同现金流量分为三部分:未来现金流量期望值、现金流量时间价值和边际。同时,进一步将边际分为风险调整边际(反映保险风险的不确定性)和残余边际(消除首日损益)。

理事会拟议中的保险合同准则规定,每一组保险合同形成的保险资产或保险负债应以单独的项目在财务状况表中列示,综合收益表主要列报风险调整边际和残余边际的变化,以反映保险合同的业绩。理事会认为,该列报模式将所有与保险合同相关的现金流入视为预收保费(存入保证金),将所有现金流出视为分期偿还的款项,充分反映了保险合同对收益表的影响与财务状况表中保险负债之间的关系,与保险合同负债计量模式保持一致,同时区分预收保费与保费收益,避免了如何在各期间分配保费的难题。按照新的列报模式,保险企业将不再列报保费收入、理赔费用、理赔处理费用以及合同增量取得成本等。

4. 收入确认

现行国际财务报告准则关于一般销售收入的确认原则(《国际会计准则第 18 号》)与建造合同收入的确认原则(《国际会计准则第 11 号》)不一致。美国准则体系中包括广泛的收入确认原则,存在上百项特殊行业、特殊情况的收入确认准则规范。收入准则项目是国际会计准则理事会和美国财务会计准则委员会的联合项目,其目的是建立单一的收入确认模式。目前,双方建立了基于合同的收入确认模型。该准则的最大变化是,以控制权转移为基础确认收入,改变了以风险和报酬转移为基础确认收入的原则,在此基础上,统一了一般销售收入与建造合同收入确认的原则。根据新的模型,要求辨认合同中的履约义务,将合同总价分配给合同每一项履约义务,当企业通过转移商品或劳务的控制权实现某项履约义务时确认收入。除符合条件的持续转移劳务合同外,完工百分比法将不再适用。

5. 租赁

现行国际租赁准则将租赁交易区分为经营租赁和融资租赁,适用完全不同的会计模式。由于区分经营租赁与融资租赁的标准过于武断和规则化,且在实际很难一致运用,为企业表外融资提供了空间,降低了会计信息的可比性。从 2006 年起,国际会计准则理事会和美国财务会计准则委员会将租赁准则列入联合项目,目的是采用单一的租赁会计模式,使租赁交易导致的所有资产和负债及相关损益都能在财务报表中予以确认。

按照新的改革方案,对于承租人会计,理事会决定采用使用权资产模式,承租人根据租赁合同将租赁期内使用租赁资产的权利确认资产,同时将偿付租金的义务确认为负债;对于出租人会计,理事会目前决定采用终止确认法,出租人被认为转移部分或全部租赁资产,以获取收取租金的权利。由于出租人在租赁期内将不再控制租赁资产的使用权,出租人应终止确认代表租赁资产使用权部分的资产,将取得的收取资金的权利确认为一项资产。两者之间的差异立即确认为损益。

（三）国际准则的其他计划项目

1. 投资公司

实务中,许多风险投资基金、信托基金等持有权益投资的目的是通过市场交易赚取资本利得。许多信息使用者认为,以公允价值计量这类公司持有的存在重大影响或控制的权益投资(而不是采用权益法或者合并)的信息更为相关。现行美国准则将仅从事赚取资本利得交易的企业定义为投资公司,并允许这类公司对其控制或具有重大影响的权益投资全部采用公允价值计量。为推进与美国准则的趋同,理事会将发布与美国准则基本一致的投资公司准则,明确投资公司的条件和投资公司对其投资的会计处理。

理事会于8月份发布的征求意见稿建议,投资公司应满足的基本条件是,从事的主要交易仅仅是赚取资本利得和利润分配(股利和利息)的多项投资,并且不能通过其控制或重大影响从其投资对象赚取或者有目的地赚取其他投资者无法取得的收益。对于符合上述条件的投资公司持有的权益投资,理事会建议全部以公允价值计量且其变动计入损益。

2. 财务报表列报(第二阶段)

为增强报表之间的内在一致性,便于专业分析师分析企业财务报告信息,理事会启动了财务报表列报综合改进项目(第二阶段,第一阶段为其他综合收益列报)。按照第二阶段的改革要求,将对财务报表列报格式进行较大的结构性调整,要求财务状况变动表(资产负债表)、综合收益表(利润表)及现金流量表各项目,统一按照业务活动和筹资活动进行分类列报,业务活动再细分为经营活动和投资活动。同时,将持续性活动与终止经营分开列报。该项目由于受到包括我国在内的许多国家或地区的反对,目前处于暂停状态。

3. 财务会计概念框架

理事会从2004年起就启动了财务会计概念框架项目,计划分八个阶段完成。2010年9月,理事会才发布了《财务报告概念框架》的第1章《通用财务报告的目标》和第3章《有用财务信息的质量特征》。普遍关注的会计要素定义、确认与终止确认,会计要素计量等内容进展缓慢。

除上述项目外,理事会还设立了其他需要制定或修改的准则项目,如采掘业、负债、金融工具的终止确认和具有权益特征的金融工具等,这些项目仍在研究过程中。值得一提的是,我国同一控制下企业合并的会计处理,应当争取写入国际准则,这在2005年中国会计准则委员会与国际会计准则理事会的趋同声明中是作了承诺的。

二、国际财务报告准则重大修改对我国的影响

（一）已经发布的公允价值计量准则扩大了公允价值适用范围，影响企业财务报告的可靠性

我国《企业会计准则——基本准则》第四十条规定，企业对会计要素进行计量时，一般采用历史成本，采用重置成本、可变现净值、现值、公允价值计量的，应当保证所确定的会计要素金额能够取得并可靠计量。这样规定主要是因为我国企业的诸多资产或负债的公允价值难以取得或不能可靠计量。例如，《国际会计准则第41号——农业》要求生物资产主要以公允价值计量，而在我国实际工作中，林业和农业企业的森林、牲畜等生物资产通常难以找到公允价值或公允价值不可靠，只能采用历史成本。我国准则规定，生物资产应当按照成本进行计量，在能够可靠取得公允价值时，也可采用公允价值计量，得到了国际会计准则理事会的认可。又如，国际准则规定，企业应当将持有以备出售或终止经营涉及的非流动资产，从非流动资产中转出，停止计提折旧或摊销，改为按公允价值减去预计处置费用后的净额计量。这样处理需要单独划出一类资产，而且取决于企业管理层的意图，我国准则对此特别慎重，没有专门制定单独准则，但考虑到国际趋同的需要作了变通处理：对于企业持有准备出售的非流动资产，净残值要考虑未来的现金流量现值。如果企业有终止经营的事项，应在财务报表附注中披露。

在企业会计准则实施过程中，我国同样要求企业严格限制公允价值的使用。例如，我国投资性房地产准则规定了历史成本和公允价值计量两种模式，但在实施中强调了慎用公允价值计量模式。2007年存在投资性房地产的630家上市公司中只有18家采用公允价值计量，2008年存在投资性房地产的690家上市公司中只有20家采用公允价值计量。针对少数上市公司投资性房地产采用公允价值计量的情况，2008年上半年，我们组织了专门工作组对此进行了实地考察，没有发现异常情况。

简单照搬国际会计准则理事会发布的公允价值计量相关准则，有可能会导致我国企业会计信息质量不可靠，从而影响到企业利益相关方的判断和国家的宏观经济决策。比如，新发布的国际准则根据输入值的可靠性程度将公允价值分为三个级次。从公允价值层级角度分析，即使第一、第二级次的可观察活跃市场交易价格，有时也并不完全等同于公允价值；通过各种估值技术基于不可观察的第三级次输入值产生的公允价值数据，更带有很大的主观随意性，其可靠性程度会大打折扣。

会计要素广泛采用公允价值计量的做法始于美国等西方国家。公允价值计量从理念上是好的，旨在计量并报告企业资产、负债等的现实价值，也可理解为企业当前价值。基于现实和未来情况对会计要素进行计量有助于投资者等相关方面判断企业现时和未来价值，从而更好地作出决策。但是，公允价值计量是以存在活跃市场、公允价值能可靠获得为前提条件的，如果不具备这样的条件，生搬硬套国际准则，再加之主观判断因

素,结果可能会走向反面。这就是我国会计准则确定会计要素以历史成本计量为基础并谨慎引入公允价值的根本原因。

(二)金融工具分类与计量准则中其他综合收益不允许转回的规定,对我国企业损益的影响巨大

其他综合收益这一概念的出现,源于资产负债表观在会计准则中的运用。根据资产负债表观,企业利润的本质是净资产的增加,亏损是净资产的减少。净资产的变化来源于两个方面:一是经济活动产生的净利润;二是资产、负债价值变动产生的利得和损失(即其他综合收益)。资产负债表观强调综合收益而不是单纯利润,这一理念从方向是正确的。2009 年财政部发布的《企业会计准则解释第 3 号》,已经在利润表中增加了"其他综合收益"项目,与"净利润"金额之和共同构成"综合收益"。

其他综合收益的内容非常广泛,对于我国企业而言,可供出售金融资产是其中的重要组成部分。我国准则规定,可供出售金融资产公允价值变动计入资本公积,处置后转为当期损益。根据新发布的《国际财务报告准则第 9 号》,可供出售金融资产中的绝大部分资产将以公允价值计量且其变动计入其他综合收益,但处置后不得转回至损益。2007 年的上市公司年报分析表明,1 570 家上市公司持有交易性金融资产的合计金额只有 4 894. 29 亿元,可供出售金融资产合计金额高达 32 083. 29 亿元,其公允价值变动计入资本公积的金额为 1 491. 23 亿元,处置后可转入当期损益。如果完全参照《国际财务报告准则第 9 号》修订我国金融工具准则,根据 2007 年的数据,对上市公司当期或以后期间损益影响的金额可能高达上千亿元。

(三)基于预期损失模型计提金融工具减值,违背了会计准则的目标,将导致会计准则失去应有的独立性以及会计减值准备计提的混乱

现行会计准则为了如实反映金融资产减值情况,要求金融企业根据减值迹象("迹象法"),针对已发生的信用损失以未来现金流量在资产负债表日的折现值为基础计提减值准备,既不能多提也不能少提、既不能早提也不能推迟计提,这才符合我国《会计法》、《企业会计准则——基本准则》。

然而,迫于金融监管机构的压力,国际准则的重大修改将已发生损失模型改为预期损失模型,不仅计算异常复杂,更重要的是违背了会计的客观反映目标。会计目标是提高信息透明度,要求企业向财务报告使用者提供企业财务状况、经营成果和现金流量等真实的会计信息,以利于财务报告使用者作出经济决策。金融监管目标主要是防范和控制金融风险,维护金融安全与稳定,要求企业估足损失、多提准备,尽量保证资本充足稳定。会计目标不同于金融监管目标,两者不能混为一谈。如果片面强调两者的统一或者两选其一,可能会适得其反。会计准则如果过于倚重监管规定,一味迎合所谓"审慎"要求,必将违背会计客观反映目标,牺牲会计信息的透明度,投资者将无从知道企业真实的资产、负债质量,不利于金融市场资金的合理流动和资源的

优化配置。

预期损失模型要求金融企业计提金融资产减值时考虑未来预期信用损失,带有很大的主观随意性,或者会计随着监管的变动而不断修改,极大地影响了会计的独立性。国际会计准则理事会历来主张独立性,包括准则制定机构、制定程序以及会计准则的独立性,只有坚持独立性原则,才能确保根据国际财务报告准则编制的会计信息能够客观、公允地反映经济实质。但是,本次国际金融危机发生之后,国际会计准则理事会却未能坚守这一原则。危机发生时,一些"政治家"和"金融家"为了转移矛盾和视线,建议暂停或取消在会计准则中采用公允价值。2008年10月8日,国际会计准则理事会在金融监管机构的强大压力下,违背准则制定程序,仓促发布关于金融工具重分类的规定,允许企业将以公允价值计量且其变动计入当期损益的金融工具重分类为以摊余成本计量。在应对金融危机过程中,我国始终坚持了准则制定的独立性立场。2008年10月初,财政部领导召集紧急会议讨论应对危机对策,其中议题之一是公允价值在会计准则中的应用。本人提出,本次危机是金融产品过度创新和疏于监管等深层次原因造成的,公允价值计量不是金融危机的根本原因,我国准则的会计计量强调以历史成本为基础,对公允价值计量规定了严格的条件,得到财政部和国务院领导的肯定。针对国际会计准则理事会发布金融工具的重分类的规定,许多国家或地区纷纷效仿并发布类似规定,我国明确反对这一修订而没有随波逐流。之后的事实表明,我国的上述立场、原则是正确的。2008年10月中旬,在北京召开的国际财务报告准则基金会受托人会议和国际财务报告准则大会,对中国的做法表示认同和赞赏。借此机会,我们启动了亚洲—大洋洲会计准则制定机构组的筹备工作,奠定了目前欧盟、美国、亚大地区共同影响国际财务报告准则制定的基本格局。本次金融资产减值准则的重大修改,仍然是迫于金融监管机构的压力,这一做法同样违背会计的独立性、客观性原则,在我国恐难行得通,搞不好会导致金融企业会计减值计提的混乱。

(四)收入确认准则的修改要求生产周期较长的制造企业和施工企业等在合同完成后一次性确认收入,取消完工百分比法,将会导致此类企业销售收入、销售成本和利润的混乱

如前所述,收入确认准则的修订主要是引入"控制"概念,以"控制权是否转移"替代"风险和报酬是否转移"作为收入确认的原则。也就是说,企业应当在全部制造商品完成并将其控制权转移给客户时确认收入,取消完工百分比法,这对于我国生产周期较长的大型设备制造和建筑施工等企业而言很难操作,对此类企业的经营活动将造成负面影响。我国和其他许多国家、地区对此表示强烈反对。国际会计准则理事会目前在这一项目上进退两难,不得不调整了收入确认准则的修订,允许一些符合条件的持续性转移劳务仍可采用类似完工百分比法确认收入,除此之外的所有项目仍坚持在控制权

发生转移后一次性确认收入,既不是以"控制权转移"也不是以"风险和报酬转移"作为收入确认原则,以这样的结果发布的最终准则本身存在逻辑混乱。由此可见,是否有必要在收入确认准则中引入"控制"概念值得商榷,需要提升到概念框架层面上解决这一问题。

(五)财务报表列报准则第二阶段,完全打乱了我国现有财务报告结构体系,企业偿债能力、营运能力、发展能力等系列财务指标难以计算

国际会计准则理事会关于财务报表列报准则的改革完全借鉴美国的做法,将利润表改为综合收益表,将资产负债表改为财务状况表,并且两表的结构参照现金流量表进行调整。所有的财务报表将按业务活动(包含经营和投资活动)和筹资活动分类列示,目的是为了解决各种报表之间结构的一致性,加强报表间的内在联系,便于财务报表使用者(主要是专业的财务分析师)分析企业各类业务活动的财务状况。但事实上,许多企业的筹资活动往往紧密服务于业务活动,许多资产或负债项目涉及多类业务或活动,根本无法分开,例如,商誉往往涉及相关的所有不同类别活动。

我国现有的列报准则规定了固定的报表格式,有效解决了各行业的规范列报问题,主要项目的变动都有附表。这套列报格式已被广泛接受和熟悉,能够满足各方需求,如果按照国际准则提出的列报模式修改我国财务报表准则,必将打乱我国财务报告体系,各种综合性财务指标将难以计算。不仅如此,采用新的列报模式将大幅度增加全国各类企业不必要的转换成本,需要对现有财务会计核算系统和会计信息分析使用软件全面更新调整,需要进行全面再培训等。

(六)租赁准则的修改将租赁合同产生的所有资产和负债在财务报告中确认,符合概念框架的要求,但其中的具体会计处理方法有待改进

国际会计准则理事会对租赁准则项目的改进,建立了单一的租赁会计处理方法,不再区分经营租赁和融资租赁,以确保由租赁合同产生的所有资产和负债都能够在财务报表中得以确认,有利于防止企业将实质上属于融资租赁的交易设计为经营租赁,从而实现表外融资。租赁准则的修改遵循的理念符合概念框架的要求。但其中的一些具体会计处理方法及其影响值得关注:一是将现行所有经营租赁合同产生的资产和负债纳入资产负债表,将会影响企业资产负债结构,尤其是租赁业务占很大比重的航空、远洋运输等大型设备租入企业等,资产负债率、权益负债率等指标可能显著提高;二是承租人和出租人确认由租赁产生的费用和收益所采用的方法不一致,承租人通过将取得的使用权资产摊销分期确认费用,出租人通过终止确认部分租赁资产一次性确认收益,这样的信息会导致宏观上难以总体把握整个租赁行业收益情况;三是出租人采用终止确认法是合理的,但使用"终止确认"一词可能会产生误导,终止确认一般针对所有权而不是使用权。租赁将资产从出租方转移到承租方,转移的是使用权而不是所有权,而出租方获得的长期应收款,包括转让的资产使用权的价值和剩余资产价值,应当认为没有

终止确认。

（七）随着我国企业补充养老体系的发展,国际准则雇员福利（设定受益计划）的修改对企业的影响值得关注

考虑到我国企业基本上不存在设定受益计划,2005 年制定《企业会计准则——职工薪酬》时,并未包括关于设定受益计划的内容,得到了国际会计准则理事会的认可,不作为中国企业会计准则与国际财务报告准则的差异。但随着我国社会保障体系的不断完善,企业给职工提供补充养老金逐渐增多,其中有一些属于设定受益计划性质。修改我国职工薪酬准则需要关注国际准则这一变化对我国企业的影响。

国际准则关于设定受益计划的修订,取消了区间法,要求将设定受益资产和负债的所有变动立即予以确认。由于设定受益计划的负债期间很长,未来支付的金额的计算必须基于复杂的精算技术,相关输入值估计的变化可能造成负债金额较大变动,从而影响企业损益的波动。为消除这一影响,国际准则将设定受益计划的变动分为三部分:服务成本、净利息收益（费用）和重新计量。前两个因素导致的变动计入当期损益,重新计量设定受益计划资产或负债导致的变动计入其他综合收益,并且不允许转回。这一准则的修改涉及到我国补充养老保险制度按工资总额一定比例计提与退休后福利精算制度如何协调的问题。按照精算制度计算并确认雇员福利,可能导致相关负债的巨额增长和其他综合收益的波动,需要引起足够重视和关注。

（八）保险合同准则的修改有利于实现保险公司保险合同准备金会计与监管规定分离,但在列报方面将对我国形成冲击

一直以来,国际准则中没有关于保险合同负债或准备金如何计量的统一要求。保险公司的普遍做法是按照保险监管部门的法定精算规定计提保险合同准备金。由于各国或地区的保险监管要求不同,造成保险公司之间会计信息缺乏可比性。更重要的是,由于法定精算规定是依据保险监管要求设计的,因此保险公司据此计提的准备金一般都会远远超出其承担的保险合同负债。我国按照监管要求和保险合同准则计算的保险合同负债同样存在类似情况,造成了同时在内地和香港上市的保险公司的保险合同负债存在较大差异,构成两地报表差异的主要内容。如我国某保险公司 2008 年度 A + H 股年报披露,其 H 股报表列示的按会计准则确认的保险合同准备金低于 A 股报表按监管要求确认的准备金达 449.20 亿元。

为了解决这一问题,2009 年财政部发布了财会 15 号文《保险合同相关会计处理规定》,要求保险公司会计以合理估计金额为基础计量保险合同准备金,其中的绝大部分规定与国际会计准则理事会对保险合同准则的修改结论基本保持一致。新的保险合同会计规定实施后取得了很好的效果,不仅消除了保险公司 A + H 股报表差异,更重要的是实现了保险合同准备金会计规定与监管要求的分离,更加公允地反映保险公司财务状况（尤其是负债状况）和经营业绩,有效地提升了保险会计信息的透明度。

需要关注的是,保险合同国际准则的修改基于保险合同负债变动设计的损益表与传统的损益表有很大的不同,收入、流量信息都会不同。传统保险公司损益表是从保费收入开始的,包含大量保险合同的流量信息。基于保险合同负债变动的损益表只反映负债变动对净损益的影响,不再列示保费收入、赔付支出等,这种财务报表列示方法对我国保险监管部门和保险行业以及众多报告使用者而言恐难适应,需要继续向国际会计准则理事会反映,以改进相关信息披露建议。

(九)财务会计概念框架项目进展迟缓,导致许多国际准则具体项目的内容内在不一致

本次国际财务报告准则发生的重大变化,是从具体准则项目开始的,可以说是"头痛医头、脚痛医脚",缺乏总体设计。没有从财务会计概念框架开始改革,导致了许多国际财务报告准则项目之间内在不一致。例如,关于其他综合收益及其转回,各具体准则关于哪些项目可以计入其他综合收益,以及其他综合收益是否能转回至损益的规定不一致;又如,金融工具减值的预期损失模型与其他资产减值的原则不一致;再如,收入确认准则、合并报表准则、金融工具终止确认准则都使用了"控制"的概念,但其定义都不一致。许多具体国际准则在计量单元、资产或负债取得成本等方面的规定也都不一致。这都是由于国际会计准则理事会在财务会计概念框架项目上进展迟缓,导致在具体准则制定过程中采用的概念、定义和原则混乱,准则之间规定不一致,前后矛盾,直接影响了国际财务报告准则的质量。

总结我国企业会计准则的建设经验,计划经济时期的会计制度、转轨时期的"两则两制"以及2005年会计准则体系建设并实现国际趋同,都是先从基本制度、基本准则开始,然后才是具体规定和具体准则。实践证明,对会计准则体系进行系统修改,一定要从总体原则入手,再到具体项目,具体准则的制定要严格按概念框架处理,这样才能确保准则之间的内在一致性,避免各项准则之间前后不一致或前后矛盾。同时,在可能的情况下,具体准则最好一次性发布而不是零星地分次发布,以有效避免准则之间的交叉混乱问题。

三、我国企业会计准则与国际财务报告准则持续趋同形势严峻

(一)国际会计准则理事会不断施加压力,要求中国直接采用国际财务报告准则

2005年以来,我国企业会计准则国际趋同取得了巨大成就,得到了国际社会的高度赞赏和评价,但其过程是极其艰难和复杂的。一方面,要消除我国企业会计准则与国际财务报告准则在原则上的所有差异;另一方面,要符合我国经济环境和企业的实际情况。从2007年企业会计准则在上市公司实施以来,在相关监管机构的支持下,财政部与国内外各方面做了大量细致、艰苦的专业沟通、技术协调和工作指导,在准则及其实施层面逐步消除了差异。连续四年 A + H 股上市公司境内外报表差异逐年下降并基本

消除就是最好的证明。

近期以来,国际会计准则理事会不断给我国施加压力,要求我国直接采用国际财务报告准则,甚至完全"一字不差"地采用。国际财务报告准则基金会今年4月份发布的未来战略审议提出,其目标是实现全球直接采用国际财务报告准则,并明确指出趋同并非是直接采用的替代。今年6月份在伦敦召开的国际财务报告准则咨询委员会会议上,国际会计准则理事会对国际财务报告准则在全球的应用情况作出了不切实际的阐述,理事之一保罗·帕特先生代表理事会发言:"中国只采用了国际财务报告准则的主要部分",以要求中国全面采用国际财务报告准则。本人在会议上以大量事实驳斥了保罗先生的发言。会后,理事会召开了紧急会议,修正了对中国不切实际的评价。但是7月份,国际会计准则理事会新任主席汉斯·胡格沃斯特在北京国家会计学院演讲时说"如果中国会计准则和国际财务报告准则的区别很小的话,为什么我们不合作来消除这最后的一点点差异呢? 我建议用纳尔·阿姆斯特朗在月球上踏出第一步时所说的话: 这对于中国来讲,将是一小步,但对于世界来讲,将是一大步。"他甚至直言不讳地说:"这只不过是会计而已,又不是要放弃领土、军队或者其他重要的事情"。汉斯的讲话值得我们深思。当今世界国家之间的竞争主要体现为经济竞争。其中,规则的制定权或话语权是经济竞争的关键。在经济全球化和全球资本市场的背景下,基于会计准则产生的信息涉及国家之间利益和资源分配。美国等西方国家通过发展虚拟经济和掌控国际经济规则制定的话语权,从全球攫取了大量财富已是不争的事实。国际会计准则理事会采取不同方式要求中国全面采用国际财务报告准则,其深层次的目的是要使我国在经济竞争中屈服于欧美等西方国家主导的规则。在这一点上,我们必须保持清醒的头脑。

(二) 中国会计准则建设必须坚持国际趋同而不能直接采用,更不能一字不差地照搬照抄

财政部2010年发布的《中国企业会计准则与国际财务报告准则持续趋同路线图》,明确了我国会计准则国际趋同的基本立场,即坚持"趋同"而不是"直接采用"的立场。这是由我国政治、经济、法律和文化环境所决定的,且符合当前我国《会计法》等法律框架和监管要求。比如,我国《会计法》规定,"国家实行统一的会计制度。国家统一的会计制度由国务院财政部门根据本法制定并公布。"从我国《会计法》的规定看,直接采用国际财务报告准则缺乏法律依据,不符合我国会计法的要求。

二十国集团领导人峰会提出国家会计准则采用趋同而非直接采用模式,以建立全球统一高质量会计准则。国际会计准则理事会在不同场合、通过不同方式宣传全球已有120多个国家采用了国际财务报告准则,但实际情况是,各国或地区采用的范围、执行程度和效果参差不齐,很多宣传都与事实不符。理事会没有到这些国家实地考察,不断声称120多个国家或地区采用国际财务报告准则缺乏事实依据。众所周知,世界主

要经济体,美国、俄罗斯、日本和印度等,都尚未采用国际财务报告准则或与之趋同。

中国企业会计准则采用"趋同"模式,实践证明是行之有效、切合实际的。我们的成功经验,已经受到了美国等很多国家的关注,甚至效仿。从 2008 年开始,美国财务会计准则委员会与我国建立了定期会晤机制,深入交流会计准则国际趋同策略。今年 6 月份,美国证监会发布的关于美国采用国际财务报告准则的工作人员立场公告中,用较大篇幅描述了中国准则国际趋同的模式,并在此基础上提出了美国将以"趋同认可"模式引入国际财务报告准则。在今年 6 月份的国际财务报告准则咨询委员会会议上,美国证监会副首席会计师朱莉系统介绍了美国将采用的"趋同认可"模式。与此同时,印度、日本、马来西亚等国家或地区都在深入研究中国会计准则趋同模式,并对其本国会计准则建设及其国际趋同产生了较大影响。

中国不能直接采用国际财务报告准则的根本原因是,国际准则的制定和重大修改没有充分考虑中国等新兴市场经济的实际情况。我们认为,国际财务报告准则的制定应当充分考虑发展中国家尤其是新兴经济体国家的实际情况,才能真正实现其高质量、权威性和全球公认性。但从目前情况看,金融危机后国际会计准则理事会已发布和正在进行的准则项目,如金融工具、公允价值、收入确认等,大多数是理事会与美国共同制定,在这种情况下,对相关国际准则是直接采用还是趋同的选择更要慎重。

(三)更加全面深入地参与国际财务报告准则的制定

在新的形势下,我们应当贯彻《中国企业会计准则与国际财务报告准则持续趋同路线图》确立的原则、立场和目标,一方面要更加全面深入地参与国际财务报告准则重大项目的修改,特别是尚未发布的准则,力争国际准则的重大修改能够充分考虑我国的实际,这样,我国准则的修订才能与国际会计准则理事会的进度保持同步并实现持续趋同。另一方面,我们应当采取多种措施提高我国会计准则体系的国际认可度,积极推动国际社会认同会计准则"趋同"模式。

从目前情况看,正在进行的国际财务报告准则项目在多大程度上考虑我国实际情况具有很大的不确定性,我国会计准则持续国际趋同面临着严峻挑战。根据我国会计准则国际趋同的实践经验分析判断,推动国际会计准则理事会考虑中国实际情况,消除国际准则与我国准则差异的过程将是异常艰苦和漫长的。例如,早在 2005 年,财政部就向国际会计准则理事会提出解决同受国家控制的关联方信息披露以及中国企业改制上市过程中因资产重估引发的会计问题。此后,财政部会计司工作团队与国际会计准则理事会举行了多次会议,向他们提供了大量的案例和事实,反复解释上述问题的情况和影响。在此过程中,诸多大型企业、会计师事务所积极参与,香港会计师公会张智媛女士所领导的团队对此也给了大力支持。国际会计准则理事会于 2009 年才修订《国际会计准则第 24 号——关联方披露》,消除了中国关联方准则差异;2010 年修订了《国际财务报告准则第 1 号——首次采用国际财务报告准则》,允许首次公开发行公司将改制上市过程中确定的重估价作为"认定成本",解决了中国企业改制上市过程中因资产重估引发的会计问题。

　　针对当前国际准则的重大修改和会计国际趋同新形势、新任务、新挑战,会计理论界、实务界和有关监管部门应当紧急行动起来,积极参与这项重大的系统工程,对国际财务报告准则重大修改的项目及相关问题,结合我国经济和企业的实际,提出有说服力的证据,促进国际准则的重大修改充分考虑中国国情,为完善我国企业会计准则体系和建立全球统一的高质量会计准则做出应有的贡献!

注册会计师行业发展篇

我国注册会计师行业改革与
发展进程中新的里程碑

——《关于加快发展我国注册会计师行业的
若干意见》系列解读之一

经国务院同意,2009 年 10 月 3 日,国务院办公厅转发了财政部《关于加快发展我国注册会计师行业的若干意见》(国办发[2009]56 号,以下简称《若干意见》),在社会上尤其是注册会计师行业引起了强烈反响和广泛关注。

一、《若干意见》是我国注册会计师行业改革与发展进程中新的里程碑,必将对促进我国注册会计师行业又好又快发展产生重大而深远的影响

"国务院办公厅转发《若干意见》,是我国注册会计师行业改革与发展进程中新的里程碑,必将对促进我国注册会计师行业又好又快发展产生重大而深远的影响。"这是财政部部长谢旭人在全国会计领军(后备)人才第四期联合集中培训班作专题报告时作出的评价。这一评价是实事求是、恰如其分的。

首先,《若干意见》对我国注册会计师行业发展状况进行了科学总结。《若干意见》指出:"改革开放以来,我国注册会计师行业经过恢复重建和不断发展,取得了显著成绩。至《若干意见》发布之时,会计师事务所超过 7 400 家,执业注册会计师超过 8.5 万人,从业人员近 30 万人,注册会计师执业范围和服务对象日益拓展,执业能力和行业监管水平稳步提高,相关法律制度体系基本健全,社会影响力和国际话语权逐步增强,注册会计师行业已经成为促进经济社会健康发展不可或缺的力量。"同时指出,"由于起步较晚、基础薄弱等多种原因,我国注册会计师行业的整体水平与经济社会发展要求和全球会计师行业发展水平还有较大差距。"

我国是全球最大的新兴市场和发展中国家,经济总量已跃居世界第三位。经济越发展,会计越重要。随着市场化、国际化、信息化逐步深入和我国工业化、城镇化、现代化进程的不断加速,注册会计师行业出现了前所未有的发展机遇,蕴藏着巨大的发展空间,同时也面临着严峻的挑战。只有加快发展,才能适应我国经济社会发展要求。

其次,《若干意见》对加快发展我国注册会计师行业在市场经济中的地位和作用进行了准确定位。《若干意见》指出,"注册会计师行业是运用专业特长,对企事业单位会计信息进行鉴证,并提供会计、税务、管理咨询等商务服务的中介行业";"加快发展注册会计师行业,是建立和完善社会主义市场经济体制的必然要求,是贯彻中央'走出去'战略的重要举措,是应对国际金融危机、促进经济平稳较快发展的迫切需要"。新中国注册会计师行业只有30年的发展历史。30年来,行业发展经历了风风雨雨、酸甜苦辣,起起伏伏、步履艰难,也曾有过不被理解和认可。广大注册会计师们从恢复重建开始,为国家的改革开放和经济发展埋头苦干,锲而不舍地忘我工作,默默无闻地贡献着自己的力量。经过30年的艰苦努力,注册会计师行业的社会认可度和公信力大幅提升,认为注册会计师做假账、"高智商的个体户"等种种偏见已不复存在。注册会计师行业应当受到社会尊重,注册会计师行业的地位和贡献应当得到肯定,注册会计师行业在经济社会发展中的职能和作用应当充分发挥。

再次,《若干意见》描绘了加快发展注册会计师行业的宏伟蓝图。《若干意见》明确提出了加快发展注册会计师行业的指导思想、基本原则和主要目标,强调要加快形成大、中、小会计师事务所协调发展的合理布局,切实加大促进注册会计师行业发展的政策扶持和引导力度,全面实施注册会计师行业人才战略,严格注册会计师行业行政监管和自律约束,不断加强注册会计师行业诚信建设和内部治理,进一步强化注册会计师行业加快发展的组织领导,构成了一个有机整体,绘制了加快发展我国注册会计师行业的宏伟蓝图,体现了科学发展观和科学化精细化管理的要求,是我国注册会计师行业改革与发展进程中新的里程碑,必将对促进我国注册会计师行业又好又快发展产生重大而深远的影响。

二、重点扶持10家左右具有核心竞争力的大型会计师事务所加快发展

力争通过5年左右的时间,"重点扶持10家左右具有核心竞争力、能够跨国经营并提供综合服务的大型会计师事务所",这是《若干意见》的核心内容,令人鼓舞、催人奋进。也有人对此表示担心,怀疑这一目标是否能够实现?我们的回答是肯定的,只要按照《若干意见》的要求努力工作,这一目标一定要实现,而且一定能够实现。我们不妨从以下几个方面作一简要分析:

一是不断扩大市场需求。满足市场需求是会计师事务所发展的根本。如前所述,我国是新兴市场和发展中国家,蕴藏着巨大的发展空间,这是世界瞩目的。就我国注册会计师行业而言,从国内市场看,《若干意见》要求在继续做好财务审计等传统业务的基础上,大力开拓内部控制审计与咨询、IT审计与咨询等新兴、高附加值业务,其中企业内部控制审计和咨询将成为行业发展新的增长点。除企业领域外,《若干意见》还将医院等医疗卫生机构、大中专院校以及基金会等非营利组织的财务报表纳入注册会计师审计范围,并积极向行政事业单位内部控制等相关业务领域延伸。从境外市场看,要树立与企业同步走出去的国际化发展战略,以周边市场为起点,稳步拓展欧美发达国家审

计、咨询等服务。《若干意见》要求，"境外上市企业，金融、能源、通信企业以及其他关系国计民生的大型骨干国有企业，应当优先选择有利于保障国家经济信息安全的大型会计师事务所提供相关服务"。《若干意见》从保障国家经济信息安全的全局出发，对大型会计师事务所的加快发展推出了系列"组合拳"。大型会计师事务所服务的客户未必多，但一定要大，服务大客户、从事大业务才能够有力地促进大型会计师事务所实现跨越式发展。

二是不断优化重组联合。走重组联合之路，是会计师事务所做大做强的重要途径，也是发达国家注册会计师行业发展的成功经验。近年来，我国注册会计师行业优化重组联合取得显著成效。以证券期货资格会计师事务所为例，2002 年注册会计师行政职能划转时，此类会计师事务所为 105 家，经过近几年的优化重组和强强联合，目前减少到 54 家。值得一提的是，近两年来整合力度进一步加大，而且整合是自愿的、成功的，没有"拉郎配"。规模较大的会计师事务所负责人普遍认识到，优化整合是做大做强的大势所趋，必须自觉从大局出发，求大同存小异，以宽广的胸怀吸收合并质量较好的其他会计师事务所，或者甘愿变成分所。《若干意见》明确指出，"要立足我国国情，借鉴国际经验，在遵循法制要求和市场规则的前提下，大力支持会计师事务所改革创新，积极探索加快行业发展的多种模式、途径和方法，鼓励优化组合、兼并重组、强强联合，促进行业走跨越发展道路"。根据《若干意见》，会计师事务所应当继续探索发展模式，除总分所外，设立会计师事务所管理公司，以及总部-分部管理模式都是可行的。要通过总分所、设立管理公司等多种模式进行合并、整合，实现资源的优化配置、人才的集中调度和管理的高效统一。可以预计，在未来 2～3 年，现有具备证券期货资格的会计师事务所数量还将继续缩减，促进行业优质资源向大型会计师事务所集聚。

三是不断完善组织形式、强化内部治理、提升执业质量。特殊普通合伙制是会计师事务所做大做强的主要组织形式，这不仅是国际惯例，也是我国会计师事务所优化整合中迫切需要解决的突出问题。2010 年 1 月 27 日，财政部印发了《财政部关于推动大中型会计师事务所采用特殊普通合伙组织暂行规定》（征求意见稿），拉开了完善会计师事务所组织形式的序幕，为做大做强会计师事务所奠定了制度基础。有了科学的组织形式，还要强化内部治理和提升执业质量。俗话说："基础不牢，地动山摇。"越是做大，越要做强，优化重组联合的会计师事务所尤其如此。要树立打造"百年老店"的长远理念和良好的合伙文化，切忌短期行为，搞一锤子买卖，否则必然要被客户、市场和公众淘汰。要尽快完善"权责清晰、决策科学、管理严格、和谐发展"的治理机制和先进的管理模式，建立健全以决策程序、风险控制、人才培养、收益分配、执业网络协调为重点的各项内部管理制度，实现人事、财务、业务、技术标准和信息管理等方面的实质统一。信息化是大型会计师事务所的重要标志。要高度重视信息化工作，不仅要实现全过程管理的信息化，更要加快审计等业务流程的信息化。只有全面实现信息化，才能真正做到现代化、国际化。

三、积极促进中型会计师事务所健康发展,科学引导小型会计师事务所规范发展

中、小会计师事务所是我国注册会计师行业中数量众多的庞大群体。积极促进中型会计师事务所健康发展,科学引导小型会计师事务所规范发展,是《若干意见》提出的重要命题。需要说明的是,《若干意见》对大、中、小型会计师事务所的划分是从全国而言的相对概念,主要是引导建立会计师事务所分类分级管理制度。《若干意见》指出,财政部要重点加强对大、中型会计师事务所及其注册会计师的监管,各省级财政部门要重点加强对小型会计师事务所的监管。根据这一制度安排,我们认为,财政部在负责管理全国注册会计师行业的前提下,本着有所侧重、抓大放小的原则,财政部(含驻各地财政监察专员办)将着重抓好 10 家左右大型会计师事务所和 200 家左右中型会计师事务所的监管,各省级财政部门将着重抓好其他 7 000 余家小型会计师事务所的监管,任务非常艰巨。各省级财政部门应当吸收借鉴分类分级管理制度,对本地会计师事务所也采取分类分级管理,对相对较大的会计师事务所,要重点扶持、着力培育;对相对较小的会计师事务所,要加强指导、规范管理。

《若干意见》对中型会计师事务所的定位是:"在人才、品牌、规模、技术标准、执业质量和管理水平等方面具有较高水准,能够为大中型企事业单位、上市公司提供专业或综合服务的会计师事务所"。根据这一定位,中型会计师事务所的服务重点是大中型企事业单位和上市公司,提供的主要服务品种是综合或专业服务。中型会计师事务所实际上又包含两大类,一类是具备证券期货资格的会计师事务所;另一类是不具备证券期货资格但具有为大中型企事业单位提供专业或综合服务能力的会计师事务所。随着经济社会和资本市场的发展,需要相应数量(《若干意见》提出 5 年左右达到 200 家的目标)的中型会计师事务所为上市公司、非上市大中型企事业单位提供会计审计和相关服务,为广大投资者和社会公众进行投资决策提供专业技术支持。

《若干意见》对小型会计师事务所的定位是:"规模较小,主要提供相关专项服务的会计师事务所"。根据这一定位,小型会计师事务所的服务重点是小规模企事业单位和基层、农村组织,提供的主要服务品种是专项服务。小型会计师事务所发展的关键是突出服务特色,真正做精做专。要充分发挥自己服务对象广阔、经营机制灵活的优势,在认真做好财务审计、代理记账、税务代理、外包业务、IT 支持、个人理财、社区事业等鉴证和咨询服务工作的同时,积极承办社会主义新农村建设中"村账乡管"、"乡财县管"相关会计审计服务,努力成为面向小规模企事业单位和广大农村提供优质服务的主体力量。2010 年 2 月 8 日,中央纪委、财政部、农业部、民政部联合发布《关于进一步加强村级会计委托代理服务工作的指导意见》(财会[2010]4 号),进一步明确"有条件的地方,可以聘请会计师事务所承办村级会计委托代理业务",为会计师事务所尤其是

小型会计师事务所拓展执业领域、扩大业务范围提供了有力政策支持,受到行业广泛欢迎和一致好评。

科学界定、合理划分中型、小型会计师事务所的服务重点,有利于发挥不同规模会计师事务所的特长和优势,集中精力发展各自的"拳头产品",形成各自的核心竞争力,避免无序竞争,避免"小马拉大车"等不良现象,促进形成各类会计师事务所各得其所、协调发展的良性发展格局。

四、支持我国会计师事务所加盟国际会计公司,促进中外合作会计师事务所加快本土化进程

根据《若干意见》,支持我国会计师事务所在平等互利的基础上加盟国际会计公司成为成员所,与国际会计公司合作共事、互利双赢,并在合作中吸收借鉴、取长补短,是我国会计师事务所加快提高技术标准、执业水准和管理水平的有效措施。国际会计公司在中国发展成员所,实现其自身的发展,应当制定培训规划,毫无保留地将其先进技术和管理经验传授给中国成员所,只有这样,才能获得相应的市场份额。我国会计师事务所加盟国际会计公司,应当扎实认真地学习借鉴其国际先进经验,实现做大做强的目标。实践证明,只要合作是平等、互惠、坦诚的,合作关系就稳固,就能够实现双赢并取得更大的合作效益。

加快现有中外合作会计师事务所本土化进程,实现在我国法律框架和统一市场规则下公平竞争,这是《若干意见》对中外合作会计师事务所未来发展的定位。现有中外合作所简称"四大",实际上是"四大"与中国相关会计师事务所合作成立的会计师事务所。中国"四大"是在特定历史阶段成立的,并对中国经济、资本市场的发展作出了贡献。但是,中外合作会计师事务所并非由具有中国注册会计师资格的专业人员发起设立的会计师事务所,这种模式和体制在世界范围内较为少见,需要妥善加以解决。中外合作所合作期限日渐临近,4 家中外合作所中有 3 家将于 2012 年合作届满,另有 1 家也将于 2017 年合作届满。我们认为,应当鼓励中国"四大"提前转制,同时组成专门课题小组深入研究这一问题,政策基点是按照《若干意见》提出的要求,引导中外合作所平稳、顺利完成本土化转制,实现中国各类会计师事务所的公平竞争。

五、积极争取各有关方面的政策扶持,加大注册会计师行业发展力度

国办发〔2009〕56 号文件指出,"各地区、各部门要高度重视、加强领导,密切配合、落实责任,根据若干意见提出的要求,创新体制机制,完善政策措施,优化发展环境,加强行业监管,提高自律水平,引导和促进我国注册会计师行业又好又快发展"。

(1)根据《若干意见》,加快发展注册会计师行业,需要有关部门的大力支持。要在优秀人才引进与合理流动、从业人员培养培训、外事外汇、税收政策、规范执业收费、

优化发展环境等方面给予全方位的政策扶持。比如,优秀人才引进与合理流动、从业人员培养培训,需要人力资源和社会保障部等的支持;外事外汇,需要人民银行、外汇局的支持;税收政策,需要财政部和国家税务总局的支持;规范执业收费,需要发展改革委的支持;优化发展环境,需要相关多个部门的支持;将医院、高校等非营利组织纳入注册会计师审计范围,需要教育部、卫生部、民政部的支持;推动大型会计师事务所"走出去"开拓业务,需要商务部等的支持;鼓励境外上市企业和关系国计民生的大型骨干国有企业优先选择大型会计师事务所提供服务,需要国资委、银监会、保监会等部门的支持,等等。上述诸多扶持政策要落实到位,尚需财政部门会同相关部门共同努力。

(2)根据《若干意见》,加快发展注册会计师行业,需要广大客户的大力支持。接受客户委托执行业务,是注册会计师行业的显著特征。会计师事务所有大、中、小之分,客户也有大、中、小之分。按照《若干意见》合理布局,大客户通常应当选聘大型会计师事务所,中客户通常应当选聘中型会计师事务所,小客户通常应当选聘小型会计师事务所。需要强调的是,境外上市企业,金融、能源、通信企业以及其他关系国计民生的大型骨干国有企业,应当优先选择有利于保障国家经济信息安全的大型会计师事务所提供相关服务。这一政策导向能否落实,是加快发展大型会计师事务所的关键。财政部关注、扶持和监管的大型会计师事务所,是我国注册会计师行业中的骨干,希望这一领域的企业客户能够为加快发展我国大型会计师事务所提供支持。大型会计师事务所要在独立、客观、公正执业的前提下,努力为大型客户尤其是境外上市企业、金融、能源、通信以及关系国计民生的大型骨干企业提供高质量的增值服务,为促进大型企业健康发展、保障国家经济信息安全作出贡献。

(3)根据《若干意见》,加快发展注册会计师行业,需要新闻媒体的大力支持。要抓住国务院办公厅转发《若干意见》的良好契机,采取多种形式广泛宣传注册会计师行业的执业性质、职能作用、发展状况和先进事迹,加深全社会对注册会计师行业的认知度和认同感,营造理解、尊重、支持注册会计师行业的良好氛围。财政系统、行业组织、专家学者、业内同仁,尤其是大、中型会计师事务所的高管人员都要积极行动并参与进来,共同做好宣传工作,营造有利于行业加快发展的外部环境。

六、强化注册会计师行业行政监管,确保行业规范有序加快发展

《若干意见》指出,要强化政府行政管理和监督,确保行业健康发展。越是加快行业发展,越要重视行政监管,这是国内外注册会计师行业发展历程的必然规律,在我国现阶段具有特别重要的意义。财政部门是我国注册会计师行业的主管部门,在今后的行政监管工作中,应当全面贯彻《若干意见》,重点抓好以下工作:

(1)各省级财政部门应当高度重视,制定加快本地区行业发展、规范本地区行业秩序的配套措施。《若干意见》要求,"各省、自治区、直辖市人民政府财政部门要充分认

识加快发展我国注册会计师行业的重要意义,结合本地区经济社会发展实际,积极研究制定支持注册会计师行业加快发展的具体措施和办法,共同促进注册会计师行业加快发展"。截至目前,绝大部分省、自治区、直辖市财政部门已经积极行动起来,结合本地区实际情况制定了贯彻落实《若干意见》的实施办法,并陆续由省级政府或其办公厅转发。各省级财政部门应当依法履行各项行政管理职责,切实做到"不缺位"、有作为。应当发挥处于行业行政管理第一线的优势,建立高效畅通的信息收集、处理、应对机制,及时准确掌握行业动态;应当健全上下联动的监管体制,充分发挥行政监管效能。

(2)各省级财政部门应当依法严格审批会计师事务所。根据《若干意见》,要加强行政许可,严格市场准入。应当按照《行政许可法》、《注册会计师法》、《会计师事务所审批和监督暂行办法》(财政部 2005 年第 24 号令)、《财政部、证监会关于会计师事务所从事证券期货相关业务有关问题的通知》(财会〔2007〕6 号)等法规制度的规定,依照法定条件和程序严格审批会计师事务所,努力把公开、便民、高效的理念和要求体现在行政审批各工作环节之中。在严格市场准入的同时,更要强化退出机制。

(3)各省级财政部门应当强化对行业的监督检查。加强对会计师事务所的后续监管,是市场准入后各省级财政部门的关键环节和日常工作,切实防止重审批、轻监管的现象。各省级财政部门应当积极探索加强监管的方式方法,不断总结、交流经验。在监管过程中发现不符合准入条件以及执业质量等方面的问题,应当采取果断措施及时处理。应当重视行业管理信息系统工程建设,充分运用信息化手段和其他行之有效的形式及时跟踪了解会计师事务所有关信息和动态,监督会计师事务所业务活动。应当通过召开研讨会、组织现场观摩等多种形式交流监管经验,研究完善定期检查制度。应当会同有关部门建立健全跨部门沟通协调机制,避免多头、重复检查,切实减轻会计师事务所的负担。应当加大对违法违规者的处罚力度,严厉惩治通同舞弊、挂名签字、兼职执业等违法违规行为,坚决把极少数"害群之马"清除出注册会计师行业。

七、会计师事务所应当积极行动起来,抓住机遇、提升素质、加快发展

会计师事务所是注册会计师行业的主体和"细胞",一定要抓住这次千载难逢的大好机遇,认真组织学习、宣传、落实好《若干意见》,按照《若干意见》提出的指导思想、基本原则、主要目标和具体措施,结合自身实际情况,研究提出与《若干意见》要求相适应的发展战略和具体措施,避免反应迟缓、贻误机遇。

一是要抓好制度建设。制度是管理的基础,一套好的制度是会计师事务所长盛不衰的秘诀。如前所述,大型会计师事务所应当积极探索转制为特殊普通合伙制,应当借此机会对本事务所内部管理一系列规章制度进行全面梳理和提升,切实做到一体化管理,下大力气解决法律形式一体化而实质上各自为政、为各自利益争夺市场的现象。

二是要抓好人才建设。会计师事务所是人合型、智合型组织,事业要发展,人才是

关键。要研究制定有利于员工成长成才的激励措施,抓好道德教育和业务培训,培养一支品德上靠得住、业务上顶得上、作风上过得硬的人才队伍。要有意识、有重点地培养一批领军、骨干人才,发挥他们的生力军作用。要抓住国际金融危机背景下会计师事务所吸纳优秀人才的时机,有计划地引进一些高素质、急需型、复合型人才,通过引进一个人开拓一片业务、带好一个团队、闯出一片天地。

三是要抓好文化建设。有人讲:"一个企业、一个单位,有文化是团队,没文化是团伙。"要积极培育人合、事合、心合、志合的合伙文化,形成齐心协力、众志成城谋发展促发展,全体员工合理共享发展成果的内部环境,避免扯皮和内耗。行业中有过这方面的教训,既影响会计师事务所形象,又浪费会计师事务所资源,应当引以为戒。主任会计师、合伙人(股东)和高级管理团队要在文化建设中发挥主导作用,同时引导和规范从业人员行为,形成整个团队的向心力,促进会计师事务所长远发展。

八、广大注册会计师应当增强责任感、使命感和紧迫感,全身心投入到加快发展注册会计师行业的大潮之中

注册会计师是我国注册会计师行业发展的有生力量,是行业发展中最积极、最活跃、最关键的第一要素。行业的加快发展,归根结底取决于每一位注册会计师的艰苦努力和拼搏精神。广大注册会计师行业从业人员要把《若干意见》作为案头手册,激励自己全方位提升综合素质。

(1)注册会计师要增强责任感和使命感。根据《若干意见》的定位,注册会计师从事的职业是经济社会发展不可或缺的重要领域。天下兴亡,匹夫有责。注册会计师应当树立为经济社会健康发展作贡献的责任感和使命感,把自身的职业与行业发展和经济社会发展有机统一起来,不辜负国家对注册会计师行业的厚望。有了《若干意见》的定位,注册会计师再没有理由妄自菲薄、怨天尤人,唯有全身心投入、尽职尽责,才能不辱使命。要从我做起、从现在做起,加强道德修养,坚守道德底线,像爱惜自己的眼睛一样珍惜执业声誉,为加快行业发展和中华民族的复兴作出贡献。

(2)注册会计师要重视学习,不断提高执业水平。我们所处的时代是"知识爆炸"时代,我们投身的行业是知识密集型行业,我们从事的职业是一个充满竞争和挑战的职业。当今世界,知识经济方兴未艾,知识总量呈几何级数增长,知识更新速度大大加快,近50年来人类社会所创造的知识比过去3 000年的总和还要多。联合国教科文组织的专家预言:"未来的文盲,不再是不识字的人,而是没有学会怎样学习的人。"我国经济社会发展正处于新兴加转型时期,对知识的学习和更新有着越来越高的要求,这就需要注册会计师不仅熟悉会计准则和审计准则,还要掌握内部控制和信息化知识,不仅熟悉一般业务流程,还要了解危机之后的金融创新。逆水行舟,不进则退。不学习、不奋斗就会落后,落后就会挨打或被时代淘汰,这是每个注册会计师应当面对的客观现实。

只有强化学习、奋力拼搏,才能做到动力强劲,更好地履行职责,融入行业和经济社会快速发展潮流之中。

(3)注册会计师要合作共事、团结协作。团队作战而不是单兵作战,是注册会计师的职业要求。要学会讲求合作、善于合作,不仅要做到注册会计师之间的团结协作,还要加强会计师事务所内部各业务部门之间的协调合作,更要正确处理与其他会计师事务所、客户等有关方面的关系,形成一种合作共事、团结和谐的机制、文化和氛围,为加快发展我国注册会计师行业,开创我国注册会计师行业更加美好的未来贡献自己的智慧和力量!

历史与未来的握手

——《关于加快发展我国注册会计师行业的 若干意见》系列解读之二

2009 年 10 月 3 日,是一个特殊的日子。这一天,举国上下都沉浸在庆祝新中国成立 60 周年和传统中秋佳节的喜庆之中。而这一天对中国的注册会计师行业来说还有喜上加喜的特殊意义:国务院办公厅转发财政部《关于加快发展我国注册会计师行业的若干意见》(以下简称《若干意见》),使整个注册会计师行业精神振奋,备受鼓舞,倍感自豪。敏锐的业内人士认识到,《若干意见》对我国注册会计师行业发展历史和客观现状进行了科学总结,它的发布标志着我国注册会计师行业发展在历史长河中进入了新阶段,中国注册会计师行业从此将掀开一页跨越式发展的新篇章。

一、历史传承使命,岁月铸就光荣

不了解这个行业的人很少知道,中国注册会计师行业早在 20 世纪初就已诞生,它的历史比人们想象的要长很多。1918 年,中国第一位注册会计师谢霖先生创办了中国第一家会计师事务所——正则会计师事务所。1927 年,著名会计学家、教育家潘序伦先生在上海创办了潘序伦会计师事务所(即现在的立信会计师事务所)。新中国建立以前,中国的会计师事务所已有了一定规模,注册会计师人数曾达到 2 619 人。但在动荡不安、经济萧条的历史岁月里,注册会计师行业不可能取得太大的发展。

新中国成立之初,各级人民政府积极恢复和发展生产,受到保护的私营厂商仍需要注册会计师为他们提供服务。政府对注册会计师的作用十分重视,主管经济工作的陈云同志就曾大胆聘用上千人次注册会计师,对工商企业依法查账,为争取国家财政经济状况的尽快好转作出了贡献。但后来随着高度集中的计划经济模式的确定,一切经济交易都成了"公对公",注册会计师行业一时失去了存在的基础和意义,逐渐退出了中国经济舞台。

1978 年 12 月召开的党的十一届三中全会,做出了把全党工作重心转移到社会主义现代化建设上来的重大决定,中国进入了对内搞活、对外开放的新时期,注册会计师行业也开始了恢复重建。为了适应对外开放、引进外资的需要,财政部于 1980 年 12 月 23 日颁布了《关于成立会计顾问处的暂行规定》,标志着注册会计师行业恢复重建迈出历史性步伐。在财政部试点政策的推动下,1981 年 1 月 1 日,上海成立了新中国第一家会计师事务所——上海公证会计师事务所(为避免与财产公证的混淆,1983 年 1 月 1 日,更名为上海会计师事务所)。此后,一批会计师事务所在全国各地陆续成立。

1986 年 7 月 3 日,国务院颁布了新中国第一部注册会计师行业法规——《中华人民共和国注册会计师条例》。1988 年 11 月,全国性的职业组织——中国注册会计师协会正式成立。这一时期,全行业有注册会计师 3 000 余人,会计师事务所 250 余家,行业恢复重建工作基本完成并粗具规模。

1992 年春季邓小平同志南方谈话的发表,深化了人们对计划经济和市场经济的认识,计划和市场都是经济手段、社会主义也有市场等新论断带来了重大思想解放和理论创新,为中国发展社会主义市场经济指明了方向。1993 年 11 月召开的党的十四届三中全会审议并通过了《中共中央关于建立社会主义市场经济体制若干问题的决定》,把党的十四大确定的经济体制改革的目标和基本原则加以系统化、具体化,对我国建立社会主义市场经济体制做出了总体规划。

经济越发展,会计越重要;市场经济越发展,注册会计师行业越重要。1993 年 10 月 31 日,第八届全国人民代表大会常务委员会第四次会议通过《中华人民共和国注册会计师法》,确立了注册会计师行业的法律地位,标志着行业进入了法制化、规范化发展的轨道。在改革开放新形势的推动下,中国注册会计师行业在改革中发展、在整顿中提高。1996 年 1 月 1 日,第一批《独立审计准则》正式实施。1996 年 5 月,中国注册会计师协会与中国注册审计师协会实现联合,结束了社会审计隶属于两个部门管理的不利局面,实现了行业的统一管理。同一时期,在探索社会主义市场经济过程中出现的一些不良风气和现象也影响到注册会计师行业的健康发展,亟须清淤化塞、革故鼎新。根据国务院领导指示精神,1997 年 8 月至 1998 年年底,全行业开展了大规模的清理整顿,在规范市场秩序、净化执业环境等方面大步向前推进;同时,启动了声势浩大的脱钩改制工作,着力消除由各行各业主管部门兴办会计师事务所带来的种种弊端。1999 年年底,全国 4 805 家会计师事务所与主办单位脱钩,改制为由注册会计师个人发起设立的有限责任制和合伙制会计师事务所,打破了长期以来束缚行业发展的体制瓶颈。

进入 21 世纪以来,鉴于美国安然、安达信事件之后世界各国普遍加强了对注册会计师行业的行政监管,根据这一新趋势和依法行政的新要求,2002 年 10 月 8 日,财政部党组做出进一步理顺注册会计师行业管理体制、终止委托注册会计师协会行使行政管理职能的决定。2002 年 11 月 14 日、11 月 15 日,财政部连续发出《财政部关于进一步加强注册会计师行业管理的意见》(财会〔2002〕19 号)和《关于终止委托中国注册会计师协会行使的行政管理职能的通知》(财办发〔2002〕136 号),明确规定:1. 批准设立外国会计师事务所常驻机构、审批注册会计师执业准则、规则,以及对省级财政部门批准设立的会计师事务所和省级注册会计师协会准予注册的注册会计师人员名单实行备案等行政职能由会计司行使。2. 对注册会计师和会计师事务所的行政监督检查和行政处罚职能由监督检查局行使。监督检查局在作出行政处罚前,应会签会计司和条法司。3. 对注册会计师和会计师事务所进行行政处罚的听证等职能由条法司行使。4. 中国注册会计师协会负责行业自律管理,主要包括:拟订执业规则;会员注册及管理;组织考试和继续教育;对会员进行监督检查和内部惩戒等。5. 中国注册会计师协会即日起停止使用财政部文号发文。6. 财政部原委托中国注册会计师协会行使行政管理职能的有关规定同时废止。

理顺注册会计师行业管理体制,是适应社会主义市场经济要求,整顿和规范会计工作秩序的重大举措,也是贯彻落实《注册会计师法》和《行政许可法》,严格依法行政的必然要求。截至2003年11月底,全国31个省、自治区、直辖市及深圳市财政厅(局)全面完成了职能划转和工作交接,结束了注册会计师协会代行行政职能的历史,做到了人员到位、编制到位、工作到位,实现了平稳过渡。由于理顺了行政监管和行业自律的关系,推动注册会计师行业总体规模、执业质量和社会公信力有了大幅提高,注册会计师行业呈现出良好发展势头。

回顾中国注册会计师行业走过的90年历史,特别是改革开放30多年来的发展历程,尽管与发达市场经济国家相比时间非常短暂,但成绩是有目共睹的。

一是基本建立了相关法律制度体系。形成了以《注册会计师法》为核心,《会计师事务所审批和监督暂行办法》(财政部2005年第24号部长令)等规章制度为重要组成部分的较为齐全的法规体系;确立了以"法律规范、政府监管、行业自律"为基本框架的较为稳定的行业管理体制;建立了覆盖全国的行业自律组织;建成了与国际趋同的会计审计准则等执业规范体系。

二是培养造就了一支具有一定规模的专业人员和执业机构队伍。截至2008年年底,全国执业注册会计师达到87 000多人,非执业会员90 000多人,会计师事务所及分所达7 400多家。发展壮大了一批具有一定实力和规模,能够为我国大型企业提供服务的本土会计师事务所和会计师事务所集团,其中有12家会计师事务所在香港、新加坡、日本、韩国、蒙古等国家和地区设立了22家分支机构和成员所,有20余家会计师事务所加入国际网络,有40余家会计师事务所从事境外业务,朝着国际化发展方向迈出了第一步。

三是逐步拓展了执业范围和服务对象,行业收入快速增长。会计师事务所的业务范围从传统的审计、验资发展到审阅、商定程序等其他鉴证业务,从鉴证业务发展到代理、评价、管理咨询等非鉴证业务。2008年,全行业年度总收入达310亿元,业务收入超过1亿元的会计师事务所32家,排名前100家的会计师事务所总收入达197亿元,占全行业的64%。

四是稳步提高了行业监管水平。在财政部、各地财政厅(局)的共同努力下,行业行政监管取得明显成效,有力地促进了行业诚信建设的深化和执业质量的提升。注册会计师行业行政职能划转以来,财政部和各省级财政部门会计管理机构依法行政,严格市场准入,并加强对会计师事务所的日常管理,取得了显著成效。财政部及各地专员办重点对 120 家会计师事务所开展了检查,共处理处罚违规会计师事务所 59 家,其中撤销 1 家、暂停经营业务 4 家、没收罚款 5 家、警告 21 家、责令整改 28 家;行政处罚注册会计师 107 人,其中吊销 3 人、暂停执业 27 人、警告 77 人,有力地打击和震慑了极少数"害群之马"。

五是不断增强了社会影响力和国际话语权。注册会计师在经济社会发展中的职能作用日益显现。2001—2007 年间,注册会计师通过审计调整上市公司利润总额 3 600 亿元,相当于"神六"上天 16 次的投入,审计调整上市公司资产总额 16 000 亿元,相当于建设 27 个三峡电站的成本。实践证明,注册会计师行业已经成为促进经济社会健康发展不可或缺的力量,注册会计师职业已经成为受人尊重、令人向往的职业。自 1991 年设立注册会计师全国统一考试以来,截至 2008 年度,共进行了 17 次注册会计师考试,累计 300 余万人报名参加考试,100 余万人单科合格成绩;全国 300 余家高校开设了会计专业课程,其中 23 家高校开设了注册会计师专业;在 2010 年度全国硕士研究生考试中,会计专业硕士录取分数线(330 分)在众多专业硕士类别中高居第二位,充分说明注册会计师行业具有广泛的社会基础和较强的吸引力。与此同时,积极开展注册会计师行业国际交流与合作,与美国、欧盟等世界主要经济体注册会计师行业监管机构建立了经常性联系和对话机制,与 30 多个国家和地区的 50 多个会计师职业组织建立了交往和合作关系。在国际会计审计舞台上,越来越多地有了中国注册会计师的身影,国际会计同行越来越多地重视和采纳中国注册会计师的意见。

我国注册会计师行业的发展成就毋庸置疑,我国注册会计师行业的重要作用应予肯定。但是,正如《若干意见》所指出的,"由于起步较晚、基础薄弱等多种原因,我国注册会计师行业的整体水平与经济社会发展要求和全球会计师行业发展水平还有较大差距",必须保持清醒头脑,客观全面地认识、看待我们存在的缺点和不足,扬长避短,迎头赶上。

当前注册会计师行业的突出矛盾和问题有:会计师事务所布局和竞争格局不合理,大、中、小型会计师事务所市场定位不清晰、服务特色不鲜明,低价无序竞争较为严重;会计师事务所尤其是本土会计师事务所规模偏小,核心竞争力较为欠缺,品牌优势不明显;高素质、复合型、国际化人才不足;外部发展环境有待进一步优化,市场人为分割、多头重复监管、违法干预执业等现象仍较严重;内部治理结构和管理水平急需改进和提高,形式上统一但实质上各自为政,财务制度不规范、分配制度不合理、管理制度不透明、合伙文化不浓厚等问题亟待解决,等等。所有这些,都需要行业主管部门和从业人员特别是高管人员冷静思考,客观分析,采取切实有效措施着力解决存在的问题,破除制约行业发展的瓶颈,实现我国注册会计师行业跨越式发展。

二、加快发展意义重大,行业作用亟待强化

(一)建立和完善市场经济体制,需要加快发展注册会计师行业

信用是市场经济的基石。信用往往以大量的信息、数据为支撑。国与国之间开展国际贸易、金融、投资和其他商业往来,企业与企业之间打交道、做生意,无不倚重财务会计信息。会计作为国际通用的商业语言,是市场主体之间取得互信的重要支撑。有专家提出,财会信息占了国民经济信息的 80% 以上,换言之,透过财会信息,可窥国民经济信息之概貌。注册会计师的主要作用之一就是通过鉴证活动增强会计信息的可信度,降低信用成本和交易成本。一个国家的经济社会发展,受自然禀赋、资源环境等各方面条件的限制,产业门类不一定齐全,但只要它实行的是市场经济,就不能没有注册会计师行业,就必须大力发展注册会计师行业。通过考察一些国家包括一些欠发达国家,它可以没有石油化工,可以没有航天科技,甚至可以没有装备制造,但只要实行的是市场经济,涉及公众利益和市场经济秩序,就一定需要注册会计师提供鉴证等专业服务。注册会计师维护的是市场经济的基石,因此成为市场经济体系中必不可少的基础性行业。

事实上,新中国恢复重建注册会计师行业,起因就在于中外合资双方需要增强对方出资额、财务状况和经营成果的可信度。随着改革开放的不断推进和我国市场经济不断发展,注册会计师的会计信息鉴证作用越来越得到广泛认可,《会计法》、《公司法》、《证券法》等法律法规以法律形式确立了注册会计师强制审计制度。以审计等传统业务为依托,注册会计师行业还利用其专业优势,不断拓展服务领域,为企业投融资决策、风险管理、税务筹划、内控制度设计、人力资源规划等提供专业咨询服务,促进了企业经营效益、运行质量和管理水平的提高。总之,完善市场经济体制需要注册会计师,市场经济的快速、健康发展离不开注册会计师行业的加快发展。

(二)深入实施中央"走出去"战略,需要加快发展注册会计师行业

随着经济全球化和我国对外开放的全面深入推进,中国企业逐步走出国门开展跨国经营。企业跨国经营、资本跨境流动,不同国家的投资者、经营者、监管者对同一商业活动要取得一致的理解和认识,必须依赖于会计。会计是跨越国境的商业语言,不同国家尽管文字、货币、法律有所不同,但是会计记录反映商业活动的基本方法是一致的。近年来,为解决各国会计标准不一致带来的会计确认和计量差异,进一步降低国际贸易和国际金融交易成本,世界主要经济体的会计准则制定机构正有计划分步骤地实施国际趋同,举世瞩目的 G20 峰会明确提出构建全球统一的高质量会计准则的目标,使会计真正成为国际通用的商业语言。因此,中国企业"走出去",要实现与境外经济主体的相互了解和密切沟通,离不开会计的支持,也理所当然离不开注册会计师的支持,因

为注册会计师既可以对会计信息进行核查、鉴证真伪,又可以对生成会计信息提供必要的技术指导,还可以发挥专业优势为我国企业"走出去"提供多领域的咨询服务。我国企业与会计师事务所结伴"走出去"经风历雨、发展壮大,是实施"走出去"战略的必然要求和理性选择。

（三）应对国际金融危机的影响冲击,需要加快发展注册会计师行业

始于美国次贷危机的国际金融危机对全球经济造成重创,也对我国经济带来冲击。党中央、国务院审时度势,沉着应对,及时调整宏观经济政策,果断做出一系列重大战略部署,保增长、扩内需、调结构、重民生,促进我国经济在世界其他主要经济体经济状况普遍低迷甚至陷入严重衰退的情况下,仍保持了平稳较快发展的总体态势,将国际金融危机的不利影响降到了最低。当前,我国经济正处于回升向好的关键时期,重视发挥注册会计师行业的积极作用,既是国外成功应对多次经济危机的深刻启示,也是新形势下发挥注册会计师职能作用的当务之急。

国际上许多大大小小的经济危机的成功化解无不彰显注册会计师的作用。1720年英国著名的南海公司会计舞弊案,使投资者遭受重大经济损失,并对英国经济产生严重冲击。英国政府特聘资深会计师查尔斯·斯奈尔对该公司会计账目进行检查,向公众交出一本"明白账",首开民间审计之先河。受那次危机影响,英国政府认识到民间审计可以防范股份公司所有权与经营权分离所带来的舞弊风险,使注册会计师审计制度在英国得以正式确立。美国在1929—1933年经济大萧条中认识到,缺乏可信的财务报表信息是市场崩溃的原因之一,因此强化了注册会计师审计的法定要求,在《1933年证券法》中规定:凡公开发行股票超过50万美元的公司,应当向证券交易委员会和证券交易所提交财务报表,并由独立会计师审查并出具报告。

历经演变和发展,时至今日,中国注册会计师的功能和作用更为广泛,在应对国际金融危机中必将发挥更大的作用。一是监督和保障经济信息的真实可靠,维护和提升市场信心,增强宏观决策的科学性。二是配合国家4万亿投资计划,参与相关重大投资项目咨询论证和审计监督工作,积极发挥注册会计师行业在审计监督、财务诊断、投资分析、风险控制等方面的专业优势,在保障项目论证安全、资金使用安全和项目管理安全中发挥作用。三是跟踪分析经济运行情况变化,为企业提供相应的专业咨询服务,积极主动帮助企业应对和化解危机。总之,注册会计师行业作为社会经济监督体系的重要力量,担负着监督会计信息质量、维护市场经济秩序的重要职责,越是在经济发展遇到困难的时候,越需要勇敢承担起历史责任,坚守独立、客观、公正的立场,有效监督和保障经济信息质量,提升市场信心、保障经济平稳健康运行。

三、直面挑战与机遇,行业不辱使命

站在新的发展方位和历史起点上,我国注册会计师行业所面临的总体形势是挑战

与机遇并存,困难与希望同在。我们一定要坚定迎接挑战的信心,增强抓住机遇的能力,化挑战为动力,变机遇为发展。

(一)挑战相当严峻

1. 市场需求多元化的挑战

在市场经济条件下,有需求就有相应的产品和服务,需求的多元化带来了产品和服务的多元化。在发达市场经济国家,由于注册会计师的良好职业形象以及在会计、审计、税务等领域不可动摇的专业优势,注册会计师行业一直以来就是市场经济中最具代表性的专家型服务业之一。随着企业经营环境的发展变化,会计师事务所服务领域不断拓展。目前国际"四大"会计师事务所的业务主要分为三类:一是鉴证类业务;二是税务代理;三是咨询服务。尽管审计服务始终是社会对会计师事务所的核心需求,但审计业务已经成为会计师事务所寻找各类服务需求的"问路石",从国际"四大"收入构成来看,已呈现出以税务代理和咨询服务为主,审计业务为辅的趋势。

进入 21 世纪的中国经济,对服务业的需求呈现出一种爆发式的增长态势,注册会计师行业的潜在服务领域大幅拓展。然而,大多数本土会计师事务所还未能及时适应这一变化,实现业务转型和升级,审计业务仍然是本土会计师事务所的主要收入来源。这说明我国注册会计师行业还未能很好地满足社会需求,充分发挥其专业服务功能。近年来,随着经济社会的深刻变化,对注册会计师的服务需求呈现出一系列新的变化趋势,对注册会计师行业提出了更多、更高的要求:

一是在各专业领域相互融合、相互渗透的背景趋势下,要求会计师事务所在保持传统专业优势的基础上提供多领域相互结合的综合性配套服务。例如,企业利用信息技术实施内部管理,要求会计师事务所相应具备信息技术环境下从事审计工作的能力,在提供管理咨询服务时能够结合信息技术治理的要求提供综合性咨询方案;会计师事务所在提供司法会计鉴定和破产管理人等服务时,必须具备相应的法律专业知识才能实现委托目标。

二是经济制度环境的不断变化要求注册会计师尽快熟悉掌握新的知识技能。例如,企业内部控制规范体系的发布实施要求注册会计师充实企业内部控制的设计、评价和审计知识,创业板的开放要求注册会计师熟悉创业板市场规则;内地会计师事务所有望从事 H 股审计业务要求注册会计师掌握香港资本市场"游戏规则"和监管规定等。面对市场需求多元化的发展变化,需要会计师事务所以敏锐的观察力去洞悉、去把握、去适应,不断学习、积累人才、自我调整,在巩固核心业务基础上实现业务范围和服务领域高端化、现代化、国际化。

2. "走出去"国际化的挑战

为我国企业"走出去"服务,既是注册会计师行业贯彻落实中央"走出去"战略的历史使命,同时也为我国会计师事务所提供了跟着企业走向国际会计审计市场的十分难得的机遇。当然,这也对我国会计师事务所提出了更高要求。首先要扩大规模、增强实力。"走出去"的企业,相当部分是规模大、实力强、业务范围广、分支机构多的大型骨干企业。尽管近年来行业内形成了一批具有一定实力和规模的本土会计师事务所,但是要真正做到为这些大型骨干企业提供多方面优质服务和增值服务,还需要强身健体、继续努力。仅从收入规模来看,我国注册会计师行业占全球会计师行业的比重仅约2%,我国本土会计师事务所与国际"四大"收入差距悬殊,收入最多的本土所与收入最少的中外合作所,差距达到3~4倍,这在一定程度上也能说明问题。因此,对我国会计师事务所来说,首要的是尽快发展,形成"走出去"企业提供综合服务的实力,建立起彼此熟悉、信任的良好合作关系,才能将境内业务自然拓展到境外。从国际会计公司伴随跨国公司全球扩张的经验来看,要做好对长期客户的境外服务支持,会计师事务所必须在境外设立常设机构,所需成本也只有达到一定规模的会计师事务所才能担负。其次,要熟悉掌握国际商业惯例、资本市场运行规则以及各国社会、经济、法律环境。这就需要会计师事务所积累大量国际化人才,建立面向国际的研究机制。只有自己首先成为跨国经营专家,才能为客户提供国际化综合服务。

3. 方法技术信息化的挑战

互联网等信息技术日益深刻地改变着人类的社会生活、经济生活和政治生活,已经成为现实。有人甚至认为,信息已成为继土地、资本、劳动力等生产要素之后的又一重要经济资源,这一观点不无道理。注册会计师行业与作为信息技术应用主体的广大企业有着天然联系,企业的信息技术革新必然传导给注册会计师行业;注册会计师行业作为知识密集型、服务专业化行业,在为企业、客户提供信息化审计鉴证和信息技术咨询服务等方面同样拥有广阔空间和发展潜力。比如,信息技术内控审计已成为注册会计师审计的重要组成部分,同时借助注册会计师的专业力量提升信息技术内部控制水平也成为许多企业的迫切需求。我国会计师事务所在这方面还较为薄弱,审计鉴证业务更多停留在传统手工阶段,利用信息化执行业务和加强管理、开拓信息化服务领域都才刚刚起步,需要高度重视,奋起直追。我国会计师事务所要成为大型会计师事务所,必须在信息化方面实现突破。

(二) 机遇前所未有

在清醒认识挑战,切实做到不自满、不懈怠的同时,我们同样要看到时代和国家为我们创造的大好机遇。机遇稍纵即逝,机遇总是垂青那些重责任、有准备、勤拼搏的行业有心人。

1. 经济大发展的机遇

经济总量快速增长。改革开放以来,我国经济总量迅猛扩张。国家统计局资料显示,2008年我国国内生产总值已达到300 670亿元,自1979—2008年年均增长率达到9.8%,而同期世界经济年均增长速度只有约3.6%;2008年我国经济总量已占世界的

6.4%,位居美国和日本之后,居世界第3位。

利用外资程度大幅提高。1979—2008年,我国累计实际使用外资金额10 498亿美元,其中外商直接投资8 526亿美元。自1992年以来,我国一直稳居世界上吸收外资最多的发展中国家。截至2008年年底,已有来自211个国家和地区的外商在华投资。外商投资企业已占全国企业总数的3%左右。

对外贸易日益繁荣,贸易伙伴不断增加。目前我国的贸易伙伴已遍及世界220多个国家和地区,2008年,中国前十位最大的贸易伙伴依次为:欧盟、美国、日本、东盟、中国香港、韩国、中国台湾地区、德国、澳大利亚和俄罗斯,这些贸易伙伴应当成为我国会计师事务所"走出去"的战略要地。

各类企业不断发展。2007年年底,我国工业企业集团已达1 833个,拥有资产196 341亿元,占全部规模以上工业企业资产的55.6%;实现主营业务收入156 127亿元,占全部规模以上工业的39.1%,大、中、小型工业企业合理分工,优势互补,协调发展的格局逐步形成。企业的发展壮大,成为注册会计师行业长远发展的根基和源泉。

2. 会计国际趋同等效的机遇

近年来,尤其是美国次贷危机引发国际金融危机以来,二十国集团(G20)峰会、金融稳定理事会(FSB)倡议建立全球统一的高质量会计准则,着力提升会计信息透明度,将会计准则问题提到了前所未有的高度。国际会计准则理事会(IASB)作为国际财务报告准则的制定机构,采取了一系列重要举措提高会计准则质量,世界许多国家或地区也加快了会计准则国际趋同的步伐。G20峰会多次主张要改进IASB治理结构,加快实现全球统一的高质量会计准则目标,并敦促各国积极配合做好相关工作。据统计,世界上已有包括欧盟各成员国、澳大利亚、南非等在内的117个国家或地区要求或允许采用国际财务报告准则,其他国家或地区也纷纷推出了与国际财务报告准则趋同的路线图。我国作为当今世界最大的发展中国家和新兴市场经济国家,积极响应G20峰会和FSB倡议,顺应会计国际趋同大势,为建立和实施全球统一的高质量会计准则做出了积极努力和应有贡献。

2005年,我国根据当时国际国内形势果断决策,大力推进中国会计准则建设及其国际趋同步伐。根据这一目标,财政部在全面总结以往会计改革经验的基础上广纳意见,集中力量制定完成了企业会计准则,并于2005年11月8日与IASB签署了联合声明,确认中国企业会计准则除了资产减值损失转回、关联方关系及其交易的披露等极少数差异外,已经实现了与国际财务报告准则的趋同。同时,IASB认为中国在关联方交易披露等的做法值得借鉴,IASB将修改相关准则。2006年2月15日,财政部正式发布了包括1项基本准则和38项具体准则在内的企业会计准则,随后又发布了《企业会计准则——应用指南》和若干《企业会计准则解释》,形成了包括基本准则、具体准则、应用指南和解释在内的中国企业会计准则体系。企业会计准则体系于2007年1月1日起在所有上市公司实施,之后逐步扩大到所有金融企业、中央国有企业以及其他非上市企业。截至 2009 年 12 月 31 日,全国已有 35 个省、自治区、直辖市、计划单列市(含新疆生产建设兵团)的非上市大中型企业执行了企业会计准则。在准则执行过程中,财政部会计司组织力量采用"逐日盯市、逐户分析"的工作方式,深入分析了每一家上市公司公开披露的财务报告,连续两年公布了中国上市公司执行企业会计准则情况的分析报告。分析结果表明,中国企业会计准则在上市公司得到了持续平稳有效执行。IASB、世界银行、欧盟等也对中国企业执行会计准则情况进行了实地考察和评估,确认了中国企业会计准则体系平稳有效实施的结论,对准则实施效果予以充分肯定和高度评价。2009 年 10 月,世界银行在经过一年的独立评估后,发布《中国会计审计评估报告》指出:"中国改进会计准则和实务质量的战略已成为良好典范,并可供其他国家仿效。"

随着我国企业会计准则体系与国际财务报告准则的趋同和有效实施,中国会计的国际地位明显提高,越来越多的国家或者地区开始认可中国企业会计准则和按照中国企业会计准则编制的财务报告,准则等效工作取得明显进展,成效十分显著。2007 年 12 月 6 日,中国内地与香港签署了会计准则等效联合声明,确认两地会计准则实现等效。在此基础上,两地于 2009 年 8 月就在对方上市的公司可选择以本地会计准则编制并由本地会计师事务所审计财务报表的建议架构达成共识,从 2010 年起将实现内地会计师事务所从事 H 股企业审计的目标。2008 年 12 月 12 日,欧盟就第三国会计准则等效问题发布规则,决定在 2009—2011 年的过渡期内,允许中国企业在进入欧盟资本市场时直接采用中国企业会计准则编制财务报告,为中国企业赴欧上市融资奠定了基础。目前,中欧正在会计准则等效基础上积极推动双方审计公共监管等效,中国有望成为第一批获得欧盟审计公共监管等效认可的国家。与此同时,中美会计准则等效问题也已列入中美经济联委会议题,相关工作正有序推进。所有这些,必将促进全球会计准则的改进和创新,也必将对注册会计师行业带来深刻影响和积极变化。

3. 政府支持、政策扶持的机遇

在过去的发展历程中,注册会计师行业承载了不少辉煌,感受了无数喜悦,同时也担负了太多委屈,经历了无数忧伤。注册会计师行业由于肩负特殊的社会职责,经常在经济大潮中处于风口浪尖的位置,尽管屡建功勋,但稍有不慎就可能给整个行业声誉蒙上厚重的阴影。加之社会上对行业的认识仍有偏差,注册会计师经常承受着莫名的指责,担负着不该担负的责任。曾几何时,注册会计师似乎成了会计造假的帮凶,职业自信心和自豪感一度萎缩。

在我国注册会计师行业步入加快发展的关键时期,国务院办公厅转发了《若干意见》,第一次站在前所未有的高度对行业为经济社会发展所作出的贡献给予了充分肯定,对行业在市场经济体系中的职能作用进行了准确定位,对行业未来发展明确了目标任务。它传达的是国务院对注册会计师行业的关怀和重视,体现的是国家对行业性质和功能作用的科学认识,让广大注册会计师扬眉吐气、精神抖擞。同时,由国务院办公厅转发《若干意见》,体现了文件的权威性,有利于各有关部门统一思想、汇聚力量、密切配合,共同推动注册会计师行业加快发展。因此,《若干意见》的发布为行业加快发展准备了舆论条件,释放了精神动力,提供了政策支持。财政部作为行业主管部门和广大注册会计师的坚强后盾,始终站在维护国家利益和国家经济信息安全的角度,始终站在促进经济发展和行业健康发展的角度,与行业从业人员心连心、同拼搏,一方面将继续深化会计准则国际趋同、注册会计师行业改革发展、内控体系建设、会计信息化、政府会计改革、会计人才战略、会计国际交流合作、会计理论研究八大领域改革,为注册会计师行业加快发展提供全方位支持;另一方面将不遗余力奔走呼吁,积极推动有关部门制定出台一系列扶持政策,为注册会计师行业鼓实劲、办实事,切实将《若干意见》提出的各项扶持政策落到实处。

《若干意见》恰如未来向历史伸出的迎接之手,将行业引入了加快发展的时代快车。注册会计师行业已时刻准备,蓄势待发!

浓墨重彩绘蓝图

——《关于加快发展我国注册会计师行业的
若干意见》系列解读之三

《若干意见》所体现出的权威性、科学性和前瞻性，注定其将成为我国注册会计师行业发展史上浓墨重彩的一笔，而这一笔中最为斑斓夺目的内容之一，就是在确立注册会计师行业指导思想和基本原则的基础上，为今后5年乃至相当长一段时间行业的发展指明了方向、绘制了蓝图。

一、始终坚持正确的指导思想

指导思想是制定和实施发展战略的基本思路与观念，是进行战略谋划的灵魂和指针。《若干意见》强调，要以邓小平理论和"三个代表"重要思想为指导，深入贯彻落实科学发展观，这为加快发展注册会计师行业提供了强大思想保证。邓小平理论是对毛泽东思想的继承和发展，是指导中国人民在改革开放中胜利实现社会主义现代化的正确理论，是当代中国的马克思主义，是马克思主义在中国发展的新阶段。"三个代表"重要思想是对马克思列宁主义、毛泽东思想和邓小平理论的继承和发展，反映了当代世界和中国的发展变化对党和国家工作的新要求，是党必须长期坚持的指导思想。科学发展观是同马克思列宁主义、毛泽东思想、邓小平理论和"三个代表"重要思想既一脉相承又与时俱进的科学理论，是我国经济社会发展的重要指导方针，是发展中国特色社会主义必须坚持和贯彻的重大战略思想。邓小平理论、"三个代表"重要思想和科学发展观既对党和国家全局性的工作具有重要指导意义，也是加快发展注册会计师行业必须学好用好的思想宝库。这一承前启后、继往开来理论体系中的思想精髓和光辉论断，对加快发展注册会计师行业具有极其重要的指导作用。

加快发展注册会计师行业，要坚持实事求是的思想。要客观、科学地总结、分析行业现状，在此基础上，提出有针对性的措施和办法，化解难题、促进发展，既不妄自菲薄，看不到光明，也不好高骛远，脱离实际。既要加快发展，又不能拔苗助长。注册会计师行业是特殊行业，某种程度上具有一定的复杂性，不同于一般的产业，行业发展有其特殊规律，我们必须牢牢把握行业特点，将实事求是的思想贯穿加快发展的始终。

加快发展注册会计师行业，要坚持科学发展观。发展是硬道理。实践是检验真理的唯一标准。注册会计师行业能否更充分有效地发挥在经济社会发展中的服务职能，关键在于发展；检验注册会计师行业已经、正在或者将要采取的一系列制度措施是否得当，也关键看发展成效。要坚持以人为本，全面、协调、可持续发展。注册会计师行业的发展，就是要以公众利益为本。在加快推进行业发展过程中，就是要注重质量与速度、会计师事务所与注册会计师、社会效益与经济效益、长远利益与眼前利益的协调，切实促进行业又好又快发展。

加快发展注册会计师行业，要坚持解放思想。思想再解放一点、胆子再大一点、步子再快一点，这是邓小平理论的重要内容。针对我国注册会计师行业现状及其特殊性，我们既要坚持实事求是和科学发展观，又要坚持解放思想，敢闯敢试、敢为天下先，凡是法律、政策没有明令禁止的，为加快行业发展都可以去探索、去尝试，不因经验主义阻碍制度创新，不因没有现成模式就裹足不前，怕字当头、畏首畏尾没有前途。

按照邓小平理论、"三个代表"重要思想和科学发展观的要求，《若干意见》在总结行业发展经验、剖析行业突出问题的基础上，深刻指出了加快发展注册会计师行业的着力点：在体制机制上要坚持改革创新，在行业监管上要坚持政府主导和行业自律，在诚信建设上要不断加强，在扶持政策和鼓励措施上要加大力度，在引导会计师事务所协调发展和走向国际上要迈出新步伐，在扩大执业领域和执业范围上要有新举措，在提升执业质量和服务能力上要见新成效，在改善执业环境和内部治理上要下大工夫。抓住这些关键领域和薄弱环节，就抓住了牵引行业加快发展的"牛鼻子"。

二、牢牢把握加快发展的基本原则

在深入贯彻邓小平理论、"三个代表"重要思想和科学发展观思想精髓的基础上，《若干意见》明确提出了加快发展注册会计师行业必须坚持的几项基本原则：

一是必须坚持解放思想、开拓创新。解放思想，开拓创新，既是加快行业发展的指导思想，同时也是必须坚持的基本原则之一。《若干意见》之所以强调这一指导思想和原则，主要是针对我国注册会计师行业发展现状与我国经济社会快速发展的客观要求不相适应的情况，也就是说，我国注册会计师行业发展严重滞后于经济社会发展，因此，要在遵循法制要求和市场规则的前提下，敢于用创新思维谋划发展，敢于用创新方式推动发展，敢于用创新手段支持发展，敢于用创新胸怀善待发展。对于会计师事务所探索多种模式、途径和方法加快发展的，无论是管理公司模式，还是总分所模式，无论是自主自强自创品牌模式，还是"借船出海"加盟国际模式，都一视同仁予以鼓励和支持，不厚此薄彼，不妄加非议。实践是检验真理的唯一标准。会计师事务所及其主任会计师、高级管理团队都是理性的"经济人"，应当充分相信其智慧，应当允许探索、宽容失败。风雨之后见彩虹。无论是我国注册会计师行业，还是国外注册会计师行业，墨守成规、邯郸学步都是走不通的。在无数次的碰壁、反复、比较、优选之后，会计师事务所一定能找到一条适合自己发展的道路,这就是市场经济的力量,也是开拓创新的魅力。

二是必须坚持科学发展、规范管理。科学发展,就是适应科学发展观要求的全面、协调、可持续发展。对注册会计师行业而言,主要是使所有会计师事务所及其从业人员都能够得到发展,且适应我国经济社会发展要求不断提升;主要是大、中、小型会计师事务所在规模结构上要形成合理布局;主要是要增强会计师事务所发展后劲和发展活力,实现"百年老店"式的长久发展。规范管理,主要是在推动行业加快发展的同时,毫不松懈地强化行政监管,发挥行业协会的服务、协调和自律作用,通过强有力的行政监管和行业自律,促进会计师事务所完善内部治理和各项管理制度,内强素质,外树形象。

三是必须坚持诚信为本、质量第一。诚信为本,就是以维护公众利益为己任,严格遵守职业道德和执业底线,杜绝侥幸心理,确保执业行为经得起检查,切实做到独立、客观、公正,做老实人,说老实话,办老实事,以慎独精神激励自己,以执业准绳约束自己,以职业行为要求自己,以社会效果检验自己,做诚信的践行者和守护者。质量第一,就是要树立以质量求生存、求发展的服务观,努力做到人无我有、人有我优、人优我特、人特我精,以优质服务赢得市场信任,以优质服务赢得客户青睐,以优质服务创立优势品牌,推动会计师事务所在激烈的市场竞争中永远立于不败之地。

三、科学谋划今后五年的发展目标

指导思想和基本原则的确立,使加快发展注册会计师行业有了主心骨。结合注册会计师行业既喜人又逼人的客观形势,《若干意见》从5个方面提出了今后5年左右的发展目标。围绕这五大目标去努力、去奋斗、去拼搏,就一定能够迎来我国注册会计师行业加快发展、跨越发展的大好局面。

(一)把优化会计师事务所规模布局作为重中之重

规模问题是当前行业发展的突出问题。规模上不去,会计师事务所服务的范围就容易受到限制,服务的广度和深度就难以提高。越是高端的业务附加值就越高,越能体现会计师事务所的贡献和价值,同时客户的规模越大,需求越深化精细,必然对会计师事务所规模和实力提出更高的要求。规模上不去,会计师事务所的市场定位不准确、服务特色不突出,就难免陷入同质低价恶性竞争。

我国注册会计师行业的规模,尽管从纵向看取得了长足进展,但从横向看,无论是行业整体规模还是单个会计师事务所的具体规模,也无论是收入规模还是注册会计师人数,都没有任何理由值得骄傲的。从行业整体收入水平看,全国(不含港澳台,下同)注册会计师行业2008年度收入之和(310亿元),尚远远不及同期"四大"任何一家的收入水平(系指"四大"全球成员所汇总收入,自220亿美元至280亿美元不等)。单就国内"四大"看,2008年收入都在24亿至28亿元之间,国内"四大"的收入总和,与本土所百强之和相当。本土所年收入在5亿元以上的只有少数几家,要达到国内"四大"目前的水平,还需要至少5年左右时间的艰苦努力。再从会计师事务所所拥有的注册会计师人数看,至2009年9月底,全行业6 637家本土会计师事务所(不含分所)中,注册会计师人数在10人以内的为4 432家,占66.78%;11～50人的为2 084家,占31.4%;超过50人的只有121家,仅占1.82%。经计算,平均每家会计师事务所拥有的注册会计师人数为13.5人。由此追溯到1988年,当时全国约有注册会计师3 000人,约有会计师事务所250家,每个会计师事务所平均拥有注册会计师12人。这就意味着,单纯就这一指标看,20多年来的增长不尽如人意。很重要的一个原因,就是会计师事务所数量的快速扩张"摊薄"了虽有较大增长但增速仍较缓慢的注册会计师队伍。因此,在推动修改法律提高会计师事务所设立"门槛"的同时,必须推进合并重组、优化整合,这既是经济社会发展的要求,也是会计师事务所增强自身竞争实力和抗风险能力的需要。

　　合理布局是当前行业发展的深层次问题。从行业2008年度"百强所"来看,除4家中外合作所外,其他本土会计师事务所尤其是收入过亿的28家会计师事务所尽管有所差距,但在执业领域、市场定位、服务对象等方面还没有鲜明特色,还没有完全拉开档次,这与差异化的市场需求是不适应的,也易于引发无序竞争。针对这一问题,《若干意见》明确提出,要重点扶持10家左右大型会计师事务所加快发展,积极促进200家左右中型会计师事务所健康发展,科学引导小型会计师事务所规范发展,努力形成大型、中型和小型会计师事务所执业领域各有侧重、市场定位各有特色、服务对象各有倾斜、地域分布较为合理,不同规模的会计师事务所有序竞争、接续发展的格局。这一格局的形成,将深刻改变行业面貌,深刻影响行业发展,同时也对行业从业人员尤其是会计师事务所负责人提出了一个必须认真思考的重要命题:自己的定位究竟是什么? 怎么去实现未来的发展? 随着《若干意见》的贯彻实施和各种扶持政策的落实到位,大、中、小型会计师事务所的服务对象、客户群体必将逐步清晰,大型会计师事务所服务大型、高端型客户;中型会计师事务所服务中型、一般型客户;小型会计师事务所服务小型、低端型客户的局面将日趋明朗化,从而促进行业规模布局出现较大改观,行业发展保持良性态势。

　　(二)把大幅度拓展会计师事务所执业领域作为突破口

　　加快发展注册会计师行业,根本目的是为了更好地满足社会需求,促进经济社会又好又快发展。随着改革开放和社会主义市场经济体制不断完善,越来越需要注册会计师行业提供全方位、多样化的服务,这就要求注册会计师充分发挥专业优势,不失时机地拓展执业领域。

　　拓展执业领域,首先要巩固现有阵地。例如,《公司法》第一百六十五条规定:"公司应当在每一会计年度终了时编制财务会计报告,并依法经会计师事务所审计。"但此项规定目前在部分地区并没有得到严格执行,主要原因在于有的部门对公司财务会计报告审计的社会意义认识不够,没有将审计报告作为公司年检的必备材料。为此,需要争取相关部门的支持,全面落实《公司法》规定。再如,受部门利益驱使,经济鉴证类中介行业还没有形成统一的市场,中介机构种类庞杂,不断挤压注册会计师行业的发展空间。涉税鉴证业务就是一个典型例子。注册会计师从事涉税鉴证(实际上是税务专项审计),是国际惯例,是发达市场经济国家的通行做法,也一直是我国注册会计师的传统执业领域。改革开放之初我国恢复重建注册会计师行业,其初衷也是对外商投资企业的纳税申报和财务报表进行审计。尽管近年来由于人为原因会计师事务所从事涉税鉴证受到某些限制,但注册会计师不可能也不应当放弃这一执业领域,要按照《若干意见》的要求办理。

拓展执业领域,要充分发挥注册会计师最基本的会计信息鉴证功能。当前,医疗和教育是全社会高度关注的两大民生问题、热点问题。医院和高校负有巨大的社会责任,且这些单位往往资金流量大,监管薄弱环节多。因此,把医院和高校纳入社会审计监督范围,增强这些单位财务管理、资金管理、资产管理的透明度,一方面可以促使其加强管理,提高资金使用效益,另一方面也可以弥补政府审计力量的不足,促进相关领域的体制改革。而且,尽管医院、高校有别于企业,但业务活动复杂,管理水平尚不高,需要发挥注册会计师的作用。《若干意见》"将医院等医疗卫生机构、大中专院校以及基金会等非营利组织的财务报表纳入注册会计师审计范围"的要求,体现了对注册会计师行业鉴证职能的新认识,这一举措不仅有利于拓宽行业执业领域,更重要的是对提升行政事业单位和其他非营利组织财务管理绩效有着极强的现实意义,是注册会计师行业服务财政科学化精细化管理的重要制度安排,应当抓紧抓好。

拓展执业领域,要以鉴证业务为核心,向相关业务范围辐射。注册会计师通过提供法定的、基本的会计信息鉴证服务,以其过硬的专业技能和良好的职业形象得到了社会信赖,确立了注册会计师行业拓展执业领域得天独厚的优势。会计师事务所以其在会计、审计领域的专业特长和人才储备为基础,可以比较容易地向其他专业领域延伸,从而形成融合优势,为社会提供多元化服务。同时,社会也需要会计师事务所提供综合性专业支持。例如:企业进行整体战略规划、信息系统规划、人力资源规划、物流系统规划、营销策略规划时,需要会计师事务所提供管理咨询服务;企业内部控制规范体系的建立和实施,需要会计师事务所提供企业内部控制制度设计咨询服务和内部控制有效性审计服务;企业进行并购重组、融资投资等,需要会计师事务所提供可行性研究分析等决策支持服务;人民法院在案件审理中涉及会计、审计专业问题,需要会计师事务所提供司法会计鉴定服务;陌生交易对手之间在建立合作关系之前,为准确掌握对方实力,避免商业欺诈,需要会计师事务所提供资信调查服务;政府在履行国有资产管理、行政监督、绩效评价等职能时,也需要利用会计师事务所的专业优势,代为执行部分审计、检查、考评等工作。所有这些,都需要会计师事务所特别是大型会计师事务所抢抓机遇,主动出击,实现业务结构和服务品种的转型升级,加速向高端型、高附加值、国际化方向迈进。

（三）把显著改善会计师事务所执业环境作为紧迫任务

加快发展注册会计师行业,要兼顾行业自身和外部环境两大因素,着力解决制约行业发展的各种"瓶颈"。注册会计师审计之所以又称为社会审计,是因为其服务于社会的方方面面,也正因为如此,它受到方方面面的影响也比较多。当前,注册会计师行业面临的外部环境总体有利,但也存在不少问题,主要表现在以下几个方面。

1. 执业壁垒仍未打破

"资格林立、山头众多",是行业长期以来面临的突出问题。目前,在经济鉴证领域,除注册会计师外,还存在着土地评估师、房地产估价师、造价工程师、注册税务师等大大小小十几种资格。这些执业资格在基础知识、技术方法等方面有很多相通甚至相同之处,但出于部门利益、本位主义等多种原因,往往片面强调专业特殊性,人为设置各种行政壁垒。一般而言,注册会计师是从事各类经济鉴证业务的最佳资质平台,因为以注册会计师具有的基础知识与技能为基础,补充相关知识与技能要求,就完全能够具备其他资质要求。获得注册会计师资格的人员,应当通过豁免考试科目等做法,比较便捷地获得相关职业资格,但现实情况并非如此,导致许多从业人员为了获取多种执业资质疲于应付内容重复的各种考试、培训。更有一些职业资格为了所谓"专门化",强制已具有多种执业资格人员只能选择保留一种资格,使执业人员多年的心血付之东流。一般而言,会计师事务所也是从事各种经济鉴证业务的最佳功能平台,因为会计信息鉴证是经济鉴证中最核心、最基本的职能,其他一切经济鉴证业务的结果最终都集中到会计信息上。因此以注册会计师为基础,扩展赋予其他业务资格,建设综合性经济鉴证功能平台,是符合经济鉴证业务规律、提高中介服务效率的安排。但实际上,各种职业资格都强调所谓"专业经营",人为将原本融合一体的执业机构强制拆分,使会计师事务所鉴证功能越来越窄。上述现状,造成社会资源的极大浪费,不利于培养全方位、多视角的复合型执业人员,也不利于中介机构做大做强。

2. 违规干预市场竞争

《注册会计师法》第三十条规定:"委托人委托会计师事务所办理业务,任何单位和个人不得干预。"这是对会计市场公平竞争秩序的保护。然而,一些单位或个人利用自己的职权和影响力干预企业选择会计师事务所的现象仍较普遍,有的直接为企业指定会计师事务所,有的采取圈定会计师事务所范围等比较隐蔽的方式间接指定。这些行为不仅妨碍会计市场公平竞争,而且往往伴随着索要和支付回扣等不当行为,不仅诱发腐败问题,而且降低了审计业务的实际收费,导致会计师事务所只能以缩减必要审计程序、降低成本来应对,进而降低了审计质量,危害极大。

3. 违规干预执业行为

会计信息是经济决策和利益分配的重要依据,因此,对会计信息的鉴证意见直接影响相关方利益,使相关方滋生左右鉴证意见的利益冲动,这就是注册会计师必须保持独立、客观、公正的原因。独立是客观和公正的前提,是注册会计师的灵魂。按照职业道德要求,注册会计师无论在形式还是实质上,都要保持与利益相关方的独立性。正因为独立性如此重要,因此在《注册会计师法》"总则"明确规定:"注册会计师和会计师事务所依法独立、公正执行业务,受法律保护。"然而,一些单位和个人无视法律规定,采取各种手段、通过各种渠道影响注册会计师正常执业,甚至以手中权力施压,要求注册会计师改变审计意见,按其"意图"出具审计报告。这种行为严重损害了注册会计师的独立性和经济运行的信用基础,必须加以制止和纠正。就此,《若干意见》重申,"各地区、各部门、各单位不得人为限制会计师事务所执业,不得干预注册会计师独立发表审计意见"。

（四）把改进会计师事务所组织形式、内部治理和管理制度作为强基之举

行业发展,不仅体现在宏观层面体制机制的创新,也体现为微观层面会计师事务所制度办法的完善和有效实施,当前最为迫切的就是改进组织形式、完善内部治理和健全管理制度。

1. 改进组织形式

现行注册会计师法规定了有限责任制和合伙制两种组织形式,但我国会计师事务所大多采用了有限责任制,占到了 65.5%。在加快培育大型会计师事务所进程中,应当抓紧完善组织形式,大力推进由有限责任制向特殊普通合伙制转换。

特殊普通合伙是国际通行的适应会计师事务所特点的一种组织形式,在美国、英国等发达市场经济国家,其已成为会计师事务所采取的主流组织形式之一。与我国现行的有限责任和普通合伙两种组织形式相比,特殊普通合伙具有明显优势,关键是有助于会计师事务所做大做强。近年来的实践证明,现行有限责任和普通合伙形式,已经成为会计师事务所优化整合、强强联合的瓶颈,因此,引入特殊普通合伙组织形式是当务之急。2006 年 8 月 27 日全国人大常委会修订的《合伙企业法》,专门为专业服务机构引入了这种组织形式。《若干意见》明确指出,"要积极探索适应大型会计师事务所发展需要的组织形式,大力推进特殊普通合伙制"。我们认为,特殊普通合伙组织形式的主要优点是:

一是兼顾了会计师事务所"人合"的特点和控制风险的需要。有限责任组织形式体现的是"资合",谁的出资多,谁的控制权和分配参与权就大。而会计师事务所是"人合"型专业服务机构,开展经营所依靠的主要资源不是资本,而是智力。因此在控制和分配上,不应单纯由出资额多少决定,而应当根据每个出资人的智力贡献商定。合伙的形式符合"人合"特点,但是,普通合伙的组织形式又不利于民事责任风险控制,因为在无限连带责任制度下,一个合伙人的失误就会连累所有合伙人。由于合伙人相互之间并不完全了解、熟悉彼此业务开展情况,这种带有"连坐"性质的制度安排是不公平的,

因为有的合伙人可能对于索赔事项并没有任何过错,这对于合伙人数量多的大型会计师事务所而言尤其如此。特殊普通合伙则考虑了控制风险的需要,规定合伙人对其他合伙人在执业活动中因故意或者重大过失造成的合伙企业债务仅承担有限责任。

二是有利于会计师事务所扩大规模。会计师事务所规模增大,出资人数量相应增多。在有限责任制下,公司法关于股东数量的规定(高限为 50 人)使得出资人不可能无限增加,导致一些会计师事务所往往采取"暗股"等形式绕过对股东数量的法律限制,但这一做法显然存在潜在法律风险,不利于会计师事务所长期稳定发展。普通合伙尽管没有合伙人数量限制,但是在普通合伙制下,会计师事务所规模的扩张也使合伙人的无限连带责任风险急剧扩大,制约了会计师事务所扩大规模的积极性。两相比较,特殊普通合伙制应当成为有利于会计师事务所做强做大的最佳组织形式。

三是适应行业管理的特定要求。根据注册会计师法,会计师事务所必须由符合资质条件的自然人出资设立。出资人如果不符合资质条件,则应当退出或转让其出资,否则该会计师事务所就不符合法定设立条件。由于公司法规定有限责任公司股东不能退股,只能转让,因此当会计师事务所股东因经营理念不一致等原因而离所,或者当股东不再满足资质条件时,就可能因无法达成股权转让协议而激化矛盾,甚至造成会计师事务所分崩离析。合伙企业法律制度则充分考虑到与专业服务机构特定管理要求的协调,规定当合伙人不再符合资质条件时,合伙人当然退伙,并就退伙的结算原则做出了规定。这样的安排,让会计师事务所出资人可以有进有退,有利于会计师事务所优化整合。

四是合理降低股东的税收负担。在有限责任制下,股东既要缴纳个人所得税,又在实际上承担企业所得税,税收负担相对较重。如果改制为特殊普通合伙组织形式,根据合伙企业法第六条的规定,"合伙企业的生产经营所得和其他所得,按照国家有关税收规定,由合伙人分别缴纳所得税",这就解决了有限责任制下双重纳税的问题,可以在一定程度上缓解股东(合伙人)的税收负担。

2010 年 1 月 27 日,财政部印发了《财政部关于推动大中型会计师事务所采用特殊普通合伙组织形式暂行规定》(征求意见稿,下同,财办会[2010]3 号)。该征求意见稿第二条规定,"特殊普通合伙会计师事务所,其合伙人在执业活动中因故意或者过失造成会计师事务所债务的,应当承担无限责任或者无限连带责任,其他合伙人以其在会计师事务所中的财产份额为限承担责任。合伙人因非执业活动造成的债务,由全体合伙人承担无限连带责任。"由此可见,特殊普通合伙的核心,是合理构建合伙人之间的责任分担机制。这既不同于有限责任制,看似以有限出资承担赔偿责任,实际上最终责任集中于法定代表人;又不同于普通合伙,导致全体合伙人承担无限责任。在一定意义上讲,特殊普通合伙属于有限责任合伙范畴,已经发展成为广泛采用的国际惯例。但是,我国的特殊普通合伙并不完全等同于国外的 LLP 组织形式,可以结合我国的实际情况,有所创新和发展。这就需要业内的行家里手根据实践经验提出建设性意见,大胆地加以补充完善。

该征求意见稿要求,大型会计师事务所应当尽快向特殊普通合伙组织形式转制,鼓励中型会计师事务所向特殊普通合伙组织形式转制。大中型会计师事务所的范畴,按照《若干意见》的界定,体现在数量上,就是在全国注册会计师行业排序前 210 名的会计师事务所。政策衔接主要涉及转制前后会计师事务所权利义务的承继问题。为充分体现对大中型会计师事务所转制为特殊普通合伙制的支持,该征求意见稿允许转制前后会计师事务所的经营期限、经营业绩连续计算,执业资格相应延续,同时,要求转制后的会计师事务所相应承担转制前会计师事务所的行政责任。

该征求意见稿在合伙人资质方面进行了创新:一是对合伙人年龄进行限定;二是允许具有国家认可的经济鉴证类执业资格的专业人士担任特殊普通合伙会计师事务所的合伙人,促进会计师事务所走多元化发展道路;三是规定其他经济鉴证类专业人士担任特殊普通合伙会计师事务所合伙人的,其数量不得超过合伙人总数的 20% ,且其所持有的财产份额累计不得超过 20% 。

如何办理转制审批手续,是大中型会计师事务所普遍关心的现实问题,也是各省级财政部门应当尽早考虑的准备工作。该征求意见稿要求,省级财政部门应当遵循便民、高效的原则,对大中型会计师事务所的转制申请进行审批。对于转制中可能发生的股东、合伙人变更情况,应当合并办理,尽量减少转制审批时间,提高审批工作效率。

2. 完善内部治理

内部治理决定性地影响着会计师事务所的内部凝聚力,关系到会计师事务所的长期稳定发展。对会计师事务所而言,内部治理的要点之一是合伙人关系的协调顺畅,主要应解决好四个问题:合伙人的培养、合伙人集体决策、合伙人的利益分配、合伙人的退出机制。然而,内部治理是我国注册会计师行业发展中长期以来较为忽视的薄弱环节。从某种意义上讲,本土会计师事务所与国际会计公司的差距,很大程度体现在内部治理上。有的本土所之所以发展缓慢甚至日渐衰退,很重要的一个原因,就在于内部治理不科学,将宝贵的时间和精力浪费在了旷日持久的内耗上,错失发展机遇。

从近年来一些会计师事务所内部治理,特别是合伙人相关机制中暴露出的问题看,主要存在以下不良现象,需要引起重视、引以为戒:一是缺乏共同理念和深层次的共同价值观,或者以简单、肤浅、表象、急功近利的所谓共同理念为基础,导致先天营养不足,合作基础不牢靠,常常始于仓促结合,终于分道扬镳。二是少数主任会计师一股独大,搞一言堂,"人合"意识薄弱,把会计师事务所当成个人产业,最终导致其他合伙人群起而攻之,会计师事务所四分五裂。三是创业初期彼此依靠,只讲付出不谈回报,对分配问题羞羞答答糊糊涂涂,至发展到一定规模时就开始斤斤计较,甚至闹得不可开交。四是有的老同志、创始人经历了创业艰难,付出了大量心血,对自己一手发展起来的会计师事务所充满了感情而不舍放弃管理,但有的年轻同志事业心强、开拓意识强,迫切希望施展手脚二次创业,这本是新老交替的正常现象,但由于未能正确处理好留与退、精神慰藉与待遇优待等方面的关系,加剧了对立情绪和矛盾冲突,一些会计师事务所常常因此元气大伤、一蹶不振。因此,加快发展注册会计师行业,迫切需要完善以合伙人机制建设为核心的会计师事务所内部治理,切实把有限的精力和资源集中在发展共同的事业上,多干事、少"折腾"。

3. 健全管理制度

执业质量是会计师事务所的生命,执业风险是会计师事务所的劲敌。会计师事务所求生存、谋发展,必须依赖各项管理制度应对风险、控制风险。

管理制度要覆盖全面。人事、财务、业务、技术、市场等方方面面,均应统筹考虑,全面梳理,确保不存在管理盲区和管理漏洞。管理制度要突出重点。比如,会计师事务所的执业质量控制制度和复核机制是否科学有效,应当始终保持高度警惕。主任会计师、合伙人要真正融入到质量控制体系之中,身体力行抓好这项工作。具有证券期货业务资格的会计师事务所,要坚持做到由总所复核和签发证券业务报告。再如,对分所执业质量的管控问题。由于很多会计师事务所分所源于合并行为,总所与分所分灶吃饭、各管一摊的情况仍比较普遍,在这种情况下,隐患极大,风险加剧,因分所风险、责任殃及整个会计师事务所的深刻教训国内国外不在少数。因此,会计师事务所必须建立完善分所管理制度,尽快实现对分所的人事、业务、财务、技术标准、执业质量等的统一管理。

(五) 把显著提高注册会计师职业道德水平和专业胜任能力作为治本之策

科学发展,以人为本。注册会计师行业的发展,归根结底取决于是否培养造就一大批德才兼备的高素质的队伍。"德"是指具有诚实守信的品格,"才"是指具有扎实过硬的知识和技能。《若干意见》不仅把人才问题作为今后 5 年重点关注的发展目标,而且通篇反复强调人才的重要性及其培养、使用机制。人才的竞争,已经成为会计师事务所思考市场定位、加快自身发展必须从长计议的重大现实问题。

加快发展注册会计师行业,号角已经吹响,蓝图已经绘就,期待着政府有关部门合力支持,期待着每一家会计师事务所奋力开拓,期待着每一位注册会计师倾力投入,齐心协力、众志成城,把壮美蓝图变为注册会计师行业蓬勃发展的美好现实。

重点扶持大型会计师事务所加快发展

——《关于加快发展我国注册会计师行业的若干意见》系列解读之四

"重点扶持大型会计师事务所加快发展",这是《若干意见》提出的明确要求,也是当前和今后我国注册会计师行业的第 要务。

一、服务于大型企业规模化发展需要重点扶持我国大型会计师事务所

在我国经济快速发展的过程中,一批规模大、实力强的大型企业迅速崛起。2009年入围中国企业 500 强的单位,其营业收入门槛已从上年的 93.1 亿元攀升为 105.4 亿元,突破百亿元大关。同期,中国企业在世界企业 500 强中的席位继续增加,达到 34 家,且收入利润率等绩效指标首次超过世界及美国 500 强企业平均值。中国企业 500 强中,收入超过 1 000 亿元的公司达到 57 家,其中排名第一的中国石油化工集团公司收入达到 14 624.39 亿元;前 100 家企业从业人员共计 1 500 余万,平均资产总额达到 5 962.6 亿元,平均营业收入达到 1 691 亿元,收入平均增长率为 23.5%。此外,根据国务院国资委公布的由其直接监管的 135 家中央企业 2008 年度的国有资产运营信息,其中分户列报的 118 家企业的平均营业收入已达 906 亿元,比上年增长 143 亿元。随着中央企业整合工作的持续推进,中央企业收入规模等将进一步增大。

企业的规模化发展需要有与之相匹配的会计师事务所提供相应服务。但是,受行业内外多种因素的影响,我国的会计师事务所,尤其是本土会计师事务所目前尚不能很好满足大型、特大型企业发展的需要,有的甚至处于"缺席"状态。大型会计师事务所提供的会计服务仍明显滞后于我国经济发展状况,这是我们必须清醒认识并下大决心、花大力气尽快解决的突出问题。来自国际资讯公司的统计资料显示,世界上最有代表性的 25 个国家和地区 2007 年度的会计服务业收入总额为 2 355 亿美元,比上一年增长了 4.2%。按此口径比较分析,我国会计师事务所的业务收入占全球会计行业的市场份额仅约 1.7%。我国会计师事务所面对庞大的国内市场、庞大的企业集团,却没有充分发挥服务效能,没有充分挖掘服务潜力,离大型企业规模化发展的要求还存在较大差距,必须立即行动起来,加快发展,迎头赶上。大

型会计师事务所一定要实现为大客户服务的目标,客户数量不在多,而在大在精,这是必须清醒认识的重要问题。

二、贯彻中央"走出去"战略需要重点扶持我国大型会计师事务所

对外开放的深化特别是加入世界贸易组织以来,我国企业对外投资进入快速发展时期。对外投资规模日益扩大,2004—2008 年我国对外投资年均增长率达 69.6%,2008 年,我国对外直接投资额(非金融部分)已达 407 亿美元,截至 2007 年底我国对外直接投资存量达到 1 179 亿美元。对外投资形式日益丰富,目前我国企业对外投资已向跨国并购、参股、境外上市等多种方式扩展,其中跨国并购已成为我国企业对外投资的重要方式,2003—2007 年,通过我国企业跨国并购实现对外投资约 220 亿美元,占同期对外投资总量的 1/3。筹资规模日益可观,自 1993 年 7 月至 2009 年 7 月,我国共有 120 余家企业赴美国上市,50 余家企业赴英、法上市,153 家企业赴香港特区上市,筹资总额超过 1 000 亿美元。

注册会计师行业作为服务贸易的重要领域,是我国最早开放的服务行业之一。虽然近年来国内会计师事务所通过加强与国际会计公司的合作迅速提高了执业能力,并在世贸谈判、CEPA 领域合作中逐渐发挥重要作用,但是对外开放的实际效果更多体现在引进来而非走出去。我国越来越多的企业走出国门、走向国际,客观上需要我国会计师事务所也能跟着企业走出去为其提供相关服务。但是,从现实情况看,我国会计师事务所在这方面做得还很不够。据不完全统计,目前国内 7 000 多家境内投资主体在全球 170 多个国家和地区设立的境外直接投资企业超过 1 万家,与此同时,我国"走出去"从事境外业务的会计师事务所只有 40 余家,其中真正有较为稳定业务收入的只有约 12 家,"走出去"的中资企业所聘请的会计师事务所基本上是境外会计师事务所。这一局面不利于我国注册会计师行业在跨国执业中丰富阅历、增长才干、积累经验,必须通过加快扶持我国大型会计师事务所发展予以纠正和扭转。现阶段我国一些会计师事务所通过"借船出海"模式"走出去",这是应当肯定和鼓励的,但在此过程中一定要十分注重国际化人才团队的培养和民族品牌的树立,具备条件的,要努力实现由"借船出海"到"自主航海"的转变。

三、大力发展现代服务业需要重点扶持我国大型会计师事务所

注册会计师行业属于第三产业和现代服务业的范畴,应当随着第三产业和现代服务业的发展不断发展,并为推动第三产业和现代服务业发展作出应有贡献。统计资料表明,1979 年我国国内生产总值为 4 062.58 亿元,其中第三产业为 878.89 亿元,占 21.63%;1989 年我国国内生产总值为 16 992 亿元,其中第三产业为 5 448.4 亿元,占 32.06%;2008 年我国国内生产总值为 300 670 亿元,其中第

三产业为120 486.61亿元,占40.07%。可以看出,第三产业占国内生产总值的比例呈逐年上升趋势,这其中无疑包含了注册会计师行业的贡献。但我国注册会计师行业还有很大的发展空间,单就注册会计师行业2008年度收入与同年度第三产业产值简单类比估算,不难看出注册会计师行业收入所占的比重还比较小,贡献率还比较低。

在这里我们需要思考一个问题,为什么近年来我国会计师事务所数量持续较快增长但其产值在第三产业和现代服务业中的比重仍然偏低呢?很重要的一点,就是新增会计师事务所规模总体偏小,难以形成大气候、求得大发展。1988年,我国约有会计师事务所250家;2003年,我国约有会计师事务所4 771家;截至2009年10月31日,我国会计师事务所在前一阶段6 637家的基础上,已增加至6 659家(不含分所),其中自2006—2009年三年间,平均每年新增会计师事务所500家左右。会计师事务所数量增加,说明这一行业具有较大的吸引力和较好的发展前景;同时,尽管目前会计师事务所设立门槛偏低,但在依法行政的时代背景下,在法律规定的设立条件没有改变之前,依法审批会计师事务所也理所当然、无可非议。但是,在增加数量的同时如何提高质量,如何推动整个行业上档次、上台阶,需要引起高度重视。在健全"退出"机制的同时,十分重要的一点就是发挥好大型会计师事务所的辐射带动作用,通过重组优化切实彰显"一加一大于二"的集合效应。

当然,对会计师事务所数量的认识,应保持一种客观理性的态度。我们对会计师事务所尤其是小规模会计师事务所数量增长较快趋势抱审慎态度,更多是出于行业整体规模结构和内涵质量的考虑,并非是对数量本身的简单评判。因为一个国家或者地区究竟有多少会计师事务所才算合理,完全由本国、本地区经济社会发展需求和法律框架决定,数量的多与少,不是评价一国、一地区注册会计师行业是否发达的核心标准。以邻近国家和地区为例,香港特区面积虽小却有1 500多家会计师事务所,疆域广阔的俄罗斯有约1万家会计师事务所,新兴市场印度有4万多家会计师事务所,而经济大国日本只有187家会计师事务所,如果简单地与中国大陆地区比较,显然没有实际意义。由于不同国家和地区会计师事务所的组织形式和设立条件不同,包括是否允许个人执业等,会计师事务所数量的单纯比较并不能为我们提供太多的有用信息,这是我们应当正确认识的。

四、优化我国注册会计师行业结构布局需要重点扶持大型会计师事务所

重点扶持大型会计师事务所加快发展,也是优化我国注册会计师行业结构布局的迫切要求。大量数据分析表明,我国注册会计师行业结构布局不合理问题十分严重,主要表现为大、小所布局严重失衡,业务类型单一滞后,服务对象交叉重叠,必须下大力气调整结构,重点扶持大型会计师事务所加快发展。

（一）大、小所布局严重失衡

1. 大所不大、差距悬殊

根据 2003—2008 年度会计师事务所百家综合评价信息表的数据，2003 年，前百强会计师事务所的总收入为 52 亿元，至 2008 年度上升到约 197 亿元，年均增长率约为 30%；同期百强会计师事务所的注册会计师人数由 1.2 万人增至近 2 万人。见表 1、图 1。

表 1   前百强会计师事务所总收入变动表

年 份	总收入（万元）	比上年增长（%）	注册会计师人数	比上年增长（%）
2003	522 714		11 562	
2004	710 819	36	11 287	
2005	929 630	31	13 419	19
2006	1 180 943	27	14 719	9.60
2007	1 646 770	39	17 152	16
2008	1 967 212	19	19 748	15

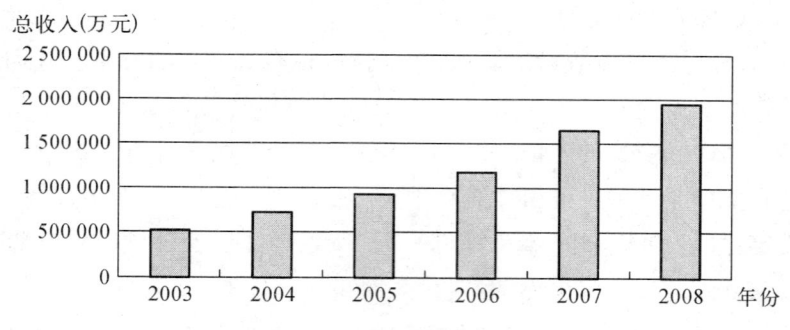

图 1   前百强会计师事务所总收入变动图

尽管如此，我们仍应清醒地看到，无论是和国内"四大"比，还是和国外同行比，我国本土会计师事务所的差距依旧很大，"学习"和"追赶"仍是国内注册会计师行业发展在相当一段时间内的主题词。

首先，我国百强会计师事务所中，"四大"遥遥领先于本土会计师事务所。例如，2008 年度我国百强会计师事务所总收入为 197 亿元，其中"四大"合计为 104 亿元，96 家本土会计师事务所的收入总额仅为 93 亿元。该年度在本土所中综合排名第一的是中瑞岳华会计师事务所，其收入仅为总排名第四的毕马威华振的 1/4。自 2004 年以来，国内"四大"的收入基本占到百强会计师事务所总收入的一半。见表 2。

表2 "四大"收入变动情况表

	2008年度总收入（万元）	2007年度总收入（万元）	2006年度总收入（万元）	2005年度总收入（万元）	2004年度总收入（万元）
普华永道中天	275 518	262 571	203 762	180 296	124 677
安永华明	270 000	231 580	159 833	97 166	62 846
德勤华永	249 882	212 428	138 564	90 876	65 797
毕马威华振	243 517	194 496	123 747	91 478	71 578
四家合计	1 038 917	901 075	625 906	459 816	324 898
占当年百强所总收入的比重（%）	53	55	53	49	46

注：统计数据中未包括安永大华会计师事务所，安永大华会计师事务所2008年度并入安永华明会计师事务所。

　　如果进一步选取2008年度的前15强（"四大"、中瑞岳华、立信等15家会计师事务所）近年来的发展作比较（见表3、图2），可以看出自2006年以来这15家会计师事务所营业收入的年均增长率为36.5%，其中本土所的年均增长率为46%，略高于"四大"的增长率。这反映出近年来本土所通过积极探索发展模式，采取联合、兼并、重组等模式扩大了规模和实力，但在收入绝对值上和"四大"相比仍存在很大差距。比如，2008年度"四大"平均收入为26亿元，而前15强中的本土所平均收入仅为3.5亿元，前者是后者的7倍多。

表3 前15强会计师事务所和"四大"收入比较表

年份	前15强平均收入（万元）	增长率（%）	四大平均收入（万元）	增长率（%）	本土大所平均收入（万元）	增长率（%）
2004	27 274.33		81 224.50		7 656.09	
2005	39 203.07	43	114 954.00	41	11 657.27	52
2006	52 107.87	33	156 476.50	36	14 155.64	21
2007	76 978.27	47	225 268.75	44	23 054.45	62
2008	94 718.73	23	259 729.25	15	34 714.91	50
平均	58 056.45	36.5	167 530.60	34	18 247.67	46

注：本土大所指剔除"四大"后的排名第5~15位的本土所。

　　再比较一下前15强会计师事务所拥有注册会计师的情况（见表4、图3），平均而言，本土所的注册会计师人数比"四大"少100人左右。会计师事务所的收入和注册会计师人数通常呈正比例关系，即注册会计师人数越多，营业收入也应越高。但通过表3和表4，不难发现，本土大所的平均注册会计师人数尽管比"四大"低23%，但平均收入却比"四大"低80%以上。在注册会计师人数方面的差异不大，收入方面却差距巨大，这充分说明本土会计师事务所的创收能力远远低于"四大"，国内的高端审计业务以及高附加值业务仍更多为"四大"所从事。

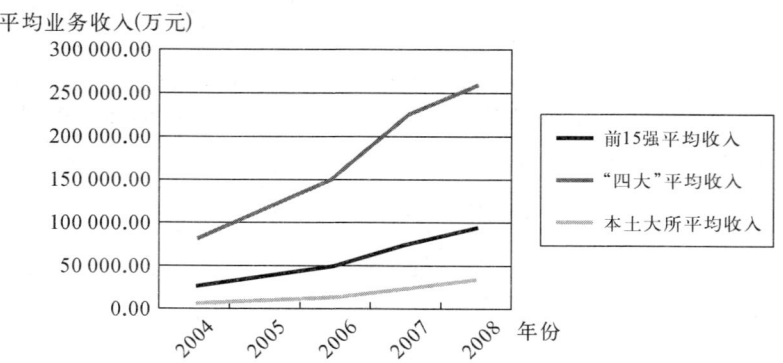

图2　前15强会计师事务所中"四大"与本土大所收入增长趋势对比图

表4　前15强会计师事务所和"四大"注册会计师人数比较表

年　份	前15强平均 CPA人数	"四大"平均 CPA人数	本土大所平均 CPA人数
2004	195	256	173
2005	288	338	269
2006	333	418	302
2007	418	481	396
2008	543	639	508
平均	355	426	329

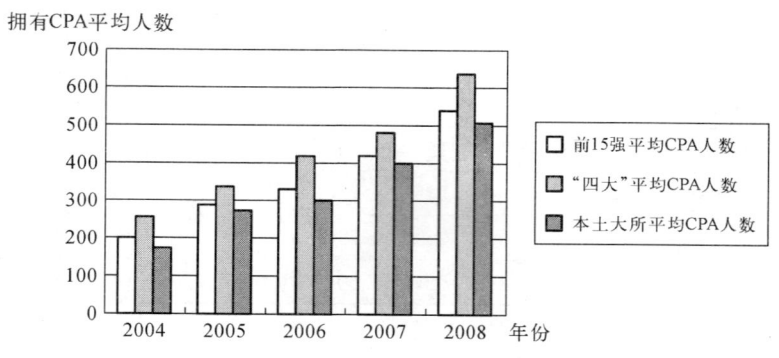

图3　15强会计师事务所CPA人数增长趋势对比图

　　需要强调的是,以国内"四大"为参照研究分析本土会计师事务所的现实差距,目的在于揭示行业规模结构的不尽合理之处,与"四大"本身的发展并无直接联系。中国"四大"是依据中国法律设立、受中国法律约束、同时也受中国法律保护的会计师事务所。我们愿意重申,将一如既往鼓励、支持中国"四大"在公平合理的条件下与本土会计师事务所开展平等竞争,欢迎中国"四大"加快本土化进程,以发展、务实、开放、平和的态度共同推进相关工作,促进中国"四大"持续、健康、平稳发展。

其次,与国外同行相比,本土会计师事务所也存在明显差距。根据表3,我国前15强会计师事务所2008年度的平均业务收入为9.5亿元,如果不考虑"四大",本土所的平均业务收入仅为3.5亿元。而根据accountancyage网站公布的数据,2008年全球排名前十的会计师事务所中,居于榜首的美国德勤会计师事务所收入达到约87.7亿美元,居于次席的美国普华永道会计师事务所收入约为69亿美元,甚至排名第九、第十的加拿大德勤会计师事务所和美国罗申美会计师事务所的收入也分别达到16.2亿美元和13.9亿美元。

抛开全球不说,即使考察2008年度英国会计师事务所排名中前十五位的会计师事务所,绝大多数年收入也超过了8千万英镑(见表5)。

表5　英国会计师事务所2008年度排名表

排名 2008 年	会计师事务所名称	2008 年收入 (百万英镑)	收入增长率(%)	英国合伙人数 (人)
1	普华永道(PWC)	2 244.0	7.00	853
2	德勤(Deloitte)	2 010.0	11.50	672
3	毕马威(KPMG)	1 619.0	0.70	567
4	安永(Ernst & Young)	1 282.0	4.60	493
5	均富(Grant Thornton)	394.1	1.32	291
6	德豪(BDO Stoy Hayward)	353.1	11.00	235
7	博太(Baker Tilly)	204.0	0.00	116
8	史密斯威廉姆森(Smith & Williamson)	189.3	6.00	218
9	泰农集团(Tenon Group)	160.3	17.00	177
10	鹏歌富达(PKF)	141.3	−1.00	98
11	马施云(Moore Stephens)	126.1	5.00	163
12	马扎斯(Mazars)	102.0	1.00	105
13	万提斯(Vantis)	97.5	3.00	144
14	罗申美(RSM Bentley Jennison)	80.3	10.91	76
15	贝格比斯特雷诺(Begbies Traynor)	61.2	25.00	144

上述分析表明,我国会计师事务所面临的形势十分严峻。重点扶持大型会计师事务所加快发展是当务之急、重中之重。要切实解放思想、开拓创新,从战略高度和大局出发,探索跨越式发展之路,否则难以实现《若干意见》提出的发展目标。重点扶持大型会计师事务所加快发展,一是要下大力气解决大型会计师事务所承担大客户服务问题,包括承担境外业务;二是要下大力气拓展执业领域,要将即将实施的企业内部控制审计和咨询作为新的增长点,同时开拓大型医院、高校审计和内控业务;三是要下大力气推出特殊普通合伙制,继续探索和发展以一体化管理为基础的会计师事务所管理公司模式,为进一步实现

优化整合创造条件。我国本土排名前百强的会计师事务所应当紧急行动起来,识大体、顾大局,敢于打破坛坛罐罐,克服宁做鸡头、不做凤尾的落后理念,加快调整发展战略,努力跻身于大型会计师事务所行列。

2. 小所偏弱、亟待规范

根据 2009 年 10 月 31 日财政会计行业管理信息系统的统计数据,我国现有会计师事务所 6 659 家(不含分所),其中有限责任会计师事务所 4 363 家,占全部会计师事务所的 66%,合伙会计师事务所 2 296 家,占全部会计师事务所的 34%。

从收入情况看,通过会计师事务所报备数据分析,2008 年度业务收入在 100 万元以下(含 100 万元)的最多,有 3 636 家,占会计师事务所总数的 54.6%;1 000 万元以上的只有 237 家,仅占 3.56%。见表 6、图 4。

表6　会计师事务所收入规模分布表

收 入 规 模	会计师事务所数量(家)	占全部会计师事务所比例(%)
100 万元以下	3 636	54.60
100 万 ~ 300 万元	1 900	28.53
300 万 ~ 500 万元	545	8.18
500 万 ~ 1 000 万元	341	5.12
1 000 万元至 1 亿元	209	3.14
1 亿元以上	28	0.43
合　计	6 659	100

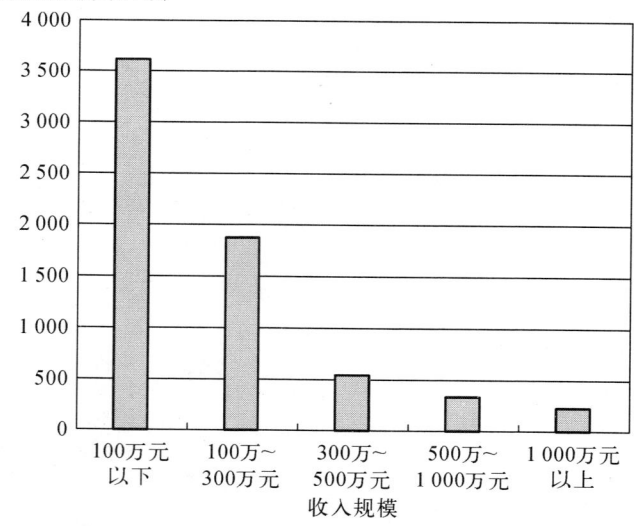

图4　会计师事务所收入规模分布图

从人员情况看,注册会计师人数不足 20 人的会计师事务所占到了 90%,拥有 100 名以上注册会计师的会计师事务所只有 77 家,约占会计师事务所总量的 1%,而拥有 400 名以上注册会计师的会计师事务所仅有 12 家。见表 7、图 5。

表 7　会计师事务所人员规模分布表

注册会计师人数	会计师事务所数量(家)	占全部会计师事务所比重(%)
5 人以下	2 007	30.14
6~10 人	2 430	36.49
11~20 人	1 495	22.45
21~30 人	427	6.40
31~50 人	158	2.37
51~100 人	65	0.98
101~150 人	32	0.48
151~200 人	15	0.23
201~400 人	18	0.27
401 人以上	12	0.19
合　计	6 659	100

因此,无论从收入规模看,还是从人员数量看,小所偏弱已成为我国会计师事务所结构比例上的突出特征。

2010 年 1 月 27 日,财政部印发的《财政部关于科学引导小型会计师事务所规范发展的暂行规定》(征求意见稿,下同,财办会〔2010〕4 号),就是针对我国小所偏弱、亟待规范的现状制定的。该征求意见稿体现出以下制度创新:

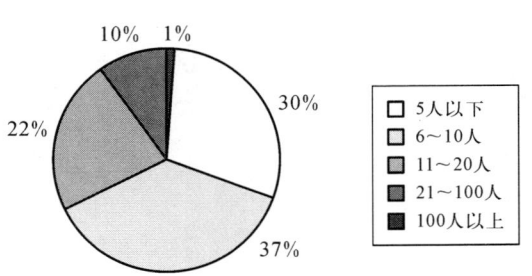

图 5　会计师事务所注册会计师分布图

一是要求小型会计师事务所原则上采用普通合伙组织形式。根据现行法律,小型会计师事务所既可以采用有限责任制,也可以采用普通合伙制,但正在修正的《注册会计师法》,初步明确采用有限责任制的会计师事务所,其注册会计师将不得少于 50 人,也就是说,小型会计师事务所的组织形式将基本限于合伙制。从行业特点和发展规律看,合伙制更符合会计师事务所"人合"而非"资合"的特点,有利于行业健康发展。因此,在总结以往经验教训的基础上,《小型会计师事务所暂行规定》进一步明确了政策导向,即新设立的小型会计师事务所,原则上应当采用普通合伙制,使合伙人对合伙债务承担无限连带责任,目的在于强化其责任意识、风险意识和职业道德意识,不断提高专业胜任能力、规范执业行为和内部治理,增强投资者和社会公众对中介服务行业的信任度。我们认为,从现在起,各地财政部门在审批小型会计师事务所过程中,应当引导其采用合伙形式,避免《注册会计师法》修正后造成被动。

二是对合伙人(股东)年轻化、专业化提出更高要求。当前相当一部分小型会计师事务所合伙人(股东)年龄结构老化,这是行业反映十分强烈的问题,迫切希望财政部门采取有效措施予以制止和纠正。因此,该征求意见稿对小型会计师事务所合伙人(股东)的年龄做出了适当限制,并明确未以考核方式取得中国注册会计师执业资格的人员,不得担任小型会计师事务所的合伙人(股东)。

三是严格限制频繁新设小型会计师事务所的行为。由于小型会计师事务所市场准入门槛较低,使少数投机钻营者有机可乘,有的已成为所谓的设所"专业户",为了逃避法律制裁,往往"老鼠搬家"、"打一枪换一个地方",频繁注销原有会计师事务所,再改头换面申请设立新的会计师事务所,导致小型会计师事务所执业资格演变为少数不法分子的"壳资源",严重扰乱了行业秩序和市场秩序,业内人士纷纷痛斥谴责,呼吁严加治理。为此,该征求意见稿明确规定,小型会计师事务所的发起合伙人(股东),自小型会计师事务所批准设立之日起5年内不得再申请设立会计师事务所。

四是引导小型会计师事务所准确把握市场定位。行业发展中"小马拉大车"问题的存在,不仅损害了大中型会计师事务所的利益,同时也加剧了小型会计师事务所的执业风险。该征求意见稿重申了《若干意见》的要求,明确小型会计师事务所应当将小规模企事业单位和基层、农村经济组织作为重点服务对象,不断挖掘市场需求,提供特色服务,在做精做专上狠下工夫。禁止小型会计师事务所超越专业胜任能力承接和承办相关专业服务。2010年2月8日,中央纪委、财政部、农业部、民政部联合发布《关于进一步加强村级会计委托代理服务工作的指导意见》(财会〔2010〕4号),强调指出"有条件的地方,可以聘请会计师事务所承办村级会计委托代理业务",这是四部门贯彻落实《若干意见》的具体举措。小型会计师事务所应当在这一领域有所作为,不仅如此,财政部目前研究探索取消代理记账行政许可,一旦取消,由小型会计师事务所从事代理记账业务将水到渠成,小型会计师事务所代理记账业务将拓展更大的空间。

应当看到,小所是一个相对概念。从全国看,除前210家会计师事务所外,其他都属于小所。但是,对省级财政部门而言,有的小所并不小。规范小所是省级财政部门的直接责任,因此,该征求意见稿进一步强化了省级财政部门履行行政管理的职责:

一是切实把好市场准入关。在总结部分地区行业行政管理先进经验的基础上,该征求意见稿指出,省级财政部门要采取面谈、组织专家评估委员会开展职业道德和专业胜任能力评估等各种形式,对合伙人(股东)的资格条件进行全面、充分的评估,未通过评估的,不得担任合伙人(股东);要对拟担任合伙人的个人财产进行核实和公示,确保合伙人具备承担民事责任的能力;要对拟设立小型会计师事务所的办公场所进行实地考察,确保其具备开展业务的基本条件。各省级财政部门应学习、吃透上述规定的精髓和核心,进一步严格、认真、细致地做好小型会计师事务所审批工作,切实把好市场准入关。

二是强化后续监管。从某种程度上讲,后续监管比审批更加重要。省级财政部门会计管理机构在日常行政管理中,发现不持续符合行政许可要求的,要坚决、及时撤回许可。比如,发现小型会计师事务所合伙人(股东)在会计师事务所设立当年年龄已接近限制年龄的,就应当通过建立自动预警系统等方式,加强对该会计师事务所持续符合设立条件的动态监控,一旦该合伙人(股东)达到限制年龄,就督促其办理合伙人(股东)退出手续,否则就应收回行政许可;再如,合伙人(股东)和注册会计师挂名执业、兼职执业的,要通过核查其工资单、社保单等方式,以及通过外围调查等方式加以查处,发现不符合相关法规制度要求的,要及时撤回行政许可,并向其兼职单位进行通报。此外,要进一步加强对小型会计师事务所执业质量的检查,加大处罚力度,对严重违法违规的,要坚决撤销执业资格。

(二)业务类型单一滞后

会计师事务所新近年度报备资料显示,目前,我国本土会计师事务所总体上仍以会计审计服务为主,审计业务收入占总收入的比重高达77%。在证券资格会计师事务所中,传统审计业务收入占总收入的比重接近60%;在传统审计业务收入中,年报审计占到93%,中报审计占

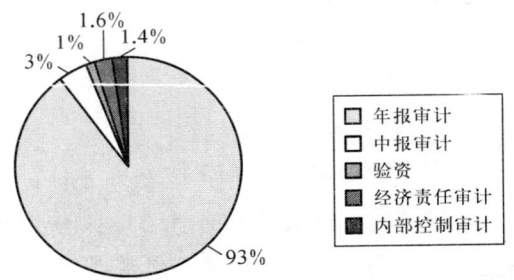

图6　本土会计师事务所审计业务构成图

3%,验资占1%,经济责任审计占1.6%,内部控制审计占1.4%,见图6。

以上分析表明,我国本土会计师事务所的业务收入主要是审计收入,其他方面的收入所占比重甚微,与国务院提出的发展高端型、高附加值业务的要求相差甚远。应当结合企业内部控制审计咨询、医院高校审计等扶持政策,抓紧培养人才,在非审计服务中占有更大的市场份额。

对比分析国际"四大"2008年度财务数据(见图7),平均而言,审计业务收入占比为47%,非审计业务占比为53%,其中咨询业务收入占比为26%,税务业务收入占比为27%。

表8　2008年"四大"全球业务收入构成　　　　　　　单位:10亿美元

会计师事务所名称	审计业务收入	咨询业务收入	税务业务收入	总收入
普华永道	13.81	6.90	7.48	28.19
安　永	10.83	6.03	6.14	23.00

（续表）

会计师事务所名称	审计业务收入	咨询业务收入	税务业务收入	总收入
德　勤	12.70	8.70	6.00	27.40
毕 马 威	10.69	4.73	7.27	22.69

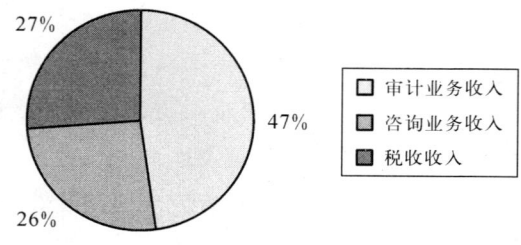

图7　"四大"2008 年全球业务收入构成图

由于法定审计业务受各方面限制条件较多,而咨询业务往往更为灵活,也更能体现服务质量和价值,因此过于偏重审计业务在一定程度上说明我国会计师事务所通过提供高质量服务赢得长远市场需求和客户自觉需求的能力还远远不足,应当加倍努力,紧密适应企业业务多元化发展趋势,在巩固传统财务报表审计的同时,不断创新服务品种,大力开拓内部控制审计与咨询服务、资信调查、管理咨询、战略筹划等多元化综合服务体系。

（三）服务对象交叉重叠

在完善的市场经济体系中,各个主体都应当有明确的市场定位和特定的客户群体。在发达国家的会计服务市场中,大、中、小会计师事务所的主营业务和客户类型是各有侧重、相互补充的,因此能够实现各得其所、协调发展。但目前我国不同规模的会计师事务所之间服务对象交叉重叠的现象较为突出,表现在:有的会计师事务所总收入很高,在会计师事务所排名中也较靠前,但其收入构成却让人担忧,甚至存在不少收费低于 5 000 元的微型审计业务,"大小通吃"暴露出其高端业务和大客户严重不足;与此相反,有的会计师事务所明明规模很小,只有少数几位注册会计师,但什么客户都敢接洽,什么业务都敢承接,接了就敢出报告,"小马拉大车"暴露出其执业质量和职业道德的缺失。由此,行业中大所抱怨中、小所以低收费扰乱市场竞争,中、小所抱怨大所抢自己饭碗的声音时有出现,如果不尽快改变上述局面,势必影响行业健康长远发展。

总之,前述大所不大、小所偏弱、业务类型单一滞后、服务对象交叉重叠的问题,实际上又是相互联系、相互影响的。正因为小所偏弱、不很规范,没有聚成一股力量,没有形成竞争优势,所以求生存之路较为艰辛;正因为大所不大,才会放下身段和中、小所竞争市场;正因为业务类型单一滞后,所以对高端业务信心不足,对低端业务趋之若鹜;正因为市场定位不清晰、业务范围交叉重叠,所以大、中、小会计师事务所都存在赢得市场的利益冲动而往往忽视与自身执业能力、市场形象的匹配协调。解决上述问题的根本出路,在于重点扶持大型会计师事务所加快发展,因为大型会计师事务所市场定位找准了,服务重点明确了,业务领域拓展了,就能够比较容易地对中、小会计师事务所的服务对象和业务范围进行科学界定,从而形成国务院要求的大、中、小型会计师事务所执业领域各有侧重、市场定位各有特色、服务对象各有倾斜、地域分布较为科学的合理布局。

五、重点扶持大型会计师事务所必须妥善处理好与此密切相关的几个关系

（一）大与强的关系

根据《若干意见》的规划,要用 5 年左右的时间,重点培育 10 家左右大型会计师事务所。这 10 家左右大型会计师事务所,不仅要大,而且要强,真正做到在人才、品牌、规模、技术标准、执业质量和管理水平等方面居于行业领先地位,能够为我国企业"走出去"提供国际化综合服务。一般理解,"大"通常是指收入规模、人员规模、市场占有率等,更多反映表象;"强"通常是指核心竞争力、执业质量、盈利能力、管理效能等,更多体现本质。同时大与强又是一个辩证的概念,不做强,固然难做大、难持久;但是不做大,不具备相当的规模,正如大海中的一叶轻舟,经不起大风大浪的冲击,也缺乏充分的资源去创新服务、开拓市场,从而很可能丧失进一步做强的机遇。因此,从长远看,我们倡导内涵式做强的理念和模式,但从当前的严峻形势看,主要矛盾是如何做大。当然,扶持做大绝非拼凑、捆绑、搞"拉郎配",而是引导规模较大、管理基础较好、发展势头较好的会计师事务所根据法律规定、市场规律和平等互利、公平自愿原则优化重组、强强联合,通过合并实现人力资源的合理配置、技术标准的科学先进、管理制度的融合统一、市场布局的战略重构,使之能够在比较短的时间内具备为大客户提供国际化综合服务的基础实力。在贯彻《若干意见》、推动内地会计师事务所从事 H 股审计过程中形成了 12 家较大规模的本土会计师事务所,这些会计师事务所绝大部分进行了自愿优化整合,但没有一家是"拉郎配"。对于被合并的会计师事务所,财政部已在 2009 年 12 月 31 日之前收回其证券资格证书和执业证书并予以公告,目的就是断其后路,支持真合并,防止假合并。优化整合的过程也是碰撞、裂变、提升的过程,这一过程是艰难痛苦的,但也是必要和必需的,谁能够坚持下来,谁就有更多的机会成为大型会计师事务所。在做大的同时要解决好做强的问题。发展中的问题要在发展中解决,从而实现大与强的有机统一。

（二）分与合的关系

加快发展我国注册会计师行业,尤其是重点培育大型会计师事务所,主流是合。综观世界其他国家和地区,大型会计师事务所的形成也经历了一个兼并整合的过程,"合"始终是主题词。以"四大"的发展为例:

根据《财富》杂志 1932 年对会计师事务所的排名,当时有 8 家会计公司脱颖而出,分别是:普华会计公司、哈斯金斯·塞尔斯会计公司、皮特·马威克·米歇尔会计公司、莱布兰德·罗斯兄弟·蒙哥马利会计公司、阿瑟·扬会计公司、阿瑟·安达信会计公司、塔奇·尼文会计公司和厄恩斯特会计公司,"八大"格局维持了近半个世纪。

1980—1989 年间,随着会计师行业竞争的加剧,会计公司之间合并重组的浪潮开始涌现。1986 年 KMG 与皮特·马威克·米歇尔会计公司合并,公司取名毕马威会计公司(KPMG)。1989 年 5 月,厄恩斯特·惠特尼和阿瑟·扬会计公司合并成安永会计公司。同年 6 月,德洛伊特·哈斯金斯·塞尔斯国际会计公司和塔奇·罗斯公司宣布合并成立德勤会计公司。自此,"八大"格局终结,"六大"浮出水面。

9 年之后,即在 1998 年,普华和永道牵手,组成普华永道会计公司。随着 2001 年安然事件的发生,拥有 90 年历史的安达信会计师事务所退出历史舞台,一合一亡之间,"四大"格局正式形成。

国际会计公司分分合合、以合为主的发展潮流,也波及和影响我国会计师事务所的发展之路。近年来尤其是最近一两年来,一些规模较大的会计师事务所充分认识到做大做强的紧迫性,掀起了新一轮自愿整合的高潮。特别引人注目的是,这一轮的整合不仅仅是大所合并中小所、证券资格会计师事务所合并非证券资格会计师事务所,更突出表现在大所之间、证券资格会计师事务所之间的合并,强强合并的氛围空前浓厚。例如,2008 年 1 月 16 日,中瑞华恒信会计师事务所、岳华会计师事务所合并成立中瑞岳华会计师事务所,一举成为当时最大的本土会计师事务所;2008 年 11 月 29 日,天健光华会计师事务所与重庆天健会计师事务所合并;2008 年 12 月 21 日,北京京都会计师事务所和天华会计师事务所合并;2009 年 7 月 1 日,信永中和会计师事务所与四川君和会计师事务所合并;嗣后,浙江天健东方会计师事务所与湖南开元信德会计师事务所合并;2009 年 10 月,北京立信会计师事务所与广东大华德律会计师事务所合并。同一时期,立信(上海)、国富浩华、利安达、天职国际、大信等一批规模较大的会计师事务所也在探索和实践有利于长远发展的合并之策。优质资源的不断积聚整合,为搭建 10 家左右大型会计师事务所的雏形创造了条件。现有排名未进入前 10 名的证券资格会计师事务所,以及不具有证券资格的较大规模的会计师事务所,都应当考虑是否和如何进入 10 家左右大型会计师事务所梯队。同时可以预计,即便是在这一轮合并后规模靠前的会计师事务所,也仍然存在进一步整合、合并的空间,并将继续吸收合并其他志同道合的会计师事务所,经过今后 3 ~ 5 年的全方位深度磨合,能够基本构建起 10 家左右大型会计师事务所,引领我国注册会计师行业走向国际的全新格局。

(三)扶持与自强的关系

外因是变化的条件,内因是变化的决定因素,这是哲学,是认识论,是辩证法,是毛泽东同志在《实践论》中总结的基本规律。我国大型会计师事务所的形成正处于化蛹为蝶、脱胎换骨的关键时期,政府扶持,拉一把、扶上马、送一程十分重要,但更直接、更紧要、更具决定性影响的是自立自强,横下一条心,一定要强大。在政府扶持方面,《若干意见》明确指出,"财政部要会同有关部门进一步建立健全促进注册会计师行业加快发展的支持政策,在优秀人才引进与合理流动、从业人员培养培训、外事外汇、税收政策、规范执业收费、优化发展环境等方面给予支持。要支持会计师事务所按照市场规律和平等互利、公平自愿的原则，采用多种发展模式进行优化组合、做大做强，确保合并、分立、重组和联合规范运作。要把注册会计师行业作为发展现代服务业的重要内容来抓，突出工作重点，更好地发挥其在经济社会发展中的服务职能。"同时，对大型会计师事务所"走出去"和为关系国计民生的大客户提供服务提出了鼓舞人心的扶持和引导政策。在这一过程中，财政部作为行业主管部门，不断加大工作力度，主动协调与上述扶持政策密切相关的十多个部委。财政部会计司团队采用召开座谈会、登门拜访等多种形式，为加快行业发展奔走呼喊、呕心沥血，以最大的决心和最强的韧性推动各项扶持政策落实到位。但所有这些都是外因，外因一定要通过内因才起作用。问题的关键还在于会计师事务所自身，尤其是较大规模的会计师事务所管理团队及其主要负责人的认识和行动。如果我们在国办发［2009］56号文件和有关部门如此强有力的推动和扶持下仍然无动于衷，再好的政策、再大的支持也是无济于事的。事实上，很多会计师事务所已经积极行动起来了，我国注册会计师行业呈现出前所未有的大好发展势头。我们不希望看到"扶不起来的阿斗"现象发生，真诚地希望较大规模的会计师事务所切实做到凝聚一流人才、拥有一流品牌、达到一流规模、使用一流技术标准、具有一流执业质量和管理水平，成为当之无愧、心向往之、在国内具有较高声望、在国际具有一定影响的大型会计师事务所。

中国经济平稳较快发展和走向国际、融入国际、影响国际，呼唤与之相适应的大型会计师事务所。肩负历史使命、时代重托和行业期望的大型会计师事务所，正在做大做强、重组联合的行业潮流和发展大势中向我们走来！

大力抓好各项扶持政策的落实到位

——《关于加快发展我国注册会计师行业的
若干意见》系列解读之五

国办发〔2009〕56号文件指出，"财政部要会同有关部门进一步建立健全促进注册会计师行业加快发展的支持政策，在优秀人才引进与合理流动、从业人员培养培训、外事外汇、税收政策、规范执业收费、优化发展环境等方面给予支持。要把注册会计师行业作为发展现代服务业的重要内容来抓，突出工作重点，更好地发挥其在经济社会发展中的服务职能"。同时强调，"各地区、各部门要高度重视、加强领导，密切配合、落实责任，根据《若干意见》提出的要求，创新体制机制，完善政策措施，优化发展环境，加强行业监管，提高自律水平，引导和促进我国注册会计师行业又好又快发展"。

国办发〔2009〕56号文件提出的系列扶持政策和鼓励措施，充分体现了国务院对注册会计师行业的关怀和重视。切实把这些政策措施落实到位，对于注册会计师行业的可持续发展具有重要意义。要把这些政策措施贯彻落实到位，也绝非一朝一夕之功、一蹴而就之事，需要周密谋划、诚恳沟通、认真落实，在国务院和地方人民政府有关部门的支持配合下，逐项加以推进，通过坚持不懈、持之以恒的努力，把扶持政策转化为推动行业大发展的具体成效。我们认为，本着区别轻重缓急的原则，在当前一段时间，应当着力抓好以下政策措施的分步落实。

一、制定完善全国统一的规范执业收费的政策措施

注册会计师行业的收费关系到会计师事务所的执业质量，进而影响到公众利益。过去，各地从实际出发制定了一些区域性的会计师事务所收费管理规范性文件和收费标准，但就全国而言，一直没有一部统一的收费管理规定。针对近年来在会计师事务所收费低价竞争方面反映日渐集中的情况，财政部从2008年开始着手研究规范执业收费问题。经大量调研，发现在会计师事务所收费管理中主要存在以下三方面的问题：

一是文件陈旧、标准偏低，收费管理流于形式。目前大部分地区的收费标准都是在2003年以前制定的，而近几年来我国经济社会发生了较大变化，各行业工资水平明显提高，价格指数持续高位运行，如果抱守原有收费标准，会计师事务所很难实现可持续发展。收费标准的滞后造成会计师事务所实际收费水平严重偏低，对保证审计质量、维

护市场经济秩序造成一定负面影响。

二是地方性收费文件在约束力上有所欠缺,同时不同地区之间的收费政策难以有效协调。在法律上,会计师事务所执业不受地域限制,但在实务中,异地执业的收费管理问题因涉及管辖权一直未得到有效解决。

三是个别基层地方政府对会计师事务所收费进行不当干预。少数基层地方政府由于对注册会计师行业功能性质不很了解,对会计师事务所在招商引资、企业改制等方面的业务收费进行不当限制。极个别地区甚至以政府红头文件形式要求会计师事务所减半收取审计、验资费用,有的部门在会计师事务所招标中片面倚重报价因素,致使会计师事务所竞相打折迎合要求,导致在执业中不得不缩减审计程序降低成本,从而严重影响审计质量,对国有资产安全和公众利益造成威胁,应当坚决予以制止和纠正。

为了解决上述问题,财政部会计司会同发改委价格司组成联合调研组,在广泛调研和征求意见的基础上,于 2010 年 1 月 27 日联合发布了《会计师事务所服务收费管理办法》(发改价格[2010]196 号),这是我国注册会计师行业服务收费管理的第一个全国性规范文件,是贯彻落实国办发[2009]56 号文件新要求的扶持政策之一,同时也是有效解决会计师事务所服务收费中存在问题的重要举措。各地财政部门应当加强与物价部门的沟通,按照两部委发改价格[2010]196 号文件的要求,结合本地区实际情况,尽快制定、公布本地区具体收费办法。

二、推动内地会计师事务所尽早从事 H 股审计业务的政策措施

2009 年 11 月 9 日,财政部会计司、证监会会计部联合印发了《会计师事务所从事 H 股企业审计业务试点工作方案》(财会便[2009]79 号,以下简称《试点方案》)。《试点方案》规定了试点原则、审核推荐机构、基本要求、优先考虑因素、申请材料和工作程序等。

(一)推动内地会计师从事 H 股审计业务的意义

第一,推动内地会计师事务所从事 H 股审计,是落实《关于内地审计准则与香港审计准则等效的联合声明》的重要内容。2006 年 2 月,内地发布了与国际准则趋同的会计审计准则体系。之后,内地与香港就两地准则等效展开磋商。经过一年多的艰苦努力,2007 年 12 月 6 日,内地与香港签署了联合声明,承诺将致力于保持两地准则的持续等效,明确提出要"尽快研究解决两地在对方上市的企业,以其当地的会计准则编制,并由当地具备资格的会计师事务所按照当地审计准则审计的财务报表,可获对方上市地监管机构接纳"。

第二,推动内地会计师事务所从事 H 股审计,是在 CEPA 框架下深化内地与香港会计交流合作的重要举措。内地与香港会计界一直保持着深入交流和密切合作,特别是香港回归以来,为了促进香港繁荣稳定,在 CEPA 框架下,会计服务领域在原有基础上

对香港进一步开放,两地会计交流更加紧密,合作领域更加广泛,涉及会计审计标准、市场准入、会计培训、会计监管以及会计国际化等各个方面,有力地促进了两地会计行业的共同发展。推动内地会计师事务所从事 H 股审计,有利于在 CEPA 框架下进一步加强两地会计交流合作,有利于两地会计行业双赢。

第三,推动内地会计师事务所从事 H 股审计,有利于减轻内地企业境外上市成本,促进内地更多更好的企业赴港上市,也有助于香港企业进入内地资本市场,促进两地资本市场的共同发展。针对过去内地会计标准与国际会计准则不接轨,内地会计师事务所执业水平不够高等情况,为保护投资者利益,内地一度实行"双重审计"制度,香港《上市规则》也做出了相关规定。H 股企业,特别是 A + H 股企业,由于同时在内地与香港上市,目前需要按照内地会计准则和香港财务报告准则(或国际财务报告准则)同时编制两套财务报表,同时聘请境内外两家会计师事务所进行审计。随着近年来我国社会主义市场经济快速发展,对外开放持续深化,内地会计审计准则已与国际趋同、与香港等效,内地会计师事务所的执业水平显著提高,在此情况下,如果继续实施"双重审计"或者限制内地会计师事务所从事 H 股审计,与市场经济规则和行业发展趋势不相适应。

财政部、证监会自 2006 年起开始研究取消"双重审计"相关政策。在认真分析研究的基础上,经请示国务院,证监会于 2007 年 3 月和 9 月取消了对金融类上市公司、一次发行量超过 3 亿股以上公司和 B 股公司的双重审计政策。上述政策的调整,顺应了新形势发展的客观要求,体现了市场经济公平竞争的原则,得到了各方面的欢迎。

2007 年 12 月 6 日,内地与香港的会计审计准则实现等效,取消 H 股"双重审计"的条件已趋成熟。推动内地会计师事务所从事 H 股审计业务,意味着内地在港上市企业可以选择只编制一套财务报表,只聘请一家会计师事务所进行审计,有利于促进香港资本市场的繁荣,相应带动内地和香港两地会计行业的健康发展。

2009 年 6 月,两地就互惠安排、认可要求等基本原则初步达成共识。2009 年 8 月,两地签署《关于内地与香港在对方上市的公司可选择以本地会计准则编制并由本地会计师事务所审计财务报表的建议架构》(以下简称《建议架构》),确立了力争从 2010 年起由内地会计师事务所从事 H 股审计(包括定期审计和 IPO 审计)的工作目标。

(二)《建议架构》和《试点方案》确定的基本原则和要求

互利互惠、共谋发展,是两地会计审计行业交流与合作的成功经验。两地经济的快速发展和高质量会计服务的需求,为两地会计行业的合作发展提供了巨大的空间。在推进过程中,要遵循以下基本原则和要求:

第一,对等互惠。根据《建议架构》,内地企业去香港上市,可选择以内地会计准则编制财务报表,并由内地会计师事务所按照内地审计准则进行审计;今后香港企业来内地上市时,可以选择按香港或国际财务报告准则编制财务报表,并由香港会计师事务所按照香港或国际审计准则进行审计,这将为香港会计师事务所拓展业务空间。

第二,合作双赢。参加试点的内地会计师事务所从事 H 股审计业务,应当发挥其在香港的成员所或分所的积极作用。《若干意见》明确指出,"鼓励大型会计师事务所通过收购、合并等方式在境外设立成员所或分所,重视发挥其窗口和平台作用,为增强境外业务竞争力创造必要条件"。根据这一精神,内地与香港会计师事务所在日后的 H 股审计中应当加强业务合作,收益共享,未来香港企业进入内地资本市场、香港会计师事务所进入内地会计市场,也要贯彻这一原则,这样才能实现两地会计合作的双赢。

第三,审慎推进。为保证香港投资者的利益,财政部会计司、证监会会计部印发了严格的审核推荐标准,优中选优,推荐符合条件的会计师事务所从事 H 股审计业务。随着经验的积累和内地会计师事务所的整合,对符合条件的会计师事务所,将择机再次推荐。

第四,着眼国际市场。内地会计师事务所发展的基础和主体在内地,内地市场广阔,尤其是高端会计服务市场还有很大的拓展空间。内地会计师事务所和香港会计师事务所通过 H 股审计业务交流融合、取长补短,目标是和香港同行一起走向国际,联手开拓国际市场。

第五,尊重市场选择。取得了 H 股审计资格的内地会计师事务所,只表明有能力从事 H 股审计业务并可在审计报告上签字,并不意味着可以通过行政手段承揽 H 股审计业务,开拓业务仍需尊重市场选择。

(三) 参加 H 股审计业务试点的条件

财政部、证监会高度重视内地会计师事务所从事 H 股审计工作,在研究制定《试点方案》时十分慎重。为确保参加试点的会计师事务所高质量完成 H 股企业审计业务,本着严格要求、质量第一的精神,《试点方案》对申请参加试点的会计师事务所提出了如下基本条件:

第一,具有证券期货相关业务资格,从事过 H 股企业审计业务或预期能够承接 H 股企业审计业务;

第二,上年度业务收入(含境内、外分支机构收入,下同)不低于 30 000 万元,其中审计业务收入不低于 20 000 万元,且证券业务收入不低于 5 000 万元或者上市公司审计客户不低于 30 家;

第三,中国注册会计师人数不少于 400 人,其中通过考试取得注册会计师资格的人数不少于 300 人;

第四,(自然人)股东持股比例或合伙人的财产份额每人不得超过 25%;

第五,治理结构、质量控制和内部管理等相关制度健全并有效执行;

第六,在香港发展有成员所或者与香港会计师事务所同属某一国际会计公司的成员所。

由于收入、注册会计师规模等硬性指标并不能完全代表会计师事务所的综合实力，在基本条件的基础上，又进一步从会计师事务所内部管理入手确定了几项优先考虑因素：一是高级管理团队关系和谐、年富力强的；二是运用信息化手段实施质量控制和内部管理的；三是具有较强的执业责任承担能力的；四是组建会计师事务所管理公司的。在同时符合基本条件的基础上，应当向具备一项或多项上述优先考虑因素的会计师事务所倾斜。

《试点方案》印发后，共有16家会计师事务所提出了试点申请，分别是：立信会计师事务所、信永中和会计师事务所、安永华明会计师事务所、天健会计师事务所、立信大华会计师事务所、国富浩华会计师事务所、毕马威华振会计师事务所、普华永道中天会计师事务所、中瑞岳华会计师事务所、德勤华永会计师事务所、天职国际会计师事务所、京都天华会计师事务所、大信会计师事务所、利安达会计师事务所、天健正信会计师事务所和中审亚太会计师事务所。除"四大"外，年收入在5亿元以上的有5家，都是这一轮整合后规模较大的会计师事务所。财政部、证监会严格按照《试点方案》履行审核推荐程序，由财政部会计司、监督检查局、中注协和证监会会计部抽调10名业务骨干组成联合工作组，于2009年12月3～5日对事务所提交的书面申请材料进行了集中初审，并将相关申请材料上网公示。2009年12月15日，联合工作组启动了实地核查工作，奔赴北京、上海、杭州、深圳、成都、重庆、长沙等地共对25家事务所（含16家事务所总所及因涉及合并需重点关注的9家分所）进行了实地核查。2010年1月31日，现场核查工作结束，前后历时45天。下一阶段，财政部、证监会将继续按照《试点方案》规定的综合评议、上报审定、正式推荐等程序开展工作，公开、公平、公正地选拔第一批参加试点的会计师事务所。就目前的情况和势头看，推动内地会计师事务所从事H股审计业务这一强有力的政策导向，极大地促进了会计师事务所的优化整合、强强联合，做大做强我国会计师事务所取得了可喜的阶段性成果。

三、制定完善推行医院高校注册会计师审计制度的政策措施

随着科教兴国战略的深入实施和党中央、国务院对民生工作的日益重视，我国在教育、医疗卫生等领域的财政投入机制日趋法制化、规范化，投入规模持续大幅增长。《教育法》规定，国务院和地方各级人民政府用于实施义务教育财政拨款的增长比例应当高于财政经常性收入的增长比例。2006年10月11日中国共产党第十六届中央委员会第六次全体会议通过的《中共中央关于构建社会主义和谐社会若干重大问题的决定》要求："保证财政性教育经费增长幅度明显高于财政经常性收入增长幅度，逐步使财政教育经费占国内生产总值的比例达到4%。"据统计，2003—2007年间，全国财政教育支出累计达2.43万亿元，比上一个五年增长1.26倍，年均增长18.8%；2008年，全国财政教育支出8 937.91亿元，比2007年增长25.5%，其中中央财政教育支出1 598.54

亿元,增长48.5%,见图1。

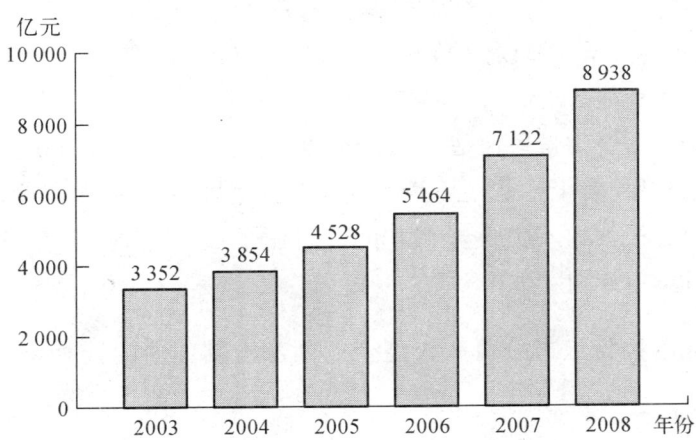

图1　2003—2008年全国财政教育支出情况图

同期,在医疗卫生投入方面,2003—2007年间,全国财政医疗卫生支出累计达6 311亿元,比上一个五年增长1.27倍,年均增长24.6%,高于同期财政支出的增长幅度。2008年,全国财政医疗卫生支出2 722.44亿元,比2007年增长36.8%,其中中央财政医疗卫生支出826.8亿元,增长24.5%,见图2。

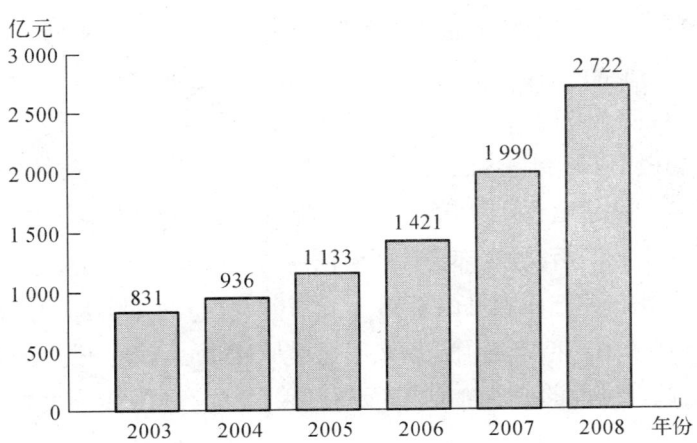

图2　2003—2008年全国财政医疗卫生支出情况图

在教育、医疗卫生财政投入不断加大的同时,确保其安全性、规范性和效益性也成为一个备受瞩目的重大问题。近年来在教育、医疗卫生领域发生的若干腐败案件警示我们,有必要研究探索监管制度创新,从制度上逐步解决医院高校财务违规和腐败案件时有发生的问题。在国家财政、审计监督力量有所不及、单位内部审计难以完全奏效的情况下,应当充分发挥注册会计师的专业特长和执业优势。除公立教育、医疗卫生机构外,其他具有公益性质的非营利组织也存在类似问题和需求。事实上,在美欧等成熟市场经济国家,公立部门和非营利组织接受注册会计师审计是十分普遍的做法。例如,美国纽约州 1987 年发布的《纽约州内部控制法案》第 45 章规定:"所有的州立部门、纽约州立大学、纽约市立大学、州政府内设机构和处室、委员会、理事会以及其他政府性实体或者履行类似政府职能的组织",都负有内部控制责任,这一责任的履行情况需要包括注册会计师在内的监督力量去评估、认定并向公众报告。财政部应积极协调教育、卫生、民政等部门,按照《若干意见》"将医院等医疗卫生机构、大中专院校以及基金会等非营利组织的财务报表纳入注册会计师审计范围"的要求,抓紧制定实施医院高校财务报表注册会计师审计制度。

四、制定完善推行上市公司和大型企业内部控制注册会计师审计制度的政策措施

企业内部控制是由董事会、监事会、经理层和全体员工实施的、旨在实现控制目标的过程。它作为公司治理的关键环节和强化财务风险管理的重要举措,在企业发展过程中具有举足轻重的作用。特别是,它作为资本市场的一项基础性制度,其重要性和发挥的作用已经得到公司管理层、投资者、资本市场自律性组织、监管机构的普遍认可。

国务院领导十分重视企业内部控制规范建设,于 2004 年年底和 2005 年 6 月连续就强化企业内部控制问题作出重要批示,明确要求"由财政部牵头,联合证监会及国资委,积极研究制定一套完整公认的企业内部控制指引"。为贯彻国务院领导指示精神,财政部牵头组成了由审计署、证监会、国资委、银监会、保监会参加的"企业内部控制标准委员会",及时启动企业内部控制规范制定工作,并于 2008 年 5 月发布了《企业内部控制基本规范》,在国内外引起热烈反响,受到广泛好评。与此同时,为将《企业内部控制基本规范》的各项要求落到实处,企业、会计师事务所等方面纷纷建议尽早出台"细则"性质的配套指引。随后,财政部会计司会同有关部委业务司局集中攻关,在多次广泛、公开征求国内外有关方面意见的基础上,于 2009 年 3 月起草完成了配套指引。由于当时世界经济环境中不稳定不确定因素明显增加,国际金融危机愈演愈烈,我国经济发展面临着来自国际国内的严峻挑战,虑及这些因素,配套指引起草完成后没有及时对外发布。

在党中央、国务院的正确领导下,2010 年年初,我国应对国际金融危机取得重大阶段性成果,在世界上率先实现经济回升向好。本次国际金融危机留给人们的深刻教训之一,就是公司治理存在严重缺失、以全面风险管理为导向的内部控制机制的积极作用没有得到有效发挥。抢抓后金融危机时代的发展机遇、保持经济回升向好的良好趋势、促进企业持续健康发展和实现"走出去"战略,需要通过建立健全内部控制机制,强化公司治理、切实筑牢防范和化解经营管理风险的"防火墙"。为此,财政部会同证监会、审计署、银监会、保监会等部委于 2010 年 3 月完成了企业内部控制配套指引会签工作,并将于 4 月举行发布会面向国内外公开发布。至此,我国企业内部控制规范体系基本建成。

我国企业内部控制规范体系包括 1 项基本规范、18 项应用指引、1 项评价指引和 1 项审计指引。基本规范在内控规范体系中处于最高层次,起统驭作用,描绘了企业建立与实施内控体系必须建立的总体框架,规定了内部控制的定义、目标、原则、要素等基本要求,是制定应用指引、评价指引、审计指引的基本依据。应用指引在内控规范体系中居于主体地位,是基本规范所确立的目标、原则和理念等在企业经营管理业务和事项中的具体应用。应用指引又可细分为控制环境类、控制活动类和控制措施类 3 个类别,在实质上与国外的企业层面控制和业务层面控制相近。应当指出,由于企业性质、规模、业务范围等存在巨大差异,不可能制定出一套穷尽一切、包罗万象的应用指引,因此,财政部在会同有关部门制定应用指引时,主要聚焦多数企业的共性业务和事项,包括组织架构、发展战略、人力资源、社会责任、企业文化、资金活动、采购业务、资产管理、销售业务、研究与开发、工程项目、担保业务、业务外包、财务报告、全面预算、合同管理、内部信息传递、信息系统等 18 项。各企业应当结合自身实际,进一步建立健全内控制度。评价指引是为企业管理层对本企业进行内部控制自我评价提供的指引和要求,包括评价内容和标准、评价程序和方法、评价报告的出具和披露等。审计指引是会计师事务所执行内部控制审计业务的执业准则。基本规范要求,接受委托从事内部控制鉴证的会计师事务所,应当根据基本规范及其配套办法,对企业内部控制的有效性进行鉴证,出具鉴证报告。需要强调的是,我国企业内部控制审计指引,不同于美国公众公司会计监管委员会(PCAOB)公布的第 5 号审计准则。美国内控审计的定位仍在于财务报告的真实可靠性。就我国企业而言,这种定位失去了建立与实施内控体系的本质意义。内控审计的目标,应当与内部控制的目标一致,财务报告真实可靠性只是内控审计的目标之一,切实防范重大风险、促进企业实现发展战略才是内控审计的根本出发点。

综合考虑不同企业的现实情况以及全球金融监管体系改革仍处变化之中等因素,为确保企业内部控制规范体系顺利实施,财政部会同有关部门采取"稳步推进、逐步推开"的原则,分阶段分步骤实施企业内部控制规范。从实施内容上,暂不发布涉及银行、证券、保险等业务的内部控制配套指引,待时机成熟时再推出。从实施范围及步骤上,定于 2011 年起首先在境内外同时上市的公司实施;2012 年起扩大到在上海、深圳证券交易所主板上市的公司实施;在此基础上,择机在中小板和创业板上市公司实施。同时,鼓励非上市大型企业集团和其他企业提前施行。

认真贯彻实施企业内部控制规范体系,是当前和今后相当长时期内的一项重要任务。对会计师事务所而言,既面临大好机遇,又面临严峻挑战。所谓机遇,一言以蔽之,就是内控审计和咨询服务为会计师事务所拓展了执业领域,提供了新的增长点。事实上,自 2008 年 5 月基本规范发布以来,一些会计师事务所抓住机遇,积极探索承接内控审计和咨询业务,获得了较好的经济效益和社会效益。随着企业内控配套指引的发布和实施,内控审计和咨询的天地必将越来越宽广,这是毋庸置疑的。所谓挑战,就是会计师事务所从事内控审计和咨询的执业能力还有待进一步提升。机遇永远垂青那些有准备的人,会计师事务所亦是同理。财政部会计司在大量调研中发现,不少国内会计师事务所对内控审计的认识还停留在传统的、依附于财务报告审计的内控符合性测试,不少国内会计师事务所对内控咨询的认识还局限在一般业务流程的完善,如果不尽快学习提高,不尽快转变认识,再好的机遇也会落空。我们希望广大会计师事务所尤其是大中型会计师事务所在促进贯彻实施企业内控规范体系中走在前面,不辜负政策机遇和行业期望。

五、制定完善有利于会计师事务所吸引优秀人才的政策措施

注册会计师行业的发展,关键在人才。近年来,我国注册会计师行业人才队伍建设取得了明显成效,但总体仍较薄弱,留住、吸引高素质人才的机制制度还不够完善,行业人才流失现象较为严重。

环顾国内,为了促进经济发展,不少地区和行业都出台了引进人才的优惠政策,集中体现在高新技术企业、跨国公司地区总部、研究开发机构、IT行业等,但涉及注册会计师行业的少之又少。作为现代服务业的重要组成部分,会计师事务所的区域分布与当地的经济发展水平密切相关。我国规模较大的会计师事务所多聚集在北京、上海、浙江、广东等经济发达地区,但即便是这些地区也普遍欠缺引进高级会计审计人才的优惠政策,在吸引优秀人才落户、解决其后顾之忧等方面还存在较大障碍。

以北京为例,北京是较大规模会计师事务所最为聚集的地区,全国58家证券资格所中,目前在北京的有27家,2009年年初,我们曾选取其中的12家会计师事务所(含两家证券所的北京分所),对其人员情况进行综合分析。分析发现,这些会计师事务所员工中相当数量没有北京户籍,注册会计师中没有北京户籍的占到70%以上。见表1。

表1 会计师事务所人员情况表

	会计师事务所名称	员工总数	北京地区员工数量	北京地区CPA数量	CPA中有北京户籍人数	无北京户籍CPA比例(%)
1	北京立信	230	230	66	4	94
2	万隆亚洲	1 739	219	127	19	85
3	信永中和	1 526	758	371	136	63
4	北京京都天华	930	533	211	103	51
5	中瑞岳华	2 729	1 185	417	127	70
6	利安达	1 452	571	195	55	70

（续表）

	会计师事务所名称	员工总数	北京地区员工数量	北京地区CPA数量	CPA中有北京户籍人数	无北京户籍CPA比例（%）
7	天健光华	903	280	121	48	60
8	天职国际	1 035	362	138	23	83
9	中准	618	144	106	47	56
10	中磊	770	155	76	18	76
11	立信北京分所		180	115	21	82
12	大信北京分所		207	66	8	88
	平均					73

　　对没有北京户籍的注册会计师的进一步分析显示：从年龄上看，在28～45岁中间的人员最多，占到85%，这正是注册会计师执业的黄金时期；从取得注册会计师证书的时间看，取得注册会计师证书已满5年的人最多，占53%，这部分注册会计师通常都是会计师事务所的业务骨干；接下来是取得注册会计师证书2～5年的，占到30%；从在目前所在会计师事务所工作的时间看，不到3年的最多，为41%，10年以上的最少，只有10%，可见会计师事务所的人员流动率还是相当高的，见图3、图4、图5。

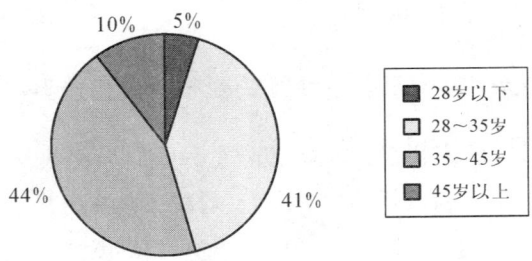

图3　非北京户籍注册会计师年龄分布图

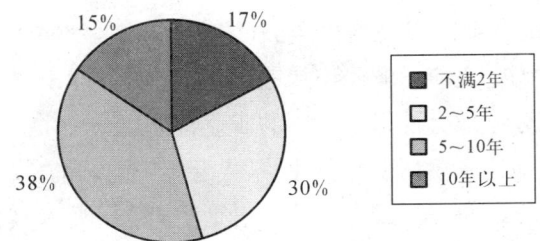

图4　非北京户籍注册会计师取得注册会计师证书后执业时间图

　　以点带面，随机抽取的这些会计师事务所的注册会计师情况基本可以代表目前北京地区注册会计师的现状。可以合理估计，70%左右的注册会计师没有北京户籍，而且这些

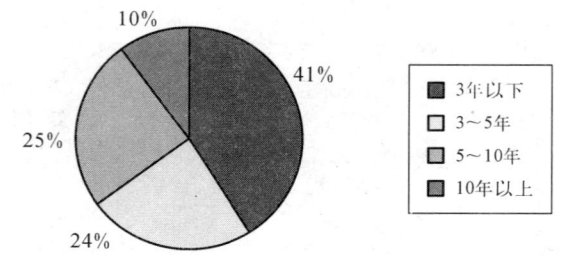

图 5　非北京户籍注册会计师在会计师事务所工作时间图

注册会计师大部分是会计师事务所的业务骨干,也是会计师事务所发展的核心力量。没有北京户籍在一定程度上加重了他们的"漂泊感",不利于他们专心致志发展注册会计师事业。会计师事务所没有能力为注册会计师解决户籍问题,这是会计师事务所人员流动率高的原因之一。

必须强调,主要大中城市的户籍是一个十分复杂的问题。近年来,财政部一方面广泛开展调查研究;另一方面积极协调人力资源社会保障部门,力争首先在个别地区开展试点,以少数在职优秀骨干人才和接收应届研究生以上毕业生等为突破口,逐步解决注册会计师在落户、社会保险、工作档案存放等方面的后顾之忧。同时,会计师事务所也要引导员工树立现代户籍理念,适应行业工作性质和工作特点的要求。当然,最重要的还是健全激励机制,切实优待、厚待注册会计师,调动好、激发好他们为会计师事务所发展贡献才智的积极性、主动性和创造性。

六、制定完善适合会计师事务所特征的税收政策措施

2009 年 7 月 27 日,国家税务总局印发《进一步加强税收征管若干具体措施的通知》(国税发[2009]114 号),在其第八条规定:对税务师事务所、会计师事务所、资产评估和房地产估价等鉴证类中介机构的税收,不得实行核定征收。至此,全国范围内的会计师事务所基本实行了查账征收。此前,虽然全国各地区政策不尽相同,但相当一部分地区对会计师事务所采取核定征收的方式,包括按照营业额核定一定比例进行征收(定率征收),或者核定一个固定的纳税金额(定额征收)等。税收征管方式的改变,在注册会计师行业引起一定反应。调研结果表明,问题的关键,不在征管是否从严,而在税收政策设计是否充分考虑会计师事务所的职业特征。

会计师事务所是知识密集型特殊行业,是人合胜于资合的机构,通常没有大量的固定资产,最大的资源是人力资源,最主要的支出是注册会计师和其他从业人员的工资薪酬支出。据了解,目前会计师事务所及其注册会计师涉及的主要税种是营业税金及附加(一般为 5.5%)、企业所得税(一般为 25%)、个人所得税等。行业反映,上述税收政策没有充分考虑会计师事务所的执业性质和基本特征,因而在实践中暴露出以下问题:一是税负偏重,对会计师事务所在人才培养培训等方面的投入扣除额偏低;二是重复征

税,突出表现为有限责任制会计师事务所的股东既需要交纳个人所得税,又在实质上交纳企业所得税;三是由总所汇总缴纳企业所得税,在一定程度上分流了分所所在地的税源,导致会计师事务所异地设立分所或者吸收合并其他事务所成为分所增加了困难,不利于会计师事务所发展。

国办发〔2009〕56 号文件明确要求财政部会同有关部门研究制定税收政策方面的扶持政策。我们将继续与有关方面加强沟通,积极反映前述问题,推动对会计师事务所的税政设计既能保证其依法履行纳税义务,又能体现行业特征,促进会计师事务所在合理税负下健康发展。

七、加快制定执业责任保险政策措施

注册会计师以独立身份提供公众服务,客观上存在较高的职业风险,但其自身承担和规避风险的能力有限,为保护投资者和社会公众的利益,《注册会计师法》第二十八条规定:会计师事务所按照国务院财政部门的规定建立职业风险基金,办理职业保险。但自 1994 年《注册会计师法》实施至今,我国注册会计师职业保险发展较为缓慢,主要原因在于我国注册会计师职业保险市场不够成熟。

多年来,会计师事务所普遍采用按业务收入的一定比例计提职业风险基金的办法以增强抗风险能力。1994 年财政部印发《会计师事务所财务管理若干问题的暂行规定》,明确"职业风险基金按业务收入的 10% 计提,作为因不可避免的工作失误而依法进行赔偿的准备金"。1999 年会计师事务所脱钩改制后,由国有事业单位改制为民营企业性质,为满足改制后会计师事务所会计核算的要求,财政部要求会计师事务所执行企业会计制度,并于 2001 年年底印发了《会计师事务所、资产评估机构、税务会计师事务所会计核算办法》,规定"'职业风险基金'科目核算会计师事务所按规定提取的用于职业风险赔偿的准备金",从会计制度方面再次明确规定会计师事务所必须按规定提取职业风险基金。为规范会计师事务所职业风险基金的管理,促进会计师事务所增强职业责任风险意识,提高职业责任风险承受能力,2007 年,财政部发布了《会计师事务所职业风险基金管理办法》,进一步明确了会计师事务所风险基金的提取、使用和分配,并将会计师事务所提取风险基金的比例降低到 5% 。

但是,职业风险基金制度在执行中也暴露出若干弊端:一是按业务收入一定比例提取的办法并不合理,业务收入少的会计师事务所并不表示其风险就绝对低,提取的风险基金可能根本无法应对将来的诉讼风险。二是职业风险基金没有提取上限,随着会计师事务所的持续经营会越积越多,而其作为会计师事务所的一项风险准备,不能用于其他方面,股东转所也不能带走,由此导致一些会计师事务所产生内部矛盾,有的甚至为了分配职业风险基金而终止会计师事务所。三是职业风险基金管理不严格。目前会计师事务所职业风险基金由会计师事务所自行管理,虽然累计的职业风险基金数额较

大,但多数只停留在账面上,只有很少部分能对应在货币资金上,难以很好起到职业风险准备金的作用。

鉴于上述问题,随着近年来我国职业保险市场的发展,越来越多的会计师事务所选择购买职业保险,尤其是规模较大的会计师事务所。2009 年 5 月证券资格会计师事务所报备资料显示,当时的 60 家证券资格所中,选择购买职业保险的达到 38 家,占 63%,排名前 15 强的会计师事务所中只有 2 家没有购买职业保险。见图 6。

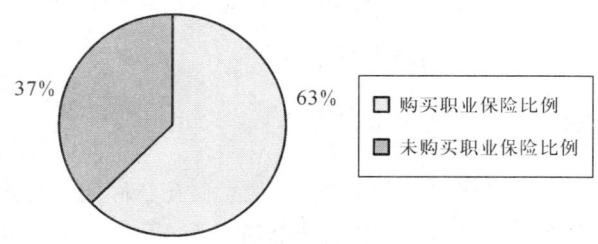

图 6　证券资格事务所购买职业保险情况

购买职业保险是趋势,因为它一方面可以克服提取风险基金的种种弊端;另一方面可以发挥商业保险"四两拨千斤"的保障作用。在经济发达国家,会计师事务所普遍购买注册会计师责任保险。同时,许多国家的法律也规定,会计师事务所特别是从事上市公司审计业务的会计师事务所必须购买注册会计师责任保险。但我国目前的注册会计师职业保险还不够成熟,分析发现,在主客观方面都存在一定问题。从主观方面讲,还有相当一部分会计师事务所缺乏正确认识,认为风险基金是属于自己的,而保费却付给了保险公司,感到不划算。归根结底,这是一种短见行为。从客观方面讲,目前职业保险险种还较单一,保险条款的设计也不完全切合注册会计师行业的需要,应当进一步完善保险品种,更好地发挥购买职业保险在提高会计师事务所赔偿能力、保护社会公众利益中的作用。财政部将积极协调保险监管等部门,加快研究制定符合国际惯例和注册会计师行业发展规律的保险制度,促进会计师事务所在积极应对、有效管理执业风险的基础上健康发展。

八、制定发布推动大中型会计师事务所转制为特殊普通合伙组织形式的政策措施

根据国办发[2009]56 号文件"要积极探索适应大型会计师事务所发展需要的组织形式,大力推进特殊普通合伙制"的要求,2010 年 1 月 27 日,财政部印发了《财政部关于推动大中型会计师事务所采用特殊普通合伙组织形式暂行规定》(征求意见稿,下同,财办会[2010]3 号),拉开了在我国注册会计师行业推行特殊普通合伙制的序幕,这是我国会计师事务所组织形式即将发生历史性变革的重要标志,必将对注册会计师行业发展产生深远影响。

　　财办会〔2010〕3 号文件印发征求意见后，在注册会计师行业引起强烈反响，普遍认为这是做大做强我国会计师事务所的重要举措，建议尽快发布实施。我们注意到，许多会计师事务所特别是一些规模较大的会计师事务所，已经紧锣密鼓展开向特殊普通合伙组织形式转制的准备工作。本着既积极又稳妥的原则，财政部会计司利用多种形式广泛听取各方面意见，目前较为集中的修改意见主要有：一是明确"故意或者重大过失"行为，尤其是"重大过失"问题，建议与最高人民法院沟通，同时在《注册会计师法》修正过程中予以关注。二是明确转制前后会计师事务所行政责任的延续问题，建议转制前的债权、债务由转制后的会计事务所承担，由转制前的会计事务所执业活动形成的法律责任，以转制前"职业风险基金"和注册资本之和为限进行承继，但有的会计师事务所也有异议，理由是目前职业风险基金与职业保险并行，有些事务所主要依靠购买保险来承担责任，以职业风险基金与注册资本之和承担原来的业务风险有可能造成事实上的不公平。三是合伙人年龄问题，绝大多数会计师事务所建议调整为以 65 周岁为限。四是建议明确经济鉴证类执业资格的范围，同时建议会计师事务所的主任会计师必须是注册会计师，主任会计师与首席合伙人必须由同一人担任。五是建议财政部会同工商管理部门联合发文，进一步明确转制程序和要求，提高可操作性。六是建议明确转制后的税收政策。

　　财政部会计司认真听取、积极采纳行业反馈意见，已就有关问题与最高人民法院、工商总局等进行沟通协调，并将以适当形式作出规定。对转制后的税收政策问题，经向财政部税政司了解，得知在 2008 财税 159 号、2009 财税 59 号、2009 财税 60 号文件中已经明确。对其他有关问题，也在进一步研究和论证之中。相信通过扎实、细致的工作，能为大中型会计师事务所向特殊普通合伙组织形式转制提供有力的政策指导和支持。

　　需要强调的是，从国际会计公司采用特殊普通合伙制的实践经验看，有以下几个关键环节需要特别注意：一是一体化管理，尤其是财务的集中管控；二是合伙人的利益共同体管理，在分配机制的引导、规范和约束下，全体合伙人自觉站在会计师事务所整体角度而非个人角度考虑问题、实施管理；三是纵横交错、相互制衡的管理机制，业务线合伙人、区域线合伙人分工明确、协调统一、有效制衡；四是管理总部与地区分部（各地区办公室）的协同问题；五是首席合伙人的管理权威和管理能力。能否积极应对、妥善解决上述问题，直接关系我国大中型会计师事务所向特殊普通合伙组织形式转制的成败。我们希望在特殊普通合伙相关文件正式发布之前，各大中型会计师事务所不要观望等待，一定要清醒地认识到转制是必然趋势，晚转不如早转，不转制，就解决不了发展的瓶颈问题；一定要多渠道、多途径深入研究掌握特殊普通合伙制的内涵和真谛，在此基础上，结合自身实际情况，拟订转制协议文本，积极做好转制准备。此前，我国一些会计师事务所事实上已按"公司制注册、合伙制运行"的模式在运作，应当借此机会进一步丰富和完善相关制度办法,推动特殊普通合伙转制工作平稳、顺利进行。

九、着眼实现平等合作与公平竞争,制定完善促进中外合作所本土化的政策措施

我国自 1992 年起开始批准外国会计师事务所与中国会计师事务所按照《中外合作企业法》设立合作所。目前,我国有 4 家中外合作会计师事务所,分别为普华永道中天会计师事务所、毕马威华振会计师事务所、德勤华永会计师事务所、安永华明会计师事务所,4 家合作所已在内地设立 25 家分所。见表 2。

表 2　中外合作会计师事务所一览表

事务所名称	设立时间	合作期限(年)	分所数量(家)
普华永道中天	1992 年 12 月	25	9
毕马威华振	1992 年 7 月	20	3
德勤华永	1992 年 12 月	20	6
安永华明	1992 年 7 月	20	7

中外合作会计师事务所的设立和发展,对于促进改革开放,改善投资环境,吸引国际资本,改进我国会计审计标准等发挥了积极作用,应当予以肯定。但是,由于多种原因,中外合作所目前也存在一些问题。以合作所中的高级管理人员为例,2008 年年底,四家合作所中总监或相当级别以上人员共有 644 人,其中合作中方人员 232 人,占 36%,合作外方人员 412 人,占 64%;经理级别(含高级经理)人员 2 141 人,其中合作中方人员占 81%,合作外方人员占 19%;其他职员 17 173 人,合作中方人员占到 98%。见图 7。

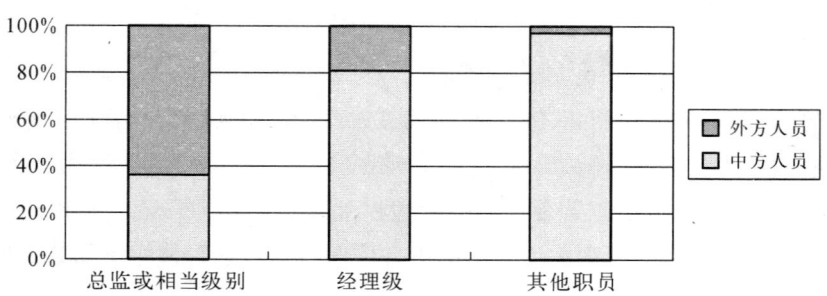

图 7　中外合作会计师事务所人员结构图

这在一定程度意味着,中外合作所中做业务、担责任的绝大部分是合作中方人员,但做决策、同时由于不具备中国注册会计师资格又不能签报告、难以担责任的基本上是合作外方人员,导致合作双方权利义务不对等、不均衡,长此以往,最终受损失的还是中

外合作所自身,因为无论对内对外,都有不尽协调之处,削弱了致力发展的共同基础,这是显而易见的道理。4 家合作所中的 3 家的合作期限将于 2012 年到期,另有 1 家(普华)也将于 2017 年合作期满。出于保护和促进中外合作所发展的目的,鼓励中外合作所提前转制,自觉加快本土化转制进程,在我国法律框架和统一市场规则下公平竞争,为我国经济发展和改革开放继续作出应有贡献。我们注意到,4 家中外合作所已在积极研究本土化转制问题,希望进一步加快进度,为转制后会计师事务所的健康发展创造有利条件。

十、制定完善支持会计师事务所"走出去"开拓国际市场的政策措施

为促进会计师事务所"走出去",财政部会同商务部、公安部、人民银行、国资委、海关总署、税务总局、证监会、外汇管理局等部门,于 2007 年 12 月联合印发了《关于支持会计师事务所扩大服务出口的若干意见》,对扩大会计服务出口提出了一整套政策措施,并建立了相应工作机制。下一步,财政部将在继续巩固完善与上述相关部门工作机制的同时,进一步研究、细化支持会计师事务所"走出去"的具体措施和办法,为我国会计师事务所"走出去"打开方便之门和快速通道。

一是健全开放体系,拓展国际空间。

我国会计服务市场的开放与我国对外开放的整体进程是协调进行的,特别是进入 20 世纪 90 年代以后,随着对外交流的日益频繁和市场开放的不断深化,我国会计市场开放的力度也不断加大。截至目前,我国注册会计师行业实施的对外开放措施主要包括:允许境外会计师事务所在境内设立代表处;允许国际会计公司发展中国成员所;允许境外会计师事务所来境内临时执行审计业务;允许境外人员参加中国注册会计师全国统一考试,考试通过可申请执业;与香港方面相互豁免注册会计师考试部分科目;等等。

无论是与国内其他行业相比,还是同其他国家同行相比,我国注册会计师行业的开放程度都是相当高的。以非本地居民执业为例,在我国只要境外人士通过注册会计师全国统一考试并满足两年审计工作经验的要求,就可以申请成为中国注册会计师执业会员,而目前其他大多数国家和地区在发放注册会计师执业许可方面都要求是本地居民。同时,开放的原则是双向互惠的,既要允许"走进来",又要有利于"走出去"。财政部将进一步加强同商务等部门的沟通协调,不断完善会计市场开放体系,力争通过多双边和自贸区谈判,推动有关国家和地区对我国的会计市场进一步开放,包括放宽会计师事务所跨境服务的境外停留期限、放松设立境外业务机构的限制、为我国居民取得其他国家或地区注册会计师执业资格争取国民待遇等,为我国会计师事务所和注册会计师"走出去"拓展更大的国际空间。

二是把握服务需求,引导涉外服务。

　　随着中国企业境外投资的不断增加,广大企业对会计师事务所"走出去"提供境外服务具有强烈需求,希望国内会计师事务所能够在海外继续为其提供高质量服务。财政部关于中国会计服务市场对外开放课题研究成果表明,在参与调查问卷的 80 家"走出去"企业(其中外商投资企业 36 家,国有企业 44 家)中,38% 的公司表示迫切需要管理咨询服务,28% 的公司表示迫切需要审计服务,15% 的公司表示迫切需要评估、会计代理服务,见图 8。

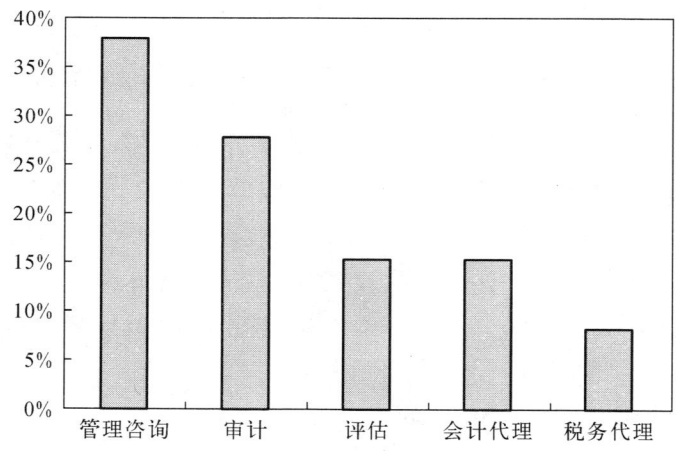

图8 "走出去"企业的会计服务需求图

　　把握需求,才能提高服务的针对性和实效性。财政部将积极协调国有资产管理、银行保险监管等部门,通过监管信息互通共享等方式,更加全面、及时地了解、掌握"走出去"企业对会计服务的需求,引导会计师事务所突出服务特色、创新服务品种。

　　三是设立境外机构,构建业务网络。

　　在财政部关于中国会计服务市场对外开放的课题研究中,专门就"'四大'与国内会计师事务所的比较优势"开展过调查问卷。来自深圳市会计师事务所的 763 份问卷显示,认为"四大"最大的优势在于拥有全球性业务网络的,占72% ,其次是管理制度和水平、信誉与知名度,分别达 64% 和 58% ,见图9。

　　由此可见,会计师事务所要真正"走出去",必须要有一个国际化的市场品牌,而发展自己的网络是必经途径。同时,会计师事务所"走出去"是一个渐进的探索过程,在初始阶段,可以先通过设立业务部、代表处等形式熟悉当地情况,既有利于降低政策风险,也有利于为客户提供适当服务。事实上,"四大"在20 世纪80 年代进入我国时也是先采取代表处的形式,直至 90 年代初才成立了正式的会计师事务所。

　　财政部将积极协调商务、公安、外汇管理、工商管理等部门,鼓励会计师事务所通过新设、收购、合并、合作、协议等方式在境外设立业务部、代表处、成员所或联系所等境外业务机构,并在境外投资促进、扶持、保障、服务、核准等方面提供便利,尤其要在简化外

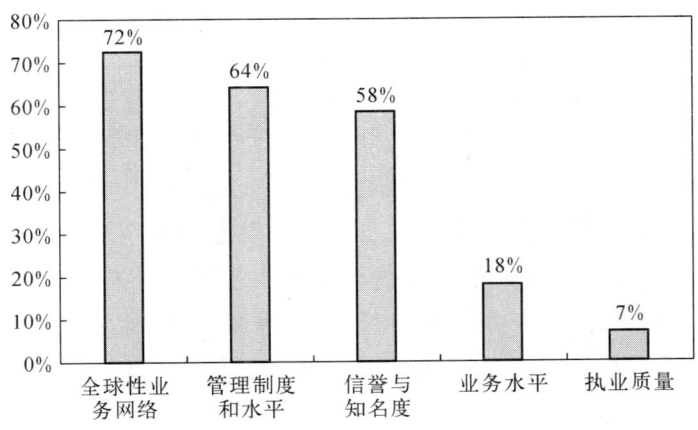

图9 "四大"的比较优势所在图

汇审批手续、放宽用汇使用限制、依法简化执业人员出入国（境）手续等各方面给予扶持。会计师事务所到境外执业、设立机构，需要得到当地政府主管机关、税务部门和其他监管机构的认可，相应地需要国内财政部门和其他相关部门出具执业证明、工商登记证明、税务证明等，有关部门应当给予支持，及时办理。

四是创新服务理念，发展外包业务。

会计师事务所"走出去"实际上有两大渠道：一种是通过设立境外业务机构直接"走出去"，在境外为客户提供服务；还有一种是虽在机构设立上并不"走出去"，但通过承接国际化业务仍能为境内外客户提供会计审计相关服务，会计服务外包业务就是其中的典型。信息技术的日新月异和国际分工的专业化、精细化使服务产品日益分解并进行国际外包成为可能。近年来，国际服务外包产业发展迅速，会计外包是 IT 外包之后的一个必然趋势。2005 年全球会计外包业务收入为 140 亿美元，据 IDC 发布的研究报告，2008 年全球财务和会计外包市场规模达到 476 亿美元。

会计师事务所在开展财务会计外包服务方面具有天然优势。国务院在 2007 年发布的《关于加快发展服务业的若干意见》中明确提出，要把大力发展服务贸易作为转变外贸增长方式、提升对外开放水平的重要内容，把承接国际服务外包作为扩大服务贸易的重点，充分发挥我国人力资源丰富的优势，积极承接信息管理、数据处理、财会核算、技术研发、工业设计等国际服务外包业务。目前，印度已成为西方发达国家首选的会计业务外包市场。与之相比，我国会计参与国际外包市场还处于起步阶段。大力发展服务外包是提升我国会计师行业国际服务水平的一个重要途径。会计师事务所要充分利用这一形式，尽快实现储备专业人才、提升服务能力的目的，同时也为今后在实体上"走出去"打下坚实基础。有必要指出的是，财务会计外包服务通常更加注重"菜单式"的灵活性和个性化服务，往往不像法定审计那样有较为严格的约束条件，中小会计师事务所在承接国际外包服务中大有可为。财政部应积极协调相关部门，为会计师事务所开拓国际会计服务外包业务提供资讯、技术等方面的帮助,促进会计外包产业在我国的蓬勃发展。

紧密结合会计师事务所最关心、最直接、最现实、最期望的问题研究制定一系列扶持政策措施,是《若干意见》的明确要求,也是注册会计师行业的热切期盼。站在维护国家利益和公众利益的高度,以真心真情扶持行业发展,以实干苦干推动行业发展,是财政部门责无旁贷的历史重任。我们相信,只要广大会计师事务所发愤图强、苦练内功,只要财政部门和有关部门通力合作、加大扶持,我们相信通过五年左右的艰苦努力,我国注册会计师行业收入翻一番的目标一定会实现(测算情况见表3),我国注册会计师行业在经济社会发展中的服务职能一定会更加强大。让我们携起手来,把国办发[2009]56号文件和《若干意见》提出的扶持政策一件一件宣传到位、制定到位、落实到位,用我们的勤奋、务实、开拓、坚韧去迎接注册会计师行业发展的又一个春天!

表3 我国注册会计师行业收入预测表

	2008 年	2009 年	2010 年	2011 年	2012 年	2013 年
大型所合计(亿元)	130	150	180	224	265	300
中型所合计(亿元)	54	70	91	120	150	200
小型所合计(亿元)	126	122	118	116	108	100
总计(亿元)	310	348	403	460	523	600

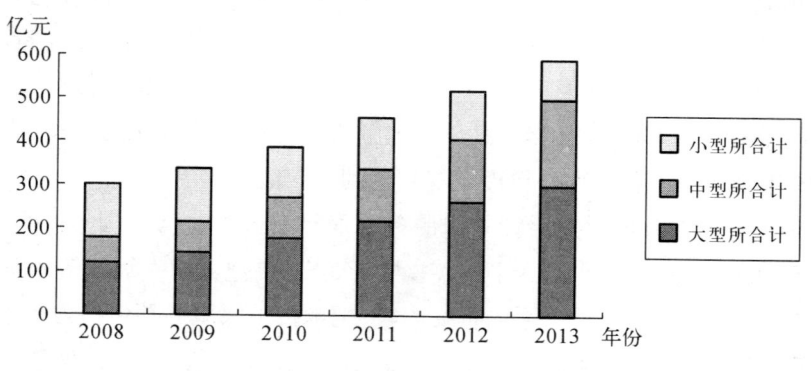

图10 注册会计师行业收入增长预测图

人才建设是关系行业发展
全局的重中之重

——《关于加快发展我国注册会计师行业的
若干意见》系列解读之六

执政兴国,唯在得人。当今和未来的国际竞争,说到底是人才竞争。谁拥有更多更好的人才,谁就能在激烈的竞争中取得主动,赢得未来。因此世界各国,尤其是发达市场经济国家,都十分重视并不断加强本国人才建设。2010 年 2 月,中共中央政治局在研究讨论《国家中长期人才发展规划纲要(2010—2020 年)》时强调指出,各级党委和政府要把人才作为经济社会发展的第一资源摆在突出位置,加强人才资源能力建设,推动人才结构战略性调整。注册会计师是我国人才队伍的重要组成部分,加强注册会计师行业人才建设,提高注册会计师职业道德和专业胜任能力,是贯彻落实国家中长期人才发展规划纲要的重要举措,是适应国家经济社会发展要求的战略需要。加快发展我国注册会计师行业,涉及方方面面的因素,包括政策扶持、外部环境、组织形式、内部治理、收入规模等,但人才建设是最为关键的因素。《关于加快发展我国注册会计师行业的若干意见》(以下简称《若干意见》)指出,要"通过制定和实施注册会计师行业人才战略规划,有计划、有步骤地培养造就一大批适应行业发展要求的国际化、复合型人才,建设一支诚信执业、素质过硬的注册会计师队伍"。

注册会计师行业是以人为本的行业,会计师事务所是"人合"的组织,特别是具备较高知识和技能的人才是行业的第一资源。《若干意见》指出,"注册会计师行业是运用专业特长,对企事业单位会计信息进行鉴证,并提供会计、税务、管理咨询等商务服务的中介行业";同时指出,"规模较大的会计师事务所汇聚了会计、审计、金融、税务、法律、财务管理、风险控制、战略规划等方面的专家,在提高经济信息质量、引导资源合理配置、优化企业治理结构、维护市场经济秩序和社会公众利益等方面发挥着重要作用"。国务院对注册会计师行业的定位是知识密集型产业和现代服务业,对注册会计师队伍的定位是专业技术人才。加强人才队伍建设是当务之急,也是摆在广大会计师事务所面前重大而紧迫的历史任务。

一、我国注册会计师行业人才建设已具备一定基础

我国注册会计师行业自恢复重建以来,以证券资格会计师事务所为代表的较大规

模会计师事务所,在人才队伍建设方面已经取得了可喜的进步。会计师事务所在业务种类、服务对象、执业质量、品牌培育等方面的发展足以折射和体现这一重大变化。

从业务种类和服务对象看,20世纪80年代,我国会计师事务所提供的服务主要是满足引进外资的需要,为外商投资企业提供验资和年度报表审计服务。到了90年代,我国证券市场快速发展,会计师事务所适应证券市场的需要开始为国有企业改制上市提供审计和相关服务。由于服务对象规模层次的提升,会计师事务所开始提供项目可行性分析、内部控制设计等与会计关联度较高的咨询服务。进入21世纪,随着我国经济持续快速发展、经济全球化日益深入,会计师事务所的服务对象逐渐由企业扩展至非企业单位、由境内企业扩展至境外企业,业务种类由审计、验资拓展到审阅、商定程序等各种鉴证业务,由鉴证服务拓展到代理、咨询等非鉴证服务,由单一的会计相关服务拓展到融合金融、法律、人力资源、物流管理、信息技术等知识的综合性服务,服务对象和服务种类迅速向多元化方向发展极大地促进了会计师事务所人才类型的优化和人才层次的提升。

从执业质量看,会计师事务所经历了从风险质量意识淡薄到风险质量意识逐步普及并深入人心的过程。客观地说,注册会计师行业恢复重建后很长一段时间内,风险意识和质量控制缺位一直是行业发展的一大障碍,突出表现为大案、要案频发。从深圳原野、长城机电、海南中水国际,到东方锅炉、红光实业、琼民源、银广夏,虚假报告挫伤了投资者信心,审计失败摘去了注册会计师头上的神圣光环。类似情况在国外也接连不断。21世纪初震惊世界的安然事件,导致当时"五大"之一的安达信国际会计公司顷刻间土崩瓦解。国内外的惨痛教训使各方普遍意识到,为了维护市场经济秩序和社会公众利益,必须强化对注册会计师行业的行政监管。2002年,美国通过了著名的《萨班斯-奥克斯利法案》,成立了公众公司会计监管委员会(PCAOB)。此后各国大多采取了行动,强化对注册会计师行业的行政监管,这已成为行业监管主流和国际惯例。2002年10月,财政部收回对注册会计师行业的行政管理职能。行政监管的介入使行业的外部约束力大大增强,取得明显成效。规模较大的会计师事务所把执业风险防范和执业质量控制作为维系其生存和发展的生命线。风险成为大所选择客户的第一标准,"宁可不做业务也不承担过高风险"已经成为证券资格会计师事务所的基本准则。财政部门收回行政管理职能7年多来,行业内未有新的重大案件发生,行业执业质量发生根本性好转,这也从一个侧面反映出行政监管的威慑力和会计师事务所人才执业水平的显著提升。

从会计师事务所品牌培育看,在20世纪,普通民众能叫得出或听得响的名字基本上是"四大"字号,本土所很少有人提起。经过21世纪以来的艰苦努力,我们不仅有包括立信、天健、信永中和、中瑞岳华等在内的一批本土会计师事务所品牌得到社会的普遍认可,而且还有一批会计师事务所将经营机构拓展到境外,在国际市场上打出了本土品牌。品牌的外在魅力源于人才队伍的强力支撑,这在一定程度上揭示出本土会计师事务所的人才知识结构正在向"四大"看齐,特别是与国际趋同的会计审计两大准则体系的贯彻实施,从根本上改变了本土会计师事务所人才队伍不懂国际准则的状况,本土会计师事务所中已经出现了懂经营、善管理、熟悉国际规则、具有国际视野的领军人物。

二、我国注册会计师行业人才差距仍不容忽视

当我们为行业人才发展成就感到欣慰的同时,也应当清醒地认识到,本土较大规模会计师事务所与"四大"在诸多方面仍存在差距和不足,尤其是会计师事务所和注册会计师在信息化方面的差距必须予以足够的重视。目前,"四大"在审计流程、知识库、人力资源、财务、教育培训等诸多方面均已建成高度集成的信息化系统,各项规章制度固化在系统之中,日常的运行以信息系统为中心进行高效率控制和一体化协调。相比之下,本土会计师事务所除了个别大所具备一定程度的信息化基础外,绝大多数会计师事务所的全面信息化水准亟待提高。这方面的不足表面上看是信息技术开发应用程度的差异,实质上集中反映了人才建设存在的差距。只有老老实实承认这一现实并采取切实有效措施加以改进,才能适应加快行业发展的客观要求。

我们以注册会计师人均创造收入(以下简称人均收入,单位为万元)为例,深入分析本土会计师事务所与"四大"在人才方面的差距。截至 2008 年 12 月 31 日的行业统计数据(见图 1)表明,本土百强会计师事务所(不包括国内"四大",下同)注册会计师人均收入与国内"四大"相比存在着数量级的悬殊差距,而本土百强会计师事务所与全行业平均值相比,尽管有所差距,但大体处于同一层次。

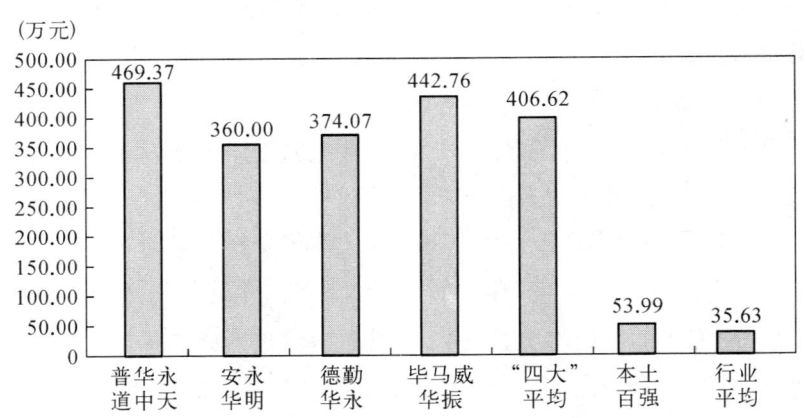

图1　2008 年度注册会计师人均收入对比图

固然,国内"四大"人均收入较高有多方面的原因,但其中不可否认的一点是,本土会计师事务所的审计流程没有实现信息化,多数仍停留在手工阶段,这就必然需要大量的从业人员,导致人均收入被大幅度摊薄,形成与"四大"的明显差距。经进一步分析,本土会计师事务所的人才差距,还集中体现在以下方面:

　　一是考核人员比重较大，年龄结构不合理。统计数据（见表1）表明，当前注册会计师队伍中通过考核取得资格的人员比重仍然较大，占到近三成。同时，年龄超过60周岁的人数比重占到近二成。通过对注册会计师资格取得方式和年龄进行相关性对比分析，不难发现，年龄越大的人员中以考核方式取得注册会计师资格的比例就越高。

表1　按资格取得方式和年龄对注册会计师队伍结构的统计分析

资格取得方式	年　　龄			合计（比例）
	40 岁以下	41 ~ 60 岁	超过 60 岁	
考　　试	42 194	21 168	2 384	65 746（71.88%）
考　　核	205	9 840	15 675	25 720（28.12%）
合　　计（比例）	42 399（46.35%）	31 008（33.90%）	18 059（19.74%）	91 466（100%）
国内"四大"（比例）	2 469（96.63%）	85（3.33%）	1（0.04%）	2 555（100%）
本土百强	11 526（67.04%）	4 427（25.75%）	1 240（7.21%）	17 193（100%）

　　对比分析国内"四大"和本土百强会计师事务所注册会计师年龄分布，我们可以发现，就40岁以下的注册会计师而言，"四大"占比高达96%强，本土百强会计师事务所不到七成，两者之间相差近30个百分点，即"四大"40岁以下的注册会计师比例远远高于本土百强会计师事务所。超过60岁的注册会计师比例，本土百强会计师事务所是"四大"的180倍。这是值得深思的。

　　历史地看，在我国注册会计师行业恢复重建之初，通过考核方式认可注册会计师资格是快速集聚人才、组建队伍的必然选择。如果没有当初考核工作打下的人才基础，行业的恢复创业就难以顺利实现。许多以考核方式取得资格的老同志是会计师事务所开创基业的功臣，正是这一批"师傅"带出了一茬又一茬的"徒弟"，才有了行业今天的人才积淀，这是不应忘记的。同时发展地看，尽管考核通过人员尤其是老同志实际经验丰富，但面对知识更新频率加快，新准则、新业务、新技术、新方法日益涌现的新形势，由于体能、精力等客观因素的局限，老同志与中青年同志尤其是40岁以下的注册会计师相比，在发展意识、管理理念、执业技能、利用信息化手段等方面都存在着较大差异，与时代和行业的发展要求难免有脱节甚至不相符合、不相适应之处。综观全球注册会计师行业的发展，越是服务层次比较高、服务品种比较新、服务对象比较现代化、国际化的会计师事务所，其注册会计师团队的年轻化、专业化趋势越发明显。因此，有必要加快注册会计师新老更替进程。

二是学历结构欠优化，人才层次总体偏低。通过对表2的分析，本土会计师事务所大专及以下学历人员超过56%，而具有硕士研究生以上学历的人员不足5%，呈现出较为典型的金字塔形。

表2　按资格取得方式和学历对注册会计师队伍结构的统计分析表

资格取得方式	学　历				合　计（比例）
	大专及以下	本　科	硕　士	博　士	
考　试	31 109	31 309	3 255	73	65 746（71.88%）
考　核	20 281	5 006	417	16	25 720（28.12%）
合　计（比例）	51 390（56.18%）	36 315（39.7%）	3 672（4.01%）	89（0.1%）	91 466（100%）
国内"四大"（比例）	53（2.1%）	1 830（71.6%）	660（25.8%）	12（0.5%）	2 555（100%）
本土百强（比例）	5 709（33.2%）	10 248（59.6%）	1 167（6.8%）	69（0.4%）	17 193（100%）

反观国内"四大"的人员学历构成，其本科、硕士研究生学历占比之和达到97%强，比本土会计师事务所平均值高出53%，比本土百强会计师事务所高出约30%。与本土会计师事务所学历结构呈金字塔形相比，国内"四大"学历构成是以本科和硕士研究生为主体的纺锤形结构。全球会计行业近年发展经验表明，正是这部分人员构成了会计师事务所发展的中坚力量。

我们无意片面追捧高学历，但一个浅显易懂的道理是，会计师事务所要为客户提供高端、增值服务，首先自身要有较为充裕的中高端人才研发业务、开拓领域、凸显优势。较高学历加上职业生涯实战历练，才能形成中高端人才团队，这对我国会计师事务所特别是规模较大的会计师事务所进军国际市场更具现实意义。

三是知识结构较单一，信息技术的开发运用能力尤为不足。近年来财政部会计司组织的课题研究和调查走访发现，相当部分中型会计师事务所和大部分小型会计师事务所的执业人员过于偏重会计、审计、评估、税务等知识，相应地，会计师事务所的业务范围也多限于这些领域；同时，即便是在这些领域，比如财务审计，完全能够将风险导向审计贯彻落实到位的，尚需进一步艰苦努力。对国际同行尤其是发达市场经济国家会计公司不断开拓以信息化为代表的前沿性、综合性咨询服务领域，比如信息化审计、信息技术战略、信息安全、电子商务认证、信息技术治理等，我国中小会计师事务所普遍较为生疏,规模较大的会计师事务所总体仍处于起步和探索阶段。问题的症结和关键是欠缺这些方面的专门人才。痛定思痛,只有奋起直追,才能缩小差距。

三、加快培养我国注册会计师行业重点骨干人才

"十年树木,百年树人。"深入实施行业人才战略,逐步缩小与国际会计同行的人才差距,努力提高全行业的整体素质,无疑需要一个摸索积累、循序渐进的过程。但是,加快发展我国注册会计师行业,归根到底是要加快注册会计师人才建设。就本土会计师事务所而言,当前乃至今后相当一段时期内,要结合行业发展形势,突出抓好三方面重点骨干人才建设:具备战略眼光的管理型人才、融会贯通信息化知识技能的专业人才和具备全球视野的国际化人才,从而加快突破人才瓶颈。

（一）具备战略眼光的管理型人才

"善用人者得天下,误用人者失天下。"善用与误用,讲的就是管理人才的管理谋略。我国有句古话,叫做"鼓敲千遍,一锤定音",充分说明管理指挥人才的决定性作用。一个企业工人再多,产品再好,市场再大,如果管理不善,人才会逐渐流失,产品会逐渐落后,市场会逐渐萎缩,终究会关闭破产。管理人才在人才建设中具有举足轻重的地位,这不仅适用于一般工商企业,也同样适用于会计师事务所。管理人才大体可以分为两个层次,第一层次是以主任会计师（或管理合伙人,下同）为核心的高级管理团队,第二层次是分所负责人（或地区合伙人,下同）和部门负责人。

就第一层次而言,主任会计师尤为重要,主任会计师的发展思路、管理理念、道德操守、决策风格、用人方略、胸襟胆识、行为方式等,对会计师事务所的运营和发展具有重大影响。从我国注册会计师行业风雨兼程的历程看,能够把一个会计师事务所带起来甚至做大到一定规模的主任会计师不在少数,但是能够领导一个规模较大的会计师事务所长期稳定快速发展,对内威信较高、深孚众望、组织有序,对外影响较大、行业认可、口碑较好的主任会计师还远远不够。行业发展经验教训表明,一个会计师事务所要做大做强,必须要有一个广受认同、享有盛誉的市场品牌,必须要有一位驾驭全局、长于管理的主任会计师。在实行有限责任合伙制（LLP）的国际会计公司中,尽管同一层次的合伙人权利平等,但管理合伙人（MP）仍然居于组织领导和运营决策的核心地位。因此,加强主任会计师的培育十分重要。现阶段首先要致力于解决日益壮大的规模、庞大的队伍与管理机制、管理能力不相协调等问题,特别注意培育和打造会计师事务所领军人物,特别注意克服以前小作坊条件下形成的管理误区,特别注意克服管理中的家长作风和兄弟义气。

就第二层次而言,首先要把培养重品行、负责任的分所负责人摆在优先位置,不断增强分所负责人的风险防范意识和质量控制能力。要逐步引入、完善职业经理人制度,除专业性极强的业务部门外,对其他管理部门,比如行政事务、人力资源、后勤保障等,

要更多通过市场化手段选聘精于此道的管理人才来担当重任。许多国际会计公司的人力资源部经理,往往是精通人力资源管理的行家里手,对于选聘、使用、调度、激励人力资源有丰富经验,能够替管理合伙人排忧解难。在这方面,我国本土会计师事务所必须勇敢地迈出一大步,再上新台阶。

培养管理人才必须从战略高度打造高管团队。领军人物是实践中产生的,是大家公认的,是执业团队发自内心信赖和信服的,全体员工愿意在其手下工作。从某种程度上说,不在于给多少钱,而在于在一个良好环境中追求自我价值的实现。感情留人、事业留人就是这个道理。千万不要让员工感到自己的领导是没有希望的领导。优秀的主任会计师和分所负责人更多的不是通过学历教育、书本学习形成的,而是在实践中经过长期的摸爬滚打锻炼出来的。钢铁就是这样炼成的。他们必须是战略性人才,战略比专业更重要;他们必须胸怀宽广、心怀全局,急功近利、计较个人得失、只看眼前利益不可能成为合格的主任会计师,干不成大事;他们必须懂得、悟透这个行业,把握行业内在规律,既要有魄力、有勇气、有奉献精神,又不能不负责任地蛮干、瞎干;他们必须注意人才梯队建设,从事业出发培养接班人,否则辛辛苦苦十几年甚至几十年形成的大型会计师事务所就可能由于人员更替在短时间内被葬送;他们必须具备科学的识人用人能力和组织协调能力,会用人、能容人,善于听取不同意见,用人所长,不能感情用事,关心员工生活,尊重员工的创造精神,只有这样,才能具有很强的凝聚力,团结带领本所员工齐心协力、加快发展、可持续发展。

(二)融会贯通信息化知识技能的专业人才

客户的多元化、综合性服务需求,信息化的纵深发展,要求会计师事务所必须要有一支跨学科、跨领域、善于运用信息技术解决问题的复合型人才团队做支撑。根据商务部发布的数据资料,2008年中国电子商务交易总额在国际金融危机背景下逆势上扬,突破3万亿元,相比2007年增幅超过40%。爆发性增长的电子商务业务为会计师事务所提供了较大市场空间。但是,电子商务相对于传统商务模式,具有买卖双方互不相识、互不见面、跨越空间等特点,交易对手之间更容易产生不信任感,这就产生了电子商务鉴证的市场需求,需要由独立的第三方来对交易双方的商业活动及其电子商务活动中的隐私保护、资金安全性、业务有效性等进行鉴证。在成熟市场经济国家,注册会计师成为较为理想的服务提供方。同时,由于电子商务业务数据具有易消失性、易破坏性,加之电子商务物流的虚拟性(如电子机票系统现在已不需要纸质客票即可完成售票交易),又为注册会计师执业带来了新风险,要求注册会计师在从事电子商务相关审计业务时采取新的审计技术和方法。依此类推,新的业务需求和新的技术方法,无不要求注册会计师将会计准则、审计方法和信息技术等融会贯通、结合运用。在现阶段,我国电子商务尚未普及,但审计流程信息化是本土会计师事务所迫切需要解决的突出问题。在审计业务之外,越是技术含量高的业务,附加值就越高,对以信息化为基础的复合型人才的需求越发强劲。加快发展注册会计师行业,必须对此予以高度重视。

会计师事务所培养信息化人才,应当按照财政部《关于全面推进我国会计信息化工作的指导意见》(财会〔2009〕6号)的要求,引入审计业务流程和管理体系的信息化,加强计算机审计系统的研发与完善,实现审计流程、管理规程等与信息系统的有机结合,通过信息化手段加快规模化人才培养速度,吸引和发现信息人才,提高专业人员运用信息技术执业的能力和水平。会计师事务所提高信息化水平,关键是管理团队要带头,特别是主任会计师要首先带头,加大对信息系统自主研发或外购的投入,注意吸收和培养信息化高端人才,其他合伙人也要重视学习利用信息化手段开展工作。只有管理团队首先加深对信息技术的理解和认识,才能更好地推进信息化人才培养,从而实现利用现代化手段开展信息化审计,提高工作效率,缩小与"四大"的差距。

(三)具备全球视野的国际化人才

从通常意义讲,国际化人才就是具有国际视野、熟悉国际规则、掌握跨国执业技能和沟通能力的管理人才和技术专才。无论是"走出去"开拓国际市场,还是在国内承接国际业务,没有一大批国际化人才纵横驰骋,结果只能是失机遇、空嗟叹。培养信息化和国际化人才,一是要"练内功"。一个国家、一个民族、一个单位,单纯依赖别人是发展不起来的,长期依靠别人也是不能持久的。注册会计师行业尤其如此。必须有计划、有步骤地培养自己的人才团队。打铁需要自身硬。毛泽东同志早就说过,自力更生、艰苦奋斗。我们希望有"外援",但是不能过度依赖。中国人不仅效仿能力强,创造能力更强,而且具有艰苦创业、奋斗拼搏的优秀品质。打造会计师事务所的信息化和国际化,要比发展具有高科技的原子弹、氢弹、"神六"、"神七"容易得多,只要方法对头、决心下定,奇迹是可以创造出来的。要注重在实践中发现苗子、培养苗子,逐步将其推上业务第一线摔打锤炼,由此聚少成多、集腋成裘,实现信息化、国际化人才与国际化业务的良性循环。二是要"巧借力"。正如《若干意见》所指出的,"加盟国际会计公司的中国成员所,要与国际会计公司签署人才培养协议"。需要强调的是,加盟国际会计公司并不单纯是需要境外资金支持,而是需要国际会计公司将其行之有效的管理诀窍、信息化技术和人才培训系统等毫无保留地移植或传授给加盟后的国内成员所,整体提升国内成员所从业人员素质,建成融会贯通信息化知识和技能的复合型人才队伍。只有这样,国内成员所才能迅速发展壮大,国际会计公司也才能够从中国巨大的市场中获得相应的利益,从而实现合作的互利和双赢。支持本土排名前10位的会计师事务所积极寻求加盟知名国际会计公司,通过借助、发挥国际网络的人才优势,加速培养自身的国际化人才。三是要"重引进"。种好梧桐树,引来金凤凰。在当前行业加快发展但人才紧缺、形势紧迫的情况下,要处理好培养和引进的关系,培养是根本、长久之策,引进是权宜之计,但培养需要周期,时间来不及,引进可能是现阶段必须考虑的主要方式之一。只要机制好、环境好、会领导、能协调,优秀人才会源源不断地向我们走来。当然,引进优秀人才尤其是信息化和国际化人才,需要花费较大成本,但这要比分光吃尽好得多,短期内看似花费了成本,但带来的是未来发展更大的收益,这是对会计师事务所管理团队尤其是主任会计师提出的战略性要求。对优秀的信息化、国际化人才,应当在收入分配方面拉开差距,大锅饭体制是不可能吸引优秀人才的。要通过市场化手段把急需、紧缺的信息化国际化人才吸引延揽进来,切实做到选准一个信息化国际化人才、带出一支信息化国际化团队、开辟一方信息化国际化业务。

四、不断创新我国注册会计师行业人才机制

(一)创新组织实施机制

注册会计师行业人才建设,涉及政府部门、行业协会、培训机构、高等院校、会计师事务所等诸多方面,需要各方面厘清定位、通力合作,形成支持注册会计师队伍加快发展的强大合力。

发挥财政部门的组织规划和统筹协调作用。财政部门作为注册会计师行业的主管部门,在实施行业人才战略中责无旁贷。要加强行业人才工作的组织领导,在准确把握行业人才现状与发展要求的基础上,研究制定行业人才建设重大政策、战略规划和中长期计划,以科学的规划计划引导行业人才建设工作,并加强对规划计划落实情况的监督检查和后评估。同时,积极协调组织、人事、教育、外事等部门,研究制定行业人才建设相关扶持政策措施,为建设高素质行业人才队伍提供坚强有力的保障。

值得关注的是,财政部正与国务院学位办和教育部沟通,有望在 2010 年推出会计专业硕士(MPAcc)改革方案,这是对现有教育制度的重大改革,是注册会计师行业人才建设的重大利好。改革的核心是出台在职人员的 MPAcc 和 EMPAcc 培养制度,通过相应的课程设置和科学的业余学习制度,将培养出大批既有学历又有学位的高水平、应用型人才。在这一改革方案中,考虑了注册会计师与专业学位双挂钩的政策,即 MPAcc 毕业的学生,在考取注册会计师资格时可以免试相应的科目,注册会计师在考取 MPAcc 专业学位时可以享受加分优惠政策。会计师事务所尤其是较大规模的事务所,切忌错失良机,因为这一政策可以在很大程度上解决大批人才的知识更新、水平提升问题,而且对事务所员工也有很强的吸引力。

发挥行业协会的推动促进和具体实施作用。行业协会作为"会员之家",要继续认真倾听广大注册会计师的心声,通过进一步发挥好协调、服务作用,把行业人才建设多环节的具体工作落到实处,努力成为会员的良师益友和贴心人。

发挥国家会计学院的培训基地作用。作为国家级的高级财会审计人员继续教育培训机构,国家会计学院以其高水平的办学质量赢得了学员满意和市场信任。支持国家会计学院在行业人才建设中继续发挥积极作用。与此同时,还应发挥高等院校的资格前学历教育主阵地作用,促进资格前教育与职业继续教育相互协调、有序对接。

（二）创新人才投入机制

行业人才建设，既与行业前途命运息息相关，又与市场经济秩序和社会公众利益紧密相连。因此，既具有个体性和局域性，又具有社会性和公共性，需要在激励投入机制方面大胆探索，逐步建立政府扶持、行业协会反哺、会计师事务所投入、注册会计师承担、市场机制资助的人才建设投入机制。

政府扶持，就是包括注册会计师在内的我国会计人才建设已纳入国家中长期人才规划纲要（2010—2020），并将作为紧缺急需人才予以大力扶持。各地区也要根据本地区实际情况，努力将注册会计师纳入当地人才规划纲要。对纳入国家级和省、自治区、直辖市一级的重点骨干人才和领军后备人才，在财政部门统一组织安排的集中性脱产培训、境外学习深造、重点课题攻关等方面要予以一定经费支持；同时，对作出突出贡献的注册会计师，给予精神鼓励和适当的物质奖励。

行业协会反哺，就是继续贯彻会费取之于会员、用之于会员的一贯原则，持续性加大会员教育培训投入，并在提升会员多元化、国际化、信息化服务能力等方面创造条件。

会计师事务所投入，就是要切实履行人才培养自身义务和社会责任，逐年增加人才建设投入，确保人才投入增长率与会计师事务所收入增幅保持协调比率。

注册会计师承担，就是注册会计师要增强丰富知识、提高素质、锻炼能力的紧迫感、危机感和自觉性，在国家、行业、会计师事务所组织的教育培训之外，通过自我教育和岗位练兵等多种形式增长才干，努力成为行业的佼佼者，不被时代所淘汰。

市场机制资助，就是要研究探索利用市场化手段对行业人才建设提供相应支持的渠道和途径，重点研究探索对会计和注册会计师专业品学兼优学生的奖励基金和特定情况下注册会计师的扶助基金等。

建立和实施注册会计师行业人才建设机制，会计师事务所自身投入、自我培养是解决问题的基础和关键。会计师事务所是通过一定的组织形式、运行机制和管理制度将一大批高智商的复合型人才凝聚在一起的特殊组织，本质上不同于以资本为纽带的一般工商企业。会计师事务所主任会计师应当根据发展战略和现实需要，促进整体团队专业素养实现新的跨越。在国务院办公厅转发《若干意见》的新形势下，本土大型会计师事务所只有不断壮大训练有素的专业团队，才能顺利实现用5年左右时间达到年收入规模30亿元的目标。

（三）创新教育培养机制

具备一定规模的会计师事务所可以研究、借鉴、引入人才培养的"立信模式"，创办自己的人才摇篮，建立产、学、研一条龙的人才教育培养机制。通过产、学、研结合，充分发挥教学科研单位与产业实体的优势互补，实现产、学、研相得益彰。以研究带动人才培养和会计师事务所发展，以会计师事务所发展促进研究和人才培养，以人才培养为会计师事务所发展和研究提供后续力量。产、学、研结合不仅提高了教学研究的针对性，促进课堂知识向业务实际靠拢,为会计师事务所培养大量实用型后备人才,同时为会计师事务所加强实务研究和业务创新,开展人才后续培养提供了强有力的支持保证。

时代呼唤人才,人才推进事业。我们一定要按照《若干意见》"有计划、有步骤地培养造就一大批适应行业发展要求的国际化、复合型人才,建设一支诚信执业、素质过硬的注册会计师队伍"的要求,继续深入实施行业人才战略,大力加强行业人才建设,为加快发展我国注册会计师行业提供结构优化、数量充裕、素质过硬的人才保障!

毫不松懈地强化行业行政监管

——《关于加快发展我国注册会计师行业的 若干意见》系列解读之七

《若干意见》指出,要"强化政府行政管理和监督";"财政部和各省级财政部门要加强对注册会计师行业的行政监管,健全行业监管跨部门沟通协调机制,建立财政部门和审计、银行、证券、保险等监管部门的信息共享制度,不断提高监管效能"。大力扶持与强化监管是贯穿《若干意见》始终的两大问题,必须切实做到两手抓、两手都要硬。只有这样,才能促进注册会计师行业在防范执业风险、提高执业质量的基础上实现又好又快健康发展。

谈到监管,有人认为这是略显沉重的话题。因此,我们不妨从两则较为轻松的寓言说起:

第一则寓言讲道:有一只风筝非常漂亮,当春风把它送到空中,它的整个身体舒展开来,犹如凤凰展翅,不禁引来人们阵阵喝彩。风筝暗自得意,它说:"我要再飞得高一些,这样才更加壮观,才能吸引更多的目光"。春风听到后,鼓足了气把它往上送。扶摇直上的风筝这时觉得线把它牵得太紧了,埋怨说:"你太碍事了,我要自己飞",一边说一边就把线解开了。话音刚落,只见风筝六神无主地飘落下来,重重地摔在地上,再也飞不起来了。

另一则寓言讲道:奔腾的河水对着河岸咆哮:"你像两堵墙立在我的身边,阻挡了我随意流淌,限制了我的发展。"河岸严肃而认真地回答:"正是由于我的存在,淙淙溪水才能汇聚成滔滔江海!"河水听不进劝告,一气之下冲毁堤岸,漫野横流,吞没了农田庄稼,给人类带来了巨大灾难。同时,它自己也由于水分蒸发、大地吸收,很快就干涸消逝了。

这两则寓言故事说明了一个道理:疏于约束就易于自毁前程,放弃规矩就等于放弃自己。行政监管与自律约束,看似多了一些规矩,多了一些限制,但同时也多了一些警示,多了一些保护。注册会计师行业是运用专业特长,对企事业单位会计信息进行鉴证,并提供会计、税务、管理咨询等商务服务的中介行业。但注册会计师行业绝不等同于一般的中介服务行业,因为这个行业直接关系公众利益,直接关系资源配置,直接关系市场经济秩序,是成熟市场经济国家不可或缺、广受尊重、普遍认同的知识密集型产业和高端服务行业。正因为如此,党中央、国务院高度重视,亲切关怀,多次做出重要指示,并在行业谋求加快发展的关键时刻通过转发《若干意见》,对行业改革与发展做出战略规划、提出殷切希望;正因为如此,在G20峰会中,各国领导人将会计审计提到了前所未有的高度来认识、来讨论;正因为如此,在美国注册会计师协会成立100周年之时,时任美国总统里根在贺信中称赞:"如果没有你们(注册会计师),美国的资本市场将土崩瓦解。"

国内外的经验教训启示我们,越是受到重视,越要勤勉谨慎;越是公众关注,越要自警自省;越是发展提速,越要强化监管。针对安然、世通事件以来世界主要经济体日益加强行政监管,提高监管的独立性、权威性、协同性的普遍做法和发展趋势,结合依法行政的时代要求和行业监管内在规律的客观需求,财政部党组于2002年10月8日作出决定,将注册会计师行业行政管理职能收归财政部门行使,同时重视发挥行业协会的服务、协调和自律作用,构建起行政监管与行业自律职责明确、各有侧重,相互补充、相互促进的监管格局,推动我国注册会计师行业执业质量和总体水平有了明显提升。最近几年来,我国资本市场少有发生因注册会计师审计失败导致上市公司财务丑闻、投资者蒙受严重损失的重大恶性案件,充分说明财政部党组的决定是符合行业发展要求的,是非常及时和完全正确的,有力地支持了资本市场建设和市场经济平稳较快发展,反过来又提高了行业的公信力、诚信度和美誉度,促进行业发展迈入了恢复重建以来士气最高、心劲最大、增速最快、发展最稳定的历史时期,为今后5年乃至相当长一段时间内的加快发展、跨越发展奠定了良好基础。

与此同时,我们也必须保持冷静头脑,清醒认识行业秩序和执业质量中存在的问题和不足。以2009年12月发布的《中华人民共和国财政部会计信息质量检查公告第15号》披露的情况为例。2008年,财政部和各省级财政部门依法对13 942户企事业单位和714家会计师事务所开展了会计信息质量和执业质量检查,其中4 701户企事业单位和175家(次)会计师事务所因会计违规而受到财政部处罚。在受行政处罚的175家会计师事务所中,有14家被撤销,55家被暂停执业,37家被没收违法所得和罚款,98家被处以警告;在受行政处罚的367名注册会计师中,有9人被吊销证书,68人被暂停执业,290人被予以警告。严厉处罚极少数违背职业道德和执业准则的会计师事务所和注册会计师,讲原则、敢碰硬、不护短,说明我国注册会计师行业行政监管已日趋成熟并取得显著成绩。另外,在所检查的714家会计师事务所中有175家受到不同程度的处罚,约占25%,也说明会计师事务所尤其是中小会计师事务所的执业质量仍需进一步提高。总体来看,行业监管既成效显著,又任重道远,必须毫不松懈地继续加强。

一、严格市场准入

以《注册会计师法》为中心的行业法规体系对行业市场准入设定了行政许可制度,

制定了严格标准。这些制度和标准,是预防和控制行业违法违规行为的第一道关口,是行业监管的基础性工作。把好了市场准入关,就从源头上消除或减轻了违法违规风险。因此,准入工作容不得半点马虎。

根据现行法律,行业市场准入主要有三个方面:人的准入——注册会计师的注册管理;机构准入——会计师事务所及其分支机构的资格管理;特殊资格准入——会计师事务所从事证券期货相关业务资格管理。围绕上述三方面的市场准入,财政部发布了《注册会计师注册办法》(财政部令第 25 号)、《会计师事务所审批和监督暂行办法》(财政部令第 24 号),并会同证监会发布了《关于会计师事务所从事证券期货相关业务有关问题的通知》(财会〔2007〕6 号),分别就市场准入的条件、程序和相关要求做出了规定。从近年来的实践看,市场准入总体工作是比较扎实有效的,但也存在不平衡现象,在个别地区、个别环节上还存在着一些较为突出的问题,需要认真加以解决。

(一)切实做到程序合法

严格市场准入,就是要做到公开、公平、公正,让符合准入条件的申请人都能进来,把不符合条件的坚决挡在门外。而做到公开、公平、公正,关键在于严格依照法定程序实施行政许可。《中华人民共和国行政许可法》对实施行政许可设定了严格程序,以便在明确行政机关责任、保障被许可人利益的同时,能够通过公开透明的办理过程保证许可结果的合法公正。从注册会计师行业行政许可具体实践看,仍有少数人存在重结果而轻过程、重实体而轻程序的思维定式,认为只要结果正确,过程如何都是次要的。在市场经济和法治社会条件下,这种思维方式必须尽快转变,因为过程不合规,结果的公信力就难免有瑕疵。在法律上,我国已确立了"程序违法、实体无效"的原则,特别是《中华人民共和国行政诉讼法》的颁布实施,确立了公民、法人对未遵循法定程序实施的具体行政行为,有依法申请人民法院予以撤销的权利。因此,未按法定程序实施许可,特别是未做到公开透明,不仅结果的公正性难以让人信服,而且可能让行政机关陷于被动。

现行行业法规对于各项市场准入都规定了严格的程序,以确保许可过程的公开性。比如,一要明示许可条件和申请材料,二要对已受理的申请情况进行公示,三要对批准的申请予以公告。目前问题较为集中地反映在公示环节,主要是公示媒体发行量不大、影响力较小,或者进行选择性公示,有的内容公示,有的内容不公示,或者认为公示就是走形式,因此对举报投诉不够重视。之所以出现上述问题,有的是客观条件所限,例如经费不足;有的是主观因素所致,例如认识不高、工作疏忽等。

公示是行政许可过程中引入公众监督的重要环节。依法治国方略的不断实施,推动我国在行政立法上限制行政机关滥用权力、保护行政相对人利益的法律导向日益强化,行政许可的审查一般仅限于对法定申请材料的审核。对于申请材料的真实合法性,除非有反面证据或者线索,审批机关是不能随意做"虚假"推断的。但是,法律也提供了补偿机制,这就是公示制度。公众对于申请材料的举报是审批机关获得反面证据线索的重要渠道,也是审批机关接受公众监督的主要方式。财政部门、行业协会都要严肃对待公示,认真处理公众投诉举报,必要时还应当对有争议的问题举行听证,切实把公示效力发挥到位。财政部应进一步改进行业管理系统中的公示模块功能,更好地方便公众查询监督;同时,要增加对公示、公告事项的统计功能,加强对各地财政部门公示情况和举报投诉核实处理情况的监督指导,促进依照法定程序办事。

（二）切实防范未经许可进入市场

目前,未经许可而进入市场的现象仍有发生,主要表现在:

一是招摇撞骗以会计师事务所和注册会计师名义出具报告。有的不法单位和个人虚构会计师事务所名称和注册会计师姓名出具验资报告和审计报告,有的则假冒会计师事务所和注册会计师名义出具报告,这些行为不仅损害了合法设立、注册的会计师事务所和注册会计师的声誉,玷污了注册会计师行业形象,而且扰乱了市场经济秩序,其中有的还涉嫌合同欺诈等刑事犯罪。对这些问题,不少地区进行了积极探索,采取了在业务报告上贴防伪标识、与工商部门等报告使用方实行信息系统联网等方式加以应对,取得了较好效果。借鉴地方经验,财政部将在目前实行的业务报备制度基础上,逐步试点推行业务报告联网验证制度,力争做到:会计师事务所出具的报告在行业管理信息系统中备案后,系统将对每一份报告返回一个查询验证码,会计师事务所应将验证码提供给报告使用方,使用方凭验证码可在系统中查询报告真伪。实行联网验证制度,可以从根本上防范虚假报告的出现,同时也可以实现与工商、银行等相关机构信息系统的集成,提高验证效率。在联网验证制度建立实施以前,各地财政部门也应加强与工商、公安等部门的联系,加大打击力度,对于存在假冒行为的会计师事务所和注册会计师,要按照《会计师事务所审批和监督暂行办法》有关规定严肃处罚,并移送公安机关就是否涉嫌犯罪作进一步侦查。

二是不符合分所设立条件的会计师事务所以各种方式变相设立分支机构。由于分所对于会计师事务所经营风险具有巨大影响,现行规章严格设定了会计师事务所设立分所的门槛,只有具备一定规模和实力、内部管理严格、对分所具备实际控制能力的会计师事务所才能设立分所,并且对跨省级行政区划设立分所的条件要高于在省级行政区划内设立分所的条件。但是,有些中小会计师事务所无视法律要求,盲目追求短期利益,有的以业务部、办事处等名义直接设立分支机构,有的以代理记账公司为掩护设立业务承接点、实际业务过程全部在业务承接点完成,有的干脆什么招牌都不要,以长期出差为幌子在居民楼内租赁办公场所从事"地下"活动,严重扰乱了行业管理秩序。

查处私设分支机构的行为,首先要明确标准。对于会计师事务所在同一城市不同城区设立多个办公地点的,只要其市场、人事、财务、质量控制等管理职能集中在一个地点,不应认定为分支机构;对于会计师事务所跨地市级行政区划,或者在本市下属郊区

（县）设立挂牌办公场所的，应当认定为分支机构；对于未挂牌而混杂"潜伏"于代理记账公司等机构的，或者以长期出差的名义异地办公的，查看该办公点是否具有管理职能，或者查看业务报告是否在当地签发，两者具其一的，就应当认定为分支机构。除判定标准外，一些地区经常反映调查取证难，这就要求检查机构和人员改变惯常的工作思维，创新工作方法，特别要发扬钉子精神和吃苦精神，采取明察暗访等多种形式，利用录音录像等多种手段进行调查并妥善保存证据。铁证在手，处理不难。

三是不具有证券期货资格的会计师事务所以各种形式实质性承接证券期货业务。证券期货业务对资本市场秩序和投资者利益影响重大，要求较高，因此，国家对会计师事务所从事证券期货业务依法设立了专门资格，并设定了较高准入门槛，对会计师事务所的规模、内部治理机制和管理制度、质量控制体系都有一系列严格要求。从长远看，证券期货业务资格制度可能是一种过渡性、阶段性管理方式，但在优胜劣汰的市场机制和健全有效的社会信用体系建立完善之前，实行证券资格管理对行业秩序和声誉有着保护作用。《若干意见》重申，"不具备证券期货资格的会计师事务所，不得承接证券期货相关业务"。但是，有的会计师事务所想方设法介入证券业务，往往以抽取提成等方式游说少数证券资格会计师事务所转包证券业务，美其名曰"联合审计"。这一做法极大地加重了证券资格会计师事务所的审计风险，严重威胁证券期货业务审计质量，必须予以纠正。针对这一情况，财政部将从收入分成比例、总体审计计划的制订、人力投入对比等标准来明确界定正常的联合审计与证券业务转包，在此基础上开展对证券业务转包行为的专项查处，对存在严重问题的会计师事务所要撤销其证券期货业务资格。此外，有的会计师事务所包括个别国际会计公司打着咨询公司、办事处的幌子招揽、从事审计业务，一经查实，要严肃处理。

二、强化后续监管

后续监管主要涵盖两方面的内容，一是对会计师事务所准入后持续符合准入条件的监管，二是对会计师事务所执业质量的监督检查。前者属于会计管理机构的职责，后者属于监督检查机构的职责。市场准入通常被称为门槛，但一些人对门槛存在错觉和误解，认为抬脚进了门槛就好比进了"保险箱"，费劲一阵子，舒服一辈子，这是不正确的。行业市场准入的条件并不是在某个时点达到就万事大吉了，还必须持续地符合、保持这些条件，否则就应当退出。如果不及时清理不符合准入条件的人员、机构，就是对保持条件人员、机构的不公，也是对因不符合条件而未能进入市场的人员、机构的不负责任。如果准入后的监管缺位，准入条件在一定程度上就可能形同虚设。这方面的问题在日常行政管理中并不少见，比如，一些会计师事务所股东（合伙人）的数量和资质并不持续符合条件，有的会计师事务所因股东离所而导致股东数量不足；有的会计师事务所擅自吸收不具有注册会计师资格的人员担任股东，甚至吸收因执业行为受过行政处罚不满 3 年内人员担任股东;还有的会计师事务所股东搞障眼法瞒天过海,实际上不在本所专职执业。对上述情况,多数地区密切关注、及时处理,少数地区表示心有余而力不足,也有个别地区熟视无睹、束手无策、放任自流。

应当承认,当前一些地区出现重审批而轻后续监管的现象确有法规不完善等客观因素,比如,25 号令对注册会计师的年龄限制只在注册条款中有规定,但在撤销条款中未规定;24 号令对未报备行为的处罚也偏轻,我们认为应结合注册会计师法修订进展,通过修改完善配套规章制度尽快加以解决。但是更主要的原因,还在于工作思路不够开阔,存在一定畏难情绪。后续监管比之审批更有挑战性,因为审批工作条件明确、程序既定,申请许可的机构和人员会主动找上门来,流程化特征较为明显,但后续监管往往比较复杂,红头文件中少有明确指示,案头手边缺乏具体工作规程,监管对象也一般不会主动上门"负荆请罪",此外很多时候还需要协调其他部门、单位给予支持配合,费心、费时、费力,"讨人嫌"多,受欢迎少,搞不好还可能当被告。的确,后续监管任务重、手段少、难度大、风险高,不是一件轻松的事情,但绝非毫无办法、无所作为。

加强后续监管,落实退出机制,关键是要解决信息不对称问题。从财政部来讲,要进一步升级行业管理信息系统功能,提高信息集成度,特别是建立与相关部门信息的互联互通。目前,财政部与工商总局已就双方信息系统的相互开放进行了多次磋商,取得了积极进展,有望逐步解决工商登记信息与财政申报信息相脱节的问题。从各地财政部门来讲,要进一步转变观念,改进工作方式方法,特别要建立推行走出办公室、进入事务所进行实地核查的工作方式,特别是对有举报、有疑点的会计师事务所,应当一查到底、及时处理。只要善创新、敢较真、有恒心、讲方法,一定能够把后续监管抓到位、抓扎实。

三、创新监管方式

更新监管理念、创新监管方式、丰富监管手段是扎实做好行业行政监管的重要举措。在认真总结行业行政监管成绩经验的基础上,2009 年,财政部印发《关于进一步做好证券资格会计师事务所行政监督工作的通知》(财监[2009]6 号),确立了"定点负责、动态监控"的监管原则和政策导向,标志着证券资格会计师事务所行政监管方式发生新的重大转变,也对强化非证券所行政监管具有重要指导借鉴意义。

一是夯实日常监督。要充分利用注册会计师行业报备系统平台,做好对会计师事务所业务报备信息的跟踪、分析和利用,全面掌握会计师事务所的客户分布、审计报告数量、审计意见类型等执业情况,并应通过报备资料跟踪分析重点企业的财务报表,了解其财务状况。在利用报备信息的基础上,通过走访、约谈、座谈会等方式,了解会计师事务所内部质量管理、分所管理模式等情况,及时通报有关监管信息,与会计师事务所建立良好的监督互动关系。监管部门要综合各方面信息,包括社会对会计师事务所的反映、会计师事务所的历史表现、内部质量控制、分所管理模式、人员素质、执业理念、业务承接、工作底稿、审计程序执行等方面,对证券资格会计师事务所执业质量进行日常监控。

二是抓好现场调查。要针对日常监督中发现的线索、疑点和问题,及时到证券资格会计师事务所、企业及相关单位开展现场调查,通过查阅资料、询问当事人等方式,核实相关情况。对于收到的投诉举报、其他部门移送的线索等,要通过现场调查予以核实。

三是组织专项检查。要在开展日常监督的基础上,按照《财政检查工作办法》、《会计师事务所监督检查工作规程》规定的程序和要求,对证券资格会计师事务所执业质量、被审计单位会计信息质量等情况开展专项检查。对所监督的证券资格会计师事务所原则上每三年至少进行一次专项检查,每次检查至少延伸检查两户被审计单位,重点检查国有大型企业、上市公司以及高风险审计业务。

四是注重质量评价。要根据对会计师事务所日常监督和专项检查情况,积极探索对证券资格会计师事务所内部质量管理、风险控制、审计执业情况等进行综合评价,并根据综合评价结果对证券资格会计师事务所进行分类管理,对综合评价较差的会计师事务所要进行重点监督检查。

创新行业行政监管方式,核心是推动构建会计监管长效机制。各级财政部门要进一步牢固树立质量意识和精品意识,勇于开拓,善于创新,将开展会计师事务所行政监管与会计信息质量检查结合起来,将日常监督与重点检查结合起来,不断提高行政监管的科学性、针对性、有效性,促进行业监管日益规范化、制度化、经常化。

四、加大处罚力度

有人指出,检查 + 不处罚 = 0;检查 + 不痛不痒的处罚 = 0。这种观点不无道理。只有严格落实处罚,加大处罚力度,让违法违规者有切肤之痛,才能真正体现公平正义,才能维护监管的权威性、发挥监管的威慑力。财政部和各省级财政部门一直高度重视行业监管,不断丰富完善会计信息质量检查与行业执业质量检查的协调配合机制,不断加大对违法违规会计师事务所及其注册会计师的行政处罚力度,并以连续发布《会计信息质量检查公告》等形式,把检查处理情况公之于众,受到社会各方面的肯定和好评,确立了财政会计监管的权威地位。据不完全统计,2003—2007 年间,财政部(含专员办)组织了对 575 家会计师事务所执业质量的检查,共处理处罚违规会计师事务所 60家次,处罚违规注册会计师 109 人;各省级财政部门对 1 784 家次会计师事务所的执业质量开展了检查,共处理处罚违规会计师事务所 570 家次,处罚违规注册会计师 982人次。

同时也要看到,在少数地区,行业监管工作中还存在"雷声大、雨点小"的情况,布置检查轰轰烈烈,处理处罚避重就轻,大事化小、小事化了,表现在处罚类别上,警告、罚款、谴责、责令整改等较多,暂停执业甚至吊销资格相对较少。这一方面是因为相关法律法规还不够细化、完善,对违法行为具体适用的处罚种类和幅度还没有明确标准,导致处罚尺度难以准确把握。另一方面也与习惯唱"红脸"不愿唱"白脸"的传统文化影响有关,拉不开情面,下不了决心,这种"慈悲为怀"在一定程度上纵容甚至助长了故意造假等严重违法行为,也损害了监管部门的形象和威信。此外,由于现行法律、法规对较为严厉的处罚,站在保护被处罚人合法权益的角度,通常设定了更为严格的处罚程序,导致有的行政机关为了规避行政风险,倾向选择相对宽松的处罚种类,这种情况也是存在的。

加大对严重违法行为的处罚力度,首先需要进一步完善法制。要以修订《注册会计师法》为契机,进一步明确和细化各类违法行为的处罚种类和幅度,减少主观判断和自由裁量空间,特别要对通同舞弊、挂名签字等严重违法行为从严设罚。其次,要增强法制观念,坚持执法的客观尺度。第三,要正确认识行政风险,趋利避害,从容应对。认识到行政有风险本身是一种进步,但如果因存在行政风险就"怕"字当头、畏首畏尾,这是不可取的。在法制社会中,"当被告"、"打官司"是一种正常现象,也是解决矛盾的正常途径,即使成为被告,也并不表示行政机关就一定有过错。只要行政行为事实清楚、证据充分、严格按法定程序执行,并积极主动地做好应诉准备,就没有什么可担心的,就能够在实施处罚时底气十足。

需要强调的是,加强监管、加大处罚,本身不是目的,只是手段,其实质还是为注册会计师行业健康发展服务。因此,要正确处理监管与服务之间的关系,既要防止丧失原则、一团和气,又要防止简单对立、非此即彼。要按照《若干意见》"寓监管于服务之中,将强化监管与改进服务结合起来"的要求,树立以服务促进监管、以监管优化服务的科学理念,切实做到以服务的目的、服务的态度、服务的方法来开展监管工作。要坚持便民高效的原则,避免影响和干预会计师事务所的正常经营活动,自觉接受会计师事务所和社会公众的监督;要坚持"以人为本、依法监督、文明执法",充分尊重注册会计师的执业特性,做到以理服人,以专业水平服人;要恪守监管独立性,保持廉洁自律,树立良好监管形象,不得以任何方式从会计师事务所获取不当利益,不得向会计师事务所提出与履行监管职责无关的要求;要主动关心会计师事务所生存和发展过程中遇到的困难和问题,急行业所急、知行业所需、解行业所难,努力为会计师事务所和注册会计师办实事。

五、深化监管合作

一是换位思考抓好国内合作。由于体制机制尚未完全理顺,现阶段,我国许多行业、许多领域不同程度地存在"多龙治水"的现象,注册会计师行业也不例外。如何认识这一问题? 简单排斥,既不理性,也不现实,因为法律、法规赋予了有关部门相应监管职责,各部门本着对事业高度负责的态度履行职责、开展工作,无可厚非。怎么办? 关键是要依法发挥财政部门的主管职责和主导作用,一方面理解、支持相关部门在法定权限内开展工作;另一方面要积极主动予以协调,在构建跨部门监管合作机制中起到牵头负责作用。总的原则,对于同一会计师事务所相同或相近业务的检查频率,应当控制在合理范围之内,尽力避免出现多头监管、重复检查、会计师事务所疲于应付的局面。财政部门将会同有关部门建立联席会议制度和信息共享制度,努力做到能够在共享的原则上不再增加会计师事务所负担,切实提高监管效能。

二是有理有节抓好国际合作。资本的跨国流动带动会计审计服务贸易的国际化发展,这是潮流所向、大势所趋,也是我国注册会计师行业走向国际必然要面对、要解决的重要问题。特别是在我国建成与国际趋同的两大准则体系之后,由于扫除了技术障碍,可以预见,我国会计审计行业必将更多更快地"走出去"。资本的跨国流动使得会计服务越来越国际化,随之出现审计跨境监管合作问题(也称独立审计公共监管或注册会计师审计监管),这本是应由国与国之间平等协商、合作共赢的事情,但是,美国 PCAOB 以其国内法为依据,单方面提出要对在美上市公司的各国审计师直接进行跨境检查。PCAOB 的做法既违背国际法原则,又违反审计师所在国法律、侵犯所在国国家主权,是不能接受的。据了解,除加拿大、日本等极少数国家对 PCAOB 的这一要求予以正面回应外,其他绝大多数国家对 PCAOB 提出了广泛批评和强烈反对,导致其检查计划一再搁浅。但是,PCAOB 并未停止其错误做法,应当保持高度警惕。

2008 年以来,PCAOB 多次提出要入境对我国部分会计师事务所进行检查,并开列了检查名单(涉及两家中外合作所)。财政部会同证监会研究提出了应对措施,迫使 PCAOB 推迟了检查计划。2009 年年底,在中美战略与经济对话会上,PCAOB 再次向我施压,财政部会同证监会本着有理、有利、有节的原则和态度,顶住了压力。2010 年 2 月 8 日,由欧盟委员会主办的"国际会计审计发展大会"在比利时布鲁塞尔举行,来自世界 50 个国家和地区的 400 多名代表参加了会议。审计公共监管及其国际合作是本次大会的一个重点议题。PCAOB 国际部主任朗达·施奈尔在大会上发表演讲,一方面承认其 2009 年检查计划在包括中国、法国、德国、英国、希腊、挪威、葡萄牙、瑞士、瑞典等在内的 30 多个国家受到强烈阻击;另一方面也强硬地表示 PCAOB 的跨境监管政策将延续。财政部会计司司长刘玉廷以提问的方式,重申了中国政府不同意美国入境检查中国会计师事务所的基本立场,强调审计跨境监管合作应当坚持相互尊重主权、平等协商,双方可以在对对方审计公共监管体系进行评估的基础上,按照完全依赖的原则实现国际监管合作。这一立场得到了与会代表的高度认同。欧盟内部市场与服务总司副总司长大卫·怀特在大会总结中特别指出:"欧盟认为,在独立审计公共监管上,最佳出路是相互依赖对方的监管,这样可以有效避免双重监管和浪费宝贵的公共资源。欧盟内部的审计监管就是这样做的,而且言必行,行必果,效果良好,希望全球审计监管也采用这种相互依赖的模式。"大卫·怀特的表态,说明中方的立场是正确的,顺应了历史潮流,代表了绝大多数国家和地区的立场。

今后一个时期,财政部将继续本着以下原则推进会计监管国际合作:第一,改革开放的中国支持会计监管国际合作。第二,会计监管国际合作必须尊重国家主权和法律规定。第三,会计监管国际合作必须有利于维护国家经济信息安全。第四,会计监管国际合作必须坚持互信和充分依赖的原则,即对一国会计师事务所的检查,必须充分依赖该国监管部门的力量,通过签署监管协议等方式,由所在国进行检查后将有关情况通报对方监管部门。值得指出的是,中欧审计公共监管等效问题已经纳入中欧财金对话,且进展比较顺利,中国有望于2010年7月被欧盟纳入第一批等效名单。事实证明,只要相互尊重、彼此信赖,会计监管合作是可以顺利推进、实现双赢的。第五,会计监管国际合作必须平等互利,避免单方面行为。财政部将本着上述原则积极稳妥地开展会计监管国际合作,坚决维护国家利益,切实维护我国会计师事务所合法权益。

如果把会计师事务所加快发展的大好势头比作寓言故事中的风筝和河水的话,那么,行业行政监管与自律约束,就好比牵引风筝的"线",好比阻挡河水的"堤岸"。让我们扎紧"线"、筑牢"堤岸",让风筝越飞越高,让河水奔腾向前,去拥抱行业发展广袤无垠的蓝天碧海!

全面提升会计师事务所核心竞争力

——《关于加快发展我国注册会计师行业的
若干意见》系列解读之八

  会计师事务所的核心竞争力在很大程度上表现为内部治理问题。贯彻《若干意见》，全面提升会计师事务所核心竞争力，必须下大力气解决好内部治理问题。所以反复强调内部治理，是因为内部治理在行业发展中具有牵一发动全身的基础和根本作用，"基础不牢，地动山摇"，必须高度重视，切实抓紧抓好，推动会计师事务所固本强基，提升核心竞争力。《若干意见》指出：要"健全会计师事务所组织形式、治理机制和行业制度，确保行业健康发展"；要"进一步健全透明高效、相互制衡的治理结构和内控机制，不断完善内部管理制度"；"会计师事务所在结构调整、兼并重组、做强做大过程中，要重视资源的优化配置和集中管理，完善治理结构、打造强有力的后台支持系统，实现人事、财务、业务、技术标准和信息管理等方面的实质统一"；"各级财政部门和注册会计师协会在考察、评价会计师事务所时，要将其内部治理情况作为重要衡量标准"。

  内部治理，通常是指一个单位责权利的制度安排以及在此制度安排下的组织形式、运行机制和管理体系。会计师事务所尤其是大中型会计师事务所通常具有较强的公共性和社会性，如果自身的内部治理不过硬，就不可能实现可持续发展的目标，更何以取信于投资者和社会公众？不仅如此，大中型会计师事务所在执业过程中往往需要对客户的内部治理进行了解和评价，尤其是企业内部控制规范实施之后，如果自身的内部治理不系统、欠优化，何以对客户的内部治理发表意见、提出建议？综观国际"四大"，之所以能够可持续发展，很重要的一个方面，就在于治理结构优化、治理机制科学，建立了严密的、网状形态的组织管理体系，用制度管人，按制度办事。从我国注册会计师行业发展现状看，不少问题的发生，诸如会计师事务所的内部矛盾问题、代持股份问题、执业质量问题等，多与内部治理有缺陷存在直接或间接的关系。我国会计师事务所发展历史和现状表明，内部治理已成为制约一些会计师事务所发展壮大的"软肋"和"瓶颈"。因此，如果说人才资源是关系行业发展的第一资源，那么包括人力资源制度安排在内的内部治理则是会计师事务所发展的核心竞争力，应当狠下工夫建设好这一中枢神经系统。

一、着力推进治理机制科学化

《若干意见》强调,要加快完善权责清晰、决策科学、管理严格、和谐发展的治理机制。与一般工商企业比较而言,会计师事务所有其独特之处,但公司治理的基本理论和运行规律对会计师事务所健全治理机制同样具有重要指导作用和借鉴意义。

(一)夯实基础,健全制度

会计师事务所章程或合伙人(股东,下同)协议是决定其治理机制的基础依据。为了避免内部纠纷或重大意见分歧,会计师事务所在制定章程或合伙人协议时,应当尽力做到内容完整,尽量周全考虑易于发生意见分歧的各种情况和应对之策。章程或协议一旦讨论通过,应当严格执行,照章办事。实际情况发生较大变化时,应当及时补充修订,力求全面详尽并保持时效性。

在章程、合伙人协议的约定下,应当建立起权责明确、制衡有效的治理结构,包括由全体股东、权益合伙人组成的股东会或合伙人会议,由全体股东、权益合伙人选举产生的董事会或合伙人管理委员会、监事会,以及属于营运层面的主任会计师办公会或类似执行机构。大中型会计师事务所应当探索在合伙人会议、董事会下设立专门委员会开展有关工作,比如可以建立人力资源、职工薪酬、风险管理、质量控制、技术支持和教育培训等专门委员会,由专门委员会拟订会计师事务所的各项专业管理制度,经合伙人会议、股东会批准后施行。各专门委员会应当明确任职要求、职责权限和工作程序,同一合伙人或股东原则上不宜在多个专门委员会交叉任职。

在章程、合伙人协议的约定下,还应当建立健全各类内部管理制度。管理制度是章程、合伙人协议对管理体系的具体化,一般可分为专业管理制度和岗位责任制度,前者通常按管理内容明确完成各项工作应当作什么、如何去做,解决达到什么要求的问题;后者通常按岗责体系明确每个岗位应当作什么、如何去做,解决达到什么标准的问题。专业管理制度与岗位责任制度相互呼应、互为补充,构成治理机制的重要载体。

(二)规范决策,狠抓执行

科学民主决策、高效有力执行是衡量会计师事务所内部治理成效的重要标志。当前我国会计师事务所决策环节的一个突出问题是主任会计师责任太大,这既与组织形式的束缚有关,也与会计师事务所权责分配和制衡体系有关。从某种意义上讲,管理的艺术就是制衡的艺术,缺乏有效的制衡机制,管理行为就可能出现严重偏差,就可能损害利益相关方的合法权益。会计师事务所应当深入研究、正确处理所有权、决策权、执行权、监督权之间的关系,通过相应的制度安排、机构设置和工作程序实现决策民主化、执行规范化、监督有效化。比如,在人员聘任、利益分配等方面,无论是在政策制定环节,还是在流程设计环节,均应充分发挥合伙人、股东、各专门委员会、职能部门、相关岗位的职责作用,防止因主观、个人因素导致决策失误或决策不公。决策环节之后,要狠抓执行力建设,这对不少会计师事务所也是一个考验。执行力与管理架构、管理团队、技术手段等都有很大关系,但其中十分关键的一点,是绩效考评制度是否真正严格落实到位。绩效考评与岗责体系、目标责任是紧密挂钩的,只要明确标准、严格考核、兑现奖惩,就能够鼓励先进、鞭策后进,促进执行力不断增强和提升。

二、着力推进人事管理一体化

(一)坚持人力资源政策制度的完整统一

人力资源政策制度,在会计师事务所管理制度中居于核心地位。人力资源政策制度涉及员工选聘、培训、晋升、任免、薪酬、福利、考核、奖惩等一系列工作,在相当程度上折射和反映会计师事务所内部治理的概貌。要把人力资源政策制度纳入合伙人、股东会议的重要议题,凡是关系人力资源管理全局性、根本性的重大问题,比如合伙人、股东的进入与退出、高级管理人员的任免、分配制度和薪酬福利制度的制定与变更等,应当实行集体决策。要不断健全完善人力资源管理全过程的各项制度办法,通过充分调查研究、广泛征求意见和学习借鉴国内外先进管理经验,构建并不断完善内容全面、科学合理、充满活力、有机统一的人力资源政策制度。

在会计师事务所范围内要贯彻执行统一的人力资源政策制度,坚持人员入门统一标准、操守行为统一标准、激励晋升统一标准、考核奖惩统一标准,促进公开、公平、公正、透明的理念深入人心。要充分利用现代信息技术加强人力资源管理,开发建设员工档案数据库、员工合同管理数据库、业务项目与员工业绩考核数据库、员工工时分析数据库等管理系统,提高人力资源管理效能。要根据会计师事务所发展战略、中长期规划和年度工作计划,结合外部环境发展变化,及时调整、改进人力资源政策制度,在合法合规的前提下,不断提高人力资源政策制度的针对性、适应性和可操作性。要注重培育管理总部带动分所、高层带动中层、骨干带动普通员工的良好氛围,推动人力资源政策宣传学习到位、贯彻执行到位、检查评价到位。

(二)坚持人力资源管理跨度的合理统一

管理学理论认为,企业各级管理人员的管理半径和控制跨度应有一个合理区间,以便提高管理的有效性和资源的利用率。会计师事务所同样需要一个适当的管理跨度。国际同行实践经验表明,每名合伙人与专业人员的控制跨度一般维持在1:15左右,而我国现阶段一些会计师事务所的这一比率大致在1:30左右,明显高于国际平均水平,由此引发晋升通道阻塞、团队失和、执业质量控制乏力、风险剧增等诸多问题,应当给予足够重视。管理半径过宽、管理跨度过大,既有组织形式方面的原因,也有激励约束机制尤其是合伙人、股东进出制度不完善、分配制度不合理方面的原因,同时也与审计流程和管理系统信息化程度较低有关。要着眼会计师事务所和谐发展、长远发展,适时改进完善管理跨度,确保人力资源管理以人为本、阶梯晋升、富有生机。

（三）坚持关键岗位人员任免管理的集中统一

要坚持分所负责人的集权管理和统一任免，分所负责人原则上应由管理总部或总所委派，对分所负责人的考核评价和激励约束应由管理总部或总所确定标准、统一组织。目前，仍有少数会计师事务所对其分所疏于管理，存在一些"软、懒、散"现象，突出表现在对分所负责人没有实质上的管控权，导致分所负责人"诸侯"意识膨胀，有利于分所利益的规章制度乐于执行，不利于分所利益的规章制度敷衍抵制，长此以往，这样的分所必将成为损害乃至葬送会计师事务所发展前途的"定时炸弹"，必须坚决克服和解决。要坚持执业质量管控部门负责人的统一任免，倡导由管理总部或总所向分所委派专职质量管控人员，实行质量管控人员的垂直管理，推行质量管控人员对分所执业质量的一票否决制度。

三、着力推进财务管理一体化

财务管理一体化，是会计师事务所内部治理的重要标志和生命线。在 2010 年之前，规范会计师事务所财务管理和会计核算的制度办法主要是财政部 2001 年发布的《会计师事务所、资产评估机构、税务师会计师事务所会计核算办法》（财会［2001］61号），该办法在引入《企业会计制度》的基础上，侧重就会计师事务所的一些特殊业务的账务处理做了补充说明，但在财务管理体制、资产负债管理、收入费用管理、收益分配管理等方面还缺乏具体规定和要求。随着形势的不断发展，会计师事务所在财务管理和会计核算上日益面临一些新情况、新问题，其中财务一体化已经成为会计师事务所内部、总分所之间的一大难题，必须下大力气坚决彻底地解决这一问题。

（一）必须做到财务制度一体化

财务制度有几个关键节点，比如，预算管理一体化、收费标准一体化、费用标准一体化、财务政策一体化、会计核算一体化等。一体化并非一刀切，应当允许在不同地区、不同业务范围和执业领域有所弹性，但基本原则、基本政策、共性要求、审批流程应当统一，坚决反对像"个体户"、"包工头"一样自立山头，各揽各的业务，各算各的收入，各搞各的分配。

（二）必须做到资金收付一体化

目前，不少企业特别是大型企业集团在探索实行资金集中控制、会计集中核算，提高了资金使用效益，防止了跑冒滴漏，避免了资金链断裂风险，效果很好，值得借鉴。反观少数会计师事务所，在资金收付管理中还存在较为严重的一盘散沙现象，有的会计师事务所默许甚至纵容分所独自管理，只要分所能及时足额上缴"管理费"、"分成费"，就熟视无睹、听之任之；有的会计师事务所甚至将资金收付"细化"到了合伙人、股东个人名义之上，谁出面延揽的业务，取得的收入就归谁主导、支配。凡此种种，都贻害无穷，必须予以制止和纠正。在管理规范的国际会计公司和较大规模的会计师事务所，大多实行类似"收支两条线"的资金收付制度,收入统一归集到管理总部或总所,支出根据预算管理制度和薪酬分配制度统一支付,只有这样,才能切断"自收自支"的通道,才能根治总分所"两张皮"的痼疾,才能真正迈向会计师事务所一体化管理。

（三）必须做到分配制度一体化

分配制度与财务制度、资金收付制度是相互联系、一脉相承的,或者可以说,分配制度是核心,财务制度是载体,资金收付制度是手段。综观国内外会计师事务所的分配制度,大体上可分为以股份为基础的分配制度和以绩效为基础的分配制度两大类。科学合理的分配制度,应当兼顾上述两方面的考虑,避免"谁拉业务谁说了算"的单纯利益冲动和短视行为。一旦合伙人、股东形成揽业务渔利的惯性思维,势必导致重市场开拓、轻执业质量,重个人利益、轻全局利益的不良倾向,这与促进会计师事务所健康发展是背道而驰、格格不入的。加快发展我国注册会计师行业,实现强强联合、优化整合,必须强调集中控制,强化有利于增强会计师事务所发展后劲的分配制度和绩效考评制度,严格禁止各自为政,切实发挥分配制度的激励约束功能。做到了这一点,大幅度扩大市场和执业领域,大力度优化整合就不会因为在分配制度上扯皮而出现重大风险;做不到这一点,必将后患无穷。

鉴于财务管理一体化在会计师事务所内部治理中具有举足轻重的作用,2010年1月27日,财政部印发了《会计师事务所财务管理暂行办法》(征求意见稿,下同,财办会〔2010〕2号)。征求意见稿的要点如下:

一是首次对会计师事务所的财务管理体制、资产负债管理、收入费用管理、收益分配等做出了全面、系统、有针对性的规定,反复强调了财务管理一体化原则和集中控制原则,必将促进会计师事务所转变管理理念,不断优化内部治理。

二是针对一些会计师事务所财务管理"家天下"引发内部矛盾的突出问题,明确规定会计师事务所任用会计人员应当实行回避制度,主任会计师的直系亲属不得担任本会计师事务所的会计机构负责人、会计主管人员。

三是统一了会计师事务所的收入确认原则。针对业内一度争议较大的收入确认问题,经大量调研、走谈,从会计师事务所业务特点和可操作性出发,征求意见稿提出了以下确认原则:对于收入金额较小,且本年度内能够完成的项目,可以在服务已经提供且取得收取价款的凭证时确认收入;跨年度项目或服务期限较长的项目,应当贯彻权责发生制原则,按照完工百分比法确认收入。

四是强调会计师事务所的收益应当统一分配。征求意见稿明确规定,会计师事务所应当制定科学合理的收益分配制度,并将分所纳入统一利润分配范围。同时,为了增强会计师事务所对优秀人才的吸引力,鼓励会计师事务所设立薪酬合伙人或相应职级人员参与会计师事务所利润分配。

五是强调了支出的合法性。鼓励会计师事务所在信息化、人员培训等方面加大投入,允许会计师事务所列支必要的市场开拓费用和招待费用,但是,要防止和避免不合法的支出,严厉禁止支付回扣、行贿受贿等违法行为。

六是对会计师事务所对外投资做出严格限定。征求意见稿明确,会计师事务所可以依法购买风险较低、有稳定收益的有价证券,但必须符合独立性要求。隔行不取利。会计师事务所不得从事超越执业范围的经营活动,禁止会计师事务所涉足股市、房地产投资等高风险领域。此外,明确规定会计师事务所不得为其他企业或单位提供担保或抵押。

七是明确会计师事务所要按规定编报财务报告。财务报告应当如实反映会计师事务所的财务状况、经营成果和现金流量,财务信息应当在会计师事务所范围内保持公开、透明。

八是要求注册会计师对大中型会计师事务所的财务报表进行审计。根据《若干意见》提出的"财政部要重点加强对大中型会计师事务所及其注册会计师的监管"要求,为了全面、及时、准确地了解和掌握大中型会计师事务所经营管理状况,征求意见稿规定,大中型会计师事务所的年度财务报告应由注册会计师进行审计,并于每年 5 月 31日前将上年度经审计的财务报告报送财政部。

四、着力推进业务管理一体化

(一)要做到市场布局一盘棋

实现这一目标,必须进行业务和地域划分。所谓业务划分,就是要统筹考虑会计师事务所总所、分所的执业特长和专业优势,集中配置优质资源去开拓市场、赢得客户、巩固客户。比如,尽管国际"四大"总体市场占有率均较高,但实际上在不同业务领域又各有所长,并非五个指头一般齐。例如,有的会计师事务所在金融领域涉足较多,有的则对能源领域颇有研究,因此在市场开拓中能够做到突出重点、兼顾一般,这是值得研究借鉴的。所谓地域划分,就是要在会计师事务所范围内,合理划分总所与各分所之间的服务"版图",避免内耗,同时有利于降低执业成本。会计师事务所尤其是大型会计师事务所,要放眼国际国内两个市场,结合发展战略、市场定位和服务能力,科学谋划业务划分和地域划分问题,确保会计师事务所市场布局合理。

(二)要做到业务承接一盘棋

会计师事务所应当制定统一的业务承接制度,明确授权范围、项目管理、审批程序和禁止承接的各种情形,并严格执行。对于证券期货、改制重组、金融、涉外等高风险业务,应由会计师事务所管理总部或总所统一承接。禁止分所超越授权承接业务或者独立承办明显超出其执业能力的业务项目。禁止证券期货资格会计师事务所向非证券所转包证券业务收取提成。禁止注册会计师以个人名义违规承接业务。会计师事务所管理总部或总所要加强对分所承接业务的评估和监控,及时发现问题、督促整改。

五、着力推进技术标准一体化

《若干意见》指出,"倡导大中型会计师事务所设立专门的技术支持部门、质量管控部门和信息技术部门,建立健全并有效实施全过程质量控制规程"。推进技术标准一体化,应当着重抓好以下工作。

(一)标准制定和执行统一

要按照国家有关法律、法规和中国注册会计师职业道德准则、审计准则和执业规则的要求制定会计师事务所自身的执业标准,确保内部执业标准不低于国家和行业的基本水准。要加强对执业标准的教育培训,通过"师带徒"、集中培训、模拟演练与考核测试等行之有效的各种方式提高教育培训的针对性和实效性。要加强对执业标准的全面系统研究,注重培养一批能够为制定国家标准建言献策、为执行内部执业标准担当辅导员、宣讲员和裁判员的技术专才。要重视建立执业标准违规示范案例资料数据库,警示执业人员强化风险意识、提高执业能力、避免重蹈覆辙。

(二)质量控制规范统一

要建立健全会计师事务所全面质量控制制度,加强对业务承接、胜任能力、工作委派、外勤现场、督促指导全过程的有效监控。要严格执行执业质量多层次复核制度,扎实抓好项目负责人的全面复核、部门经理的一般复核、主任会计师的重点复核等三级复核制度,确保每一级复核分工明确、要求具体、监督到位,避免搞形式、走过场。要探索推行委派复核人制度,由会计师事务所管理总部或总所向分支机构派驻独立复核人,由项目负责人与部门经理同时实施一级复核,由独立的审计风险管理部与总部派驻的独立复核人同时实施二级复核,由项目签字合伙人与复核合伙人同时实施三级复核。要特别加强对分所执业质量的复核和检查,加大分所之间的交叉复核力度,将分所执业质量作为实施分所负责人业绩考评的一票否决指标。大中型会计师事务所要设立专职的审计风险管理部门或类似职能部门,全面参与执业质量复核,定期或不定期地抽检审计工作底稿,切实防范和控制审计风险。

(三)重大事项报告制度

会计师事务所各业务部门、各分所在执业过程中遇有重大事项,应当及时向管理总部或总所报告。业务部、分所项目组与总所技术支持部门之间、项目负责人与质量控制复核人之间对重大事项存在意见分歧时,要提交总所执业标准等专门委员会讨论决定。重大事项未得以妥善解决之前,业务部、分所项目负责人不得出具业务报告。涉及审计报告重大未决问题的,业务部、分所要及时向总所提交书面报告,得到明确答复后再作决定。

六、着力推进信息管理一体化

《若干意见》强调,要充分利用现代信息技术手段,全面提高会计师事务所内部管理信息化水平,基本实现大中型会计师事务所利用信息化手段实施财务报告审计、内部控制审计和提供其他相关服务。近年来,我国会计师事务所尤其是规模较大的会计师事务所在信息化方面取得了积极成效,逐步缩小了与国际同行的差距,但整体看来,仍存在不平衡、不系统、不完善等问题,应当按照《财政部关于全面推进我国会计信息化的指导意见》的要求,进一步加大投入,加快工作,力争在以下方面取得新进展:

（一）管理系统信息化

要继续推进远程办公,努力实现无论在何时何地,只要连接互联网,通过账号识别和权限认证,就可以实施远程管理,随时了解项目进度、人员配备、成本支出等情况。要应用信息系统架设合伙人之间、管理层之间、项目组之间、员工之间进行横向和纵向沟通的桥梁,促进管理信息及时传递和有效沟通。要运用信息技术开发建设人力资源、执业标准、质量控制、独立性审查、审计档案管理等资料数据库,推动会计师事务所内部管理水平稳步提升。

（二）审计流程信息化

如前所述,传统手工审计方法技术已明显滞后,亟须大力推进审计流程信息化。审计流程信息化要求在整个审计过程中,从了解客户到业务承接、从审计计划到控制测试、从实质性审计程序到逐级质量复核,直至签发审计报告,各环节的审计工作都利用信息技术形成标准审计程序。通常情况下,注册会计师可以因循固化流程"按图索骥",依据标准化程序开展工作;在此基础上,可以结合每一个具体客户的个性特征和涉及高风险重要事项的特殊要求,有针对性进行适当"裁剪",这样就能够按部就班实施审计工作、生成审计底稿,不仅大大提高了审计质量和效率,而且在标准化审计程序中全面、完整、清晰地记录了每一位执业人员、复核人员的审计轨迹,确保了审计过程的可验证性。鼓励大中型会计师事务所采取联合开发等方式扎实推进审计流程信息化工作,财政部将予以指导和帮助。

（三）教育培训信息化

大中型会计师事务所应当逐步做到借助市场资源、依托自身技术力量开发建设针对各层次员工的教育培训模块,并将这些培训内容整合到内部信息系统之中,为执业人员提供方便快捷的培训服务和专业支持。财政部门、行业协会也应利用信息化手段加强对广大会计师事务所及其注册会计师的教育培训,努力提供菜单式、一站式管理服务。

优化会计师事务所治理机制,切实推进会计师事务所人事管理、财务管理、业务管理、技术标准和信息管理一体化,是一项长期而艰巨的任务,也是加快发展我国注册会计师行业必须破解的难题,必须攻克的堡垒。为从根本上提升我国会计师事务所的核心竞争力,无论前进的道路上有多少艰难险阻、曲折反复,我们都一定要横下一条心、坚持走下去,在日复一日的坚持、坚守和坚定中,我们必将收获中国注册会计师行业的化蛹成蝶、凤凰涅槃!

进一步强化分所管理
实现由大到强的飞跃

——《关于加快发展我国注册会计师行业的
若干意见》系列解读之九

　　强化分所管理是实现会计师事务所由大到强飞跃的重要举措。根据《注册会计师法》、《若干意见》和《会计师事务所审批和监督暂行办法》（财政部令第 24 号）的规定和要求，财政部会计司在大量调查研究和广泛听取意见的基础上，起草了《会计师事务所分所管理暂行办法》（以下简称《暂行办法》）。2010 年 1 月 15 日，财政部发布了《暂行办法》（财会［2010］2 号），包括总则、人员管理、财务管理、业务管理、技术标准、信息管理、监督管理和附则共八章 26 条，基本覆盖了分所管理的核心内容，要求会计师事务所自 2010 年 7 月 1 日起实施。从文件发布到正式实施之前有约半年的准备期，会计师事务所尤其是涉及整合的事务所，应当借此东风抓好贯彻落实。

一、《暂行办法》的制定背景

（一）我国会计师事务所分所管理现状

1. 分所地域分布和人员规模

　　截至 2010 年 1 月中旬，我国已有会计师事务所 6 813 家、分所 789 家。有关情况见表 1。

　　根据下表提供的信息，我国会计师事务所分所在区域布局和人员规模上呈现出以下特点：

　　一是区域布局遍布每个省份，但分所数量多寡不均、分布不平衡。在一个省份，分所数量最多的达 109 家，最少的只有 2 家。拥有 30 家分所以上的地区分别是山东（109 家）、江苏（61 家）、四川（49 家）、广东（39 家）、新疆（37 家）、湖南（36 家）和广西（33 家）；拥有分所数量不足 10 家的地区分别是甘肃（7 家）、贵州（6 家）、宁夏（5家）、内蒙古（4 家）、西藏（2 家）和海南（2 家）。

　　二是人员规模不断扩大，但大多数分所拥有注册会计师的数量仍然偏低。目前全国共有注册会计师 92 124 人，设立分所的会计师事务所拥有注册会计师 23 509 人，其中注册关系在总所的有 11 769 人，注册关系在分所的有 11 740 人，即分所注册会计师总数约占全所注册会计师的一半。统计表明，平均每家分所拥有注册会计师 15 名，但

表1 会计师事务所及其分所统计表

地区	省、直辖市、自治区	机 构 类 型			合计（比例）
		有限责任制会计师事务所	合伙制会计师事务所	分所	
华北	北京	407	116	20	543（7.13%）
	天津	60	14	16	90（1.18%）
	河北	178	67	22	267（3.5%）
	山西	233	45	12	290（3.8%）
	内蒙古	65	156	4	225（2.95%）
	小计	943	398	74	1 416（18.55%）
东北	辽宁	271	104	28	403（5.28%）
	吉林	102	66	25	193（2.53%）
	黑龙江	216	61	26	303（3.97%）
	小计	589	231	79	899（11.78%）
华东	江苏	271	149	60	480（6.29%）
	浙江	186	131	27	358（4.69%）
	安徽	95	111	11	217（2.84%）
	福建	146	17	24	188（2.46%）
	江西	88	41	26	155（2.03%）
	山东	295	118	109	523（6.85%）
	小计	1 243	654	285	2 198（28.79%）
中南	河南	192	226	20	438（5.74%）
	湖北	250	68	27	345（4.52%）
	湖南	85	75	36	196（2.57%）
	广东	239	193	39	471（6.17%）
	深圳	25	193	29	258（3.38%）
	广西	53	32	33	118（1.55%）
	海南	6	42	2	50（0.65%）
	小计	850	829	186	1 876（24.57%）
西南	重庆	70	21	23	114（1.49%）
	四川	303	64	49	416（5.45%）
	贵州	48	25	6	79（1.03%）
	云南	87	37	11	136（1.78%）

（续表）

地区	省、直辖市、自治区	机 构 类 型			合计（比例）
		有限责任制会计师事务所	合伙制会计师事务所	分所	
西南	西藏	7	0	2	12（0.16%）
	小计	515	147	91	757（9.92%）
西北	陕西	141	28	15	184（2.41%）
	甘肃	56	73	7	136（1.78%）
	青海	10	6	10	26（0.34%）
	宁夏	10	11	5	26（0.34%）
	新疆	70	9	37	116（1.52%）
	小计	287	127	74	488（6.39%）
	总计	4 427	2 386	789	7 634（100%）

拥有 100 名注册会计师以上的分所仅有 4 家；分所注册会计师人数在 30 人以下的有 678 家，约占分所总数的 86%；分所注册会计师人数在 10 人以下的有 451 家，约占分所总数的 57%。具体见表 2。

表 2　分所注册会计师统计表

拥有注册会计师数量	分所数量（家）
100 人以上	4
80～100 人	10
60～80 人	15
50～60 人	16
40～50 人	21
30～40 人	45
20～30 人	76
10～20 人	151
5～10 人	451
合　计	789

2. 分所管理中存在的突出问题

近年来，相当一部分会计师事务所在加强分所管理方面进行了有益探索，采取了很多有针对性的措施和办法，取得了积极成效。但总体看来，分所管理较为薄弱的状况仍未彻底扭转，仍需要站在关系会计师事务所健康、协调、可持续发展的高度，以坚定的决心、科学的制度、扎实的工作,持之以恒地强化分所管理。当前会计师事务所分所管理中存在的突出问题是总所与分所之间未能实现实质统一,形式上是一个法律整体,但实际上"两张皮"甚至"多张皮",各行其是、各自为政。区别不同程度,大致有以下几种情形:

一是总所对分所缺乏有效控制,甚至基本丧失控制权。总所与分所、分所与分所之间互不干涉,各干各的,人员缺乏流动、业务各自拓展、财务独立核算,除了年终汇总财务报表用以统计会计师事务所总收入外,基本不存在核心纽带联系。在此情况下,自然无从实现在人事、财务、业务、执业标准等方面的一体化管理。

二是会计师事务所虽然制定了统一的内部管理和质量控制制度,也在全所范围内进行了宣传推广,但是只在部分分所得到较好执行,还有相当部分分所仍旧我行我素、"独立经营",或者沿用成为分所之前原有的一套管理制度,而总所管理软弱、缺乏考核,迁就默许、听之任之。

三是会计师事务所在总所与分所之间实行了一体化管理,而且建立了严格监控制度,但在这一轮的整合之中,由于整合速度较快,在短时间内完成了工商变更等法律手续,交回了被合并方的证券资格证书和执业证书,但由于时间较紧,在内部整合上还需要进一步消化和磨合。

分所是非独立法人的分支机构,发生的执业问题和法律风险最终将由会计师事务所"买单"。内部管理上的一盘散沙必然大大加剧会计师事务所的执业风险和运行风险。总分所之间"同床异梦"、"离心离德",常常引发会计师事务所内部扯皮内耗,难以形成合力共谋发展,最终往往导致会计师事务所分崩离析,这是我们必须高度重视、引以为戒的。

(二) 制定《暂行办法》的必要性和紧迫性

针对会计师事务所分所管理中存在的突出问题,《若干意见》强调指出:"会计师事务所在结构调整、兼并重组、做强做大过程中,要重视资源的优化配置和集中管理,完善治理结构、打造强有力的后台支持系统,实现人事、财务、业务、技术标准和信息管理等方面的实质统一",为强化分所管理指明了方向。特别是,在《若干意见》和一系列利好政策的引导推动下,会计师事务所之间的兼并重组、优化整合不断提速,依据市场规律强强联合成为合并的主流,相应带来原有分所和合并后分所的进一步整合问题。以 16家申请参加 H 股企业审计试点的会计师事务所为例,每家会计师事务所平均拥有分所12 家,最多的拥有分所近 30 家,有些分所的收入已经过亿。如何在做大的基础上实现做强,分所管理日益成为至关重要的一环。纵观国内外行业发展历程,只有总分所实行一体化管理的会计师事务所,才能真正形成核心竞争力,才能实现"百年老店"的长远发展。

二、总分所一体化管理的主要内容

（一）关于分所概念的界定

现行《注册会计师法》和《会计师事务所审批和监督暂行办法》未对分所进行明确定义。根据分所的法律定位和执业特点，在《暂行办法》中，将分所定义为：会计师事务所分所，是指会计师事务所因业务发展需要设立的以该会计师事务所名义从事注册会计师业务的非独立法人分支机构。考虑到分所作为非独立法人分支机构，无论其业务是总所委派还是自己单独承接，相关的执业风险和法律责任最终都由总所承担，为强化总所的风险意识，体现实质统一的管理原则，在定义中我们特别强调分所是"以该会计师事务所名义"从事注册会计师业务，由此更为直接和清晰地确立了总所的责任主体地位。

（二）关于一体化管理的基本模式和主要内容

应当指出，在财政部的指导、推动下，我国会计师事务所自觉探索总分所管理模式的进程和努力从未停止过，并逐步形成了以下两种相对集中的管理模式：

一是总所对分所的全面集中垂直管理模式。在这种模式下，分所相当于总所的一个营业部，在人员、财务、业务等各方面直接接受总所管理。这种模式的优势在于可以最为有效和直接地实现对分所的管理，有利于控制分所执业风险，增强会计师事务所内部凝聚力；挑战在于这一模式要求总所必须具备强大深厚的管理资源和高效运作的后台支持系统，特别是随着分所数量和规模的不断扩大，对总所管理资源的需求也越来越大，达到一定临界点之后，一方面可能带来管理效率衰减问题；另一方面也可能限制会计师事务所扩张速度。一些规模较大的会计师事务所负责人反映，当有几百名员工时管理起来还游刃有余，当有一二千名员工时就感到力不从心，今后如果有五六千名员工甚至上万名员工，这一问题将更为突出，需要未雨绸缪、从长计议。

二是管理总部加地区分部的管理模式。在这种模式下，管理总部与地区分部是一个实体，但总所与分所的概念逐步淡化，相应强化管理总部与地区分部的理念。管理总部负责制定规则制度并监督执行，更类似于神经中枢或指挥中心，一般不再直接介入具体业务，各地区分部按照统一的规则制度开展业务，在承接业务、人员调度等方面具有一定的自主权，管理总部所在地的地区分部与其他地区分部处于平等地位。在这一模式下，管理总部对地区分部的管理，关键体现在对地区分部合伙人的激励约束制度上。管理总部仍属于执行层面，决策层是由全体合伙人推选的董事会或合伙人执行委员会。这一模式的优点在于适应了特殊普通合伙组织形式的管理要求，既凸显了管理总部的专职管理职能，又兼顾了地区分部的合理诉求，使得管理总部与地区分部之间，全国合伙人与地区合伙人之间的管理、运作较为顺畅协调，当然，也对会计师事务所的组织管理体系尤其是管理总部的制度建设和能力素质提出了更高要求。我们认为，这一模式可能代表了未来发展方向,值得探索和推广。

有必要指出的是,近年来,我国一些会计师事务所积极探索管理公司模式并取得了较好成效。在管理公司模式下,管理公司类似于管理总部,管理公司旗下的各会计师事务所类似于地区分部。尽管管理公司模式下的各会计师事务所目前均为独立法律实体,但管理公司的运作在实质上借鉴了管理总部加地区分部的管理精髓,因此,待时机和条件成熟,管理公司能够比较顺当地向管理总部加地区分部的一体化模式转化,这也是我们支持、鼓励管理公司的根本原因。

在综合分析、吸收借鉴以上两种模式优点的基础上,按照《若干意见》反复强调的实质性统一的要求,我们制定了《暂行办法》,明确规定会计师事务所及其分所应当在人事、财务、业务、技术标准和信息管理等方面实现实质性的统一。

所谓实质性统一,是指会计师事务所作为一个整体,在重要领域和关键环节上应当实行一体化管理,而非形式统一。在实质性统一的管理制度下,经过合理授权,分所(或地区分部,下同)在日常经营管理中可以拥有一定的自主权。通过调研走访,会计师事务所普遍认为,衡量总分所之间是否实现实质统一,应当着重把握以下几方面标准:① 品牌与发展战略;② 人力资源开发与人事管理;③ 财务与分配;④ 业务管理;⑤ 技术标准;⑥ 信息管理。

应当看到,在正式印发的《暂行办法》中,没有特别提及品牌与发展战略,这是因为品牌与发展战略统一是人事、财务、业务、技术标准、信息管理"五统一"的前提和基础,没有这一前提和基础,"五统一"难以谈起;同时,在品牌与发展战略统一之后,更为艰巨的任务是实行"五统一",以"五统一"检验和促进品牌与发展战略的统一。我们也注意到,在会计师事务所优化整合过程中,大多数会计师事务所高度重视统一品牌问题,但也有个别被合并会计师事务所出于各种原因,在合并后会计师事务所已经使用统一的新品牌的情况下,仍然擅自在分所名称、对外信函、文件、名片、标识等方面保留了原有品牌,这是不合时宜的,也不利于合并各方的相互融合,需要及时加以改正。

(三)关于人员的一体化管理

人员管理不仅包括注册会计师的管理,也包括会计师事务所其他从业人员的管理。为保证总所和分所的执业水平和从业人员素质基本相当,应当坚持人员入门统一标准、操守行为统一标准、激励晋升统一标准、考核奖惩统一标准,促进公开、公平、公正、透明的理念深入人心。《暂行办法》规定,会计师事务所应当制定和实施统一的人力资源管理制度,在全所范围内执行统一的人员聘用、定级、培训、考核、奖惩和退出等标准。在此基础上,分所负责人应当由会计师事务所统一委派、监督和考核,分所人员接受会计师事务所的统一管理和调配。

首先,分所负责人必须由总所委派或选聘,对分所负责人的考核评价和激励约束应由总所确定标准、统一组织,并根据考核结果决定是否继续聘用。此外,除分所负责人外,鼓励分所关键管理人员,如质量控制负责人、财务负责人等也由总所委派或选聘。

其次,由于人员管理涉及招聘、定级、工资、福利、社保、晋升、后续教育等诸多方面,加之目前有些会计师事务所的从业人员已达数千人,如果上述方面事无巨细均由总所包办管理,既不尽现实,也不利于发挥分所的管理优势和积极性、主动性,为此,《暂行办法》规定:根据统一的人力资源管理制度,经会计师事务所授权批准,分所可以独立办理中层以下一般员工的聘用、定级、培训、考核和奖惩等事宜,并报会计师事务所备案。

(四)关于财务的一体化管理

《暂行办法》规定:会计师事务所应当制定统一的财务政策和分配制度,对全所的业务收支、会计核算、利益分配、资金调度等进行统一管理与集中控制;分所收入、费用应当纳入会计师事务所统一核算,收益应当按照会计师事务所统一的分配制度进行分配。

首先,财务政策和分配制度有几个关键节点,比如:预算管理、收费标准、支出标准、会计核算等。统一的政策并不表示完全相同,允许在不同地区、不同业务范围和执业领域有所弹性,但基本原则、基础标准、审批流程应当统一,坚决反对像“个体户”、“包工头”一样自立山头,各揽各的业务,各算各的收入,各搞各的分配。会计师事务所决策层和高管人员应当在建立实施统一的财务政策和分配制度上发挥主导和表率作用。

其次,为与财政部、发展改革委联合发布的《会计师事务所服务收费管理办法》相呼应,《暂行办法》规定:会计师事务所应当根据国家财政、价格主管部门的相关规定,以开展业务活动有效工时和执业人员职级等为基础,制定统一的收费政策,并结合分所的实际情况确定收费标准。

再次,鉴于分所各自计提职业风险基金、购买职业保险不利于会计师事务所对职业风险基金的统一保管和使用,也易于引发若干复杂问题,《暂行办法》要求,会计师事务所应当统一计提职业风险基金或购买职业责任保险。

(五)关于业务的一体化管理

业务管理主要涉及业务承接和项目执行。《暂行办法》规定:会计师事务所应当制定统一的业务管理制度,明确业务承接、执行等环节的规范要求,在全所范围内执行统一的业务风险评估和分类分级管理。会计师事务所应当根据所承接业务的性质、类别和特点,在全所范围内合理配置符合职业道德要求、具备专业胜任能力的人力资源,确保分所人力资源能够承接相应的业务。

首先,会计师事务所应当制定业务风险评估制度和分类分级管理制度。在实践中,不少会计师事务所尤其是规模较大的会计师事务所,根据自身发展战略、服务能力和风险承受能力,设定了高风险业务项目和一般业务项目,并采用A、B、C等标识方法予以分类管理。通常,将上市公司业务、证券期货业务、金融保险业务、涉外业务、大企业集团业务等列为 A 类项目管理,并在主管合伙人、项目经理和执业团队配置、质量复核、报告签发等方面做出更为严格的规定。分所可以参与 A 类项目,但一般不能主办。当然,随着会计师事务所强强合并后部分分所实力的增强,可以根据分所执业能力和执业经验作出相应调整,但总所应当明确授权并严格质量控制。分所不得超越授权承接业务或者独立承办明显超出其执业能力的业务项目。

其次,会计师事务所在制定业务管理制度时,应当通盘考虑会计师事务所的市场布局,统筹考虑会计师事务所总所、分所的执业特长、地域优势,合理划分总所与各分所之间的服务重点和"版图",避免内耗,降低执业成本。

再次,考虑到分所承接中小业务通常较多,要求分所承接的每个业务都经总所批准并不现实,因此,《暂行办法》规定:分所应当根据会计师事务所统一的业务管理制度,在授权范围内承接和承办业务,并报会计师事务所备案。

（六）关于技术标准的一体化管理

《暂行办法》规定:会计师事务所应当制定统一的执业标准和质量控制制度,加强执业活动全过程的质量控制和风险管理,通过培训、督导和检查等方式,切实做到执业标准和质量控制制度在全所范围内得到有效执行。这一规定指明了在技术标准一体化管理方面应当抓好的重点工作。

首先,会计师事务所要按照国家有关法律法规和中国注册会计师职业道德准则、审计准则和执业规则的要求,制定完善会计师事务所自身的执业标准,确保内部执业标准不低于国家和行业的基本水准。其中很重要的一点,是要加强执业人员的独立性审查。目前,国际会计公司和规模较大的本土会计师事务所,基本建立了执业人员独立性申报、审核动态管理系统,但多数会计师事务所特别是中小会计师事务所还进展迟缓。尽管大中小会计师事务所执业特点和管理基础有所不同,但对独立性的关注应当成为共同准则。

其次,总所应当通过委派质量控制负责人和项目负责人、定期轮换复核人员、对项目进行分类分级管理、亲自审定签发高风险业务报告等方式,严格控制分所执业风险。同时,总所要特别加强对分所执业质量的复核和检查,定期对各分所的执业质量和管理情况进行考核和评价,对不当行为应当及时予以制止和纠正;对营运不佳、管理不善、质量控制不严的分所,应当及时予以注销。

再次,在业务签章方面,为便于分所执行业务,以前曾规定:经总所授权,分所在出具报告时可以加盖分所公章。但从法律形式上看,分所作为非独立法人分支机构,不具有法律责任承担能力,因此,《暂行办法》中规定,会计师事务所对外出具的业务报告,应当加盖会计师事务所公章,这是一个基本要求。同时,考虑到要求分所的所有业务报告都经总所盖章在现实中难以操作,因此,《暂行办法》也规定,经会计师事务所授权批准,对相应类别的业务,在完成规定的复核程序后,分所可以在业务报告上加盖公章。会计师事务所应当加强对分所公章使用情况的监督管理,切实防范法律和业务风险。

（七）关于信息化的一体化管理

由于地域关系,在传统模式下,难以做到总所对分所及时、有效的监控。随着信息化日益发展,使得会计师事务所利用信息技术加强总分所统一管理不仅成为可能,而且十分迫切。《若干意见》强调,要充分利用现代信息技术手段,全面提高会计师事务所内部管理信息化水平,基本实现大中型会计师事务所利用信息化手段实施财务报告审计、内部控制审计和提供其他相关服务。为此,《暂行办法》规定:会计师事务所及其分所应当重视利用现代信息技术执行业务,加大研究开发信息技术的力度,建立健全并有效实施业务流程和管理规程信息化;会计师事务所应当结合自身发展战略和经营管理需要,不断提高会计师事务所在业务管理、财务管理、人力资源管理等方面的信息化水平,并运用信息化手段加强对分所执业质量和管理状况的实时监控。

三、切实抓好《暂行办法》的贯彻实施

贯彻实施《暂行办法》是一项艰巨的任务,对各省级财政部门和会计师事务所都提出了严峻挑战。但无论有多大的困难,都必须齐心协力、毫不动摇,锲而不舍、一抓到底,因为会计师事务所的一体化管理,直接关系到行业健康发展和会计师事务所的生死存亡。

（一）财政部门要把加强分所管理作为一项重要任务抓好抓实

一是严格分所审批。《注册会计师法》第二十七条规定:会计师事务所设立分支机构,须经分支机构所在地的省、自治区、直辖市人民政府财政部门批准。《会计师事务所审批和监督暂行办法》对分所设立条件和程序进行了具体规定。《暂行办法》中再次明确:分所接受所在地省级财政部门的行政监管。需要强调的是,2005年发布的《会计师事务所审批和监督暂行办法》,对在省内省外设立分所并未加以区分,而对分所设立条件进行了统一规定。当时规定,拟设立分所的会计师事务所,应当:1. 依法成立3年以上,内部管理制度健全;2. 注册会计师数量(不包括拟到分所执业的注册会计师)不低于50名;3. 有限责任会计师事务所上年末的净资产和职业风险基金总额不低于人民币300万元,合伙会计师事务所上年末的净资产和职业风险基金总额不低于人民币150万元;4. 申请设立分所前3年内该会计师事务所及其已设立的分所没有因为执业行为受到行政处罚。为进一步严格分所设立条件,促进提高分所执业能力,《暂行办法》在沿用《会计师事务所审批和监督暂行办法》中分所设立其他条件的同时,增加了对跨省级行政区域设立分所收入规模的规定,即年业务收入应在1 000万元以上。各省级财政部门要根据这一新变化,继续严格、认真、细致地做好会计师事务所分所审批工作。

二是强化后续监管。第一,应当密切关注总所、分所是否持续符合设立条件,对于不满足设立条件的,要及时限期整改,限期整改后仍不满足要求的,要予以公告,收回分所执业许可。第二,要督促分所按照《会计师事务所审批和监督暂行办法》进行年度报备,及时、全面地了解分所执业情况。第三,会计师事务所及其分所所在地省级财政部门之间应当加强沟通和协作。分所所在地省级财政部门发现分所管理不符合《暂行办法》要求的,应当及时告知会计师事务所所在地省级财政部门。

三是跟踪反馈实施情况。考虑到《注册会计师法》修订后,《会计师事务所审批和监督暂行办法》等也将予以修改,势必引起分所管理制度的相应变化,因此,本次以《暂行办法》的形式对分所管理予以明确。各省级财政部门要加强调查研究,及时了解、掌握《暂行办法》实施中遇到的新情况新问题并予以反馈,以便今后进一步修改完善。

(二)各会计师事务所要把加强分所管理作为一项治本之策抓好抓实

一是提高认识、高度重视。分所与总所是血脉相连、利益共享、风险共担、休戚与共的共同体。各会计师事务所必须清醒地认识到,分所可能是"营利点",也可能是"出血点"和"管涌口",任何忽视或者弱化分所管理的思想和行为,都无异于自绝生路、慢性自杀;任何放松或者延误对分所实行一体化管理的思想和行为,都会贻害无穷、酿成苦果。必须以高度的事业心和责任感,全面加强对分所的管理,自觉将分所管理作为高管层的重要日常工作来抓,切实做到总分所一条心、一套制度、一个利润池、一把考核分配尺子。

二是健全制度、狠抓落实。要严格按照《暂行办法》的要求,以实现人事、财务、业务、技术标准和信息管理一体化为起点和抓手,建立健全相关管理制度并推广实施。要加强对实施情况的考核监督,以铁的决心、铁的手段、铁的纪律确保制度实施到位,避免附庸风雅、虎头蛇尾,努力做到以整体治理带动分所管理,以分所管理促进整体治理。

三是加紧整合、夯实基础。在《若干意见》的指引和一系列扶持政策的鼓舞下,今后一个时期,会计师事务所优化整合、重组联合的趋势必将进一步增强。近期以来已经合并的会计师事务所,也面临进一步融合、进一步调整优化分所管理的问题。从行业发展规律看,会计师事务所合并往往涉及注册资本变动、股权变更、机构设立、人员转入、业务衔接、制度整合、文化融合等诸多方面,需要一个调整期、适应期和磨合期;同时,合并涉及的分所数量越多、人员规模越大、客户关系越复杂,又往往导致合并、融合进程的进一步拉长。按照既尊重现实,又指导未来的原则,《暂行办法》设定了约半年的准备期和过渡期,即《暂行办法》于2010年1月15日发布,从2010年7月1日起施行。各会计师事务所尤其是近期发生合并行为的会计师事务所要加紧整合,为做大做强奠定扎实基础。较大规模会计师事务所的整合是否到位情况,包括总分所是否实行一体化管理情况,应作为考核评价会计师事务所核心竞争力和综合实力的重要衡量标准。财政部将把会计师事务所贯彻实施《暂行办法》情况列为经常性检查内容,必要时组织全国性专项检查。发现执行不到位的,要督促其限期整改;限期整改仍未达到要求的,要坚决收回行政许可,撤销其分所,并对其日后申请设立分所予以限制。

让我们共同努力,把《暂行办法》学习好、宣传好、贯彻好、落实好,为促进会计师事务所实现由大到强的飞跃而共同奋斗!

规范服务收费　促进公平竞争

——《关于加快发展我国注册会计师行业的若干意见》系列解读之十

　　会计师事务所的收费直接关系服务质量和行业健康发展。在实际工作中，这一领域存在诸多问题，成为长期困扰会计师事务所执业的突出问题之一，迫切需要加以解决。2008 年 3 月，财政部会计司启动了会计师事务所收费问题调查研究工作；2009 年 4 月，财政部会计司与发展改革委价格司成立联合工作组，共同启动了《收费办法》起草工作。经公开征求意见、反复修改完善，2010 年 1 月 27 日，发展改革委、财政部联合印发了《会计师事务所服务收费管理办法》（发改价格［2010］196 号）（以下简称《收费办法》），这是我国注册会计师行业服务收费管理的第一个全国性规范文件，是发展改革委、财政部以实际行动贯彻落实《若干意见》的一项重要内容。《收费办法》的发布，对规范会计师事务所执业收费、有效遏制注册会计师行业低价竞争、提升会计师事务所服务质量、促进行业持续健康发展，具有十分重要的意义。

一、《收费办法》制定背景

　　会计师事务所服务收费过低是制约我国注册会计师行业健康发展的一项重要因素，也是业内近年来普遍反映的突出问题。过低的收费具有多方面危害。首先，过低收费不能支撑会计师事务所按照必要审计程序执行审计业务的成本，使审计质量难以保证。注册会计师是公众利益的保护者，审计业务收费影响到会计师事务所执业质量，也就威胁到公众利益。其次，注册会计师行业是智力密集型行业，人才是会计师事务所的核心资源。过低的收费难以支撑行业合理工资水平，使得辛苦培养出来的优秀人才大量流失。这不仅不利于行业持续发展，又进一步威胁到审计质量。最后，指定业务、支付佣金、回扣等行为助长了行业不正之风，也易于滋生腐败。因此，低价竞争损害了注册会计师的独立性，破坏了行业健康发展之基。

　　正是由于低价竞争的严重危害性，《若干意见》将治理这一问题作为加快行业发展的目标之一，提出要"有效治理指定业务、索取回扣等不当行为"，并要从规范执业收费上对行业予以支持。

二、《收费办法》突出了最低限价导向

《收费办法》将会计师事务所服务收费分两类管理,对强制性审计服务实行政府指导价,对其他服务实行市场调节价。

办法第四条规定,对会计师事务所提供下列审计服务的收费实行政府指导价:① 审查企业会计报表,出具审计报告;② 验证企业资本,出具验资报告;③ 办理企业合并、分立、清算事宜中的审计服务,出具有关的报告;④ 法律、行政法规规定的其他审计业务。按照《价格法》,"政府指导价,是指依照本法规定,由政府价格主管部门或者其他有关部门,按照定价权限和范围规定基准价及其浮动幅度,指导经营者制定的价格"。也就是说,会计师事务所提供强制性审计服务由政府确定价格区间,实际审计收费不能高于或者低于这一区间,否则就是价格违法行为,应当受到相应的处罚。

为什么要对强制性审计业务实行政府指导价? 这是由审计业务的特殊性所决定的。审计服务区别于其他服务的特殊性在于,它不存在正常的、通过市场竞争形成合理价格的机制。一般商品和服务都是购买人和消费者两者合一,或者购买人和消费者利益是一致的,而强制性审计服务的购买人和消费者是不同的利益主体,在多数情况下,两者的利益是不一致的,购买人往往更看重审计价格,往往希望审计价格越低越好。政府、银行、投资者、社会公众等审计报告使用者是审计服务的最终消费者,虽然关注审计质量,但不是购买者,没有对服务的选择权。在我国现阶段,完全通过市场机制形成合理质量和价格的条件尚不成熟,机制尚不健全,仅靠市场难以形成合理价格并维持正常质量,政府应当进行适度干预,特别是要实行最低限价。这种价格干预,旨在维护公众利益和提高经济运行质量,与垄断行业出于自身利益制定统一限价有着本质区别。

注册会计师审计市场是典型的买方市场,会计师事务所在价格谈判中往往属于弱势一方,不存在着价格过高而损害交易公平性的问题,对于审计收费似应只规定最低限价,而无需规定最高限价。但是,由于现行价格法律体系所提供的价格调节手段种类有限,除市场调节价、政府定价和政府指导价外,没有其他手段可以选择,因此《收费办法》对强制性审计业务规定实行政府指导价,体现了现阶段我国注册会计师行业的特点,突出了最低限价导向。

三、《收费办法》明确了核定审计服务平均成本的要素

《收费办法》在第一条宗旨中,将"保障会计师事务所服务质量"放在了首要位置。因此,制定《收费办法》的首要诉求是通过对会计师事务所服务收费的规范来确保服务质量,让价格能够支撑一定的服务标准,进而对公众利益提供保护。《收费办法》各项

具体规定充分体现了这一宗旨。

《收费办法》第九条第二款规定,"核定审计服务社会平均成本,应以《中国注册会计师执业准则》规定的必要执业程序为依据,并考虑执业责任风险和人员培训费用等因素"。

《中国注册会计师执业准则》规定的必要执业程序是会计师事务所执业的最低质量要求。因此,上述规定意味着,制定审计服务收费标准应当满足最低质量标准的需要,与此对应的就是最低收费标准。只有以最低质量标准为依据来核定审计服务社会平均成本,才能确保审计收费能够满足基本执业需要。

将人员培训费用作为核定审计服务社会平均成本的重要因素,体现了行业"人合"特性。会计师事务所是专业服务中介机构,主要成本是智力成本。尽管一份审计报告的制作成本并不高,但报告只是载体,报告中凝聚着大量的智力活动,审计结论背后是复杂专业判断的支撑。这些工作耗费的不仅仅是注册会计师参与审计业务的时间,实际上,大量的基础性工作早在承接业务之前就已经开始了,这就是知识的准备。合格的注册会计师要不断维持其知识的更新,按照要求,每位注册会计师每年都要完成必要的后续教育,会计师事务所也要通过研讨、讲座等各种形式开展本所注册会计师的内部培训,为注册会计师保持专业胜任能力完成必要的准备工作。因此,对审计服务成本的核定,不能仅仅考虑审计项目的直接成本,还要考虑应当分摊到审计项目中的培训费用。所谓"台上一分钟,台下十年功",讲的就是这个道理。

执业责任风险也是核定审计成本的一项特殊因素。从某种意义上来说,执业责任是会计师事务所提供审计服务的最主要成本。注册会计师在市场经济中的角色作用,就是以自身信誉对被审计报告提供担保,而自身信誉的建立,必须以承担失信的责任为前提。正如一句格言所说,"责任是信任的基础"。所以,责任是注册会计师提供专业服务的基础。注册会计师的责任最终要落实为财产责任。《注册会计师法》明确规定了会计师事务所的民事责任,从国内外司法实践来看,并不是说会计师事务所遵循了法律和执业规范的要求就能够免除民事责任,由于审计期望差的存在以及"深口袋"理论的影响,民事责任风险是不能完全避免的。会计师事务所提供审计服务不仅有"上台前的十年功",而且"下台后也不能松",因此审计收费标准的制定应当充分考虑责任风险因素。

四、《收费办法》强调了投标价格不得低于政府指导价下限

招投标是当前会计师事务所低价竞争表现最为明显的领域。因为招投标方式的报价信息更为透明,价格竞争更为直接。大多数招标结果都十分明显是由报价最低者中标。《收费办法》规定,会计师事务所无论参与什么形式的竞争,其审计收费都必须遵循政府指导价规定,之所以在第十四条专门对投标报价进行规定,就是强调投标价格不

能低于政府指导价下限。

《收费办法》第十九条第（四）项专门列举了"违反规定以佣金、回扣等形式变相降低审计服务收费超出政府指导价浮动下限"的违法情形，明确指出，会计师事务所不得以佣金、回扣等形式变相降低审计收费，使实际收费标准低于政府指导价下限。这将为查处恶性低价竞争提供有力的支持。

五、《收费办法》明确了异地执业适用的收费标准

《注册会计师法》第二十九条规定，会计师事务所受理业务不受行政区域限制。实务中，会计师事务所特别是大中型会计师事务所异地执业的情况较为普遍。过去，由于受管辖范围的限制，地方制定的会计师事务所收费规定，无法解决本地会计师事务所到外地执业或者外地会计师事务所到本地执业所适用收费标准问题，《收费办法》的发布则较好地解决了该问题，规定异地执业允许以会计师事务所所在地和执业地中的任一收费标准执行，具体由会计师事务所和委托人协商。

除异地执业外，还存在着会计师事务所异地设立分所应当执行何地收费规定的问题。对此存在比较大的分歧。一种意见认为，目前很多会计师事务所对全国各地分所实行一体化管理，因此分所应执行总所所在地收费规定；另一种意见认为，分所执行总所所在地收费规定，将造成分所与本地会计师事务所的不平等竞争。综合考虑各方面意见，《收费办法》规定分所执行分所所在地收费规定，一是考虑到分所经营成本主要受当地经济环境影响；二是如果某一项业务的成本受总所成本因素影响比较大，一般属于应由总所承接的业务（如证券业务）。

六、省级财政部门要切实履行《收费办法》规定的管理职责

考虑到我国幅员广阔，地区之间差异大，《收费办法》仅对会计师事务所收费涉及的重大问题做了原则性规定，具体收费标准授权各省、自治区、直辖市在《收费办法》统一原则基础上自行制定。根据《收费办法》第八条，各地收费标准由地方财政部门提出意见，报同级价格主管部门制定。各地需要对实行政府指导价的具体收费项目、每一项目的基准价、浮动幅度作出规定。各地财政部门应当高度重视，主动与当地物价主管部门沟通协调，抓紧开展相关工作。

一是要对收费项目开展调查研究。按照《收费办法》规定，对强制性审计业务实行政府指导价。收费项目确定是否科学，影响到政府指导价的实施范围是否正确，也影响到不同项目的收费标准是否合理。我们认为，财政部门既要充分掌握当前注册会计师的业务现状，也要合理展望，体现出一定前瞻性。例如，根据规定，企业内部控制审计对于上市公司来说属于强制性要求，因此上市公司内部控制审计应当列入政府指导价收费项目；又如，医院、高校年度会计报表审计是根据《若干意见》要求即将实施的一项制

度,具有强制性,但医院、高校审计和企业审计明显不同,可能存在显著的成本差异,因此可考虑单列收费项目;再如,证券类业务与非证券类业务由于风险不同,复杂程度不同,可以考虑分设不同项目。

二是成本分析要充分听取行业意见,照顾行业特点,以执业准则规定的必要审计程序为依据,全面详细分解成本项目明细构成,考虑执业责任风险和人员培训等间接成本。例如,对于差旅费占执业成本比重较大的情况,可以考虑差旅费另行结算;在制定计件收费标准时,对下级独立核算单位(如子公司)审计带来的额外工作量要予以特殊考虑。

三是最终指导价格区间的设定要突出最低限价导向。政府指导价是手段,遏制低价竞争是目的。基准价和浮动幅度决定价格区间,因此,两者要综合考虑,在合理确定价格下限的同时,要尽量避免将价格限得过紧,影响会计师事务所正常的积累发展。对不同类型业务制定不同标准是一种可行的解决方案,如对证券类业务、涉外业务、金融业务设立分类标准。

四是要根据社会经济的发展适时调整收费标准。随着行业发展,新的审计业务类型可能随时涌现,特别是《若干意见》的发布为注册会计师行业拓展了极其广阔的业务空间。因此,收费项目也需及时调整。根据本地经济发展水平与物价水平的变化,必要时对各收费项目基准价和浮动幅度也应进行调整。省级财政部门应密切跟踪变化,适时向物价部门提出调整建议。根据《收费办法》有关通知要求,各地应在 2010 年 6 月底前制定出本地收费规定,各地财政部门应利用此次机会对本地过时的收费标准进行全面调整。

五是要高度重视与本地物价部门的沟通协调。对会计师事务所收费管理,物价部门和财政部门应各负其责,以物价部门为主。此次《收费办法》的顺利发布,主要依托两部门的通力配合,这为地方物价与财政部门的合作起到了很好的示范作用。财政部门应积极与物价部门沟通,建立良性互动的工作机制。特别在收费标准制定的前期基础工作中,要主动邀请物价部门参与,将进展情况和主要成果及时向物价部门通报。

值得肯定的是,山西省物价局、山西省财政厅认真贯彻《收费办法》,出手快、措施实,已经联合发布了《山西省会计师事务所服务收费标准》(晋价服字〔2009〕295 号)。山西省《收费标准》按承办人员不同职称、级别规定了计时收费标准:担任主任会计师、副主任会计师的注册会计师,收费标准为每小时 500 元;担任部门经理或高级经理的注册会计师,收费标准为每小时 300 元;助理人员收费标准为每小时 150 元。这些标准均为中准价,具体可以此为基础上下浮动 10%,浮动范围可由双方协商确定。山西省《收费标准》还按服务项目规定了计件收费标准:一是对于会计报表审计业务,提高了资产总额在 5 000 万元以下业务的收费标准,对于资产总额 5 000 万元以上的业务,从过去统一按 0.5‰征收,细化为按不同档次分段递减征收。10 亿元以上由双方协商计算。二是明确了基本建设竣工财务决算、建设项目审计、在建及竣工审计等专项审计业务以及验资的收费标准。三是规定了行政事业单位财务收支审计,医疗机构、大中专院校以及基金会等非营利组织的财务报表审计均按会计报表审计收费标准计算。各地区应当根据本地区经济社会发展实际,参考借鉴包括山西省在内的其他地区的做法经验,力争尽早发布本地收费办法。

全国各地掀起贯彻落实国办发［2009］56号文件的热潮

——《关于加快发展我国注册会计师行业的若干意见》系列解读之十一

转发《若干意见》的国办发［2009］56号文件发布后,各省、自治区、直辖市人民政府及其财政部门高度重视,加强领导,落实责任,结合本地区经济社会发展实际,迅速研究制定贯彻《若干意见》的实施意见,加紧推出支持注册会计师行业加快发展的具体措施和办法;行业协会密切配合,根据《若干意见》的要求,充分发挥行业自律作用;全国7 000多家会计师事务所、9万多名执业注册会计师和30万名从业人员备受鼓舞,积极行动起来,找准定位,加快发展,在全社会掀起了尊重、理解、支持注册会计师行业加快发展的热潮。顺时应势,众志成城,开创注册会计师行业新局面,已汇聚成行业加快发展的交响曲和最强音。

一、各地政府和财政部门高度重视,抓紧研究制定贯彻国办发［2009］56号文件的实施意见

中央政治局委员、上海市委书记俞正声,上海市市长韩正,上海市委常委、副市长屠光绍在有关报告上作出批示,要求市财政局会同市国资委、市商务委、市人力资源社会保障局、市地税局、市审计局、上海银监局、上海证监局、上海保监局和市注协结合上海经济社会发展实际和国际金融中心建设整体规划安排,对落实《若干意见》提出具体实施意见。

福建省省长黄小晶批示:"要认真贯彻好,我省这方面要有一个大的发展。"福建省委常委、常务副省长张昌平批示:"请省财政厅根据黄省长批示要求,拟一个省里的'意见'。"福建省财政厅厅长陈小平批示:"会计处遵照张副省长批示阅处。"

天津市市长黄兴国,市委常委、常务副市长杨栋梁在有关报告上批示同意。市委常委、副市长崔津渡批示:"请市财政局、注册会计师协会认真贯彻执行。"

现任内蒙古自治区党委书记、时任河北省省长胡春华在有关报告上圈阅同意。河北省委常委、常务副省长付志方批示,"请财政厅牵头研办。"

辽宁省委常委、常务副省长许卫国批示:"此《若干意见》重要,请省财政厅会同省直有关部门认真加以贯彻落实。"辽宁省财政厅厅长邴志刚批示,"请认真研究贯彻落实意见,重点是做大做强、诚信建设、强化监督。向党组汇报。"辽宁省财政厅总会计师刘润田批示,"请会计处、省注协按照邴厅长批示精神,并结合我前期已多次提出的要求,争取尽快提出我省的贯彻落实意见。"

山西省委常委、常务副省长申联彬批示:"同意王纯同志意见。"省政府副秘书长王纯批示:"拟请省财政厅提出贯彻落实的具体意见。"

吉林省副省长竺延风在有关报告上批示同意。

黑龙江省政协副主席、时任财政厅厅长李继纯批示:"请晚光负责提出贯彻意见。"财政厅副厅长顾晚光批示:"请注册会计师管理处、中心抓紧研究贯彻意见。"

山东省财政厅厅长尹慧敏批示:"国办发56号文很重要,对进一步推动注册会计师行业健康有序发展必将起到重要作用。请会计处会有关处室认真学习,并结合我省实际抓紧制定贯彻落实意见。"

新疆维吾尔自治区财政厅厅长弯海川批示:"请会计处阅,注协阅、研究。"总会计师张立德批示:"会计处、注协:根据厅长批示,请你们认真学习、领会56号文件精神。结合自治区行业发展情况,按照中央要求,研究推出加快我区注册会计师行业建设和发展的具体措施、意见,报厅里确定。两周内完成学习、调研工作,三周内分别拿出措施、意见。"

安徽省财政厅厅长陈先森批示:"请会计处提出意见供讨论决策。"财政厅副厅长左俊批示:"刘(玉廷)司长信中所列五项工作都很重要,是当前会计管理工作的大事。请会计处结合我省实际,认真研究办理。"此前,财政部会计司刘玉廷司长就贯彻落实《若干意见》等专门致信各地会计处长和分管领导,希望把握机遇,抓紧抓好,抓出实效。

重庆市财政局刘伟局长在有关报告上批示同意。市财政局总会计师祝轻舟批示:"请会计处、注会中心拟办。"

广东省财政厅厅长刘昆、天津市财政局局长杨福刚亲自出席学习贯彻《若干意见》有关座谈会并对加紧研究制定本地区落实《若干意见》的措施办法提出明确要求。

湖北省财政厅副厅长程用文批示:"请会计处速会同注协秘书处与有关处室调研草拟我省意见,报省政府转发。"

陕西省财政厅副厅长王范儒批示:"请会计处牵头,注册会计师管理中心全力配合提出我省贯彻意见。"

宁夏回族自治区政府副秘书长、办公厅主任王紫云批示:"请财政厅提出贯彻意见。"财政厅总会计师刘怀明批示:"会计处、注协:注册会计师行业是经济社会发展不可缺少的力量,应加强这一行业的管理。《若干意见》已对这一行业做出明确规定。请你们认真研究,结合宁夏注会行业的实际,提出对《若干意见》的贯彻意见,尽快报政府下发执行。"

海南省财政厅副厅长吕勇批示:"请会计处商省注协认真研究落实各项要求,并将工作进程情况及时向刘(玉廷)司长报告。"

截至目前,湖北、河北、青海、四川、云南等省已以省政府或其办公厅名义印发了贯彻国办发[2009]56号文件的实施意见,其他大部分地区财政厅(局)已经完成实施意见的起草工作,正由省级人民政府或其办公厅陆续转发。与此同时,山西省财政厅于2009年年底印发了《关于对医院、大中专院校等非营利组织的财务报表由注册会计师进行审计的通知》,要求山西省医院、大中专院校2009年度财务报表需由注册会计师进行审计,从而在全国范围内率先推行医院、高校注册会计师审计。

二、各省级财政部门会计管理机构狠抓落实、初见成效

国办发[2009]56号文件印发当日,财政部会计司就明确提出:贯彻落实《若干意见》应当作为当前和今后一个时期会计管理工作的重点,要采用多种方式加大工作力度,强化工作协调,切实做到行业布局有变化、执业环境有改善、业务领域有拓展、人才队伍有新貌、监管自律有进步、内部治理有作为、诚信建设有发展,为加快发展注册会计师行业夯实基础、提供动力、注入活力。2009年12月4~5日、7~8日,财政部会计司分别在天津和广州召开由财政厅(局)会计处处长和证券资格会计师事务所负责人参加的座谈会,就贯彻落实《若干意见》,深入推进行业党建与业务发展"两手抓"、"两不误"、"两促进"进行研讨。刘玉廷司长解读了《若干意见》起草形成过程,希望各地财政厅(局)会计管理机构和各会计师事务所提高认识、统一思想,上下联动、齐抓共管,抓住机遇、加快发展,为完善社会主义市场经济体制、落实中央"走出去"战略、促进我国经济社会又好又快发展作出新的更大贡献。

北京市财政局会计处在对当地注册会计师行业总体情况进行分析总结的基础上,对下一步贯彻落实《若干意见》提出了具体方案。近年来,北京市注册会计师行业呈现出大所多、总所多、收入规模较大并且持续稳定增长的良好态势。截至2009年11月,北京市有会计师事务所525家,其中有限责任会计师事务所411家、合伙所114家。全国排名前20位的会计师事务所中,有13家总所在北京,占65%。全国注册会计师达50名以上的167家(含分所)会计师事务所中,有53家(其中3家分所)在北京,占32%。2008年,北京市注册会计师行业实现业务收入72.04亿元,占全国行业总收入的23.35%。在中注协2009年会计师事务所综合评价排名前100强中,总所设立在北京的达39家,占39%。

北京市财政局会计处提出,要坚持统筹兼顾、重点突破:一是完善政策措施吸引优秀骨干人才。市财政局将积极与人力资源和社会保障局协商,研究制订符合条件的行业优秀人才申请北京户口的优先扶持政策。二是着眼提高审计质量,研究制定北京市

会计师事务所服务收费办法。三是积极协调工商、税务、卫生、教育、国资委等部门,帮助会计师事务所拓展业务范围、改善执业环境。四是积极协调有关政府部门,规范政府采购性质会计师事务所招投标管理,下力气遏制和纠正单纯以低价确定中标单位的不良趋向,向市场传递以执业质量取胜的政策导向和示范信息。

上海市财政局会计处介绍,上海有会计师事务所及分所 237 家,其中具有证券期货资格的会计师事务所有 8 家,占当地会计师事务所总数的 14%;2008 年当地注册会计师行业实现业务收入 71.99 亿元,约占全国的 20%;拥有执业注册会计师 4 523 人,约占全国的 5.2%,上海执业注册会计师的人均创收明显高于全国平均水平;拥有注册会计师非执业会员 11 691 人,约占全国的 13%,人才储备较为充裕。

上海市财政局会计处表示,要借助《若干意见》的东风,结合 2009 年 4 月国务院发布的《关于推进上海加快发展现代服务业和先进制造业,建设国际金融中心和国际航运中心的意见》精神,推进注册会计师行业大踏步发展。在前期开展一系列座谈、调研的基础上,上海市财政局已拟订了贯彻落实《若干意见》的初步方案,正履行相关会签程序。根据初步方案,上海市将在有效扩大市场服务需求、打造以立信为代表的优势品牌、打破限制注册会计师执业的行政壁垒等方面提出富有创新性的扶持政策,支持注册会计师行业在建设国际金融中心和国际航运中心中发挥积极作用。

天津市财政局会计处认为:《若干意见》为我国注册会计师行业发展指明了前进方向、描绘了宏伟蓝图,作为省级会计管理机构,应当深刻理解《若干意见》的精神实质,结合本地区实际情况抓好落实。一是要协调税务、工商、金融等部门,减少不必要的资格限制和行业分割,维护注册会计师合法执业领域。二是要大力净化执业环境,加强与工商、税务、物价等部门的协作配合,积极构建公平有序的市场环境。三是要引导执业领域,促使不同规模的会计师事务所办出自身特色,支持小型会计师事务所在专业咨询、代理记账、税务代理、个人理财、村账乡管等方面做精做专。四是要完善行业诚信体系,研究建立会计师事务所信用评级制度,倡导会计师事务所加入诚信公约联盟,实施诚信信息公开披露制度,全面建立行业诚信信息监控体系。

山东省财政厅会计处在贯彻落实《若干意见》中明确了以下工作重点:一是建立健全对会计师事务所保持设立条件的追踪检查机制。要对会计师事务所合伙人(股东)进行实质性审查,对其行为能力、执业年限、专业经历、执业质量、诚信状况、管理经历进行全面评价,确保申请人具有良好的职业道德和较高的专业胜任能力。二是推动会计师事务所建立良好的内部治理机制。进一步采取措施规范会计师事务所股东大会、董事会和监事会的运行,促进会计师事务所形成以章程(合伙协议)为核心的较为完善的内部决策和管理制度体系。三是大力开展注册会计师行业宣传活动,为加快发展注册会计师行业创造良好的外部发展环境。四是积极探索推行政府采购中介服务的模式。按照"谁购买中介服务谁付费"的原则,凡由政府享有的中介服务,逐步纳入政府采购预算,通过规范的招标形式选定会计师事务所。

福建省财政厅会计处表示,《若干意见》内涵丰富、鼓舞人心,一定要善于借势、趁热打铁,尽快出台福建省支持注册会计师行业发展的实施意见。一是要结合福建实际认真规划,制定福建省注册会计师行业未来五年的发展目标。二是要严把会计师事务所审批关,在审批过程中统筹考虑会计师事务所布局的合理性,依法适时、适当提高准入门槛。三是要大力拓宽业务领域,推动事业单位、基金会等非营利组织、社保基金、住房公积金等实行注册会计师审计制度。四是要会同有关部门联手打击无序竞争、竞相压价和指定业务等行为。五是要狠抓人才培养,打造一批能够体现福建省注册会计师行业执业水准的领军人才。六是要加大正面宣传力度,长行业志气,树行业形象。

湖北省财政厅会计处迅速拟订了贯彻落实《若干意见》的实施细则,提出要积极探索会计师事务所规范化、专业化、规模化发展的新路子。要紧紧结合湖北省会计师事务所的实际情况,重点扶持、着力培育中型会计师事务所,强化指导、规范管理小型会计师事务所。要引导会计师事务所规范与发展并举,做大与做精并重,使德才兼备的专业人才越来越多,执业环境越来越好,竞争能力越来越强。为此,湖北省财政厅将狠抓以下几项重点工作:一是在省政府的支持下,会同有关部门制定出台相关扶持政策,办实事、求实效、促发展。二是加强对会计师事务所自愿合并、优化组合的政策指导,不断优化会计师事务所结构,积极扩大年收入在3 000万元以上的中型会计师事务所数量,逐步减少小型会计师事务所数量。三是建立会计师事务所监管联席会议制度,充分发挥有关方面的积极作用共同抓好行业秩序治理。四是实施会计师事务所分类管理制度,构建以整体规模、诚信状况、内部管理、执业质量、社会信誉为主要内容的考核评价体系,探索推荐优质会计师事务所优先参与政府委托项目,积极协调有关部门将会计师事务所提供专业服务纳入政府采购范畴。

广东省财政厅会计处指出,《若干意见》的出台,标志着我国注册会计师行业发展进入了一个新的历史阶段,也为广东省注册会计师行业发展提供了难得的历史机遇:一是要按照《若干意见》精神和广东省委、省政府大力发展现代服务业的政策意见,结合推进《珠江三角洲发展规划纲要》和粤港澳服务业先行先试政策,进一步明确广东省注册会计师行业发展目标,力争通过5年左右的时间,重点扶持两家左右具有核心竞争力、能够在内地和港澳经营并提供综合服务的大型会计师事务所,努力形成5家左右具有证券资格、管理规范的中型会计师事务所,各地级市也要扶持1~2家区域性龙头会计师事务所。二是要组织行业协会、专家学者、领军人才等各类资源,重点研究中小会计师事务所规范管理的方式、内控建设的要求、人才培养的机制和更具针对性的质量控制体系,引导中小会计师事务所不断挖掘市场需求,深化专项领域服务。三是要建立多层次的人才培养机制,健全选拔、培养、考核和使用制度,加大继续教育培训力度,力争用5年左右时间,有计划、分类别、分层次地培养一批广东省注册会计师行业的复合型领军人才。

广西壮族自治区财政厅会计处认为,贯彻落实《若干意见》重在联系实际,制定符合本地区经济社会发展要求的政策措施。一是要继续实施广西"十百千"会计领军人才培养规划,以人才"脱贫"增强行业发展原动力。二是要利用广西沿海沿边优势,提高会计师事务所对内对外服务能力。2008年,广西组建了交通投资建设集团公司、有色金属集团公司、金融投资集团公司、宏桂资产经营公司等4家大型集团公司;同时,随着2010年中国-东盟自由贸易区的全面建成,广西将进一步加强与东盟的全面开放合作,必然要求注册会计师行业提供更高层次的服务。广西财政厅将联系协调自治区商务厅等单位,积极开展东盟相关知识培训,搭建商务交流平台,帮助广西会计师事务所提高服务能力、拓展境外市场。

山西省财政厅注册会计师处介绍:2008年,山西省注册会计师行业实现业务收入3.2亿元,从纵向上看有较大增长,但从横向上看仅占全国注册会计师行业收入的约1%。2008年度全省收入在1 000万元以上的会计师事务所只有4家,仅占全省会计师事务所总数的3.6%;500万(含500万元)以上、1 000万元以下的只有10家,仅占3.5%。从人员分布情况看,全省注册会计师人数不足20人的会计师事务所占到了近93%,"小所偏多"是山西省注册会计师行业的突出特征。为了贯彻落实好《若干意见》,山西省一方面开展了调查摸底;另一方面积极寻策问计,力争尽快由省政府办公厅转发实施意见,促进山西注册会计师行业获得全新发展。

江西省财政厅会计处在宣传贯彻《若干意见》中注重做到"两个结合"(与会计师事务所深入学习实践科学发展观活动结合起来、与进一步加强和改进注册会计师行业党建工作结合起来),"三个广泛"(广泛宣传、广泛调研、广泛动员),"四个坚持"(坚持上下联动、坚持分步实施、坚持因地制宜、坚持可持续发展),推动贯彻落实工作不断向纵深发展。

深圳市财政局会计处说,贯彻落实《若干意见》,要挖掘优势、扬长避短。一是政策优势。深圳市委、市政府历来高度重视注册会计师行业等高端服务业的发展,专门发布了《关于加快我市高端服务业发展的若干意见》、《关于加强高层次专业人才队伍建设的意见》、《关于加快总部经济发展的若干意见》,为深圳注册会计师行业发展提供了政策优势。二是制度优势。依据深圳经济特区注册会计师条例,确立了"法律规范、政府监督、行业自律"的注册会计师行业管理体制,建立了跨部门行业监管联席会议制度和主管部门与行业协会的协调会议制度,设立了符合国际惯例、适应行业发展需求的各种不同形式的会计师事务所组织形式,为深圳注册会计师行业发展提供了制度优势。三是市场优势。深圳市建立了比较完善的市场经济体系,特别是资本市场和金融服务业发展迅速,经过近30年的建设,全市2008年GDP超过7 800亿元,地方财政收入超过800亿元,进出口总额占全国的1/4,企业总数超过20万户,上市公司超过100家,为深圳注册会计师行业发展提供了市场优势。四是区位优势。深圳毗邻香港,中央批准的《珠江三角洲地区改革发展规划纲要》要求大力推动粤港、深港合作。深港两地在投资、贸易等领域的联系十分密切,为深圳注册会计师行业发展提供了区位优势。

各地注册会计师协会在抓好行业党建工作的同时,积极配合财政厅(局)会计管理机构做好《若干意见》的贯彻实施工作,形成了行政部门促发展、行业协会抓党建,党建工作与业务工作各有侧重的工作局面。

三、全国各类会计师事务所紧急行动、加快发展

（一）优化整合与强强联合并进,行业发展呈现出前所未有的大好势头

从事H股审计为会计师事务所优化整合提供了助推力。我国会计师事务所这两年较大规模的整合,主要是从内地与香港会计准则等效开始的。2007年,与国际准则趋同的企业会计准则在上市公司范围内全面实施。经过内地与香港一年时间的艰苦努力,2007年12月,两地签署了关于会计审计准则等效的联合声明,明确指出要"尽快研究解决两地在对方上市的企业,以其当地的会计准则编制、并由当地具备资格的会计师事务所按照当地审计准则审计的财务报表,可获对方上市地监管机构接纳"。2008年以来,财政部会计司会同监督检查局、证监会会计部、中注协等单位与香港特区政府财经事务及库务局、财务汇报局、证监会、联交所、香港会计师公会等相关机构进行反复磋商,形成了《关于内地与香港在对方上市的公司可选择以本地会计准则编制并由本地会计师事务所审计财务报表的建议架构》和《内地会计师事务所从事H股企业审计业务试点方案》,分别在两地公开征求意见,确立了允许符合要求的内地会计师事务所自2010年起执行H股审计(包括定期审计和IPO审计)的工作目标。在此过程中,内地会计师事务所,主要是从事上市公司审计的较大规模的会计师事务所拉开了强强联合、优化重组的序幕。

此前,内地企业在香港上市多由"四大"审计,当时的理由是内地会计准则与国际准则不接轨,内地注册会计师不掌握国际准则,由此产生所谓的"双重审计"政策。"双重审计"既不符合国际惯例,也不符合公平竞争的市场规则,在客观上制约了内地会计师事务所的发展。随着我国建立了与国际趋同的企业会计准则体系并有效实施,"双重审计"政策应当全面取消。内地会计师事务所十分渴望、倍加珍惜公平竞争的机会和难得的发展空间,纷纷采取行动,加大了整合力度。

《若干意见》的发布为会计师事务所优化整合吃下了定心丸。2009年5月7日,财政部会计司以司发文形式就《若干意见》初稿面向社会公开征求意见,首次提出要重点培育10家左右大型会计师事务所,在业内引起强烈反响。2009年6月11日,财政部以部发文形式再次面向社会公开征求意见,业内受到极大鼓舞,并以实际行动加快了强强联合步伐。2009年10月3日,国务院办公厅正式转发财政部《若干意见》,明确提出要

"力争通过5年左右的时间,重点扶持10家左右具有核心竞争力、能够跨国经营并提供综合服务的大型会计师事务所";同时指出:"境外上市企业、金融、能源、通信企业以及其他关系国计民生的大型骨干国有企业,应当优先选择有利于保障国家经济信息安全的大型会计师事务所提供相关服务。"《若干意见》的发布,使期盼做大做强、有志加快发展的会计师事务所吃下了定心丸,大大加速了我国会计师事务所优化整合的进程。

我国会计师事务所近两年的优化整合与以往合并相比,呈现出以下显著特点:一是自愿整合。会计师事务所之间的整合是完全自愿的,都能够从战略高度和长远发展出发,求大同、存小异,发挥各自的专业优势,务求真正融合,没有一家是通过政府主导的"拉郎配",这就为会计师事务所优化整合奠定了扎实的基础。二是强强联合。近期的整合更多体现为证券所与证券所或百强所之间的合并,比如中瑞华恒信合并岳华,信永中和合并四川君和,北京立信合并广东大华德律、重庆铂玛、新疆宏昌,五联方圆合并万隆亚洲,天健东方合并开元信德,中和正信合并天健光华,京都合并天华,天职国际合并大公天华,中审亚太合并浙江万邦,等等。经过整合,我国证券资格会计师事务所由2002年的105家减少至54家,证券所、百强所之间的强强联合极大地促进了会计师事务所整体实力的提高。截至2009年年底,除"四大"外,我国会计师事务所年收入达到5亿元以上的有5家,达到3亿~5亿元的有7家,这是会计师事务所贯彻《若干意见》的阶段性成果。按照目前的发展势头,优化整合还将继续。三是彻底合并。整合后被合并的会计师事务所均交回了证券许可证和会计师事务所执业证书,并由财政部、中国证监会发布相关公告,不能再以原有资格执业,开弓没有回头箭,这是以往历次整合中没有过的。

我们坚信,只要全面贯彻落实国办发[2009]56号文件,大力扩展市场空间和执业领域,进一步优化整合并实现强强联合,强化政策引导和行政监管,切实改变执业环境,着力提升会计师事务所核心竞争力,就一定能够通过5年左右的努力,重点扶持10家左右具有核心竞争力、能够跨国经营并提供综合服务的大型会计师事务所;就一定能够积极促进中型会计师事务所健康发展,努力形成200家左右能够为大中型企事业单位、上市公司提供高质量服务、管理规范的中型会计师事务所;就一定能够科学引导小型会计师事务所规范有序发展。

(二)做大规模与苦练内功并举,全面提升核心竞争力

会计师事务所是先做大还是先做强,曾经成为争相讨论的热点。做大和做强是相辅相成的两个方面,综合分析行业发展所面临的严峻形势,当前的首要任务是做大,在做大的基础上致力做强。特殊普通合伙制度是做强的重要条件,一体化发展是做强的重要标志,健全并实施有效的管理制度是做强的重要保障。一批较大规模的会计师事务所对于既做大又做强充满信心。

立信会计师事务所表示,一是要进一步细化合并后的整合管理,在继续推行管理公

司模式做大做强的同时，不断加强总所对分所、管理公司对成员所的统一管理和集中控制，在"立信"品牌基础上逐步实现实质上的一体化。二是要进一步建立健全风险导向审计控制体系，形成比较完整的审计质量控制体系。三是要进一步完善人才队伍建设，建立签字注册会计师选拔制度、后续教育制度和考核奖惩制度，同时，抓住国际金融危机背景下吸纳优秀人才的有利时机，加快引进高素质、急需型和复合型人才。

信永中和会计师事务所表示，贯彻落实《若干意见》，要抓好"三项建设"、"四个创新"。"三项建设"一是品牌建设，提高品牌影响力；二是平台建设，建立完善管理信息系统和审计执业平台，将所有的资源、业务、财务整合到同一信息系统之中，切实提高总分所一体化管理水平；三是技术标准体系、风险管控体系和业绩考核体系建设。"四个创新"，首先是管理创新，其次是技术创新，第三是服务创新，第四是市场创新。

天健会计师事务所表示，身体力行践行《若干意见》是行业同仁的共同责任。要继续高举诚信大旗，始终把质量和操守放在首要位置，不断提升行业的诚信度和公信力。要继续强化内部管理，培养优秀合伙文化。要坚定不移地做大做强，大力推进执业规范化、发展专业化、经营多元化、服务国际化，齐心协力打造民族会计品牌。

立信大华会计师事务所表示，北京立信与广东大华德律的实质性合并，实现了北京立信服务总部经济优势和广东大华德律服务沿海和港澳经济优势的互补统一。要加快合并后的制度整合和文化融合，建设一个强有力的"司令部"和指挥中心，切实发挥总所的管理、监督、协调和服务作用。要进一步加强从事境外业务的能力建设，聘请高素质专业人才开展境外业务法规制度、市场规则、监管要求等专题培训，确保会计师事务所执业质量经得起境外资本市场和投资者的检验。

国富浩华会计师事务所表示，合并后会计师事务所实力明显增强，业务收入超过5亿元，上市公司客户达到55家，央企、国企客户超过100家，在此基础上，做好了业务对接、制度对接和管理对接，建立了以公司治理为核心内容的运作规范体系，以风险控制为核心内容的质量管理体系，以增强党组织科学发展能力为核心内容的党建工作管理体系，取得了积极成效。今后一段时间，将重点加强对分所的管理，实现总所对分所的"七统一"管理，即统一形象设计、统一专业标准、统一质量管理、统一人事管理、统一财务政策、统一市场管理、统一信息管理。总所已与每一家分所签订了《经营管理责任书》，明确了分所的权利、责任和义务，建立了分所进入和退出的双向通道，进一步完善了对分所的分级分类管理体系。

中瑞岳华会计师事务所表示，要进一步优化会计师事务所治理机制和分配制度，完善公司制注册和模拟合伙制的经营战略，制定合伙制的运行规则和合伙制协议，形成良好的"人合文化"。要尽快设立中瑞岳华上海服务中心，利用当地人才和技术优势，更好地为中瑞岳华总分所服务。要逐步建立以有效工时为核心的项目业绩与个人业绩考核体系。

京都天华会计师事务所表示,在《若干意见》的鼓舞下,京都天华确立了"成为有实力、有声望、有规模的一流会计师事务所"的发展目标。为此,一是要加强审计流程和管理系统的信息化建设;二是要加快由有限责任制向特殊普通合伙制转变;三是要丰富服务产品,开发多元化服务品种;四是要推进管理模式变革,实现职能部门管理与业务板块管理的有机统一。

天职国际会计师事务所、大信会计师事务所、利安达会计师事务所、天健正信会计师事务所、中审亚太会计师事务所,以及内地"四大"会计师事务所和其他许多会计师事务所,都对贯彻落实《若干意见》、促进会计师事务所做大做强"走出去"提出了务实的发展目标和很好的措施办法。

光阴荏苒,岁月如梭。因制定发布《若干意见》而将永远镌刻在注册会计师行业发展史上的 2009 年悄然过去,因贯彻落实《若干意见》而将永远记载在注册会计师行业奋斗史上的 2010 年已经到来。虎跃山河壮,春来日月新!俱往矣,三十年风雨苦求索;看今朝,天高海阔任翱翔!让我们团结一心、众志成城,继往开来、奋力拼搏,共同开创我国注册会计师行业又好又快发展的新局面,拥抱我国注册会计师行业不断走向辉煌的美好明天!

鹰击天风壮　鹏飞海浪春

——《关于加快发展我国注册会计师行业的若干意见》系列解读之十二

历史常常以重大事件留下深刻印记,也常常以关键抉择书写澎湃乐章。

中国注册会计师发展史上的重大事件——《若干意见》的发布施行,吹响了中国注册会计师加速行动的嘹亮号角,徐徐展开了一幅盛世行业大有作为的星光画卷——胸怀崇高信念、肩负历史使命的中国注册会计师有理想、有信心沿着《若干意见》谋划的路线奋然前行,有抱负、有能力实现这一规划蓝图所描绘的远大目标。在中国注册会计师的心目中,没有任何东西比信念更为珍贵,也没有任何东西比使命更为神圣!

迎着朝阳,乘着《若干意见》的东风,注册会计师行业以其特有的执著和坚韧,按照党和国家领导人"会计师行业要结合开展学习实践活动,牢固树立以人为本的理念,内强素质、外树形象,加强诚信建设和行业自律,落实诚信承诺,恪守职业道德,充分发挥服务大局、服务社会、服务群众的作用"的要求和重托,开始了一次旨在全面振兴的跋涉。这个振兴之旅中,把握哪些重点环节,绘就何种光明图景? 世界在听,中国在看。

一、雄鹰蜕变与鲲鹏展翅

有一种使命叫神圣,有一个目标叫光荣。

当下的注册会计师行业进入了大调整、大变革、大发展的战略机遇期。党和国家领导人关于注册会计师行业的一系列重要指示为行业发展提供了难得的政治基础;中国经济结构调整和经济发展方式的转变,以及积极的财政政策和适度宽松的货币政策的有效落实,为行业发展提供了难得的经济基础;《若干意见》的适时发布与系统推进,在新的历史起点上绘就了行业全面协调可持续发展的蓝图,为行业发展提供了难得的政策基础;会计师事务所做大做强"走出去"的生动实践,为行业发展提供了难得的实务基础;领军人才国际化战略风生水起、山鸣谷应,为行业发展提供了难得的人才基础。

所有这些都充分表明:从来没有这样一个时期,注册会计师行业能够得到党和国家如此高的重视;也从来没有这样一个时期,注册会计师行业能够拥有如此多的发展机遇!

顺时应势,乘势而上,这是《若干意见》带给注册会计师行业的最大启示。如果要借鉴生物的应变行动,那就是:像雄鹰乘着东风直上天际,像大鲲借着海浪顺势而起。

据称,鹰是世界上寿命最长的鸟类,年龄可达70岁。在40岁时,它的喙变得又长又弯,几乎碰到胸脯;它的爪子开始老化,无法有效地捕捉猎物;它的羽毛长得又浓又厚,翅膀变得十分沉重,使得飞翔十分吃力。此时的鹰只有两种选择:要么等死,要么经过一个十分痛苦的更新过程——150天漫长的蜕变。它必须很努力地飞到山顶,在悬崖上筑巢,并停留在那里,不得飞翔。鹰首先用它的喙击打岩石,直到其完全脱落,然后静静地等待新的喙长出来。鹰会用新长出的喙把爪子上老化的趾甲一根一根拔掉,鲜血一滴滴洒落。当新的趾甲长出来后,鹰便用新的趾甲把身上的羽毛一根一根拔掉。5个月以后,新的羽毛长出来了,鹰重新开始飞翔,再度过30年的岁月。

鹰的故事告诉我们:唯有一次脱胎换骨的蜕变,注册会计师行业才能重获信心、尊严和荣誉。

关于鲲鹏展翅,庄子在一本叫做《谐》的书中写道:"鹏之徙于南冥也,水击三千里,抟扶摇而上者九万里,去以六月息者也。野马也,尘埃也,生物之以息相吹也。天之苍苍,其正色邪?其远而无所至极邪?其视下也,亦若是则已矣。"

大鹏要迁往南海,展开它的翅膀,拍起的浪头高达三千里,盘旋而上,驾着云气,离开海面九万里;飞行了六个月,才到达南海,歇息了下来。当它飞翔在高空时,飘浮在它下面的云气,就像是野马在奔腾,就像是尘埃在卷动,就像是众生的气息在涌动。人在地面向上而望的时候,只见天之苍苍,不知道哪里是它的本色,这是因为它太高远了,以至没有极限。大鹏从天上往下俯视,就像人们从地面向上仰视一样。

鲲鹏的故事告诉我们:只有飞得更高,才能看得更远。

切·格瓦拉说过:我们忠于理想,我们面对现实。战略机遇期对于注册会计师行业而言,其重要性不言而喻。通常,一个企业的战略机遇期只有3~5年。当战略机遇之窗关闭之时,企业要崛起将付出多倍的努力。试想,当蒙牛抓住战略机遇快速崛起后,后来者即使有蒙牛的决心也难以有这样的机会了;当统一润滑油抓住战略机遇快速崛起后,就在相当程度上关闭了后来者快速崛起的大门;当联想抓住中国电脑行业的战略快速崛起后,家电企业携巨资入场,但机遇已丧失的时候,他们的命运也就基本注定了。

机遇之窗开启了,注册会计师行业亟待雄鹰的蜕变和鲲鹏的展翅!

二、道德守望与品牌塑造

注册会计师为什么被称为专业人士,而不是一般意义上的商人?这一严肃问题在《若干意见》发布实施之际再次摆在了人们面前。

注册会计师与商人的不同至少包括五个方面:一是注册会计师的服务不仅指向委托人,还指向利益相关者乃至社会公众,而商人出售的产品和服务只涉及顾客;二是注册会计师在鉴证服务的任何阶段不得以成本效益原则为由降低工作质量,简言之,不能就可能存在的重大错报事项与委托人"讨价还价",而商人"在商言商",服从于等价有偿原则,奉行利润最大化圭臬;三是注册会计师的服务价值并不单纯取决于技术是否精湛,很大程度上取决于背后的职业道德,简言之,注册会计师的服务价值中道德比重更高,而商人提供的产品或服务侧重于提供对象的物理价值;四是注册会计师的服务质量不容易看得见,也不容易被证实,而商人提供的产品或服务价值往往一望便知;五是注册会计师出售的是知识、技能和经验,得到的是服务补偿,而商人出售的是有形产品,即便是无形服务,其目标也只是为了赚取利润。

于是,在注册会计师的字典里,职业道德被置于至高无上的地位。这个说到底靠道德维系的职业,小心翼翼地划分着自身与商人的边界,比如在商人那里,与顾客签订的第一份文件叫做商务合同或协议,而在注册会计师这里,则称之为"业务约定书"。

注册会计师是一个不断调整自身义务与责任的行业。与客户,与同行,与同事,与家庭成员和近亲属……都可能存在着职业道德问题。职业道德的精神光芒昭示注册会计师——在没人看到的时候,应该并且可以做正确的事情。

注册会计师是一个知识密集型行业。在复杂多变、风险遍布的经济环境中,职业判断带给注册会计师质疑的眼睛、谨慎的翅膀。最终影响职业判断的,取决于注册会计师身上流淌的道德血液。

注册会计师是一种减少而非消除社会公众决策风险的信任机制。当今世界唯一能确定的就是风险无所不在,无时不在。对于那些涉及经济决策的社会公众,直接的担忧就是决策信息的可靠性问题。受制于能力、环境、条件等因素的影响,社会公众对财务信息的甄别、过滤不得不借助第三方的中介鉴证。一旦注册会计师离开了道德标准的遵循和社会责任的承担,这个职业失去的就不仅是自身的信誉,也不仅是客户的信赖和公众的信任,失去的将是整个职业存在的前提。

德国哲学家康德说:"有两种事物,我们愈是沉思,愈感到它们的崇高与神圣,愈是增加虔敬与信仰,这就是头上的星空和心中的道德律。"对职业道德的敬畏,是区分一个注册会计师品质高低的"试剂",是鉴别一个注册会计师是否属于商人的重要标尺。

回首注册会计师数百年的发展历程,一条历史结论格外鲜明:只有坚持独立性才能拯救行业,才能发展行业。这不仅是一种客观的、历史的、必然的抉择,也是一种主体的、理性的、智慧的抉择。因为一旦独立性出现缺失,财务报表的使用者就不再认为注册会计师是客观公正的鉴证者,而认定其是客户的合谋者或辩护人。

如同法律上的"程序正义"通往"实体正义"一样,注册会计师的形式独立性有赖于一系列程序予以维护,这些程序是否公正,由理性且掌握充分信息的第三方,在权衡所有相关事实和情况后作出最佳判断,没有公正、透明的形式独立性就没有实质独立性。注册会计师的职业道德应该是形式独立与实质独立的有机统一。

不独立,难挺直!

就注册会计师而言,如果你的"道德罗盘"不够正直,道德规范将帮助你矫正,如果罗盘是正直的,那么遵守规范就成为一种习惯。是的,这正是注册会计师道德守望的本质含义——确保"在没人看到的时候做正确的事情"成为一种自发的习惯,一种核心价值观,一种心悦诚服的宿命。

有人说,一个职业,只有正确认识自己的历史,才能在现实奔腾的浪潮中把握方向;一个群体,只有正确把握自身的价值,才能在不断的社会变革中走向进步。职业道德的求索之路上,始终回响着中国注册会计师的铿锵步履。

职业道德的外部形象固化即品牌,好品牌无往而不胜。《若干意见》强调的调结构、扩领域、强治理、控风险、育人才、塑文化等多元要素,无一不附着在终极品牌上。许多会计师事务所之所以没有形成产品高附加值和客户高忠诚度的拉动力量,正是由于缺少品牌这一利器和护身符。在全面竞争的市场经济条件下,谁锻造了名牌,谁就拥有了未来。

人们耳熟能详的国际会计公司,也曾筚路蓝缕,经过几多拼争,经过几番合纵,始得今日之庞然大物!当他们以数倍的业务收费领先于本土会计师事务所的竞争行列时,必须承认会计师事务所品牌——巨大的无形资产是导致这种失衡的重要原因。

经过重重喋血的黑夜,注册会计师行业渴望一个品牌的春天!

不妨讲述一个品牌的故事:有一天,罗马教皇在梵蒂冈与全球最有钱的人共进晚餐,其中有富翁与教皇窃窃私语。旁人好奇,凑过去听。原来,那位富翁打算以10亿美元作为一个交换条件:教皇以后在祈祷时,不要念"阿门",而改念"可口可乐"。

这虽然是一个笑话,但却说明品牌正在成为一种"商业信仰"。人们常常提起可口可乐公司的"标志话语":即使一夜之间将厂房、设备烧个精光,只消第二天,公司便能起死回生,因为还有世界上最昂贵的品牌在!这一超级品牌的背后,是数十年市场经济的沉淀所折射出来的光芒。真希望可口可乐公司这把没烧着的大火点燃会计师事务所品牌观念的火炬,让卓越注册会计师高高举起这把火炬,照亮规模化、规范化、多元化和国际化之路,照亮求索行业发展规律的时空!

人们都已明白,当今的世界会计市场是品牌之争,而不是产品优劣之争。品牌的形成需要将价值观有效地传达给消费者,需要确立一个价值主张,会计师事务所的一切执业和传播活动必须围绕价值主张来进行。在会计师事务所同质化日趋严重的今天,关键是寻找不同于甚至优越于其他机构的利益点。成熟的品牌价值主张不仅包括提供给委托人的利益,还包括品牌对社会、对人生的态度和观点。

品牌,必将成为执业机构争胜的法宝!

三、以人为本与统筹兼顾

人是会计师事务所最大的资产。以人为本,就是要牢固树立"发展依靠注册会计师,发展为了注册会计师,发展的成果由注册会计师共享"的发展理念,构建和谐劳动关系,尊重人才、善待人才。在思想观念、价值取向、行为方式上,信守社会主义核心价值体系,处理好效率与公平的关系,义利兼顾,义在利先,倡导普遍幸福,促进社会公平。

以人为本,就是要着力提高全体从业人员的职业自尊心和自豪感,着力提高社会公众对注册会计师的认知度和认同感,着力提高注册会计师在政府有关部门中的地位和作用,着力提高注册会计师对青年择业就业的吸引力和凝聚力,最终使注册会计师行业成为受人尊敬、令人信赖的职业热土。

与此同时,要在"四个结合"上统筹兼顾——

(一)做大做强与做专做精相结合

选准自身的发展路径和市场定位是会计师事务所的首要任务。会计师事务所应根据自身的资源条件,明确业务拓展方向,既要把握"能做什么",又要清楚"做不了什么",准确回答"应当是什么、现在是什么、将来是什么"的重大战略问题。按照不同的发展阶段,量身定做适宜的做专做精战略或者做大做强战略。在实现自身科学发展的同时,促进执业领域各有侧重、市场定位各有特色、服务对象各有区分、地域分布较为合理的良性结构布局的形成。让多样化的执业机构凭借核心竞争力和贴身服务开展有序竞争,而不是靠低价竞争"散打"在一起。

应该看到,制约做大做强和做专做精的内外症结依然严峻。行业外部,多头监管、行业壁垒、资格林立、隐形干预、逆向选择等弊端仍旧存在。行业内部,低价竞争、人才匮乏、价值冲突、信号扭曲、文化荒漠等困境不容忽视。一些会计师事务所只瞄准业务收入的"大",却认不清可持续发展的"伟大"。有的会计师事务所表面看来像是一片"新大陆",内部却是漂浮的"孤岛"。换言之,重"术"而轻"道"。有道无术,术尚可求;有术无道,止于术。缺少了向心力、内驱力、统合力的会计师事务所治理结构,无异于"坚硬的稀粥"。

无论是做大做强,还是做专做精,都离不开良好的内部治理结构的支撑,离不开成长战略、整合战略、品牌战略等发展战略的交互作用,离不开所有行业成员志在改变执业环境的不懈努力。

(二)传统业务与新型业务相结合

注册会计师行业作为高知识含量、高服务技能、高附加值的新社会组织,是现代服务业的重要组成部分。会计师事务所在进一步强化法定审计业务的同时,要向非营利组织的财务报表审计延伸,向企事业单位的内部控制、管理咨询、并购重组、涉税业务、司法会计、信息技术、政府购买服务等相关领域辐射。

注册会计师行业着力扩大服务范围、拓展服务领域的努力,本身就是对中国经济发展方式转变的重大贡献。进一步发挥注册会计师在节能降耗、流程再造、提高效益、增进福祉等方面的作用,有助于提高实施积极的财政政策和适度宽松的货币政策的政策效果,保持经济平稳较快发展;进一步发挥注册会计师在信息鉴证、经济预警和经济安全监测方面的作用,有助于增强国民经济的危机反应和应对能力,增强金融业抗风险能力,保障国家经济安全。

新业务的需求萌生在哪里,注册会计师的服务就应出现在哪里。

（三）人才战略与长效机制相结合

专业是品质的保证。在注册会计师眼中,"专业"不仅仅代表业务技能的高水准,同时也意味着可靠的行业信誉、系统高效的管理体制和可持续发展的职业平台。因此,人与组织的协调发展才是构筑长效机制的应有之意。

在利益不断分化的今天,人们的利益增进不可能是均等的。当前,会计师事务所应从利益调整转向利益调整和利益增进并重,从"利益倾斜"转向"利益兼顾",让所有员工都能分享发展成果。这样,会计师事务所才能和谐共荣,难题破解才有思想基础。

会计师事务所需要提交一份"关于人才"的答卷。进一步优化激励约束机制、考核分配机制、培训晋升机制,理顺合伙人进入、决策、分配、退出等整个管理链,使适当的合伙人胜任适当的位置。改革完善人力资源体系,加大人才培养投入力度,着力培养专业与道德俱佳的领军人才,丰富人才储备,优化人才结构。

人才是会计师事务所长效机制的内生动力。有什么样的会计师事务所带头人,就有什么样的会计师事务所。只有让更多富有创新进取意识、富有牺牲精神的旗帜性人物引领会计师事务所的进步,不让极端利己主义迷惑更多的双眼,注册会计师行业才能走得更稳,走得更远。

（四）专业责任与社会责任相结合

注册会计师担负着维护市场经济秩序、维护社会公众利益的职能,具有不可推卸的社会责任。会计师事务所必须体认到自己的顾客包括所有的鉴证报告使用者,而不仅是直接支付服务费用者。为了短期经济利益而迎合被审计单位的舞弊行为,最终得不到事业的"未来现金流量折现",往往造成从行业出局的后果。

注册会计师行业需要提交一份"关于责任"的答卷。作为一个有着30万从业人员的新社会组织,把自己的事办好,就是对责任的有力注脚。根据《易经》的学说,注册会计师行业厚德载物是根本,所以行业把眼睛盯着自己,力求达到"含章可贞"的效果,无疑是正确的。但要创造机会"或从王事",就必须把眼睛也盯着外面,做党和政府认为最重要的事情,在"三个服务"上谋划新思路,实施新举措,履行新责任,以专业报国、投身公益、扩大就业等多层面的新成绩,展现更多的责任担当,开启注册会计师行业内外兼修的新境界。

四、实力连接与组织再造

近年来,以约瑟夫·奈、苏珊妮·诺瑟为代表的一些学者提出了"巧实力"的观点。

所谓"巧实力",就是在"软实力"和"硬实力"之间寻找结合点,灵活加以使用,在强调"硬实力"的时候重视"软实力"的发挥,在发挥"软实力"的同时,注重"硬实力"的作用。对于一个行业而言,"硬实力"是基础,"软实力"是平台;没有"硬实力"的物质保障,"软实力"就没有根基;没有"软实力"这个平台,"硬实力"也会受到限制。

"巧实力"是借助智慧和技巧,运用各种手段,有效地展示和扩大自身力量(硬实力)及影响(软实力)的能力。"巧实力"注重的首先是整合。这不仅仅是一种叠加,更是"$1+1>2$"的效应。其次是协同,在不同的领域里协调运用自己的力量,而不仅仅把实力局限在一个领域中。三是灵活,在运用自己的实力方面具有高度的灵活性,能够让人在潜移默化中接受自己,减轻发展中的阻力和障碍。

当下,注册会计师行业需要在"巧实力"的整合性、协同性和灵活性方面多下工夫,把捍卫基本价值的坚定性和适应时代潮流的灵活性结合起来,把对中国文化的自信和自省结合起来,把高端的精神价值和会计师事务所的活力结合起来,更好地展示注册会计师行业的凝聚力和影响力。

作为经济发展方式转变和服务产品升级的重要力量,会计师事务所迫切需要将"软实力"和"硬实力"进一步统一起来,让"软实力"在"硬实力"的根基上更快地发挥作用,让"硬实力"因"软实力"的支撑如虎添翼。

可以预期,未来5年,表现为"巧实力"的特殊普通合伙(LLP)将成为大中型会计师事务所采取的主流组织形式之一。这种既兼顾会计师事务所"人合"特点和风险控制需要,又注重会计师事务所扩大规模、合理降低股东税负的组织形式,被《若干意见》充分肯定并大力倡导,无疑具有历史的必然性和现实的必要性。

事实上,合伙制的雏形最早出现在我国。唐代《算经》中即有"合本治生"的记载。宋代时,合伙往往被称为"连财合本"。"东伙合作"是颇有中国特色的合伙制,这是一种东家出资、伙计出劳动力的资本与劳动的合伙,在宋代时已经流行。明代中叶以后,合伙协议主要采用书面形式,已出现"同本合约"、"合伙约"等标准合约文书格式。合伙人之间或者本来就具有一定的亲缘或乡缘联系,或者在平时就有比较密切的交往和人际联系。股份合伙是一种将合伙资本等分为股份的合伙制度,主要特点有:合伙者人数通常多于一般合伙;除"资本股份"外,还有收益分配意义上的"收益股份",股权比较容易转让、顶让,这是一般合伙组织所不能企及的。

总体说来,合伙组织形式适合以个人技能为基础的专业服务活动的需要,但是会计职业对组织形式的选择,相对于其他职业来说还有其特殊性,因为会计职业与规模化的经济组织之间有着内在的联系。医生、律师等职业通常都是"一对一"解决问题,而审计是一种集体作业,需要大量的人力资源,尽管信息技术的发展和审计技术的改进,极大提高了审计效率,但是相对于其他专业服务而言,会计职业依然是一种人力密集性的行业。会计职业活动的这一特点,导致普通合伙与公司之间关系的天平发生倾斜。合伙人数目的剧增使传统的合伙人会议共同决定合伙事务的管理模式难以维系,法律所赋予合伙制"自主管理"的功能由于管理机制的缺失反而变成了一种掣肘。而公司组织形式所具有的明确、清晰、阶层化的管理架构则具有显著的优势。因此,在普通合伙制的基础上融入公司元素,成为特殊普通合伙的显著特征。比如设立各种决策委员会,在合伙人之间、合伙人与经理之间、经理与助理人员之间搭建阶层化的管理架构。专业人士所珍视的一些价值观能够融入公司化运作模式,而合伙制的精髓能够在特殊普通合伙组织中沉淀下来。

培植"硬实力",塑造"软实力",用好"巧实力",会计师事务所之树才能根深叶茂。

五、文化重整与光明前景

合伙文化的目标就是要塑造一种共同价值观,一种在规则管不到的地方调整利益关系的"软实力"。

会计师事务所发展进程中的一个典型结论格外鲜明:和则兴,耗则败。合伙文化之所以发展迟缓,是因为会计师事务所相当程度地存在着"三不一少"的问题,即"不认为重要、不知该怎样推广、不能一以贯之,较少发挥注册会计师的主体意识"。

(一)不认为重要

生存与发展一直是会计师事务所面临的两大主题。当生存成为会计师事务所的首要目标时,业务收入必然当作压倒一切的指标,此时,合伙文化要素很难摆上议事日程。正像面包能解决饥饿、胡萝卜能补充营养一样,对于饥饿的人而言首选自然是面包;而对于一个欲强身健体的人而言,胡萝卜却是考量的因素。合伙文化这根"胡萝卜"在会计师事务所发展的早期阶段难以被会计师事务所领导人所认知、所推行、所升华,固然有会计师事务所合伙人视野不宽、境界不高的原因,但也不能忽视职业环境污染指数高企、机构实力低水平徘徊、竞争关系失衡等外部原因。由此可见,不认为合伙文化重要表面上看来是认识上的"软问题",实际上是发展上的"硬问题"。

不认为合伙文化重要的另一个显著的思想误区,认为合伙文化看不见、摸不着、来无影、去无踪,说到底就是一个"虚"字。其实,一切有生命力的会计师事务所已经证明、必将继续证明合伙文化既看得见摸得着,又用得上拿不去——无论是形态,还是内容。

(二)不知该怎样推广

合伙文化是天上掉下来的吗?不是!是合伙人头脑中所固有的吗?不是!是从平等合作、思想共融、诚信实践三大领域中来。

尽管许多会计师事务所已经解决了认为合伙文化不重要的问题,但仍在合伙文化发展的方向、力度、营造等方面存在思想障碍。例如,不能有效固化会计师事务所自身的执业宗旨、发展愿景、共同价值观等文化内涵;不了解什么才是富有时代特色、传统精华、职业特质的标志话语;不了解合伙文化的构建需要精心组织、精心提炼、精心传播,采取莫衷一是、得过且过的做法。

合伙文化毕竟是知与行、道与术、传统与现代、个人与组织的有机统一体。有效推行会计师事务所合伙文化,应当把握四个方面:第一,以普遍认同的文化精髓为先导,凝聚共识,使全体合伙人自觉地服从和服务于这些共识;第二,塑造包括标志语、执业宗旨、发展愿景、共同价值观在内的文化基因图谱,使全体合伙人"镌刻在记忆里、融化在血液中";第三,合伙文化的潜规则和显规则一旦形成,所有合伙人都能在平等、共享、透明的条件下受其约束、受其支配,在合伙文化面前,没有人可以享受特权,没有人可以通过强制的方式而非沟通的方式解决问题,没有人可以利用信息不对称获取单方利益;第四,合伙文化在执业实践中产生,也在执业实践中发展,以形成合伙人与员工利益共享、员工与合伙人和谐相处的良好局面。那种片面强调合伙人利益最大化的观点不仅是短视的,也终将被优秀的合伙文化所抛弃。

(三) 不能一以贯之

合伙文化的构建不是投机行为,是投资行为,并且是一项长期的投资行为。古人云:"掘十坑不如挖一井",用于合伙文化建设同样恰当。这就是说,合伙文化构建不能率性而为,不能浅尝辄止。韧性的建设比热闹的行动更有持续力。

(四) 较少发挥注册会计师的主体意识

合伙文化的构建离不开每一位注册会计师的主动参与、身体力行,那种把合伙文化狭隘地理解为只属于合伙人的观点,与真正的合伙文化相比南辕北辙。充分发挥注册会计师的主体意识,就是要求会计师事务所合伙人特别是主要合伙人具有选才的慧眼、用才的方略、求才的勇气!

"三不一少"的软肋困扰着合伙文化的构建,反过来也激励着有所作为的合伙人,瞄准这一症结,一一找寻应对之策。这些应对之策有赖于见微知著的敏锐洞察,审时度势的深刻认识,海纳百川的宽广胸襟。

切实贯彻《若干意见》,深刻领会这一"路线图"的精神实质,有必要回答关于合伙文化的"五问",实际上也是制约会计师事务所发展瓶颈的"五问":在合伙人完成了初始物质积累的前提下,是把会计师事务所看作是普通的生意,还是视为可持续发展的事业? 什么是本会计师事务所的核心竞争力,是单纯业务拓展还是特色人才资源? 会计师事务所是靠规则管理,还是靠人治管理? 是实施集权管理,还是倡导民主管理? 是秉持兼容并包、开明睿智的合伙精神,还是固守胸襟狭窄、抱残守缺的小我意识?

对此,一个负责任、有作为的会计师事务所领导人应当做出响亮的回答。

未来5年,中国注册会计师行业在职业生态、服务能力、市场份额等方面将呈现前所未有的大跨越、大调整格局。这一重大变局的背后意味着:

——注册会计师行业不仅需要实力更强的执业机构,更需要支撑行业可持续发展的道德标杆。

——注册会计师行业不仅需要逐步消除体制机制障碍,更需要树立服务经济社会发展的民族品牌。

——注册会计师行业不仅需要领域更大的执业空间,更需要风险管理和质量控制水平的实质跃升。

——注册会计师行业不仅需要开放透明的市场环境,更需要凝聚"义利兼顾、义在利先"的价值共识。

——注册会计师行业不仅需要效率的提高,更需要不断增进所有行业成员的福祉。

着力把握发展规律、转变发展方式、破解发展难题、提高发展质量,已成为决定当代中国注册会计师命运的重大战略思想。深入学习实践科学发展观,就是要求我们把握其科学内涵、精神实质和根本要求,永当职业道德的守望者,经济社会的服务者,行业振兴的实践者,民族复兴的促进者!

古老的中国,迎来了民族复兴的曙光。这是魏源所向往的"风气日开,智慧日出"的"开放中国",是梁启超所呼唤的"常思将来,常敢破格"的"少年中国",是李大钊所期盼的"为世界进文明,为人类造幸福"的"青春中国",是方志敏所渴求的"欢歌代替了悲叹,笑脸代替了哭脸,富裕代替了贫穷,健康代替了疾苦"的"可爱的中国"。中国的复苏与崛起,被称为"我们这个时代最激动人心的事件"。

民族复兴的光明前景鼓舞激励着中国注册会计师,中国注册会计师也正奋力开辟行业科学发展的光明前景。如何通过发展方式的转变,谋求全面协调可持续发展?如何在提高效率的同时,更多地满足行业成员对公平正义的诉求?如何把握"以人为本"的核心,实现"依靠人、为了人、服务人"的根本宗旨?注册会计师行业的学习实践活动已经并正在给出答案。

鹰击天风壮,鹏飞海浪春。只要坚持以人为本、全面协调可持续发展的理念,标本兼治、远近结合,把《若干意见》的落实作为转变发展方式的重要契机,把统筹兼顾作为谋划和推动工作的根本方法,平衡长期短期两个利益,协调国际国内两个市场,既着力化解"眼前之急",又通过增强发展的全面性、协调性、可持续性谋得"长远之功",注册会计师行业就一定能越过一岭又一峰,闯过一关又一坎。注册会计师行业似雄鹰蜕变、如鲲鹏腾飞之日,必将是这个美丽职业奋发有为、河清海晏之时!

会计人才战略篇

强化继续教育　提高整体素质

一、建立会计人员继续教育制度的必要性

继续教育,又称"终身教育"、"回归教育"、"更新教育",是对专业技术人员不断进行知识、技能的更新和补充,以拓展和提高其创造、创新能力和专业技术水平,完善其知识结构的教育。它是伴随科技进步和经济与社会的发展,经过自发到有组织的演变过程而逐渐发展起来的。开展继续教育工作,最早出现于20世纪末,广泛形成于20世纪40年代,如今,已成为一种国际性的大规模新型教育活动,联合国教科文组织设有专门的机构负责全球性的继续教育工程。各国尤其是发达的市场经济国家都非常重视开展继续教育活动。

我国开展专业技术人员继续教育工作相对较晚,但发展较快,改革开放20年来,基本上形成了有规划、有制度、有组织的工作体系和制度化、经常化的管理体系。1995年3月,全国人大常委会通过了《教育法》,首次以法律形式明确专业技术人员有接受继续教育的权利和义务,同年底人事部颁发了《全国专业技术人员继续教育暂行规定》,进一步规范指导全国专业技术人员继续教育工作。此后,许多地区、部门也陆续出台了有关专业技术人员继续教育的规章制度。

会计人员是专业技术人员的重要组成部分。开展会计人员继续教育活动,建立会计人员继续教育制度,归根结底,是要不断提高会计人员适应社会主义市场经济和对外开放需要的素质,"授人以鱼,不如授人以渔"。

随着21世纪一天天临近和"知识经济"时代的到来,人类知识更新周期将以前所未有的步伐加快。在这种环境下,作为国际"商业语言"和反映企业财务状况"晴雨表"的会计,也必将随着时代的发展而不断变革。现阶段,我国会计人员的整体素质还远远不能适应经济发展的需要。我国现有会计人员1 200万人(1994年统计),但会计人员的知识结构和业务水平偏低。从学历结构上看,国有单位和县以上大集体单位的会计人员中具备中专以上学历的人数为47.07%,其中具备本科学历的占2.32%,研究生以上学历的更是凤毛麟角,只占0.07%。仍有不少会计人员是通过传统式的"师傅带徒弟"走上会计工作岗位的。学历和专业技术资格的现实状况表明,我国会计人员的整体素质还不高,远远不能适应新世纪市场经济和改革开放对会计人员提出的要求,需要

不断进行继续教育。

知识更新周期缩短、知识老化加快,也给我国高等院校培养会计人才提出了新的要求。据教育部公布的数字,我国现有的 1 032 所高校中,已有 488 所设有会计专业,在校生达 58 万之多,占总数 1/10 强。学校教育虽系统、正规,但所学知识毕竟有限,据专家测算,一个受过良好高等教育的人,在校所获知识只占所须掌握知识的 10% 左右,而其余 90% 则需要在工作中不断学习、不断补充。这就要求高校教育要逐步向以素质教育为主,不再局限于学历教育,同时也说明,即便高校毕业生,也仍有必要接受持续不断的终身教育。

随着政府机构精简,企业减员增效等的开展和深入,一些人员将面临下岗再就业问题,也有许多人员将转岗从事会计工作。更新下岗人员的会计知识,提高他们的业务技能,并对转岗从事会计工作的人员进行培训,开发他们的创业、创新潜能,即使开展会计人员继续教育更具必要性,也是其面临的又一重要任务和工作重点。

二、《暂行规定》——开展会计人员继续教育活动的行为规范

基于以上考虑,财政部在经过数年的国内外调查研究论证后,于 1998 年 1 月以财会字 4 号文印发了《会计人员继续教育暂行规定》(以下简称《暂行规定》),自 1998 年 7 月 1 日起在全国试行。这是我国第一次以规章的形式从制度上明确规定了会计人员继续教育的指导思想、主要任务、管理体制、教育内容、培训时间、检查与考核等,标志着我国面向 21 世纪的会计人员继续教育工程的全面启动。

(1)管理体制。根据《暂行规定》规定,会计人员继续教育原则上按属地原则进行管理,由各级财政部门组织实施,实行统一规划、分级管理。财政部是全国会计人员继续教育的主管部门,负责制定全国会计人员继续教育制度、规定、办法;制定全国会计人员继续教育科目指南或培训大纲;组织编写或推荐全国会计人员继续教育教材或资料;组织全国性会计人员继续教育活动;指导、检查各地继续教育活动。各省、自治区、直辖市和计划单列市财政厅(局)负责本地区会计人员继续教育管理工作。对于中央单位会计人员继续教育工作的开展,财政部印发了《关于开展中央单位会计人员继续教育工作有关问题的通知》,规定:按照目前的会计证管理模式,分别由中共中央直属机关事务管理局、国务院机关事务管理局、铁道部、中国人民解放军总后勤部财务部归口管理所辖范围内的会计人员继续教育工作。对于会计人员因工作变动、岗位调动、人才流动等原因,造成跨地区、跨部门工作的,必须先更换当地会计证,接受当地会计人员继续教育管理部门的管理。

(2)对象与形式。会计人员继续教育的对象主要是在职会计人员,具体包括在国家机关、社会团体、企事业单位和其他经济组织从事会计工作并已取得会计证的会计人员。换句话说,会计人员继续教育的对象是:一要在岗,二要有会计证。会计人员继续教育的形式主要分高级、中级、初级三个级别,大体上与会计专业技术资格高级、中级、初级相对应。高级会计人员继续教育对象界定在已取得或受聘高级会计专业技术资格(职称)及相当水平的会计人员;中级会计人员继续教育对象界定在已取得或受聘中级专业技术资格(职称)及具备相当水平的会计人员;初级会计人员继续教育对象界定在已取得或受聘初级专业技术资格(职称)的会计员、助理会计师等,以及具备相当水平的其他会计人员。会计人员继续教育分为高、中、初三级,只是原则性划分,其实质是要不断提高素质和技能,因此,不是一成不变的,所接受继续教育的内容、程度也不是一定要拉出档次,只是根据每个人的实际情况,各有侧重。

(3)培训学时。会计人员继续教育分为培训和自学两种方式。培训方式主要是指财政部门会计管理机构直接组织的或批准认可的培训。自学方式有部门或单位自行组织的业务学习、岗位培训;承担课题研究,并取得研究成果;参加上一级别会计资格考试等形式。中、高级会计人员,每年参加培训和自学不少于 68 小时,其中接受培训时间每年不少于 20 小时;初级会计人员,每年参加培训和自学不少于 72 小时,其中接受培训的时间不少于 24 小时。会计人员继续教育学时原则上年度内完成,对于年度内在境外工作或病假超过 6 个月,或生育等,要由本人申请,单位加以证明,经主管部门审核确认后予以顺延。

(4)培训内容。缺什么补什么,需要什么学什么,学以致用,这是继续教育的一个突出特点和核心所在。继续教育内容必须紧密结合实际工作需要,兼顾长远发展,真正做到帮助会计人员解决实际问题,提高水平。为保证继续教育培训质量,财政部成立了"全国会计人员继续教育教材编审委员会",组织编写了全国第一本会计人员继续教育教材——《企业会计准则及股份有限公司会计制度讲解》,作为各地区、各部门组织开展会计人员继续教育培训教材。截至 1999 年上半年,全国已累计进行"新准则"、"新制度"培训近 200 万人次。此外,还组织开展了会计电算化中级知识培训,保险公司会计制度培训等。新的《会计法》颁布在即,这也是今后一段时期会计人员继续教育的一个重点,每一位会计人员都要学习《会计法》,掌握《会计法》,贯彻《会计法》。

(5)培训单位。继续教育成败,很大程度上取决于培训单位的管理水平和师资力量,因此,必须对培训单位进行严格管理。《暂行规定》对培训单位实行资格准入制度。凡从事会计人员继续教育的培训单位,首先必须向主管部门提出申请,经审核批准,领取《会计人员继续教育培训许可证》后,才能在有效期内承担相应的会计人员继续教育培训任务,并接受主管部门的指导、监督和检查。申请的培训单位,必须具备与之相适应的教学场所、设施、师资队伍、管理力量。收费要经过当地财政部门和物价管理部门批准,不得随意加价或变相加价。由于会计人员继续教育尚处于试行阶段,不宜过量审批培训单位,特别是对一些个人或民间办学的,更应谨慎从事。各级会计人员继续教育主管部门要加强对收费、办班质量的监督、管理和指导,定期考核,定期向社会公布,接受社会的监督。

（6）考核与管理。《暂行规定》要求，每一位会计人员从 1998 年 7 月 1 日起，每年必须完成规定学时的继续教育培训。无故不接受继续教育，且主管部门督促无效的，要给以必要的处罚。年度内未完成继续教育的，如无正当理由，予以警告；连续两年未接受继续教育的，不予办理会计证年检，不得参加上一档次会计专业技术资格考试或高级会计师评审，不得参加先进会计工作者评选，财政部门不予颁发会计人员荣誉证书；连续三年未接受继续教育的，取消会计证、会计专业技术资格等。受处罚的会计人员，两年内不得重新参加会计证考试、会计专业技术资格考试或评审等。

三、面对新世纪，会计人员继续教育管理工作任重道远

再过 100 多天，人类就要迈入 21 世纪。如何面对新世纪、新形势带给会计人员的新机遇和新挑战，如何面对即将到来的知识经济、信息时代对会计人员继续教育提出的要求和希望，是我们迫切需要解决的问题。

第一，进一步加大宣传力度，提高认识。良好的社会氛围，是顺利开展会计人员继续教育工作的基础。会计工作是一个系统工程，涉及各行各业，方方面面，同样，会计人员继续教育也涉及社会各个层面，做好会计人员继续教育工作，意义重大。因此，必须通过各种新闻媒体，大力宣传《暂行规定》及其要求，宣传实行会计人员继续教育的意义，提高全社会的认识和认同，借以取得各级领导的重视支持，取得群众的关心和帮助。要加大向广大会计人员宣传的力度，使他们真正理解会计人员继续教育的意义，激发会计人员参加继续教育的热情，树立继续教育和终身教育的观念，变"要我学"为"我要学"，变"工学矛盾"为"工学相长"。总之，通过宣传，努力形成全社会重视、关心、支持和积极参加会计人员继续教育，促进育人、选人、用人一体化机制的建立。

第二，加强调查研究，进一步完善继续教育法规。建章立制，依法管理，是做好会计人员继续教育工作的必然趋势，也是发展会计人员继续教育事业的根本性保障。目前，有关会计人员继续教育方面的法规还不健全，还必须进一步调查研究，尽快建立健全一套符合我国国情的会计人员继续教育的法律规范体系和运行机制。要把规划、培训、考核、使用等继续教育诸环节更紧密地结合起来。对目前各地在试行阶段的一些好的经验做法，如开展各种岗位培训、职业资格培训，建立进修制度、考核制度，以及自学指导和评价制度等，都要及时总结、推广。同时要不断学习和借鉴国内外的先进经验和做法，并逐步做到制度化、规章化。

第三，健全会计人员继续教育管理体系。会计人员继续教育是一项庞大的、复杂的系统工程。做好这项工作，必须有一个功能齐全、结构合理、运转协调、灵活高效的管理实施体系，以保持它持续、稳定、健康地发展。目前，各级政府都在进行机构改革，其会计管理机构的人员、职能也势必受到调整。从市场经济发展的角度和我国的国情考虑，

会计管理工作将会进一步加强,会计管理队伍也将进一步增强。会计人员继续教育工作是会计管理工作的重要组成部分,必须要有专人专职管理。同时要积极转变观念,加强宏观管理,增强服务意识,完善知识结构,保持工作可持续发展。

第四,不断改革、完善继续教育方式和内容。继续教育的方式应该不拘一格,既要运用传统的面授、函授、研讨会、讲座、参观访问等方法,也要积极研究探讨和充分利用声、光、电等现代化手段,不断完善和发展会计人员继续教育的方式方法。要借助信息网络和多媒体技术,拓展继续教育的开放性、灵活性和适应性,为广大会计人员提供快捷、便利和高效的学习条件。要统筹规划、合理布局、分层实施,充分利用高等院校、科研院所、电视台、电台、学术团体的积极性和优势,逐步建立会计人员培训基地网、社会办学网和远程教育网。继续教育内容要本着学以致用的原则,重点在会计人员急需的知识更新、技能补充、思维变革、观念转化、心理调整等方面,教学要因人施教、因地制宜。

江泽民总书记最近在全国教育工作会议上强调指出:"终身教育是当今社会发展的必然趋势。要逐步建立和完善有利于终身学习的教育制度"。会计人员继续教育是一项极富挑战性的朝阳事业,历史赋予了会计人员继续教育的使命和机遇,在即将步入21 世纪的今天,要大力宣传和开展会计人员继续教育,不断完善法规制度,将我国会计人员的继续教育工作引向健康发展的轨道,努力提高我国会计人员的素质和专业水平,以适应新世纪我国市场经济发展的需要。

（原载《财务与会计》1999 年第 8 期）

对我国高级会计人才职业能力与
评价机制的探讨

【摘要】发展市场经济需要高素质的高级会计人才。本文认为,高级会计人才应具备一定的政策理论水平,会计政策的职业判断能力,组织和实施内部控制的能力,财务管理的能力,综合运用财务会计信息的能力等。当前,开展高级会计师资格考试,完善会计人员继续教育制度,有利于高级会计人才的培养。

【关键词】高级会计人才　职业能力　评价机制

中共十六届三中全会提出:"以党政人才、企业经营管理人才和专业技术人才为主体,建设规模宏大、结构合理、素质较高的人才队伍。重点培养一批高层次和高技能人才。"胡锦涛同志在全国人才会议上指出:"全党同志必须从全局和战略高度,以高度的政治责任感和历史使命感,把实施人才强国战略作为党和国家一项重大而紧迫的任务抓紧抓好。"这都说明了人才在国家与经济发展中的重要性。那么何谓人才? 一般而言,是指具有较高专业素质,为社会发展和人类进步进行创造性劳动,在某一领域、某一行业或某一工作上业绩突出且德才兼备的人。人才有类别和层次之分,如经济人才、科研人才、教育人才、领导人才等,而会计人员是以会计为手段进行创造性劳动的经济人才。

高级会计人才应该是具备一定学历和现代会计知识、一定会计专业技术资格以及实际工作能力的高层次会计人员。高级会计人才是维护市场经济秩序的重要力量。根据我国 1986 年印发的《会计专业职务试行条例》,会计专业职务分为高级会计师、会计师、助理会计师、会计员四个级别。其中高级会计师以及大中型企业的总会计师和财会负责人即为本文所说的高级会计人才的重要组成部分。完善社会主义市场经济体制需要建立一种科学公正的会计人才培养机制,而高级会计人才是会计人才体系中最核心的部分,因此,必须要研究高级会计人才培养目标、应具备的素质和能力框架。本文将就此做深入的探讨。

一、大力培养高级会计人才是市场经济发展的必然需要

完善社会主义市场经济体制,培育和发展市场经济需要大批高素质的、优秀的高级会计人才。首先,企业需要高级会计人才。精通会计政策、通晓国际惯例、掌握现代企

业管理知识和发展战略的高级会计人才,是企业经营发展中不可或缺的"好管家",缺乏这样的人才,将会影响企业持续经营和发展的能力,这在我国企业改组上市或公司上市后持续发展方面尤为突出。总会计师或财务总监等高级会计人才是企业老总的左膀右臂,如果选好、用好高级会计人才,企业将如虎添翼。也正因为如此,《会计法》规定,国有的和国有资产占控股地位或者主导地位的大、中型企业必须设置总会计师。其次,行政事业单位同样也需要这样的高级会计人才。把钱花在刀刃上,控制跑冒滴漏,用较少的投入取得较高的效益,是高级会计人才的基本职业素养。

但当前,我国高级会计人才严重匮乏。据统计,某沿海经济大省近52万会计人员中,具有高级会计师资格的只有679人,占会计人员总数的0.13%,西部地区这一比例更低。即便是这些具有高级会计师资格的人员,其整体专业素质与企业发展的需要尚存在一定的差距。因此,大力培养具有现代管理理念的高级会计人才,是各级财政部门会计管理机构的一项长期、艰巨的任务。

二、高级会计人才应具备的职业能力

那么高级会计人才应具备哪些职业能力,笔者认为,至少可以从五个方面阐述。

(一)具备一定的政策理论水平

政策理论水平应当作为高级会计人才的首要条件。比如,高级会计人才应关注中央关于经济体制改革的精神及相关政策。中国的会计改革与国家的经济体制改革与发展密切相关,经济体制改革及相关政策的变化会引起会计大环境的变化,高级会计人才必须洞悉会计大环境变化对会计工作的可能影响并前瞻性地积极应对;再如,高级会计人才应关注会计改革与会计理论的最新发展。完善会计政策和会计标准体系是完善社会主义市场经济体制的要求,我国已有16项会计准则,且即将有20多项会计准则出台,高级会计人才必须积极学习这些会计政策与制度,并积极参与会计准则与会计制度的制定。不仅如此,高级会计人才还必须要能把握重大会计政策出台的背景、意义、原则和理念以及需要解决的主要问题,而不能陷于具体事务的处理。

(二)具备会计政策的职业判断能力

职业判断能力是各级会计专业人员的基本素养。随着中国会计改革的深化和会计的国际化,财政部出台的会计准则和会计制度中涉及职业判断的内容较多。例如关于资产减值,如果资产发生了减值就要提取减值准备,但如何判断企业的某项具体资产减值了多少,统一的会计标准只能规定基本原则和基本方法,企业需要根据具体情况进行具体分析,具体判断哪项资产发生了减值,应提取多少减值准备。再如关于收入确认,收入准则规定确认收入的标准是收入已经实现且与资产所有权相关的主要风险已经转移,什么情况下收入已经实现,怎样才算与资产所有权相关的主要风险已经转移,都需要发挥会计人员的职业判断能力。除此之外,还有或有事项以及公允价值等都涉及会

计人员的职业判断问题。高级会计人才除了要具备对基本会计事项进行会计处理所应有的判断能力外,还应具备对一般会计人员的会计职业判断进行指导和再判断的能力。

（三）具备在本单位组织和实施内部控制的能力

在西方发达国家,公司治理和内部控制是永恒的研究主题。在中国市场经济的完善和发展时期,公司治理和内部控制尤其重要。很多经济犯罪案例,如携款外逃、挪用公款用于炒股或赌博等,都是内控不严引起的。为了便于各单位开展内部控制工作,财政部从2001年开始陆续发布了一系列规范,如货币资金控制规范、销售与收款控制规范、工程项目控制规范等,对企业建立内部控制规范体系进行规范和指导。作为高级会计人才,应承担起企业内部控制规范体系的建立和实施等工作,必须把最敏感的环节和岗位控制住,如货币资金岗位、采购岗位、销售岗位、工程项目岗位、对外投资岗位、担保事项岗位、预算控制岗位和计算机网络控制岗位等。

（四）具备财务管理的能力

任何一家企业,其工作重心都是做强做大主业或扩大经营规模,保持其主营业务收入持续增长,在行业竞争中占有一定的优势。如扩大市场营销,通过企业收购和兼并提升公司的竞争力等,但其核心还是企业内部的财务管理问题,即：重点抓好企业资金筹集、资金运用、资金投放、资金退出等几个环节的问题。随着资本市场的发展,企业的筹资渠道趋于多元化,选择哪一种方式最经济、最可行,筹集的资金如何有效运用才能让有限的资金发挥最大的效用,企业获取的利润又如何分配才能实现企业目标的最大化,等等,一系列问题都是企业财务管理的核心,也是高级会计人才的工作重点之一。因此高级会计人才必须具备财务管理能力才能胜任其工作。

（五）具备综合运用财务会计信息,为管理决策层提供意见和建议的能力

会计核算与财务会计报告是高级会计人才的本职工作,高级会计人才应根据财务部门掌握的财务会计信息,综合分析研究企业经营管理中存在的问题,找出薄弱环节,提出改进措施,供管理层参考。在向管理层提供信息的过程中,应当注意通俗易懂、简便易行,这也是高级会计人才应当履行的参与管理、参与经营、参与决策的职能。不仅如此,高级会计人才应当了解、熟悉本单位的生产和经营特点,不能单纯就会计论会计,应当将会计工作寓于企业经营管理过程之中,只有这样,才能充分发挥高级会计人才在企业生存和发展中的重要作用。

当然,高级会计人才并不是仅仅具备上述五个方面的主要职业能力,随着我国经济的持续增长与国际竞争的严峻挑战,高级会计人才还需要具备丰富的行业经验,一定的组织领导能力、沟通协调能力、解决问题能力以及创造性思维能力等。

三、建立和完善高级会计人才的评价和培养机制

现代社会中,体能、技能、智能三者存在两组简单的等比级数规则,人的体能、技能

与智能对社会财富的贡献分别为 1：10：100，一个仅具备体能者和一个兼具体能、技能和智能的人才，对国家、对社会的贡献率是近百倍的差距。高级会计师、总会计师、财务总监以及财会负责人等是高级会计人才的主要组成部分，也是集聚体能、技能、智能于一身的高级经济管理人员。我国拥有 1 200 万会计人员，注册会计师 13 万人，这个数量应该说是不少的，但高级会计人才匮乏的矛盾非常突出，这需要我们重视高级会计人才的培养和选拔，通过考评结合、终身学习、诚信教育等手段，逐步形成并建立一种科学、公平、公正的有效机制，充分挖掘、培养这类高精尖会计人才。

（一）开展高级会计师资格考试与评审相结合的试点工作，完善高级会计人才的评价机制

培养和评价符合上述职业能力的高级会计人才，不仅是广大会计人员自身的问题，也是各级会计管理部门的一项重要任务。自 1986 年实施《会计专业职务试行条例》以来，高级会计人才的资格确认一直是通过评审来取得。这种单一的评审制度越来越显现出其弊端，如在评审标准上重资历、重学历、重工龄、重文章，走"关系"、论资排辈，忽视工作业绩和专业技能，影响了个人潜能的发挥。多年来，财政部、人事部一直在研究和探讨高级会计人才的评价机制。2003 年，财政部和人事部在浙江、湖北两省进行了高级会计师资格考评结合试点工作，取得了成功。考试科目定为《高级会计实务》，采取开卷考试方式，主要考核应试者运用会计、财务、税收等相关的理论知识、政策法规和实际工作经验，对所提供的有关背景资料进行分析、判断和处理业务等综合能力。对于通过考试并达到国家合格标准的人员，由全国会计资格考试办公室核发高级会计师资格考试成绩合格证，该证书在全国范围内 3 年有效。同时还允许试点省根据本地区会计人员考试的实际情况，确定当年参评的地方标准。2003 年，浙江、湖北两省报考总人数为 6 514 人，共有 2 240 人通过全国合格标准，约占实考总数的 48%，这是全国考试的合格标准。两试点省还根据本省实际情况，制定了当年度参评的合格标准。对于考试合格者（包括国家标准和省级标准合格者），再参加当地高级会计师评委会评审，通过考评结合，使高级会计人才的评价制度更加科学合理。

从浙江、湖北两省高级会计师资格考评结合试点实践看，开局良好，符合中共十六届三中全会精神和国家"十五"人才发展战略要求，也是适应我国加入 WTO 关于对会计人才、会计服务市场发展的需要。采取全国高级会计师资格考评结合方式，能够更加体现公开、公平、公正的竞争原则，可以减少一定的人为因素，有利于建立客观、公正、竞争、择优为导向的高级会计人才评价机制；初步形成了初级、中级、高级会计专业技术资格"阶梯式"考试评价体系；提高了高级会计师资格的"含金量"，使得一批德才兼备的高级会计人才脱颖而出，以满足社会主义市场经济对高级会计人才的需求。

浙江、湖北两省实行高级会计师资格考评结合试点取得的初步成效，在全国各地引起了积极反应，纷纷要求参加 2004 年的试点工作。根据各地申请，并经全国会计资格

考试办公室确定,2004 年除浙江、湖北两地继续试点以外,辽宁、河北、新疆、宁夏、江苏、福建、江西、山东、陕西、青海、海南、四川、重庆、北京等共有 16 个省(自治区、直辖市)纳入试点范围。财政部、人事部和全国会计资格考试办公室将鼓励、支持和组织好 2004 年的试点工作。通过扩大试点,摸索经验,为全面推行高级会计师资格考评结合制度创造条件。

(二)规范和完善会计人员继续教育制度,不断保持和提高高级会计人才的专业胜任能力

知识和经验的积累不是一朝一夕能够完成的,需要不断学习,不断"充电",树立终身学习的理念,在实践中不断充实自己,不断完善自己。成为高级会计人员并不意味着知识和经验达到了顶点,特别是随着经济全球化和我国加入 WTO,会计及相关学科新理论、新方法、新技能不断发展和变化,客观上需要高级会计人员也要不断地学习和提高。因此,需要加强会计人员继续教育,通过这项制度不断地对高级会计人员的知识与技能进行更新、补充、拓展和提高,完善其知识结构,提高其业务技能、职业道德水平和创造能力。要按照中共十六大、十六届三中全会、全国人才会议对继续教育提出的要求,按照高级会计人才的职业能力,开展高级会计人员的继续教育,因人而异,因材施教。各级财政部门和有关方面,在开展会计人员继续教育工作中,一是要形成最大限度满足高级会计人员继续教育的环境和条件,通过备案并公开培训单位的方式,选拔一批高质量的培训场所。要形成有利于统筹规划、合理分工、优势互补、优化整合的继续教育管理模式,促进资源共享,打破各级各类教育资源之间的壁垒;二是形成激发高级会计人才在不同行业、不同岗位上不断奋发学习的运行机制,积极研究和推进非学历教育的途径和方法,研究和实施高级会计人才能力框架体系的建设;三是形成一批国际标准化的教学软件、课程、教材,大力引进国际通行的课程和与之相适应的教学软件等设施,加大实际应用能力的培训;四是形成规范有序的高级会计人才培训市场体系,加强与国际知名机构的合作,调动和发挥各部门的积极性,为尽快形成完善的高级会计人才培训体系提供强大的人力资本积累的支撑。

按照高级会计人才职业能力要求,建立高级会计人才评价机制和实施高级会计人员继续教育,建立以人为本,科学、公开、公正、竞争、择优为导向的高级会计人才机制,有利于培养和打造更多的适应社会主义市场经济发展需要的高级会计人才,有利于真正发挥高级会计人才在经济管理中的积极作用,有利于调动他们的积极性,创造性地开展工作,有利于创造一个高级会计人才公平竞争的环境,切实做到并充分保障高级会计人才创业有机会、干事有舞台、发展有空间。

(原载 2004 年第 6 期)

我国高级会计人才教育的新开端

　　在我国会计界的有识之士的共同努力下,经国务院学位办批准,由教育部、财政部共同管理指导,并由全国 21 所具有会计博士资格院校承担的旨在培养高级会计人才的会计硕士(MPAcc)学位,在今年已经正式开始了。它是我国高级会计人才教育的新开端,是我国为适应不断变化新的经济形势而培养高级应用型会计人才所作出的重大举措,也是我国会计教育具有里程碑意义的一件大事。为了更好地将这个新的会计教育系列,办成培养我国高级会计人才的阵地,笔者就此谈些看法。

一、实施 MPAcc 教育是社会主义市场经济发展对高层次会计人才的迫切需要

　　会计人才,具有明显的专业技术特性和独立的职业背景,是经济、社会运行中一支不可或缺的专业技术人员队伍。随着我国社会主义市场经济的发展,不论是国家对国民经济的宏观调控、优化社会资源配置,还是加强企业和事业单位管理、维护市场经济的正常秩序等方面,会计正扮演愈来愈重要的角色。社会主义市场经济发展需要一大批高素质的高级会计师、总会计师和财务总监(CFO),一大批有国际水准的注册会计师和审计师(CPA)。这些高层次会计人才,必须系统掌握高级会计学、审计学和财务管理等理论和技能,对实务有充分的了解,具有很强的解决实际问题的能力。特别是我国加入 WTO 以后,会计作为一种公认的"国际通用商业语言",使其对会计人员的要求日趋高标准和国际化。因此,通过对我国会计职业状况及其与社会经济发展相适应情况的调研,并在借鉴西方主要国家培养会计高层次人才经验的基础上,在我国设置和试办 MPAcc 是十分必要的,也是可行的。设置 MPAcc 不仅可以加速培养大量应用型的高级会计专门人才,提高我国现有会计工作者整体素质,也是适应我国社会主义市场经济的发展和应对经济全球化的客观需要。

二、积极创新、高标准、高要求,培养出高质量的会计专业人才

　　实施 MPAcc 教育,首先是要明确培养目标,即培养应用型的会计职业高级人才。MPAcc 教育要面向会计职业,培养德智体全面发展、具备良好职业道德和法纪观念的高级会计专业人才,这一专业人才主要包括高素质的高级会计师、总会计师和财务总监(CFO),以及有国际水准的注册会计师和审计师(CPA)。从实际工作来看,会计专业由

于其较强的专业技术性特点使其与其他的管理专业明显区分开来。会计工作具有较高的技术性和复杂性,从经济信息的采集、会计信息的处理方法和报告方式,到成本的计算、内部控制的实施和审计的运用等,无不需要专门的技术知识。还值得注意的是,会计与工程技术等专业一样拥有和执行专业(行业)技术标准,甚至是国际专业技术标准——如众所周知的"国际会计准则"和"国际审计准则",而这是其他的管理专业不可比拟的。因此,MPAcc 与 MBA、MPA 等相比,培养目标更具有职业针对性,这种掌握专门的技术和方法、熟悉专业技术标准的专门人才,不单独培养和单设专业课程教育是不能适应新的经济形式需要的。其次,要制定科学合理的培养措施。案例教学是成功办好 MPAcc 的关键,加强实践环节、注重能力培养是 MPAcc 教育的突出特点。具体培养措施要注意以下几点:

一是要加强组织保证。领导重视、组织专门工作班子和优秀的教师队伍是保障MPAcc 教育质量的重要前提。首先,各试点单位领导要足够重视,要看到 MPAcc 教育对我国职业教育和会计职业界的重大影响和意义;其次,要成立专门的组织,周密安排、科学管理。再次,要选派精兵强将和骨干力量成立导师组,发挥集体培养的作用。同时要注重培训师资,不断提高教师的教学水平,特别是培养部分师资的实践教学能力。

二是严格入学标准和严把入学关。所有应试入学的学员要求有较强的专业和职业背景。鉴于本科系统的专业训练对会计职业的重要性,MPAcc 专业学位的招生对象是具有学士学位的国民教育系列本科毕业生,从事会计或相关领域具有实践经验的在重要财会岗位工作的在职人员,鼓励在岗的财务领导人、会计师等参加学习。针对在职人员的特点,上课主要为周末等业余时间,便于边干边学。

三是要制定科学的教学方法。以案例教学为主,创新、探索新的教学方式和方法,在保证质量的前提下,鼓励采取灵活多样的培养方式。培养过程采取学分制,学员必须通过学校组织的规定课程的考试,成绩合格方能取得该门课程的学分。教学方式以案例教学为主,注重理论联系实际,强调培养学生分析和解决实际问题的能力。适当安排实践环节,大力增强案例教学和多媒体教学的场所及设备条件,加强图书资料、网上文献信息数据库、计算机及相关软件、网络接入条件等教学设施建设。及时追踪世界最新研究成果,关注实务部门的需求,结合院校自身特点,开设热点专题讲座,努力提高学生的知识层次和业务水平。还要与会计实际部门建立密切的联系和合作,增强实践环节锻炼。

三、新时期我国高层次应用型会计人才应具备的基本素质和能力

MPAcc 具有对多变的商业环境的学习能力和战略意识,具有会计工作的领导潜质人才。我国市场经济的蓬勃发展赋予了 MPAcc 学员神圣的历史使命和难得的事业机会,那么作为 MPAcc 人才为适应这一新的要求应具备哪些专业素质和能力呢。我认为

这一合格的素质和能力将突出表现在以下几个方面：

第一、宏观形势的理解能力。社会主义市场经济是我们国家、企业和个人面临的大环境。作为新时期高级会计管理人员首先要具备理解社会主义市场经济内涵，及时地把握时代和经济发展脉搏的能力。企业是国家经济的重要组成部分。了解国际国内宏观经济政策形势，把握国际、国内经济发展动向及趋势，正确把握宏观经济形势，理顺宏观经济与微观经济的关系，可以提高企业高级管理人员的经济政策理解能力和企业战略决策能力。高级会计人员作为企业高级管理团队中的成员，同样要具有宏观形势的理解能力。把握重大会计政策出台的背景、意义、原则和理念，以及需要解决的主要问题，不要陷于具体事务中。

第二、综合分析能力。通过企业的财务报告对企业进行透彻的、全面的、综合的分析，是高级会计人员必须具备的基本能力。高级会计人员与一般会计人员的区别在于高级会计人员所从事的工作不再是一些具体的账务处理工作，而是一种综合的财务分析与管理工作，是企业管理团队中的财务与会计专家。在新时期新形势下，高级会计人员应当熟悉本单位的生产经营，利用财务会计报告等信息资源，结合经营管理中的落后环节和存在的主要问题，找出薄弱环节，提出今后的改进措施和意见，供管理层决策参考。

第三、职业判断能力。随着我国会计准则体系的建立和完善，要求会计人员特别是高层次会计人员应改变原来会计制度下较少运用职业判断的思维方式，提高对会计准则运用的职业判断能力。因为，社会经济的发展使会计环境复杂多变，不确定性经济事项日益增多，而会计标准却日趋简略，会计职业判断空间不断增大。这不仅是国际会计准则的发展趋向，也是我国会计准则的发展趋向。因此，高层次会计人员不论是从事企业会计工作，还是从事审计工作，都需要具有敏锐、准确的职业判断能力。如实地确认和计算资产、负债的价值和当期损益等财务状况，以提高本单位的会计信息质量。

第四、财务管理能力。在社会主义市场经济条件下，资本市场得到了大力的发展，公司理财的经济环境、法律环境、信用环境日趋完善，各种投融资渠道、投融资工具、投融资方式多种多样。企业财务管理工作有了大显身手的空间和机会。我国的企业将来不仅要在国内市场上展现自己的财务管理能力，还要到更加复杂多变、同时也是更加成熟的国际金融市场筹集资本、投放资金。财务管理人员要为企业创造价值，就需要高层次会计人员立足本国、放眼国际培养自己高水平的财务管理能力。

第五、内部控制能力。一个时期以来，国际国内重大的财务舞弊案件频频发生，企业内部控制越来越受到重视。COSO 报告建立公司内部控制框架，成为内部控制纲领性文件。财政部已经和正在制定一系列内部控制规范。"千里之堤，溃于蚁穴"，从国际上的巴林银行倒闭，到国内最近发生的中行高山案件、中航油事件都说明了这一问题。因此，作为高层次会计人员，应该具备内部控制驾驭能力，不仅要为企业记好账、理好财,还要具有为公司建立健全各项内部控制制度,承担起企业内部规范体系的建立和实施等工作,必须把最敏感的环节和岗位控制住,如货币资金、采购、销售、工程项目、对外投资、担保事项、预算控制、计算机网络控制岗位等、保证各项内部控制制度得到有效执行的能力。

第六、熟练掌握和运用会计法规及国际、国内会计标准的能力。作为高级会计人员要熟悉和精通会计法规、依法办事,要理解会计法规的精髓,自觉抵御和坚决杜绝违法乃至犯罪行为,要正确处理好和维护个人、集体与国家的利益。同时,随着我国加入WTO 和经济全球化的发展,国际贸易往来、国际投融资等经济交往日益增多。这就要求我国会计人员特别是高级会计人员不但要熟练运用国内会计标准,而且要熟悉和了解国际会计标准。运用这些标准正确处理在国内、国际经济交易中的会计事项,正确维护企业及国家的经济利益。

四、MPAcc 在我国的广阔前景

由于历史的原因及社会经济发展对会计需求的急剧增长,高级会计人才的社会需求和供给存在突出的矛盾。虽然我国会计人员队伍庞大,但整体素质偏低,精通专业、能力全面的应用型人才匮乏,MPAcc 在我国将大有作为。会计专业队伍是我国最大专业技术队伍,目前全国从事会计人员达 1 200 万人,国有和县以上集体单位的持证在岗会计人员中,具有硕士(含其他专业)以上学位的人员,占高级会计师的 20.56% ,只占中级会计师的 0.98% ,仅占全国会计人员总数的 0.05% ;具有会计学硕士以上学位的人员,占高级会计师的 6.56% ,占中级会计师的 0.31% ,占全国会计人员总数的0.015% 。由此可见,我国高层次应用型会计人才匮乏的矛盾十分突出。

我国发展社会主义市场经济需要一大批高素质的高级会计师、总会计师和财务总监,一大批有国际水准的注册会计师和审计师。设置 MPAcc 可以加快高层次、应用型会计人才的培养步伐,改变我国会计人员队伍的知识结构和学历结构,提高我国会计人员队伍的整体素质,可以加快高层次、应用型会计人才的培养步伐,改变我国会计人员队伍的知识结构,提高我国会计人员队伍的整体素质。因此,办好 MPAcc 在我国将是一项持续发展的事业,MPAcc 在我国具有广阔的前景和永不衰竭的活力。

五、对 MPAcc 学员的希望

由于 MPAcc 学员是在职业余学习,一般而言不存在重新就业问题,因此要正确处理好学习与工作的关系,做到学习工作两不误,就此具体提以下几点希望:首先,一方面要结合本单位实际工作中的问题,通过学习加以解决;另一方面要通过学习提高能力,进一步更好地工作;其次,要认真学习 MPAcc 规定的课程,包括核心课、公共课和选修课。这些课程对专业知识有不同的要求,知识结构较为合理,范围较为宽广,几乎涵

盖了现代会计专业知识前沿,学员们要融会贯通、举一反三;最后每一位学员都要树立一种历史的责任感,要发奋图强,抓住这一难得的机会学有所成。要勇于面对更大挑战的工作,敢于承担更大的责任,为本单位乃至社会作出更大的贡献。

发展 MPAcc 教育是一种国际趋势,对促进我国的多元化会计教育事业的发展具有重要和深远的意义。MPAcc 这个专业学位教育是通过我们会计界的教育人士经过长期的努力取得的一个新的教育系列,来之不易。衷心地祝愿所有承担 MPAcc 教育的院校将 MPAcc 办成一个大家认可的、有真金白银的品牌。

(原载《财会通讯》2005 年第 4 期)

中国企业总会计师的典范

2009 年,财政部组织了全国先进会计工作者(总会计师系列)评选表彰工作。经过层层选拔推荐、面向社会公示、公众投票推选、专家民主评议和组织实地考察,财政部决定:授予王锦友等 10 名同志"全国先进会计工作者(总会计师系列)"荣誉称号。这些受到表彰的总会计师是中国总会计师队伍的杰出代表,堪称中国企业总会计师的典范,在他们身上闪耀着夺目的光辉,彰显着优秀的品质。在当前争取应对国际金融危机全面胜利、促进经济社会健康发展、全面推进我国新时期会计事业的关键时期,尤其应当向他们学习。在此,本人拟就这些模范总会计师所具备的优秀品质进行"解读",愿与大家共同学习和分享。

一、牢记使命　全心全意投入会计事业

只有牢记使命,才能激发责任感;只有充分意识到肩负的责任,才能矢志不渝、全心全意投入到事业中去。受到表彰的 10 名总会计师牢记服务企业、服务社会、报效国家的使命,把人生中最美好的光阴奉献给了企业、奉献给了钟爱的会计事业。他们大都从大学毕业起开始从事会计工作,一干就是十几年甚至几十年;期间,他们或许有换个更好的单位的想法,或许也遇到过猎头公司找上门来的"诱惑",但他们不为所动,长期扎根奋斗在基层企业。他们从见习生、出纳、会计员干起,一步一个脚印,一步一个台阶,直至成就今天的事业——中国企业总会计师的典范。

杭州中策橡胶有限公司总会计师姜民胜同志就是这样一个全身心投入会计事业的典范。1972 年 3 月,他进入杭州橡胶总厂炼胶车间,成为一名普通的生产工人;1980 年 3 月,勤奋好学、工作细致的他被安排负责车间的成本核算工作,正是这个最基层的车间核算员岗位,使他熟悉了各个岗位的成本核算工作,积累了丰富的经验;1988 年 3 月,他从车间调到财务部,"一个残疾人当主办会计"轰动了全厂;1992 年 9 月,杭州橡胶总厂与外方合资,成立了杭州中策橡胶有限公司,他由于工作能力出众,被提拔为财务部副经理;1996 年 8 月,他出任财务部经理;2000 年 7 月,他又不负众望,升任公司总会计师。从车间成本会计到总账会计,从全厂主办会计到运筹帷幄的总会计师,姜民胜同志以超出常人的意志,走出了一条从生产工人到总会计师的不寻常道路。粗略算一下,他从事会计工作足足达 30 年! 汗水随着事业的进步在挥洒,青春随着企业的壮大

而逝去。

中国铁建股份有限公司总会计师庄尚标同志又何尝不是如此！他从长沙交通学院工程财务会计专业毕业后就从事财务工作，先后在不同的财务岗位上工作过。从一个普通的会计人员做起，始终信守本分做人的原则和会计人员的职业道德，真正做到踏踏实实做人，清清白白做事，爱岗敬业、忠于职守，以其良好的职业操守、勤勉的工作作风、过硬的工作能力，为企业作出了突出贡献。一晃 20 多年过去了，他也收获了全心全意投入会计工作的硕果：2005 年 8 月调入中国铁道建筑总公司任总会计师，现已担任中国铁建股份有限公司副总裁、总会计师、总法律顾问。

二、注重学习　不断提升业务素质

企业的快速发展和会计改革的深入进行，对总会计师的综合能力提出更高的要求。可以说，没有良好的专业素养和领导能力，要担当好总会计师的职责是难以想象的！当前，作为一名优秀的总会计师，最重要的就是熟悉企业会计准则，了解会计国际趋同的新动向，在此基础上再逐步拓展到内部控制、会计信息化、企业管理、法律等相关知识领域，做到既有扎实的会计专业理论知识，又有组织领导企业会计核算、财务管理、资本运营、防范和化解财务风险的能力，还具有较强的组织管理能力、沟通协调能力、综合分析能力、政策把握能力、会计职业判断能力和国际视野。

开滦集团公司总会计师张志芳就是这方面的杰出代表。他十分注重企业会计准则、财务理论、内控和风险管理等方面知识的学习、实践、研究与思考，不到五年的时间，先后在省级以上刊物发表专业论文 7 篇。2005 年撰写的《财务总监制度应成为出资人财务监管的首选》，在第二届河北省国资系统优秀调研成果评审中荣获一等奖；2006—2009 年，他先后撰写并发表了《实施财务集中管控防范财务风险》、《企业风险的层级防控体系设计》、《开滦集团财务战略制定实施的实践探索》、《企业腾飞中的会计人》、《开滦集团化解金融危机影响的对策》等多篇论文，并针对开滦集团公司重点工作及重大问题，及时向领导提交专题调研报告，为开滦集团的转型发展贡献聪明才智。

武警交通指挥部党委常委、总会计师李正明在通过持续不断地学习以提升自身素质方面做得也非常出色。他深知，"打铁先得自身硬"。长期以来，他养成了勤奋学习的良好习惯，利用工作之余精心研读，汲取营养，增长知识，提高技能。尤其是在日常工作生活中，经常关注国家和军队颁布的一系列财经法规和规章制度，做到学习与颁发同步，尽快掌握其主要内容和精神实质，并能结合所学的理论知识和工作实际，精心总结学习成果，将其应用到管理实践中去。

除张志芳、李正明等总会计师外，其他受到表彰的总会计师也无不注重不断学习和提升自己。比如，四川明星电力股份有限公司财务总监张涛同志既学习专业又广猎其他领域。近几年，他先后参加了国家科委主办的"现代高级主管国际研修班"、国务院发展研究中心举办的"经济形势与企业对策高级讲习班"、国家会计学院国有大中型企业总会计师岗位培训、西南财经大学主办的新《会计准则》培训等学习培训,多次参加了证券监管部门和上海证券交易所的履职培训。

学习能力决定了一个人的成长能力,决定了一个人发现、分析和及时解决问题的能力。正是因为不断地充电、不断地探索,这些受表彰的总会计师才能及时获得最新的知识、最新的信息、最好的技能,才能总"赶"在前面,去发现问题、捕捉机会、寻求企业应对国际金融危机的良策。以总会计师庄尚标为例,2008年,美国次贷危机发生伊始,他就思考着危机可能对公司造成的影响。当年7月初,他安排了全系统各二级单位总会计师的培训,聘请专家讲解次贷危机的问题;8月,在对上半年经济运行情况进行分析时,他向公司高层敏锐地提出了防范次贷危机影响的建议,并组织有关部门研究了具体防范措施。根据他的建议,中国铁建下发了《关于进一步加强管理防范财务风险的通知》,提出了六个方面的防范措施。正是由于他对此次国际金融危机敏感的认识,加上一贯坚持稳健理财的原则,中国铁建成功消除国际金融危机的不利影响,实现平稳较快发展。

三、参与决策　促进企业经营管理水平稳步提升

企业会计工作的一个重要目的就是为企业的经营管理服务。受到表彰的总会计师们对此有充分的认识。他们立足会计,又超越会计,始终站在全局和战略的高度,积极参与企业战略和重大经营管理决策的制定,探寻新思路,提出新举措,强化财务对经营活动的服务和管控的功能,在企业经营、购并、上市等重大决策中发挥着不可或缺的作用。

杭州中策橡胶有限公司姜民胜说得好:会计工作是企业工作的核心内容之一,会计人员尤其是总会计师要变事后算账的"账房先生"为公司决策的参与者,要站在企业发展的全局看问题,要经常思考能为企业的发展做些什么,不能总是被动地接受任务,要主动地为企业出谋划策。平凡的言语之中,道出的却是企业会计管理工作的真谛。通过调查研究,他发现工厂成本核算工作做得不够细致,不能正确反映产成品的实际成本,尤其是材料差异的平均分配使某些产成品成本和实际成本之间的差距较大,严重误导企业的决策,遂在认真研究后提出用"平行结转"的方法解决这个难题。二十几年的实践运行,证明这种结转方法非常合理和适用,其不仅解决了成本差异的合理分摊问题,提高了工作效能,而且有助于部门考核和企业内部挖潜增效,为企业的决策提供正确信息。随着企业的快速发展,姜民胜又牵头进行兼并重组工作,前前后后参与完成了对十余家企业的兼并和收购业务,难得地做到重组一家、成功一家。每家外围工作告一段落,企业管理层决策时,都是由姜民胜同志在摸清对方财务家底的基础上,根据被重组并购企业的经济性质和状况,提出最佳的方案。如对杭州永固橡胶厂、杭州胶鞋厂等

国有性质的企业,公司采取承债式整体收购的方式进行重组;对杭州万里化工有限公司这类已完成股份制改造的企业,则采用受让股份的形式;对浙江杭廷顿公牛轮胎有限公司这类民营企业,为避免此类企业存在的两本账、账外负债、或有负债及职工养老保险不上缴等风险因素,采取的是购买有形资产的方式进行兼并。实践证明,他采取的这些资本运作方式,既为这些处于停产或半停产状态的企业重获生机,也为公司产品结构调整、生产规模扩大提供了生产场地和劳动力。

除姜民胜外,其他优秀的总会计师在参加企业决策、提升经营管理水平方面同样可圈可点。山东省商业集团总会计师李明同志就很有一套。他在强化财务管理的基础上,立足企业内控要求,着力从完善全面预算管理、财务总监委派制度等方面,持续推进企业内控体系建设,防范和化解了经营风险,保障了企业持续健康地发展。在李明同志带领下,鲁商集团以全面预算管理作为企业内控的抓手,确立了"以资金预算为中心,以资源配置为导向"的思路,通过对预算的计划、分解和落实,达成对经营状况和经营成果的全面计划、控制和考核,实现了战略、计划、预算、预测、分析、风险控制、资源配置与绩效管理的有效集成。为保证预算的贯彻执行,他还借助信息化控制平台实行超预算制单控制。在各预算执行单位费用预算达到 80% 时,系统就会自动预警提示;完成全部预算指标后,系统不再接受费用制单。

通过这种费用预算控制的刚性要求,有效杜绝了超预算运行或无预算运行,鲁商集团也因此被山东省国资委列为全面预算管理试点单位。与此同时,为确保内控体系的贯彻落实,李明同志还在整个集团范围内大力推行财务总监(总会计师)委派制。直属各单位的财务主管统一由集团总公司统一任免、统一管理。财务总监定期向集团述职,集团根据制定的各项量化指标,实行统一考核奖惩,有效加强了对所属企业的管理和监控,为实现国有资产保值增值提供了有力保障。

四、开拓创新　推动企业跨越式发展

风口浪尖看潮生,浪卷千堆总向前。追求创新是企业发展的不竭动力和永恒主题。这些受表彰的总会计师们无不勇于实践,开拓进取,努力创新会计管理方法和手段,不断提高企业管理水平,运用创新推动企业实现跨越式发展。

比如,大庆油田总会计师闫宏面对油田特高含水期投资缺口大、资金不足的矛盾,科学理财,统筹管理,集中资金保障事关油田发展大局的业务和项目,有力地保障了公司生产经营重点目标的实现。他深知科技进步是推进大庆油田 50 年发展的不竭动力,资金再紧张也必须保障科研攻关的需要。每年他都主动结合公司科技发展规划,安排近 40 亿元保证重点科研项目投入,有力地促进了油田科技的创新发展。

又如,山东省商业集团总会计师李明清醒地意识到,现代信息技术(IT)是企业创新的助推器。他借助于信息技术,有效防范和控制风险,提升科学管理水平。按照信息

化管理的要求,公司引进了浪潮 GS 集中式财务管理软件,在集团实施了财务"一套账"集中管理;通过信息化系统,以财务共享中心、全面预算管理、资金集中管理为切入口,对整个集团的运营和管理进行串联整合,全面实现各项工作流程的数字化、网络化和规范化运作,做到了以数据的信息化实现精细管理,以流程的信息化规范业务处理,以决策的信息化改善企业经营,为鲁商集团实现跨越式发展奠定了良好的基础。

五、坚持原则　率先垂范信服于人

知识能力是手段,道德操守是方向。"德胜才谓之君子,才胜德谓之小人"。作为优秀的总会计师仅有会计理论知识和专业判断能力还不够,更要有高尚的道德和职业操守,更要坚持"诚信为本、操守为重、坚持准则、不做假账"的原则,真正做到"知能兼备,德艺双馨"。

中铁十二局集团总会计师王锦友身上就透着这方面的优秀品质。他始终坚持把廉洁自律、克己奉公,作为自己和全体财会人员的职业道德底线;把不谋私利,遵纪守法,作为约束财务队伍的"高压线",为全体财会人员树立了良好榜样。同时,他还严格规范企业财务活动,将依法诚信经营,赢得企业在社会道德信用体系中的一席之地作为重要任务。在他的带领下,集团在我国铁路建设市场获得信用评价八连冠,被全国人大常委会委员长吴邦国同志称赞为"一支很有战斗力的队伍"。2007 年经国家审计署对中铁十二局集团所属 500 多亿元在建工程、200 多个财务单位严格审计,无一例违规违纪现象,得到了审计署领导的高度评价。

新疆八一钢铁股份有限公司总会计师、董事会秘书陈海涛也是这方面的优秀代表。他认真学习国家的各项法律、法规,带头贯彻执行《会计法》,严格执行财会制度。他要求自己必须铭记"搞一次特殊就降低一分威信,破一次规矩就留下一个污点,谋一次利私就失去一片人心"的警语;他要求自己必须坚持"讲道理时先问自己是否明白,提要求时先问自己是否做到,批评人时先问自己有何责任";他要求自己必须做到"不断学习、眼界要高、工作要实、思路要新"。对原则的始终坚持、对纪律的严格要求、对职守的竭尽忠诚,让他赢得了人们的尊敬和赞誉。2009 年,他被评为"自治区先进会计工作者";同年 7 月,被上海证券交易所评为"优秀董事会秘书"。

六、积极沟通　营造和谐经营环境

良好的沟通协调能力是优秀总会计师的重要特质。这不仅表现在对内与董事会、管理层和员工之间沟通交流,更为重要的是体现在对外与各有关部门和单位的组织协调。只有具备良好的沟通协调能力,才能为企业的经营发展创造良好的环境。

对于企业的总会计师而言,同各级财政、税务和审计部门沟通,获得各种财政税收政策支持是其重要职责之一。中国联通广西分公司总会计师韦秀长同志在这方面做得很出色。广西联通由多个法人主体构成,涉及的财税方面问题广泛而复杂。韦秀长同志本着尊重他人的原则,在法律法规允许的范围内致力于理顺各种财政、税务关系,争取到了多项税务政策,比如手机用户话费及有价卡预存款由原有的发票方式改为收据方式和用户积分处理的税务政策。几年来,经韦秀长本人及其带领团队不懈努力,通过加强沟通,营造了良好的外部环境,为公司健康发展奠定了坚实基础。类似的特质在其他几位受表彰的总会计师身上也卓然体现。

受到表彰的这 10 位优秀总会计师身上所散发出来的优秀品质还有很多,在此不一一赘述。

"典范"是一种态度,是一种动力,是一种力量,更是一面旗帜!"中国企业总会计师的典范"不是一个简单的符号,而是千万当代会计人孜孜追求和时代精神的缩影!让他们身上焕发出的精神力量和优秀品质,转化为我们千万会计人的价值观念、行为准则和强大的内在动力,为全面推进注册会计师行业管理、行业党建、会计准则国际趋同、会计信息化、内部控制、会计人才战略等各项事业而努力奋斗!

(原载《会计研究》2010 年第 2 期)

全面实施我国会计人才战略

执政兴国,唯在得人。当今和未来的国际竞争,说到底是人才竞争。谁拥有更多更好的人才,谁就能在激烈的竞争中取得主动,赢得未来。因此世界各国,尤其是发达市场经济国家,都十分重视并不断加强本国人才建设。今年2月,中共中央政治局在研究讨论《国家中长期人才发展规划纲要(2010—2020年)》时强调指出,各级党委和政府要把人才作为经济社会发展的第一资源摆在突出位置,加强人才资源能力建设,推动人才结构战略性调整。会计人才是我国人才队伍的重要组成部分,加强会计人才能力建设,增强会计人才专业胜任能力,是贯彻落实国家中长期人才发展规划纲要的重要举措,是适应国家经济社会发展、提升企业国际竞争力、进一步推进会计改革事业的战略需要,对于促进我国经济社会发展有着不可或缺的作用。

一、全面实施我国会计人才战略的必要性和紧迫性

我国有1 000多万会计人员,数量多,分布广,在世界各国居于首位。完善不同级次会计人员能力框架,健全我国会计人员评价体系,对于全面推进新时期会计人才队伍建设、促进我国经济社会健康发展具有十分重要的意义。

(1) 全面实施我国会计人才战略是适应我国经济社会发展需要、贯彻人才强国战略的重要举措。改革开放30多年来,我国经济社会发展取得了巨大成就,国家综合实力显著增强。我国经济总量已跃居世界第三位,GDP连续30多年保持高速增长,全国财政收入由建国时的52亿元达到2009年的6.8万亿元,增长一千多倍。尤其是2008年全球金融危机爆发以来,世界经济格局正发生深刻变化,中国经济加速融入世界经济体系,中国在世界的地位和话语权显著增强。这既是挑战,也是机遇。国以才立,政以才治,业以才兴。人才是抓住机遇、应对挑战的重要资源,会计人员是经济社会发展所必需的基础性、管理型人才。加快我国不同种类和级次会计人才培养,完善不同级次会计人员能力框架和培养体系,不断提升会计人员专业水平和业务素质,有利于促进我国经济社会持续健康发展,有利于会计改革事业顺利推动,有利于深入贯彻实施人才强国战略。

(2) 全面实施我国会计人才战略是实施企业"走出去"战略的客观要求。随着我国综合经济实力的不断增强和市场经济的不断发展,我国企业正在世界范围内参与国

际竞争,一些企业通过跨国合并、上市、重组、联合等方式成为大型跨国公司,一些企业参与境外基础设施建设、工程承包、劳务合作,一些企业在境外进行多元化投资。在防范和规避境外经营风险,提高国际竞争力和抗风险能力方面,会计工作尤为重要;会计人员在参与决策、制订预算、资金成本管理、会计核算、内部控制等方面发挥着不可替代的作用。这就要求会计人员特别是跨国公司高层会计人员应当具备较高的综合素质和会计、财务管理、内部控制、信息化、财经法规等方面的专业水平。健全和完善会计人员尤其是中高级会计人员能力框架体系和培养体系,必将有利于培养选拔一批符合跨国经营企业需要的国际性、复合型高端会计人才,更好地促进企业实施"走出去"战略。

(三)全面实施我国会计人才战略是不断推进我国会计改革事业的根本保障。近年来,为适应经济社会发展的需要,我国在企业会计准则国际趋同、政府会计改革、内部控制建设、推进会计信息化、注册会计师行业做大做强、会计理论研究等各大领域取得全面突破。制定发布了与国际财务报告准则实质趋同的中国企业会计准则体系;应对国际金融危机,积极响应 G20 峰会和 FSB 倡议,及时公布中国会计准则与国际财务报告准则持续全面趋同路线图;为推动我国注册会计师行业做大做强和规范发展,提请国务院办公厅转发财政部《关于加快发展我国注册会计师行业的若干意见》;为促进企业防范和化解经营管理风险,财政部联合证监会、审计署、银监会和保监会等部委制定发布了《企业内部控制基本规范》,20 项配套指引也即将发布实施;配合我国财政改革和公共财政体系建设的推进和深化,医院、高校会计制度改革率先取得突破,政府会计标准改革提到议事日程;为贯彻国家信息化发展战略,成立了中国会计信息化委员会,及时印发了《关于全面推进我国会计信息化工作的指导意见》,明确了会计信息化发展目标和工作任务,我国会计信息化工作全面推进;在会计理论研究、会计教育等领域也取得了不菲的业绩。这些重大的会计改革与我国经济改革开放、经济全球化快速发展相辅相成,构成我国整个经济改革的有机整体。为使这些重大会计改革成果在促进我国经济改革开放大业中持续、更好地发挥作用,必须通过健全、完善和落实不同层次会计人员能力框架和培养体系,推动会计人员及时更新知识,不断提高素质,担当好应尽的责任。

二、我国不同种类和级次的会计人才选拔、评价和发展的战略体系基本形成

党和政府一直高度重视会计工作,高度重视各类会计人才的培养。2009 年,财政部贯彻落实科学发展观,在长期实践和探索的基础上,对不同级次会计人员能力框架的要求进行重大调整,建立了一个全方位、多层次、立体交叉、互为补充的会计人才选拔、评价和发展的战略体系,形成了既有会计市场准入资格(会计从业资格、注册会计师资格)、又有初、中、高级会计专业技术资格,既有会计人员评比表彰、又有特殊会计人才(会计领军人才)培养的格局。各类会计人才评价、选拔和培养,既相互独立,又相互联

系,形成一个有机的整体。实践表明,这一战略体系是完整的、成功的、有效的,既体现了中国国情和特色,又借鉴了国际惯例。

（一）会计市场准入资格

市场准入资格（执业资格）是指政府对某些责任较大,社会通用性强,关系公共利益的专业（职业）实行准入控制,是依法独立开业或从事某一特定行业（职业）学识、技术和能力的必备标准。会计市场准入资格有会计从业资格、注册会计师执业资格两个种类。企事业单位和各类经济组织的会计从业人员和注册会计师是市场经济活动中的特殊从业人员,不仅需要良好的业务素质,还应有较强的政策观念和职业道德,受法律和职业纪律的约束。《中华人民共和国会计法》第三十八条规定:"从事会计工作的人员,必须取得会计从业资格证书","会计人员从业资格管理办法由国务院财政部门规定"。2005年财政部以第26号令的形式发布《会计从业资格管理办法》,明确规定"国家实行会计从业资格考试制度"。也就是说,只有通过会计从业资格考试、获得财政部门统一颁发的会计从业资格证书,才能从事会计工作。未持有会计从业资格证书的人员不能从事会计工作,各单位也不能聘用。《注册会计师法》规定,从事社会审计鉴证并签署审计报告的注册会计师,必须依法通过国家级统一考试取得注册会计师资格。经过多年的实践,目前我国持有会计从业资格证书的人员1 000多万,取得执业注册会计师资格的约9万人。

（二）会计专业技术资格

不同级次会计专业技术资格是会计人员从事业务工作的技术等级。根据《会计专业职务试行条例》规定,会计专业技术资格（职务）分为高级会计师、会计师、助理会计师、会计员。高级会计师为高级职务,会计师为中级职务,助理会计师、会计员为初级职务。从1992年起,财政部、人力资源与社会保障部（原人事部）联合组织开展初、中级会计专业技术资格考试,高级会计师资格从2007年开始在全国实行考试与评审结合的制度。目前,初、中级会计专业技术资格考试累计报考人数达到2 424万人,共有383万人次取得相应资格,高级会计师资格报考人数累计超过22万人次,5.1万人通过国家合格标准获得评审资格。正高级会计师资格也正在研究之中。初、中、高、正高级不同级次会计专业技术资格评价体系基本形成。

（三）会计领军人才培养工程

为了缓解我国高端会计人才缺乏制约会计行业发展的"瓶颈",充分发挥会计在经济社会发展中的积极作用,财政部党组决定于2005年开始实施全国会计领军人才培养工程并于2007年5月8日发布了《全国会计领军（后备）人才培养十年规划》力争用10年时间,打造1 000名左右企业类、行政事业类、注册会计师类、学术类4类具有国际视野和战略思维的高素质、国际化、复合型全国会计领军人才,担负国家会计行业的领军重任。据了解,全国会计领军人才培养已作为国家国民经济重点领域急需的专门人才,列入《国家中长期人才发展规划纲要（2010—2020年）》。目前已从各行各业选拔了650名全国会计领军后备人才。这项系统工程已经在社会上形成品牌，极大地激发了有关部门和各地财政部门选拔高端会计人才的积极性，如广西开展"十百千"拔尖会计人才培养工程。

（四）全国会计人员评比表彰

根据《会计法》"对认真执行本法，忠于职守，坚持原则，做出显著成绩的会计人员，给予精神的或物质的奖励"的规定，财政部已于1990年、1995年、2005年、2008年、2009年先后5次组织开展了全国范围的会计人员评选表彰活动。为促进全国会计人员评比表彰规范化、制度化，财政部于2007年制定了《全国先进会计工作者评选表彰办法》，规定会计人员表彰活动"一年一小评，三年一大评"。财政部2009年评选表彰的十名企业总会计师，有望成为全国五一劳动奖章获得者。实践证明，通过评选表彰在社会主义市场经济中做出突出业绩和重大贡献的先进会计工作者，树立了当代会计楷模，激励着广大会计人员崇尚诚信、依法理财、锐意创新、敬业奉献，维护社会主义市场经济秩序，促进我国经济社会健康发展。

三、完善会计从业资格、注册会计师资格能力框架，不断加强和规范会计市场准入制度

（一）会计从业资格的能力框架

从业资格是从事某一专业所需学识、技术和能力的起点标准。会计从业资格是指从事会计工作的人员应当具备的专业水平、职业道德和法规政策最低要求，是从事会计工作的"入门证"。持有会计从业资格证书的人员开始从事会计工作，尚处于"学徒"阶段，属于各单位最基本、最基层的会计实务辅助操作人员，一般从事基础性的会计工作，应当掌握必要的会计基础知识和基本财经法律法规，遵守会计职业道德，具有基本的会计电算化操作技能等。

为了进一步完善会计从业人员能力框架，大力推广会计从业资格无纸化考试，财政部重新修订了《财经法规与会计职业道德》、《会计基础》、《初级会计电算化》等三个科目的会计从业资格考试大纲，并由中国会计学会组织专家编写了辅导教材，作为会计从业资格无纸化考试题库建设的依据。修改后的《会计基础》大纲，突出了会计从业资格人员需要掌握和应知应会的会计原理和基础知识，如会计概念、要素、假设、科目、凭证、账簿、报表、档案管理等内容；同时为提高考生从事会计工作的操作动手能力，增加了单位主要经济业务事项，如款项和有价证券的收付等的账务处理。从财经法规知识层面，要求会计从业人员遵守《会计法》的主要内容，恪守会计职业道德，掌握金融、税收、政府会计基本概念和一般规定，如现金管理、银行结算等知识。从掌握会计电算化技能角度，要求会计从业人员熟悉计算机基本知识，掌握电算化基本流程、应收/应付账款核

算、工资核算模块、固定资产核算模块账务处理等基本操作。

（二）注册会计师执业资格的能力框架

注册会计师执业资格是依法取得注册会计师证书，并接受委托运用专业特长，对企事业单位会计信息进行鉴证，并提供会计、税务、管理咨询等商务服务的执业人员。

注册会计师提供审计鉴证和会计、税务、管理咨询等商务服务的性质，决定了注册会计师应当具备较全面的专业知识、较高的职业技能、正确的职业价值观、丰富的实务经历等。如应当具备会计、审计、财务、税务、相关法律、组织和企业、信息技术等相关知识；恪守职业道德、提高人际沟通技能；维护公众利益，遵循独立、客观、公正原则，为客户保守商业秘密等。

制定科学的注册会计师能力框架，有利于为行业健康发展提供重要的人才支撑。2008 年财政部注册会计师考试委员会在充分发挥注册会计师考试多元评价功能，贴近注册会计师考试国际模式，借鉴境外会计师组织考试的经验基础上，修订并发布了《注册会计师全国统一考试办法》。根据《考试办法》规定，现行注册会计师考试分为两个层级，形成了"6＋1"的新模式。考生只有在至多连续 5 个年度内通过第一层级的考试，才能参加第二层级的考试。第一层级为专业阶段，主要考核考生执业所需的基础理论知识，考试科目由原来的 5 个科目（分别是会计、审计、财务成本管理、经济法、税法）调整为 6 个科目，分别为会计、审计、财务成本管理、经济法、税法和公司战略与风险管理。第二层级为高级阶段，主要考核考生的综合应用能力，突出实务操作能力，考试科目为职业能力综合测试。

四、健全不同级次会计专业技术资格能力框架，培养造就大批合格的会计专业技术人才

（一）初级会计专业技术资格的能力框架

初级会计专业技术资格（含会计员、助理会计师），是会计专业职称序列中最低的技术职称。

初级会计专业技术资格是在取得会计从业资格证书、掌握运用会计从业资格应具备的知识基础上的提升。具有初级专业技术资格的会计人员，应当具备会计基本操作能力，能够独立处理一般会计业务，协助会计主管完成相关财务、会计工作；应当较为系统地掌握会计实务原理和专业知识，熟悉财务管理的基本原理，并正确执行基本的财经法律制度。

针对初级会计人员应具备能力框架要求，2009 年全国会计专业技术资格考试办公室重新梳理修订了初级会计专业技术资格考试大纲。就《初级会计实务》而言，不仅要求初级会计人员掌握会计专业知识，还要求掌握财务管理的基础概念和原理。也就是说，既要求考生熟悉资产、负债、所有者权益、收入、费用、利润等会计要素的概念和内

涵,掌握产品成本核算、产品成本计算与分析,还要求掌握财务管理的基础知识,熟悉和掌握行政事业单位会计基本知识。修订《经济法基础》科目考试大纲时,侧重要求考生全面系统地掌握劳动合同、营业税、个人所得税、税收征管、支付结算等基本法律制度,而原大纲中的会计法律制度、税收法律制度概述、流转税法律制度、所得税法律制度等内容,根据不同会计级次会计人员能力框架的需要有所取舍。

(二)中级会计专业技术资格的能力框架

中级会计专业技术资格,相当于会计人员中级职称,一般具有能够担任单位会计机构负责人或会计主管人员的能力和水平。

具备中级会计专业技术资格的会计人员,应当能够独立负责并组织开展某一领域会计工作,能够协助会计部门负责人或独立完成相关财务会计的领导工作。因此,要求中级会计资格人员具有扎实的财务会计理论功底,较为系统地掌握最新的会计准则制度,熟悉并能正确执行有关会计等财经法律制度,熟悉财务管理理论和方法,能够熟练运用上述专业知识草拟本单位比较重要的财务会计制度、规定和办法,对单位日常财务事项作出及时准确的专业判断等。具备对一般或常规业务的分析处理和专业判断能力,是中级会计专业技术人员的显著特征。

针对中级会计专业技术资格人员应具备的能力和水平,修订后的《中级会计实务》大纲增加了股份支付、长期负债及借款费用、预算会计和非营利组织会计等内容,体系更为完整。考虑到作为具有中级会计职称的会计人员,需要具备熟悉掌握和运用财务管理理论和方法,参与单位经营财务分析、提出合理化建议的能力和水平,《财务管理》考试科目作了较大幅度的改革。修订后的大纲不仅更加注重企业自身财务管理的要求,而且相关知识领域和范围大大拓宽,将原来从投资者财务出发、以资金为链条的财务管理,拓展到预算、筹资、投资、营运资金、收益分配、税务、财务分析与评价等多个方面,形成了较为全面的、更加贴近公司财务的财务管理知识体系。就经济法规而言,在会计从业资格、初级会计专业技术资格人员掌握现行经济法规的基础上,对中级会计专业技术资格人员,侧重要求全面系统地深度掌握与会计工作密切相关的法律,如公司法、证券法、合同法、增值税与企业所得税法律等。

(三)高级会计专业技术资格的能力框架

高级会计专业技术资格属于会计高级职称,其持有者具有较高的专业水平和丰富的会计工作经验,是单位高层次会计人员,一般能够胜任大中型企业的总会计师或财务总监。具有高级会计专业技术资格的人员,应当能够独立领导和组织开展本单位财务会计工作。

具有高级会计专业技术资格的人员,应当系统掌握经济、财务会计理论和专业知识,熟悉并能正确组织执行财经法律制度,具有较高的政策水平和丰富的财务会计工作经验,能够组织开展单位财务会计工作,制定本单位会计工作方案与办法,参与单位经营管理,能够对单位重大财务事项进行独立、合理的职业判断,能够协助单位负责人完成单位财务会计等相关工作。目前,高级会计专业技术资格实行考试与评审相结合的制度,全国统一组织考试,考试科目为《高级会计实务》;评审工作由省级财政、人事部门和有评审权的中央有关部门组织。

在修订《高级会计实务》考试大纲时,充分考虑到高级会计专业技术资格起点高等特点,重点考评高级会计师对会计、财务、财经法规的综合运用能力,解决企业经营管理中遇到的复杂财务问题的能力,以及是否具有企业高管层应具备的管理水平。因此,修订后的大纲将要求具备高级会计专业技术资格的人员,必须熟练掌握财务战略、企业并购、股权激励、衍生工具、金融资产转移、财务综合评价等方面的知识,并灵活运用于实践。

（四）正高级会计专业技术资格的能力框架

正高级会计专业技术资格,是会计专业技术资格中最高技术等级。拥有正高级会计专业技术资格的人员,应当具有相当于大型企业集团或特大型企业总会计师或财务总监的能力和水平。由于历史的原因,目前会计专业技术资格系列只限于初级、中级、高级三个级次,高级会计师在评审条件上实际只相当于相关系列专业技术资格的副高级,因此,我国会计专业技术资格体系尚不完整,在一定程度上制约了高级会计人员的工作积极性和发展空间。随着我国经济社会发展对会计人才特别是对高端会计人才需求变得越来越迫切,建立我国正高级会计专业技术资格制度已迫在眉睫。财政部正在会同有关部门认真总结地方试点经验,积极研究建立全国性正高级会计专业技术资格评价制度。

我们认为,正高级会计专业技术资格宜实行考试与评审相结合的制度。申报人员应当具有高级会计专业技术资格,已全面系统地掌握了会计、财务、财经法规等专业知识,并具有在一个部门或一个系统担负财务会计管理领导工作的经验。经过正高级会计专业技术资格考试与评审,取得正高级会计专业技术资格的人员,应当具备担任大型企业总会计师、财务总监等企业高级管理人员的能力和水平,能够从财务的视角全面介入企业的经营管理决策。因此,正高级会计专业技术资格的能力框架,应当定位于在全面掌握会计实务、财经法规和财务管理的基础上,侧重考评大型企业集团内部控制、资本运作、企业并购、信息系统规划等内容。具有正高级会计专业技术资格的总会计师等的能力框架的显著特征,是具备全面参与企事业单位管理活动的能力。

五、加快全国会计领军人才培养工程,造就大批适应社会经济发展要求的高端会计人才

（一）积极推动和实施全国会计领军人才培养。全国会计领军人才应当具有恪守诚信、敬业爱岗、甘于奉献的道德品质,形成科学系统、结构合理、学养深厚的知识体系,具备精于理财、善于管理、勇于创新的工作能力,作出推动发展、促进和谐、壮大行业的社会贡献,享有社会认同、行业肯定、备受推崇的良好声誉,实现由执行者向管理者、领导者、决策者的转变。

财政部在选拔培养全国会计领军人才(后备)上,按照"高起点、高标准、高质量"的要求,严格选拔程序,以公开、公平、公正的方式,从全国在职的高层次会计人员、注册会计师、会计理论工作者中实行"海选",通过自愿申报、笔试、面试等环节,择优录取,严格挑选诚实守信、年富力强、潜力较大的人员进行为期6年的跟踪培养,并实行淘汰机制。

(二)不断完善全国会计领军人才(后备)选拔的能力框架。选拔全国会计领军人才(后备),应当重点考察申请人的知识结构、专业素质、外语水平、分析创新能力、政策把握能力、组织协调能力、交际沟通能力、应变能力等素质。因此,对其能力框架要求是熟练掌握会计、财务、内部控制、外语等专业知识和综合运用能力。财政部将创新选拔方式,加大内部控制、外语等内容的考试分值,制定完善毕业考核及后续跟踪管理机制,研究探索与正高级会计专业技术资格的有序对接,实现会计领军人才选拔培养规范化、系统化、科学化。

六、健全会计人员评比表彰机制,进一步激发广大会计人员积极性、主动性和创造性

会计人员评比表彰工作中,对有关人员的政治素质、知识结构、能力框架和业绩能力均有严格的要求。不同系列会计人员评比表彰,在政治素质方面的要求是一致的,如要求候选人热爱祖国,拥护中国共产党的领导和中国特色的社会主义制度,高举邓小平理论和"三个代表"重要思想伟大旗帜,全面贯彻落实科学发展观,认真执行党的方针政策;严格执行财务、会计法律、法规,坚持依法理财,模范遵守职业道德,忠于职守、坚持原则、诚实守信、爱岗敬业、廉洁奉公,在会计工作中做出显著成绩,在社会上、行业内得到广泛认同等。

除具备必备的政治素质外,不同系列会计人员评比表彰在业务素质、知识结构、能力框架、业绩水平等方面的要求有所不同。如会计工作系列要求能够长期工作在会计岗位第一线,爱岗敬业、任劳任怨,坚持原则、善于理财,并在认真执行会计基础工作规范,切实提高会计信息质量,充分发挥会计职能作用等方面业绩突出。总会计师系列要求积极参与本企业经济预测、决策、控制、分析等工作,为推动经济平稳较快发展做出突出贡献,注重提高管理创新能力,在加强财会管理和制度创新方面取得显著效果,在杜绝经济犯罪,避免铺张浪费,保护公共财产,保护投资者、债权人、社会公众合法利益,维护社会主义市场经济秩序和国家财经纪律等方面事迹突出。注册会计师行业系列要求在办理注册会计师业务中执业谨慎、勤勉尽责,努力维护行业形象和声誉,并为行业改革与发展做出显著成绩。会计科研及教育系列要求在会计理论研究、教书育人方面卓有建树,取得重大科研成果,为构建我国会计理论和方法体系、发展会计教育事业做出突出贡献。会计管理工作系列要求在从事会计管理工作中勤勉尽责、甘于奉献、敢于创新,为全面推进会计改革与发展作出突出成绩。

全国先进会计工作者是经过层层推荐、公开评选选拔出来的,是我国会计工作者的优秀代表和楷模。通过开展全国会计人员评比表彰活动,让更多更优秀的会计人员脱颖而出,在社会上不断掀起学习先进、争创一流、弘扬会计精神的热潮,为我国经济社会的深入发展作出应有的贡献。

七、加强对境外会计职业资格进入我国市场的管理

据不完全统计,目前进入中国市场的有英国特许管理会计师(CIMA)、加拿大注册会计师(CGA)、美国注册管理会计师(CMA)、国际财务管理师(IFM)、国际执业资格(LCCIIQ)等十多种不同资格。这些会计"洋资格"的进入,对我国会计人员拓宽国际视野、提升外语水平等发挥了一定的作用。但是,由于目前境外会计组织进入我国市场可以说处于无序状态,而且存在某些境外组织收费偏高、经济利益至上、培训考试内容脱离中国实际、质量参差不齐、管理不透明、冲击国内会计职业资格等诸多隐患和问题,亟待加强对境外会计职业中介组织进入我国市场进行管理和指导。

根据国务院办公厅《关于清理规范各类职业资格相关活动的通知》(国办〔2007〕73号)有关规定,国务院有关部门正在草拟针对境外各类职业资格在我国境内开展相关活动的管理办法。由于办法出台尚待时日,而加强对境外会计组织进入中国市场管理刻不容缓,因此,为规范境外会计组织在中国市场开展会计职业培训、考试、发证管理,我们研究认为,当前可委托中国会计学会承担境外会计组织进入中国市场的专家评估等管理工作。由中国会计学会对境外会计组织进入中国市场的情况进行全方位评估、公示和监管。境外会计组织在中国开展会计培训、考试、发证的,应当在遵守中国法律、行政法规和有关政策的前提下,向中国会计学会提出申请,由中国会计学会组织境内外专家对其申请进行可行性评估,重点关注该境外会计组织的国际认可度、资格准入的合法性、培训与考试大纲及教材的本土化、收费标准的合理性、管理的规范性等。对于通过专家评估的境外会计组织,由中国会计学会通过媒体予以公布,供广大会计人员甄别选择。中国会计学会应当对境外会计组织在我国开展活动的监管,接受社会的投诉举报,并及时调查核实,予以处理等。

八、积极探索会计人才市场化机制,盘活会计人才市场,满足社会需求

不同种类和级次的会计人才共同组成了我国经济社会发展不可或缺的专业队伍和专家库。通过健全完善不同级次会计人才能力框架,选拔培养大批不同级次的优秀会

计人才,还需要有一个科学有效的机制盘活会计人才市场,做到人尽其才,才尽其用,服务社会。目前,我国会计人才市场发育尚不成熟,市场化程度低,会计人才流动较少或盲目流动,高端会计人才供需失衡,一定程度上造成了会计人才,尤其是高端会计人才浪费的现象。因此,应当加强会计人力资源开发和市场培育,发挥会计人才在资源配置中的基础性作用,建立健全统一、开放、有序、竞争的现代会计人才市场。

会计人才资源配置的市场化是法制管理和约束下的规范有序的市场化,各级财政部门应当依照《会计法》"统一领导,分级管理"的原则,加强对不同级次会计人才市场的管理,将加强会计人才市场建设放在重要位置,综合运用法律、经济、行政手段和方法,健全制度,完善政策,深化改革,激发活力,探索培育和建立会计人才中介组织新机制,充分发挥会计人才市场资源配置优势,最大限度地开发和有效配置会计人才资源,促进会计人才合理流动,优化会计人才结构,扩大会计人才总量储备。坚持依法行政,加强对会计人才市场的监管,依法会同有关部门查处会计人才市场的不规范服务行为,促进会计人才合理流动,提升为社会各单位提供优秀会计人才的服务水平。

要大力培育会计人才市场和中介机构,有效配置会计人才市场资源。会计人才配置市场化,是与我国社会主义市场经济发展进程相辅相成的,也是符合国际惯例的。许多发达市场经济国家都有专门的会计人才中介机构,如猎头公司、人才银行等。大力培育和发展会计人才,特别是有助于高级会计人才流动的中介机构,为广大会计人员和社会用人单位搭建桥梁纽带,有利于盘活全国会计人力资源并实现人尽其才,更好地满足社会需求。

九、遵循人才成长规律,全面贯彻落实我国会计人才选拔、评价和发展的能力框架和体系

现行会计人才能力框架体系应当保持相对稳定并不断完善。人才成长有其自身的规律,这次会计人员能力框架体系改革,范围之大、领域之广、程度之深、层次之高,前所未有,已充分考虑了我国未来几年经济社会发展和会计改革的变化,具有一定的科学性和前瞻性,基本构建了我国不同级次会计人员的能力框架和培养体系。未来3至5年,各个级次的会计资格考试大纲不作大的调整,会计人才评价和培养体系将保持相对稳定。但需要强调的是,在全面贯彻我国会计人才战略的进程中,应当重视会计人员的继续教育。

会计人员继续教育,是指对正从事会计工作和已取得或受聘不同级次会计专业技术资格(职称)的会计人员进行以持续提高专业知识、业务技能、职业道德等为目标的再培训、再教育。不同级次会计专业资格之间报考条件都有一个从事会计工作年限的时间跨度,如取得中级会计专业技术资格5年后才能参加高级会计师资格考评。实施会计人员继续教育制度,有利于不断提升会计人员专业胜任能力,引导会计人员更新知

识、拓展技能,提高解决实际问题的能力和水平。财政部 1998 年印发了《会计人员继续教育暂行规定》,2006 年进行了全面修订,将不同级次会计人员每年接受不少于 24 小时继续教育予以制度化、规范化。

会计人员继续教育是对不同级次会计人员知识结构和能力框架的有益补充,强调不同级次会计人员所需知识技能的针对性和适用性,强调学以致用。因此,应当针对不同单位、不同岗位、不同级次会计人员的需求,创新培训内容,强化师资建设,改进培训方式,充分利用数字信息技术、网络技术、多媒体等高科技手段,促进已取得相关资格和荣誉的会计人员的专业技术水平持续升级、知识不断更新,激励他们学先进、赶先进,为我国经济社会发展作出更大贡献。

事物是发展变化的,会计人员能力框架自然也不会是一成不变的。健全和完善会计人才能力框架体系必然是个动态发展的过程。我们将牢牢把握经济社会发展对会计人才需求的变化规律,在保持相对稳定的前提下,持续、全面、系统地完善我国的会计人员能力框架和培养体系,不断提升我国不同种类和级次会计人才的素质,以适应我国经济社会高速发展的要求。

(本文载于《会计研究》2010 年第 3 期)

我国会计行业人才发展进程中
新的里程碑

为贯彻落实中共中央、国务院《国家中长期人才发展规划纲要（2010—2020 年）》（以下简称《人才规划纲要》）总体要求，在财政部党组的正确领导及中组部、人力资源和社会保障部等有关部门的大力支持下，我们会同部内有关单位，召开了系列座谈会，进行了大量实地调研，在全面总结我国会计人才建设取得成就和经验，深入分析当前和今后一个时期会计人才发展面临的新形势、新任务和新挑战的基础上，经过半年多的艰苦努力，起草完成了《会计行业中长期人才发展规划（2010—2020 年）》（以下简称《会计人才规划》）。这是新中国成立以来第一个中长期会计人才发展规划，是确立我国会计人才竞争优势、建设国际一流会计人才队伍的行动纲领，是会计行业促进我国经济社会发展并在激烈的国际竞争中赢得主动的战略选择。

一、发布实施《会计人才规划》，意义重大而深远

《会计人才规划》明确指出，"会计人才是我国人才队伍的重要组成部分，是维护市场经济秩序、推动科学发展、促进社会和谐的重要力量。"加强会计人才队伍建设，事关全国实施人才战略、建设创新型国家的大局，对于促进经济社会发展、实施国际化"走出去"战略、推进我国会计改革与发展，具有重大而深远的意义。

（一）促进经济社会发展需要加强会计人才建设。经济社会越发展，会计人才越重要。经济社会发展需要会计改革相适应，会计事业全面发展又对经济社会发展具有重要的促进作用。新中国成立 60 周年特别是改革开放以来的实践证明，各项重大改革几乎都离不开会计改革，同时对会计人才培养不断提出新的要求。新中国成立初期，我们利用不到三年的时间，改造了旧中国的会计体系，统一了全国的会计制度，一大批会计人才在实践中学习并掌握了会计理论与操作方法，为我国会计工作建设与发展创造了条件。20 世纪 80 年代，适应我国改革开放要求，中外合资企业制度出台，第一部会计法颁布，注册会计师、会计职称评审、会计电算化等工作先后诞生，会计队伍建设逐步得到应有重视。20 世纪 90 年代，中共十四届三中全会确立了建立社会主义市场经济体制，实行现代企业制度，经济社会建设大幅提速，会计改革踏浪前行，完成了会计法的第一次修订，"两则""两制"实现了我国会计模式从计划经济向市场经济的转换，会计职

称评审和注册会计师考核改为考试制度,会计人员从业管理开始纳入制度化轨道。20世纪90年代末期,针对我国市场经济和资本市场高速发展中出现的会计作假等问题,国务院做出了建立国家会计学院的决定,第二次修订了会计法,会计师事务所脱钩改制,会计人才建设进入新的发展阶段。迈入21世纪,我国加入世贸组织,经济全球化带动我国经济社会发生深刻变化,会计准则体系建设、单位内部会计控制等提上议事日程。

后金融危机时期,金融创新、虚拟经济、强化监管、全面风险控制成为时代主旋律,高端会计人才的培养成为当前和今后一个时期经济社会发展的关键要素和迫切要求。

(二)实施国际化"走出去"战略需要加强会计人才建设。回顾我国对外开放的历程,无不与建设国际化会计人才密切相关。我国企业引进外资、学习国外的先进技术和管理经验,需要相关的会计人才;我国企业境外上市、筹资,需要相关的会计人才;我国企业跨国经营、并购、投资,从以资本输入为主向以资本输出为主转换,需要相关的会计人才。目前,我国经济总量已跃居世界第二位。截至2009年年底,我国已累计利用外资9 454.4亿美元,外商投资企业68.3万家,是世界上吸引外资最多的国家之一;43家企业进入世界500强公司行列。2009年进出口贸易总额达到22 072.7亿元,占全球进出口贸易总额的8%以上,国际贸易总量跃居世界第一。

本次国际金融危机爆发后,世界经济格局发生了重大变革。在党中央、国务院的正确领导下,我国采取了"保增长、扩内需、调结构、惠民生"等一系列宏观调控措施,经济发展率先得到复苏。一些西方国家对我国发展虎视眈眈,贸易保护主义抬头,反倾销案件时有发生。上述国际形势的不断变化和发展,都直接或间接地波及会计领域。在此背景下,必须重视和加强会计人才建设,培养和造就一大批通晓国际商务规则、熟练掌握会计审计知识的高素质会计人才队伍,促进我国企业顺利迈向国际,更有效地参与国际经济竞争。

(三)我国会计改革与发展需要加强会计人才建设。随着我国经济社会的持续快速发展和国际社会竞争的日益激烈,我国的会计改革与发展全方位提速。二十国集团(G20)峰会提出了建立全球统一的高质量会计准则目标。

国际会计准则理事会正在对国际财务报告准则进行重大调整和改革。我国作为世界上最大的发展中国家和新兴市场经济国家,我们的会计理论和实务工作者要积极参与国际财务报告准则制定,维护国家利益。与此同时,行政事业单位会计改革和准则建设也应提上日程。为应对国际金融危机,促进经济发展方式转变,全面提升企业核心竞争力,财政部会同有关部门发布了企业内部控制规范体系,贯彻实施工作已在全国范围内展开,力争用3年左右时间,逐步在上市公司和非上市大中型企业全面实施。内部控制制度建设不仅涉及企业,也是行政事业单位未来改革的重点。

信息化是现代化也就是国际化。财政部在2009年发布了全面推进会计信息化工作的指导意见,在总结我国会计电算化、信息化工作的基础上,科学规划了我国未来会计信息化建设的目标和任务。当前,以可扩展商业报告语言(XBRL)为重点的会计信息化工作稳步推进。2009年,国务院办公厅转发了财政部《关于加快发展我国注册会计师行业的若干意见》,明确通过5年左右时间,重点扶持10家左右具有核心竞争力的大型会计师事务所,促进中型会计师事务所健康发展,科学引导小型会计师事务所规范发展。以委托代理记账为核心的农村会计工作全面推开。会计教育和会计理论研究不断向前推进……所有这一切,都对加快会计人才队伍建设,尤其是高端会计人才队伍建设提出了迫切要求。

二、认真总结过去,科学描绘会计人才发展宏伟蓝图

《会计人才规划》指出,"新中国成立以来,特别是改革开放以来,在党中央、国务院的正确领导下,财政部门适应经济社会发展需要,大力推进会计人才队伍建设,取得了巨大成就。"会计人才相关法律制度体系基本建立。《中华人民共和国会计法》、《中华人民共和国注册会计师法》和《总会计师条例》相继出台并得到有效实施。以会计相关法律为基础,财政部不断健全会计人才相关制度。一是相继出台了《会计从业资格管理办法》、《会计人员继续教育规定》、《全国先进会计工作者评选表彰办法》、《颁发会计人员荣誉证书试行规定》等办法,为加强会计从业资格管理提供了制度保障;二是相继出台了《注册会计师全国统一考试办法》、《注册会计师任职资格管理办法》、《注册会计师注册办法》、《中国注册会计师协会会员执业违规行为惩戒办法》等办法,特别是由国务院办公厅转发财政部《关于加快发展我国注册会计师行业的若干意见》,对加强注册会计师行业人才建设提出了明确目标;三是相继出台了《会计专业职务试行条例》、《会计专业技术资格考试暂行规定》、《人事部办公厅、财政部办公厅关于高级会计师资格实行考评结合工作的通知》等办法,为规范会计人才能力评价工作夯实了制度基础;四是出台《会计人员继续教育规定》,使我国会计人员继续教育纳入制度化轨道。

会计人才管理体制初步理顺。一是理顺了会计人才行政管理体制。县级以上财政部门均成立了会计人员管理机构,形成了财政部主管全国会计工作、各地财政部门分级负责的会计人才行政管理格局,为会计人才成长搭建了完善的服务体系,成为广大会计人员的"娘家"。二是理顺了会计专业技术资格考试管理体制。形成了财政部门组织考试、人事部门监督指导的会计专业技术资格考试管理格局。三是理顺了会计协会、学会的管理体制。形成了以服务为核心,寓管理于服务,分级分类的会员管理格局。四是理顺了会计人员培训教育管理体制。在财政部指导下,形成了三家国家会计学院、各级会计函授学校和地方各级会计培训机构立足本职岗位、分工协作,共同推进会计人才培养工作的管理格局。一个由财政部门牵头负责、相关部门和单位协调配合的会计人才管理体制基本形成。

　　会计人才队伍不断壮大。一是坚持"凡进必考"原则,会计从业人员队伍数量稳步增长。截至 2009 年年底,全国共有近千万人通过会计从业资格考试成为会计人员。二是初、中、高级会计师数量不断增加。截至目前,共有 383 万人取得初、中级会计专业技术资格,9.4 万人取得高级会计师资格。三是注册会计师行业平稳发展。通过三十多年的发展,已有 30 多万从业人员,共有 15 万人取得注册会计师资格,其中,执业注册会计师 9.2 万人。四是会计教育、理论工作者队伍不断壮大。所有综合类高等院校均开设了会计专业课程,副教授职称以上会计教育工作者已近万人。为加快我国国民经济发展重点领域急需专门会计人才的培养,财政部于 2005 年启动全国会计领军人才培养工程,分企业类、行政事业类、注册会计师类、学术类等四类,培养选拔具有国际视野和战略思维的高素质、国际化、复合型高端会计人才。目前,该项目已从各行各业培养选拔了 750 名全国会计领军后备人才。

　　会计人才整体素质和专业能力稳步提高。一是会计人才整体素质较大改善,会计人才学历结构不断优化。通过全日制学历教育和在职教育,绝大多数会计人才具有本科以上学历,并涌现出越来越多的会计硕士、博士甚至博士后。二是会计人才的专业能力不断提升。会计人才工作领域已超越传统的记账、算账、报账范畴,不断向内部控制、投融资决策、企业并购、价值管理、战略规划、公司治理、会计信息化等高端管理领域拓展,会计职能作用得到了充分发挥。

　　会计人才成长与发展的环境明显改善。一是会计人才成长与发展的社会环境得到明显改善。经济社会发展为会计人才成长与发展提供了广阔舞台,会计职业已成为公认的热门职业,受到社会的推崇和尊重。二是会计人才成长与发展的外部政策环境得到明显改善。《中华人民共和国会计法》《总会计师条例》等会计法律法规的颁布和实施,为维护会计人才合法权益提供了有力保障,财政部先后 5 次依法组织开展了全国范围的会计人员评选表彰活动,树立了一大批当代会计楷模,有效激励了广大会计人才崇尚诚信、依法理财、锐意创新、敬业奉献。三是会计人才成长与发展的单位内部环境得到明显改善。随着会计人才参与单位经营管理活动程度的不断加深,作用不断显现,会计人才日益受到单位的重视和肯定,会计职能作用与地位得到进一步巩固和提高。

　　我们也应清醒地认识到:我国会计人才发展的总体水平同世界先进国家相比尚存在较大差距,会计人才队伍的整体水平有待提高;高层次复合型会计人才短缺,且其后备人才的培养进展缓慢;会计人才结构和布局不尽合理,初级会计人才数量在会计人才总量中仍占较大比重,东、西部会计人才在数量、素质等方面差距明显;会计人才发展的体制机制有待进一步完善,需要借助现代信息技术全面提升会计人才管理水平,促进会计人才合理有序流动;会计人才市场管理有待加强,对进入中国市场的境外执业资格管理等问题亟待解决等等。

　　《会计人才规划》在我国会计人才队伍建设取得巨大成就的基础上,针对会计人才建设存在的不足和差距,明确提出要"以打造高层次会计人才为重点,统筹推进各类别、各层级会计人才队伍建设",科学描绘了我国会计人才发展的宏伟蓝图。

在人才数量方面,《会计人才规划》明确提出,要实现会计人才资源总量稳步增长,队伍规模不断壮大。会计人才资源总量增长40%,较好地满足经济社会发展需要。

在人才质量方面,《会计人才规划》明确提出,要实现会计人才素质大幅提高,结构进一步优化。会计人员中受过高等教育的比例达到80%;涉及会计审计实务、会计理论研究和会计管理等方面的各类别高级会计人才总量增长50%;继续增加各类别初、中级会计人才在会计从业人员中所占比重,力争使各类别高、中、初级会计人才比例达到10∶40∶50,会计人才的分布、层次和类别等结构趋于合理。

在规模效益方面,《会计人才规划》明确提出,要实现会计人才竞争优势明显增强,人才规模效益显著提高。面向涉及国计民生、国家安全、高新技术、金融保险等重点领域的大型企事业单位和大型会计师事务所,着力培养造就60 000名大型企事业单位具有国际业务能力的高级会计人才、2 600名具有国际认可度的注册会计师、100名具有国际水准的会计学术带头人等高端会计人才,建成一批会计人才高地,造就一支国际一流的会计人才队伍,力争高层次会计人才总量在新兴市场经济国家中处于领先地位。

在体制机制建设方面,《会计人才规划》明确提出,要实现会计人才使用效能明显提高,人才培养和使用机制不断健全。会计人才发展体制机制创新取得突破性进展,市场配置人才资源的基础性作用得到充分发挥。会计人才辈出、人尽其才的环境基本形成。

三、明确"四大"任务、"十大"政策和"六大"工程,全面推进会计人才发展

《会计人才规划》指出,"当前和今后一个时期,我国会计人才发展的指导方针是:服务发展,以用为本;健全制度,创新机制;高端引领,整体开发。"遵循这一指导方针,《会计人才规划》明确了"四大"任务,制定了"十大"政策,规划了"六大"工程,力争确立我国会计人才竞争优势,建设国际一流的会计人才队伍,为在本世纪中叶基本实现社会主义现代化奠定会计人才基础。

(一)突出高端引领,提出了会计人才发展四大任务。以高端人才培养为着力点,引领带动其他各类人才发展。一是着力培养造就60 000名精通财会业务、熟悉市场规则,掌握金融、法律、内部控制、信息技术等相关专业知识,具有国际视野和跨文化交流能力,能参与战略经营和管理决策、把握行业发展趋势、解决复杂经济问题的大型企事业单位具有国际业务能力的高级会计人才,进一步提高我国大型企事业单位现代化管理水平;二是着力培养造就2 600名职业道德良好、专业素质优秀、执业经验丰富、谙熟国际规则,能够在国际会计审计市场执业的具有国际认可度的注册会计师,为我国注册会计师行业做大做强、走向国际提供强大的人才资源保障;三是着力培养造就100名具

备突出的学术研究能力和完备的知识结构,活跃于国际学术领域的具有国际水准的会计学术带头人,促进我国会计理论和会计教育持续繁荣发展;四是着力统筹开发各类各级会计人才,促进会计人才资源的结构优化,形成不同类别和层级会计人才的合理布局,为单位会计基础管理提供充足的人才资源。

(二)坚持统筹兼顾,制定了会计人才发展十大政策措施。政策措施是落实会计人才发展宏伟目标和"四大"任务的关键,是整个《会计人才规划》的核心内容。一是加快会计领军人才培养。几年来的实践证明,会计领军人才培养工程是成功的,得到了社会的广泛认可。要进一步创新会计领军人才机制,以科学的选拔机制发现人才,以系统的培养机制磨砺人才,以严格的淘汰机制激励人才,以完善的使用机制推动人才发展,使高端会计人才培养成为长效机制和永久性政策措施。二是强化总会计师的地位和职能。《会计人才规划》将总会计师定位于单位的主要管理人员。要以修订《总会计师条例》为契机,以建立总会计师资格认证制度为突破口,全面提升总会计师职能定位,优化总会计师专业结构,充分发挥总会计师在加强单位经济管理、提高经济效益中的重要作用。三是健全会计人员评选表彰机制。依法开展全方位和经常化的先进会计工作者评选表彰活动,在全社会形成良好的会计人才培养、成长环境。四是深化会计职称制度改革,设立正高级会计专业技术资格。通过建立分层级的会计人员能力框架体系来优化会计人才评价、设立正高级会计师资格来完善会计人才评价体系、严格考试考务管理来规范会计人才评价过程,为经济社会发展培养、选拔不同层级的会计专业技术人才。五是加强会计从业资格管理。深入研究信息技术条件下会计从业资格管理新模式,创新管理思路,细化管理内容,强化管理手段,实现会计从业资格考试的无纸化和会计人员管理的科学化精细化。六是完善会计人员继续教育制度。通过修改完善《会计人员继续教育规定》和制定会计人员继续教育指南,进一步强化会计人员继续教育学时要求,积极推动会计人员继续教育手段创新,加大对会计人员继续教育施教机构监管,使会计人员继续教育这一重要制度安排在会计人员知识更新、能力提升过程中切实发挥作用。七是推动会计行业产学研战略联盟。以政策为导向,促进会计人才施教机构和会计人才使用单位之间的协作,通过共建会计研究创新平台、共同实施重大会计科研项目、开展合作教育等方式,搭建应用型会计人才培养平台。八是建立会计人才流动配置机制。加快推进各级会计人才资源市场建设,通过科学、客观、合理、公信的会计人才评价制度来衡量和体现会计人才价值,通过统一、开放、有序、竞争的现代会计人才市场来促进和实现会计人才的合理流动。九是发挥会计行业协会、学会职能作用。全面提升各级会计行业协会、学会管理观念,创新会员管理手段,健全会员服务机制,使会计行业协会、学会在会计人才建设中扮演重要角色。十是重视会计人才培养基地建设。着力加快国家会计学院和各地会计人才培养基地建设,使会计人才培养基地与会计人才发展要求相适应。

（三）强调重点突破,规划了会计人才发展六大工程。抓住当前会计人才发展薄弱环节,深入实施重大会计人才工程,以点带面,全面推进会计人才建设。一是全国会计领军(后备)人才培养工程,到 2020 年,分企业类、行政事业类、注册会计师类、学术类等四类,培养 2 000 名左右高素质、国际化、复合型会计领军人才,担当会计行业领军重任;二是大中型企事业单位总会计师素质提升工程,借助国家会计学院培训平台,以每年 1 万人规模,对全国所有大中型企事业单位总会计师进行轮训,促进大中型企事业单位进一步提高现代化经营管理水平和国际竞争能力;三是注册会计师行业做大做强人才培养工程,以排名前 200 家会计师事务所为基础,前 10 家左右大型会计师事务所为重点,全面提升我国注册会计师的职业道德水平和专业胜任能力;四是会计名家工程,着力发现、培养、举荐一批造诣高深、成就突出、影响广泛的会计理论与实务名家,发挥会计名家引领作用;五是应用型高级会计学科建设工程,深化会计学科教育改革,积极推动会计学一级学科申报和建设工作,稳步扩大会计硕士专业学位培养规模,提高会计专业学位教学质量,促进会计专业学位等系列加快发展;六是现代农村会计人才支撑计划,充分利用中华会计函授学校培训平台,按照每年 6 万人左右的规模,有计划、分阶段、分层次地对全国所有农村集体经济组织的会计人员、主要村干部、村民理财小组成员和村级会计委托代理服务机构代理会计、负责人轮训一遍。

四、强化组织保障,确保《会计人才规划》贯彻实施到位

《会计人才规划》的蓝图已经绘就,关键在于抓好落实。各地财政部门、中央有关主管单位和用人单位应当站在战略高度,充分认识制定发布《会计人才规划》的重大意义,进一步增强做好会计人才工作的责任感、使命感和紧迫感,把组织实施《会计人才规划》作为当前和今后一个时期会计人才工作的中心任务,加强组织保障,健全监控评估体系,营造舆论氛围,确保《会计人才规划》战略目标的实现。

（一）编制本地区、本部门、本系统和本单位的会计人才发展规划。各地财政部门、中央有关主管单位和用人单位要根据本地区、本部门、本系统、本单位经济发展水平和会计人员队伍现状,加强调查研究,认真分析总结,找准工作定位,细化会计人才发展战略目标、主要任务、政策措施和相关重大人才工程,尽早编制完成相关会计人才规划,在全国范围内形成自上而下、完整的会计人才规划体系。

（二）制定本地区、本部门、本系统和本单位的具体实施办法。各地财政部门、中央有关主管单位和用人单位应当按照《会计人才规划》要求,以本地区、本部门、本系统、本单位会计人才规划为依据,研究制定具体实施办法。要建立健全科学合理的监控体系,强化过程跟踪和执行监督,加大监管力度;要重视信息反馈机制和定期评估制度建设,建立高效通畅的信息收集处理通道,及时准确掌握实施动态;要建立迅捷高效的反应和处理机制,对实施过程中发现的新情况、新问题,制定合理有效政策,采取切实可行措施,妥善加以解决;要深入挖掘会计人才建设中的典型经验、做法和成效,借助电视、广播、刊物、网络等宣传媒介,采取群众喜闻乐见的多种形式和手段,广泛宣传《会计人才规划》的新思想、新理念、新举措、新成效,扩大会计人才工作在社会上的影响力。

(三)广大会计人员要全身心投入会计人才发展大潮。《会计人才规划》的出台为会计人才发展提供了前所未有的历史机遇。广大会计人员要抓住机遇,迎接挑战,全身心投入到会计人才发展大潮之中;要找准定位,科学谋划职业发展规划,不断实现新的突破;要树立忘我的拼搏精神,爱岗敬业,刻苦钻研,熟练掌握新时期会计改革各项内容,加快知识更新,完善知识结构,全方位提升个人能力素质,初级会计人才要向中级会计人才迈进,中级会计人才要向高级会计人才迈进,高级会计人才要向国际化高端人才迈进,实现阶梯式跨越;要诚实守信、创先争优,努力实现个人价值,为促进经济社会又好又快健康发展作出更大贡献。

(原载《会计研究》2010 年第 10 期)